SCM
R.Brockhaus

DAS JÜDISCHE NEUE TESTAMENT

Eine Übersetzung des Neuen Testamentes,
die seiner jüdischen Herkunft Rechnung trägt

von

David H. Stern

»Denn aus Zijon soll kommen *Torah*,
und das Wort *Adonais* aus Jeruschalajim.«
Jeschajahu 2,3

SCM

Stiftung Christliche Medien

David H. Stern (geb. 1935) ist amerikanischer Jude. Er promovierte in Princeton in Wirtschaftswissenschaften. Nachdem er 1972 zum Glauben an Jesus Christus gekommen war, studierte er am »Fuller Theological Seminary« und wurde theologischer Lehrer an dieser Ausbildungsstätte. Mehrere Jahre lang setzte er sich für die christusgläubigen Juden in den USA ein und unterstützte die Veranstaltung ihrer Konferenzen, bevor er 1979 mit seiner Familie nach Israel auswanderte. Von dort aus widmet er sich dem gegenseitigen Verständnis von Judentum und Christentum, auch in seiner schriftstellerischen Arbeit.

Published in the USA by Jewish New Testament Publications
Originaltitel: Jewish New Testament

Aus dem Englischen übersetzt von Sieglinde Denzel und Susanne Naumann
Lektorat: Stephan Zehnle

4. Auflage 2017, 8. Gesamtauflage

Internet: www.scm-brockhaus.de
E-Mail: info@scm-verlag.de

Umschlaggestaltung: Daniel Dolmetsch
Druck: CPI books GmbH, Leck
Gedruckt in Deutschland
ISBN 978-3-417-25412-9
Bestell-Nr. 225.412

INHALT

Einleitung

Die Bücher des Neuen Testaments

Glossar, Register und Landkarten

EINLEITUNG

I. WARUM EIN »JÜDISCHES NEUES TESTAMENT«?

Inwiefern unterscheidet sich die vorliegende Übersetzung des Neuen Testamentes von allen anderen Übersetzungen? Im »Jüdischen Neuen Testament« werden der jüdische Ursprung und das jüdische Wesen des Neuen Testamentes deutlich, während fast alle anderen Übersetzungen – und es gibt Hunderte davon – uns die neutestamentliche Botschaft in einem Umfeld präsentieren, das im Blick auf Sprache, Kultur und Theologie heidenchristlich geprägt ist.

Nicht, daß daran etwas falsch wäre! Das Evangelium kommt zwar vom Judentum her, richtet sich aber nicht nur an Juden, sondern genauso an Heiden. Das wird im Neuen Testament selbst unmißverständlich klar.[1] Es ist deshalb durchaus angemessen, seine Botschaft Nicht-Juden auf eine Weise zu vermitteln, die es ihnen soweit als möglich erspart, sich auf die Eigenheiten einer ihnen fremden Kultur einzustellen.[2] Immerhin war diese Strategie äußerst erfolgreich, haben doch Millionen von Heiden zum Glauben an den Gott Avrahams, Jizchaks und Ja-akovs und an den jüdischen Messias, Jeschua, gefunden.[3]

Das Neue Testament als jüdisches Buch. Dennoch ist es an der Zeit, sich auf die jüdischen Wurzeln des Neuen Testamentes zu besinnen. Denn das Neue Testament ist im Grunde ein jüdisches Buch – von Juden geschrieben, handelt es überwiegend von Juden und richtet sich ebensosehr an Juden wie an Heiden. Zwar ist es durchaus vertretbar, ein jüdisches Buch um der leichteren Zugänglichkeit willen einer nicht-jüdischen Leserschaft anzupassen, doch sollte das nicht auf Kosten des dem Text zugrundeliegenden jüdischen Denkens geschehen. Auf dieses genuin jüdische Denken verweist das hier vorliegende »Jüdische Neue Testament« bereits in seinem Titel, der wie die Bezeichnung »Juden für Jesus« zwei Vorstellungen vereint, die manchen Menschen völlig unvereinbar erscheinen und die sie lieber auseinanderhalten würden.

---

1 Röm 1,16; 3,29–30; 10,12

2 Vgl. 1. Kor 9,19–23

3 Das sind die hebräischen Namen von Abraham, Isaak, Jakob und Jesus. Erläuterungen zu den semitischen Namen und Termini sowie zur Aussprache, und weitere Informationen finden sich am Schluß dieses Buches im Glossar; vgl. auch Abschnitt VIII. der Einleitung.

Dabei darf es eine solche Trennung eigentlich gar nicht geben. Die Hauptfigur des Neuen Testamentes, Jeschua der Messias, war ein Jude, der in eine jüdische Familie in Beht-Lechem hineingeboren wurde, unter Juden in Nazeret aufwuchs, unter Juden im Galil wirkte und schließlich in der jüdischen Hauptstadt Jeruschalajim starb und aus seinem Grab auferstand – das alles in *Erez Jisrael*, dem Land, das Gott dem jüdischen Volk gegeben hatte. Jeschua ist noch immer Jude – er lebt ja –, und die Schrift macht an keiner Stelle auch nur eine Andeutung, daß er nicht mehr Jude wäre. Seine zwölf engsten Anhänger waren Juden. Jahrelang waren alle seine *Talmidim* ausschließlich Juden und zählten allein in Jerusalem »Zehntausende«.[4] Das Neue Testament selbst stammt aus der Feder von Juden (Lukas war aller Wahrscheinlichkeit nach ein Proselyt); und seine Botschaft gilt »dem Juden im besonderen, doch ebenso dem Heiden«.[5] Es waren Juden, die Nicht-Juden das Evangelium brachten – nicht andersherum. Scha-ul, der wichtigste Gesandte an die Heiden, war sein Leben lang ein gesetzestreuer Jude, wie aus der Apostelgeschichte hervorgeht.[6] Tatsächlich war die Hauptfrage, die die frühen messianischen Gemeinden (die »Kirche«) beschäftigte, nicht, ob ein Jude an Jeschua glauben, sondern ob ein Heide Christ werden könne, ohne zum Judentum überzutreten.[7] Die stellvertretende Versöhnung des Messias hat ihre Wurzel im jüdischen Opfersystem.[8] Das Herrenmahl geht auf das jüdische Passafest zurück. Die Eintauchung (Taufe) ist eine jüdische Einrichtung. Nicht umsonst hat Jeschua gesagt: »Die Rettung geht von den Juden aus.«[9] Der Neue Bund selbst wurde ja von dem jüdischen Propheten Jeremia verheißen.[10] Die Messiasvorstellung überhaupt ist ein ausschließlich jüdischer Gedanke. Das Neue Testament vervollständigt im Grunde genommen die *Tenach*, die hebräische Heilige Schrift, die Gott dem jüdischen Volk gab, und zwar in einer Weise, daß das Neue Testament ohne das Alte ebenso undenkbar ist wie das zweite Stockwerk eines Hauses ohne das erste, während umgekehrt das Alte Testament ohne das Neue ebenso unvollendet bleibt wie ein Haus ohne Dach.

Vieles, was im Neuen Testament steht, ist überhaupt nicht zu verstehen, wenn man es aus seinem jüdischen Kontext herausreißt. Ich möchte dafür nur ein Beispiel von vielen anführen.[11] Jeschua sagt in der Bergpre-

---

4 Apg 21,10
5 Röm 1,16
6 Vgl. Apg 16,3; 17,2; 18,18; 20,16; 21,23–27; 25,8; 28,17
7 Vgl. Apg 15,1–29 und den ganzen Galaterbrief
8 Vgl. vor allem Lev 17,11; und vgl. »An die Messianischen Juden« (den Hebräerbrief) 9,22
9 Jochanan (Joh) 4,22
10 Jer 31,30–34
11 Weitere Beispiele s. David Bivin und Roy Blizzard Jr, »Understanding the Difficult Words of Jesus«, Austin, Texas: Center for Judaic-Christian Studies, 1984: Vgl. auch den »Jewish New Testament Commentary« (in Vorbereitung) und Abschnitt VI. unten.

digt[12] wörtlich: »Wenn du ein ›böses Auge‹ hast, wird dein ganzer Leib voller Finsternis sein.«[13] Was aber ist ein »böses Auge«? Jemand, dem der jüdische Hintergrund fremd ist, denkt möglicherweise, Jeschua spräche hier vom »bösen Blick«. Im Hebräischen jedoch bedeutet, ein *'ajin ra'ah*, ein »böses Auge«, haben, geizig sein; und ein *'ajin tovah*, ein »gutes Auge«, ist gleichbedeutend mit Großzügigkeit. Jeschua fordert die Menschen hier also einfach nur zur Freigebigkeit auf. Und so paßt es denn auch in den Kontext: »Denn wo deine Reichtümer sind, da wird auch dein Herz sein ... Ihr könnt nicht ein Sklave Gottes und ein Sklave des Geldes sein.«[14]

Der beste Beleg für die jüdische Herkunft des Neuen Testamentes jedoch ist zugleich auch der überzeugendste Beweis für seine Wahrheit: die Zahl der Prophezeiungen aus der *Tenach* – allesamt mehrere hundert Jahre vor den Geschehnissen des Neuen Testamentes ausgesprochen –, die erfüllt sind in der Person des Jeschua von Nazeret. Die Wahrscheinlichkeit, daß jemand Dutzende prophetischer Vorhersagen rein zufällig erfüllen kann, ist in der Tat verschwindend klein. Kein anderer Anwärter auf den Messiastitel, wie etwa Schim-on Bar-Kochwa[15] oder Schabtai Zvi[16] hat denn auch nur einige wenige der alttestamentlichen Verheißungen erfüllt. Jeschua aber erfüllte sämtliche Prophezeiungen, die bei seinem ersten Kommen wahr werden sollten (in Abschnitt VII. sind zweiundfünfzig aufgelistet). Die übrigen wird er erfüllen, wenn er wiederkommt in Herrlichkeit.

Das Ziel des »Jüdischen Neuen Testamentes« ist es also, die jüdischen Wurzeln des Neuen Testamentes in Erinnerung zu rufen und sichtbar zu machen. Es soll dem Leser in Fleisch und Blut übergehen, daß das Neue Testament ein jüdisches Buch ist.

Doch noch auf drei weiteren Gebieten soll das »Jüdische Neue Testament« zur *Tikkun Ha Olam* (der »Wiederherstellung der Welt«) beitragen: im Blick auf den christlichen Antisemitismus, die jüdische Ablehnung des Evangeliums und die Kluft zwischen christlicher Kirche und jüdischem Volk.

Christlicher Antisemitismus. Erstens: Der Teufelskreis des christlichen Antisemitismus stützt sich auf das Neue Testament. Dabei lassen sich im Neuen Testament selbst keinerlei antisemitische Tendenzen feststellen. Dennoch hat der Antisemitismus das Neue Testament seit der Frühzeit der Kirche dazu mißbraucht, sich selbst zu rechtfertigen und die christliche Theolo-

12 Matitjahu (Mt) 5–7
13 Matitjahu (Mt) 6,23
14 Matitjahu (Mt) 6,21.24
15 Gest. 135 u. Z. (vgl. Fußnote 35)
16 1626–1676

gie zu infiltrieren. Die Übersetzer des Neuen Testamentes haben, auch wenn sie selbst nicht antisemitisch gesinnt waren, die antisemitische Theologie aufgenommen und damit letztlich anti-jüdische Übersetzungen verfaßt. Die Leser dieser Übersetzungen wiederum übernehmen diese anti-jüdischen und dem Judentum fremden Einstellungen. Und manche dieser Leser schließlich werden Theologen, die den antisemitischen Charakter der christlichen Theologie (dessen sie sich möglicherweise nicht einmal bewußt sind) fortentwikkeln und vertiefen; andere werden gar explizite Antisemiten, die die Juden verfolgen, und das noch in dem Glauben, sie dienten Gott auf diese Weise. Es ist unbedingt erforderlich, daß dieser Teufelskreis endlich aufgebrochen wird. Und genau dies ist auch das Anliegen des »Jüdischen Neuen Testamentes«, das mit den jahrhundertealten antisemitischen theologischen Vorurteilen aufräumen und die jüdischen Elemente des Neuen Testamentes auf positive Weise herausarbeiten will.

Die jüdische Ablehnung des Evangeliums. Zweitens: Es gibt zwar allein in den englischsprechenden Ländern über 100 000 »Messianic Jews«, wie sich die evangelikalen Judenchristen dort nennen, doch es liegt auf der Hand, daß die meisten Juden Jeschua nicht als Messias akzeptieren. Mitverantwortlich dafür sind unter anderem die christlichen Judenverfolgungen, eine eher säkulare Lebenseinstellung, die wenig Raum für Gott oder einen Messias läßt, und die Weigerung, sich von der Sünde abzukehren; der Hauptgrund aber ist die bei Juden weitverbreitete Annahme, daß das Evangelium für sie irrelevant sei. Diese Ansicht beruht teilweise auf der Art und Weise, wie sich das Christentum selbst präsentiert, ebensosehr aber auf der Entfremdung, für die die meisten neutestamentlichen Übersetzungen verantwortlich sind. Durch ihre heidenchristliche Aufmachung und ihren anti-jüdischen theologischen Unterbau haben sie bei vielen Juden den Eindruck erweckt, das Neue Testament sei ein heidnisches Buch über einen heidnischen Gott. Der Jesus, von dem darin die Rede ist, scheint wenig Berührungspunkte mit dem jüdischen Leben zu haben. Ein Jude kann Jeschua, den Messias, deshalb nur sehr schwer als den erleben, der er wirklich ist: der Freund eines jeden jüdischen Herzens. Natürlich kann das »Jüdische Neue Testament« nicht alle Barrieren zwischen einem Juden und seinem Glauben an den Messias aus dem Weg räumen, aber es kann doch einige der sprachlichen, kulturellen und theologischen Hindernisse aufheben. Ein Jude, der das »Jüdische Neue Testament« liest, erfährt Jeschua hier als den Messias, den die *Tenach* dem jüdischen Volk verheißen hat; er sieht, daß das Neue Testament genauso für Juden geschrieben ist wie für Heiden; und er wird mit der Botschaft der Bibel als ganzer konfrontiert, mit beiden Testamenten als wahren, wichtigen und vertrauenswürdigen Dokumenten, die der Schlüssel sind zu seiner eigenen Erlösung und zur Erlösung des jüdischen Volkes.

Die Spaltung zwischen der messianischen Gemeinde und dem jüdischen Volk. Drittens: Jahrhunderte der Ablehnung Jeschuas durch Juden und der Ablehnung der Juden durch Christen haben dazu geführt, daß die Menschen heute einfach davon ausgehen, daß Christentum und Judentum nichts miteinander zu tun haben und daß die beiden sich niemals begegnen werden. Dazu kommt noch, daß viele Juden und Christen im Grunde ganz zufrieden mit diesem Zustand sind. Doch es war nicht der Wille Gottes, daß es zwei getrennte Gottesvölker gebe. Heidenchristen, die erkennen, daß sie zu Israel gehören und nicht etwa an die Stelle Israels getreten sind, und messianische Juden, die sich sowohl mit dem jüdischen Volk als auch mit dem jüdischen Messias, Jeschua, identifizieren, müssen gemeinsam daran arbeiten, das größte Schisma der Geschichte, die Spaltung zwischen der christlichen Kirche und dem jüdischen Volk, zu beseitigen. Das »Jüdische Neue Testament« möchte mitwirken an der großen Aufgabe, beide auf eine Weise zusammenzubringen, die die Identität des jüdischen Volkes innerhalb der messianischen Gemeinde bewahrt, denn beide, Juden wie Heiden, beten Gott und seinen Messias nach der *Tenach* und nach dem Neuen Testament an.

Die weiteren Abschnitte dieser Einleitung. In den Abschnitten II. und III. wird zunächst ein Überblick über die Bibel im allgemeinen und das Neue Testament im besonderen gegeben. In den Abschnitten IV.–VII. geht es dann darum, was das »Jüdische Neue Testament« von anderen Übersetzungen des Neuen Testamentes unterscheidet. In Abschnitt VIII. schließlich werden einige Detailfragen und Besonderheiten des »Jüdischen Neuen Testamentes« erklärt, die den Umgang mit dem Werk erleichtern.

II. DIE BIBEL

Die zentrale Botschaft der Bibel. Der Kern der biblischen Aussage über Gott, sein Volk Israel und den Messias dieses Volkes, Jeschua, lautet, daß die Menschen der Erlösung bedürfen und daß Gott ihnen diese Erlösung anbietet. Der Sinn des Lebens und die Bedeutung der Geschichte liegt darin, daß Gott die Menschheit aus dem Elend der Sünde retten und es dem einzelnen wie allen Völkern ermöglichen will, in die rechte Beziehung zu ihm zu treten. Unauflöslich verknüpft mit dieser Erlösung sind Ethik und Glück.

Die *Tenach*. Nach den Worten der *Tenach*[17] (des Alten Testamentes) hat Gott den Menschen nach seinem Ebenbild geschaffen zu einer engen, liebenden und gehorsamen Gemeinschaft mit ihm.[18] Der Mensch aber hat sich aufgelehnt, er hat seinen eigenen Weg statt den Weg Gottes gewählt[19] – und wählt ihn noch.[20] Die Bezeichnung für diese Auflehnung ist »Sünde«, und die Strafe für die Sünde ist der Tod[21] – nicht das Aufhören des Lebens, sondern die ewige Trennung von Gott.[22] Gott aber, der ebenso barmherzig wie gerecht ist, will den Menschen vor dem Schicksal, das er verdient hat, bewahren. Aus diesem Grund hat er einen Menschen, Avraham, erwählt, und durch ihn ein Volk, die Juden, herausgerufen, das den Auftrag hat, »ein Segen« und »ein Licht der Völker zu sein«.[23] Durch Mosche gab er ihnen eine *Torah*, in der er seine Richtschnur für einen rechtschaffenen Lebenswandel offenbarte. Durch die Richter, Könige und Propheten ermutigte er sie, rief sie zur Ordnung und verhieß ihnen, daß sie und die übrigen Völker durch einen »Gesalbten« (hebräisch *Maschiach*, deutsch »Messias«, was dasselbe bedeutet wie das griechische *Christos*, deutsch »Christus«) die endgültige Erlösung erlangen würden.

Das Neue Testament und Jeschua. In der Fortsetzung dieser Geschichte verkündigt das Neue Testament, daß der in der *Tenach* geweissagte Messias Israels Jeschua ist, eine reale historische Person, die wie andere Menschen geboren wurde, lebte und starb. Anders als die anderen Menschen starb er jedoch nicht, weil sein Leben zu Ende war, sondern um uns aus unserer Sünde

17 Das Wort *Tenach* ist ein Akronym aus den ersten Buchstaben der drei Hauptabschnitte der hebräischen Bibel: *Torah* (das »Gesetz«, der Pentateuch), *Neviim* (die »Propheten«) und *Ketuvim* (die »Schriften«); vgl. das Glossar am Schluß des Buches.

18 Gen 1,26–2,25

19 Gen 3,1–19

20 1 Kön 8,46; Pred 7,20; Röm 3,23

21 Gen 2,17; 5,5; Röm 6,23

22 Gen 3,22–24; Jes 59,1–2

23 Gen 12,1–3; Jes 49,6

zu erlösen. Und anders als sie wurde er von den Toten auferweckt, lebt nun »zur rechten Hand Gottes«[24] und wird zurückkommen, um als König über Israel zu herrschen und der Welt den Frieden zu bringen. Warum er allein als letztes, alle weiteren Opfer überflüssig machendes Opfer für die Sünde qualifiziert war, erklärt das Neue Testament damit, daß er sowohl der »Sohn des Menschen« als auch der »Sohn Gottes« war. Der erste Terminus, der aus der *Tenach* stammt,[25] bedeutet, daß er wahrer und vollkommener Mensch war, ohne Sünde »ein Lamm ohne Fehl und Tadel«.[26] Da er Gott nicht sein Leben für seine eigenen Sünden schuldete, konnte er zum »Lamm Gottes« werden und »die Sünde der Welt fortnehmen«.[27] Der zweite Begriff, auf den die *Tenach* ebenfalls anspielt,[28] besagt, daß »in ihm, in seinem Leib, die Fülle all dessen wohnt, was Gott ist«, so daß er auf einzigartige Weise fähig ist, die Liebe Gottes zu den Menschen zum Ausdruck zu bringen.[29]

Die messianische Gemeinde. Das Neue Testament schildert aber auch die entscheidenden Ereignisse bei der Bildung einer Gemeinde aus den ersten jüdischen und heidnischen Anhängern Jeschuas und erklärt die Beziehung dieser neuen messianischen Gemeinde oder »Kirche« zum jüdischen Volk. Im Gegensatz zu dem, was in der christlichen Theologie meist behauptet wird, sagt das Neue Testament an keiner Stelle, daß die messianische Gemeinde die Juden als Gottesvolk ablöst, und es sagt auch nicht, daß die messianische Gemeinde als zweites ewiges Gottesvolk *neben* den Juden stehe, mit einer eigenen Bestimmung und eigenen Verheißungen. Die Beziehung zwischen beiden ist sehr viel komplexer: Die Heiden sind als »wilder Ölzweig« dem jüdischen »kultivierten Ölbaum« aufgepfropft, von dem manche Zweige »abgefallen sind«, die eines Tages jedoch »wieder in ihren eigenen Ölbaum eingepfropft werden«, so daß schließlich »ganz Israel gerettet wird«.[30] So wird die Einheit zwischen der messianischen Gemeinschaft und dem jüdischen Volk wiederhergestellt werden.

Der umfassende Anspruch der Bibel. Der biblische Erlösungsbegriff zielt sowohl auf den einzelnen wie auf die ganze Gemeinschaft. Insofern bringen die *Tenach* und das Neue Testament also die ganze Bandbreite des menschlichen Lebens zur Sprache – Familie, Beziehungen zwischen Arbeitnehmern und Arbeitgebern, soziale Fragen, Handel und Landwirtschaft, Umwelt,

24 Ps 110,1; Apg 7,56 und den gesamten Brief an die messianischen Juden (Hebräerbrief).
25 Daniel 7,13
26 Ex 12,5; Lev 1–6; 1. Kefa (1. Petr) 1,19
27 Jochanan (Joh) 1,29.36
28 Jes 9,5–7; Sach 12,10; Ps 2,7; Spr 30,4
29 Kol 2,9; Jochanan (Joh) 3,16
30 Röm 11,16–26

Volkszugehörigkeit, Politik, Gerechtigkeit, zwischenmenschliche Beziehungen, Gottesdienst, Gebet, körperliche Gesundheit, psychisches Wohlbefinden und das geistliche Leben des einzelnen. Wenn wir uns in all diesen Bereichen, so die Bibel, auf das Angebot Gottes einlassen, wird seine Erlösung alle unsere Lebensbereiche durchdringen – unser individuelles Leben, das gesellschaftliche Zusammenleben, unser Gemeinwesen, die Völker der Welt, den ganzen Kosmos.

Zwei Testamente, *eine* Bibel. Die beiden Teile der Bibel, die *Tenach* und das Neue Testament, behandeln das gleiche Thema und ergänzen sich gegenseitig. Die Geschichte, die in den beiden ersten Kapiteln des Alten Testamentes mit der Schöpfung des Himmels und der Erde und dem Paradies, in dem es keine Sünde gab, begann, endet in den beiden letzten Kapiteln des Neuen Testamentes mit dem Paradies eines »neuen Himmels und einer neuen Erde«,[31] in dem es ebenfalls keine Sünde geben wird. Das Neue Testament, das die Heilsgeschichte fortführt, die in der *Tenach* auf der Grundlage des Bundes Gottes mit Noach, Avraham, Mosche und David begann, präsentiert sich selbst als die Geschichte des »Neuen Bundes«, den Gott »mit dem Haus Jisrael und dem Haus Jehudah«[32] zu schließen verhieß. Die Abfolge von Königen, Propheten, Priestern und Opfern, die in der *Tenach* beschrieben ist, findet in Jeschua ihre Vollendung. Er ist das Ziel und der Inhalt der *Torah*. So gesehen ist das Neue Testament ohne das Alte häretisch, und das Alte Testament ohne das Neue unvollständig – zwei Testamente, aber *eine* Bibel.

Testamente und Bundesschlüsse, neue und alte. Der Terminus »Testament« spiegelt die Spannung zwischen der hebräischen Sprache der *Tenach* und dem Griechisch des Neuen Testamentes wider. Das hebräische Wort *Berit* bedeutet »Bund, Vertrag«. Das griechische Wort für »Bund« oder *Berit* ist *Diatheke. Diatheke* aber kann auch »Testament« im Sinne von »Letzter Wille« bedeuten.[33] Die hebräische Wendung *Berit Chadaschah* heißt »neuer Bund«. Die Gesamtheit der Texte, die hier übersetzt sind, im hebräischen *Berit Chadaschah* genannt, sind im christlichen Raum unter dem Einfluß des griechischen *Diatheke* jedoch als »Neues Testament« bekannt – obwohl die Prophezeiungen Jeremias sich auf einen neuen Bundesschluß zwischen Gott und dem jüdischen Volk bezogen und nicht auf einen »Letzten Willen«: Er sprach von einem Bund, nicht von einem Testament.

Darüber hinaus setzt ein »neuer« Bund einen »alten« Bund, in diesem Fall

31 Jes 65,17; Offb 21,1
32 Jer 31,30–34
33 An die messianischen Juden (Hebr)) 9,16–17

den mosaischen, voraus, den Gott mit dem jüdischen Volk am Sinai schloß.[34] Das Neue Testament macht das im Brief an die Messianischen Juden (im Hebräerbrief; Hebr 8,6–13) deutlich, wo, im Zusammenhang gesehen, »alt« nicht etwa gleichbedeutend ist mit »schlecht«, sondern einfach zeitlich »früher« meint: Da die *Tenach*, in der der mosaische Bund eine zentrale Rolle spielt, zwischen 1500 und 300 v.u.Z. entstand,[35] wird sie als das »Alte Testament« bezeichnet und als solches von den Schriften aus dem 1. Jahrhundert u.Z. unterschieden, die das »Neue Testament« bilden.

III. DAS NEUE TESTAMENT

Der Inhalt des Neuen Testamentes. Das Neue Testament besteht aus siebenundzwanzig Schriften, die im 1. Jahrhundert u.Z. von mindestens acht Verfassern geschrieben wurden.[36]

– **Die Evangelien.** Die ersten vier Bücher, die »Evangelien«, sind vier verschiedene Schilderungen des Lebens Jeschuas und zugleich vier Stellungnahmen zu seiner Bedeutung in der »Heilsgeschichte« (dem Bericht über das Eingreifen Gottes in die menschliche Geschichte mit dem Ziel, die Menschheit zu erlösen). Das erste und das vierte Evangelium werden jeweils einem der zwölf *Talmidim* Jeschuas zugeschrieben, Matitjahu und Jochanan. Als Verfasser des zweiten wird Markus genannt, der einen anderen von Jeschuas *Talmidim*, Kefa, begleitete. Der Verfasser des dritten schließlich war Lukas, ein Mitarbeiter von Scha-ul.

Der Begriff »Evangelium« bedeutet soviel wie »gute Nachricht«. Genaugenommen gibt es also nicht vier Evangelien, sondern nur ein einziges: die Gute Nachricht von Jeschua und von dem, was er für uns getan hat. Diese Gute Nachricht stellt jedes der vier Evangelien auf seine ganz eigene Weise dar, gerade so, wie vier durchaus ehrliche Zeugen eines Ereignisses jeweils ihre eigene Version des Geschehens vortragen. Etwas vereinfacht kann man sagen, daß Matitjahu für eine jüdische Leserschaft schrieb, wohingegen Lukas bei der Niederschrift seines Evangeliums offenbar an Heidenchristen dachte.[37]

34 Ex 19–24

35 V.u.Z. = vor unserer Zeitrechnung, u.Z. = unserer Zeitrechnung; die moderne jüdische Literatur benutzt diese Abkürzungen statt v.Chr. bzw. n.Chr.

36 Das folgende Material zur Historizität der neutestamentlichen Ereignisse, der Verfasserschaft und Datierung der neutestamentlichen Schriften beruht auf den Ergebnissen der konservativen neutestamentlichen Forschung. Vgl. die Erörterung zu Tradition und Forschung am Schluß dieses Abschnittes.

37 Seine Hervorhebung der Universalität der Erlösung und die Widmung seiner Schrift an »Theophilos« (das griechische Wort für »Gott-Liebender«) deutet darauf hin, daß er für ein breit gestreutes Publikum schrieb.

Markus' Version ist besonders dicht und gedrängt; auffallend ist vor allem sein Interesse an kleinen, alltäglichen Details und persönlichen Einzelheiten. Jochanan schließlich verliert niemals die himmlische Herkunft Jeschuas aus den Augen; er stellt ihn ganz eindeutig nicht nur als Sohn des Menschen, sondern als Sohn Gottes dar.

Die ersten drei Evangelien werden als »synoptische« Evangelien bezeichnet (der Begriff »synoptisch« bedeutet soviel wie »aus derselben Perspektive«), da jeweils in zwei oder drei von ihnen dieselben Ereignisse berichtet werden, häufig in ähnlicher oder sogar identischer Formulierung. Die Gelehrten haben versucht, die Unterschiede und Ähnlichkeiten in den Synoptikern zu erklären, z. T. durch das Postulat, daß ein Verfasser von einem anderen abgeschrieben hat, oder – etwas komplizierter – daß zwei oder alle drei direkt oder indirekt Zugang zu denselben mündlichen oder schriftlichen Quellen hatten.

– Apostelgeschichte. Lukas ist auch der Verfasser der Geschichte der »Taten der Gesandten«, die man auch als »Lukas, Teil II« bezeichnen könnte (vgl. die Eingangsverse des Lukasevangeliums und der Apostelgeschichte). Diese Schrift, deren Hauptfiguren Kefa und Scha-ul, die Gesandten (die »Apostel«) Jeschuas, sind, schildert die Geschichte der ersten messianischen Gemeinschaft von etwa 30 u.Z bis 65 u.Z., zunächst in Jeruschalajim, wo der neutestamentliche Glaube noch eine ausschließlich jüdische Angelegenheit war, und dann während der Ausbreitung des Evangeliums in »Jehudah, Schomron, ja bis an die Enden der Erde«,[38] d. h., bis nach Rom, dem heidnischen Gegenpol zu Jeruschalajim. Hauptanliegen der Apostelgeschichte ist es darzulegen, daß die Heiden Anhänger des Messias werden können, ohne zuvor zum Judentum überzutreten. (Es ist nicht ohne eine gewisse Ironie, wenn heutzutage die öffentliche Meinung die umgekehrte Anwendung der Apostelgeschichte fordert, um zu beweisen, daß Juden zu Anhängern des Messias werden können, ohne zu dem »überzutreten«, was inzwischen als eigenständige Religion, nämlich als Christentum, bezeichnet wird.)

– Die Briefe des Scha-ul. Die übrigen Schriften des Neuen Testamentes, mit Ausnahme des letzten Buches, sind Briefe. Die ersten dreizehn stammen von Scha-ul, dem »Gesandten an die Heiden«[39]. Fünf von ihnen sind an messianische Gemeinschaften gerichtet, die Scha-ul in Griechenland gründete: in Korinth (zwei Briefe), Philippi und Thessalonich (das heutige Saloniki, ebenfalls zwei Briefe). Zwei Briefe galten Gemeinden im Gebiet der heutigen Türkei: in Galatien und Ephesus. Und zwei richten sich an Gemeinden, die

38 Apg 1,8
39 Röm 11,13; Gal 2,7–9

von anderen Gesandten gegründet wurden: an die Gemeinde in Kolossä (bei Ephesus) und die Gemeinde in Rom. Diese neun Briefe befassen sich mit Fragen des Glaubens und des Lebenswandels, die in den verschiedenen Gemeinden aufgekommen waren. Von den vier übrigen, die unter der Bezeichnung »Pastoralbriefe« bekannt sind, sind drei an Schüler Scha-uls adressiert: an Timotheus (zwei Briefe) und an Titus. In seinem Brief an einen Freund namens Philemon schließlich bittet Scha-ul diesen, einen ihm entlaufenen Sklaven als freien Bruder wiederaufzunehmen.

– Die allgemeinen (katholischen) Briefe. Es folgt der »Brief an eine Gruppe messianischer Juden«, der sogenannte »Hebräerbrief«. Obwohl er gelegentlich ebenfalls Scha-ul oder auch Apollos, Priscilla und Aquila zugeschrieben wird, ist seine Verfasserschaft unklar. Er wendet sich an eine messianische Leserschaft und handelt von der befreienden neuen Auslegung, die Jeschua den einzelnen Themen der *Tenach* gab. Auf den Hebräerbrief folgen ein Brief von Ja-akov, dem Bruder Jeschuas und Leiter der messianischen Gemeinschaft in Jeruschalajim; zwei Briefe von Kefa; drei von Jochanan; und einer von Jehudah, ebenfalls ein Bruder Jeschuas. Diese Briefe werden als die »Allgemeinen (Katholischen) Briefe« bezeichnet; sie behandeln ebenfalls Fragen des Glaubens und der christlichen Praxis.

– Die Offenbarung. Die letzte Schrift des Neuen Testamentes ist »die Offenbarung Jeschuas, des Messias, an Jochanan«; sie enthält die Schilderung der Visionen, die dem Gesandten Jochanan (oder nach Ansicht mancher Gelehrter auch einem anderen Jochanan) durch den auferstandenen und verherrlichten Messias offenbart wurden. Die Offenbarung ist auch unter dem Titel »Apokalypse« bekannt, weil sie »apokalyptische« Ereignisse beschreibt, d. h. die Endzeit-Katastrophen und das Eingreifen Gottes in die Geschichte, die mit dem Jüngsten Gericht über die Menschheit einhergehen. Die Offenbarung enthält über 500 Zitate und Anspielungen aus der *Tenach*, mehr als jeder andere neutestamentliche Text, und ähnelt bzw. bezieht sich auf Visionen von Männern wie Jesaja, Ezechiel, Sacharja und Daniel. Manche sind der Ansicht, daß in der Offenbarung von Dingen die Rede ist, die auch für uns noch in der Zukunft liegen, andere sind der Überzeugung, daß sie die Ära beschreibt, die vor zweitausend Jahren ihren Anfang nahm, und noch andere glauben, daß sie sich in erster Linie auf Ereignisse aus dem 1. Jahrhundert u.Z. bezieht. Die äußerst bildhafte Sprache läßt all diesen unterschiedlichen Deutungsansätzen oder auch einer Kombination aus allen Raum.

Die Sprache des Neuen Testamentes. Während d*ie Tenach* größtenteils hebräisch geschrieben ist (Teile von Ezra und Daniel in einer verwandten semitischen Sprache, dem Aramäischen), liegen die meisten frühen Handschriften des Neuen Testamentes auf Griechisch vor – allerdings nicht in jener klassischen Sprache eines Homer oder Plato, sondern in der *Koine*, dem »Umgangs-«Griechisch, der *lingua franca*, der Alltagssprache des östlichen Mittelmeerraumes und Mittleren Ostens im 1. Jahrhundert.

Nichtsdestoweniger ist eine ganze Reihe von Forschern, wenn auch nicht die Mehrheit, der Ansicht, daß Teile des Neuen Testamentes ursprünglich hebräisch oder aramäisch geschrieben wurden oder aber sich zumindest auf Quellenmaterial in diesen Sprachen stützen; eine These, die in bezug auf alle vier Evangelien, die Apostelgeschichte, die Offenbarung und mehrere der Allgemeinen Briefe aufgestellt wurde. Auch Scha-ul, der griechisch schrieb, orientiert sich ganz eindeutig am jüdischen und hebräischen Sprach- und Gedankengut, in dem er aufgewachsen war. Wie bereits angedeutet, bleiben viele Wendungen in den neutestamentlichen Handschriften überhaupt unverständlich, wenn man den der griechischen Formulierung zugrundeliegende hebräischen Ausdruck nicht kennt.[40]

Datierung. Die frühesten neutestamentlichen Schriften, wie z. B. die Briefe des Scha-ul an die Galater, Thessalonicher und Korinther und wahrscheinlich auch der Brief des Ja-akov, entstanden um das Jahr 50 u.Z., etwa zwanzig Jahre nach Jeschuas Tod und Auferstehung. Die übrigen Briefe Scha-uls stammen aus den 50er und 60er Jahren, die Evangelien und die Apostelgeschichte in ihrer endgültigen Form aus den Jahren zwischen 65 und 85, und die übrigen Allgemeinen Briefe und die Offenbarung aus der Zeit zwischen 65 und 100 u.Z. Manche Forscher vertreten die These, daß einige neutestamentliche Schriften Anfang des 2. Jahrhunderts überarbeitet und in ihre endgültige Form gebracht wurden.

Der Kanon. Neben den Dokumenten, die unser Neues Testament bilden, entstanden noch weitere Versionen der Guten Nachricht, gab es noch weitere Berichte über die Ereignisse in der ersten messianischen Gemeinschaft, weitere Erörterungen der Lehre und Praxis und weitere Apokalypsen.[41] Die erste messianische Gemeinschaft, die »Urgemeinde«, beurteilte, welche dieser Schriften den Menschen wirklich die Botschaft Gottes vermittelten und welche weniger bedeutend waren und vielleicht einen gewissen historischen oder spirituellen Wert besaßen, ohne jedoch eigentlich von Gott inspiriert zu sein. Zitate aus dem neutestamentlichen Schriftenkanon finden sich bereits in den nicht-kanonischen »Lehren der Apostel« (80–100 u.Z.), doch die erste Liste, in der neutestamentliche Schriften namentlich genannt werden, stammt von dem Häretiker Mar-

40 Vgl. die Analyse von Matitjahu 6,23 in Abschnitt I; vgl. auch Fußnote 11
41 Vgl. Edgar Hennecke, »New Testament Apocrypha«, Philadelphia 1965.

cion, um ca. 150 u.Z. Ganz sicher hat die Reaktion auf seine Irrlehre die Entwicklung eines orthodoxen Kanons, wie er im Kanon Muratori gegen Ende des 2. Jahrhunderts vorliegt, vorangetrieben. Die erste Auflistung aller 27 Schriften, die unser heutiges Neues Testament ausmachen, findet sich allerdings erst im 39. Passabrief des Athanasius aus dem Jahr 367 u.Z., also zu einem relativ späten Zeitpunkt. In den messianischen Gemeinden waren die Schriften jedoch seit der Zeit ihrer Entstehung in Gebrauch, wie auch die Schriften der *Tenach* bereits jahrhundertelang ein integrativer Bestandteil des Judentums waren, bevor ihr Kanon von Rabbi Jochanan Ben Zakkai und seinen Mitstreitern im Konzil von Jawne endgültig festgelegt wurde (ca. 90 u.Z.).

Tradition und Forschung. Das hier vorgetragene, einführende Material basiert auf den Theorien der konservativen neutestamentlichen Forschung, die die meisten traditionellen Auffassungen bestätigt. In den beiden vergangenen Jahrhunderten wurden allerdings die von der Tradition postulierten Verfasserschaften sämtlich in Zweifel gezogen, ebenso wie die Datierungen und die Historizität der meisten im Neuen Testament berichteten Ereignisse (wobei anzumerken ist, daß die *Tenach* auf ganz ähnliche Weise in Frage gestellt wurde).

Die Debatte hält noch an, obgleich sie von den Tatsachen her eigentlich beigelegt werden könnte. Um nur ein Beispiel zu nennen: Bereits seit der ersten Hälfte des 2. Jahrhunderts existieren handschriftliche Manuskripte von Teilen des Neuen Testamentes, die die Annahme, daß das Neue Testament zwei-, drei- oder gar vierhundert Jahre nach dem Tod Jeschuas entstanden sei, widerlegen. Darüber hinaus stützt sich die Kritik in manchen Punkten auf Vorannahmen, die, obwohl sie sich objektiv gebärden, im Grunde eindeutig religiös gefärbt sind, sich dabei jedoch gegen die Aussagen der Bibel wenden und bestimmte negative Schlußfolgerungen *a priori* festlegen. Dazu gehören der von Skepsis bzw. Wissenschaftsgläubigkeit geprägte Standpunkt, der die Möglichkeit von Wundern von vornherein ausschließt; die Auffassung, daß die Schriftsteller des Altertums nicht zwischen realen und nur in der Vorstellung existierenden Ereignissen unterscheiden konnten; oder auch das nur allzu bereitwillige Akzeptieren der These, daß die ersten messianischen Gemeinschaften die Berichte nach ihren Bedürfnissen zurechtbogen.

Trotz der vielen noch unbeantworteten Fragen sind viele angesehene Forscher dennoch der Ansicht, daß die von der Tradition postulierten Verfasser in der Tat die Verfasser der neutestamentlichen Schriften waren, daß die frühen Datierungen korrekt sind und – was am wichtigsten ist – daß Jeschua wirklich gelebt hat und »gestorben« ist »für unsere Sünden, … und … auferweckt« wurde »am dritten Tag, in Einklang mit dem, was die *Tenach* sagt«.[42]

42 1. Kor 15,3–4

IV. Inwiefern macht das »Jüdische Neue Testament« die jüdischen Wurzeln des Neuen Testamentes sichtbar?

Die jüdischen Wurzeln des Neuen Testamentes werden auf dreifache Weise herausgearbeitet. Die vorliegende Übersetzung erhellt die jüdischen Elemente auf drei Ebenen, die sich teilweise überschneiden: zunächst auf einer rein »kosmetischen«, der sprachlichen Oberfläche, sodann auf der kulturell-religiösen und schließlich auf der theologischen Ebene.

– Die sprachliche Ebene. Die sprachlichen – »rein kosmetischen« – Eingriffe sind die häufigsten und offensichtlichsten. So sind die Namen »Jesus«, »Johannes«, »Jakobus« und »Petrus« durch »Jeschua«, »Jochanan«, »Jaakov« und »Kefa« ersetzt. Die Termini »Eintauchung«, »Gesandter«, »Hinrichtungspfahl« und »messianische Gemeinschaft« (bzw. »Gemeinde«) sind an die Stelle von »Taufe«, »Apostel«, »Kreuz« und »Kirche« getreten. Auch für andere bekannte Termini wie z. B. »Jünger« und »Almosen geben« stehen semitische, den Juden auch heute noch geläufige Ausdrücke (»*Talmid*«, »*Zedakah tun*«). Viele dieser Änderungen betreffen die »Kirchensprache« (in der christliche Stimuli jeweils gleichsam eine automatische Reaktion hervorrufen). Sie wurde durch eine neutrale Terminologie ersetzt, die den Leser zu eigenem Nachdenken ermutigen will. Zwar machen sich alle diese Änderungen zunächst nur an der sprachlichen Oberfläche des Textes bemerkbar, doch schon allein ihre Quantität beweist, daß das »Jüdische Neue Testament« in der Tat ein jüdisches Buch ist – und das geht weit über oberflächliche Korrekturen hinaus.

– Die kulturell-religiöse Ebene. Die im Blick auf die kulturell-religiösen Ebene vorgenommenen Änderungen sollen dem Leser die Augen für den jüdischen Kontext der neutestamentlichen Ereignisse öffnen. Ein Beispiel dafür ist Matitjahu 9,20, wo die Frau, die geheilt werden möchte, nicht einfach den »Saum« von Jeschuas Gewand berührt, sondern die »*Zizit*«, d. h. die rituelle Quaste, die zu tragen die *Torah* von jüdischen Männern verlangt als Erinnerung daran, daß sie alle Gebote Gottes halten sollen.[43] Ein anderes Beispiel findet sich in Apg 20,7. Die Begegnung Scha-uls mit den Gläubigen in Ephesus »am ersten Tag der Woche« fand wahrscheinlich nicht am Sonntagabend statt, sondern – wenn man den jüdischen, biblischen Kalender zugrundelegt – am »*Moza-eh Schabbat*«, also Samstagabend.

43 Num 15,37–41

– Die theologische Ebene. Die theologischen Änderungen sind die tiefgreifendsten, da die üblichen Übersetzungen des Neuen Testamentes gewöhnlich stark von der heidenchristlichen Theologie geprägt sind, die drei Tatsachen in den Hintergrund drängt: (1) daß die Juden noch immer das wahre Gottesvolk sind, (2) daß die *Torah* nach wie vor Gültigkeit hat und (3) daß Gott einer ist. Ein Beispiel für eine solche Abänderung findet sich im Brief an die messianischen Juden (Hebr) 8,6: Besagt doch der griechische Begriff *nenomothetetai* nicht einfach nur, daß der Neue Bund auf der Grundlage besserer Verheißungen »eingesetzt«, sondern daß er aufgrund dieser Verheißungen »als *Torah* gegeben ist«. Ein weiteres Beispiel liegt in Röm 10,4 vor, wo der Begriff *telos* nicht etwa aussagen soll, daß der Messias das Ende des Gesetzes sei, sondern vielmehr, daß er »das Ziel ist, das die *Torah* anstrebt«. Die theologischen Implikationen dieser und anderer Textvarianten des »Jüdischen Neuen Testamentes« werden unten in Abschnitt VI. noch weiter erörtert.

Hebraismen. Abgesehen davon, daß sich das »Jüdische Neue Testament« durchgehend der semitischen Personen- und Ortsnamen bedient, soweit sie sich auf *Erez Jisrael* und sein Umland beziehen, wurde auch versucht, Hebraismen der modernen Umgangssprache und jiddische Ausdrücke in den Text miteinzubeziehen, um das jüdische Fundament des Neuen Testamentes klarer herauszustellen. Das mag auf manche Leser unvertraut oder anachronistisch und damit ermüdend oder gar störend wirken, ja vielleicht nimmt mancher auch Anstoß an bestimmten Entscheidungen. So wird z. B. statt des Wortes »Frieden« der Begriff »*Schalom*« verwendet, statt »Jünger« »*Talmid*«, statt »Bedrängnis« das jiddische Wort »*Zuris*«, während andererseits wieder »Messias« meist eben gerade *nicht* durch »*Maschiach*« ersetzt wurde. Mit solchen Bedenken ist zu rechnen, denn das »jüdische Englisch«, in dem diese Übersetzung ursprünglich erschien, ist, wie auch das »jüdische Deutsch«, keine klar definierte Sprache, sondern folgt einem *ad hoc*-Konzept und variiert demnach von Sprecher zu Sprecher. Dabei ist sich mancher von uns wohl gar nicht bewußt, daß er solche Sprachmuster gebraucht. Bestimmte Wendungen sind ihm zu einer Art zweiten Natur geworden, andere sind ihm völlig fremd. Wer die Wendungen kennt, mag sie vielleicht in einer Bibelübersetzung für unangebracht halten, wohingegen ein anderer möglicherweise vor zu vielen unvertrauten Ausdrücken zurückschreckt. Da das »jüdische Englisch« in seiner großen Vielfalt jedoch durchaus lebendig ist und auch deutschsprachige Juden ihre ganz eigenen Sprachmuster haben, sei hier an die Toleranz des Lesers appelliert, sich auf diese Eigenarten des »Jüdischen Neuen Testamentes« einzulassen.

Der Kommentar zum »Jüdischen Neuen Testament«. Parallel zur Drucklegung des »Jüdischen Neuen Testamentes« nähert sich die Arbeit an einem Kommentar zu diesem Buch ihrem Abschluß. In diesem Kommentar werden die kontrovers übersetzten Begriffe begründet und zusätzliche Hintergrundinformationen, die sowohl für Juden als auch für Christen von Interesse sind, aufgeführt. Der »Jewish New Testament Commentary« behandelt Fragen, die das jüdische Volk an das Neue Testament, an Jeschua und an das Christentum stellt; Fragen von Christen an das Judentum, nach den jüdischen Wurzeln ihres Glaubens; und Fragen der Messianischen Juden nach ihrer eigenen Identität und Rolle im Heilsplan Gottes. So kommen Passagen, die aus jüdischer Sicht problematisch sind, zur Sprache, wie z. B. Matitjahu 27,25 (»Sein Blut liegt auf uns und unseren Kindern!«) und Jochanans Bemerkung über »die Juden« (eine Bezeichnung, die in der vorliegenden Übersetzung meist mit »die Judäer« wiedergegeben ist). Daneben werden an gegebener Stelle auch Inhalte erörtert, die zu Spannungen zwischen Juden und Christen geführt haben und noch führen – etwa die im Kontext von 2. Kor 4,2 behandelte Frage, ob die Missionierung von Juden nach ethischen Gesichtspunkten überhaupt zu vertreten ist: »Wir lehnen es ab, uns schändlicher, hinterlistiger Methoden zu bedienen, die Menschen zu betrügen oder die Botschaft Gottes zu entstellen.«

V. Probleme der Übersetzung

Zu den Erwägungen, die im Zusammenhang mit einer Übersetzung immer angestellt werden, gehört auch die Entscheidung für eine in erster Linie »wortgetreue« oder aber für eine »dynamische« Wiedergabe des Ausgangstextes (»wörtliche Übersetzung« versus »Übertragung«). Im folgenden soll kurz darauf eingegangen werden, wieweit die Textinterpretation des Übersetzers in die Übersetzung eingehen darf.

»Wörtliche Übersetzung« versus »Übertragung«. Es gibt einen ganz bestimmten Maßstab, nach dem Übersetzungen beurteilt werden können. An einem Ende der Bewertungsskala steht die »wörtliche Übersetzung«, die versucht, die grammatischen Formen der Ausgangssprache (hier des Griechischen) so weit wie möglich für die Zielsprache (hier das Englische bzw. Deutsche) zu übernehmen. Übersetzer bezeichnen diese Methode als »wortgetreu«. In dieser Tradition stehen im deutschsprachigen Raum die Elberfelder und – mit einigen Abstrichen – die Zürcher Übersetzung.

Am konsequentesten verfolgt dieses Ziel eine Interlinearübersetzung, die den griechischen Text Wort für Wort wiedergibt. Am anderen Ende der Skala steht die dynamische »Übertragung«, der es nicht um die exakte Wiedergabe grammatischer Wendungen geht, sondern um den Inhalt, die Bedeutung des Ausgangstextes, wie ihn die ursprünglichen Leser verstanden hätten. Solche Übersetzungen werden manchmal als »Paraphrasen« oder Umschreibungen bezeichnet, ein Ausdruck, der jedoch auf Texte beschränkt bleiben sollte, bei denen Ausgangs- und Zielsprache identisch sind (eine Paraphrase des Monologs von Hamlet könnte z. B. folgendermaßen beginnen: »Mein Problem ist, ob ich weiterleben soll oder nicht ...«). Beispiele für eine »dynamische Übersetzung« des Neuen Testamentes ins Deutsche sind die »Gute Nachricht« und »Neues Leben«.

Das »Jüdische Neue Testament« tendiert auf unserer Werteskala zur »dynamischen Worttreue«. An bestimmten Stellen, insbesondere, wo es um die Herausarbeitung des jüdischen Fundaments des Neuen Testamentes geht, wird diese Position sogar mit allem Nachdruck vertreten. So wird z. B. die griechische Wendung *hypo nomon* gewöhnlich mit »unter dem Gesetz« wiedergegeben. Weil diese Lesart jedoch als Stützpfeiler einer gegen die *Torah* gerichteten christlichen Theologie mißbraucht wurde, wird der Sinn der im Griechischen aus zwei Wörtern bestehenden Wendung hier in dreizehn englischen bzw. vierzehn deutschen Wörtern wiedergegeben: »in Unterwerfung unter das System, das aus der Entstellung der *Torah* zur Gesetzlichkeit entsteht«.[44]

Der Übersetzer als Interpret. Damit stellt sich die Frage, ob der Übersetzer berechtigt ist, seine eigene Auffassung in die Übersetzung einfließen zu lassen. Das »Jüdische Neue Testament« beantwortet diese Frage mit einem vorsichtigen »Ja«. Begründen möchte ich diese Haltung mit der Tatsache, daß ein solches Einfließen ohnehin unausweichlich ist. Ein Übersetzer, der vorgibt, »völlig neutral« zu arbeiten und lediglich als »Transporteur« des Inhalts der Ausgangssprache in die Zielsprache zu fungieren, ohne dabei Einfluß auf das Ergebnis zu nehmen, betrügt sich und seine Leser. Es ist unmöglich, eine Entscheidung darüber zu treffen, wie ein griechisches Wort oder eine griechische Wendung ins Englische bzw. ins Deutsche zu übertragen ist, ohne dabei die eigene Auffassung miteinfließen zu lassen. Der Übersetzer, der sich verpflichtet, seine eigene Perspektive völlig aus der Übersetzung herauszuhalten, wird deshalb zwangsläufig genau das Gegenteil tun, allerdings ohne die Verantwortung dafür zu übernehmen.

Der Übersetzer muß sich entscheiden, was ein Wort oder eine Wendung (seiner Auffassung nach!) bedeutet, und diese Bedeutung dann so klar wie möglich vermitteln. Im Falle unseres *hypo nomon* zum Beispiel,[45] das in der Vergangenheit immer wieder falsch wiedergegeben wurde, halte ich als

44 S.a. Abschnitt VI.

45 Vgl. oben und Abschnitt VI

Übersetzer es für meine Pflicht, das, was ich für die einzig korrekte Bedeutung ansehe, so eindeutig und unmißverständlich wie möglich zu vermitteln. Auch wenn ein griechischer Ausdruck ambivalent ist und mehrere Übersetzungsmöglichkeiten zuzulassen scheint, darf der Übersetzer diese Ambiguität nicht übernehmen, sondern sollte sich für eine der möglichen Interpretationen entscheiden. (In Ausgaben, die Alternativübersetzungen angeben, kann man in einer Randbemerkung auf diese Ambiguität eingehen.)

Dabei darf natürlich nicht übersehen werden, daß eine solche Vorgehensweise durchaus auch mißbraucht werden kann. Die Tatsache, daß sich der Standpunkt des Übersetzers unausweichlich in seiner Übersetzung spiegelt, darf nicht dazu verleiten, den Leser in eine bestimmte theologische Richtung zu drängen.

Der griechische Text als Grundlage der vorliegenden Übersetzung. Das Neue Testament ist uns ganz oder in Auszügen in über 5000 alten Manuskripten überliefert; kein anderes Dokument der Antike existiert in einer so hohen »Auflage«. Durch Kopierfehler und auch aus anderen Gründen stimmen diese Manuskripte jedoch nicht in allen Punkten überein. Die konkrete Textkritik, die es sich zur Aufgabe gemacht hat, aus unvollständigen oder abweichenden Handschriften zu einer Entscheidung über die korrekte Lesart zu gelangen, übersteigt natürlich die Kompetenz der meisten neutestamentlichen Übersetzer, was auch für den Übersetzer des »Jüdischen Neuen Testamentes« gilt. Glücklicherweise gibt es aber kritische Ausgaben des griechischen Textes des Neuen Testamentes, in denen die einzelnen Manuskripte auf ihre Zuverlässigkeit hin untersucht, miteinander verglichen und bewertet werden. Das »Jüdische Neue Testament« stützt sich hier in erster Linie auf das »Greek New Testament« der *United Bible Society*; daneben wurden verschiedene andere englischsprachige Ausgaben und Kommentare zu Rate gezogen.

VI. Erläuterungen zu einzelnen Stellen

Das »Jüdische Neue Testament« weicht an einigen Stellen von anderen Übersetzungen des Neuen Testamentes ab, was teilweise weitreichende theologische Konsequenzen hat. Zwar fehlt an dieser Stelle der Raum, auf alle kontroversen Übersetzungen einzugehen und ihre theologischen Implikationen im einzelnen zu erläutern. Im folgenden soll aber dennoch belegt werden, daß solche Begründungen durchaus gegeben werden kön-

46 Dritte Auflage, New York 1975

nen. Neben meinem »Kommentar zum Jüdischen Neuen Testament« sei der Leser auf zwei andere Bücher von mir verwiesen: das »Messianic Jewish Manifesto« und »Zurück zum Jüdischen im Evangelium«.[47]

Hat Jeschua die *Torah* erfüllt? Das griechische Verb *plerosai* wird gewöhnlich mit »füllen« wiedergegeben; in Matitjahu 5,17 steht in den meisten Übersetzungen jedoch »erfüllen«. Daraus wird meist der theologische Schluß gezogen, daß Jeschua sämtliche Prophezeiungen der *Tenach*, die sich auf das jüdische Volk beziehen, ohne Ausnahme erfüllt habe und daß er die *Torah* vollkommen gehalten habe, so daß niemand mehr ihre Gebote befolgen muß. Diese Schlußfolgerungen ergeben sich allerdings nicht zwangsläufig, ja sie stehen sogar im Widerspruch zu der unmittelbar vorangehenden Aussage Jeschuas, daß er *nicht* gekommen sei, die *Torah* aufzuheben (oder zu sprengen). Für die Übersetzung wichtiger ist allerdings die Frage, ob das griechische *plerosai* hier überhaupt mit »erfüllen« wiedergegeben werden darf. Meiner Ansicht nach wird hier ausgesagt,[48] daß Jeschua gekommen ist, die *Torah* und die ethischen Forderungen der Propheten mit ihrer ganzen Bedeutung »*auf*zufüllen«, so daß also jetzt jedermann ganz genau weiß, was der Gehorsam gegen Gott von ihm verlangt. Deshalb heißt es im »Jüdischen Neuen Testament«, daß Jeschua nicht kam, »aufzuheben, sondern zu vervollständigen(?)«. Das ist denn auch das eigentliche Thema der Bergpredigt;[49] und Matitjahu 5,17 ist, so verstanden, ihr Kernsatz. Interessanterweise stimmt diese Auffassung mit der jüdischen Tradition überein, die sagt, daß der Messias, wenn er kommt, die dunklen Passagen der *Torah* erklären und sie ändern wird.

Binden und lösen: Wer hat die Vollmacht, die *Halacha* festzulegen? Die griechischen Wörter »binden« und »lösen« in Matitjahu 18,18 werden gewöhnlich mit »verbieten« und »erlauben« wiedergegeben. In dieser Übersetzung spiegelt sich eine jüdische Tradition aus dem 1. Jahrhundert, nach der die Führer des jüdischen Volkes von Gott die Vollmacht erhalten hatten festzulegen, welche Praktiken die Gemeinde befolgen sollte – d. h. sie hatten Vollmacht über die *Halacha* (ein Terminus, der aus einer späteren Zeit stammt). In den Versen 18–20 überträgt der Messias diese Vollmacht von den Rabbinen auf seine eigenen *Talmidim*, die allerdings weder sofort davon

47 David H. Stern, »Messianic Jewish Manifesto« und »Zurück zum Jüdischen im Evangelium«, Hänssler Verlag, Holzgerlingen 2002

48 Vgl. Abschnitt V.

49 Matitjahu (Mt) 5–7

Gebrauch machten[50] noch dann, als sie es eigentlich hätten tun sollen. Doch die Tatsache, daß weder Messianische Juden noch Heidenchristen bis jetzt rechten Gebrauch von Jeschuas weitreichender Verfügung gemacht haben, hebt diese Verfügung selbst nicht auf.

Ist der Messias das Ende der *Torah* oder ihr Ziel? In fast allen gebräuchlichen Übersetzungen des Neuen Testamentes liest sich Röm 10,4 folgendermaßen: »Christus ist des Gesetzes Ende, wer an den glaubt, der ist gerecht.« Das griechische *telos* – vgl. das Fremdwort »Teleologie« – bedeutet jedoch eigentlich soviel wie »Ziel, Zweck, Vollendung« und nicht »Abschaffung, Aufhebung«. Der Messias war nicht das *Ende* der *Torah*. Es verhält sich vielmehr, wie das »Jüdische Neue Testament« übersetzt: »Das Ziel, das die *Torah* anstrebt, ist der Messias, der jedem, der vertraut, Gerechtigkeit anbietet.« Ebendarum geht es Scha-ul in der ganzen Passage von Röm 9,30–10,13. Deshalb wird das griechische Wörtchen *de* zu Beginn von Röm 10,6 zur Verdeutlichung der Kontinuität mit »darüber hinaus« statt mit dem auf einen Gegensatz verweisenden »aber« wiedergegeben, denn letzteres würde implizieren, daß es zwei Wege zur Gerechtigkeit gibt – durch Werke (d. h. durch den Gehorsam gegenüber der *Torah* ohne Glauben, Vers 5) und durch Glauben (Vers 6–10). Scha-uls Anliegen in der ganzen Passage, ja im gesamten Römerbrief ist jedoch, deutlich zu machen, daß es sowohl für Juden als auch für Heiden immer nur einen einzigen Weg zur Gerechtigkeit gab und gibt: das Vertrauen in Gott, so daß also die *Torah* auf diesem Vertrauen aufbaut und immer, vom Anfang bis zum Ende, Glauben gefordert hat.[51]

Das Neue Testament als neue *Torah*. Im Brief an die »Messianischen Juden« (Hebräerbrief) 8,6 informieren uns die meisten Übersetzungen darüber, daß der Neue Bund auf der Grundlage von besseren Verheißungen »eingesetzt« worden sei. Das wäre eine korrekte Übersetzung, ginge es hier um die athenische Gesetzgebung oder um römische Erlässe. Doch das hier verwendete griechische Wort *nenomothetetai* ist zusammengesetzt aus dem Substantiv *nomos*, das normalerweise »Gesetz« bedeutet, sich im Brief an die Messianischen Juden jedoch ohne Ausnahme auf die *Torah* im besonderen bezieht, und *tithemi*, einem sehr häufigen Verb, das »stellen, legen« bedeutet. *Nenomothetetai* taucht nur noch ein einziges Mal im Neuen Testament auf: ein paar Verse zuvor im selben Brief, in 7,11; hier, so der Konsens, bezieht es sich auf die am Sinai gegebene *Torah*, ebenso wie die verwandten Begriffe *nomothesia* (Röm 9,4) und *nomothetes* (Ja-akov 4,12). Das »Jüdische Neue

---

50 Vgl. Matitjahu (Mt) 23,2

51 Röm 1,16–17; vgl. auch Daniel P. Fuller, »Gospel and Law: Contrast or Continuum?«, Grand Rapids, Michigan 1980, und Kap. V im »Messianic Jewish Manifesto«, s. Fußnote 48)

Testament« übersetzt deshalb, daß der Neue Bund »auf der Grundlage besserer Verheißungen als *Torah* gegeben ist«. Das stützt nicht nur die theologische Auffassung, daß die *Torah* in Kraft bleibt, sondern macht den Neuen Bund, der durch Jeschua gegeben ist, zur *Torah* im Sinne des sinaitischen Bundes, der durch Mosche gegeben wurde.

»Werke des Gesetzes« – »unter dem Gesetz«: Ist die *Torah* legalistisch? Die griechischen Wendungen *erga nomou* und *hypo nomon* hat Scha-ul selbst geprägt und in dreien seiner Briefe gebraucht – im Römer-, im Galater- und im 1. Korintherbrief; jede taucht im Neuen Testament zehnmal auf. Sie werden gewöhnlich mit »Werke des Gesetzes« bzw. »unter dem Gesetz« wiedergegeben. Das verleitet den Leser meist zu der Schlußfolgerung, daß das Halten der *Torah* abzulehnen, daß das Leben nach der *Torah* überhaupt etwas Schlechtes sei. Das »Jüdische Neue Testament« dagegen folgt hier der Auslegung von Cranfield[52] und versteht diese Wendungen nicht in bezug auf die *Torah* selbst, sondern auf ihre legalistische Entstellung durch die Menschen. *Erga nomou* wird aus diesem Grund übersetzt mit »peinlich genaue Einhaltung der Gebote der *Torah*«, und *hypo nomon* mit »in Unterwerfung unter das System, das aus der Entstellung der *Torah* zur Gesetzlichkeit entsteht«. Daraus kann der Leser, dem eigentlichen Tatbestand entsprechend, folgern, daß jede Gesetzlichkeit – sei sie nun jüdischer, christlicher oder anderer Prägung – nach der Lehre Scha-uls schlecht ist, ein Leben nach der *Torah* Gottes hingegen gut.

Kyrios, Herr und J-H-W-H. Der Begriff *kyrios* ist im Neuen Testament häufig mehrdeutig; er kann als respektvolle Anrede, »geehrter Herr«, gebraucht werden, kann »Herr« im Sinne von »Hausherr« oder »Herr« im Sinn von »Gott« bedeuten. Zugleich ist es aber auch das griechische Wort für J-H-W-H, »Jahwe«, den persönlichen Eigennamen Gottes, für den das Judentum das Wort *»Adonai«* schreibt, das in vielen Übersetzungen mit »Herr« oder »HErr« wiedergegeben wird. Indem die meisten Übersetzungen für *kyrios* einfach durchgängig »Herr« schreiben, umgehen sie die Problematik derjenigen Stellen, an denen es »J-H-W-H« bedeutet. Das »Jüdische Neue Testament« folgt dieser Praxis nicht – gemäß dem in Abschnitt V. erläuterten Prinzip, daß der Übersetzer stets die eigentliche Bedeutung eines Wortes festlegen und so eindeutig wie möglich wiedergeben sollte, statt einen mehrdeutigen Ausdruck aus einer Sprache in die andere zu übernehmen. An mehreren Stellen führt diese Methode denn auch zur kühnen Beantwortung einer theologischen

52 C.E.B. Cranfield, »International Critical Commentary: The Epistle to the Romans«, Edinburgh 1979, S. 853

Schlüsselfrage, die das messianische vom traditionellen Judentum trennt – nämlich der Frage, ob die Vorstellung von *Adonai* auch Jeschua den Messias und/oder den Heiligen Geist miteinschließen kann. Phil 2,10–11 sagt uns, daß der Tag kommt, an dem »jedes Knie sich beugen wird ... und jede Zunge bekennen wird, daß Jeschua der Messias *Adonai* ist«. Da es sich hier um ein Zitat aus Jesaja 45,23 handelt, eine Stelle, aus der eindeutig hervorgeht, daß jedes Knie sich *Adonai* beugen wird, ist *kyrios* hier mit *Adonai* übersetzt. 2. Kor 3,16–18 zitiert Exodus 34,34, »wann immer sich jemand zu *Adonai* kehrt, wird der Schleier fortgenommen«, weist ausdrücklich darauf hin, daß »*Adonai*« in diesem Zusammenhang »Geist« bedeutet und gebraucht im folgenden die Wendung »*Adonai* der Geist«.

***Erez Jisrael* im Neuen Bund.** Das griechische Substantiv *hae gae* wird gewöhnlich mit »Erde« übersetzt, doch achtzehnmal im Neuen Testament bezieht es sich auf das geographische Israel. Zweimal ganz explizit: Matitjahu 2,20–21 nennt das Heilige Land »*Erez Jisrael*«; viermal wird aus der *Tenach* zitiert – Matitjahu 5,5 (Ps 37,11), Matitjahu 24,30 und Offb 1,7 (Sach 12,10.14) und Eph 6,3 (Dtn 5,17). Fünf Stellen basieren auf der *Tenach* – Lk 4,25 und Ja-akov 5,17–18 (1 Kön 17,1; 18,1.41–45), Brief an die Messianischen Juden 11,9 (Gen 12.13.15.20.23) und Offb 20,9 (Ez 38–39). Die restlichen acht ergeben sich aus dem Kontext – Matitjahu 5,13; 10,34; 27,45; Mk 15,33; Lk 12,51; 21,23; 23,44 und Offb 11,10. In einer Zeit, in der sich in der christlichen Theologie immer mehr die Auffassung durchsetzt, daß die christliche Kirche die Juden als Volk Gottes abgelöst habe – in dem Versuch, zu beweisen, daß das Land Israel nicht mehr das dem Volk Israel von Gott verheißene Land sei –, ist es um so wichtiger festzuhalten, daß das geographische Israel in der neutestamentlichen Darstellung des göttlichen Heilsplans für die Juden im besonderen und für die gesamte Menschheit eine wichtige Rolle spielt, und zwar in Vergangenheit, Gegenwart und Zukunft.

VII. VERHEISSUNGEN IN DER *TENACH*, DIE JESCHUA, DER MESSIAS, ERFÜLLT HAT

Die folgenden Seiten enthalten eine auszugsweise Auflistung der Prophezeiungen aus der *Tenach*, die sich auf Jeschuas erstes Kommen beziehen; und dazu die Stellenangaben im Neuen Testament, wo von ihrer Erfüllung berichtet wird.

Aus Platzgründen ist es hier nicht möglich, im einzelnen darauf einzugehen, inwiefern sich die betreffenden Prophezeiungen auf Jeschua den Messias beziehen. Dieser Aspekt wird jedoch in einer Vielzahl von Büchern behandelt, in denen außerdem noch weitere *Tenach*prophezeiungen angeführt werden, die auf Jeschua verweisen.[53]

Neben den expliziten Prophezeiungen enthält die *Tenach* auch Stellen, die bildhaft, gleichsam in allegorischer Weise, auf Jeschua verweisen. So wird der Vorgang, der im Judentum als *akedah* (»Bindung«) bekannt ist, die »Beinahe-Opferung« des Jizchak durch Avraham, im Brief an die Messianischen Juden (Hebr) 11,17–19 ausdrücklich als Hinweis auf Jeschua gedeutet. Auch das Leben Josefs dient als ein solches Beispiel: Seine Brüder versuchten, ihn zu töten, doch am Ende errettete er sie vor dem Tod, obwohl sie ihn anfangs nicht einmal erkannten. Das heißt nicht, daß Genesis 22 die »Prophezeiung« enthielte, daß Jeschua von den Toten auferweckt würde, oder daß Genesis 37–45 besagte, daß das jüdische Volk als Nation seinen Retter anfangs verwerfen würde. Es zeigt lediglich, daß der Heilsplan Gottes von Anfang an seine Spuren in der Geschichte hinterlassen hat – einer Geschichte, die eine Einheit bildet und sich in Jeschua dem Messias vollendete. So jedenfalls hat es Jeschua selbst zweien seiner *Talmidim* erklärt.[54]

Verheißungen in der *Tenach*, die Jesus bei seinem ersten Kommen erfüllt hat:

VERHEISSUNG DER MESSIAS MUSS ...	**QUELLE** IN DER *TENACH*	**ERFÜLLUNG** IM NEUEN TESTAMENT
»Nachkomme des Weibes« sein und der Schlange »den Kopf zermalmen«	Gen 3,15	Gal 4,4; 1. Jochanan 3,8
»Nachkomme Avrahams« sein	Gen 12,3	Matitjahu 1,1; Apg 3,25; Gal 3,16
»Nachkomme Jizchaks« sein	Gen 17,19; 21,12	Matitjahu 1,2; Lk 3,34; Messianische Juden 11,17–19
»Nachkomme Ja-akovs« und der »Stern aus Ja-akov« sein, der die »Herrschaft haben« wird	Gen 28,14; Num 24,17.19	Matitjahu 1,2; Lk 3,34; Offb 22,16

53 Vgl. Appendix VII von »Life and Times of Jesus the Messiah«, 2. Auflage, New York 1884, von dem messianischen Juden Alfred Edersheim, wo eine Liste der 456 Passagen aus der *Tenach* angeführt ist, die das rabbinische Schrifttum auf den Messias bezog (einschließlich 558 direkter Zitate aus diesen Schriften); vgl. auch J. Barton Payne, »Encyclopaedia of Biblical Prophecy«, New York 1973.

54 Lk 24,25–27

VERHEISSUNG DER MESSIAS MUSS ...	**QUELLE** IN DER *TENACH*	**ERFÜLLUNG** IM NEUEN TESTAMENT
aus dem Geschlecht Jehudas sein	Gen 49,10	Matitjahu 1,2–3; Lk 3,33; Messianische Juden 7,14
aus dem Geschlecht Davids und Erbe des Thrones Davids sein	2 Sam 7,12–13; Jes 9,6; 11, 1–5; Jer 23,5	Matitjahu 1,1.6; Apg 13,23; Röm 1,4
von »Ewigkeit zu Ewigkeit« existieren	Mi 5,1	Jochanan 11,14; 8,58; Eph 1,3–14; Kol 1,15–19; Offb 1,18
der Sohn Gottes sein	Ps 2,7; Spr 30,4	Matitjahu 3,17; Lk 1,32
den Namen Gottes selbst, J-H-W-H (*Adonai*), tragen	Jes 9,5–6; Jer 23,5–6	Röm 10,9; Phil 2,9–11
zu einer ganz bestimmten Zeit, 69 x 7 (483) Jahre nach dem Wiederaufbau der Mauer Jeruschalajims kommen	Dan 9,24–26	Matitjahu 2,1.16.19; Lk 3,1.23
geboren sein in Beht-Lechem in Jehudah	Mi 5,1	Matitjahu 2,1; Lk 2,4–7
von einer Jungfrau geboren werden	Jes 7,14[55]	Matitjahu 1,18–2,1; Lk 1,26–35
von großen Persönlichkeiten angebetet werden	Ps 72,10–11	Matitjahu 2,1–11
einen Vorgänger haben, der ihn ankündigt	Jes 40,3–5; Mal 3,1	Matitjahu 3,1–3; Lk 1,17; 3,2–6
mit dem Geist Gottes gesalbt werden	Jes 11,2; 61,1; Ps 45,8	Matitjahu 3,16; Jochanan 3,34; Apg 10,38
ein Prophet wie Mosche sein	Dtn 18,15.18	Apg 3,20–22

55 Das hebräische Wort 'almah in Jes 14 bedeutet soviel wie »junge Frau«, in der *Tenach* ausnahmslos »eine junge Frau von untadeligem Ruf«, weshalb die jüdischen Übersetzer der Septuaginta, der griechischen Ausgabe der *Tenach*, die 200 Jahre vor Jeschuas Geburt entstand, das Wort mit dem griechischen *parthenos,* »Jungfrau«, wiedergaben; dieses Wort wird denn auch in Matitjahu 1,23 gebraucht.

VERHEISSUNG DER MESSIAS MUSS …	**QUELLE** IN DER *TENACH*	**ERFÜLLUNG** IM NEUEN TESTAMENT
die Aufgabe haben, die, deren Herz gebrochen ist, wieder aufzurichten, den Gefangenen die Freiheit zu verkünden und ein angenehmes Jahr des Herrn auszurufen	Jes 61,1–2	Lk 4,18–19
die Aufgabe haben zu heilen	Jes 35,5–6; 42,18	Matitjahu 11,5; vgl. immer wieder die Evangelien
im Galil wirken	Jes 8,23	Matitjahu 4,12–16
liebevoll und mitfühlend sein	Jes 40,11; 42,3	Matitjahu 12,15.20; Messianische Juden 4,15
sanftmütig sein und darf nicht prahlen	Jes 42,2	Matitjahu 12,15–16.19
sündlos und ohne Arg sein	Jes 53,9	1. Kefa 2,22
die Schande tragen, die anderen gebührt	Jes 53,12; Ps 69,10	Röm 15,3
ein Priester sein	Ps 110,4	Messianische Juden 5,5–6
öffentlich auf einem Esel in Jeruschalajim einreiten	Sach 9,9	Matitjahu 21,1–11; Mk 11,1–11
mit Vollmacht im Tempel auftreten	Hag 2,7–9; Mal 3,1	Matitjahu 21,12–24,1; Lk 2,27–38; 45–50; Jochanan 2,13–22
ohne Grund gehaßt werden	Jes 49,7; Ps 69,5	Jochanan 15,24–25
unerwünscht sein und von seinem eigenen Volk verworfen werden	Jes 53,2; 63,3; Ps 69,9	Mk 6,3; Lk 9,58; Jochanan 1,11; 7,3–5
von den Obersten des jüdischen Volkes verworfen werden	Ps 118,22	Matitjahu 21,42; Jochanan 7,48
Juden und Heiden gemeinsam müssen sich gegen ihn verschwören	Ps 2,1–2	Apg 4,27

VERHEISSUNG DER MESSIAS MUSS ...	**QUELLE** IN DER *TENACH*	**ERFÜLLUNG** IM NEUEN TESTAMENT
von einem Freund verraten werden	Ps 41,9; 55,13–15	Matitjahu 26,21–25.47–50; Jochanan 13,18–21; Apg 1,16–18
für dreißig Silberstücke verkauft werden	Sach 11,12	Matitjahu 26,15
Sein Preis muß hingegeben werden für einen Töpferacker	Sach 11,13	Matitjahu 27,7
von seinen *Talmidim* verlassen werden	Sach 13,7	Matitjahu 26,31.56
auf die Wange geschlagen werden	Mi 4,14	Matitjahu 27,30
angespuckt werden	Jes 50,6	Matitjahu 26,67; 27,30
verhöhnt werden	Ps 22,8–9	Matitjahu 26,67–68; 27,31.39–44
geschlagen werden	Jes 50,6	Matitjahu 26,67; 27,26.30
durch die Kreuzigung hingerichtet werden, dabei müssen seine Hände und Füße durchbohrt werden	Ps 22,17[56]; Sach 12,10	Matitjahu 27,35; Lk 24,39; Jochanan 19,18.34–37; Offb 1,7
Durst leiden während seiner Hinrichtung	Ps 22,16	Jochanan 19,28
Essig bekommen, mit dem dieser Durst gestillt werden soll	Ps 69,22	Matitjahu 27,34
hingerichtet werden, ohne daß ihm dabei ein Knochen gebrochen wird	Ex 12,46; Ps 34,21	Jochanan 19,33–36
für einen Missetäter gehalten werden	Jes 53,12	Matitjahu 27,38

56 Die Septuaginta (vgl. Fußnote 56) schreibt: »Sie durchbohrten meine Hände und meine Füße« und bezieht sich damit auf das hebräische Wort *karu* im Urtext. Der masoretische hebräische Text, der im traditionellen Judentum als Standard akzeptiert wird, hat k'ari; die Zeile lautet: »Wie ein Löwe, meine Hände und meine Füße.«

VERHEISSUNG DER MESSIAS MUSS ...	QUELLE IN DER *TENACH*	ERFÜLLUNG IM NEUEN TESTAMENT
»ausgerottet werden«, aber nicht um seiner selbst willen	Dan 9,24–26	Röm 5,6; 1. Kefa 3,18
derjenige sein, dessen Tod die Sünde der Menschheit sühnt	Jes 53,5–7.12	Mk 10,45; Jochanan 1,29; 3,16; Apg 8,30–35
nach dem Tod unter den Reichen begraben werden	Jes 53,9	Matitjahu 27,57–60
von den Toten auferweckt werden	Jes 53,9–10; Ps 2,7; 16,10	Matitjahu 28,1–20; Apg 2,23–36; 13,33–37; 1 Kor 11,4–6
aufsteigen zur rechten Hand Gottes	Ps 16,11; 68,19; 110,1	Lk 24,51; Apg 1,9–11; 7,55; Messianische Juden 1,3
sein Priesteramt im Himmel ausüben	Sach 6,13	Röm 8,34; Messianische Juden 7,25–8,2
der Eckstein der messianischen Gemeinschaft Gottes sein	Jes 28,16; Ps 118,22–23	Matitjahu 21,42; Eph 2,20; 1. Kefa 2,5–7
von Juden und von Heiden gesucht werden	Jes 11,10; 42,1	Apg 10,45
von den Heiden angenommen werden	Jes 11,10; 42, 1–4; 49,1–12	Matitjahu 12,21; Röm 15,10

VIII. HINWEISE FÜR DIE BENUTZUNG DES »JÜDISCHEN NEUEN TESTAMENTES«

Verweise auf die *Tenach*. Um den Zusammenhang zwischen Neuem Testament und der *Tenach*, auf der es aufbaut, herauszustellen, erscheinen die Zitate aus der *Tenach* in **Fettdruck**, und die dazugehörigen Stellenangaben stehen in den Fußnoten unten auf der Seite. Die Kapitel- und Verszählung der Bücher der *Tenach* orientieren sich in der deutschen Übersetzung des »Jüdischen Neuen Testamentes« an den christlichen Bibelausgaben; die Reihenfolge der Bücher der *Tenach* orientiert sich an hebräischen Bibelausgaben. Im *Tenach*stellenregister am Schluß des Buches sind sämtliche alttestamentlichen Bibelstellen, auf die im »Jüdischen Neuen Testament« Bezug genommen wird, nochmals aufgelistet.

Semitische Termini und Namen. Hebräische, aramäische und jiddische Termini (einschließlich der Namen Gottes) erscheinen in Kursivschrift, ausgenommen die semitischen Ortsangaben und Eigennamen (einschließlich der »geistlichen« Orte wie Geh-Hinnom).

Zwei Glossare und zwei Karten sollen dem Leser helfen, sich mit den ca. 400 semitischen Namen und Termini, die im »Jüdischen Neuen Testament« gebraucht werden, zurechtzufinden.

– Glossar der jüdischen Namen und Begriffe mit Hinweisen zur Aussprache. Am Schluß des Buches findet sich ein umfassendes Glossar der hebräischen, aramäischen und jiddischen Begriffe und Namen, die im »Jüdischen Neuen Testament« verwendet werden.

– Internes Glossar. Rechts unten auf jeder Doppelseite findet sich ein kurzes Glossar zu den semitischen Wörtern und Namen, die auf der betreffenden Seite auftauchen. Dieses Glossar ist zwar kein Ersatz für das ausführliche Glossar am Schluß des Buches, enthält jedoch bereits eine Kurzdefinition des betreffenden Begriffs und erleichtert dem Leser so die rasche Orientierung.

– Karten. Am Schluß des Buches finden sich zwei Karten – »*Erez Jisrael* zur Zeit Jeschuas« und »Das östliche Mittelmeergebiet und der Nahe Osten zur Zeit des Zweiten Tempels«. Der Index zu den Karten listet sowohl die Namen aus dem »Jüdischen Neuen Testament« als auch die üblichen deutschen Bezeichnungen aller Orte auf, die im Neuen Testament erwähnt werden, dazu andere wichtige Ortsnamen.

Fußnoten. Die Fußnoten sind auf ein unerläßliches Minimum beschränkt. Über zwanzig Passagen (keine umfaßt mehr als zwei Verse), die die meisten Wissenschaftler nicht für authentisch erachten, fehlen im Text und sind unter dem Zeichen * in den Fußnoten unten auf der Seite zu finden.

Drei Passagen – Matitjahu 6,13b, Mk 16,9–20 und Jochanan 7,53–8,11 – wurden aufgenommen, wobei jeweils ein * auf ein Problem verweist, das in der Fußnote kurz angedeutet wird. Textvarianten oder alternative Lesarten wurden nicht aufgenommen.

Anmerkungen des Autors. An einigen wenigen Stellen sind erklärende Anmerkungen des Autors, die nicht im Ausgangstext selbst zu finden sind, in eckigen Klammern in den Bibeltext aufgenommen (z. B. bei Matitjahu 1,21; 6,23). Ähnliche Erklärungen, die sich im Ausgangstext selbst finden, stehen in gewöhnlichen Klammern (z. B. bei Matitjahu 1,23). Bestimmte Begriffe oder Wendungen im griechischen Urtext werden durch »ausführlichere« Übertragungen wiedergegeben. Diese sind jedoch aus den in Abschnitt V. erläuterten Gründen nicht vom übrigen Text abgehoben.[57]

57 Vgl. die Erörterung von *hypo nomon* in den Abschnitten V. und VI.

DIE GUTE NACHRICHT VON
JESCHUA DEM MESSIAS
NACH DEM BERICHT VON

MATITJAHU (MATTHÄUS)

1 1 Dies ist der Stammbaum Je-
schuas des Messias, des Sohnes
Davids, des Sohnes Avrahams:

2 Avraham war der Vater von Jiz-
chak, Jizchak war der Vater von Ja-
akov, Ja-akov war der Vater von Je-
hudah und seinen Brüdern,
3 Jehudah war der Vater von Perez
und Serach (ihre Mutter war Ta-
mar), Perez war der Vater von
Chezron, Chezron war der Vater
von Ram,
4 Ram war der Vater von Ammina-
dav, Amminadav war der Vater von
Nachschon, Nachschon war der Va-
ter von Salmon,
5 Salmon war der Vater von Boas
(seine Mutter war Rachav), Boas
war der Vater von Oved (seine Mut-
ter war Ruth), Oved war der Vater
von Jischai,
6 Jischai war der Vater von David,
dem König.

David war der Vater von Schlomo
(seine Mutter war die Frau des Uri-
jah),
7 Schlomo war der Vater von Re-
chaveam, Rechaveam war der Vater
von Avijah, Avijah war der Vater
von Asa,
8 Asa war der Vater von Jehoscha-
fat, Jehoschafat war der Vater von
Joram, Joram war der Vater von
Usijahu,
9 Usijahu war der Vater von Jotam,
Jotam war der Vater von Achas,
Achas war der Vater von Chiskijahu,
10 Chiskijahu war der Vater von
Menascheh, Menascheh war der Va-
ter von Amon, Amon war der Vater
von Joschijahu,
11 Joschijahu war der Vater von
Jechanjahu und seinen Brüdern zur
Zeit des Exils in Babylon.

Achas – Ahas
Amminadav – Amminadab
Avijah – Abija
Avraham – Abraham
Chezron – Hezron
Chiskijahu – Hiskia
Ja-akov – Jakob
Jechanjahu – Jojachin
Jehoschafat – Joschafat
Jehudah – Juda
Jeschua – Jesus
Jischai – Isai
Jizchak – Isaak
Joram – Jorim
Joschijahu – Josia
Menascheh – Manasse
Oved – Obed
Rachav – Rahab
Rechaveam – Rehabeam
Ruth – Rut
Schlomo – Salomo
Urijah – Uria
Usijahu – Usija

12 Nach dem babylonischen Exil:
Jechanjahu war der Vater von Sche-
alti-el, Schealti-el war der Vater von
Serubavel,
13 Serubavel war der Vater von
Avichud, Avichud war der Vater
von Eljakim, Eljakim war der Vater
von Asur,
14 Asur war der Vater von Zadok,
Zadok war der Vater von Jachin, Ja-
chin war der Vater von Elihud,
15 Elihud war der Vater von El-
asar, El-asar war der Vater von Mat-
tan, Mattan war der Vater von Ja-
akov,
16 Ja-akov war der Vater von Josef,
des Mannes der Mirjam, aus der ge-
boren wurde der Jeschua, der der
Messias genannt wurde.

17 Somit waren es vierzehn Gene-
rationen von Avraham bis David,
vierzehn Generationen von David
bis zum babylonischen Exil und
vierzehn Generationen vom babylo-
nischen Exil bis zum Messias.

18 Und mit der Geburt Jeschuas,
des Messias, verhielt es sich folgen-
dermaßen. Als seine Mutter Mirjam
mit Josef verlobt war, noch bevor
sie verheiratet waren, wurde sie
schwanger erfunden vom *Ruach Ha
Kodesch*.
19 Da ihr zukünftiger Ehe-
mann, Josef, ein Mann war, der tat,
was recht war, wollte er sie nicht der
öffentlichen Schande preisgeben;
deshalb plante er, die Verlobung in
der Stille zu lösen.
20 Doch noch
während er darüber nachdachte, er-
schien ihm in einem Traum ein En-
gel *Adonai*s und sagte: »Josef, Sohn
Davids, fürchte dich nicht, Mirjam
als deine Frau heimzuführen; denn
das Kind, das sie empfangen hat, ist
vom *Ruach Ha Kodesch*.
21 Sie wird
einen Sohn gebären, und du sollst
ihn Jeschua nennen [das bedeutet
»*Adonai* rettet«], weil er sein Volk
von seinen Sünden erretten wird.«
22 All das geschah, um zu erfüllen,
was *Adonai* gesagt hatte durch den
Propheten:

23 **»Die Jungfrau wird empfangen
und einen Sohn tragen, und** sie
werden ihn Immanu-el nennen.«[a]

(Der Name bedeutet »Gott ist mit
uns«.)
24 Als Josef aufwachte, tat er, was
der Engel *Adonai*s ihm gesagt hatte
– er nahm Mirjam als seine Frau
nach Hause,
25 aber er hatte keinen
Geschlechtsverkehr mit ihr, bis sie
einen Sohn geboren hatte, und er
nannte ihn Jeschua.

2 1 Nachdem Jeschua geboren
war in Beht-Lechem, im Land
Jehudah, zur Zeit, als Herodes Kö-
nig war, kamen Magier aus dem
Osten nach Jeruschalajim
2 und frag-
ten: »Wo ist der neugeborene König
der Juden? Denn wir sahen seinen
Stern im Osten und sind gekom-
men, ihn anzubeten.«
3 Als König Herodes davon hörte,
war er sehr beunruhigt, und mit ihm
jedermann in Jeruschalajim.
4 Er rief
alle Haupt-*Kohanim* und *Torahleh-
rer* des Volkes zusammen und fragte
sie: »Wo wird der Messias geboren
werden?«
5 »In Beht-Lechem in Je-

a Jes 7,14

hudah«, antworteten sie, »denn der
Prophet hat geschrieben:

**6 ›Und du, Beht-Lechem im Lan-
de Jehudahs, bist keineswegs die
Geringste unter den Herrschern
Jehudahs; denn aus dir wird ein
Herrscher hervorgehen, der mein
Volk Jisrael weiden wird.‹«**[b]

7 Herodes berief die Magier heim-
lich zu sich und fragte sie, wann ge-
nau der Stern erschienen war. 8 Dann
sandte er sie mit folgenden Anwei-
sungen nach Beht-Lechem: »Sucht
sorgsam nach dem Kind; und wenn
ihr es findet, laßt es mich wissen, da-
mit auch ich hingehen und es anbe-
ten kann.«
9 Nachdem sie gehört hatten, was
der König sagte, gingen sie fort; und
der Stern, den sie im Osten gesehen
hatten, ging vor ihnen her, bis er
kam und stehenblieb über dem Ort,
wo das Kind war. 10 Als sie den Stern
sahen, waren sie außer sich vor
Freude. 11 Beim Betreten des Hauses
erblickten sie das Kind mit seiner
Mutter Mirjam; und sie warfen sich
in den Staub und beteten es an.
Dann öffneten sie ihre Taschen und
überreichten ihm Geschenke: Gold,
Weihrauch und Myrrhe. 12 Aber sie
waren in einem Traum davor ge-
warnt worden, zu Herodes zurück-
zukehren, deshalb nahmen sie einen
anderen Rückweg in ihr Heimat-
land.
13 Nachdem sie gegangen waren,
erschien Josef in einem Traum ein
Engel *Adonais* und sagte: »Steh auf,

b Mi 5,1

nimm das Kind und seine Mutter
und fliehe nach Ägypten und bleibe
dort, bis ich dich auffordere, wieder
wegzugehen. Denn Herodes wird
nach dem Kind suchen, um es zu tö-
ten.« 14 So stand er auf, nahm das
Kind und seine Mutter und machte
sich in der Nacht auf nach Ägypten,
15 wo er blieb, bis Herodes starb.
Das geschah, damit erfüllt würde,
was *Adonai* gesagt hatte durch den
Propheten:

**»Aus Ägypten habe ich meinen
Sohn berufen.«**[c]

16 Herodes, der inzwischen ge-
merkt hatte, daß die Magier ihn
überlistet hatten, wurde rasend vor
Wut und gab Befehl, alle Jungen in
und um Beht-Lechem zu töten, die
zwei Jahre alt oder jünger waren,

c Hos 11,1

Adonai – der HERR, Jahwe
Asur – Asor
Avichud – Abihud
Avraham – Abraham
Beht-Lechem – Bethlehem
El-asar – Eleasar; Lazarus
Elihud – Eliud
Eljakim – Eliakim
Immanu-el – Immanuel
Ja-akov – Jakob
Jachin – Achim
Jechanjahu – Jojachin
Jehudah – Judäa
Jeruschalajim – Jerusalem
Jeschua – Jesus
Kohanim – Priester (pl.)
Mirjam – Miriam, Maria
Ruach Ha Kodesch – Heiliger Geist
Schealti-el – Schealtiël
Serubavel – Serubbabel
Torahlehrer – Schriftgelehrte

gerechnet ab dem Zeitpunkt, den
die Magier ihm genannt hatten.
[17]Auf diese Weise wurden die Wor-
te erfüllt, die durch den Propheten
Jirmejahu gesprochen sind:

[18]**»Eine Stimme wurde vernom-
men in Rama, die weinte und laut
klagte. Es war Rachel, die um ihre
Kinder weint und sich nicht trö-
sten lassen will, weil sie nicht mehr
leben.«**[d]

[19]Nach Herodes' Tod erschien Jo-
sef in Ägypten ein Engel in einem
Traum [20]und sagte: »Steh auf, nimm
das Kind und seine Mutter und geh
nach *Erez Jisrael*, denn die, die das
Kind töten wollten, sind tot.« [21]So
stand er auf, nahm das Kind und
seine Mutter und ging zurück nach
Erez Jisrael. [22]Als er jedoch hörte,
daß Archelaus als Nachfolger seines
Vaters Herodes König von Jehudah
geworden war, hatte er Angst, dort-
hin zu gehen. In einem Traum ge-
warnt, zog er sich ins Galil zurück
[23]und ließ sich in einer Stadt namens
Nazeret nieder, damit erfüllt würde,
was durch die Propheten gespro-
chen worden war, daß er ein *Nazra-
ti* genannt werden wird.

3 [1]In diesen Tagen langte Jocha-
nan der Eintaucher in der Wü-
ste von Jehudah an und begann, die
Botschaft zu verkündigen: [2]»Wen-
det euch von euren Sünden zu Gott,
denn das Reich des Himmels ist na-
he!« [3]Dies ist der Mann, von dem
Jeschajahu sprach, als er sagte:

**»Die Stimme eines, der ruft in
der Wüste: ›Bereitet den Weg *Ado-
nais*! Macht die Wege eben für
ihn!‹«**[e]

[4]Jochanan trug Kleider aus Ka-
melhaar mit einem Ledergürtel um
die Hüfte, und seine Nahrung be-
stand aus Heuschrecken und wil-
dem Honig. [5]Die Menschen kamen
hinaus zu ihm aus Jeruschalajim, aus
ganz Jehudah und aus der ganzen
Gegend um den Jarden. [6]Sie be-
kannten ihre Sünden und wurden
von ihm im Jarden eingetaucht.
[7]Doch als Jochanan die vielen
Peruschim und *Zeddukim* sah, die
kamen, um von ihm eingetaucht
zu werden, sagte er zu ihnen: »Ihr
Schlangen! Wer hat euch nahege-
legt, der kommenden Strafe zu
entfliehen? [8]Wenn ihr euch wirk-
lich von euren Sünden zu Gott ge-
wandt habt, dann bringt Frucht
hervor, die das beweist! [9]Und
glaubt nicht, daß ihr euch damit
trösten könnt, daß ihr sagt: ›Avra-
ham ist unser Vater‹! Denn ich sa-
ge euch, daß Gott Avraham aus
diesen Steinen Söhne erwecken
kann! [10]Schon liegt die Axt an der
Wurzel der Bäume, bereit zum
Schlag; jeder Baum, der keine gu-
ten Früchte hervorbringt, wird ge-
fällt und ins Feuer geworfen wer-
den! [11]Es ist wahr, daß ich euch in
Wasser eintauche, damit ihr euch
von der Sünde zu Gott wendet;
doch der, der nach mir kommt, ist
mächtiger als ich – ich bin nicht

d Jer 31,15

e Jes 40,3

einmal wert, seine Sandalen zu tragen –, und er wird euch im *Ruach Ha Kodesch* und in Feuer eintauchen. 12Er hat seine Worfschaufel bei sich; und er wird seinen Dreschboden reinigen, seinen Weizen in die Scheune sammeln und das Stroh mit unlöschbarem Feuer verbrennen!«

13Dann kam Jeschua aus dem Galil zum Jarden, um von Jochanan eingetaucht zu werden. 14Aber Jochanan versuchte, ihn davon abzuhalten. »Du kommst zu mir? Ich sollte vielmehr von dir eingetaucht werden!« 15Doch Jeschua antwortete ihm: »Laß es jetzt so geschehen, denn wir sollen alles tun, was die Gerechtigkeit erfordert.« Da ließ ihn Jochanan. 16Sobald Jeschua eingetaucht worden war, tauchte er wieder aus dem Wasser empor. In diesem Augenblick wurde der Himmel geöffnet, er sah den Geist Gottes herabkommen auf ihn wie eine Taube, 17und eine Stimme aus dem Himmel sagte: »Dieser ist mein Sohn, den ich liebe; ich finde großen Gefallen an ihm.«

4

1Dann führte der Geist Jeschua hinauf in die Wüste, wo er erneut vom Widersacher versucht werden sollte. 2Nachdem Jeschua vierzig Tage und Nächte gefastet hatte, war er hungrig. 3Der Versucher kam und sagte zu ihm: »Wenn du der Sohn Gottes bist, befiehl diesen Steinen, Brot zu werden.« 4Doch er antwortete: »Die *Tenach* sagt:

›Der Mensch lebt nicht vom Brot allein, sondern von jedem Wort, das aus dem Munde *Adonais* kommt.‹«[f]

5Dann nahm ihn der Widersacher mit sich in die heilige Stadt und stellte ihn auf den höchsten Punkt des Tempels. 6»Wenn du der Sohn Gottes bist«, sagte er, »so spring! Denn die *Tenach* sagt:

›Er wird dich seinen Engeln anbefehlen. Sie werden dich mit ihren Händen halten, so daß du dir die Füße nicht an den Steinen stoßen wirst.‹«[g]

7Jeschua antwortete ihm: »Aber sie sagt auch: **›Stelle *Adonai*, deinen Gott, nicht auf die Probe.‹«**[h]

f Dtn 8,3
g Ps 91,11–12
h Dtn 6,16

Adonai – der HERR, Jahwe
Avraham – Abraham
Beht-Lechem – Bethlehem
Erez Israel – das Land Israel
Galil – Galiläa
Jarden – Jordan
Jehudah – Judäa
Jeruschalajim – Jerusalem
Jeschajahu – Jesaja
Jeschua – Jesus
Jirmejahu – Jeremia
Jochanan – Johannes
Jochanan der Eintaucher – Johannes der Täufer
Nazeret – Nazareth
Nazrati – Mann/Frau aus Nazareth, Nazarener(in)
Peruschim – Pharisäer (pl.)
Rachel – Rahel
Ruach Ha Kodesch – Heiliger Geist
Tenach – die hebr. Bibel, das Alte Testament
Zeddukim – Sadduzäer

[8]Abermals nahm ihn der Widersacher mit hinauf auf den Gipfel eines sehr hohen Berges, zeigte ihm alle Königreiche der Welt in all ihrer Herrlichkeit [9]und sagte zu ihm: »All das will ich dir geben, wenn du dich neigst und mich anbetest.« [10]»Fort mit dir, Satan!« sagte Jeschua zu ihm, »denn die *Tenach* sagt:

›Bete *Adonai*, deinen Gott, an und diene ihm allein.‹«[i]

[11]Da verließ ihn der Widersacher, und Engel kamen und sorgten für ihn.

[12]Als Jeschua hörte, daß Jochanan ins Gefängnis geworfen worden war, kehrte er ins Galil zurück; [13]aber er verließ Nazeret und lebte in Kefar-Nachum, einer Stadt am See nahe der Grenze zwischen Sevulun und Naftali. [14]Das geschah, damit erfüllt würde, was der Prophet Jeschajahu gesagt hatte:

[15]**»Land Sevulun und Land Naftali, am See, jenseits des Jarden, Galil-der-*Gojim* –**

[16]**Das Volk, das in Finsternis lebt, hat ein großes Licht gesehen; über denen, die in jenem Gebiet leben, im Schatten des Todes, ist ein Licht heraufgezogen.«**[j]

[17]Von der Zeit an begann Jeschua zu verkündigen: »Wendet euch von euren Sünden zu Gott, denn das Reich des Himmels ist nahe!«

[18]Als Jeschua am See Kinneret wandelte, sah er zwei Brüder, die waren Fischer – Schim-on, bekannt als Kefa, und seinen Bruder Andreas –, die warfen ihr Netz in den See. [19]Jeschua sagte zu ihnen: »Folgt mir nach, und ich will euch zu Menschenfischern machen!« [20]Sogleich ließen sie ihre Netze liegen und gingen mit ihm.

[21]Im Weitergehen sah er zwei andere Brüder – Ja-akov Ben Savdai und seinen Bruder Jochanan – im Boot mit ihrem Vater Savdai; die flickten ihre Netze; und er rief sie. [22]Sogleich verließen sie das Boot und ihren Vater und gingen mit Jeschua.

[23]Jeschua wanderte durch das ganze Galil, lehrte in ihren Synagogen, verkündigte die Gute Nachricht vom Reich und heilte die Menschen von Krankheiten und Gebrechen aller Art. [24]Die Kunde von ihm verbreitete sich in ganz Syrien, und die Menschen brachten zu ihm alle, die krank waren, die an den verschiedensten Krankheiten und Schmerzen litten, die in der Gewalt von Dämonen gefangen waren, und Epileptiker und Gelähmte; und er heilte sie. [25]Riesige Menschenmassen folgten ihm aus dem Galil, den Zehn Städten, Jeruschalajim, Jehudah und Ever Ha Jarden.

5 [1]Als er die Massen sah, ging Jeschua den Hügel hinauf. Nachdem er sich niedergelassen hatte, kamen seine *Talmidim* zu ihm, [2]und er begann zu sprechen. Und er lehrte sie folgendes:

i Dtn 6,13

j Jes 8,23–9,1

3 Wie gesegnet sind die Armen im
Geist! Denn das Reich des Himmels
ist ihrer.

4 Wie gesegnet sind die, die trau-
ern! Denn sie werden getröstet wer-
den.

5 Wie gesegnet sind **die Sanftmüti-
gen**! Denn sie **werden das Land er-
ben.**[k]

6 Wie gesegnet sind die, die hun-
gern und dürsten nach Gerechtig-
keit! Denn sie werden gesättigt wer-
den.

7 Wie gesegnet sind die, die Barm-
herzigkeit zeigen! Denn ihnen wird
Barmherzigkeit erwiesen werden.

8 Wie gesegnet sind die, die reinen
Herzens sind! Denn sie werden
Gott sehen.

9 Wie gesegnet sind die, die Frie-
den schließen! Denn sie werden
Söhne Gottes genannt werden.

10 Wie gesegnet sind die, die ver-
folgt werden, weil sie der Gerechtig-
keit nachjagen! Denn das Reich des
Himmels ist ihrer.

11 Wie gesegnet seid ihr, wenn die
Menschen euch schmähen und euch
verfolgen und bösartige Lügen über
euch verbreiten, weil ihr mir nach-
folgt! 12 Freut euch, seid froh, denn
eure Belohnung im Himmel ist groß
– genauso haben sie vor euch die
Propheten verfolgt.

13 Ihr seid das Salz der Erde. Aber
wenn Salz geschmacklos wird, wie
kann es dann wieder salzig gemacht
werden? Es taugt zu nichts mehr,
außer hinausgeworfen zu werden,
so daß die Menschen mit den Füßen
darauf treten.

14 Ihr seid das Licht der Welt. Eine
Stadt, die auf einem Hügel erbaut
ist, kann nicht verborgen werden.
15 Und wenn Menschen eine Lampe
anzünden, so bedecken sie sie nicht
mit einem Gefäß, sondern stellen sie
auf einen Leuchter, damit sie jedem
im Haus scheint. 16 So laßt auch euer
Licht leuchten vor den Menschen,
damit sie das Gute, das ihr tut, sehen
und euren Vater im Himmel loben.

17 Glaubt nicht, daß ich gekommen
bin, die *Torah* oder die Propheten
aufzuheben. Ich bin nicht gekom-
men aufzuheben, sondern zu ver-

k Ps 37,11

Adonai – der HERR, Jahwe
Ever Ha Jarden – jenseits des Jordan
Galil – Galiläa
Gojim – die Nationen, Völker, Heiden
Ja-akov Ben Savdai – Jakobus, der Sohn des Zebedäus
Jehudah – Judäa
Jarden – Jordan
Jeruschalajim – Jerusalem
Jeschajahu – Jesaja
Jeschua – Jesus
Jochanan – Johannes
Kefa – Petrus
Kefar-Nachum – Kapernaum
Kinneret, See – Galiläisches Meer, See Genezareth
Nazeret – Nazareth
Satan – der Widersacher, Ankläger, Teufel
Savdai – Zebedäus
Schim-on – Simon
Sevulun – Sebulon
Talmidim – Jünger (pl.)
Tenach – die hebr. Bibel, das Alte Testament
Torah – Weisung, Lehre, das »Gesetz«, der Pentateuch (die 5 Bücher Mose)

vollständigen. [18]Ja wahrhaftig! Ich sage euch, daß, bis Himmel und Erde vergehen, nicht ein *Jud* oder ein Strichelchen aus der *Torah* vergehen wird – nicht bis alles, was geschehen muß, geschehen ist. [19]So wird, wer immer die geringste dieser *Mizvot* mißachtet und andere lehrt, sie zu mißachten, der Geringste im Himmelreich sein. Wer ihnen aber gehorcht und auch andere dazu anhält, wird groß genannt werden im Himmelreich. [20]Denn ich sage euch, daß ihr, wenn eure Gerechtigkeit nicht sehr viel größer ist als die der *Torahlehrer* und *Peruschim*, das Reich des Himmels mit Sicherheit nicht betreten werdet!

[21]Ihr habt gehört, daß unseren Vätern gesagt wurde: ›**Morde nicht**‹[l], und daß jeder, der einen Mord begeht, dem Gericht übergeben wird. [22]Und ich sage euch, daß jeder, der Zorn gegen seinen Bruder hegt, dem Gericht übergeben wird; daß, wer immer seinen Bruder einen ›Nichtsnutz‹ nennt, vor den *Sanhedrin* gebracht wird; daß, wer immer jemanden einen ›Narren‹ heißt, sich die Strafe zuzieht, im Feuer der Geh-Hinnom zu brennen! [23]Wenn du also deine Gabe am Altar des Tempels darbringst und dir einfällt, daß dein Bruder etwas gegen dich hat, [24]dann laß deine Gabe, wo sie ist, am Altar, und geh und schließe Frieden mit deinem Bruder. Danach komm zurück und bringe deine Gabe dar. [25]Wenn jemand dich verklagt, dann einige dich rasch mit ihm, noch während du und er auf dem Weg zum Gerichtshof seid; oder es kann geschehen, daß er dich dem Richter übergibt und der Richter dem Gerichtsdiener, und du wirst vielleicht ins Gefängnis geworfen werden! [26]Ja wahrhaftig! Ich sage dir, du wirst mit Sicherheit nicht wieder herauskommen, bis du nicht den letzten Pfennig bezahlt hast.

[27]Ihr habt gehört, daß unseren Vätern gesagt wurde: ›**Begehe nicht Ehebruch.**‹[m] [28]Und ich sage euch, daß ein Mann, der eine Frau auch nur mit begehrlicher Absicht ansieht, in seinem Herzen bereits Ehebruch mit ihr begangen hat. [29]Wenn dein rechtes Auge dich sündigen macht, reiß es heraus und wirf es fort! Besser, du verlierst einen Teil von dir, als dein ganzer Leib wird in die Geh-Hinnom geworfen. [30]Und wenn deine rechte Hand dich sündigen macht, hack sie ab und wirf sie fort! Besser, du verlierst einen Teil von dir, als dein ganzer Leib wird in die Geh-Hinnom geworfen. [31]Es ist gesagt worden: ›**Wer immer sich von seiner Frau scheiden läßt, muß ihr einen *Get* geben.**‹[n] [32]Ich aber sage euch, daß jeder, der sich von seiner Frau scheiden läßt, es sei denn wegen Hurerei, sie zur Ehebrecherin macht; und daß jeder, der eine Geschiedene heiratet, Ehebruch begeht.

[33]Wiederum: Ihr habt gehört, daß unseren Vätern gesagt wurde:

l Ex 20,13; Dtn 5,17

m Ex 20,14; Dtn 5,18

n Dtn 24,1

›**Brich deinen Schwur nicht**‹ und
›**Erfülle, was du *Adonai* geschwo-
ren hast.**‹[o] 34Und ich heiße euch,
überhaupt nicht zu schwören –
nicht ›beim **Himmel**‹, denn er **ist**
der **Thron** Gottes; 35nicht ›bei **der
Erde**‹, denn sie **ist** sein **Fußsche-
mel**;[p] und nicht ›bei Jeruschalajim‹,
denn sie ist **die Stadt des Großen
Königs**.[q] 36Und schwöre auch
nicht bei deinem Haupt, denn du
kannst nicht ein einziges Haar
schwarz oder weiß machen. 37Euer
›Ja‹ sei ein einfaches ›Ja‹ und euer
›Nein‹ ein einfaches ›Nein‹; alles,
was darüber hinausgeht, kommt
vom Bösen.

38Ihr habt gehört, daß unseren
Vätern gesagt wurde: ›**Auge um
Auge und Zahn um Zahn.**‹[r] 39Ich
aber heiße euch, nicht gegen je-
manden aufzustehen, der euch ein
Unrecht tut. Im Gegenteil, wenn
jemand dich auf die rechte Wange
schlägt, dann laß ihn dich auch auf
die linke Wange schlagen! 40Wenn
jemand dich auf dein Hemd ver-
klagen will, dann überlaß ihm auch
deinen Mantel! 41Und wenn ein
Soldat dich zwingt, sein Gepäck
eine Meile zu tragen, trag es zwei!
42Wenn jemand dich um etwas bit-
tet, gib es ihm; wenn jemand etwas
von dir borgen möchte, leih es
ihm.

43Ihr habt gehört, daß unseren
Vätern gesagt wurde: ›**Liebe dei-
nen Nächsten**[s] – und hasse deinen
Feind.‹ 44Ich aber sage euch, liebt
eure Feinde! Betet für die, die
euch verfolgen! 45Dann werdet ihr
Kinder eures Vaters im Himmel
werden. Denn er läßt seine Sonne
scheinen auf gute und böse Men-
schen gleichermaßen, und er
schickt Regen dem Gerechten und
dem Ungerechten. 46Welchen Lohn
habt ihr, wenn ihr nur die liebt,
die euch lieben? Schließlich tun
das doch sogar die Zöllner! 47Und
wenn ihr nur zu euren Freunden
freundlich seid, tut ihr damit etwas
Außergewöhnliches? Selbst die
Gojim tun das! 48Deshalb seid
vollkommen, so wie euer Vater im
Himmel vollkommen ist.

6 1Hütet euch, eure Werke der
Zedakah vor den Menschen
zur Schau zu stellen, um von ihnen
gesehen zu werden! Wenn ihr das

o Lev 19,12; Num 30,3; Dtn 23,22
p Jes 66,1
q Ps 48,2
r Ex 21,24; Lev 24,20; Dtn 19,21
s Lev 19,18

Adonai – der HERR, Jahwe
Geh-Hinnom – Gehenna, Hölle
Get – Dokument, das die Ehescheidung bescheinigt
Gojim – die Nationen, Völker, Heiden
Jeruschalajim – Jerusalem
Jud – Jota, der kleinste Buchstabe des hebr. Alphabets
Mizvot – Gebote
Peruschim – Pharisäer (pl.)
Sanhedrin – oberstes jüdisches Gericht, Hoher Rat
Torah – Weisung, Lehre, das »Gesetz«, der Pentateuch (die 5 Bücher Mose)
Torahlehrer – Schriftgelehrte
Zedakah – Gerechtigkeit, Mildtätigkeit, mildtätige Gabe

tut, habt ihr keinen Lohn bei eurem Vater im Himmel. 2Wenn du also *Zedakah* übst, kündige es nicht mit Trompeten an, um das Lob der Menschen zu gewinnen wie die Heuchler in den Synagogen und auf den Straßen. Ja! Ich sage euch, sie haben ihre Belohnung bereits! 3Du aber, wenn du *Zedakah* übst, laß nicht einmal deine linke Hand wissen, was deine rechte Hand tut. 4Dann wird deine *Zedakah* im geheimen sein; und dein Vater, der sieht, was du im geheimen tust, wird dich belohnen.

5Wenn ihr betet, seid nicht wie die Heuchler, die es lieben, in den Synagogen und an Straßenecken stehend zu beten, damit die Menschen sie sehen können. Ja! Ich sage euch, sie haben ihre Belohnung bereits! 6Du aber, wenn du betest, geh in dein Zimmer, schließ die Tür und bete im geheimen zu deinem Vater. Dein Vater, der sieht, was im geheimen getan wird, wird dich belohnen.

7Und wenn ihr betet, plappert nicht dahin wie die Heiden, die glauben, daß Gott sie besser hört, wenn sie viel reden. 8Seid nicht wie sie, denn euer Vater im Himmel weiß, was ihr braucht, noch bevor ihr ihn bittet. 9Betet ihr deshalb folgendermaßen:

›Unser Vater im Himmel!
Dein Name werde geheiligt.
10Dein Reich komme,
dein Wille werde getan auf Erden wie im Himmel.
11Gib uns die Nahrung, die wir heute brauchen.
12Vergib uns, was wir an Unrecht getan haben,
wie auch wir vergeben haben denen, die uns ein Unrecht getan haben.
13Und führe uns nicht in schwere Prüfung,
sondern bewahre uns vor dem Bösen.
Denn Königtum, Macht und Herrlichkeit sind dein für immer.[t]
Amen‹

14Denn wenn ihr anderen ihre Kränkungen vergebt, wird euer himmlischer Vater auch euch vergeben; 15aber wenn ihr anderen ihre Kränkungen nicht vergebt, wird euer himmlischer Vater euch die euren nicht vergeben.

16Und wenn ihr fastet, geht nicht herum und schaut elend aus wie die Heuchler. Sie machen mürrische Gesichter, damit die Menschen wissen, daß sie fasten. Ja! Ich sage euch, sie haben ihre Belohnung bereits! 17Du aber, wenn du fastest, wasch dein Gesicht und putz dich heraus, 18so daß keiner weiß, daß du fastest – außer deinem Vater, der bei dir ist im geheimen. Dein Vater, der sieht, was im geheimen getan wird, wird dich belohnen.

19Sammelt euch nicht Reichtümer hier auf Erden, wo Motten und Rost ihr Zerstörungswerk tun und Diebe einbrechen und stehlen. 20Sammelt

t Die letzte Hälfte von 13 findet sich in den ältesten Handschriften nicht.

euch statt dessen Reichtümer im
Himmel, wo weder Motten noch
Rost ihr Zerstörungswerk tun und
Diebe nicht einbrechen und stehlen.
21Denn wo deine Reichtümer sind,
da wird auch dein Herz sein. 22›Das
Auge ist die Lampe des Leibes.‹
Wenn du also ein ›gutes Auge‹ hast
(d.h., wenn du großzügig bist), wird
dein ganzer Leib voller Licht sein;
23wenn du aber ein ›böses Auge‹
hast (d.h., wenn du geizig bist), wird
dein ganzer Leib voller Finsternis
sein. Wenn also das Licht in dir Finsternis ist, wie groß ist dann die Finsternis!
24Niemand kann Sklave
zweier Herren sein; denn er wird entweder den ersten hassen und den zweiten lieben oder dem zweiten zürnen und dem ersten treu sein. Ihr könnt nicht ein Sklave Gottes und ein Sklave des Geldes sein.

25Deshalb sage ich euch, sorgt euch nicht um euer Leben – was ihr essen oder trinken werdet; oder um euren Leib – was ihr anziehen werdet. Ist das Leben nicht mehr als Nahrung und der Leib nicht
mehr als Kleidung? 26Seht auf die
Vögel, wie sie herumfliegen! Sie säen weder noch ernten sie noch sammeln sie Nahrung in die Scheuer; und euer himmlischer Vater ernährt sie doch. Seid ihr nicht
mehr wert als sie? 27Kann einer
von euch durch Sorge seinem Leben auch nur eine einzige Stunde hinzufügen?

28Und warum sich um Kleidung sorgen? Denkt an die Felder wilder Lilien und wie sie wachsen. Sie arbeiten weder noch spinnen den Faden,
29aber ich sage euch, daß nicht einmal Schlomo in all seiner Herrlichkeit so schön gekleidet war wie
eine von ihnen. 30Wenn Gott so das
Gras auf dem Feld kleidet – das heute da ist und morgen vergangen, in einen Ofen geworfen –, wird er euch nicht viel mehr kleiden? Wie wenig Vertrauen ihr habt!

31So sorgt euch nicht und fragt: ›Was werden wir essen?‹ oder ›Was werden wir trinken?‹ oder ›Wie werden wir gekleidet wer-
den?‹ 32Denn nur die Heiden hängen ihr Herz an diese Dinge. Euer himmlischer Vater weiß: Ihr
braucht sie alle. 33Sucht zuerst sein
Reich und seine Gerechtigkeit, und alle diese Dinge werden euch
ebenfalls gegeben werden. 34Sorgt
euch nicht um das Morgen – das Morgen wird sich um sich selbst sorgen! Das Heute hat schon Zuris genug!

7 1Richtet nicht, damit ihr nicht
gerichtet werdet. 2Denn so,
wie ihr andere richtet, werdet ihr gerichtet werden – das Maß, mit dem ihr meßt, wird angelegt werden,
euch zu messen. 3Warum siehst du
den Splitter im Auge deines Bruders, merkst aber nicht den Baumstamm in deinem eigenen Auge?
4Wie kannst du zu deinem Bruder
sagen: ›Laß mich den Splitter aus

Amen – so sei es
Schlomo – Salomo
Zedakah – Gerechtigkeit, Mildtätigkeit, mildtätige Gabe
Zuris – Bedrängnis

deinem Auge ziehen‹, wenn du ei-
nen Baumstamm in deinem eigenen
Auge hast? [5]Du Heuchler! Nimm
erst den Baumstamm aus deinem ei-
genen Auge; dann wirst du klar se-
hen, so daß du den Splitter aus dem
Auge deines Bruders entfernen
kannst!

[6]Gebt nicht den Hunden, was hei-
lig ist, und werft eure Perlen nicht
vor die Schweine. Wenn ihr das tut,
werden sie sie unter ihre Füße tram-
peln und sich dann umdrehen und
euch angreifen.

[7]Bittet ohne Unterlaß, und es
wird euch gegeben werden; sucht
ohne Unterlaß, und ihr werdet fin-
den; klopft an ohne Unterlaß, und
die Tür wird euch geöffnet wer-
den. [8]Denn jeder, der bittet ohne
Unterlaß, wird empfangen; wer
sucht ohne Unterlaß, wird finden;
und wer anklopft ohne Unterlaß,
dem wird die Tür geöffnet wer-
den. [9]Ist da jemand, der, wenn sein
Sohn ihn um einen Laib Brot bit-
tet, ihm einen Stein geben wird?
[10]Oder wenn er um einen Fisch
bittet, ihm eine Schlange geben
wird? [11]Wenn also ihr, obgleich ihr
schlecht seid, euren Kindern Ga-
ben zu geben wißt, die gut sind,
um wieviel mehr wird euer Vater
im Himmel denen immer wieder
gute Dinge geben, die ihn bitten
ohne Unterlaß!

[12]Behandelt die anderen stets, wie
ihr von ihnen behandelt werden
möchtet; das ist die Summe der Leh-
re der *Torah* und der Propheten.

[13]Geht ein durch das enge Tor;
denn das Tor, das zur Vernichtung
führt, ist weit und die Straße breit,
und viele wandern sie; [14]aber es ist
ein enges Tor und ein schwerer
Weg, der ins Leben führt, und nur
wenige finden ihn.

[15]Hütet euch vor den falschen
Propheten! Sie kommen zu euch in
Schafspelzen, doch darunter sind sie
hungrige Wölfe! [16]Ihr werdet sie an
ihren Früchten erkennen. Können
Menschen Trauben von Dornbü-
schen pflücken oder Feigen von Di-
steln? [17]So bringt jeder gesunde
Baum gute Früchte hervor, aber ein
kranker Baum bringt schlechte
Früchte hervor. [18]Ein gesunder
Baum kann nicht schlechte Früchte
tragen oder ein kranker Baum gute
Früchte. [19]Jeder Baum, der nicht gu-
te Früchte hervorbringt, wird gefällt
und ins Feuer geworfen! [20]So wer-
det ihr sie an ihren Früchten erken-
nen.

[21]Nicht jeder, der zu mir sagt:
›Herr, Herr!‹, wird das Reich des
Himmels betreten, sondern nur
die, die tun, was mein Vater im
Himmel will. [22]An dem Tag wer-
den viele zu mir sagen: ›Herr,
Herr! Haben wir nicht in deinem
Namen geweissagt? Haben wir
nicht in deinem Namen Dämonen
ausgetrieben? Haben wir nicht in
deinem Namen viele Wunder voll-
bracht?‹ [23]Dann werde ich ihnen
ins Gesicht sagen: ›Ich habe euch
nie gekannt! **Weichet von mir, ihr
Handlanger der Gesetzlosig-
keit!**‹«[u]

u Ps 6,9

24Jeder, der diese meine Worte
hört und nach ihnen handelt, wird
sein wie ein vernünftiger Mann, der
sein Haus auf Fels baute. 25Der Re-
gen fiel, die Flüsse traten über die
Ufer, die Winde wehten und schlu-
gen gegen das Haus, doch es stürzte
nicht ein, denn sein Fundament war
auf Fels errichtet. 26Jeder aber, der
diese meine Worte hört und nicht
nach ihnen handelt, wird wie ein
dummer Mann sein, der sein Haus
auf Sand baute. 27Der Regen fiel, die
Flüsse traten über die Ufer, der
Wind wehte und schlug gegen das
Haus, und es stürzte ein – und sein
Fall war schrecklich!«

28Als Jeschua diese Rede beendet
hatte, waren die Massen verwundert
über die Art, wie er lehrte, 29denn er
unterwies sie nicht wie ihre *Torah-
lehrer*, sondern als einer, der selbst
Vollmacht hatte.

8 1Nachdem Jeschua wieder
vom Hügel herabgekommen
war, folgten ihm große Massen. 2Ein
Mann, der unter einer abstoßenden
Hautkrankheit litt, kam zu ihm,
kniete vor ihm nieder und sagte:
»Lieber Herr, wenn du willst,
kannst du mich rein machen!« 3Je-
schua streckte seine Hand aus, be-
rührte ihn und sagte: »Ich *will*! Sei
rein!« Und sofort war er von seiner
Hautkrankheit rein. 4Dann sagte Je-
schua zu ihm: »Sieh zu, daß du nie-
mandem davon erzählst; sondern
geh als ein Zeugnis für das Volk und
laß den *Kohen* dich prüfen und
bringe das Opfer dar, das Mosche
geboten hat.«

5Als Jeschua nach Kefar-Nachum
kam, trat ein römischer Heeresoffi-
zier zu ihm und bat ihn um Hilfe.
6»Lieber Herr, meine Ordonanz
liegt gelähmt zu Hause und leidet
schrecklich!« 7Jeschua sagte: »Ich
will gehen und ihn heilen.« 8Aber
der Offizier antwortete: »Lieber
Herr, ich bin nicht wert, daß du in
mein Haus kommst. Wenn du statt
dessen nur den Befehl gibst, wird
meine Ordonanz gesund werden.
9Denn auch ich bin ein Mann mit
Vollmacht. Ich habe Soldaten unter
mir, und ich sage zu diesem: ›Geh!‹,
und er geht; zu einem anderen:
›Komm!‹, und er kommt; zu mei-
nem Sklaven: ›Tu dies!‹, und er tut
es.« 10Als Jeschua das hörte, war er
verwundert und sagte zu dem Volk,
das ihm folgte: »Ja! Ich sage euch,
ich habe in Jisrael niemandem mit
einem solchen Vertrauen gefunden!
11Und ich sage euch weiter, daß vie-
le kommen werden von Osten und
von Westen, um beim Fest im Reich
des Himmels ihre Plätze gemeinsam
mit Avraham, Jizchak und Ja-akov
einzunehmen. 12Die aber, die für das
Reich geboren sind, werden hinaus-
geworfen werden in die Finsternis,
wo die Menschen wehklagen und

Avraham – Abraham
Ja-akov – Jakob
Jeschua – Jesus
Jizchak – Isaak
Kefar-Nachum – Kapernaum
Kohen – Priester (sg.)
Mosche – Mose
Torah – Weisung, Lehre, das »Gesetz«, der Pentateuch (die 5 Bücher Mose)
Torahlehrer – Schriftgelehrter

mit den Zähnen knirschen werden!«
13Dann sagte Jeschua zu dem Offi-
zier: »Geh; es soll sein für dich, wie
du geglaubt hast.« Und seine Ordo-
nanz wurde in genau diesem Au-
genblick geheilt.

14Jeschua ging zu Kefas Haus und
sah dort Kefas Schwiegermutter
krank mit einem Fieber im Bett.
15Er berührte ihre Hand, das Fieber
verließ sie, und sie stand auf und be-
gann, ihn zu bedienen.

16Als der Abend kam, wurden vie-
le Menschen, die in der Gewalt von
Dämonen gefangen waren, zu ihm
gebracht. Er trieb die Geister aus
mit einem Wort und heilte alle, die
krank waren. 17Das wurde getan,
damit erfüllt würde, was gesprochen
worden war durch den Propheten
Jeschajahu:

»Er selbst nahm unsere Schwachheiten und trug unsere Krankheiten.«[v]

18Als Jeschua die Menge um sich
herum sah, gab er Anordnung, auf
die andere Seite des Sees überzuset-
zen. 19 Ein *Torahlehrer* trat zu ihm
und sagte: »Rabbi, ich will dir fol-
gen, wo immer du hingehst.« 20Je-
schua sagte zu ihm: »Die Füchse ha-
ben Höhlen, und die Vögel, die
herumfliegen, haben Nester, doch
der Sohn des Menschen hat kein ei-
genes Haus.« 21 Ein anderer der *Tal-
midim* sagte zu ihm: »Lieber Herr,
laß mich zuerst gehen und meinen
Vater begraben.« 22Doch Jeschua
antwortete: »Folge mir nach und laß
die Toten selbst ihre Toten begra-
ben.«

23Er bestieg das Boot, und seine
Talmidim folgten. 24Da kam ohne
Vorwarnung ein wütender Sturm
über dem See auf, so daß die Wellen
über das Boot schlugen. Aber Je-
schua schlief. 25Deshalb kamen sie
und weckten ihn auf und sagten:
»Lieber Herr! Hilf! Wir müssen
sterben!« 26Er sagte zu ihnen: »War-
um habt ihr Angst? So wenig Ver-
trauen habt ihr!« Dann stand er auf
und wies die Winde und Wellen in
ihre Schranken, und es herrschte
Totenstille. 27Die Männer waren
starr vor Staunen. Sie fragten: »Was
für ein Mann ist dieser, daß sogar
die Winde und das Meer ihm gehor-
chen?«

28Als Jeschua auf der anderen Seite
des Sees, im Gebiet der Gadarener,
anlangte, kamen aus den Grabhöh-
len zwei Männer heraus, die in der
Gewalt von Dämonen waren – so
bösartig, daß niemand wagte, auf
dieser Straße zu reisen. 29Sie schrien:
»Was hast du mit uns vor, Sohn Got-
tes? Bist du hierher gekommen, um
uns vor der festgesetzten Zeit zu
quälen?« 30Nun war in einiger Ent-
fernung von ihnen eine große
Schweineherde auf der Weide. 31Die
Dämonen baten ihn: »Wenn du uns
austreibst, schicke uns in die Schwei-
neherde.« 32»Gut, geht!«, sprach er
zu ihnen. So kamen sie heraus und
fuhren in die Schweine, woraufhin
die ganze Herde den Hügel hinunter
in den See lief und ertrank. 33Die
Schweinehirten flohen, liefen fort in

v Jes 53,4

die Stadt und erzählten die ganze
Geschichte, auch das, was mit den
von Dämonen besessenen Männern
geschehen war. 34Daraufhin kam die
ganze Stadt heraus, Jeschua entge-
gen. Als sie ihn sahen, baten sie ihn,
ihr Gebiet zu verlassen.

9 1So stieg er in ein Boot, über-
querte abermals den See und
kam in seine Heimatstadt. 2Einige
Menschen brachten ihm einen Ge-
lähmten, der auf einer Matte lag. Als
Jeschua ihr Vertrauen sah, sagte er
zu dem Gelähmten: »Mut, Sohn!
Deine Sünden sind vergeben.« 3Als
sie das sahen, sprachen die *Torah-
lehrer* unter sich: »Dieser Mann lä-
stert Gott!« 4Jeschua, der wußte,
was sie dachten, sagte: »Warum hegt
ihr böse Gedanken in euren Her-
zen? 5Sagt mir, was ist leichter zu
sagen – ›Deine Sünden sind verge-
ben‹ oder ›Steh auf und geh‹? 6Doch
seht! Ich werde euch beweisen, daß
der Sohn des Menschen die Voll-
macht hat, auf Erden Sünden zu
vergeben.« Dann sagte er zu dem
Gelähmten: »Steh auf, nimm deine
Matte und geh nach Hause!« 7Und
der Mann stand auf und ging heim.
8Als die Massen das sahen, wurden
sie von Ehrfurcht ergriffen und sag-
ten Gott, der Menschen solche Voll-
macht verlieh, eine *Berachah*.

9Als Jeschua von dort weiterging,
entdeckte er einen Zöllner namens
Matitjahu, der in seinem Zollhäus-
chen saß. Er sagte zu ihm: »Folge
mir nach!«, und er stand auf und
folgte ihm.

10Während Jeschua im Haus war
und aß, kamen viele Zöllner und
Sünder und schlossen sich ihm und
seinen *Talmidim* beim Mahl an.
11Als die *Peruschim* das sahen, sag-
ten sie zu seinen *Talmidim*: »War-
um ißt euer Rabbi mit Zöllnern und
Sündern?« 12Doch Jeschua hörte die
Frage und antwortete: »Es sind
nicht die Gesunden, die einen Arzt
brauchen, sondern die Kranken.
13Was euch betrifft, geht und lernt,
was das bedeutet: ›**Ich will lieber
Mitleid als Tieropfer**.‹[w] Denn ich
bin nicht gekommen, die ›Gerech-
ten‹ zu berufen, sondern die Sün-
der!«

14Als nächstes kamen die *Talmi-
dim* Jochanans zu ihm und fragten:
»Warum fasten wir und die *Peru-
schim* so oft, deine *Talmidim* aber
überhaupt nicht?« 15Jeschua sagte zu
ihnen: »Können Hochzeitsgäste
trauern, während der Bräutigam
noch bei ihnen ist? Aber die Zeit
wird kommen, wenn der Bräutigam
fortgenommen wird von ihnen;
dann werden sie fasten. 16Niemand
setzt ein Stück ungeschrumpften
Tuches auf einen alten Mantel, denn
der Flicken reißt vom Mantel ab
und hinterläßt ein schlimmeres

w Hos 6,6

Berachah – Segnung
Jeschajahu – Jesaja
Jeschua – Jesus
Jochanan – Johannes
Kefa – Petrus
Matitjahu – Matthäus; Mattitja; Matthias
Peruschim – Pharisäer (pl.)
Talmidim – Jünger (pl.)
Torahlehrer – Schriftgelehrter

Loch. 17Ebensowenig füllen die
Leute neuen Wein in alte Wein-
schläuche; denn wenn sie das tun,
platzen die Schläuche, der Wein
läuft aus und die Schläuche sind ka-
putt. Nein, sie füllen neuen Wein in
neue Schläuche, und auf diese Weise
bleibt beides erhalten.«

18Während er sprach, kam ein Be-
amter herein, kniete vor ihm nieder
und sagte: »Meine Tochter ist so-
eben gestorben. Doch wenn du
kommst und ihr deine Hand auf-
legst, wird sie leben.« 19Jeschua
stand mit seinen *Talmidim* auf und
folgte ihm.

20Da näherte sich ihm von hinten
eine Frau, die schon zwölf Jahre ei-
ne Blutung hatte, und berührte die
Zizit seines Gewands. 21Denn sie
sagte sich: »Wenn ich nur sein Ge-
wand berühren kann, werde ich ge-
heilt sein.« 22Jeschua drehte sich um,
sah sie und sagte: »Mut, Tochter!
Dein Vertrauen hat dich geheilt.«
Und sie war auf der Stelle geheilt.

23Als Jeschua beim Haus des Be-
amten ankam und die Flötenspieler
und die aufgelöste Menge sah, 24sag-
te er: »Alle hinaus! Das Mädchen ist
nicht tot, es schläft nur.« Und sie
lachten ihn aus. 25Nachdem die Leu-
te hinausgebracht worden waren,
trat er ein und nahm die Hand des
Mädchens, und es stand auf. 26Die
Nachricht davon verbreitete sich im
ganzen Gebiet.

27Als Jeschua von dort weiterzog,
liefen ihm zwei Blinde nach und
schrien dabei unentwegt: »Sohn Da-
vids! Hab Erbarmen mit uns!« 28Als
er das Haus betrat, drängten sich die
Blinden herzu, und Jeschua sagte zu
ihnen: »Glaubt ihr, daß ich die
Macht habe, das zu tun?« Sie ant-
worteten: »Ja, lieber Herr.« 29Da be-
rührte er ihre Augen und sagte:
»Euch geschehe nach eurem Glau-
ben«; 30und ihr Sehvermögen war
wiederhergestellt. Doch Jeschua
warnte sie ernstlich: »Seht zu, daß
niemand davon erfährt.« 31Statt des-
sen gingen sie fort und erzählten im
ganzen Gebiet von ihm.

32Als sie gingen, wurde ein Mann
zu Jeschua gebracht, der war von ei-
nem Dämon besessen und konnte
nicht sprechen. 33Nachdem der Dä-
mon ausgetrieben war, sprach der
Mann, der stumm gewesen war, und
die Massen waren verwundert.
»Nichts dergleichen ist jemals in Jis-
rael gesehen worden«, sagten sie.
34Doch die *Peruschim* sagten: »Er
treibt die Dämonen durch den
Herrn der Dämonen aus.«

35Jeschua ging in alle Städte und
Dörfer und lehrte in ihren Synago-
gen und verkündigte die Gute
Nachricht vom Reich und heilte alle
Arten Krankheiten und Gebrechen.
36Als er die Massen sah, hatte er
Mitleid mit ihnen, denn sie waren
gequält und hilflos wie Schafe ohne
Hirten. 37Und er sagte zu seinen
Talmidim: »Die Ernte ist reich,
doch der Arbeiter sind wenige.
38Betet, daß der Herr der Ernte Ar-
beiter aussenden wird, die seine
Ernte einbringen.«

10 1Jeschua berief seine zwölf
Talmidim und gab ihnen
Vollmacht, unreine Geister auszu-

treiben und alle Arten von Krank-
heiten und Gebrechen zu heilen.
2Dies sind die Namen der zwölf Ge-
sandten:
Erstens: Schim-on, genannt Kefa,
und sein Bruder Andreas,
Ja-akov Ben Savdai und sein Bru-
der Jochanan,
3Philippus und Bar-Talmai,
Teoma und Matitjahu der Zöllner,
Ja-akov Bar Chalfai und Taddai,
4Schim-on der Zelot und Jehudah
aus Kiriot, der ihn verriet.

5Diese Zwölf sandte Jeschua mit
folgenden Anweisungen aus: »Geht
nicht in das Gebiet der *Gojim*, und
betretet niemals eine Stadt in
Schomron, 6sondern geht lieber zu
den verlorenen Schafen des Hauses
Jisrael. 7Und wenn ihr geht, verkün-
digt: ›Das Reich des Himmels ist na-
he‹, 8heilt die Kranken, erweckt die
Toten auf, reinigt die mit Haut-
krankheiten, treibt Dämonen aus.
Ihr habt empfangen, ohne zu bezah-
len, also gebt, ohne Bezahlung zu
verlangen. 9Nehmt kein Geld in eu-
ren Gürteln mit, kein Gold, kein Sil-
ber, kein Kupfer; 10und nehmt keine
Tasche, kein zusätzliches Hemd
und zusätzliche Schuhe und keinen
Wanderstab auf die Reise mit ein
Arbeiter soll erhalten, was er
braucht.
11Wenn ihr in eine Stadt oder in
ein Dorf kommt, haltet Ausschau
nach jemand Vertrauenswürdigem
und bleibt bei ihm, bis ihr weiter-
zieht. 12Wenn ihr jemandes Haus
betretet, sagt: ›*Schalom alechem*!‹
13Wenn das Haus es verdient, laßt
euer *Schalom* auf ihm ruhen; wenn
nicht, laßt euer *Schalom* zu euch zu-
rückkehren. 14Doch wenn die Be-
wohner eines Hauses oder einer
Stadt euch nicht willkommen hei-
ßen oder euch nicht zuhören, zieht
weiter und schüttelt den Staub von
euren Füßen! 15Ja, ich sage euch, am
Tag des Gerichts wird es dem Volk
von Sedom und Amora erträglicher
gehen als dieser Stadt!
16Seid auf der Hut! Ich schicke
euch aus wie Schafe unter Wölfe,
also seid klug wie die Schlangen
und arglos wie die Tauben. 17Seht
euch vor, denn da werden Men-
schen sein, die euch dem örtlichen
Sanhedrin übergeben und euch in
ihren Synagogen auspeitschen.

Amora – Gomorra
Bar-Talmai – Bartolomäus
Gojim – die Nationen, Völker, Heiden
Ja-akov Bar Chalfai – Jakobus, der Sohn des Alphäus
Ja-akov Ben Savdai – Jakobus, der Sohn des Zebedäus
Jehudah aus Kiriot – Judas Iskariot
Jeschua – Jesus
Jochanan – Johannes
Kefa – Petrus
Matitjahu – Matthäus; Mattitja; Matthias
Peruschim – Pharisäer (pl.)
Sanhedrin – oberstes jüdisches Gericht, Hoher Rat
Schalom – Friede
Schalom alechem! – Friede sei mit euch! (Gruß)
Schim-on – Simon
Schomron – Samaria
Sedom – Sodom
Taddai – Thaddäus
Talmidim – Jünger (pl.)
Teoma – Thomas
Zizit – Quaste, die aus religiösem Grund getragen wird

[18]Um meinetwillen werdet ihr
Statthaltern und Königen vorge-
führt werden als ein Zeugnis für
sie und für die *Gojim*. [19]Doch
wenn sie euch vor Gericht stellen,
sorgt euch nicht darum, was ihr
sagen oder wie ihr es sagen sollt;
wenn die Zeit kommt, wird euch
gegeben werden, was ihr sagen
sollt. [20]Denn nicht ihr werdet spre-
chen, sondern der Geist eures
himmlischen Vaters spricht durch
euch.

[21]Ein Bruder wird seinen Bruder
dem Tod ausliefern, und ein Vater
sein Kind; Kinder werden sich ge-
gen ihre Eltern wenden und sie hin-
richten lassen. [22]Alle werden euch
um meinetwillen hassen, doch wer
immer bis ans Ende aushält, wird
vor Unglück bewahrt werden.
[23]Wenn ihr in einer Stadt verfolgt
werdet, geht fort in eine andere. Ja
wahrhaftig; ich sage euch, ihr werdet
eure Wanderung durch die Städte
Jisraels nicht beenden, bevor der
Sohn des Menschen kommt.

[24]Ein *Talmid* ist nicht größer als
sein Rabbi, ein Sklave ist nicht grö-
ßer als sein Herr. [25]Es reicht, daß ein
Talmid wie sein Rabbi wird und ein
Sklave wie sein Herr. Wenn die
Menschen schon das Haupt eines
Hauses Ba-al Sibul genannt haben,
um wieviel mehr werden sie die An-
gehörigen seines Haushaltes ver-
leumden! [26]So fürchtet sie nun nicht;
denn nichts ist bedeckt, das nicht
aufgedeckt sein wird, und nichts
verborgen, das nicht bekannt wer-
den wird. [27]Was ich euch in der Fin-
sternis sage, sprecht im Licht; was in
euer Ohr geflüstert wird, verkün-
digt von den Hausdächern.

[28]Fürchtet nicht die, die den Leib
töten, aber keine Macht haben, die
Seele zu töten. Fürchtet vielmehr
ihn, der sowohl Seele als auch Leib
in der Geh-Hinnom vernichten
kann. [29]Werden nicht Spatzen für
fast gar nichts verkauft, zwei für ei-
nen Assarion? Doch keiner von ih-
nen kann zu Boden fallen ohne die
Zustimmung eures Vaters. [30]Was
euch betrifft, so ist jedes Haar auf
eurem Kopf gezählt. [31]Also fürchtet
euch nicht, ihr seid mehr wert als
viele Spatzen.

[32]Wer immer sich in Gegenwart
anderer zu mir bekennt, zu dem will
ich mich bekennen in der Gegen-
wart meines Vaters im Himmel.
[33]Doch wer immer mich vor ande-
ren verleugnet, den will ich verleug-
nen vor meinem Vater im Himmel.

[34]Glaubt nicht, daß ich gekommen
bin, um dem Land Frieden zu brin-
gen. Ich bin nicht gekommen, Frie-
den zu bringen, sondern ein
Schwert! [35]Denn ich bin gekommen
aufzuhetzen

einen Mann gegen seinen Vater,
eine Tochter gegen ihre Mutter,
eine Schwiegertochter gegen ihre Schwiegermutter,
[36]so daß die Feinde eines Mannes seinem eigenen Haus angehören werden.[x]

[37]Wer immer seinen Vater oder
seine Mutter mehr liebt, als er mich
liebt, ist meiner nicht wert; jeder,

x Mi 7,6

der seinen Sohn oder seine Tochter
mehr liebt, als er mich liebt, ist mei-
ner nicht wert. 38Und jeder, der
nicht seinen Hinrichtungspfahl auf
sich nimmt und mir nachfolgt, ist
meiner nicht wert. 39Wer immer sein
Leben findet, wird es verlieren,
doch der Mensch, der sein Leben
um meinetwillen verliert, wird es
finden.

40Wer immer euch aufnimmt,
nimmt mich auf, und wer immer
mich aufnimmt, nimmt den auf, der
mich gesandt hat. 41Jeder, der einen
Propheten aufnimmt, weil er ein
Prophet ist, wird die Belohnung
empfangen, die ein Prophet be-
kommt, und jeder, der einen *Zaddik*
aufnimmt, weil er ein *Zaddik* ist,
wird die Belohnung empfangen, die
ein *Zaddik* bekommt. 42Wahrhaftig,
wenn jemand einem dieser Kleinen
nur eine Tasse kalten Wassers gibt,
weil er mein *Talmid* ist – ja! – ich
sage euch, seine Belohnung wird
ihm gewiß sein!«

11 1Nachdem Jeschua die Un-
terweisung der zwölf *Talmi-
dim* beendet hatte, zog er von dort
weiter, um in den nahegelegenen
Städten zu lehren und zu predigen.

2In der Zwischenzeit kam Jocha
nan dem Eintaucher, der ins Ge-
fängnis geworfen worden war, zu
Ohren, was der Messias getan hat-
te; und er schickte ihm durch seine
Talmidim eine Botschaft 3und
fragte: »Bist du der, der kommen
soll, oder sollen wir nach einem
anderen suchen?« 4Jeschua antwor-
tete: »Geht und sagt Jochanan, was
ihr hört und seht – 5**die Blinden
sehen wieder, die Lahmen** gehen,
Menschen mit Hautkrankheiten
werden gereinigt, **die Tauben hö-
ren,**[y] die Toten werden aufer-
weckt,[z] **die Gute Nachricht wird
den Armen gesagt**[a] – 6und wie
gesegnet ist jeder, der nicht an mir
Anstoß nimmt!«

7Als sie fortgingen, begann Je-
schua, zu den Massen über Jocha-
nan zu sprechen: »Was wolltet ihr
sehen, als ihr in die Wüste hinausge-
gangen seid? Schilfrohre, die im
Wind schaukeln? 8Nein? Was woll-
tet ihr dann sehen? Einen gutgeklei-
deten Menschen? Gutgekleidete
Menschen leben in Königspalästen.
9*Nu*, warum also seid ihr hinausge-
gangen? Um einen Propheten zu se-
hen! Ja! Und ich sage euch, er ist viel
mehr als ein Prophet. 10Dies ist der,
über den die *Tenach* sagt:

**›Siehe, ich sende meinen Boten
vor dir aus; er wird deinen Weg
vor dir bereiten.‹**[b]

y Jes 35,5–6
z Jes 26,14
a Jes 61,1
b Mal 3,1

Geh-Hinnom – Gehenna, Hölle
Gojim – die Nationen, Völker, Heiden
Jeschua – Jesus
Jochanan – Johannes
Jochanan der Eintaucher – Johannes der Täufer
Nu – nun denn
Talmid – Jünger (sg.)
Talmidim – Jünger (pl.)
Tenach – die hebr. Bibel, das Alte Testament
Zaddik – der Gerechte, gerechter Mensch

11Ja! Ich sage euch, daß aus den
von Frauen Geborenen noch kein
Größerer als Jochanan der Eintau-
cher hervorgegangen ist! Und doch
ist der Letzte im Reich des Himmels
größer als er! 12 Seit der Zeit Jocha-
nans des Eintauchers bis jetzt hat
das Reich des Himmels Gewalt ge-
litten; ja, Gewalttätige versuchen, es
an sich zu reißen. 13Denn alle Pro-
pheten und die *Torah* haben bis Jo-
chanan prophezeit. 14Wahrhaftig,
wenn ihr bereit seid, es anzuneh-
men: Er ist Elijahu, dessen Kommen
vorhergesagt worden ist. 15Wenn ihr
Ohren habt, dann hört!

16»O, womit kann ich diese Gene-
ration vergleichen? Sie sind wie
Kinder, die auf dem Marktplatz sit-
zen und einander zurufen:

17›Wir haben lustige Musik gemacht,
aber ihr wolltet nicht tanzen!
Wir haben traurige Musik gemacht,
aber ihr wolltet nicht weinen!‹

18Denn Jochanan kam, er fastete,
er trank nicht – und sie sagen: ›Er
hat einen Dämon.‹ 19Der Sohn des
Menschen kam, er ißt, ohne sich
Zwang aufzuerlegen, und er trinkt
Wein – und sie sagen: ›Aha! Ein
Schlemmer und Säufer! Ein
Freund von Zöllnern und Sün-
dern!‹ Nun, der Beweis der Weis-
heit liegt in den Handlungen, die
sie hervorbringt.«

20Dann begann Jeschua, die Städte
zu rügen, in denen er die meisten
seiner Wunder getan hatte, denn das
Volk hatte sich nicht von seinen
Sünden zu Gott gewandt. 21»Wehe
über dich, Korazin! Wehe über
dich, Beht-Zaidah! Wenn die Wun-
der, die in euch getan wurden, in
Zor und Zidon getan worden wä-
ren, hätten sie längst Sackleinen und
Asche angelegt als Beleg dafür, daß
sie ihre Wege geändert haben.
22Doch ich sage euch, es wird Zor
und Zidon am Tag des Gerichts er-
träglicher gehen als euch! 23Und du,
Kefar-Nachum, wirst du **in den**
Himmel erhöht werden? Nein, du
wirst hinabgeworfen werden in die
Scheol![c] Denn wenn die Wunder,
die in dir getan wurden, in Sedom
getan worden wären, würde es noch
heute existieren. 24Aber ich sage dir,
daß es dem Land Sedoms am Tag
des Gerichts erträglicher gehen wird
als dir!«

25In jener Zeit sagte Jeschua
auch: »Ich danke dir, Vater, Herr
des Himmels und der Erde, daß
du diese Dinge vor denen, die sich
etwas auf ihre Klugheit zugute
tun, und vor den Gebildeten ver-
borgen und sie dem einfachen
Volk offenbart hast. 26Ja, Vater, ich
danke dir, daß es dir gefallen hat,
das zu tun.

27Mein Vater hat alles in meine
Hände gelegt. Wahrhaftig, niemand
kennt den Sohn wirklich außer dem
Vater, und niemand kennt den Vater
wirklich außer dem Sohn und de-
nen, denen der Sohn ihn offenbaren
möchte.

28Kommt zu mir, ihr alle, die ihr
kämpft und beladen seid, und ich

c Jes 14,13.15

will euch Ruhe geben. 29 Nehmt
mein Joch auf euch und lernt von
mir, denn ich bin freundlich und
von Herzen demütig, **und ihr wer-
det Ruhe für eure Seelen finden**.[d]
30 Denn mein Joch drückt nicht, und
meine Last ist leicht.«

12 1 Eines *Schabbats* in dieser
Zeit wanderte Jeschua durch
Weizenfelder. Seine *Talmidim* wa-
ren hungrig, deshalb fingen sie an,
Ähren abzureißen und zu essen.
2 Als sie das sahen, sagten die *Peru-
schim* zu ihm: »Sieh! Deine *Talmi-
dim* verletzen den *Schabbat*!« 3 Aber
er antwortete ihnen: »Habt ihr nie
gelesen, was David tat, als er und die
bei ihm hungrig waren? 4 Er ging in
das Haus Gottes und aß das Brot
der Gegenwart, was sowohl ihm als
auch seinen Begleitern verboten war
– es ist nur den *Kohanim* erlaubt.
5 Oder habt ihr nicht in der *Torah*
gelesen, daß am *Schabbat* die *Koha-
nim* den *Schabbat* entweihen und
doch schuldlos sind? 6 Ich sage euch,
an diesem Ort ist Größeres als der
Tempel! 7 Wenn ihr wüßtet, was das
Wort **›ich will lieber Mitleid als
Tieropfer‹**[e] bedeutet, würdet ihr die
Unschuldigen nicht verdammen.
8 Denn der Sohn des Menschen ist
Herr des *Schabbat*!«

9 Er zog weiter von diesem Ort
und ging in ihre Synagoge. 10 Dort
war ein Mann mit einer verkrüppel-
ten Hand. Sie suchten nach einem
Grund, ihn wegen etwas anzukla-
gen, und fragten ihn: »Ist Heilen am
Schabbat erlaubt?« 11 Doch er ant-
wortete: »Wenn ihr ein Schaf habt,
das am *Schabbat* in eine Grube fällt,
wer von euch würde es dann nicht
ergreifen und herausziehen? 12 Wie-
viel mehr wert ist ein Mensch als ein
Schaf! Wenn also etwas am *Schab-
bat* erlaubt ist, dann das, Gutes zu
tun.« 13 Und zu dem Mann sagte er:
»Strecke deine Hand aus.« Als er sie
ausstreckte, wurde sie wiederherge-
stellt, so gesund wie die andere.
14 Doch die *Peruschim* gingen hinaus
und begannen zu beratschlagen, wie
sie Jeschua loswerden könnten.
15 Weil er das wußte, verließ er dieses
Gebiet.

Viele Menschen folgten ihm; und
er heilte sie alle, 16 doch er ermahnte
sie dringlich, den Leuten nicht zu
sagen, was er getan hatte. 17 Das ge-
schah, damit erfüllt würde, was ge-
sprochen ist durch den Propheten
Jeschajahu:

d Jer 6,16
e Hos 6,6

Beht-Zaidah – Betsaida
Elijahu – Elia
Jeschajahu – Jesaja
Jeschua – Jesus
Jochanan – Johannes
Jochanan der Eintaucher – Johannes der Täufer
Kefar-Nachum – Kapernaum
Kohanim – Priester (pl.)
Korazin – Chorazin
Peruschim – Pharisäer (pl.)
Schabbat – der Sabbat
Scheol – Hades, Hölle
Sedom – Sodom
Talmidim – Jünger (pl.)
Torah – Weisung, Lehre, das »Gesetz«, der Pentateuch (die 5 Bücher Mose)
Zidon – Sidon
Zor – Tyrus

18»Hier ist mein Knecht, den ich
erwählt habe, mein Geliebter, an
dem ich großen Gefallen habe.

Ich will meinen Geist auf ihn le-
gen, und er wird den Heiden Ge-
rechtigkeit verkünden.

19Er wird weder kämpfen noch
schreien, niemand wird seine
Stimme in den Straßen hören;

20er wird ein geknicktes Rohr
nicht abbrechen und einen schwe-
lenden Docht nicht auslöschen,

bis er der Gerechtigkeit zum
Sieg verholfen hat.
21Auf ihn werden die Heiden ihre
Hoffnung setzen.«[f]

22Dann brachten ihm einige Leu-
te einen von Dämonen besessenen
Mann, der blind und stumm war;
und Jeschua heilte ihn, so daß er
sprechen und sehen konnte. 23Die
Massen waren erstaunt und frag-
ten: »Das kann doch wohl nicht
der Sohn Davids sein?« 24Doch als
die *Peruschim* davon hörten, sag-
ten sie: »Nur durch Ba-al Sibul,
den Herrscher der Dämonen,
treibt dieser Mann Dämonen aus.«
25Jeschua aber wußte, was sie
dachten, und sagte zu ihnen: »Jedes
Reich, das in sich selbst entzweit ist,
wird zugrundegehen, keine Stadt
und kein Haus, das in sich selbst
entzweit ist, wird bestehen. 26Wenn
Satan den Satan austreibt, ist er mit
sich selbst entzweit; wie kann sein
Reich da bestehen? 27Außerdem,
wenn ich Dämonen durch Ba-al Si-
bul austreibe, durch wen treiben eu-
re Leute sie dann aus? So werden sie
eure Richter sein! 28Wenn ich aber
Dämonen durch den Geist Gottes
austreibe, dann ist das Reich Gottes
zu euch gekommen!
29Oder noch einmal: Wie kann je-
mand in das Haus eines starken
Mannes einbrechen und sich mit sei-
nem Besitz davonmachen, ohne zu-
erst den starken Mann zu binden?
Danach kann er sein Haus plün-
dern.
30Die, die nicht mit mir sind,
sind gegen mich, und die, die nicht
mit mir sammeln, zerstreuen.
31Deshalb sage ich euch, daß den
Menschen jede Sünde und Gottes-
lästerung vergeben wird, doch die
Lästerung des *Ruach Ha Kodesch*
wird nicht vergeben. 32Man kann
etwas gegen den Sohn des Men-
schen sagen und Vergebung erlan-
gen; doch wer nicht aufhört, gegen
den *Ruach Ha Kodesch* zu reden,
dem wird nicht vergeben werden,
weder in dem *Olam Haseh* noch
in dem *Olam Habah*.
33Wenn ihr einen Baum gut
macht, werden seine Früchte gut
sein; und wenn ihr einen Baum
schlecht macht, werden seine Früch-
te schlecht sein; denn einen Baum
erkennt man an seiner Frucht. 34Ihr
Schlangen! Wie könnt ihr, die ihr
böse seid, etwas Gutes sagen? Denn
der Mund spricht, was aus dem
Herzen überfließt. 35Der gute
Mensch bringt gute Dinge aus sei-
nem Vorrat an Gutem hervor, und
der böse Mensch bringt böse Dinge

f Jes 42,1–4

aus seinem Vorrat an Bösem hervor.
36 Außerdem sage ich euch folgen-
des: Am Tag des Gerichts werden
die Menschen für jedes unachtsame
Wort, das sie gesprochen haben, Re-
chenschaft ablegen müssen; 37 denn
durch eure eigenen Worte werdet
ihr freigesprochen und durch eure
eigenen Worte werdet ihr verurteilt
werden.«

38 Daraufhin sagten einige der *To-
rahlehrer*: »Rabbi, wir möchten ein
Wunderzeichen von dir sehen.« 39 Er
antwortete: »Eine gottlose und ehe-
brecherische Generation bittet um
ein Zeichen? Nein! Kein anderes
wird ihr gegeben werden als das
Zeichen des Propheten Jona. 40 Denn
so wie Jona **drei Tage und drei
Nächte im Bauch des Seeungeheu-
ers war,**[g] so wird der Sohn des
Menschen drei Tage und drei Näch-
te in den Tiefen der Erde sein. 41 Die
Leute von Ninive werden im Ge-
richt mit dieser Generation aufste-
hen und sie verurteilen, denn sie
wandten sich von ihren Sünden zu
Gott, als Jona predigte, doch was
jetzt hier ist, ist größer als Jona.
42 Die Königin des Südens wird im
Gericht mit dieser Generation auf-
stehen und sie verurteilen, denn sie
kam von den Enden der Erde, um
die Weisheit Schlomos zu hören,
doch was jetzt hier ist, ist größer als
Schlomo.

43 Wenn ein unreiner Geist aus ei-
nem Menschen herausfährt, durch-
streift er auf der Suche nach Ruhe
ödes Land und findet sie nicht.
44 Dann spricht er zu sich selbst: ›Ich
will zurückkehren in das Haus, das
ich verlassen habe.‹ Wenn er an-
kommt, findet er das Haus leerste-
hend, sauber gefegt und aufgeräumt.
45 Dann geht er und nimmt sieben
andere Geister mit sich, die noch
böser sind als er selbst, und sie kom-
men und wohnen dort – so daß der
Mensch am Ende schlimmer dran
ist, als er es zuvor war. So wird es
dieser gottlosen Generation erge-
hen.«

46 Er sprach noch zu der Menge,
als seine Mutter und seine Brüder
draußen erschienen und mit ihm
reden wollten. 47[h] 48 Doch er antwor-
tete dem, der ihm die Nachricht ge-
bracht hatte: »Wer ist meine Mut-
ter? Wer sind meine Brüder?« 49 Er
wies auf seine *Talmidim* und sagte:
»Sieh! Hier sind meine Mutter und
meine Brüder! 50 Wer immer tut, was
mein Vater im Himmel will, der ist
mein Bruder und meine Schwester
und meine Mutter.«

g Jona 2,1

h Manche Handschriften fügen hier Vers 47 ein: Jemand sagte ihm: »Deine Mutter und deine Brüder stehen draußen und wollen mit dir sprechen.«

Ba-al Sibul – Beelzebul, Beelzebub (Satan)
Jeschua – Jesus
Olam Habah – die kommende Welt, das kommende Zeitalter
Olam Haseh – die jetzige Welt, das jetzige Zeitalter
Peruschim – Pharisäer (pl.)
Ruach Ha Kodesch – Heiliger Geist
Satan – der Widersacher, Ankläger, Teufel
Schlomo – Salomo
Talmidim – Jünger (pl.)
Torahlehrer – Schriftgelehrter

13 1An demselben Tag ging Je-
schua aus dem Haus und
setzte sich am See nieder; 2doch es
versammelte sich eine so große
Menge um ihn, daß er ein Boot be-
stieg und dort saß, während die
Menge am Ufer stand. 3Er sagte ih-
nen viele Dinge in Gleichnissen:
»Ein Bauer ging hinaus, um seine
Saat auszusäen. 4Als er säte, fiel
manche Saat neben den Weg; und
die Vögel kamen und aßen sie auf.
5Andere Saat fiel auf steinige Flek-
ken, wo nicht viel Erde war. Sie
sproß rasch, weil die Erde flach war;
6doch als die Sonne hoch am Him-
mel stand, wurden die jungen Pflan-
zen versengt; und weil ihre Wurzeln
nicht tief waren, vertrockneten sie.
7Andere Saat fiel unter Dornen, die
hochwuchsen und die Pflanzen er-
stickten. 8Wieder andere fiel auf
fruchtbare Erde und brachte Korn
hervor, hundert- oder sechzig- oder
dreißigmal soviel wie ausgesät wor-
den war. 9Die, die Ohren haben,
mögen hören!«
10Dann kamen die *Talmidim* und
fragten Jeschua: »Warum sprichst
du in Gleichnissen zu ihnen?« 11Er
antwortete: »Weil es euch gegeben
ist, die Geheimnisse des Reichs des
Himmels zu kennen, aber ihnen ist
es nicht gegeben. 12Denn jeder, der
etwas hat, wird mehr erhalten, so
daß er reichlich haben wird; doch
jedem, der nichts hat, wird auch
das, was er hat, genommen wer-
den. 13Aus diesem Grund spreche
ich in Gleichnissen zu ihnen: Sie
schauen, ohne zu sehen, und lau-
schen, ohne zu hören oder zu ver-
stehen. 14Das heißt, in ihnen ist er-
füllt die Prophezeiung von Jescha-
jahu, die lautet:

›Ihr werdet hören und hören, aber niemals verstehen, und schauen und schauen, aber niemals sehen,

15denn das Herz dieses Volkes ist empfindungslos geworden – mit ihren Ohren hören sie kaum, und ihre Augen haben sie geschlossen, so daß sie nicht sehen mit ihren Augen, hören mit ihren Ohren, verstehen mit ihren Herzen und sich wieder zu mir wenden, damit ich sie heile.‹[i]

16Ihr aber – wie gesegnet sind eure
Augen, denn sie sehen, und eure
Ohren, denn sie hören! 17Ja wahr-
haftig! Ich sage euch, daß so man-
cher Prophet und so mancher *Zad-
dik* sich sehnte, die Dinge zu sehen,
die ihr seht, aber sie sahen sie nicht,
und die Dinge zu hören, die ihr
hört, aber sie hörten sie nicht.
18So hört zu, was das Gleichnis
vom Sämann bedeutet. 19Wer die
Botschaft vom Reich vernimmt,
aber sie nicht versteht, ist wie die
Saat, die neben den Weg gesät ist –
der Böse kommt und legt Hand auf
das, was in sein Herz gesät wurde.
20Die Saat, die auf steinigen Boden
gesät ist, ist wie ein Mensch, der die
Botschaft hört und sie sogleich mit
Freuden annimmt, 21aber in sich
selbst keine Wurzel hat. So bleibt er
eine Weile standhaft; doch sobald
sich Drangsal oder Verfolgung um

i Jes 6,9–10

der Botschaft willen auch nur von ferne zeigen, fällt er sofort ab. [22]Und die Saat, die unter Dornen gesät ist, steht für jemanden, der die Botschaft hört, doch sie wird erstickt durch die Sorgen der Welt und den trügerischen Glanz des Reichtums, so daß sie nichts hervorbringt. [23]Was jedoch auf fruchtbare Erde gesät wurde, ist der, der die Botschaft hört und sie versteht; ein solcher Mensch wird sicherlich Frucht tragen, hundert- oder sechzig- oder dreißigmal soviel wie gesät wurde.«

[24]Und Jeschua legte ihnen ein weiteres Gleichnis vor. »Das Reich des Himmels ist wie ein Mann, der gute Saat auf seinem Acker aussäte; [25]doch während die Leute schliefen, kam sein Feind und säte Unkraut unter den Weizen und ging fort. [26]Als der Weizen sich entwickelte und Ähren ausbildete, erschien auch das Unkraut. [27]Die Knechte des Besitzers kamen zu ihm und sagten: ›Lieber Herr, hast du nicht gute Saat in deinen Acker gesät? Wo kommt das Unkraut her?‹ [28]Er antwortete: ›Ein Feind hat das getan.‹ Die Knechte fragten ihn: ›Möchtest du, daß wir gehen und es ausreißen?‹ [29]Doch er sagte: ›Nein, denn wenn ihr das Unkraut ausreißt, könntet ihr gleichzeitig etwas von dem Weizen ausreißen. [30]Laßt sie beide zusammen wachsen bis zur Ernte; und zur Erntezeit werde ich die Schnitter heißen, zuerst das Unkraut zu sammeln und zu bündeln, um es zu verbrennen, den Weizen aber in meine Scheuer einzubringen.‹«

[31]Und Jeschua legte ihnen ein weiteres Gleichnis vor. »Das Reich des Himmels ist wie ein Senfkorn, das ein Mann nimmt und in seinen Acker aussät. [32]Es ist das kleinste aller Samenkörner, doch wenn es wächst, wird es größer als jede Gartenpflanze und wird ein Baum, so daß die Vögel, die herumfliegen, kommen und in seinen Zweigen nisten.«

[33]Und er sagte ihnen noch ein anderes Gleichnis. »Das Reich des Himmels ist wie Sauerteig, den eine Frau nahm und mit einem Scheffel Mehl mischte, und dann wartete, bis der ganze Schub Teig aufging.«

[34]Alle diese Dinge sagte Jeschua den Massen in Gleichnissen; wahrhaftig, er sagte ihnen nichts ohne ein Gleichnis. [35]Das geschah, damit erfüllt würde, was gesprochen worden war durch den Propheten:

»Ich will öffnen meinen Mund in Gleichnissen, ich will sagen, was verborgen war seit der Schöpfung des Universums.«[j]

[36]Dann verließ er die Massen und ging in das Haus hinein. Seine *Talmidim* kamen zu ihm und sagten: »Erkläre uns das Gleichnis vom Unkraut im Acker.« [37]Er antwortete: »Der, der die gute Saat sät, ist der

j Ps 78,2

Jeschajahu – Jesaja
Jeschua – Jesus
Talmidim – Jünger (pl.)
Zaddik – der Gerechte, gerechter Mensch

Sohn des Menschen; 38der Acker ist die Welt. Was die gute Saat betrifft: Das sind die Menschen, die dem Reich angehören; und das Unkraut sind die Menschen, die dem Bösen angehören. 39Der Feind, der sie sät, ist der Widersacher, die Ernte ist das Ende der Zeiten, und die Schnitter sind die Engel. 40So wie das Unkraut gesammelt und im Feuer verbrannt wird, wird es am Ende der Zeiten sein. 41Der Sohn des Menschen wird seine Engel aussenden, und sie werden aus seinem Reich alles heraussammeln, was die Menschen sündigen läßt, und alle Menschen, die der *Torah* fernstehen; 42und sie werden sie in den Feuerofen werfen, wo die Menschen wehklagen und mit den Zähnen knirschen werden. 43Dann werden die Gerechten leuchten wie die Sonne im Reich ihres Vaters. Wer immer Ohren hat, möge hören!

44Das Reich des Himmels ist wie ein Schatz, verborgen in einem Akker. Ein Mann fand ihn, versteckte ihn wieder und ging in großer Freude und verkaufte alles, was er besaß, und kaufte den Acker.

45Abermals: Das Reich des Himmels ist wie ein Kaufmann auf der Suche nach edlen Perlen. 46Als er eine sehr wertvolle Perle fand, ging er fort, verkaufte alles, was er besaß, und kaufte sie.

47Noch einmal: Das Reich des Himmels ist wie ein Netz, ausgeworfen in den See, das alle Sorten Fische fing. 48Als es voll war, zogen die Fischer das Netz herauf ans Ufer, setzten sich hin und sammelten die guten Fische in Körbe, die schlechten Fische aber warfen sie fort. 49So wird es auch am Ausgang der Zeiten sein – die Engel werden vortreten und die bösen Menschen von den gerechten sondern 50und sie in den Feuerofen werfen, wo sie wehklagen und mit den Zähnen knirschen werden.

51Habt ihr alle diese Dinge verstanden?« »Ja«, antworteten sie. 52Er sagte zu ihnen: »Gut denn; jeder *Torahlehrer*, der zum *Talmid* für das Reich des Himmels gemacht wurde, ist wie der Besitzer eines Hauses, der aus seiner Vorratskammer Neues und Altes hervorholt.«

53Als Jeschua diese Gleichnisse beendet hatte, zog er fort 54und ging in seine Heimatstadt. Dort lehrte er sie in ihrer Synagoge auf eine Weise, die sie in Erstaunen versetzte, so daß sie fragten: »Woher stammen die Weisheit und die Wunder dieses Menschen? 55Ist er nicht der Sohn des Zimmermanns? Heißt seine Mutter nicht Mirjam? Und seine Brüder Ja-akov, Josef, Schim-on und Jehudah? 56Und seine Schwestern, leben sie nicht alle unter uns? Wo also hat er all das her?« 57Und sie nahmen Anstoß an ihm. Doch Jeschua sagte zu ihnen: »Der einzige Ort, an dem die Menschen einen Propheten nicht achten, ist seine Heimatstadt und in seinem eigenen Haus.« 58Und weil sie so wenig Vertrauen hatten, tat er dort nur wenige Wunder.

14 1Um diese Zeit hörte Herodes, der Statthalter des Gebiets, von dem Ruhm Jeschuas 2und

sagte zu seinen Dienern: »Dieser
muß Jochanan der Eintaucher sein.
Er ist von den Toten auferweckt
worden; deshalb wirken diese wun-
derbaren Kräfte in ihm.«

3Denn Herodes hatte Jochanan
gefangengenommen, ihn in Ketten
gelegt und ins Gefängnis geworfen
wegen Herodias, der Frau seines
Bruders Philippus; 4weil Jochanan
zu Herodes gesagt hatte: »Es ver-
stößt gegen die *Torah*, wenn du
sie als deine Frau hast.« 5Herodes
hatte Jochanan töten wollen; doch
er hatte Angst vor dem Volk, in
dessen Augen Jochanan ein Pro-
phet war. 6Bei Herodes' Geburts-
tagsfeier jedoch tanzte Herodias'
Tochter vor der Gesellschaft, und
sie gefiel Herodes so sehr, 7daß er
schwor, ihr zu geben, worum im-
mer sie bat. 8Auf Veranlassung ih-
rer Mutter sagte sie: »Gib mir hier
auf einer Platte das Haupt Jocha-
nans des Eintauchers.« 9Der König
geriet völlig aus der Fassung; doch
aus Rücksicht auf den Schwur, den
er vor seinen Abendgästen geleistet
hatte, gab er Anordnung, ihren
Wunsch zu erfüllen 10und schickte
und ließ Jochanan im Gefängnis
enthaupten. 11Das Haupt wurde
dem Mädchen auf einer Platte ge-
bracht, und sie gab es ihrer Mut-
ter. 12Jochanans *Talmidim* kamen,
nahmen den Leichnam und begru-
ben ihn; dann gingen sie und be-
richteten Jeschua davon.

13Als er das hörte, fuhr Jeschua
mit einem Boot fort, um in der Wü-
ste allein zu sein. Doch das Volk er-
fuhr davon und folgte ihm aus den
Städten auf dem Landweg. 14Als er
ans Ufer kam, sah er dort eine riesi-
ge Menge; und von Mitleid für sie
erfüllt, heilte er diejenigen von ih-
nen, die krank waren.

15Als der Abend kam, traten seine
Jünger zu ihm und sagten: »Dies ist
ein abgelegener Ort, und es wird
spät. Schicke die Massen fort, damit
sie gehen und sich in den Dörfern
Essen kaufen können.« 16Aber Je-
schua antwortete: »Sie brauchen
nicht fortgehen. Gebt ihr ihnen et-
was zu essen!« 17»Alles, was wir bei
uns haben«, sagten sie, »sind fünf
Laibe Brot und zwei Fische.« 18Er
sagte: »Bringt sie hierher zu mir.«
19Nachdem er die Massen geheißen
hatte, im Gras niederzusitzen, nahm
er die fünf Laibe und die zwei Fische,
sah hinauf zum Himmel und machte
eine *Berachah*. Dann brach er die
Laibe und gab sie den *Talmidim*, die
sie den Massen reichten. 20Alle aßen,
soviel sie wollten, und sie sammelten
noch zwölf Körbe voll übriggeblie-
bener Stücke auf. 21Die Essenden
zählten über fünftausend Männer,
dazu Frauen und Kinder.

Berachah – Segnung
Ja-akov – Jakob
Jehudah – Judas
Jeschua – Jesus
Jochanan – Johannes
Jochanan der Eintaucher – Johannes der Täufer
Mirjam – Miriam, Maria
Schim-on – Simon
Talmid – Jünger (sg.)
Talmidim – Jünger (pl.)
Torah – Weisung, Lehre, das »Gesetz«, der Pentateuch (die 5 Bücher Mose)
Torahlehrer – Schriftgelehrter

22Sogleich ließ er die *Talmidim* in das Boot steigen und ihm voraus auf die andere Seite übersetzen, während er die Massen fortschickte. 23Nachdem er die Massen fortgeschickt hatte, ging er allein hinauf in die Hügel, um zu beten. Die Nacht brach herein, und er war dort allein. 24Doch in der Zwischenzeit war das Boot mehrere Kilometer vom Ufer entfernt und kämpfte gegen die rauhe See und Gegenwind an. 25Etwa um vier Uhr morgens kam er zu ihnen, und wandelte auf dem See! 26Als die *Talmidim* ihn sahen, wie er auf dem See wandelte, waren sie zutiefst erschrocken. »Es ist ein Geist!« sagten sie und schrien vor Angst. 27Doch sogleich sprach Jeschua zu ihnen. »Mut«, sagte er, »ich bin es. Habt keine Angst.« 28Da rief Kefa ihm zu: »Herr, wenn du es wirklich bist, dann heiße mich, zu dir zu kommen auf dem Wasser.« 29»Komm!« sagte er. Und Kefa stieg aus dem Boot und ging über das Wasser zu Jeschua. 30Doch als er den Wind sah, bekam er Angst; und im Sinken schrie er: »Herr! Rette mich!« 31Sofort streckte Jeschua seine Hand aus, ergriff ihn und sagte zu ihm: »So wenig Vertrauen! Warum hast du gezweifelt?« 32Als sie das Boot bestiegen, legte sich der Wind. 33Die Männer im Boot fielen vor ihm nieder und riefen: »Du bist wahrhaftig Gottes Sohn!«

34Nach der Überfahrt landeten sie in Ginosar. 35Als die Menschen des Ortes ihn erkannten, schickten sie Nachricht in die Nachbarschaft und brachten ihm alle, die krank waren. 36Sie baten ihn, daß die Kranken nur die *Zizit* seines Gewands berühren dürften, und alle, die sie berührten, wurden völlig geheilt.

15 1Dann kamen einige *Peruschim* und *Torahlehrer* aus Jeruschalajim zu Jeschua und fragten ihn: 2»Warum brechen deine *Talmidim* die Überlieferung der Ältesten? Sie vollziehen nicht die *Netilat Jadajim*, bevor sie essen!« 3Er antwortete: »Wahrhaftig, warum brecht *ihr* das Gebot Gottes durch eure Überlieferung? 4Denn Gott hat gesagt: ›**Ehre deinen Vater und deine Mutter**‹[k] und ›**Jeder, der seinem Vater oder seiner Mutter flucht, soll hingerichtet werden.**‹[l] 5Ihr aber sagt: ›Wenn jemand zu seinem Vater oder zu seiner Mutter sagt: „Ich habe versprochen, Gott zu geben, womit ich sonst euch unterstützt hätte“, 6dann ist er seiner Pflicht, seinen Vater oder seine Mutter zu ehren, ledig.‹ So macht ihr durch eure Tradition das Wort Gottes null und nichtig! 7Ihr Heuchler! Jeschajahu hatte recht, als er über euch weissagte:

8›**Diese Menschen ehren mich mit ihren Lippen, doch ihre Herzen sind fern von mir.**

9**Vergeblich beten sie mich an, denn sie verkünden von Menschen aufgestellte Regeln, als seien sie Lehren.**‹«[m]

k Ex 20,12; Dtn 5,16
l Ex 21,17; Lev 20,9
m Jes 29,13

[10]Dann berief er die Menge zu sich
und sagte: »Hört und begreift fol-
gendes! [11]Was einen Menschen un-
rein macht, ist nicht, was in seinen
Mund hineingeht; sondern was aus
seinem Mund herauskommt, macht
ihn unrein!«

[12]Die *Talmidim* kamen zu ihm
und sagten: »Weißt du, daß die *Pe-
ruschim* Anstoß an dem nehmen,
was du sagst?« [13]Er entgegnete: »Je-
de Pflanze, die nicht mein Vater im
Himmel gepflanzt hat, wird mit den
Wurzeln ausgerissen werden. [14]Laßt
sie. Sie sind blinde Führer. Wenn ein
Blinder einen anderen Blinden führt,
werden beide in eine Grube fallen.«

[15]Kefa sagte zu ihm: »Erklär uns
das Gleichnis.« [16]So sagte er: »Ver-
steht ihr immer noch nicht? [17]Seht
ihr nicht, daß alles, was in den Mund
hineinkommt, in den Magen gelangt
und wieder hinausgeht in die Latri-
ne? [18]Was jedoch aus eurem Mund
herauskommt, kommt in Wirklichkeit
aus eurem Herzen, und das macht ei-
nen Menschen unrein. [19]Denn aus
dem Herzen kommen gottlose Ge-
danken, Mord, Ehebruch und andere
Arten von Unzucht, Diebstahl, Lü-
gen, Verleumdungen .... [20]Das
macht einen Menschen wirklich un-
rein, aber zu essen, ohne die *Netilat
Jadajim* zu vollziehen, macht einen
Menschen nicht unrein.«

[21]Und Jeschua verließ den Ort
und ging fort in das Gebiet von Zor
und Zidon. [22]Eine Frau aus Kanaan,
die dort lebte, kam zu ihm und fleh-
te ihn an: »Lieber Herr, hab Mitleid
mit mir. Sohn Davids! Meine Toch-
ter wird auf grausame Weise in der
Gewalt von Dämonen gehalten!«
[23]Aber Jeschua sprach kein Wort zu
ihr. Da kamen seine *Talmidim* zu
ihm und drängten ihn: »Schicke sie
fort, denn sie folgt uns und belästigt
uns unausgesetzt mit ihrem Ge-
schrei.« [24]Er sagte: »Ich bin nur zu
den verlorenen Schafen des Hauses
Jisrael geschickt.« [25]Doch sie kam,
fiel zu seinen Füßen nieder und sag-
te: »Lieber Herr, hilf mir!« [26]Er ant-
wortete: »Es ist nicht richtig, den
Kindern das Essen wegzunehmen
und es ihren Schoßhunden hinzu-
werfen.« [27]Sie sagte: »Das ist wahr,
lieber Herr, aber sogar die Hunde
essen die Reste, die vom Tisch ihres
Herrn fallen.« [28]Da antwortete Je-
schua ihr: »Liebe Frau, du hast
großes Vertrauen. Dein Wunsch sei
dir erfüllt.« Und ihre Tochter war in
diesem Augenblick geheilt.

[29]Jeschua ging von dort weg und
wanderte am Ufer des Sees Kinneret
entlang. Er stieg auf einen Hügel
und setzte sich; [30]und große Massen
kamen zu ihm und brachten die
Lahmen, die Blinden, die Verkrüp-

Ginosar – Genezareth
Jeruschalajim – Jerusalem
Jeschajahu – Jesaja
Jeschua – Jesus
Kefa – Petrus
Kinneret, See – Galiläisches Meer, See Gene-zareth
Netilat Jadajim – rituelle Handwaschung
Peruschim – Pharisäer (pl.)
Talmidim – Jünger (pl.)
Torahlehrer – Schriftgelehrter
Zidon – Sidon
Zizit – Quaste, die aus religiösem Grund ge-tragen wird
Zor – Tyrus

pelten, die Stummen und viele ande-
re mit. Sie legten sie zu seinen Fü-
ßen nieder, und er heilte sie. 31 Das
Volk war verwundert, als es sah, wie
Stumme sprachen, Verkrüppelte ge-
sund wurden, Lahme umhergingen
und Blinde sahen; und es sagte dem
Gott Jisraels eine *Berachah*.

32 Jeschua berief seine *Talmidim* zu
sich und sagte: »Mir tun diese Men-
schen leid, denn sie sind drei Tage
bei mir gewesen, und jetzt haben sie
nichts zu essen. Ich möchte sie nicht
hungrig fortschicken, denn sie könn-
ten auf dem Heimweg zusammen-
brechen.« 33 Die *Talmidim* sagten zu
ihm: »Wo sollen wir an diesem
abgelegenen Ort genug Brotlaibe
finden, um eine so große Menge
sattzumachen?« 34 Jeschua fragte sie:
»Wieviele Laibe habt ihr?« Sie sag-
ten: »Sieben, und ein paar Fische.«
35 Nachdem er die Menge geheißen
hatte, sich auf dem Boden niederzu-
lassen, 36 nahm er die sieben Laibe
und die Fische, machte eine *Ber-
achah*, brach die Laibe und gab sie
den *Talmidim*, die sie den Men-
schen reichten. 37 Alle aßen, bis sie
satt waren, und sie sammelten noch
sieben große Körbe voll mit übrig-
gebliebenen Stücken. 38 Die Essen-
den zählten viertausend Männer, da-
zu Frauen und Kinder. 39 Nachdem
er die Menge fortgeschickt hatte,
stieg er ins Boot und brach in das
Gebiet von Magadan auf.

16 1 Da kamen ein paar *Peru-
schim* und *Zeddukim*, die
wollten Jeschua eine Falle stellen,
indem sie ihn baten, ihnen ein Wun-
derzeichen vom Himmel zu zeigen.
2 Doch seine Antwort war: »Wenn
es Abend ist, sagt ihr: ›Es gibt schö-
nes Wetter‹, weil der Himmel rot
ist; 3 und am Morgen sagt ihr: ›Es
gibt heute Sturm‹, weil der Himmel
rot ist und bedeckt. Ihr wißt aus
dem Aussehen des Himmels zu le-
sen, aber die Zeichen der Zeit könnt
ihr nicht lesen! 4 Eine gottlose und
ehebrecherische Generation bittet
um ein Zeichen? Ihr wird mit Si-
cherheit kein Zeichen gegeben wer-
den – außer dem Zeichen des Jona!«
Damit ließ er sie stehen.

5 Die *Talmidim* hatten bei der
Überfahrt auf die andere Seite des
Sees vergessen, Brot mitzunehmen.
6 Als nun Jeschua zu ihnen sagte:
»Seid wachsam! Hütet euch vor dem
Chamez der *Peruschim* und *Zeddu-
kim*«, 7 glaubten sie, er sage das, weil
sie kein Brot mitgebracht hatten.
8 Aber Jeschua, der das wohl wußte,
sagte: »So wenig Vertrauen habt ihr!
Warum sprecht ihr miteinander dar-
über, daß ihr kein Brot habt? 9 Ver-
steht ihr immer noch nicht? Erinnert
ihr euch nicht an die fünf Laibe der
Fünftausend und wieviele Körbe ihr
gefüllt habt? 10 Oder die sieben Laibe
der Viertausend und wieviele Körbe
ihr gefüllt habt? 11 Wie könnt ihr
überhaupt denken, daß ich von Brot
zu euch spreche? Hütet euch vor
dem *Chamez* der *Peruschim* und
Zeddukim!« 12 Da verstanden sie – sie
sollten sich nicht vor dem Sauerteig
des Brotes hüten, sondern vor der
Lehre der *Peruschim* und *Zeddukim*.

13 Als Jeschua in das Gebiet um
Cäsarea Philippi kam, fragte er seine

Talmidim: »Wer, sagen die Leute,
sei der Sohn des Menschen?« [14]Sie
sagten: »Nun, manche sagen, Jocha-
nan der Eintaucher, andere Elijahu,
wieder andere Jirmejahu oder einer
der Propheten.« [15]»Aber ihr«, sagte
er zu ihnen, »wer sagt ihr, daß ich
sei?« [16]Schim-on Kefa antwortete:
»Du bist der *Maschiach*, der Sohn
des lebendigen Gottes.« [17]»Schim-
on Bar Jochanan«, sagte Jeschua zu
ihm, »wie gesegnet du bist! Denn
kein Mensch offenbarte dir das,
nein, es war mein Vater im Himmel.
[18]Und ich sage dir folgendes: Du
bist Kefa [was »Fels« bedeutet], und
auf diesen Felsen will ich meine Ge-
meinschaft bauen, und die Tore der
Scheol werden sie nicht überwin-
den. [19]Ich will dir die Schlüssel des
Reichs des Himmels geben. Was im-
mer du auf Erden verbietest, wird
im Himmel verboten sein, und was
immer du auf Erden erlaubst, wird
im Himmel erlaubt sein.« [20]Dann
ermahnte er die *Talmidim*, nieman-
dem zu sagen, daß er der Messias war.

[21]Von dieser Zeit an begann Je-
schua seinen Jüngern zu erklären,
daß er nach Jeruschalajim gehen und
dort viel Leid von den Ältesten er-
dulden müsse; und daß er hingerich-
tet werden müsse; daß er jedoch am
dritten Tag zum Leben auferweckt
werden sollte. [22]Kefa nahm ihn zur
Seite und begann, ihn zu tadeln:
»Der Himmel sei gnädig, Herr! Auf
keinen Fall wird dir das zustoßen!«
[23]Doch Jeschua wandte Kefa den
Rücken zu und sagte: »Weiche hinter
mich, Satan! Du bist ein Hindernis
auf meinem Weg, denn dein Denken
entspricht menschlichem Standpunkt,
nicht dem Standpunkt Gottes!«

[24]Dann sagte Jeschua zu seinen
Talmidim: »Wenn jemand mir nach-
kommen möchte, sage er ›Nein‹ zu
sich selbst, nehme seinen Hinrich-
tungspfahl auf sich und folge mir
unbeirrt nach. [25]Denn wer immer
sein Leben retten will, wird es zer-
stören, doch wer immer sein Leben
zerstört um meinetwillen, wird es
finden. [26]Was nützt es einem, wenn
er die ganze Welt gewinnt, aber sein
Leben verwirkt? Oder: Was kann
ein Mensch im Tausch gegen sein
Leben geben? [27]Denn der Sohn des
Menschen wird kommen in der Herr-
lichkeit seines Vaters, mit seinen En-
geln; und dann wird er jedem nach
seinem Verhalten vergelten. [28]Ja! Ich
sage euch, daß hier einige stehen, die
den Tod nicht erfahren werden, bis
sie den Sohn des Menschen kom-
men sehen in seinem Reich!«

Berachah – Segnung
Chamez – Sauerteig
Elijahu – Elia
Jeruschalajim – Jerusalem
Jeschua – Jesus
Jirmejahu – Jeremia
Jochanan – Johannes
Jochanan der Eintaucher – Johannes der Täufer
Kefa – Petrus
Maschiach – Messias
Peruschim – Pharisäer (pl.)
Satan – der Widersacher, Ankläger, Teufel
Scheol – Hades, Hölle
Schim-on Bar Jochanan – Simon, der Sohn des Johannes
Schim-on Kefa – Simon Petrus
Talmidim – Jünger (pl.)
Zeddukim – Sadduzäer

17 1Sechs Tage später nahm Je-
schua Kefa, Ja-akov und sei-
nen Bruder Jochanan und ging mit
ihnen allein auf einen hohen Berg.
2Vor ihren Augen begann sich seine
Gestalt zu verändern – sein Antlitz
leuchtete wie die Sonne, und seine
Kleider wurden weiß wie Licht. 3Da
schauten sie und sahen Mosche und
Elijahu, die mit ihm sprachen. 4Kefa
sagte zu Jeschua: »Es ist gut, daß wir
hier sind, Herr. Ich werde drei
Schutzhütten aufstellen, wenn du
willst – eine für dich, eine für Mo-
sche und eine für Elijahu.« 5Wäh-
rend er noch sprach, umhüllte sie ei-
ne helle Wolke; und eine Stimme
aus der Wolke sagte: »Dieser ist
mein Sohn, den ich liebe, an dem ich
großen Gefallen habe. Hört auf
ihn!« 6Als die *Talmidim* das hörten,
erschraken sie so sehr, daß sie mit
dem Gesicht nach unten zu Boden
fielen. 7Aber Jeschua kam und be-
rührte sie. »Steht auf«, sagte er,
»habt keine Angst.« 8Und sie öffne-
ten die Augen, blickten auf und sa-
hen nur noch Jeschua allein.

9Als sie den Berg hinabkamen, be-
fahl Jeschua ihnen: »Erzählt nie-
mandem, was ihr gesehen habt, bis
der Sohn des Menschen von den
Toten auferweckt ist.« 10Die *Talmi-
dim* fragten ihn: »Warum sagen
dann die *Torahlehrer*, daß zuerst
Elijahu kommen muß?« 11Er ant-
wortete: »Einerseits kommt Elijahu
und wird alle Dinge zurechtbringen;
12andererseits sage ich euch, daß Eli-
jahu bereits gekommen ist, und die
Menschen erkannten ihn nicht, son-
dern machten mit ihm, was sie woll-
ten. Auf die gleiche Weise wird auch
der Sohn des Menschen durch ihre
Hände leiden.«

13Da verstanden die *Talmidim*,
daß er zu ihnen von Jochanan dem
Eintaucher sprach.

14Als sie sich der Menge näherten,
trat ein Mann zu Jeschua, kniete vor
ihm nieder 15und sagte: »Lieber
Herr, hab Erbarmen mit meinem
Sohn, denn er ist ein Epileptiker und
hat so schreckliche Anfälle, daß er oft
ins Feuer oder ins Wasser fällt. 16Ich
brachte ihn zu deinen *Talmidim*,
aber sie konnten ihn nicht heilen.«
17Jeschua antwortete: »Verkehrtes
Volk, ohne jedes Vertrauen! Wie lan-
ge soll ich noch bei euch sein? Wie
lange muß ich euch noch ertragen?
Bringt ihn her zu mir!« 18Jeschua
schalt den Dämon, und er fuhr aus
dem Jungen aus, so daß er von die-
sem Augenblick an geheilt war.

19Da gingen die *Talmidim* für sich
allein zu ihm und sagten: »Warum
konnten wir ihn nicht austreiben?«
20Er sagte zu ihnen: »Weil ihr so
wenig Vertrauen habt! Ja! Ich sage
euch, daß ihr, wenn ihr Vertrauen
habt, das nur so klein wie ein Senf-
korn ist, zu diesem Berg sagen
könnt: ›Bewege dich von hier nach
dort!‹, und er wird sich bewegen;
wahrhaftig, nichts wird euch un-
möglich sein!« 21[n]

22Als sie zusammen durchs Galil
zogen, sagte Jeschua zu ihnen: »Bald
wird der Sohn des Menschen in die

n In manchen Handschriften folgt hier Vers 21: Doch diese Art fährt nicht aus außer durch Gebet und Fasten.

Hände des Volkes ausgeliefert wer-
den, 23das ihn hinrichten wird, und
am dritten Tag wird er auferweckt
werden.« Und sie wurden von
Traurigkeit erfüllt.

24Als sie nach Kefar-Nachum ka-
men, kamen die Eintreiber des
Halb-*Schekels* zu Kefa und sagten:
»Zahlt euer Rabbi nicht die Tempel-
steuer?« 25»Natürlich tut er das«,
sagte Kefa. Als er nach Hause kam,
sprach Jeschua zuerst. »Schim-on,
was meinst du? Die Könige der Er-
de – von wem treiben sie Abgaben
und Steuern ein? Von ihren Söhnen
oder von anderen?« 26»Von ande-
ren«, antwortete er. »Dann«, sagte
Jeschua, »sind die Söhne ausgenom-
men. 27Aber um zu vermeiden, daß
sie Anstoß nehmen – geh zum See,
wirf eine Leine aus und nimm den
ersten Fisch, den du fängst. Öffne
sein Maul, und du wirst einen *Sche-
kel* finden. Nimm ihn und gib ihn
ihnen für mich und für dich.«

18 1In diesem Augenblick ka-
men die *Talmidim* zu Je-
schua und fragten: »Wer ist der
Größte im Reich des Himmels?« 2Er
rief ein Kind zu sich, stellte es mitten
unter sie 3und sagte: »Ja! Ich sage
euch, wenn ihr euch nicht ändert
und werdet wie kleine Kinder, wer-
det ihr gar nicht erst in das Reich des
Himmels eingehen! 4So ist nun der
Größte im Reich, wer immer sich
klein macht wie dieses Kind. 5Wer
immer ein solches Kind in meinem
Namen aufnimmt, nimmt mich auf;
6und wer immer eines dieser Klei-
nen, die mir vertrauen, verführt, für
den wäre es besser, daß ihm ein
Mühlstein um den Hals gehängt
und er im offenen Meer ertränkt
würde! 7Wehe der Welt wegen der
Verführungen! Denn es müssen
Verführungen sein, doch wehe dem
Menschen, der die Verführung ins
Werk setzt!

8»Wenn nun deine Hand oder dein
Fuß dich verführt, hack sie ab und
wirf sie weg! Besser, du bist verstüm-
melt oder verkrüppelt und erlangst
das ewige Leben, als du behältst bei-
de Hände und beide Füße und wirst
in das ewige Feuer geworfen. 9Und
wenn dein Auge dich verführt, reiß
es aus und wirf es weg! Besser, du
bist einäugig und erlangst das ewige
Leben, als du behältst beide Augen
und wirst in das Feuer der Geh-Hin-
nom geworfen. 10Seht zu, daß ihr
niemals eines dieser Kleinen verach-
tet, denn ich sage euch, daß ihre En-
gel im Himmel allezeit das Antlitz
meines Vaters im Himmel sehen. 11[o]

o In manchen Handschriften folgt Vers 11: Denn der Sohn des Menschen kam, die Verlorenen zu retten.

Elijahu – Elia
Galil – Galiläa
Geh-Hinnom – Gehenna, Hölle
Ja-akov – Jakob
Jeschua – Jesus
Jochanan – Johannes
Jochanan der Eintaucher – Johannes der Täufer
Kefa – Petrus
Kefar-Nachum – Kapernaum
Mosche – Mose
Schekel – jüd. Münze
Schim-on – Simon
Talmidim – Jünger (pl.)
Torahlehrer – Schriftgelehrter

12»Was meint ihr? Was wird je-
mand tun, der hundert Schafe hat,
und eines von ihnen verirrt sich?
Wird er nicht die neunundneunzig
auf den Hängen lassen und fortge-
hen, um das Verirrte zu suchen?
13Und wenn er es dann glücklich
findet? Ja! Ich sage euch, er ist fro-
her darüber als über die neunund-
neunzig, die sich niemals verlaufen
haben! 14So möchte euer Vater im
Himmel nicht, daß auch nur eines
dieser Kleinen verlorengeht.

15»Außerdem: Wenn dein Bruder
sich an dir versündigt, geh und weise
ihn auf sein Vergehen hin – aber un-
ter vier Augen, nur zwischen euch
beiden. 16Wenn er nicht zuhört,
nimm einen oder zwei andere mit
dir, so daß **jede Anschuldigung
durch das Zeugnis von zwei oder
drei Zeugen bestätigt werden
kann**.[p] 17Wenn er sich weigert, sie
anzuhören, sage es der Gemeinde;
und wenn er sich auch weigert, auf
die Gemeinde zu hören, behandle
ihn, wie du einen Heiden oder einen
Zöllner behandeln würdest. 18Ja! Ich
sage euch, daß, was immer ihr auf
Erden verbietet, im Himmel verbo-
ten sein wird, und was immer ihr auf
Erden erlaubt, im Himmel erlaubt
sein wird. 19Und noch einmal: Ich sa-
ge euch, daß, wenn zwei von euch
hier auf Erden sich über irgend et-
was, was Menschen erbitten, einigen,
es ihnen gegeben wird von meinem
Vater im Himmel. 20Denn wo immer
zwei oder drei in meinem Namen
versammelt sind, bin ich bei ihnen.«

21Da trat Kefa zu ihm und sagte:
»Rabbi, wie oft kann mein Bruder
gegen mich sündigen und ich muß
ihm vergeben? Siebenmal?« 22»Nein,
nicht siebenmal«, antwortete Je-
schua, »sondern siebzigmal sieben!
23Deshalb kann das Reich des Him-
mels mit einem König verglichen
werden, der beschloß, mit seinen
Verwaltern abzurechnen. 24Sogleich
führten sie einen Mann vor, der ihm
viele Millionen schuldete, 25und da
er nicht zahlen konnte, befahl sein
Herr, daß er, seine Frau, seine Kin-
der und sein ganzer Besitz verkauft
würden, um die Schuld zu bezahlen.
26Doch der Knecht fiel vor ihm nie-
der. ›Hab Geduld mit mir‹, bat er,
›und ich will alles zurückzahlen.‹
27Und aus Mitleid mit ihm ließ der
Herr ihn gehen und vergab ihm die
Schuld.

28Doch als der Knecht fortging,
traf er auf einen seiner Mitknechte,
der ihm eine winzige Summe schul-
dete. Er ergriff ihn und begann ihn
zu würgen und rief: ›Zahl zurück,
was du mir schuldest!‹ 29Sein Mit-
knecht fiel vor ihm nieder und bat:
›Hab Geduld mit mir, und ich wer-
de es dir zurückzahlen.‹ 30Doch er
weigerte sich; statt dessen ließ er ihn
ins Gefängnis werfen, bis er die
Schuld zurückzahlen würde. 31Als
die anderen Knechte sahen, was ge-
schehen war, waren sie zutiefst be-
trübt; und sie gingen und erzählten
ihrem Herrn alles, was geschehen
war. 32Da berief der Herr seinen
Knecht und sagte: ›Du gottloser
Knecht! Ich habe dir die ganze
Schuld vergeben, nur weil du mich

p Dtn 19,15

darum batest. [33]Hättest du nicht
Mitleid mit deinem Mitknecht ha-
ben sollen, so wie ich Mitleid mit dir
hatte?‹

[34]Und im Zorn übergab sein Herr
ihn den Gefängnisaufsehern zur Be-
strafung, bis er alles, was er schulde-
te, zurückzahlte. [35]Ebenso wird
mein himmlischer Vater euch be-
handeln, wenn ihr eurem Bruder
nicht von Herzen vergebt.«

19 [1]Als Jeschua die Rede über
diese Dinge beendet hatte,
verließ er das Galil und zog das
Ostufer des Flusses Jarden hinab,
bis er die Grenze von Jehudah pas-
sierte. [2]Große Massen folgten ihm,
und er heilte sie dort.

[3]Einige *Peruschim* kamen und ver-
suchten, ihm eine Falle zu stellen,
und fragten: »Ist es einem Mann er-
laubt, sich aus einem beliebigen
Grund von seiner Frau scheiden zu
lassen?« [4]Er entgegnete: »Habt ihr
nicht gelesen, daß der Schöpfer **sie**
am Anfang als **Mann und Frau**
schuf[q] [5]und daß er sagte: ›**Deshalb**
soll ein Mann seinen Vater und
seine Mutter verlassen und mit sei-
ner Frau vereinigt werden, und die
beiden sollen ein Fleisch werden‹?[r]
[6]Damit sind sie nicht länger zwei,
sondern eins. Und nun soll niemand
auseinanderreißen, was Gott zusam-
mengefügt hat.«

[7]Sie sagten zu ihm: »Warum gab
Mosche dann das Gebot, daß ein
Mann **seiner Frau einen *Get* geben**
und sich von ihr scheiden lassen
soll?«[s] [8]Er antwortete: »Mosche er-
laubte euch, euch von euren Frauen
scheiden zu lassen, weil eure Herzen
so verhärtet sind. Doch so war es
nicht am Anfang. [9]Jetzt sage ich
euch: Wer immer sich von seiner
Frau scheiden läßt, es sei denn we-
gen Unzucht, und eine andere Frau
heiratet, begeht Ehebruch!«

[10]Die *Talmidim* sagten zu ihm:
»Wenn die Dinge zwischen Mann
und Frau so sind, wäre es besser,
nicht zu heiraten!« [11]Er sagte zu ih-
nen: »Nicht jeder begreift diese
Lehre, nur die, für die sie gedacht
ist. [12]Denn es gibt unterschiedliche
Gründe, warum Männer nicht hei-
raten – manche, weil sie ohne Ver-
langen geboren wurden, manche,
weil sie entmannt wurden, und
manche, weil sie um des Reichs des
Himmels willen auf die Ehe ver-
zichtet haben. Wer das begreifen
kann, möge es begreifen.«

[13]Dann wurden Kinder zu ihm ge-
bracht, damit er ihnen seine Hände
auflegen und für sie beten möge,
doch die *Talmidim* schalten die
Leute, die sie brachten. [14]Aber Je-

q Gen 1,27; 5,2
r Gen 2,24
s Dtn 24,1.3

Galil – Galiläa
Get – Dokument, das die Ehescheidung bescheinigt
Jarden – Jordan
Jehudah – Judäa
Jeschua – Jesus
Kefa – Petrus
Mosche – Mose
Peruschim – Pharisäer (pl.)
Talmidim – Jünger (pl.)

schua sagte: »Laßt die Kinder zu mir kommen, hindert sie nicht, denn das Reich des Himmels gehört solchen wie diesen.« 15Dann, nachdem er ihnen seine Hände aufgelegt hatte, zog er weiter.

16Ein Mann trat zu Jeschua und sagte: »Rabbi, was soll ich Gutes tun, um das ewige Leben zu haben?« Er sagte zu ihm: 17»Warum fragst du mich nach Gutem? Einer ist gut! Doch wenn du das ewige Leben erlangen willst, halte die *Mizvot.*« 18Der Mann fragte ihn: »Welche?« und Jeschua sagte: **»Morde nicht, begehe nicht Ehebruch, stiehl nicht, gib kein falsches Zeugnis,**[t] 19**ehre Vater und Mutter**[u] und **liebe deinen Nächsten wie dich selbst.**«[v] 20Der junge Mann sagte zu ihm: »Ich habe all diese gehalten; wo mangelt es mir noch?« 21Jeschua sagte zu ihm: »Wenn es dir ernst ist damit, das Ziel zu erreichen, geh und verkaufe deinen Besitz, gib den Armen, und du wirst Reichtümer im Himmel haben. Dann komm, folge mir nach!« 22Doch als der junge Mann das hörte, ging er traurig fort, denn er war reich.

23Da sagte Jeschua zu seinen *Talmidim*: »Ja. Ich sage euch, daß es sehr schwer ist für einen reichen Mann, ins Reich des Himmels einzugehen. 24Und ich sage euch auch, daß es leichter ist für ein Kamel, durch ein Nadelöhr hindurchzugehen, als für einen reichen Mann, ins Reich Gottes einzugehen.« 25Als die *Talmidim* das hörten, waren sie höchst verwundert. »Wer«, fragten sie, »kann dann gerettet werden?« 26Jeschua sah sie an und sagte: »Bei den Menschen ist das unmöglich; doch bei Gott ist alles möglich.« 27Kefa entgegnete: »Sieh, wir haben alles verlassen und sind dir gefolgt. Was werden wir also haben?« 28Jeschua sagte zu ihnen: »Ja. Ich sage euch, daß in der erneuerten Welt, wenn der Sohn des Menschen auf seinem herrlichen Thron sitzt, ihr, die ihr mir nachgefolgt seid, ebenfalls auf zwölf Thronen sitzen und die zwölf Stämme Jisraels richten werdet. 29Jeder, der Haus, Brüder, Schwestern, Vater, Mutter, Kinder oder Äcker um meinetwillen verlassen hat, wird hundertmal mehr erhalten, und er wird das ewige Leben erlangen. 30Doch viele, die Erste sind, werden Letzte sein, und viele, die Letzte sind, werden Erste sein.

20 1»Das Reich des Himmels ist wie ein Bauer, der bei Tagesanbruch hinausging, um Arbeiter für seinen Weinberg zu dingen. 2Nachdem er sich mit den Arbeitern auf einen Lohn von einem Denar [dem üblichen Tageslohn] geeinigt hatte, schickte er sie in seinen Weinberg. 3Als er um neun Uhr morgens erneut hinausging, sah er weitere Männer auf dem Marktplatz herumstehen, die nichts zu tun hatten, 4und sagte zu ihnen: ›Geht auch ihr in den Weinberg – ich werde euch einen gerechten Lohn zahlen.‹ Also

t Ex 20,13 (13–16); Dtn 5,17–20
u Ex 20,12; Dtn 5,16
v Lev 19,18

gingen sie. 5Mittags und wieder um
drei Uhr nachmittags tat er das glei-
che. 6Eine Stunde vor Sonnenunter-
gang ging er abermals hinaus, sah
noch andere herumstehen und frag-
te sie: ›Warum standet ihr hier den
ganzen Tag müßig herum?‹ 7Sie sag-
ten zu ihm: ›Weil niemand uns ge-
dungen hat.‹ ›Geht auch ihr in den
Weinberg‹, hieß er sie.

8»Als der Abend kam, sagte der
Besitzer des Weinbergs zu seinem
Vorarbeiter: ›Ruf die Arbeiter und
zahl ihnen ihren Lohn; fang bei dem
letzten, der angestellt wurde, an,
und hör mit dem ersten auf.‹ 9Die
Arbeiter, die eine Stunde vor Son-
nenuntergang gekommen waren, er-
hielten jeder einen Denar, 10deshalb
erwarteten die Arbeiter, die zuerst
gekommen waren, daß sie mehr be-
kämen, doch auch von ihnen bekam
jeder nur einen Denar. 11Als sie ih-
ren Lohn in Empfang nahmen, be-
gannen sie mit dem Bauern zu mur-
ren: 12›Diese Nachzügler haben nur
eine Stunde gearbeitet, wir aber ha-
ben die ganze Last der Tagesarbeit
in der heißen Sonne ertragen, und
doch hast du sie mit uns gleichge-
stellt!‹ 13Doch er antwortete einem
von ihnen: ›Sieh, Freund, ich bin
nicht ungerecht zu dir. Warst du
nicht einverstanden, heute für einen
Denar zu arbeiten? 14Jetzt nimm
deinen Lohn und geh! Ich möchte
dem letzten Arbeiter ebensoviel ge-
ben, wie ich dir gebe. 15Habe ich
nicht das Recht, mit dem, was mir
gehört, zu tun, was ich will? Oder
verübelst du mir meine Großzügig-
keit?‹ 16So werden die Letzten die
Ersten sein und die Ersten die Letz-
ten.«

17Als Jeschua nach Jeruschalajim
hinaufging, nahm er die zwölf *Tal-
midim* beiseite und sagte zu ihnen,
während sie ihren Weg fortsetzten:
18»Wir gehen jetzt hinauf nach Jeru-
schalajim, wo der Sohn des Men-
schen den Haupt-*Kohanim* und *To-
rahlehrer*n übergeben wird. Sie
werden ihn zum Tode verurteilen
19und an die *Gojim* ausliefern, die
ihn verspotten, schlagen und an ei-
nem Pfahl als Verbrecher hinrichten
werden. Doch am dritten Tag wird
er auferweckt werden.«

20Da kamen Savdais Söhne mit ih-
rer Mutter zu Jeschua. Sie verneigte
sich und erbat eine Gunst von ihm.
21Er sagte zu ihr: »Was möchtest
du?« Sie antwortete: »Versprich,
daß diese meine beiden Söhne, wenn
du König wirst, sitzen werden einer
zu deiner Rechten und der andere
zu deiner Linken.« 22Doch Jeschua
antwortete: »Du weißt nicht, wor-
um du bittest. Könnt ihr den Kelch
trinken, den ich im Begriff bin zu
trinken?« Sie sagten zu ihm: »Wir
können.« 23Er sagte zu ihnen: »Ja,
ihr werdet meinen Kelch trinken.
Aber den Sitz zu meiner Rechten
und zu meiner Linken zu vergeben,

Gojim – die Nationen, Völker, Heiden
Jeruschalajim – Jerusalem
Jeschua – Jesus
Kefa – Petrus
Kohanim – Priester (pl.)
Mizvot – Gebote
Savdai – Zebedäus
Talmidim – Jünger (pl.)
Torahlehrer – Schriftgelehrter

liegt nicht in meiner Macht, sie sind denen vorbehalten, für die mein Vater sie bereitet hat.«

[24]Als nun die übrigen zehn davon hörten, waren sie zornig über die beiden Brüder. [25]Doch Jeschua rief sie und sagte: »Ihr wißt, daß bei den *Gojim* diejenigen, die über sie herrschen sollen, Tyrannen werden, und ihre Oberen Diktatoren. [26]So darf es unter euch nicht sein. Im Gegenteil, wer immer unter euch ein Führer sein will, muß euer Knecht werden, [27]und wer immer der Erste sein möchte, muß euer Sklave sein! [28]Denn der Sohn des Menschen kam nicht, um sich dienen zu lassen, sondern um zu dienen – und um sein Leben als ein Lösegeld für viele zu geben.«

[29]Als sie Jericho verließen, folgte Jeschua eine große Menge. [30]Zwei Blinde, die am Straßenrand saßen, hörten, daß er vorüberging, und schrien: »Sohn Davids! Hab Mitleid mit uns!« [31]Die Menge schalt sie und hieß sie, still zu sein, doch sie schrien nur umso lauter: »Herr! Sohn Davids! Hab Mitleid mit uns!« [32]Jeschua blieb stehen, rief sie und fragte: »Was soll ich für euch tun?« [33]Sie sagten zu ihm: »Herr, öffne unsere Augen.« [34]Voller Zärtlichkeit berührte Jeschua ihre Augen; und sofort erhielten sie ihr Sehvermögen zurück und folgten ihm.

21 [1]Als sie sich Jeruschalajim näherten und nach Beht-Pageh am Ölberg kamen, schickte Jeschua zwei *Talmidim* [2]mit folgenden Anweisungen voraus: »Geht in das Dorf vor euch, und ihr werdet sogleich eine Eselin finden, die dort angebunden ist mit ihrem Fohlen. Bindet sie los und bringt sie zu mir. [3]Wenn jemand etwas zu euch sagt, sagt ihm: ›Der Herr braucht sie‹; und er wird sie augenblicklich gehen lassen.« [4]Das geschah, damit erfüllt würde, was gesprochen worden war durch den Propheten:

[5]»**Sage zur Tochter Zions: ›Sieh! Dein König kommt zu dir, er reitet demütig auf einem Esel und auf einem Füllen, dem Jungen eines Lasttiers!‹«**[w]

[6]So gingen die *Talmidim* und taten, wie Jeschua sie angewiesen hatte. [7]Sie brachten den Esel und das Füllen und legten ihre Gewänder auf sie, und Jeschua setzte sich auf sie. [8]Die Menschenmassen breiteten ihre Gewänder wie einen Teppich auf der Straße aus, während andere Zweige von den Bäumen abschnitten und sie auf die Straße streuten. [9]Die Massen vor ihm und hinter ihm riefen dem Sohn Davids zu:

»**Bitte! Erlöse uns!**«

»**Gesegnet ist er, der im Namen *Adonai*s kommt!**«

»Du im höchsten Himmel! **Bitte! Erlöse uns!**«[x]

[10]Als er in Jeruschalajim einzog, war die ganze Stadt in Aufruhr. »Wer ist das?« fragten sie. [11]Und die

w Sach 9,9
x Ps 118,25–26

Massen antworteten: »Das ist Je-
schua, der Prophet aus Nazeret im
Galil.«

12Jeschua betrat den Tempelbe-
reich und trieb die hinaus, die dort
Geschäfte machten, die Kaufleute
wie ihre Kunden. Er warf die Tische
der Geldwechsler um und stieß die
Bänke derer um, die Tauben ver-
kauften. 13Er sagte zu ihnen: »Es
steht geschrieben: ›**Mein Haus wird
ein Haus des Gebets heißen.**‹[y] Ihr
aber macht daraus eine **Räuber-
höhle!**«

14Blinde und Lahme kamen im
Tempel zu ihm, und er heilte sie.
15Doch als die Haupt-*Kohanim* und
Torahlehrer die Wunderdinge sahen,
die er tat, und die Kinder, die im
Tempel riefen: »**Bitte erlöse uns!**«,[z]
waren sie außer sich vor Wut. 16Sie
sagten zu ihm: »Hörst du, was sie sa-
gen?« Jeschua antwortete: »Natür-
lich! Habt ihr nie gelesen:

›**Aus dem Mund der Kinder und
Kleinkinder hast du dir Lob berei-
tet**‹?«[a]

17Damit verließ er sie und ging
hinaus aus der Stadt nach Beht-An-
jah, wo er die Nacht verbrachte.

18Am nächsten Morgen, auf dem
Weg zurück in die Stadt, verspürte
er Hunger. 19Als er neben der Straße
einen Feigenbaum erblickte, trat er
heran, doch er fand nichts an ihm
außer Blättern. Und er sagte zu ihm:
»Mögest du niemals mehr Frucht
tragen!«, und sofort verdorrte der
Feigenbaum. 20Die *Talmidim* sahen
das und waren verwundert. »Wie ist
der Feigenbaum so schnell ver-
dorrt?« fragten sie. 21Jeschua ant-
wortete ihnen: »Ja! Ich sage euch,
wenn ihr Vertrauen habt und nicht
zweifelt, werdet ihr nicht nur voll-
bringen, was diesem Baum angetan
wurde; sondern wenn ihr zu diesem
Berg sagt: ›Geh und wirf dich ins
Meer!‹, wird es geschehen. 22Mit an-
deren Worten, ihr werdet alles emp-
fangen, worum ihr im Gebet bittet,
ganz gleich, was es ist, vorausge-
setzt, ihr habt Vertrauen.«

23Er ging in den Tempelbezirk;
und während er lehrte, traten die
Haupt-*Kohanim* und die Ältesten
des Volkes zu ihm und verlangten
zu wissen: »Welche *Semichah* hast
du, die dir die Vollmacht gibt, diese
Dinge zu tun? Und wer hat dir diese
Semichah gegeben?« 24Jeschua ant-
wortete: »Auch ich möchte euch eine
Frage stellen. Wenn ihr sie beantwor-
tet, will ich euch sagen, durch wel-
che *Semichah* ich diese Dinge tue.
25Die Eintauchung des Jochanan –

y Jes 56,7
z Ps 118,25
a Ps 8,3

Adonai – der HERR, Jahwe
Beht-Anjah – Betanien
Beht-Pageh – Betfage
Galil – Galiläa
Gojim – die Nationen, Völker, Heiden
Jeruschalajim – Jerusalem
Jeschua – Jesus
Jochanan – Johannes
Kohanim – Priester (pl.)
Nazeret – Nazareth
Semichah – Ordination, Bevollmächtigung (durch Handauflegung)
Talmidim – Jünger (pl.)
Torahlehrer – Schriftgelehrter

woher kam sie? Kam sie vom Himmel oder war sie menschlichen Ursprungs?« Sie beredeten es unter sich: »Wenn wir sagen: ›Vom Himmel‹, wird er sagen: ›Warum habt ihr ihm dann nicht geglaubt?‹ 26Und wenn wir sagen: ›Sie war menschlichen Ursprungs‹, haben wir Angst vor dem Volk, denn alle halten Jochanan für einen Propheten.« 27Also antworteten sie Jeschua: »Wir wissen es nicht.« Und er antwortete: »Dann werde ich euch auch nicht sagen, durch welche *Semichah* ich diese Dinge tue.

28»Aber sagt mir eure Meinung: Ein Mann hatte zwei Söhne. Er ging zum ersten und sagte: ›Sohn, geh und arbeite heute im Weinberg.‹ 29Er antwortete: ›Ich möchte nicht‹; aber später änderte er seine Meinung und ging doch. 30Nun ging der Vater zu seinem anderen Sohn und sagte das gleiche. Dieser antwortete: ›Ich werde gehen, lieber Herr;‹ aber er ging nicht. 31Welcher der beiden tat, was sein Vater wollte?« »Der erste«, antworteten sie. »Das ist richtig!« sagte Jeschua zu ihnen. »Ich sage euch, daß die Zöllner und Huren vor euch in das Reich Gottes eingehen werden! 32Denn Jochanan kam zu euch und wies euch den Weg zur Gerechtigkeit, aber ihr wolltet ihm nicht glauben. Die Zöllner und Huren glaubten ihm; doch ihr habt nicht einmal später, nachdem ihr das gesehen habt, eure Meinung geändert und ihm geglaubt.

33Nun hört ein anderes Gleichnis. Es war ein Bauer, der pflanzte einen Weinberg. Er errichtete eine Mauer drumherum, grub ein Loch für die Weinpresse und baute einen Turm; dann vermietete er ihn an Pächter und ging fort. 34Als die Erntezeit kam, schickte er seine Knechte zu den Pächtern, um seinen Teil des Ertrags einzufordern. 35Doch die Pächter ergriffen seine Knechte – diesen verprügelten sie, jenen töteten sie, einen anderen steinigten sie. 36Also sandte er andere Knechte, zahlreicher als die erste Schar, und sie taten ihnen das gleiche an. 37Schließlich sandte er ihnen seinen Sohn und sagte: ›Meinem Sohn werden sie Respekt erweisen.‹ 38Doch als die Pächter den Sohn sahen, sagten sie zueinander: ›Das ist der Erbe. Kommt, wir wollen ihn töten und sein Erbe nehmen!‹ 39Und sie ergriffen ihn, warfen ihn aus dem Weinberg und töteten ihn. 40Wenn nun der Besitzer des Weinbergs kommt, was wird er mit diesen Pächtern tun?« 41Sie antworteten ihm: »Er wird jene bösen Menschen auf böse Weise vernichten und den Weinberg an andere Pächter verpachten, die ihm seinen Anteil an der Ernte geben, wenn er fällig wird.« 42Jeschua sagte zu ihnen: »Habt ihr nie in der *Tenach* gelesen:

›Ebender Stein, den die Bauleute verwarfen, ist der Eckstein geworden! Das ist gekommen von *Adonai*, und in unseren Augen ist es wunderbar‹?[b]

43Deshalb sage ich euch, daß euch das Reich Gottes genommen und

b Ps 118,22–23

solchen Leuten gegeben werden
wird, die seine Früchte hervorbrin-
gen!« 44[c]
45Als die Haupt-*Kohanim* und *Pe-
ruschim* seine Geschichten vernah-
men, merkten sie, daß er über sie
sprach. 46Doch als sie Anstalten
machten, ihn gefangenzunehmen,
hatten sie Angst vor den Massen;
denn die Massen hielten ihn für ei-
nen Propheten.

22 1Wiederum sprach Jeschua
in Gleichnissen zu ihnen:
2»Das Reich des Himmels ist wie ein
König, der ein Hochzeitsfest für sei-
nen Sohn ausrichtete, 3doch als er
seine Sklaven schickte, die gelade-
nen Hochzeitsgäste zusammenzu-
rufen, weigerten sie sich zu kom-
men. 4So schickte er mehr Sklaven
und wies sie an, den Gästen zu sa-
gen: ›Seht, ich habe mein Festmahl
bereitet, ich habe meine Ochsen und
mein gemästetes Vieh geschlachtet,
und alles ist bereit. Kommt zur
Hochzeit!‹ 5Aber sie hatten kein In-
teresse und gingen fort, einer zu sei-
nem Bauernhof, ein anderer zu sei-
nem Geschäft; 6und die übrigen
ergriffen seine Sklaven, mißhandel-
ten sie und brachten sie um. 7Der
König war außer sich vor Wut und
schickte seine Soldaten, die jene
Mörder töteten und ihre Stadt nie-
derbrannten.
8Dann sagte er zu seinen Sklaven:
›Gut, das Hochzeitsfest ist bereitet;
doch die, die eingeladen waren, ha-
ben es nicht verdient. 9So geht nun
hinaus in die Straßen und ladet zum
Mahl ein, so viele ihr findet.‹ 10Die
Sklaven gingen hinaus in die Straßen
und sammelten alle Menschen, die
sie finden konnten, schlechte wie
gute; und der Hochzeitssaal füllte
sich mit Gästen.
11Als dann der König hereinkam,
um die Gäste anzusehen, erblickte
er einen Mann, der nicht für eine
Hochzeit gekleidet war; und er frag-
te ihn: 12›Freund, wie bist du ohne
Hochzeitskleider hier hereingekom-
men?‹ Der Mann sagte nichts. 13Da
sprach der König zu den Knechten:
›Bindet ihm Hände und Füße und
werft ihn hinaus in die Finsternis!‹
An diesem Ort werden die Men-
schen wehklagen und mit den Zäh-
nen knirschen, 14denn viele sind ge-
laden, aber wenige sind auserwählt.«
15Da gingen die *Peruschim* fort
und heckten zusammen einen Plan
aus, um Jeschua mit seinen eigenen
Worten zu fangen. 16Sie sandten ihm
einige ihrer *Talmidim* und einige
Mitglieder der Partei des Herodes.
Die sagten: »Rabbi, wir wissen, daß
du die Wahrheit sagst und wirklich

c In manchen Handschriften folgt Vers 44: Wer immer auf diesen Stein fällt, wird zerschmettert werden; aber auf wen er fällt, wird zu Staub zermalmt!

Adonai – der HERR, Jahwe
Jeschua – Jesus
Jochanan – Johannes
Kohanim – Priester (pl.)
Peruschim – Pharisäer (pl.)
Semichah – Ordination, Bevollmächtigung (durch Handauflegung)
Talmidim – Jünger (pl.)
Tenach – die hebr. Bibel, das Alte Testament

lehrst, welches der Weg Gottes ist. Du kümmerst dich nicht um das, was andere Leute von dir halten, denn du siehst nicht auf den Stand eines Menschen. 17So sage uns deine Meinung: Erlaubt die *Torah*, dem römischen Kaiser Steuern zu zahlen?« 18Jeschua aber, der ihre böse Absicht kannte, sagte: »Ihr Heuchler! Warum versucht ihr, mir eine Falle zu stellen? 19Zeigt mir die Münze, mit der die Steuer bezahlt wird!« Sie brachten ihm einen Denar; 20und er fragte sie: »Wessen Name und Bild ist das?« 21»Des Kaisers«, antworteten sie. Jeschua sagte zu ihnen: »*Nu*, gebt dem Kaiser, was dem Kaiser gehört. Und gebt Gott, was Gott gehört!« 22Als sie das hörten, waren sie verwundert; und sie ließen ihn stehen und gingen fort.

23An demselben Tag kamen einige *Zeddukim* zu ihm. Das sind diejenigen, die sagen, daß es so etwas wie Auferstehung nicht gibt, deshalb legten sie ihm eine *Schehlah* vor: 24»Rabbi, Mosche hat gesagt: ›**Wenn ein Mann kinderlos stirbt, soll sein Bruder seine Witwe heiraten und Kinder haben, um das Weiterbestehen der Familie des Mannes zu sichern.**‹[d] 25Es waren sieben Brüder. Der erste heiratete und starb; und weil er keine Kinder hatte, hinterließ er seine Witwe seinem Bruder. 26Das gleiche geschah dem zweiten Bruder und auch dem dritten und schließlich allen sieben. 27Nach ihnen allen starb dann die Frau. 28Wessen Frau von den sieben wird sie nun in der Auferstehung sein? Denn sie alle haben sie geheiratet.«

29Jeschua antwortete ihnen: »Ihr irrt euch, weil ihr weder die *Tenach* noch die Macht Gottes kennt. 30Denn in der Auferstehung werden weder Mann noch Frau heiraten; sie werden vielmehr wie Engel im Himmel sein. 31Und was die Frage betrifft, ob die Toten auferweckt werden: Habt ihr nicht gelesen, was Gott zu euch gesagt hat: 32›**Ich bin der Gott Avrahams, der Gott Jizchaks und der Gott Ja-akovs**‹?[e] Er ist aber nicht der Gott der Toten, sondern der Lebenden!«

33Als die Massen hörten, wie er lehrte, waren sie erstaunt; 34doch als die *Peruschim* erfuhren, daß er die *Zeddukim* zum Schweigen gebracht hatte, taten sie sich zusammen, 35und einer von ihnen, der ein Kenner der *Torah* war, legte eine *Schehlah* vor, um ihm eine Falle zu stellen: 36»Rabbi, welche der *Mizvot* in der *Torah* ist die wichtigste?« 37Er sagte zu ihm: »›**Du sollst *Adonai*, deinen Gott, lieben mit deinem ganzen Herzen und mit deiner ganzen Seele und mit deiner ganzen Kraft.**‹[f] 38Das ist die größte und wichtigste *Mizvah*. 39Und eine zweite ist ihr fast gleich: ›**Du sollst deinen Nächsten lieben wie dich selbst.**‹[g] 40Die ganze *Torah* und alle

d Dtn 25,5–6

e Ex 3,6

f Dtn 6,5

g Lev 19,18

Propheten hängen von diesen bei-
den *Mizvot* ab.«
41Dann wandte Jeschua sich zu
den versammelten *Peruschim* und
legte ihnen seinerseits eine *Sche-
ehlah* vor: 42»Sagt mir eure Ansicht
über den Messias: Wessen Sohn ist
er?« Sie antworteten ihm: »Da-
vids.« 43»Wie kommt es dann«,
fragte er sie, »daß David, bewegt
vom Geist, ihn ›**Herr**‹ nennt, wenn
er sagt:

44›***Adonai* sagte zu meinem
Herrn: „Setz dich hier zu meiner
rechten Hand, bis ich deine Feinde
unter deine Füße lege“**‹?[h]

45Wenn David ihn also ›**Herr**‹
nennt, wie ist er dann sein Sohn?«
46Niemandem fiel eine Antwort ein;
und von diesem Tag an wagte nie-
mand, ihm eine weitere *Sche-ehlah*
zu stellen.

23 1Dann wandte Jeschua sich
erneut an die Massen und an
seine *Talmidim*: 2»Die *Torahlehrer*
und die *Peruschim*«, sagte er, »sitzen
auf dem Platz Mosches. 3Deshalb
gebt euch Mühe zu tun, was immer
sie euch sagen. Aber tut nicht, was
sie tun, denn sie reden, aber sie han-
deln nicht! 4Sie erlegen dem Volk
schwere Lasten auf, doch sie wollen
keinen Finger rühren, sie tragen zu
helfen. 5Alles, was sie tun, tun sie,
um dabei von anderen gesehen zu
werden; denn sie machen ihre *Tefi-
lin* breit und ihre *Zizijot* lang, 6sie
haben gern den Ehrenplatz bei Fest-
mählern und die besten Plätze in
den Synagogen, 7und sie lieben es,
auf den öffentlichen Plätzen ehrer-
bietig gegrüßt und mit ›Rabbi‹ ange-
redet zu werden.
8»Ihr aber sollt euch nicht ›Rabbi‹
nennen lassen; denn ihr habt einen
einzigen Rabbi, und ihr alle seid
Brüder. 9Und nennt auch nieman-
den auf Erden ›Vater‹, denn ihr habt
einen einzigen Vater, und er ist im
Himmel. 10Ebensowenig sollt ihr
euch ›Führer‹ nennen lassen, denn
ihr habt einen einzigen Führer, und
er ist der Messias! 11Der Größte un-
ter euch soll euer Knecht sein,
12denn wer immer sich selbst erhöht,
wird gedemütigt werden, und wer
immer sich selbst demütigt, wird er-
höht werden.
13»Doch wehe euch heuchleri-
schen *Torahlehrer*n und *Peruschim*!
Denn ihr verschließt das Reich des
Himmels vor den Augen der Men-
schen und geht weder selbst hinein,

h Ps 110,1

Adonai – der HERR, Jahwe
Avraham – Abraham
Ja-akov – Jakob
Jeschua – Jesus
Jizchak – Isaak
Mizvah – Gebot
Mizvot – Gebote
Mosche – Mose
Nu – nun denn
Peruschim – Pharisäer (pl.)
Sche-ehlah – Frage
Talmidim – Jünger (pl.)
Tefilin – Gebetsriemen
Tenach – die hebr. Bibel, das Alte Testament
Torah – Weisung, Lehre, das »Gesetz«, der Pentateuch (die 5 Bücher Mose)
Torahlehrer – Schriftgelehrter
Zeddukim – Sadduzäer
Zizijot – Quasten (pl. von Zizit)

noch erlaubt ihr denen, die hinein-
gehen möchten, es zu tun. [14][i]

[15]Wehe euch heuchlerischen *To-
rahlehrern* und *Peruschim*! Ihr wan-
dert über Land und Meer, um einen
einzigen Proselyten zu gewinnen;
und wenn es euch gelingt, sorgt ihr
dafür, daß er die Geh-Hinnom
zweimal so sehr verdient wie ihr
selbst!

[16]Wehe euch, ihr blinden Führer!
Ihr sagt: ›Wenn jemand beim Tem-
pel schwört, ist er nicht an seinen
Schwur gebunden; doch wenn er
beim Gold im Tempel schwört, ist
er gebunden.‹ [17]Ihr blinden Narren!
Was ist wichtiger? Das Gold oder
der Tempel, der das Gold heilig
macht? [18]Und ihr sagt: ›Wenn je-
mand beim Altar schwört, ist er
nicht durch seinen Schwur gebun-
den; aber wenn er bei dem Opfer
auf dem Altar schwört, ist er gebun-
den.‹ [19]Ihr Blinden! Was ist wichti-
ger? Das Opfer oder der Altar, der
das Opfer heilig macht? [20]Also
schwört, wer beim Altar schwört,
bei ihm und allem, was darauf ist.
[21]Und wer beim Tempel schwört,
schwört bei ihm und dem Einen, der
in ihm lebt. [22]Und wer beim Him-
mel schwört, schwört beim Thron
Gottes und dem Einen, der darauf
sitzt.

[23]Wehe euch heuchlerischen *To-
rahlehrern* und *Peruschim*! Ihr zahlt
euren Zehnten von Minze, Dill und
Kümmel; doch die wichtigeren In-
halte der *Torah* habt ihr mißachtet –
Gerechtigkeit, Barmherzigkeit, Ver-
trauen. Das sind die Dinge, die ihr
hättet beachten sollen – ohne die an-
deren darüber zu vernachlässigen!
[24]Blinde Führer! – die ihr eine Mük-
ke abseiht und dabei ein Kamel ver-
schluckt!

[25]Wehe euch heuchlerischen *To-
rahlehrern* und *Peruschim*! Ihr säu-
bert die Außenseite des Bechers und
des Tellers, doch innen sind sie vol-
ler Raub und Hemmungslosigkeit.
[26]Blinder *Parusch*! Reinige erst das
Innere des Bechers, damit das
Äußere ebenfalls rein sei.

[27]Wehe euch heuchlerischen *To-
rahlehrern* und *Peruschim*! Ihr seid
wie getünchte Gräber, die außen
schön aussehen, innen aber voller
Totengebeine und Fäulnis aller Art
sind. [28]Genauso erscheint ihr den
Menschen von außen gut und eh-
renhaft, innerlich aber steckt ihr
voller Heuchelei und steht der *To-
rah* fern.

[29]Wehe euch heuchlerischen *To-
rahlehrern* und *Peruschim*! Ihr baut
Gräber für die Propheten und
schmückt die Gräber der *Zaddikim*,
[30]und ihr sagt: ›Hätten wir doch ge-
lebt, als unsere Väter lebten, wir hät-
ten nie an der Ermordung der Pro-
pheten teilgehabt.‹ [31]Damit zeugt ihr
gegen euch selbst, daß ihr würdige
Nachkommen derer seid, die die
Propheten umbrachten. [32]Macht nur
so weiter, führt zu Ende, was eure
Väter begonnen haben!

i Manche Handschriften enthalten Vers 14: Wehe euch heuchlerischen *Torah*lehrern und *Peruschim*! Denn ihr verschlingt die Häuser der Witwen, während ihr ein öffentliches Schauspiel aus eurem langen *Dawenen* macht. Deshalb wird eure Strafe um so schlimmer ausfallen!

33Ihr Schlangen! Söhne von
Schlangen! Wie könnt ihr der Ver-
dammung in die Geh-Hinnom ent-
gehen? 34Deshalb sende ich euch
Propheten und Weise und *Torah-
lehrer* – einige von ihnen werdet ihr
töten, wahrhaftig, ihr werdet sie wie
Verbrecher an Pfählen hinrichten
lassen; einige werdet ihr in euren
Synagogen auspeitschen und von
Stadt zu Stadt verfolgen. 35Und so
wird die Schuld an allem unschuldi-
gen Blut, das jemals auf Erden ver-
gossen wurde, auf euch fallen, vom
Blut des unschuldigen Hevel bis
zum Blut von Secharjah Ben Be-
rechja, den ihr zwischen Tempel
und Altar ermordet habt. 36Ja! Ich
sage euch, daß all das auf diese Ge-
neration fallen wird!

37Jeruschalajim! Jeruschalajim!
Du tötest die Propheten! Du stei-
nigst, die zu dir gesandt sind! Wie
oft wollte ich deine Kinder sam-
meln, so wie eine Henne ihre Kü-
ken unter ihre Flügel sammelt,
aber du wolltest nicht! 38Sieh!
**Gott überläßt dir dein Haus, er
läßt es öd und leer zurück.**[j] Denn
ich sage dir, von jetzt an wirst du
mich nicht wiedersehen, bis du
sagst: ›**Gesegnet ist er, der kommt
im Namen von *Adonai*.**‹«[k]

24

1Als Jeschua den Tempel
verließ und fortging, kamen
seine *Talmidim* und lenkten seine
Aufmerksamkeit auf die Gebäude.
2Doch er antwortete ihnen: »Seht
ihr das alles? Ja! Ich sage euch, sie
werden vollkommen zerstört wer-
den – nicht ein einziger Stein wird
stehen bleiben!«

3Als er auf dem Ölberg saß, ka-
men die *Talmidim* allein zu ihm.
»Sage uns«, sagten sie, »wann wer-
den diese Dinge geschehen? Und
was wird das Zeichen sein, daß du
kommst und daß die *Olam Haseh*
zu Ende geht?«

4Jeschua antwortete: »Seid wach-
sam! Laßt euch von niemandem
zum Narren halten! 5Denn viele
werden in meinem Namen kommen
und sagen: ›Ich bin der Messias!‹,
und sie werden viele in die Irre füh-
ren. 6Ihr werdet den Lärm von
Kriegen in der Nähe hören und die
Nachricht von Kriegen in der Ferne;
seht zu, daß ihr euch nicht schrek-
ken laßt. Solche Dinge müssen ge-
schehen, doch das Ende steht noch
aus. 7Denn die Völker werden ein-
ander bekämpfen, die Nationen
werden einander bekämpfen, und es

j Jer 22,5
k Ps 118,26

Adonai – der HERR, Jahwe
Dawenen – beten
Geh-Hinnom – Gehenna, Hölle
Hevel – Abel
Jeruschalajim – Jerusalem
Jeschua – Jesus
Olam Haseh – die jetzige Welt, das jetzige Zeitalter
Parusch – Pharisäer (sg.)
Peruschim – Pharisäer (pl.)
Secharjah Ben Berechja – Secharja, der Sohn des Berechja
Talmidim – Jünger (pl.)
Torah – Weisung, Lehre, das »Gesetz«, der Pentateuch (die 5 Bücher Mose)
Torahlehrer – Schriftgelehrter
Zaddik – der Gerechte, gerechter Mensch

wird Hungersnöte und Erdbeben in den verschiedensten Teilen der Welt geben. [8]All das ist aber nur der Anfang der ›Wehen‹. [9]Zur gleichen Zeit werdet ihr gefangengenommen und ausgeliefert werden, man wird euch bestrafen und hinrichten, und alle Völker werden euch um meinetwillen hassen. [10]Zu der Zeit werden viele in den Irrtum verfallen, einander zu verraten und zu hassen, [11]viele falsche Propheten werden auftreten und viele Menschen täuschen; [12]und die Liebe vieler Menschen wird erkalten, weil die *Torah* ihnen immer ferner rückt. [13]Doch wer ausharrt bis zum Ende, wird erlöst werden. [14]Und diese Gute Nachricht über das Reich wird verkündigt werden in der ganzen Welt als ein Zeugnis für alle *Gojim*. Dann wird das Ende kommen.

[15]Wenn ihr also den **Greuel, der Verwüstung bringt**, von dem der Prophet Daniel gekündet hat, **im Heiligtum** stehen seht«[l] (möge der Leser die Anspielung verstehen), [16]»das wird die Zeit für die in Jehudah sein, in die Hügel zu fliehen. [17]Wenn jemand auf dem Dach ist, soll er nicht hinabsteigen, um seinen Besitz aus seinem Haus zu holen; [18]wenn jemand auf dem Acker ist, soll er nicht umkehren, seinen Mantel zu holen. [19]Welch schreckliche Zeit wird es sein für schwangere Frauen und stillende Mütter! [20]Betet, daß ihr nicht im Winter oder am *Schabbat* fliehen müßt. [21]Denn **dann** wird sein eine **Not, schlimmer, als sie je gewesen ist von Anbeginn der Welt bis jetzt, und es wird nie wieder etwas Ähnliches sein!**[m] [22]Wahrhaftig, wenn die Dauer dieser Zeit nicht begrenzt wäre, würde niemand überleben; doch um derer willen, die erwählt wurden, wird ihre Dauer begrenzt sein.

[23]Wenn zu der Zeit jemand zu euch sagt: ›Seht! Hier ist der Messias!‹ oder ›Dort ist er!‹, dann glaubt ihm nicht; [24]denn es werden falsche Messiasse und falsche Propheten auftreten, die große Wunder vollbringen – überwältigende Taten! –, um womöglich sogar die Erwählten zum Narren zu halten. [25]Da! Ich habe es euch vorhergesagt! [26]Wenn also die Leute zu euch sagen: ›Hört! Er ist draußen in der Wüste!‹, geht nicht hin; oder ›Schaut! Er ist verborgen in einem geheimen Raum!‹, glaubt es nicht. [27]Denn wenn der Sohn des Menschen kommt, wird es sein wie ein Blitz, der aus dem Osten hervorbricht und füllt den Himmel bis zum westlichen Horizont. [28]Wo immer ein Leichnam ist, dort findet ihr auch die Geier.

[29]Doch unmittelbar im Anschluß an die Not jener Zeiten

wird die Sonne sich verfinstern, der Mond wird aufhören zu scheinen,[n] **die Sterne werden vom Himmel fallen, und die Mächte im Himmel werden erschüttert werden.**[o]

l Dan 9,27; 11,31; 12,11

m Joel 2,2; Dan 12,1

n Jes 13,10; Ez 32,7; Joel 2,10; 3,4; 4,15

o Jes 34,4; Hag 2,6.21

30 Dann wird das Zeichen des Soh-
nes des Menschen am Himmel er-
scheinen, **alle Stämme des Landes
werden trauern;**[p] und sie werden
den **Sohn des Menschen kommen**
sehen **auf den Wolken des Him-
mels** mit schrecklicher Macht und
Herrlichkeit.[q] 31 Er wird seine Engel
aussenden **mit einer großen *Scho-
far*;**[r] und sie werden sein erwähltes
Volk sammeln aus den vier Winden,
von einem Ende des Himmels zum
anderen.

32 So lernt nun vom Feigenbaum:
Wenn seine Zweige ausschlagen und
Blätter erscheinen, wißt ihr, daß der
Sommer kommt. 33 Ebenso sollt ihr,
wenn ihr all diese Dinge seht, wis-
sen, daß die Zeit nahe ist, daß sie vor
der Tür steht. 34 Ja! Ich sage euch,
daß dieses Volk mit Sicherheit nicht
vergehen wird, bevor nicht all diese
Dinge geschehen. 35 Himmel und
Erde werden vergehen, aber meine
Worte werden niemals vergehen.

36 Doch wann jener Tag und jene
Stunde kommt, weiß niemand –
nicht die Engel im Himmel, nicht
der Sohn, nur der Vater. 37 Denn das
Kommen des Sohnes des Menschen
wird geradeso sein, wie es in den
Tagen Noachs war. 38 Damals, vor
der Sintflut, hörten die Menschen
nicht auf zu essen und zu trinken,
Ehefrauen zu nehmen und Ehefrau-
en zu werden, bis zu dem Tag, an
dem Noach die Arche bestieg; 39 und
sie wußten nicht, was geschah, bis
die Sintflut kam und sie alle fort-
schwemmte. Genauso wird es sein,
wenn der Sohn des Menschen
kommt. 40 Dann werden zwei Män-
ner auf dem Acker sein – einer wird
genommen werden und der andere
zurückgelassen. 41 Zwei Frauen wer-
den Mehl mahlen in der Mühle – ei-
ne wird genommen werden und die
andere zurückgelassen. 42 So bleibt
wachsam, denn ihr wißt nicht, an
welchem Tag euer Herr kommen
wird. 43 Aber ihr wißt folgendes:
Hätte der Besitzer des Hauses ge-
wußt, wann der Dieb kam, wäre er
wachgeblieben und hätte nicht zu-
gelassen, daß in sein Haus eingebro-
chen wird. 44 Deshalb sollt auch ihr
allezeit bereit sein, denn der Sohn
des Menschen wird kommen, wenn
ihr ihn nicht erwartet.

45 Wer ist der treue und kluge
Knecht, dessen Herr ihn über das
Hausgesinde setzt, damit er ihnen
zur rechten Zeit ihr Essen gibt? 46 Es
wird diesem Knecht gutgehen,
wenn man ihn bei der Ankunft sei-
nes Herrn bei der Arbeit findet. 47 Ja,
ich sage euch, daß er ihn über seinen
ganzen Besitz setzen wird. 48 Doch
wenn der Knecht gottlos ist und zu
sich selbst spricht: ›Mein Herr läßt
sich Zeit‹; 49 und er fängt an, seine
Mitknechte zu schlagen und seine

p Sach 12,10.14
q Dan 7,13–14
r Jes 27,13

Gojim – die Nationen, Völker, Heiden
Jehudah – Judäa
Noach – Noah
Schabbat – Sabbat
Schofar – Horn des Widders, Blasinstrument
Torah – Weisung, Lehre, das »Gesetz«, der Pentateuch (die 5 Bücher Mose)

Zeit damit zu verbringen, mit Säu-
fern zu essen und zu trinken; [50]dann
wird sein Herr an einem Tag kom-
men, an dem ihn der Knecht nicht
erwartet, zu einer Zeit, die er nicht
weiß; [51]und er wird ihn entzwei-
schneiden und zu den Heuchlern
werfen, wo die Menschen wehkla-
gen und mit den Zähnen knirschen
werden!

25 [1]Zu jener Zeit wird das
Reich des Himmels sein wie
zehn Brautjungfern, die ihre Lam-
pen nahmen und hinausgingen, dem
Bräutigam entgegen. [2]Fünf von ih-
nen waren töricht, und fünf waren
klug. [3]Die Törichten nahmen Lam-
pen mit sich, aber kein Öl, [4]wohin-
gegen die anderen außer ihren Lam-
pen noch Ölflaschen mitnahmen.
[5]Da der Bräutigam sich verspätete,
legten sie sich alle schlafen. [6]Es war
Mitternacht, als der Ruf laut wurde:
›Der Bräutigam ist da! Geht hinaus,
ihm entgegen!‹ [7]Die Mädchen wach-
ten alle auf und rüsteten ihre Lam-
pen, damit sie leuchteten. [8]Die Tö-
richten sagten zu den Klugen: ›Gebt
uns etwas von eurem Öl, denn un-
sere Lampen gehen aus.‹ [9]›Nein‹,
antworteten sie, ›es reicht vielleicht
nicht für beide, euch und uns. Geht
zu den Ölhändlern und kauft euch
selbst etwas.‹ [10]Doch als sie fortgin-
gen, um zu kaufen, kam der Bräu-
tigam. Diejenigen, die bereit waren,
gingen mit ihm zum Hochzeitsfest,
und die Tür wurde geschlossen.
[11]Später kamen die anderen Braut-
jungfern. ›Lieber Herr! Lieber
Herr!‹, riefen sie, ›laß uns ein!‹
[12]Doch er antwortete: ›Wahrhaftig!
Ich sage euch, ich kenne euch nicht!‹
[13]Also bleibt wachsam, denn ihr
kennt weder den Tag noch die Stun-
de.

[14]Denn es wird sein wie ein
Mann, der im Begriff war, sein
Heim für eine Zeitlang zu verlas-
sen, und seinen Besitz seinen
Knechten anvertraute. [15]Einem gab
er fünf Talente [das entsprach da-
mals dem Lohn für fünf Jahre Ar-
beit], einem anderen zwei Talente;
und einem weiteren ein Talent –
jedem nach seinen Fähigkeiten.
Dann ging er fort. [16]Derjenige, der
fünf Talente bekommen hatte, ging
sofort hinaus, legte sie an und ver-
diente weitere fünf. [17]Ebenso ver-
diente der, der zwei erhalten hatte,
weitere zwei. [18]Doch der, der ein
Talent bekommen hatte, ging fort,
grub ein Loch im Boden und ver-
steckte das Geld seines Herrn.

[19]Nach langer Zeit kehrte der
Herr jener Knechte zurück, um mit
ihnen abzurechnen. [20]Derjenige, der
fünf Talente empfangen hatte, trat
vor und brachte die weiteren fünf
und sagte: ›Lieber Herr, du gabst
mir fünf Talente; hier, ich habe fünf
weitere daraus gemacht.‹ [21]Sein Herr
sagte zu ihm: ›Ausgezeichnet! Du
bist ein guter und vertrauenswürdi-
ger Knecht. Du bist treu gewesen
mit einer kleinen Summe, deshalb
will ich dich über eine große Summe
setzen. Komm und hab teil an der
Freude deines Herrn!‹ [22]Auch der,
der zwei empfangen hatte, trat vor
und sagte: ›Lieber Herr, du gabst
mir zwei Talente; hier, ich habe

zwei weitere daraus gemacht.‹ 23Sein
Herr sagte zu ihm: ›Ausgezeichnet!
Du bist ein guter und vertrauens-
würdiger Knecht. Du bist treu ge-
wesen mit einer kleinen Summe,
deshalb will ich dich über eine
größere Summe setzen. Komm und
hab teil an der Freude deines
Herrn!‹

24Dann trat der, der ein Talent
empfangen hatte, vor und sagte: ›Ich
wußte, du bist ein harter Mann. Du
erntest, wo du nicht gepflanzt hast,
und sammelst, wo du nicht gesät
hast. 25Ich hatte Angst, deshalb ging
ich und verbarg dein Talent im Bo-
den. Hier! Nimm, was dir gehört!‹
26›Du gottloser, fauler Knecht!‹ sag-
te sein Herr. »Du wußtest also, daß
ich ernte, wo ich nicht gepflanzt ha-
be? Und daß ich sammle, wo ich
nicht gesät habe? 27Dann hättest du
mein Geld bei den Bankleuten de-
ponieren sollen, so daß ich bei mei-
ner Rückkehr zusammen mit mei-
nem Kapital wenigstens Zinsen
zurückbekommen hätte! 28Nehmt
ihm das Talent fort und gebt es dem,
der zehn hat. 29Denn jeder, der et-
was hat, wird mehr erhalten, so daß
er übergenug haben wird; doch je-
dem, der nichts hat, wird auch das
genommen werden, was er hat.
30Was diesen nutzlosen Knecht be-
trifft, werft ihn hinaus in die Fin-
sternis, wo die Menschen wehklagen
und mit den Zähnen knirschen wer-
den!‹

31Wenn der Sohn des Menschen
kommt in seiner Herrlichkeit, be-
gleitet von allen Engeln, wird er auf
seinem herrlichen Thron sitzen.
32Alle Völker werden vor ihm ver-
sammelt werden, und er wird die
Menschen voneinander sondern,
wie ein Hirte die Schafe von den
Ziegen sondert. 33Die ›Schafe‹ wird
er zu seiner rechten Hand stellen,
die ›Ziegen‹ zu seiner linken.

34Dann wird der König zu denen
zu seiner Rechten sagen: ›Kommt,
ihr, die mein Vater gesegnet hat,
nehmt euer Erbe, das Reich, das seit
der Schaffung der Welt für euch be-
reitet ist. 35Denn ich war hungrig,
und ihr gabt mir Speise, ich war
durstig, und ihr gabt mir zu trinken,
ich war ein Fremder, und ihr nahmt
mich als Gast auf, 36ich bedurfte der
Kleidung, und ihr habt sie beschafft,
ich war krank, ihr sorgtet für mich,
ich war im Gefängnis, und ihr habt
mich besucht.‹ 37Dann werden die
Menschen, die getan haben, was
Gott will, antworten: ›Herr, wann
sahen wir dich hungrig und speisten
dich, oder durstig und gaben dir zu
trinken? 38Wann sahen wir dich als
Fremden und nahmen dich als Gast
auf, und wann sahen wir, daß du
Kleidung brauchtest, und beschaff-
ten sie? 39Wann sahen wir dich
krank oder im Gefängnis und be-
suchten dich?‹ 40Der König wird zu
ihnen sagen: ›Ja! Ich sage euch, daß,
wann immer ihr diese Dinge für ei-
nen der unbedeutendsten dieser
meiner Brüder getan habt, habt ihr
sie mir getan!‹

41Dann wird er auch zu denen zu
seiner Linken sprechen und sagen:
›Weichet von mir, ihr, die ihr ver-
flucht seid! Geht fort in das Feuer,
das bereitet ist für den Widersacher

und seine Engel! 42Denn ich war
hungrig, und ihr gabt mir keine
Speise, durstig, und ihr gabt mir
nichts zu trinken, 43ein Fremder,
und ihr nahmt mich nicht auf, ich
brauchte Kleider, und ihr gabt sie
mir nicht, ich war krank und im Ge-
fängnis, und ihr habt mich nicht be-
sucht.‹ 44Dann werden auch sie ant-
worten: ›Herr, wann sahen wir dich
hungrig, durstig, als Fremden, ohne
Kleider, krank oder im Gefängnis,
und sorgten nicht für dich?‹ 45Und
er wird ihnen antworten: ›Ja! Ich sa-
ge euch, daß, wann immer ihr euch
weigertet, es für die unbedeutend-
sten dieser Menschen zu tun, ihr
euch geweigert habt, es für mich zu
tun!‹ 46Sie werden fortgehen zur
ewigen Bestrafung, jene aber, die ge-
tan haben, was Gott will, werden
hingehen zum ewigen Leben.«

26 1Als Jeschua die Rede been-
det hatte, sagte er zu seinen
Talmidim: 2»Wie ihr wißt, ist in
zwei Tagen *Pessach*, und der Sohn
des Menschen wird ausgeliefert
werden, um an den Hinrichtungs-
pfahl genagelt zu werden.«

3Da versammelten sich die Haupt-
Kohanim und die Ältesten des Vol-
kes im Palast von Kajafa, dem *Ko-
hen Ha Gadol*. 4Sie schmiedeten
Pläne, Jeschua heimlich gefangenzu-
nehmen und zu töten; 5doch sie sag-
ten: »Nicht während des Festes,
sonst wird das Volk einen Aufstand
machen.«

6Jeschua war in Beht-Anjah, im
Heim von Schim-on, dem Mann mit
der abstoßenden Hautkrankheit.
7Eine Frau mit einem Alabasterge-
fäß voller kostbarstem Parfum trat
zu Jeschua, während er aß, und be-
gann, es über seinem Kopf auszu-
gießen. 8Als die *Talmidim* das sa-
hen, wurden sie sehr ärgerlich.
»Warum diese Verschwendung?«
fragten sie. 9»Das hätte für viel Geld
verkauft und den Armen gegeben
werden können.« 10Doch Jeschua,
der merkte, was vorging, sagte zu
ihnen: »Warum beunruhigt ihr diese
Frau? Sie hat etwas Schönes für
mich getan. 11Die Armen werdet ihr
immer bei euch haben, aber mich
werdet ihr nicht immer haben. 12Sie
hat dieses Parfum über mich gegos-
sen, um meinen Leib für das Be-
gräbnis vorzubereiten. 13Ja! Ich sage
euch, daß, wo immer auf der ganzen
Welt diese Gute Nachricht verkün-
digt wird, erzählt werden wird, was
sie getan hat, zu ihrer Erinnerung.«

14Da ging einer der Zwölf, der, der
Jehudah aus Kiriot hieß, zu den
Haupt-*Kohanim* 15und sagte: »Was
wollt ihr mir geben, wenn ich euch
Jeschua ausliefere?« **Sie zählten
dreißig Silbermünzen heraus und
gaben sie** Jehudah.[s] 16Von da an
suchte er nach einer günstigen Gele-
genheit, ihn zu verraten.

17Am ersten Tag des *Mazah* ka-
men die *Talmidim* zu Jeschua und
fragten: »Wo sollen wir dein *Seder*
vorbereiten?« 18»Geht hinein in die
Stadt, zu dem und dem«, antwortete
er, »und sagt ihm, daß der Rabbi
spricht: ›Meine Zeit ist nahe, meine
Talmidim und ich wollen *Pessach* in

s Sach 11,12

deinem Haus feiern.‹« 19Die *Talmi-*
dim taten, wie Jeschua sie geheißen
hatte, und bereiteten den *Seder*.

20Als der Abend fiel, legte sich Je-
schua mit den zwölf *Talmidim* zu
Tisch; 21und während sie aßen, sagte
er: »Ja, ich sage euch, daß einer von
euch im Begriff ist, mich zu verra-
ten.« 22Sie erregten sich über alle
Maßen und fingen an, ihn zu fragen,
einer nach dem anderen: »Herr, du
meinst doch nicht etwa mich?« 23Er
antwortete: »Der, der sein *Mazah*
mit mir in den Teller taucht, ist der,
der mich verraten wird. 24Der Sohn
des Menschen wird sterben, ganz
wie die *Tenach* über ihn sagt; doch
wehe dem Menschen, durch den der
Sohn des Menschen verraten wird!
Es wäre besser für ihn, er wäre nie
geboren worden!« 25Da fragte Jehu-
dah, der, der ihn verriet: »Du meinst
doch wohl nicht mich, Rabbi?« Er
antwortete: »Das sind deine Worte.«

26Während sie aßen, nahm Jeschua
ein Stück *Mazah*, machte die *Ber-*
achah, brach es, gab es den *Talmi-*
dim und sagte: »Nehmt! Eßt! Das
ist mein Leib!« 27Ebenso nahm er
einen Becher Wein, machte die *Ber-*
achah und gab ihn ihnen mit den
Worten: »Trinkt alle daraus! 28Denn
das ist mein Blut, das den Neuen
Bund besiegelt, mein Blut, vergos-
sen für viele, damit ihnen ihre Sün-
den vergeben werden. 29Ich sage
euch, ich werde diese ›Frucht des
Weinstocks‹ nicht wieder trinken,
bis zum Tag, an dem ich neuen
Wein mit euch in meines Vaters
Reich trinken werde.«

30Nach dem Singen der *Halel* gin-
gen sie hinaus zum Ölberg. 31Da sag-
te Jeschua zu ihnen: »Heute nacht
werdet ihr alle den Glauben an mich
verlieren, wie die *Tenach* sagt:

›Ich will den Hirten töten, und
die Schafe der Herde werden zer-
streut werden.‹[t] 32Doch nachdem
ich auferweckt bin, werde ich euch
vorangehen ins Galil.« 33»Ich werde
niemals den Glauben an dich verlie-
ren«, antwortete Kefa, »selbst wenn
alle anderen es tun.« 34Jeschua sagte
zu ihm: »Ja! Ich sage dir, daß du
mich noch heute nacht, bevor der
Hahn kräht, dreimal verleugnen
wirst!« 35»Und wenn ich mit dir
sterben muß«, antwortete Kefa,
»werde ich dich doch niemals ver-
leugnen!« Und alle *Talmidim* sagten
das gleiche.

36Dann ging Jeschua mit seinen
Talmidim zu einem Ort, der *Gat*
Schemanim hieß, und sagte zu ih-

t Sach 13,7

Berachah – Segnung
Beht-Anjah – Betanien
Galil – Galiläa
Gat Schemanim – Gethsemane
Halel – Lobpsalmen (Ps 113–118)
Jehudah – Judas
Jehudah aus Kiriot – Judas Iskariot
Jeschua – Jesus
Kajafa – Kaiphas
Kefa – Petrus
Kohanim – Priester (pl.)
Kohen Ha Gadol – Hoherpriester
Mazah – ungesäuertes Brot
Pessach – Passa
Schim-on – Simon
Seder – Mahlzeit am Vorabend des Passa
Talmidim – Jünger (pl.)
Tenach – die hebr. Bibel, das Alte Testament

nen: »Setzt euch hierher, während
ich dort hinüber gehe und bete.«
37Er nahm Kefa und die beiden Söh-
ne Savdais mit sich. Kummer und
Angst überwältigten ihn, 38und er
sagte zu ihnen: »Mein Herz ist so
erfüllt mit Traurigkeit, daß ich ster-
ben könnte! Bleibt hier und wacht
mit mir.« 39Er ging ein Stückchen
weiter, fiel auf sein Antlitz und be-
tete: »Mein Vater, wenn möglich,
laß diesen Kelch an mir vorüberge-
hen! Doch – nicht was ich will, son-
dern was du willst!« 40Er kehrte zu
den *Talmidim* zurück und fand sie
schlafend. Er sagte zu Kefa: »Wart
ihr so schwach, daß ihr nicht einmal
eine Stunde mit mir wach bleiben
konntet? 41Bleibt wach und betet,
daß ihr nicht geprüft werdet – der
Geist ist freilich willig, aber die
menschliche Natur ist schwach.«

42Ein zweites Mal ging er fort und
betete. »Mein Vater, wenn dieser
Kelch nicht an mir vorübergehen
kann, ohne daß ich ihn trinke, soll
getan werden, was du wünschst.«
43Abermals kehrte er zurück und
fand sie schlafend; ihre Augen wa-
ren so schwer.

44Wieder verließ er sie, ging fort
und betete ein drittes Mal mit den
gleichen Worten. 45Dann kam er zu
den *Talmidim* und sagte: »Für jetzt
schlaft weiter, ruht euch aus ... Seht!
Die Zeit ist gekommen für den Sohn
des Menschen, verraten zu werden
in die Hände der Sünder. 46Steht
auf! Laßt uns gehen! Hier kommt
mein Verräter!«

47Während Jeschua noch sprach,
kam Jehudah (einer der Zwölf),
und mit ihm eine große Menge,
die Schwerter und Knüppel trug,
von den Haupt-*Kohanim* und Äl-
testen des Volkes. 48Der Verräter
hatte verabredet, ihnen ein Zeichen
zu geben: »Der Mann, den ich
küsse, ist der, den ihr wollt – ihn
ergreift!« 49Er ging stracks auf Je-
schua zu und sagte: »*Schalom*,
Rabbi!« und küßte ihn. 50Jeschua
sagte zu ihm: »Freund, tu, was zu
tun du kamst.« Da traten sie vor,
legten Hand an Jeschua und nah-
men ihn gefangen.

51Darüber griff einer der Männer
bei Jeschua nach seinem Schwert,
zog es heraus und schlug nach
dem Knecht des *Kohen Ha Gadol*
und schnitt ihm ein Ohr ab. 52Je-
schua sagte zu ihm: »Stecke dein
Schwert zurück, wo es hingehört,
denn jeder, der das Schwert ge-
braucht, wird durch das Schwert
sterben. 53Weißt du nicht, daß ich
meinen Vater bitten kann, und er
wird mir auf der Stelle mehr als
ein Dutzend Engelheere bereitstel-
len, die mir helfen? 54Doch wenn
ich das täte, wie könnten die Stel-
len in der *Tenach* erfüllt werden,
die sagen, daß es auf diese Weise
geschehen muß?«

55Dann wandte Jeschua sich an die
Menge: »Ihr kamt also heraus, um
mich mit Schwertern und Knüppeln
zu ergreifen, wie ihr es beim Anfüh-
rer eines Aufstands tun würdet? Je-
den Tag saß ich im Vorhof des
Tempels und lehrte; und da habt ihr
mich nicht ergriffen. 56Doch all das
ist geschehen, daß erfüllt würde, was
die Propheten geschrieben haben.«

Da verließen ihn die *Talmidim* allesamt und flohen.

[57]Diejenigen, die Jeschua ergriffen hatten, führten ihn fort zu Kajafa, dem *Kohen Ha Gadol*, wo die *Torahlehrer* und Ältesten versammelt waren. [58]Kefa folgte ihm aus einiger Entfernung bis zum Hof des *Kohen Ha Gadol*; dann ging er hinein und ließ sich bei den Wachen nieder, um zu sehen, was geschehen würde.

[59]Die Haupt-*Kohanim* und der ganze *Sanhedrin* suchten nach falschen Beweisen gegen Jeschua, um ihn hinrichten lassen zu können. [60]Doch sie fanden keine, obwohl viele Lügner hervortraten und Zeugnis gaben. Schließlich kamen jedoch zwei Leute nach vorn und sagten: [61]»Dieser Mann hat gesagt: ›Ich kann Gottes Tempel niederreißen und in drei Tagen wieder aufbauen.‹« [62]Der *Kohen Ha Gadol* erhob sich und sagte: »Hast du nichts zu sagen zu der Anschuldigung, die diese Männer vorbringen?« [63]Jeschua blieb stumm. Der *Kohen Ha Gadol* sagte zu ihm: »Ich stelle dich unter Eid! Sag uns beim lebendigen Gott, ob du der *Maschiach*, der Sohn Gottes bist!« [64]Jeschua sagte zu ihm: »Das sind deine Worte. Aber ich sage dir, daß du eines Tages sehen wirst **den Sohn des Menschen sitzend zur rechten Hand der** *Ha Gevurah* und **kommend auf den Wolken des Himmels.**«[u] [65]Daraufhin zerriß der *Kohen Ha Gadol* seine Gewänder. »Gotteslästerung!« sagte er. »Wozu brauchen wir noch Zeugen? Ihr habt gehört, wie er Gott lästerte! [66]Wie ist euer Urteil?« »Schuldig«, antworteten sie. »Er verdient den Tod!« [67]Dann spuckten sie ihm ins Gesicht und schlugen ihn mit den Fäusten; und diejenigen, die ihn schlugen, [68]sagten: »Jetzt, du ›Messias‹, ›weissage‹ uns: wer hat dich diesmal geschlagen?«

[69]Kefa saß draußen im Hof, als eine junge Magd zu ihm trat. »Du warst auch bei Jeschua aus dem Galil«, sagte sie. [70]Doch er leugnete es vor allen – »Ich weiß nicht, wovon du sprichst!« [71]Er ging hinaus unter den Torbogen, und ein anderes Mädchen sah ihn und sagte zu den Leuten dort: »Dieser Mann war bei Jeschua von Nazeret.« [72]Wieder leugnete er es und schwor: »Ich kenne den Mann nicht!« [73]Nach einer kleinen Weile näherten sich die Umstehenden Kefa und sagten: »Du mußt einer von ihnen sein – dein Akzent verrät dich.« [74]Diesmal be-

u Dan 7,13; Ps 110,1

Galil – Galiläa
Ha Gevurah – die Kraft, d.h. Gott
Jehudah – Judas
Jeschua – Jesus
Kajafa – Kaiphas
Kefa – Petrus
Kohanim – Priester (pl.)
Kohen Ha Gadol – Hoherpriester
Maschiach – Messias
Nazeret – Nazareth
Sanhedrin – oberstes jüdisches Gericht, Hoher Rat
Savdai – Zebedäus
Schalom – Friede
Talmidim – Jünger (pl.)
Tenach – die hebr. Bibel, das Alte Testament
Torahlehrer – Schriftgelehrter

gann er sich selbst zu verfluchen
und schwor: »Ich kenne den Mann
nicht!« – und in diesem Augenblick
krähte ein Hahn. 75 Kefa dachte an
das, was Jeschua gesagt hatte: »Be-
vor der Hahn kräht, wirst du mich
dreimal verleugnen;« und er ging
hinaus und weinte bitterlich.

27 1 Früh am Morgen trafen sich
alle Haupt-*Kohanim* und
Ältesten, um zu beratschlagen, wie
sie Jeschuas Tod bewerkstelligen
könnten. 2 Dann legten sie ihn in
Ketten, führten ihn ab und überga-
ben ihn dem Statthalter Pilatus.

3 Als Jehudah, der ihn verraten
hatte, sah, daß Jeschua verurteilt
worden war, wurde er von Reue er-
griffen und brachte den Haupt-*Ko-*
hanim und Ältesten die dreißig
Silbermünzen zurück 4 mit den
Worten: »Ich habe gesündigt, als ich
einen Unschuldigen dem Tod aus-
lieferte.« »Was hat das mit uns zu
tun?« antworteten sie. »Das ist dein
Problem.« 5 Er warf die Silberstücke
ins Heiligtum und ging fort; dann
ging er hin und erhängte sich.

6 Die Haupt-*Kohanim* nahmen die
Silbermünzen und sagten: »Es ist
verboten, dies zum Tempelschatz
zu legen, denn es ist Blutgeld.«
7 Deshalb beschlossen sie, es zum
Ankauf des Töpferackers als Be-
gräbnisstätte für Fremde zu verwen-
den. 8 So kam es dazu, daß er »Blut-
acker« hieß, ein Name, den er noch
heute trägt. 9 Da wurde erfüllt, was
Jirmejahu der Prophet sprach: »**Und**
sie nahmen die dreißig Silbermün-
zen, das war der Preis, den für ihn
zu zahlen das Volk Jisrael überein-
gekommen war, 10 **und verwende-**
ten sie, den Töpferacker zu kaufen,
so wie der Herr mich hieß!«[v]

11 In der Zwischenzeit wurde Je-
schua vor den Statthalter gebracht,
und der Statthalter stellte ihm fol-
gende Frage: »Bist du der König der
Juden?« Jeschua antwortete: »Das
sind deine Worte.« 12 Doch als er
von den Haupt-*Kohanim* und Älte-
sten angeklagt wurde, gab er keine
Antwort. 13 Da sagte Pilatus zu ihm:
»Hörst du nicht all diese Anklagen,
die sie gegen dich vorbringen?«
14 Doch zu des Statthalters großer
Verwunderung sagte er kein einzi-
ges Wort auf die Anschuldigungen.

15 Es war der Brauch des Statthal-
ters, während eines Festes einen Ge-
fangenen freizulassen, um wen im-
mer die Menge bat. 16 Zu der Zeit
war ein berüchtigter Gefangener na-
mens Jeschua Bar-Abba eingeker-
kert. 17 Als sich nun eine Menge ver-
sammelt hatte, sagte Pilatus zu
ihnen: »Wen soll ich für euch frei-
lassen? Bar-Abba? Oder Jeschua,
genannt ›der Messias‹?« 18 Denn er
wußte wohl, daß sie ihn ihm nur aus
Neid ausgeliefert hatten. 19 Während
er zu Gericht saß, sandte ihm seine
Frau eine Botschaft: »Laß diesen
unschuldigen Mann in Ruhe. Heute
in einem Traum habe ich schreck-
lich wegen ihm gelitten.« 20 Doch die
Haupt-*Kohanim* überredeten die
Menge, um die Freilassung von Bar-
Abba zu bitten und Jeschua am
Pfahl hinrichten zu lassen. 21 »Wel-

v Sach 11,12–13

chen der beiden soll ich für euch freilassen?« fragte der Statthalter. »Bar-Abba!« antworteten sie. 22Pilatus sagte zu ihnen: »Was soll ich dann mit Jeschua, genannt ›der Messias‹, tun?« Sie alle sagten: »Richte ihn hin am Pfahl! Richte ihn hin am Pfahl!« 23Als er fragte: »Warum? Was für ein Verbrechen hat er begangen?«, schrien alle um so lauter: »Richte ihn hin am Pfahl!« 24Als Pilatus sah, daß er nichts erreichte, sondern daß statt dessen ein Aufruhr drohte, nahm er Wasser, wusch seine Hände vor der Menge und sagte: »Meine Hände sind rein vom Blut dieses Mannes; es ist eure Verantwortung.« 25Sie alle antworteten: »Sein Blut liegt auf uns und unseren Kindern!« 26Da ließ er ihnen Bar-Abba frei; Jeschua aber überstellte er zur Hinrichtung am Pfahl, nachdem er ihn hatte auspeitschen lassen.

27Die Soldaten des Statthalters nahmen Jeschua mit in das Gebäude des Hauptquartiers, und das ganze Bataillon scharte sich um ihn. 28Sie zogen ihm seine Kleider aus und legten ihm ein purpurnes Gewand an, 29woben Dornenzweige zu einer Krone und setzten sie auf sein Haupt und gaben ihm einen Stock in die rechte Hand. Dann knieten sie vor ihm nieder und machten sich über ihn lustig: »Heil dem König der Juden!« 30Sie spien ihn an und schlugen ihm mit dem Stock auf den Kopf. 31Als sie ihn genug verspottet hatten, zogen sie ihm das Gewand aus, zogen ihm seine eigenen Kleider wieder an und führten ihn fort, um ihn an den Hinrichtungspfahl zu nageln.

32Als sie fortgingen, begegneten sie einem Mann aus Kyrene namens Schim-on; und sie zwangen ihn, Jeschuas Hinrichtungspfahl zu tragen. 33Als sie an einem Ort namens Galgolta (das bedeutet »Platz eines Schädels«) ankamen, 34gaben sie ihm Wein, gemischt mit bitterer Galle, zu trinken; doch nachdem er es geschmeckt hatte, wollte er es nicht trinken. 35Nachdem sie ihn an den Pfahl genagelt hatten, teilten sie seine Gewänder unter sich auf, indem sie Würfel warfen. 36Dann setzten sie sich nieder, um dort über ihn zu wachen. 37Über seinem Kopf brachten sie die Tafel an, auf der die Anklage gegen ihn verzeichnet war:

DIES IST JESCHUA
DER KÖNIG DER JUDEN

38Dann wurden zwei Diebe an Hinrichtungspfählen bei ihm aufgestellt, einer zur Rechten und einer zur Linken. 39Die Menschen, die vorübergingen, schleuderten ihm Beleidigungen entgegen, **schüttelten ihre Köpfe**[w] 40und sagten: »Du kannst also den Tempel zerstören

w Ps 22,8

Bar-Abba – Barabbas
Galgolta – Golgatha
Jehudah – Judas
Jeschua – Jesus
Jeschua Bar-Abba – Jesus Barabbas
Jirmejahu – Jeremia
Kefa – Petrus
Kohanim – Priester (pl.)
Schim-on – Simon

und in drei Tagen wieder aufbauen?
Dann rette dich selbst, wenn du der
Sohn Gottes bist, und steig herab
vom Pfahl!« 41 Auch die Haupt-*Ko-
hanim* lachten ihn aus, gemeinsam
mit den *Torahlehrern* und Ältesten:
42 »Er hat andere gerettet, aber er
kann sich selbst nicht retten!« »Er ist
also der König Jisraels? Soll er doch
vom Pfahl herabkommen! Dann
werden wir ihm glauben!« 43 »**Er hat
auf Gott vertraut? So soll der ihn
befreien – wenn ihm an ihm liegt!**[x]
Immerhin hat er gesagt: ›Ich bin der
Sohn Gottes!‹« 44 Sogar die Diebe,
die mit ihm angenagelt waren,
schmähten ihn auf die gleiche Weise.
45 Von Mittag bis drei Uhr nach-
mittags war das ganze Land von
Finsternis bedeckt. 46 Gegen drei
Uhr stieß Jeschua einen lauten
Schrei aus: »*Eli! Eli! Lemah sche-
vachtani?* (**Mein Gott! Mein Gott!
Warum hast du mich verlassen?**)«[y]
47 Als sie das hörten, sagten einige
von den Dabeistehenden: »Er ruft
nach Elijahu.« 48 Sofort lief einer von
ihnen und nahm einen Schwamm,
tauchte ihn in **Essig**, steckte ihn auf
einen Stock und **gab** ihn ihm, **um
zu trinken**.[z] 49 Die übrigen sagten:
»Warte! Wir wollen sehen, ob Elija-
hu kommt und ihn befreit.« 50 Doch
Jeschua, der wieder laut schrie, gab
seinen Geist auf.
51 In diesem Augenblick zerriß der
Parochet im Tempel von oben nach
unten in zwei Teile; und es gab ein
Erdbeben, bei dem sich Felsen spal-
teten. 52 Auch die Gräber öffneten
sich, und die Leiber vieler heiliger
Menschen, die gestorben waren,
wurden zum Leben erweckt; 53 und
als Jeschua auferstanden war, kamen
sie aus den Gräbern und gingen in
die heilige Stadt, wo viele Leute sie
sahen. 54 Als der römische Offizier
und die bei ihm, die über Jeschua
wachten, das Erdbeben sahen und
was geschah, wurden sie von Ehr-
furcht ergriffen und sagten: »Er war
wahrhaftig ein Sohn Gottes.«

55 Es waren viele Frauen dort, die
aus der Entfernung zusahen; sie wa-
ren Jeschua aus dem Galil gefolgt
und hatten ihm geholfen. 56 Unter
ihnen waren Mirjam aus Magdala,
Mirjam, die Mutter Ja-akovs und
Josefs, und die Mutter der Söhne
des Savdai.

57 Gegen Abend kam ein wohlha-
bender Mann aus Ramatajim namens
Josef, der selbst ein *Talmid* Jeschuas
war. 58 Er ging zu Pilatus und bat um
Jeschuas Leichnam, und Pilatus ord-
nete an, daß er ihm überlassen wür-
de. 59 Josef nahm den Leichnam, wik-
kelte ihn in ein sauberes Leintuch
60 und legte ihn in sein eigenes Grab,
das er vor kurzem aus dem Stein hat-
te heraushauen lassen. Nachdem er
einen großen Stein vor den Eingang
des Grabes gewälzt hatte, ging er
fort. 61 Mirjam aus Magdala und die
andere Mirjam blieben dort und lie-
ßen sich gegenüber vom Grab nie-
der. 62 Am nächsten Tag, nach dem
Rüsttag, kamen die Haupt-*Kohanim*
und die *Peruschim* gemeinsam zu
Pilatus 63 und sagten: »Herr, wir den-

x Ps 22,9
y Ps 22,2
z Ps 69,22

ken daran, dass dieser Betrüger, als
er noch bei uns war, gesagt hat:
›Nach drei Tagen werde ich auferste-
hen.‹ 64Gib deswegen den Befehl,
daß das Grab bis zum dritten Tag
bewacht wird. Sonst könnten die
Talmidim kommen und ihn stehlen
und zum Volk sagen: ›Er ist von den
Toten auferstanden‹, und der zweite
Betrug wird größer sein als der erste.«
65Pilatus sagte ihnen: »Ihr bekommt
eure Wache. Geht hin und bewacht
das Grab, so gut ihr könnt.« 66Also
gingen sie hin und sicherten das
Grab ab, indem sie den Stein versie-
gelten und die Wache davor aufstell-
ten.

28 1Nach dem *Schabbat*, um
die Morgendämmerung am
Sonntag, gingen Mirjam aus Magda-
la und die andere Mirjam, das Grab
zu sehen. 2Plötzlich geschah ein hef-
tiges Erdbeben, denn ein Engel
Adonais kam herab vom Himmel,
rollte den Stein weg und setzte sich
darauf. 3Seine Erscheinung war wie
ein Blitz, und seine Kleider waren
so weiß wie Schnee. 4Die Wachen
waren so erschrocken über ihn, daß
sie zitterten und wie Tote wurden.
5Doch der Engel sagte zu den Frau-
en: »Habt keine Angst. Ich weiß,
daß ihr Jeschua sucht, der am Pfahl
hingerichtet wurde. 6Er ist nicht
hier, denn er ist auferweckt worden
– genau, wie er gesagt hat! Kommt
und seht den Ort an, wo er lag.
7Dann geht rasch und erzählt den
Talmidim: ›Er ist auferweckt wor-
den von den Toten, und jetzt geht er
euch voraus ins Galil. Dort werdet
ihr ihn sehen.‹ Ich habe es euch ge-
sagt.«

8Also verließen sie rasch das Grab,
voller Schrecken, doch auch erfüllt
mit Freude; und sie liefen, um sei-
nen *Talmidim* die Nachricht zu er-
zählen. 9Plötzlich begegnete ihnen
Jeschua und sagte: »*Schalom*!« Sie
traten herzu und ergriffen seine
Füße, als sie vor ihm niederfielen.
10Da sagte Jeschua zu ihnen: »Habt
keine Angst! Geht und sagt meinen
Brüdern, daß sie ins Galil gehen sol-
len, und dort werden sie mich se-
hen.«

11Als sie fortgingen, gingen eini-
ge der Wachen in die Stadt und
berichteten den Haupt-*Kohanim*
alles, was geschehen war. 12Dann
trafen sie sich mit den Ältesten;
und nachdem sie die Sache erörtert
hatten, gaben sie den Soldaten eine
beträchtliche Summe Geldes 13und
sagten zu ihnen: »Sagt den Leuten:
›Seine *Talmidim* kamen in der

Adonai – der HERR, Jahwe
Eli! Eli! Lemah schevachtani? – Mein Gott, mein Gott, warum hast du mich verlassen?
Elijahu – Elia
Galil – Galiläa
Ja-akov – Jakob
Jeschua – Jesus
Kohanim – Priester (pl.)
Mirjam – Miriam, Maria
Mirjam aus Magdala – Maria aus Magdala
Parochet – Vorhang, der den heiligsten Bereich des Tempels abgrenzt
Ramatajim – Arimathäa
Savdai – Zebedäus
Schabbat – Sabbat
Schalom! – Friede! (Gruß)
Talmid – Jünger (sg.)
Talmidim – Jünger (pl.)
Torahlehrer – Schriftgelehrter

Nacht und haben seinen Leichnam
gestohlen, als wir schliefen.‹ 14Wenn
der Statthalter davon hört, werden
wir die Sache mit ihm regeln und
dafür sorgen, daß ihr keinen Är-
ger bekommt.« 15Die Soldaten
nahmen das Geld und taten, wie
sie geheißen worden waren, und
diese Geschichte wurde von den
Juden verbreitet bis zum heutigen
Tag.

16Also gingen die elf *Talmidim* zu
dem Hügel im Galil, wohin Jeschua
sie zu gehen geheißen hatte. 17Als sie
ihn sahen, warfen sie sich vor ihm
zu Boden; doch manche zögerten.
18Jeschua kam und redete mit ihnen.
Er sagte: »Alle Vollmacht im Him-
mel und auf Erden ist mir gegeben.
19Deshalb geht und macht Men-
schen aus allen Völkern zu *Talmi-
dim*, indem ihr sie eintaucht in die
Wirklichkeit des Vaters, des Sohnes
und des *Ruach Ha Kodesch* 20und
sie lehrt, allem zu gehorchen, was
ich euch befohlen habe. Und denkt
daran! Ich werde immer bei euch
sein, ja, sogar bis ans Ende der Zeit.«

DIE GUTE NACHRICHT VON
JESCHUA DEM MESSIAS
NACH DEM BERICHT VON

MARKUS

1 1Der Anfang der Guten
Nachricht von Jeschua dem
Messias, dem Sohn Gottes:
2Es steht geschrieben beim Pro-
pheten Jeschajahu:

**»Siehe, ich sende meinen Boten
vor dir her; er wird den Weg vor** dir
bereiten;[a] 3**Die Stimme eines, der
ruft in der Wüste: ›Bereitet den
Weg** ***Adonais*****! Macht die Wege
eben für** ihn!‹«[b]

4So geschah es, daß Jochanan der
Eintaucher in der Wüste auftrat und
eine Eintauchung verkündete, die
die Hinwendung von der Sünde zu
Gott zur Erlangung der Vergebung
beinhaltete. 5Aus ganz Jehudah und
aus Jeruschalajim kamen die Men-
schen hinaus zu ihm. Sie bekannten
ihre Sünden und wurden von ihm
eingetaucht im Fluß Jarden. 6Jocha-
nan trug Kleider aus Kamelhaar, mit
einem Ledergürtel um seine Hüften,
und aß Heuschrecken und wilden
Honig. 7Er verkündigte: »Nach mir
kommt jemand, der mächtiger ist als
ich – ich bin nicht einmal wert, nie-
derzuknien und seine Sandalen auf-
zubinden. 8Ich habe euch in Wasser
eingetaucht, doch er wird euch ein-
tauchen im *Ruach Ha Kodesch*.«
9Kurz darauf kam Jeschua aus
Nazeret im Galil und wurde von Jo-
chanan im Jarden eingetaucht. 10In
dem Augenblick, in dem er sich aus
dem Wasser erhob, sah er den Him-
mel sich öffnen und den Geist her-
abkommen auf ihn wie eine Taube;
11dann kam eine Stimme aus dem
Himmel: »Du bist mein Sohn, den
ich liebe; ich habe großen Gefallen
an dir.«
12Unmittelbar darauf brachte ihn
der Geist hinaus in die Wüste, 13und
er war in der Wüste vierzig Tage
und wurde versucht vom Widersa-
cher. Er war bei den wilden Tieren,
und die Engel sorgten für ihn.
14Nachdem Jochanan gefangenge-
nommen war, kam Jeschua ins Galil

a Mal 3,1
b Jes 40,3

Adonai – der HERR, Jahwe
Galil – Galiläa
Jarden – Jordan
Jehudah – Judäa
Jeruschalajim – Jerusalem
Jeschajahu – Jesaja
Jeschua – Jesus
Jochanan der Eintaucher – Johannes der Täufer
Nazeret – Nazareth
Ruach Ha Kodesch – Heiliger Geist

und verkündigte die Gute Nach-
richt von Gott:

15»Die Zeit ist gekommen,
Gottes Reich ist nahe!

Wendet euch zu Gott von euren
Sünden
und glaubt die Gute Nachricht!«

16Als er am Ufer des Sees Kinne-
ret entlangging, sah er Schim-on
und Andreas, Schim-ons Bruder, ein
Netz in den See werfen; denn sie
waren Fischer. 17Jeschua sagte zu ih-
nen: »Kommt, folgt mir, und ich
will euch zu Menschenfischern ma-
chen!« 18Sogleich ließen sie ihre
Netze liegen und folgten ihm.

19Als er ein wenig weiter ging, sah
er Ja-akov Ben Savdai und Jocha-
nan, seinen Bruder, in ihrem Boot,
wie sie ihre Netze flickten. 20Sofort
rief er sie, und sie ließen ihren Vater
Savdai im Boot mit den geheuerten
Männern zurück, und folgten Je-
schua.

21Sie gingen nach Kefar-Nachum,
und am *Schabbat* ging Jeschua in die
Synagoge und fing an zu lehren.
22Sie waren verwundert über die
Art, wie er lehrte, denn er unterwies
sie nicht wie die *Torah*lehrer, son-
dern als einer, der selbst Vollmacht
hatte.

23Zufällig war in der Synagoge ein
Mann mit einem unreinen Geist, der
schrie: 24»Was hast du mit uns vor,
Jeschua aus Nazeret? Bist du ge-
kommen, uns zu vernichten? Ich
weiß, wer du bist – der Heilige Got-
tes!« 25Doch Jeschua schalt den un-
reinen Geist: »Sei still und komm
heraus aus ihm!« 26Er warf den
Mann in einen Krampf, tat einen
lauten Schrei und fuhr aus ihm her-
aus. 27Alle waren so erstaunt, daß sie
anfingen, einander zu fragen: »Was
ist das? Eine neue Lehre, eine, hinter
der Vollmacht steht! Er gebietet so-
gar den unreinen Geistern, und sie
gehorchen ihm!« 28Und die Nach-
richt von ihm verbreitete sich rasch
im ganzen Gebiet des Galil.

29Sie verließen die Synagoge und
gingen mit Ja-akov und Jochanan in
das Heim von Schim-on und An-
dreas. 30Schim-ons Schwiegermutter
lag krank mit einem Fieber, und sie
erzählten Jeschua von ihr. 31Er kam,
nahm sie bei der Hand und stellte
sie auf ihre Füße. Das Fieber verließ
sie, und sie fing an, sie zu bedienen.

32Denselben Abend nach Sonnen-
untergang brachten sie alle, die
krank oder in der Gewalt von Dä-
monen waren, zu Jeschua, 33und die
ganze Stadt kam und drängte sich
vor der Tür. 34Er heilte viele, die an
den verschiedensten Krankheiten
litten, und trieb viele Dämonen aus,
doch er gestattete den Dämonen
nicht zu sprechen, denn sie wußten,
wer er war.

35Früh am Morgen, als es noch
dunkel war, stand Jeschua auf, ging
fort an einen einsamen Ort und
blieb dort und betete. 36Doch
Schim-on und die bei ihm folgten
ihm; 37und als sie ihn fanden, sagten
sie: »Alle suchen dich.« 38Er ant-
wortete: »Laßt uns woanders hinge-
hen – in die anderen Dörfer im Um-
kreis. Ich muß die Botschaft auch
dort verkündigen – denn dazu bin

ich gekommen.« 39So zog er durch das ganze Galil, predigte in ihren Synagogen und trieb Dämonen aus.

40Ein Mann, der an einer abstoßenden Hautkrankheit litt, kam zu Jeschua und bat ihn auf den Knien: »Wenn du willst, kannst du mich rein machen.« 41Von Mitleid bewegt streckte Jeschua seine Hand aus, berührte ihn und sagte zu ihm: »Ich will! Sei rein!« 42Im gleichen Augenblick verließ ihn die Hautkrankheit, und er war rein. 43Jeschua schickte ihn fort mit der strengen Warnung: 44»Sieh zu, daß du niemandem davon erzählst; geh statt dessen als ein Zeugnis für das Volk und laß den *Kohen* dich prüfen und opfere für deine Reinigung, was Mosche geboten hat.« 45Doch er ging hinaus und begann, die Nachricht zu verbreiten, und sprach rückhaltlos darüber; so daß Jeschua keine Stadt mehr offen betreten konnte, sondern draußen auf dem Land blieb, wo die Menschen ihm aus dem ganzen Umkreis weiter zuströmten.

2 1Nach einer Weile kehrte Jeschua nach Kefar-Nachum zurück. Die Nachricht von seiner Rückkehr breitete sich aus, 2und es versammelten sich so viele Leute um das Haus, daß kein Platz mehr war, nicht einmal vor der Tür. Während er ihnen die Botschaft predigte, 3kamen vier Männer zu ihm, die trugen einen Gelähmten. 4Sie konnten wegen der Menschenmenge nicht zu Jeschua vordringen, deshalb deckten sie über der Stelle, an der er stand, das Dach ab, machten eine Öffnung und ließen die Trage, auf der der Gelähmte lag, hinab. 5Als er ihr Vertrauen sah, sagte Jeschua zu dem gelähmten Mann: »Sohn, deine Sünden sind vergeben.« 6Einige *Torah*lehrer, die dabeisaßen, dachten bei sich: 7»Wie kann dieser Mensch so etwas sagen? Er lästert Gott! Wer kann Sünden vergeben außer Gott?« 8Doch sogleich sagte Jeschua, der in seinem Geist merkte, was sie dachten, zu ihnen: »Warum denkt ihr diese Dinge? 9Was ist leichter zu dem Gelähmten zu sagen: ›Deine Sünden sind vergeben‹? Oder: ›Steh auf, nimm deine Trage und geh‹? 10Doch seht! Ich werde euch beweisen, daß der Sohn des Menschen die Vollmacht hat, auf Erden Sünden zu vergeben.« Dann sagte er zu dem Gelähmten: 11»Ich sage dir: Steh auf, nimm deine Trage und geh nach Hause!« 12Vor aller Augen stand der Mann auf, nahm seine Trage und ging fort. Alle waren aufs äußerste verwundert, lobten Gott und sagten: »Wir haben niemals etwas Ähnliches gesehen!«

Galil – Galiläa
Ja-akov Ben Savdai – Jakobus, der Sohn des Zebedäus
Jeschua – Jesus
Jochanan – Johannes
Kefar-Nachum – Kapernaum
Kinneret, See – Galiläisches Meer, See Genezareth
Kohen – Priester (sg.)
Mosche – Mose
Nazeret – Nazareth
Savdai – Zebedäus
Schabbat – der Sabbat
Schim-on – Simon
Torahlehrer – Schriftgelehrte

[13]Jeschua ging wieder zum See hinaus. Die ganze Menge kam zu ihm, und er fing an, sie zu lehren. [14]Als er von dort weiterging, sah er Levi Ben Chalfai in seinem Zollhäuschen sitzen und sagte zu ihm: »Folge mir nach!«, und er stand auf und folgte ihm.

[15]Als Jeschua zum Essen im Haus von Levi war, saßen viele Zöllner und Sünder bei Jeschua und seinen *Talmidim*, denn es waren viele von ihnen unter seinen Anhängern. [16]Als die *Torah*lehrer und die *Peruschim* sahen, daß er mit Sündern und Zöllnern aß, sagten sie zu seinen *Talmidim*: »Warum ißt er mit Zöllnern und Sündern?« [17]Doch Jeschua, der die Frage gehört hatte, entgegnete ihnen: »Es sind nicht die Gesunden, die einen Arzt brauchen, sondern die Kranken. Denn ich bin nicht gekommen, die ›Gerechten‹ zu berufen, sondern die Sünder!«

[18]Auch Jochanans *Talmidim* und die *Peruschim* fasteten; und sie kamen und fragten Jeschua: »Warum fasten Jochanans *Talmidim* und die *Talmidim* der *Peruschim*, aber deine *Talmidim* fasten nicht?« [19]Jeschua antwortete ihnen: »Können Hochzeitsgäste fasten, während der Bräutigam noch bei ihnen ist? Solange sie den Bräutigam bei sich haben, ist es ausgeschlossen zu fasten. [20]Aber die Zeit wird kommen, wenn der Bräutigam fortgenommen wird von ihnen; und wenn dieser Tag kommt, werden sie fasten. [21]Niemand näht ein Stück ungeschrumpften Tuches auf einen alten Mantel; denn wenn er es tut, reißt der neue Flicken von dem alten Mantel ab und hinterläßt ein noch schlimmeres Loch. [22]Und niemand füllt neuen Wein in alte Weinschläuche; denn wenn er es tut, wird der Wein die Schläuche platzen lassen, und sowohl der Wein als auch die Schläuche sind verdorben. Neuer Wein gehört vielmehr in neue Weinschläuche.«

[23]An einem *Schabbat* ging Jeschua durch Weizenfelder; und als sie so gingen, begannen seine *Talmidim*, Ähren auszureißen. [24]Die *Peruschim* sagten zu ihm: »Schau! Warum verletzen sie den *Schabbat*?« [25]Er sagte zu ihnen: »Habt ihr nie gelesen, was David tat, als er und die bei ihm hungrig waren und Speise brauchten? [26]Er betrat das Haus Gottes, als Evjatar *Kohen Gadol* war, und aß das Brot der Gegenwart, das zu essen jedem verboten ist außer den *Kohanim*, und er gab sogar seinen Begleitern davon.« [27]Dann sagte er zu ihnen: »Der *Schabbat* wurde für die Menschen gemacht, nicht die Menschen für den Schabbat; [28]so ist der Sohn des Menschen Herr sogar über den *Schabbat*.«

3 [1]Wieder ging Jeschua in eine Synagoge, und dort war ein Mann mit einer verkrüppelten Hand. [2]Weil sie nach einem Grund suchten, ihn wegen etwas anzuklagen, beobachteten die Leute ihn sorgfältig, um zu sehen, ob er ihn am *Schabbat* heilen würde. [3]Er sagte zu dem Mann mit der verkrüppelten

Hand: »Tritt vor, damit wir dich se-
hen können!« 4Dann sagte er zu ih-
nen: »Was ist am *Schabbat* erlaubt?
Gutes zu tun oder Böses zu tun?
Leben zu retten oder zu töten?«
Doch sie sagten nichts. 5Da sah er
sie der Reihe nach an und empfand
sowohl Zorn über sie als auch Mit-
leid mit ihnen wegen der Härte ihrer
Herzen, und er sagte zu dem Mann:
»Strecke deine Hand aus.« Als er sie
ausstreckte, wurde sie wiederherge-
stellt. 6Die *Peruschim* aber gingen
hinaus und begannen sofort mit ei-
nigen Mitgliedern der Partei des
Herodes zu beratschlagen, wie sie
ihn loswerden könnten.

7Jeschua ging fort mit seinen *Tal-*
midim zum See, und eine große
Zahl folgte ihm aus dem Galil. 8Als
sie von seinen Taten hörten, kamen
auch viele aus Jehudah, Jeruschala-
jim, Idumäa und dem Gebiet jen-
seits des Jarden und aus der Region
von Zor und Zidon. 9Er wies seine
Talmidim an, ein Boot für ihn be-
reitzumachen, so daß er, wenn nö-
tig, dem Andrang der Menge ent-
kommen konnte, 10denn er hatte
viele Menschen geheilt, und alle die
Kranken drängten nach vorn, ihn zu
berühren. 11Wann immer die unrei-
nen Geister ihn sahen, fielen sie vor
ihm nieder und schrien: »Du bist
der Sohn Gottes!« 12Doch er ver-
wies ihnen streng, ihn bekannt zu
machen.

13Dann ging er hinauf in das Hü-
gelland und sammelte um sich, die
er wollte, und sie kamen zu ihm.
14Er ernannte zwölf, die bei ihm sein
sollten, die ausgesandt werden soll-
ten zu predigen 15und die die Voll-
macht haben sollten, Dämonen aus-
zutreiben:

16 Schim-on, dem er einen anderen
Namen gab, »Kefa«;

17 Ja-akov Ben Savdai und Jocha-
nan, Ja-akovs Bruder – ihnen gab er
den Namen »Beneh Regesch« (d. h.
»Donnerer«);

18 Andreas, Philippus, Bar Talmai,
Matitjahu, Teoma, Ja-akov Ben
Chalfai, Taddai, Schim-on den Ze-
loten,

19 und Jehudah aus Kiriot, den,
der ihn verriet.

Bar Talmai – Bartolomäus
Beneh Regesch – Söhne des Aufruhrs, der Wut (jähzornige Menschen)
Evjatar – Abjatar
Galil – Galiläa
Ja-akov – Jakob
Ja-akov Ben Chalfai – Jakobus, der Sohn des Alphäus
Ja-akov Ben Savdai – Jakobus, der Sohn des Zebedäus
Jarden – Jordan
Jehudah – Juda
Jehudah aus Kiriot – Judas Iskariot
Jeruschalajim – Jerusalem
Jeschua – Jesus
Jochanan – Johannes
Kefa – Petrus
Kohanim – Priester (pl.)
Kohen Gadol – Hoherpriester
Levi Ben Chalfai – Levi, der Sohn des Alphäus
Matitjahu – Matthäus
Peruschim – Pharisäer (pl.)
Schabbat – der Sabbat
Schim-on – Simon
Taddai – Thaddäus
Talmidim – Jünger (pl.)
Teoma – Thomas
Torahlehrer – Schriftgelehrte
Zidon – Sidon
Zor – Tyrus

Dann ging er in ein Haus; 20und
wieder kam eine so große Menge
zusammen, daß sie nicht einmal es-
sen konnten. 21Als seine Familie da-
von hörte, gingen sie aus, ihn zu
greifen; denn sie sagten: »Er ist von
Sinnen!«

22Die *Torah*lehrer, die aus Jeru-
schalajim herabkamen, sagten: »Er
hat Ba-al Sibul in sich« und »er
treibt Dämonen durch den Herrn
der Dämonen aus.« 23Er aber rief
sie zu sich und sprach zu ihnen in
Gleichnissen: »Wie kann Satan den
Satan austreiben? 24Wenn ein
Reich mit sich selbst zerfallen ist,
kann das Reich nicht bestehen;
25und wenn ein Haus mit sich
selbst zerfallen ist, kann das Haus
nicht bestehen. 26Wenn also Satan
gegen sich selbst aufgestanden und
mit sich zerfallen ist, kann auch er
nicht bestehen; und das ist sein
Ende. 27Niemand kann in das
Haus eines starken Mannes einbre-
chen und sich mit seinem Besitz
davonmachen, wenn er nicht zu-
erst den starken Mann bindet. Da-
nach kann er sein Haus plündern.
28Wahrhaftig! Ich sage euch, daß
den Menschen alle Sünden und alle
Gotteslästerungen, auf die sie ver-
fallen mögen, vergeben werden;
29doch wer gegen den *Ruach Ha
Kodesch* lästert, kann niemals Ver-
gebung erlangen, denn er hat sich
einer ewigen Sünde schuldig ge-
macht.« 30Denn sie hatten gesagt:
»Er hat einen unreinen Geist.«

31Da langten seine Mutter und
seine Brüder an. Sie standen drau-
ßen und schickten eine Botschaft
und fragten nach ihm. 32Eine Menge
saß um ihn herum; und sie sagten zu
ihm: »Deine Mutter und deine Brü-
der sind draußen und fragen nach
dir.« 33Er antwortete: »Wer sind
meine Mutter und meine Brüder?«
34Er sah auf die, die im Kreis um ihn
herum saßen, und sagte: »Seht! Hier
sind meine Mutter und meine Brü-
der! 35Wer immer tut, was Gott will,
ist mein Bruder, meine Schwester
und meine Mutter!«

4 1Wieder begann Jeschua, am
See zu lehren, doch die Menge,
die sich um ihn sammelte, war so
groß, daß er in ein Boot auf dem See
stieg und dort saß, während die
Menge am Ufer blieb, am Rande des
Wassers. 2Er lehrte sie viele Dinge in
Gleichnissen. Im Laufe seiner Lehre
sagte er zu ihnen: 3»Hört! Ein Bauer
ging hinaus, um seine Saat auszusä-
en. 4Als er säte, fiel manche Saat ne-
ben den Weg; und die Vögel kamen
und aßen sie auf. 5Andere Saat fiel
auf steinige Flecken, wo nicht viel
Erde war. Sie sproß rasch, weil die
Erde flach war; 6doch als die Sonne
aufging, wurden die jungen Pflan-
zen versengt; und weil ihre Wurzeln
nicht tief waren, vertrockneten sie.
7Andere Saat fiel unter Dornen, die
hochwuchsen und sie erstickten; so
daß sie kein Korn brachte. 8Wieder
andere Saat fiel auf fruchtbare Erde
und brachte Korn hervor; sie sproß
und wuchs und brachte Frucht –
dreißig-, sechzig-, ja, sogar hundert-
mal soviel, wie gesät war.« 9Und er
schloß: »Wer immer Ohren hat zu
hören, möge hören!«

10Als Jeschua allein war, befragten
ihn die, die zusammen mit den
Zwölfen bei ihm waren, über die
Gleichnisse. 11Er antwortete ihnen:
»Euch ist das Geheimnis des Rei-
ches Gottes gegeben; doch denen
draußen ist alles in Gleichnissen ge-
geben, 12so daß

sie schauen und schauen, aber niemals sehen; hören und hören, aber niemals verstehen. Denn sonst könnten sie sich bekehren und Vergebung erlangen!«[c]

13 Dann sagte Jeschua zu ihnen:
»Versteht ihr dieses Gleichnis
nicht? Wie wollt ihr da überhaupt
ein Gleichnis verstehen? 14Der Sä-
mann sät die Botschaft. 15Diejeni-
gen neben dem Weg sind Leute,
zu denen, kaum daß sie es gehört
haben, der Widersacher kommt
und die Botschaft, die in sie gesät
wurde, fortnimmt. 16Ebenso: Die-
jenigen, die die Saat auf steinigen
Flecken empfangen, sind Leute, die
die Botschaft hören und sogleich
freudig annehmen; 17doch sie ha-
ben keine Wurzeln in sich. So
bleiben sie eine Zeitlang standhaft,
doch sobald sich Drangsal oder
Verfolgung um der Botschaft wil-
len auch nur von ferne zeigen, fal-
len sie sofort ab. 18Anders verhält
es sich bei denen, die unter Dor-
nen gesät sind – sie hören die Bot-
schaft; 19doch die Sorgen der Welt,
der trügerische Glanz des Reich-
tums und alle möglichen anderen
Wünsche drängen sich vor und er-
sticken die Botschaft; so daß sie
nichts hervorbringt. 20Die aber, die
auf fruchtbare Erde gesät sind, hö-
ren die Botschaft, nehmen sie an
und tragen Frucht – dreißig-, sech-
zig- oder hundertfach.«

21Er sagte zu ihnen: »Eine Lampe
wird nicht hereingebracht, um unter
eine Schale oder unter das Bett ge-
stellt zu werden, nicht wahr? Wür-
det ihr sie nicht vielmehr auf einen
Leuchter stellen? 22Wahrhaftig,
nichts ist verborgen, das nicht auf-
gedeckt wird; und nichts wird ver-
heimlicht, das nicht an die Öffent-
lichkeit kommen wird. 23Die Ohren
haben zu hören, mögen hören!«

24Er sagte auch zu ihnen: »Achtet
auf das, was ihr hört! Das Maß, mit
dem ihr meßt, wird angelegt wer-
den, euch zu messen – und noch
mehr! 25Denn jedem, der etwas hat,
wird mehr gegeben werden; doch
jedem, der nichts hat, wird auch
noch genommen werden, was er
hat.«

26Und er sagte: »Das Reich
Gottes ist wie ein Mann, der Saat
auf die Erde streut. 27Nachts
schläft er, tagsüber ist er wach;
und in der Zwischenzeit sprießt
und wächst die Saat – wie, weiß er
nicht. 28Von selbst bringt die Erde
Frucht hervor – zuerst den Halm,
dann die Ähre und schließlich das

c Jes 6,9–10

Ba-al Sibul – Beelzebul, Beelzebub (Satan)
Jeruschalajim – Jerusalem
Jeschua – Jesus
Ruach Ha Kodesch – Heiliger Geist
Satan – der Widersacher, Ankläger, Teufel
Torahlehrer – Schriftgelehrte

volle Korn an der Ähre. [29]Doch
sobald die Ernte reif ist, kommt
der Mann mit seiner Sichel, denn
es ist Erntezeit.«

[30]Jeschua sagte auch: »Womit
können wir das Reich Gottes ver-
gleichen? Mit welchem Bild sollen
wir es beschreiben? [31]Es ist wie ein
Senfkorn, das bei der Aussaat das
kleinste aller Saatkörner auf dem
Acker ist; [32]doch wenn es gepflanzt
ist, wächst es und wird die größte
aller Pflanzen, mit so ausladenden
Zweigen, daß die Vögel, die darüber
fliegen, Nester in ihrem Schatten
bauen können.«

[33]Mit vielen Gleichnissen wie die-
sen verkündete er ihnen die Bot-
schaft, soweit sie imstande waren,
sie zu hören. [34]Er sagte ihnen nichts
ohne ein Gleichnis; und wenn er mit
seinen *Talmidim* allein war, erklärte
er ihnen alles.

[35]An diesem Tag, als der Abend
gekommen war, sagte Jeschua zu ih-
nen: »Laßt uns auf die andere Seite
des Sees übersetzen.« [36]So ließen sie
die Menge zurück und nahmen ihn
so, wie er war, mit ins Boot; und es
waren noch andere Boote bei ihm.
[37]Da erhob sich ein wilder Sturm,
und die Wellen schlugen über das
Boot, so daß es zu sinken drohte.
[38]Er aber lag im Heck auf einem
Kissen und schlief. Sie weckten ihn
und sagten zu ihm: »Rabbi, macht
es dir gar nichts, daß wir in Todes-
gefahr sind?« [39]Er erwachte, wies
den Wind in die Schranken und sag-
te zu den Wellen: »Ruhig! Seid
still!« Der Wind legte sich, und es
herrschte Totenstille. [40]Er sagte zu
ihnen: »Warum habt ihr Angst?
Habt ihr noch immer kein Vertrau-
en?« [41]Doch sie waren zu Tode er-
schrocken und fragten einander:
»Wer kann das sein, daß sogar der
Wind und die Wellen ihm gehor-
chen?«

5 [1]Jeschua und seine *Talmidim*
langten auf der anderen Seite
des Sees, im Gebiet der Gerasener,
an. [2]Sobald er ausgestiegen war, kam
ein Mann mit einem unreinen Geist
aus den Grabhöhlen heraus, ihm
entgegen. [3]Er lebte in den Grabhöh-
len; und niemand konnte ihn fest-
halten, nicht einmal mit Ketten.
[4]Schon oft war er an Händen und
Füßen gebunden worden, doch im-
mer zerriß er die Ketten und brach
die Eisen von seinen Füßen, und
niemand war stark genug, ihn zu
bändigen. [5]Nacht und Tag wanderte
er zwischen den Gräbern herum
und irrte durch die Hügel, heulte
und brachte sich selbst mit Steinen
Wunden bei.

[6]Als er Jeschua aus der Entfer-
nung sah, lief er herbei, fiel vor ihm
auf die Knie [7]und schrie aus Leibes-
kräften: »Was willst du von mir, Je-
schua, Sohn Gottes *Ha Eljon*? Ich
flehe dich an im Namen Gottes!
Quäl mich nicht!« [8]Denn Jeschua
wollte gerade zu ihm sagen: »Unrei-
ner Geist, fahr heraus aus diesem
Mann!« [9]Jeschua fragte ihn: »Wie ist
dein Name?« »Mein Name ist Le-
gion«, antwortete er, »wir sind so
viele«; [10]und er bat Jeschua, sie nicht
aus diesem Gebiet fortzuschicken.

[11]Nun graste in der Nähe des Hü-

gels eine große Schweineherde,
12und der unreine Geist bat ihn:
»Schicke uns in die Schweine, damit
wir in sie hineinfahren können.«
13Jeschua gab ihnen die Erlaubnis.
Sie kamen heraus und fuhren in die
Schweine; und die Herde, die etwa
zweitausend zählte, lief den Hügel
hinunter in den See und ertrank.
14Die Schweinehirten flohen und er-
zählten es in der Stadt und im um-
liegenden Land, und die Leute ka-
men, um zu sehen, was geschehen
war. 15Sie kamen zu Jeschua und sa-
hen den Mann, der von der Legion
Dämonen besessen gewesen war,
dort sitzen, bekleidet und bei vollem
Verstand; und sie waren erschrok-
ken. 16Diejenigen, die es gesehen
hatten, erzählten weiter, was dem
Mann, der von Dämonen besessen
gewesen war, und den Schweinen
geschehen war, 17und die Leute fin-
gen an, Jeschua zu bitten, ihr Gebiet
zu verlassen.

18Als er ins Boot stieg, bat ihn der
Mann, der besessen gewesen war,
mit ihm gehen zu dürfen. 19Doch Je-
schua wollte es nicht erlauben. Statt
dessen sagte er zu ihm: »Geh heim
zu deinem Volk und erzähle ihnen,
was *Adonai* in seiner Barmherzig-
keit für dich getan hat.« 20Er ging
fort und fing an, in den Zehn Städ
ten zu verkünden, was Jeschua für
ihn getan hatte, und jedermann war
verwundert.

21Jeschua setzte mit dem Boot auf
die andere Seite des Sees über, und
eine große Menge sammelte sich um
ihn. 22Da kam ein Synagogenbeam-
ter mit Namen Ja-ir zu ihm, fiel zu
seinen Füßen nieder 23und bat ihn
verzweifelt: »Meine kleine Tochter
liegt im Sterben. Bitte! Komm und
lege ihr die Hände auf, damit sie
wieder gesund wird und lebt!«

24Er ging mit ihm; und eine große
Menge folgte ihnen, und alle dräng-
ten sich um ihn. 25Unter ihnen war
eine Frau, die hatte seit zwölf Jahren
eine Blutung, 26und sie hatte sehr
unter vielen Ärzten gelitten. Sie hat-
te die Ersparnisse ihres ganzen Le-
bens aufgebraucht; doch statt besser
ging es ihr immer schlechter. 27Sie
hatte von Jeschua gehört, deshalb
trat sie in der Menge hinter ihn und
berührte sein Gewand; 28denn sie
sagte sich: »Wenn ich nur seine
Kleider berühre, werde ich geheilt
sein.« 29Augenblicklich hörte die
Blutung auf, und sie spürte in ihrem
Körper, daß sie von der Krankheit
geheilt war. 30Da wandte sich Je-
schua, der merkte, daß eine Kraft
von ihm ausgegangen war, in der
Menge um und fragte: »Wer hat
meine Kleider berührt?« 31Seine
Talmidim antworteten: »Du siehst,
wie die Leute sich um dich drängen,
und da fragst du: ›Wer hat mich be-
rührt?‹« 32Er aber schaute weiter
umher, um zu sehen, wer ihn be-
rührt hatte. 33Da trat die Frau, er-
schrocken und zitternd, weil sie
wußte, was ihr geschehen war, vor,
fiel vor ihm nieder und sagte ihm die

Adonai – der HERR, Jahwe
Ha Eljon – der Höchste
Ja-ir – Jaïrus
Jeschua – Jesus
Talmidim – Jünger (pl.)

ganze Wahrheit. 34»Tochter«, sagte
er zu ihr, »dein Vertrauen hat dich
geheilt. Geh in Frieden und sei ge-
heilt von deiner Krankheit.«

35Während er noch sprach, kamen
Leute aus dem Haus des Syna-
gogenbeamten und sagten: »Deine
Tochter ist gestorben. Warum den
Rabbi noch länger belästigen?«
36Ohne auf das zu achten, was sie
gesagt hatten, sagte Jeschua zu dem
Synagogenbeamten: »Hab keine
Angst, vertraue einfach.« 37Keiner
durfte ihm folgen bis auf Kefa, Ja-
akov und Jochanan, Ja-akovs Bru-
der. 38Als sie zum Haus des Synago-
genbeamten kamen, waren alle in
großer Aufregung, die Leute wein-
ten und wehklagten laut. 39Beim
Eintreten sagte er zu ihnen: »War-
um diese Aufregung und das Wei-
nen? Das Kind ist nicht tot, es
schläft nur!« 40Und sie lachten ihn
aus. Doch er schickte alle hinaus,
nahm den Vater und die Mutter des
Kindes und die, die bei ihm waren,
und ging hinein zu dem Kind. 41Er
nahm sie bei der Hand und sagte zu
ihr: »*Talita, kumi*!« (Das heißt:
»Kleines Mädchen, ich sage dir, steh
auf!«) 42Sofort stand das Mädchen
auf und fing an umherzugehen; es
war zwölf Jahre alt. Alle waren zu-
tiefst verwundert. 43Er gab ihnen
strenge Anordnung, niemandem et-
was darüber zu sagen, und hieß sie,
ihr etwas zu essen zu geben.

6 1Dann zog Jeschua weiter, in
seine Heimatstadt, und seine
Talmidim folgten ihm. 2Am *Schab-
bat* fing er an, in der Synagoge zu
lehren, und viele, die ihn hörten,
waren sehr erstaunt. Sie fragten:
»Wo hat dieser Mann all das her?
Was ist das für eine Weisheit, die
ihm gegeben wurde? Was sind das
für Wunder, die durch ihn gewirkt
werden? 3Ist er nicht der Zimmer-
mann? Der Sohn von Mirjam? Der
Bruder von Ja-akov und Josi und Je-
hudah und Schim-on? Leben seine
Schwestern nicht hier unter uns?«
Und sie nahmen Anstoß an ihm.
4Doch Jeschua sagte zu ihnen: »Der
einzige Ort, an dem die Menschen
einen Propheten nicht achten, ist
seine Heimatstadt, unter seinen ei-
genen Verwandten und in seinem
eigenen Haus.« 5Deshalb konnte er
dort weiter keine Wunder tun, als
einigen wenigen Kranken die Hände
aufzulegen und sie zu heilen. 6Und
er war verwundert über ihren Man-
gel an Vertrauen.

Jeschua zog durch die umliegen-
den Städte und Dörfer und lehrte.
7Er berief die Zwölf und fing an, sie
paarweise auszusenden, und gab ih-
nen Vollmacht über die unreinen
Geister. 8Er wies sie an: »Nehmt
nichts mit auf eure Reise außer ei-
nem Wanderstab – kein Brot, keine
Tasche, kein Geld in eurem Gürtel.
9Zieht Schuhe an, aber kein zweites
Hemd. 10Wann immer ihr in ein
Haus kommt, bleibt dort, bis ihr
den Ort wieder verlaßt; 11und wenn
die Leute an einem Ort euch nicht
aufnehmen und sich weigern, euch
zu hören, dann schüttelt, wenn ihr
geht, den Staub von euren Füßen als
Warnung für sie.« 12So machten sie
sich auf den Weg und predigten, daß

die Menschen sich von der Sünde zu Gott wenden sollten, 13trieben viele Dämonen aus und salbten viele kranke Menschen mit Öl und heilten sie.

14In der Zwischenzeit hörte König Herodes davon, denn Jeschuas Ruf hatte sich ausgebreitet. Manche sagten: »Jochanan der Eintaucher ist von den Toten auferweckt worden; deshalb wirken diese wunderbaren Kräfte in ihm.« 15Andere sagten: »Es ist Elijahu!« und noch andere: »Er ist ein Prophet, wie einer der alten Propheten.« 16Herodes aber sagte, als er davon hörte: »Jochanan, den ich enthaupten ließ, ist auferweckt worden.«

17Denn Herodes hatte geschickt und hatte Jochanan gefangennehmen und ins Gefängnis werfen lassen wegen Herodias, der Frau seines Bruders Philippus. Herodes hatte sie geheiratet, 18und Jochanan hatte ihm gesagt: »Es verletzt die *Torah*, wenn du die Frau deines Bruders heiratest.«* 19Deshalb hegte Herodias einen Groll gegen ihn und wollte ihn tot sehen. Sie konnte das aber nicht durchsetzen, 20weil Herodes Ehrfurcht vor Jochanan hatte und ihn schützte, denn er wußte, daß er ein *Zaddik*, ein heiliger Mann, war. Wann immer er ihn hörte, wurde er von großer Unruhe ergriffen, aber er hörte ihm trotzdem gerne zu.

21Schließlich ergab sich die Gelegenheit. Herodes gab an seinem Geburtstag ein Festmahl für seine Vornehmen und Offiziere und die führenden Männer des Galil. 22Die Tochter der Herodias kam herein und tanzte, und sie gefiel Herodes und seinen Gästen. Der König sagte zu dem Mädchen: »Bitte mich, worum immer du willst; ich will es dir geben;« 23und er schwor ihr: »Worum immer du mich bittest, will ich dir geben, bis zur Hälfte meines Königreiches.« 24Da ging sie hinaus und sagte zu ihrer Mutter: »Was soll ich erbitten?« Sie sagte: »Das Haupt Jochanans des Eintauchers.« 25Auf der Stelle eilte die Tochter zurück zum König und verkündete ihre Bitte: »Ich möchte, daß du mir gleich jetzt auf einer Platte das Haupt Jochanans des Eintauchers gibst.« 26Herodes war entsetzt; doch aus Rücksicht auf den Schwur, den er vor seinen Abendgästen geleistet hatte, wollte er ihr sein Wort nicht brechen. 27So schickte der König auf der Stelle einen Soldaten aus seiner Leibwache mit dem Befehl, das Haupt Jochanans zu bringen. Der Soldat ging und enthauptete

*Lev 18, 16; 20, 21

Elijahu – Elia
Galil – Galiläa
Ja-akov – Jakob
Jehudah – Judas
Jeschua – Jesus
Jochanan – Johannes
Jochanan der Eintaucher – Johannes der Täufer
Josi – Joses (Verkleinerungsform von »Josef«)
Kefa – Petrus
Mirjam – Miriam, Maria
Schabbat – der Sabbat
Schim-on – Simon
Talmidim – Jünger (pl.)
Torah – Weisung, Lehre, das »Gesetz«, der Pentateuch (die 5 Bücher Mose)
Zaddik – der Gerechte, gerechter Mensch

Jochanan im Gefängnis, 28brachte
sein Haupt auf einer Platte und
gab es dem Mädchen; und das
Mädchen reichte es seiner Mutter.
29Als Jochanans *Talmidim* das hör-
ten, kamen sie und nahmen den
Leichnam und legten ihn in ein
Grab.

30Diejenigen, die ausgesandt wor-
den waren, kehrten zu Jeschua zu-
rück und berichteten ihm alles, was
sie getan und gelehrt hatten. 31Nun
kamen und gingen aber ständig so
viele Menschen, daß sie nicht einmal
Zeit hatten zu essen, deshalb sagte er
zu ihnen: »Kommt ihr mit mir an
einen Ort, wo wir allein sind und
ihr ein bißchen Ruhe findet.« 32Sie
gingen allein an einen einsamen Ort;
33doch viele Leute sahen sie wegge-
hen und erkannten sie, und sie liefen
aus allen Städten zu Fuß voraus und
waren als erste dort. 34Als Jeschua
ans Ufer kam, erblickte er eine riesi-
ge Menge. Erfüllt von Mitleid für
sie, weil sie waren wie Schafe ohne
Hirten, begann er, sie viele Dinge zu
lehren.

35Inzwischen war es spät gewor-
den. Die *Talmidim* traten zu ihm
und sagten: »Dies ist ein abgelege-
ner Ort, und es wird spät.
36Schicke die Leute fort, damit sie
gehen und sich auf den Bauernhö-
fen und in den Städten im Um-
kreis selbst Essen kaufen können.«
37Doch er antwortete ihnen: »Gebt
ihr ihnen etwas zu essen!« Sie ent-
gegneten: »Wir sollen gehen und
Tausende für Brot ausgeben und
es ihnen zu essen geben?« 38Er
fragte sie: »Wie viele Laibe habt
ihr? Geht und seht nach.« Als sie
es festgestellt hatten, sagten sie:
»Fünf. Und zwei Fische.« 39Da
hieß er alle Leute, sich in Gruppen
auf dem grünen Gras niederzulas-
sen. 40Sie setzten sich in Gruppen
zu fünfzig oder hundert. 41Dann
nahm er die fünf Laibe und die
zwei Fische, sah hinauf zum Him-
mel und machte eine *Berachah*.
Als nächstes brach er die Laibe
auseinander und gab sie den *Tal-*
midim zum Austeilen. Auch die
beiden Fische teilte er unter alle
auf. 42Alle aßen, soviel sie wollten,
43und danach sammelten sie noch
zwölf Körbe voll mit Brotbrocken
und Fisch. 44Die, die die Laibe aß-
en, zählten fünftausend Männer.

45Unmittelbar darauf ließ Jeschua
seine *Talmidim* ins Boot steigen und
ihm voraus auf die andere Seite des
Sees, nach Beht-Zaidah, übersetzen,
während er die Menge fortschickte.
46Nachdem er sie verlassen hatte,
ging er in die Hügel, um zu beten.
47Als die Nacht kam, war das Boot
draußen auf dem See, und er war al-
lein an Land. 48Er sah, daß sie
Schwierigkeiten hatten zu rudern,
weil der Wind gegen sie war; des-
halb kam er um vier Uhr morgens
zu ihnen und wandelte auf dem See!
Er wollte zu ihnen kommen; 49doch
als sie ihn auf dem See wandeln sa-
hen, dachten sie, es sei ein Gespenst
und schrien laut; 50denn sie alle hat-
ten ihn gesehen und waren zu Tode
erschrocken. Doch er sprach zu ih-
nen: »Mut«, sagte er, »ich bin es.
Habt keine Angst!« 51Er stieg in das
Boot zu ihnen, und der Wind legte

sich. Sie waren völlig verblüfft,
52denn sie hatten die Sache mit den
Broten nicht verstanden; im Gegen-
teil, ihre Herzen waren Steinen
gleich gemacht worden.
53Nachdem sie übergesetzt hatten,
landeten sie in Ginosar und gingen
vor Anker. 54Sobald sie aus dem
Boot stiegen, erkannten die Leute
ihn 55und begannen, aus dem ganzen
Gebiet herbeizulaufen und Kranke
auf ihren Tragen an die Orte zu brin-
gen, wo sie hörten, daß er sei. 56Wo
immer er hinging, in Städte, Groß-
städte oder aufs Land, legten sie die
Kranken auf die Marktplätze. Sie ba-
ten ihn, sie nur die *Zizit* an seinem
Gewand berühren zu lassen, und al-
le, die ihn berührten, waren geheilt.

7 1Die *Peruschim* und einige der
*Torah*lehrer, die aus Jeruschala-
jim gekommen waren, versammel-
ten sich gemeinsam mit Jeschua
2und sahen, daß einige seiner *Talmi-
dim* mit rituell unreinen Händen, d.
h., ohne die *Netilat Jadajim* zu voll-
ziehen, aßen. 3(Denn die *Peruschim*
halten wie alle Juden an der Tradi-
tion der Ältesten fest und essen
nicht, bevor sie ihre Hände nicht ei-
ner zeremoniellen Waschung unter-
zogen haben. 4Auch wenn sie vom
Marktplatz kommen, essen sie nicht,
bevor sie nicht ihre Hände bis zu
den Gelenken hinauf benetzt haben;
und sie befolgen noch viele andere
Überlieferungen, wie z. B. die, Be-
cher, Krüge und bronzene Gefäße
vor dem Gebrauch zu waschen.)
5Die *Peruschim* und die *Torah*-
lehrer fragten ihn daher: »Warum
leben deine *Talmidim* nicht in
Einklang mit der Überlieferung
der Ältesten, sondern essen mit ri-
tuell unreinen Händen?« 6Jeschua
antwortete ihnen: »Jeschajahu hatte
recht, als er über euch Heuchler
prophezeite – wie geschrieben
steht:

›**Diese Leute ehren mich mit ih-
ren Lippen, doch ihre Herzen sind
fern von mir.** 7**Vergeblich beten sie
mich an, denn sie verkünden von
Menschen aufgestellte Regeln, als
seien sie Lehren.**‹[d]

8Ihr fallt ab vom Gebot Gottes
und haltet euch an menschliche
Überlieferung. 9Wahrhaftig«, sagte
er zu ihnen, »ihr habt geradezu eine
Kunst daraus gemacht, das Gebot
Gottes zu verletzen, um eure Über-
lieferung zu halten! 10Denn Mosche
hat gesagt: ›**Ehre deinen Vater und
deine Mutter**‹[e] und ›**Jeder, der sei-
nem Vater oder seiner Mutter**

d Jes 29,13
e Ex 20,12; Dtn 5,16

Beht-Zaidah – Betsaida
Berachah – Segnung
Ginosar – Genezareth
Jeruschalajim – Jerusalem
Jeschajahu – Jesaja
Jeschua – Jesus
Jochanan – Johannes
Mosche – Mose
Netilat Jadajim – rituelle Handwaschung
Peruschim – Pharisäer (pl.)
Talmidim – Jünger (pl.)
Torahlehrer – Schriftgelehrte
Zizit – Quaste, die aus religiösem Grund ge-
tragen wird

flucht, soll hingerichtet werden‹.[f]
[11]Ihr aber sprecht: ›Wenn jemand zu seinem Vater oder seiner Mutter sagt: „Ich habe als ein *Korban* (d. h. als ein Geschenk für Gott) versprochen, womit ich euch sonst unterstützt hätte“, [12]dann braucht er nichts mehr für seinen Vater oder seine Mutter tun.‹ [13]So habt ihr mit eurer Überlieferung, die bis auf euch weitergegeben worden ist, das Wort Gottes zunichte gemacht! Und ihr tut noch andere ähnliche Dinge.«

[14]Dann rief Jeschua die Leute wieder zu sich und sagte: »Hört mir zu, ihr alle, und begreift folgendes! [15]Es gibt nichts außerhalb eines Menschen, das ihn, indem es in ihn hineingeht, unrein machen kann. Es sind vielmehr die Dinge, die aus einem Menschen herauskommen, die ihn unrein machen!« [16 g]

[17]Als er die Leute zurückgelassen hatte und das Haus betrat, befragten ihn seine *Talmidim* über das Gleichnis. [18]Er antwortete ihnen: »So versteht auch ihr nicht? Seht ihr nicht, daß nichts, das von außen in einen Menschen hineingeht, ihn unrein machen kann? [19]Denn es gelangt nicht in sein Herz, sondern in seinen Magen, und geht wieder hinaus in die Latrine.« (Damit erklärte er alle Speise für rituell rein.) [20]»Doch was aus einem Menschen herauskommt«, fuhr er fort, »macht ihn unrein. [21]Denn aus dem Innern, aus dem Herzen eines Menschen, kommen heraus gottlose Gedanken, Unzucht, Diebstahl, Mord, Ehebruch, [22]Gier, Bosheit, Trug, Unanständigkeit, Neid, Verleumdung, Hochmut, Torheit. [23]All diese gottlosen Dinge kommen aus dem Innern, und sie machen einen Menschen unrein.«

[24]Dann verließ Jeschua dieses Gebiet und ging in die Gegend von Zor und Zidon. Dort fand er ein Haus, wo er wohnen konnte, und er wollte unerkannt bleiben, doch es erwies sich als unmöglich, verborgen zu bleiben. [25]Statt dessen kam eine Frau, deren kleine Tochter einen unreinen Geist hatte, zu ihm und fiel zu seinen Füßen nieder. [26]Die Frau war eine Griechin, von Geburt eine Syrophönizierin, und sie bat ihn, den Dämon aus ihrer Tochter auszutreiben. [27]Doch er sagte: »Laß die Kinder zuerst gespeist werden, denn es ist nicht recht, die Speise der Kinder zu nehmen und sie ihren Schoßhunden hinzuwerfen.« [28]Sie aber antwortete ihm: »Das stimmt, lieber Herr; doch selbst die Hunde unter dem Tisch essen die Reste der Kinder.« [29]Da sagte er zu ihr: »Für diese Antwort magst du nach Hause gehen; der Dämon hat deine Tochter verlassen.« [30]Sie ging zurück nach Hause und fand das Kind auf dem Ruhebett liegend, und der Dämon war fort.

[31]Dann verließ er das Gebiet von Zor und wanderte durch Zidon zum See Kinneret und weiter in das Gebiet der Zehn Städte. [32]Sie brachten ihm einen Mann,

f Ex 21,17; Lev 20,9
g In manchen Handschriften folgt Vers 16: Jeder, der Ohren hat, die hören können, möge hören!

der war taub und hatte eine
Sprachstörung und bat Jeschua,
ihm seine Hand aufzulegen. [33]Je-
schua nahm ihn beiseite, fort von
der Menge, steckte dem Mann die
Finger in die Ohren, spuckte aus
und berührte seine Zunge; [34]dann
sah er zum Himmel auf, stöhnte
laut und sagte zu ihm: »*Hippa-
tach*!« (d. h. »Sei geöffnet!«). [35]Sei-
ne Ohren wurden geöffnet, seine
Zunge wurde frei; und er fing an,
deutlich zu sprechen. [36]Jeschua ge-
bot den Leuten, es niemandem zu
erzählen; doch je mehr er darauf
bestand, desto begieriger waren sie,
die Nachricht zu verbreiten. [37]Die
Leute waren zutiefst verwundert.
»Alles, was er tut, tut er gut!« sag-
ten sie. »Er macht sogar die Tau-
ben hören und die Stummen spre-
chen!«

8

[1]Zu der Zeit versammelte sich
abermals eine große Menge,
und sie hatten nichts zu essen. Je-
schua rief seine *Talmidim* zu sich
und sagte zu ihnen: [2]»Mir tun diese
Menschen leid, denn sie sind drei
Tage bei mir gewesen und jetzt ha-
ben sie nichts zu essen. [3]Wenn ich
sie hungrig nach Hause schicke,
werden sie auf dem Weg zusam-
menbrechen; manche von ihnen
sind von weither gekommen.« [4]Sei-
ne *Talmidim* sagten zu ihm: »Wie
kann irgend jemand genug Brot auf-
treiben, diese Leute an einem abge-
legenen Ort wie diesem zu sätti-
gen?« [5]»Wie viele Laibe habt ihr?«
fragte er sie. Sie antworteten: »Sie-
ben.« [6]Da forderte er die Menge auf,
sich auf den Boden zu setzen, nahm
die sieben Laibe, machte eine *Ber-
achah*, brach die Laibe und gab sie
seinen *Talmidim*, damit sie die Leu-
te bedienten. [7]Sie hatten auch ein
paar Fische; auch über ihnen machte
er eine *Berachah* und ließ sie austei-
len. [8]Die Leute aßen, bis sie satt wa-
ren; und die *Talmidim* sammelten
die übriggebliebenen Stücke, sieben
große Körbe voll, ein. [9]Etwa vier-
tausend waren anwesend. [10]Nach-
dem er sie fortgeschickt hatte, stieg
Jeschua mit seinen *Talmidim* ins
Boot und brach auf in die Gegend
von Dalmanuta.

[11]Die *Peruschim* kamen und fin-
gen an, mit ihm zu streiten; sie for-
derten ein Zeichen vom Himmel,
denn sie wollten ihm eine Falle stel-
len. [12]Mit einem Seufzer, der aus sei-
nem tiefsten Herzen kam, sagte er
zu ihnen: »Warum will diese Gene-
ration ein Zeichen? Ja! Ich sage
euch, dieser Generation wird kein
Zeichen gegeben werden!« [13]Damit
verließ er sie, stieg wieder ins Boot
und setzte über auf die andere Seite
des Sees.

[14]Nun hatten die *Talmidim* ver-
gessen, Brot mitzubringen, und hat-
ten nur noch einen einzigen Laib bei
sich im Boot. [15]Als nun Jeschua zu

Berachah – Segnung
Hippatach! – Sei geöffnet!
Jeschua – Jesus
Korban – Opfer(gabe)
Peruschim – Pharisäer (pl.)
See Kinneret – Galiläisches Meer
Talmidim – Jünger (pl.)
Zidon – Sidon
Zor – Tyrus

ihnen sagte: »Seid wachsam! Hütet euch vor dem *Chamez* der *Peruschim* und dem *Chamez* des Herodes«, 16dachten sie, daß er das gesagt habe, weil sie kein Brot hatten. 17Er aber wußte das wohl und sagte: »Warum sprecht ihr miteinander darüber, daß ihr kein Brot habt? Seht und versteht ihr immer noch nicht? Sind eure Herzen denn Steinen gleich geworden? 18Ihr habt Augen – und seht nicht? Ihr habt Ohren – und hört nicht? Erinnert ihr euch nicht? 19Als ich die fünf Laibe für die Fünftausend brach, wie viele Körbe voll Brocken habt ihr gesammelt?« »Zwölf«, antworteten sie ihm. 20»Und als ich die sieben Laibe für die Viertausend brach, wie viele Körbe voll Brocken habt ihr gesammelt?« »Sieben«, antworteten sie. 21Er sagte zu ihnen: »Und noch immer versteht ihr nicht?«

22Sie kamen nach Beht-Zaidah. Einige Leute brachten einen Blinden zu ihm und baten Jeschua, ihn zu berühren. 23Er nahm die Hand des Blinden und führte ihn aus der Stadt hinaus. Er spuckte in seine Augen, legte ihm die Hände auf und fragte ihn: »Siehst du etwas?« 24Er schaute auf und sagte: »Ich sehe Menschen, aber sie sehen aus wie wandelnde Bäume.« 25Da legte er seine Hände nochmals auf die Augen des Blinden. Er blickte genau hin, und sein Augenlicht war wiederhergestellt, so daß er alles genau sehen konnte. 26Jeschua schickte ihn nach Hause mit den Worten: »Geh nicht in die Stadt.«

27Jeschua und seine *Talmidim* zogen weiter, in die Städte von Cäsarea Philippi. Auf dem Weg fragte er seine *Talmidim*: »Wer sagen die Leute, daß ich sei?« 28»Manche sagen, du bist Jochanan der Eintaucher«, antworteten sie ihm, »andere sagen, Elijahu, und noch andere, einer der Propheten.« 29»Aber ihr«, fragte er, »wer sagt ihr, daß ich sei?« Kefa antwortete: »Du bist der *Maschiach*.« 30Da ermahnte sie Jeschua, niemandem von ihm zu erzählen. 31Und er fing an, sie zu lehren, daß der Sohn des Menschen viel Leid erdulden und von den Ältesten, den Haupt-*Kohanim* und den *Torah*lehrern verworfen werden müsse; daß er hingerichtet werden müsse; doch daß er nach drei Tagen wiederauferstehen werde. 32Er sprach sehr offen über diese Dinge. Kefa nahm ihn beiseite und begann ihn zu tadeln. 33Doch er drehte sich um, sah seine *Talmidim* an und wies Kefa zurecht. »Weiche hinter mich, Satan!« sagte er, »denn dein Denken entspricht menschlichem Standpunkt, nicht dem Standpunkt Gottes!«

34Dann rief Jeschua die Menge und seine *Talmidim* zu sich und sagte zu ihnen: »Wenn jemand mir nachfolgen möchte, so sage er ›Nein‹ zu sich selbst, nehme seinen Hinrichtungspfahl auf und folge mir unbeirrt nach. 35Denn wer immer sein Leben retten will, wird es zerstören, doch wer sein Leben zerstört um meinetwillen und um der Guten Nachricht willen, wird es retten. 36Wahrhaftig, was nützt es einem Menschen, wenn er die ganze Welt gewinnt, aber sein Leben verwirkt?

37Was kann ein Mensch im Tausch
gegen sein Leben geben? 38Denn
wenn sich jemand meiner und des-
sen, was ich vor dieser ehebrecheri-
schen und sündigen Generation sa-
ge, schämt, dessen wird sich auch der
Sohn des Menschen schämen, wenn
er in die Herrlichkeit seines Vaters
mit den heiligen Engeln eingeht.«

9 1»Ja!«, fuhr er fort, »ich sage
euch, daß hier einige stehen,
die den Tod nicht erfahren werden,
bis daß sie das Reich Gottes kom-
men sehen werden mit Macht!«

2Sechs Tage später nahm Jeschua
Kefa, Ja-akov und seinen Bruder Jo-
chanan und führte sie ganz allein auf
einen hohen Berg. Vor ihren Augen
begann sich seine Gestalt zu verän-
dern, 3und seine Kleider wurden
blendend weiß, weißer, als sie ir-
gend jemand auf der Welt bleichen
konnte. 4Dann sahen sie Elijahu und
Mosche mit Jeschua reden. 5Kefa
sagte zu Jeschua: »Es ist gut, daß wir
hier sind, Rabbi! Laß uns drei
Schutzhütten aufstellen – eine für
dich, eine für Mosche und eine für
Elijahu.« 6(Er wußte nicht, was er
sagte, so erschrocken waren sie.)
7Dann umschloß sie eine Wolke;
und eine Stimme kam aus der
Wolke: »Dieser ist mein Sohn, den
ich liebe. Hört auf ihn!« 8Und
plötzlich, als sie um sich schauten,
sahen sie niemanden mehr außer
Jeschua.

9Als sie den Berg hinabgingen,
verbot er ihnen, jemandem zu er-
zählen, was sie gesehen hatten, bis
der Sohn des Menschen von den
Toten auferstanden war. 10Also be-
hielten sie die Sache für sich; doch
die ganze Zeit fragten sie einander:
»Was ist wohl dieses ›Auferstehen
von den Toten‹?« 11Sie fragten ihn
auch: »Warum sagen die *Torah*leh-
rer, daß zuerst Elijahu kommen
muß?« 12»Elijahu wird tatsächlich
zuerst kommen«, antwortete er,
»und er wird alles wiederherstellen.
Trotzdem: Warum steht geschrie-
ben in der *Tenach*, daß der Sohn des
Menschen viel leiden muß und ver-
worfen wird? 13Doch dahinter
steckt noch mehr: Ich sage euch, daß
Elijahu gekommen ist, und sie ha-
ben mit ihm gemacht, was sie woll-
ten, wie die *Tenach* über ihn sagt.«

14Als sie zurückkamen zu den
Talmidim, sahen sie eine große
Menge bei ihnen stehen und einige
*Torah*lehrer, die mit ihnen dispu-
tierten. 15Sobald die Menge ihn sah,
waren sie überrascht und liefen her-
bei, ihn zu begrüßen. 16Er fragte sie:
»Worüber disputiert ihr?« 17Einer
aus der Menge gab ihm die Ant-

Beht-Zaidah – Betsaida
Chamez – Sauerteig
Elijahu – Elia
Ja-akov – Jakob
Jeschua – Jesus
Jochanan – Johannes
Jochanan der Eintaucher – Johannes der Täufer
Kefa – Petrus
Kohanim – Priester (pl.)
Maschiach – Messias
Mosche – Mose
Peruschim – Pharisäer (pl.)
Satan – der Widersacher, Ankläger, Teufel
Talmidim – Jünger (pl.)
Tenach – die hebr. Bibel, das Alte Testament
Torahlehrer – Schriftgelehrte

wort: »Rabbi, ich brachte meinen Sohn zu dir, weil er einen bösen Geist hat, der ihn unfähig macht zu sprechen. 18Wann immer er ihn ergreift, wirft er ihn auf den Boden – Schaum tritt ihm aus dem Mund, er knirscht mit den Zähnen und wird völlig steif. Ich bat deine *Talmidim*, den Geist auszutreiben, aber sie konnten es nicht.« 19»Menschen ohne jedes Vertrauen!« entgegnete er. »Wie lange soll ich noch bei euch sein? Wie lange muß ich euch noch ertragen? Bringt ihn zu mir!« 20Sie brachten den Jungen zu ihm; und sobald der Geist ihn sah, warf er den Jungen in einen Krampf. 21Jeschua fragte den Vater des Jungen: »Wie lange geht es schon so mit ihm?« »Seit seiner Kindheit«, antwortete er; 22»und er versucht oft, ihn zu töten, indem er ihn ins Feuer oder ins Wasser wirft. Aber wenn du irgend etwas tun kannst, hab Erbarmen mit uns und hilf uns!« 23Jeschua sagte zu ihm: »Was meinst du damit: ›Wenn du kannst‹? Alles ist möglich dem, der vertraut!« 24Sogleich rief der Vater des Kindes: »Ich vertraue – hilf meinem Mangel an Vertrauen!« 25Als Jeschua sah, daß die Menge näher zu ihnen drängte, schalt er den unreinen Geist und sagte zu ihm: »Du tauber und stummer Geist! Ich befehle dir: komm heraus aus ihm und geh nie wieder in ihn hinein!« 26Schreiend und indem er den Jungen in einen heftigen Anfall warf, fuhr er heraus. Der Junge lag da wie ein Leichnam, so daß die meisten Leute sagten, er sei tot. 27Aber Jeschua nahm ihn bei der Hand und stellte ihn auf seine Füße, und er stand auf.

28Nachdem Jeschua hineingegangen war, fragten seine Talmidim ihn, als sie allein waren: »Warum konnten wir ihn nicht austreiben?« 29Er sagte zu ihnen: »Das ist die Art Geist, die nur durchs Gebet ausgetrieben werden kann.«

30Nachdem sie den Ort verlassen hatten, zogen sie weiter durchs Galil. Jeschua wollte nicht, daß jemand davon erfuhr, 31denn er lehrte seine *Talmidim*. Er sagte ihnen: »Der Sohn des Menschen wird in die Hände von Menschen ausgeliefert werden, die ihn hinrichten werden; doch drei Tage, nachdem er getötet wurde, wird er auferstehen.« 32Aber sie verstanden nicht, was er meinte, und scheuten sich, ihn zu fragen.

33Sie langten in Kefar-Nachum an. Als Jeschua im Haus war, fragte er sie: »Worüber habt ihr gesprochen, als wir unterwegs waren?« 34Doch sie blieben still; denn auf dem Weg hatten sie miteinander darüber gestritten, wer der Größte sei. 35Er setzte sich hin, rief die Zwölf und sagte zu ihnen: »Wenn jemand der Erste sein will, muß er sich zum Letzten von allen und zum Knecht aller machen.« 36Er nahm ein Kind und stellte es mitten unter sie. Dann umarmte er es und sagte zu ihnen: 37»Wer immer ein solches Kind in meinem Namen aufnimmt, nimmt mich auf, und wer immer mich aufnimmt, nimmt nicht mich auf, sondern den, der mich gesandt hat.«

38Jochanan sagte zu ihm: »Rabbi, wir sahen einen Mann in deinem

Namen Dämonen austreiben; und weil er keiner von uns war, hießen wir ihn aufhören.« [39]Aber Jeschua sagte: »Verbietet es ihm nicht, denn keiner, der in meinem Namen ein Wunder wirkt, wird kurz darauf etwas Schlechtes über mich sagen können. [40]Denn wer immer nicht gegen uns ist, ist für uns. [41]Wahrhaftig, wer immer euch einen Becher Wasser zu trinken gibt, weil ihr im Namen des Messias kommt – ja! Ich sage euch, seine Belohnung wird ihm gewiß sein!

[42]Wer immer eines dieser Kleinen, die mir vertrauen, verführt – für den wäre es besser, daß ihm ein Mühlstein um den Hals gehängt und er ins Meer geworfen würde. [43]Wenn deine Hand dich sündigen macht, hack sie ab! Besser, daß du verstümmelt bist, aber das ewige Leben erlangst, als beide Hände zu behalten und in die Geh-Hinnom zu gehen, in das unverlöschliche Feuer![44] [h] [45]Und wenn dein Fuß dich sündigen macht, hack ihn ab! Besser, daß du lahm bist, aber das ewige Leben erlangst, als beide Füße zu behalten und in die Geh-Hinnom geworfen zu werden![46] [i] [47]Und wenn dein Auge dich sündigen macht, reiß es heraus! Besser, daß du einäugig bist, aber in das Reich Gottes eingehst, als beide Augen zu behalten und in die Geh-Hinnom geworfen zu werden,

[48]**wo ihr Wurm nicht stirbt und das Feuer nicht gelöscht wird.**[j]

[49] Wahrhaftig, jeder wird mit Feuer gesalzen werden. [50]Salz ist gut, aber wenn es seine Würzkraft verliert, wie wollt ihr es würzen? So habt Salz in euch selbst – das heißt, lebt in Frieden miteinander.«

10 [1]Dann verließ Jeschua diesen Ort und ging in das Gebiet von Jehudah und in die Gegend jenseits des Jarden. Wieder sammelten sich Menschenmassen um ihn; und wie gewöhnlich lehrte er sie. [2]Einige *Peruschim* traten herzu und versuchten, ihm eine Falle zu stellen, und fragten ihn: »Erlaubt die *Torah* einem Mann, sich von seiner Frau scheiden zu lassen?« [3]Er antwortete: »Was hat Mosche euch geboten?« [4]Sie sagten: »Mosche hat einem Mann erlaubt, **seiner Frau einen *Get* zu geben** und sich von ihr scheiden zu lassen.«[k] [5]Doch Jeschua

h In manchen Handschriften folgt hier, wie in Vers 46 der Satz: Wo ihr Wurm nicht stirbt und das Feuer nicht gelöscht wird (Jes 66,24).

i vgl. Anm. h

j Jes 66,24

Galil – Galiläa
Geh-Hinnom – Gehenna, Hölle
Get – Dokument, das die Ehescheidung bescheinigt
Jarden – Jordan
Jehudah – Judäa
Jeschua – Jesus
Jochanan – Johannes
Kefar-Nachum – Kapernaum
Mosche – Mose
Peruschim – Pharisäer (pl.)
Talmidim – Jünger (pl.)
Torah – Weisung, Lehre, das »Gesetz«, der Pentateuch (die 5 Bücher Mose)

sagte zu ihnen: »Er hat dieses Gebot für euch geschrieben, wegen eurer Hartherzigkeit. 6Zu Beginn der Schöpfung aber **schuf** Gott **sie als Mann und Frau.**[l] 7**Deshalb soll ein Mann seinen Vater und seine Mutter verlassen und mit seiner Frau vereinigt werden,** 8**und die beiden sollen ein Fleisch werden.**[m] Damit sind sie nicht länger zwei, sondern eins. 9Und nun soll niemand auseinanderreißen, was Gott zusammengefügt hat.« 10Als sie wieder drinnen waren, befragten ihn die *Talmidim* darüber. 11Er sagte zu ihnen: »Wer immer sich von seiner Frau scheiden läßt und eine andere Frau heiratet, begeht Ehebruch gegen seine Frau; 12und wenn eine Frau sich von ihrem Mann scheiden läßt und einen anderen Mann heiratet, begeht auch sie Ehebruch.«

13Die Leute brachten Kinder zu ihm, damit er sie berühre, aber die *Talmidim* schalten diese Leute. 14Doch als Jeschua es sah, wurde er ungehalten und sagte zu ihnen: »Laßt die Kinder zu mir kommen, hindert sie nicht; denn das Reich Gottes gehört solchen wie diesen. 15Ja! Ich sage euch, wer immer das Reich Gottes nicht wie ein Kind aufnimmt, wird nicht in es eingehen!« 16Und er nahm sie in seine Arme, legte ihnen die Hände auf und machte eine *Berachah* über ihnen.

17Als er weiterziehen wollte, lief ein Mann herbei, kniete vor ihm nieder und fragte: »Guter Rabbi, was soll ich tun, um das ewige Leben zu erlangen?« 18Jeschua antwortete ihm: »Warum nennst du mich gut? Niemand ist gut außer Gott! 19Du kennst die *Mizvot* – **morde nicht, begehe nicht Ehebruch, stiehl nicht, gib kein falsches Zeugnis,**[n] betrüge nicht, **ehre deinen Vater und deine Mutter ....**«[o] 20»Rabbi«, sagte er, »ich habe alle diese gehalten, seit ich ein Junge war.« 21Jeschua sah ihn an, empfand Liebe zu ihm und sagte zu ihm: »Eines fehlt dir noch: Geh, verkaufe, was immer du hast, und gib es den Armen, und du wirst Reichtümer im Himmel haben. Dann komm, folge mir nach!« 22Erschüttert von diesem Wort ging er traurig fort; denn er war ein wohlhabender Mann.

23Jeschua sah um sich und sagte zu seinen *Talmidim*: »Wie schwer ist es für reiche Leute, ins Reich Gottes einzugehen!« 24Die Talmidim waren erstaunt über diese Worte; doch Jeschua sagte abermals zu ihnen: »Meine Freunde, wie schwer ist es, ins Reich Gottes einzugehen! 25Es ist leichter für ein Kamel, durch ein Nadelöhr zu gehen, als für einen reichen Mann, ins Reich Gottes einzugehen.« 26Sie waren zutiefst verwundert und sagten zu ihm: »Wer kann dann gerettet werden?« 27Jeschua sah sie an und sagte: »Bei den Menschen ist es unmöglich, doch

k Dtn 24,1.3
l Gen 1,27; 5,2
m Gen 2,24

n Ex 20,13 (13–16); Dtn 5,17–20
o Ex 20,12; Dtn 5,16

nicht bei Gott; bei Gott ist alles möglich.« 28Kefa hob an und sagte zu ihm: »Sieh, wir haben alles verlassen und sind dir gefolgt.« 29Jeschua sagte: »Ja! Ich sage euch, daß alle, die Haus, Brüder, Schwestern, Mutter, Vater, Kinder oder Äcker verlassen um meinetwillen und um der Guten Nachricht willen, 30schon jetzt in der *Olam Haseh* – inmitten von Verfolgungen! – hundertmal mehr an Häusern, Brüdern, Schwestern, Müttern, Kindern und Ländereien empfangen werden, und in der *Olam Habah* das ewige Leben. 31Doch viele, die Erste sind, werden Letzte sein, und viele, die Letzte sind, werden Erste sein!«

32Sie waren auf dem Weg hinauf nach Jeruschalajim. Jeschua ging ihnen voraus, und sie waren verwundert – und die, die ihm nachfolgten, hatten Angst. So rief er die Zwölf wieder zu sich und begann, ihnen zu erzählen, was ihm geschehen sollte. 33»Wir gehen jetzt hinauf nach Jeruschalajim, wo der Sohn des Menschen den Haupt-*Kohanim* und *Torah*lehrern übergeben wird. Sie werden ihn zum Tode verurteilen und an die *Gojim* ausliefern, 34die ihn verspotten, ihn anspeien, schlagen und töten werden; doch nach drei Tagen wird er auferstehen.«

35Ja-akov und Jochanan, die Söhne des Savdai, traten zu ihm und sagten: »Rabbi, wir möchten, daß du uns eine Gunst erweist.« 36Er sagte zu ihnen: »Was soll ich für euch tun?« 37Sie antworteten: »Wenn du in deiner Herrlichkeit bist, laß uns bei dir sitzen, einen zu deiner Rechten und einen zu deiner Linken.« 38Doch Jeschua antwortete: »Ihr wißt nicht, worum ihr bittet! Könnt ihr den Kelch trinken, den ich trinke? Oder eingetaucht werden mit der Eintauchung, die ich durchmachen muß?« 39Sie sagten zu ihm: »Wir können.« Jeschua antwortete: »Den Kelch, den ich in Kürze trinken werde, werdet ihr trinken; und die Eintauchung, mit der ich in Kürze eingetaucht werde, werdet ihr durchmachen. 40Aber es steht mir nicht zu, den Sitz zu meiner Rechten und zu meiner Linken zu vergeben. Sie sind denen vorbehalten, für die sie bereitet sind.«

41Als die übrigen zehn davon hörten, wurden sie zornig über Ja-akov und Jochanan. 42Doch Jeschua rief sie zu sich und sagte zu ihnen: »Ihr wißt, daß bei den *Gojim* diejenigen, die über sie herrschen sollen, Tyrannen werden,

---

Berachah – Segnung
Gojim – die Nationen, Völker, Heiden
Ja-akov – Jakob
Jeruschalajim – Jerusalem
Jeschua – Jesus
Jochanan – Johannes
Kefa – Petrus
Kohanim – Priester (pl.)
Mizvot – Gebote
Olam Habah – die kommende Welt, das kommende Zeitalter
Olam Haseh – die jetzige Welt, das jetzige Zeitalter
Savdai – Zebedäus
Talmidim – Jünger (pl.)
Torahlehrer – Schriftgelehrte

und ihre Oberen Diktatoren. [43]Aber so darf es unter euch nicht sein. Im Gegenteil, wer immer unter euch ein Führer sein will, muß euer Knecht sein, [44]und wer immer der Erste sein möchte, muß jedermanns Sklave werden! [45]Denn der Sohn des Menschen ist nicht gekommen, um sich dienen zu lassen, sondern um zu dienen – und um sein Leben als ein Lösegeld für viele zu geben.«

[46]Sie kamen nach Jericho; und als Jeschua mit seinen *Talmidim* und einer großen Menge Jericho verließ, saß ein blinder Bettler, Bar-Timai (Sohn des Timai), am Straßenrand. [47]Als er hörte, daß Jeschua aus Nazeret vorbeiging, fing er an zu schreien: »Jeschua! Sohn Davids! Hab Mitleid mit mir!« [48]Viele Leute schalten ihn und hießen ihn, still zu sein, doch er schrie nur umso lauter: »Sohn Davids! Hab Mitleid mit mir!« [49]Jeschua blieb stehen und sagte: »Ruft ihn herbei!« Sie riefen den blinden Mann: »Nur Mut! Steh auf! Er ruft dich!« [50]Er warf seine Decke ab, sprang auf und kam herüber zu Jeschua. [51]»Was soll ich für dich tun?« fragte Jeschua. Der Blinde sagte zu ihm: »Rabbi, laß mich wieder sehen.« [52]Jeschua antwortete ihm: »Geh! Dein Vertrauen hat dich geheilt!« Sogleich erhielt er sein Sehvermögen zurück und folgte ihm auf dem Weg.

11 [1]Als sie sich Jeruschalajim näherten, bei Beht-Pageh und Beht-Anjah am Ölberg, schickte Jeschua zwei seiner *Talmidim* [2]mit folgenden Anweisungen voraus: »Geht in das Dorf vor euch; und sobald ihr hineingeht, werdet ihr ein Fohlen dort angebunden finden, das noch nie geritten wurde. Bindet es los und bringt es hierher. [3]Wenn jemand euch fragt: ›Warum tut ihr das?‹, antwortet ihm: ›Der Herr braucht es‹, und er wird es sofort hierher schicken.«

[4]Sie gingen fort und fanden ein Fohlen auf der Straße in einem Torweg angebunden, und sie banden es los. [5]Die Umstehenden sagten zu ihnen: »Was tut ihr da, warum bindet ihr das Fohlen los?« [6]Sie gaben die Antwort, die zu geben Jeschua sie geheißen hatte, und sie ließen sie gewähren. [7]Sie brachten das Fohlen zu Jeschua und warfen ihm ihre Gewänder über, und er setzte sich darauf.

[8]Viele Menschen legten ihre Kleider auf die Straße, andere breiteten grüne Zweige aus, die sie auf den Feldern geschnitten hatten. [9]Diejenigen, die voraus gingen, und die hinter ihnen riefen:

»Bitte! Erlöse uns!«[p]
»Gesegnet ist er, der im Namen *Adonais* kommt!«[q]
[10]»Gesegnet ist das kommende Reich unseres Vaters David!«

und:

p Ps 118,25
q Ps 118,26

»Du im höchsten Himmel! **Bitte! Erlöse uns!«**[r]

[11]Jeschua ging nach Jeruschalajim hinein, betrat die Tempelvorhöfe und sah sich alles genau an; doch weil es schon spät war, begab er sich mit den Zwölfen wieder hinaus nach Beht-Anjah.

[12]Am nächsten Tag, als sie aus Beht-Anjah zurückkamen, verspürte er Hunger. [13]Als er in der Ferne einen Feigenbaum mit Blättern entdeckte, ging er hin zu sehen, ob er etwas daran fände. Doch als er näher kam, fand er nichts vor außer Blättern; denn es war nicht die Zeit der Feigen. [14]Da sagte er zu ihm: »Möge niemand jemals wieder Frucht von dir essen!« Und seine *Talmidim* hörten, was er sagte.

[15]Als sie Jeruschalajim erreicht hatten, ging er in die Tempelvorhöfe hinein und fing an, diejenigen hinauszutreiben, die dort ihren Geschäften nachgingen, die Kaufleute und auch ihre Kunden. Er stieß auch die Tische der Geldwechsler um, und er warf die Bänke der Taubenhändler um [16]und weigerte sich, irgend jemanden in den Tempelvorhöfen Handel treiben zu lassen. [17]Dann, als er sie lehrte, sagte er: »Steht nicht geschrieben in der *Tenach*: ›**Mein Haus wird ein Haus des Gebets heißen für alle *Gojim*.**‹[s] Aber ihr habt es zu einer **Räuberhöhle** gemacht!«[t] Die Haupt-*Kohanim* und die *Torah*lehrer hörten, was er sagte, und versuchten, einen Weg zu finden, wie sie ihn loswerden konnten; aber sie hatten Angst vor ihm, weil die Massen so sehr von seiner Lehre angetan waren. [19]Als der Abend kam, verließen sie die Stadt.

[20]Am Morgen, als die *Talmidim* vorübergingen, sahen sie, daß der Feigenbaum bis zu den Wurzeln hinunter verdorrt war. [21]Kefa erinnerte sich und sagte zu Jeschua: »Rabbi! Sieh! Der Feigenbaum, den du verflucht hast, ist vertrocknet!« [22]Er antwortete: »Habt das Vertrauen, das von Gott kommt! [23]Ja! Ich sage euch, daß, wer immer nicht zweifelt in seinem Herzen, sondern vertraut, daß das, was er sagt, geschieht, zu diesem Berg sagen kann: ›Geh und wirf dich ins Meer!‹, und es wird für ihn getan werden. [24]Deshalb sage ich euch: Worum immer ihr bittet im Gebet – vertraut nur darauf, daß ihr es empfangen werdet, und es

r Ps 118,25
s Jes 56,7
t Jer 7,11

Adonai – der HERR, Jahwe
Bar-Timai – Bartimäus
Beht-Anjah – Betanien
Beht-Pageh – Betfage
Gojim – die Nationen, Völker, Heiden
Jeschua – Jesus
Jeruschalajim – Jerusalem
Kefa – Petrus
Kohanim – Priester (pl.)
Nazeret – Nazareth
Talmidim – Jünger (pl.)
Tenach – die hebr. Bibel, das Alte Testament
Timai – Timäus
Torahlehrer – Schriftgelehrte

wird euer sein. [25]Und wenn ihr steht und betet und ihr habt etwas gegen irgend jemanden, so vergebt ihm; damit euer Vater im Himmel euch ebenfalls eure Vergehen vergebe.« [26][u]

[27]Sie gingen zurück nach Jeruschalajim; und als er in die Tempelvorhöfe hineinging, kamen die Haupt-*Kohanim*, die *Torah*lehrer und die Ältesten zu ihm; [28]und sie sagten zu ihm: »Welche *Semichah* hast du, die dir die Vollmacht gibt, diese Dinge zu tun? Wer hat dir diese *Semichah* gegeben und dich bevollmächtigt, sie zu tun?« [29]Jeschua sagte zu ihnen: »Ich werde euch nur eine einzige Frage stellen: Beantwortet sie mir, dann werde ich euch sagen, durch welche *Semichah* ich diese Dinge tue. [30]Die Eintauchung des Jochanan – kam sie vom Himmel oder war sie menschlichen Ursprungs? Antwortet mir.« [31]Sie beredeten es unter sich: »Wenn wir sagen: ›Vom Himmel‹, wird er sagen: ›Warum habt ihr ihm dann nicht geglaubt?‹ [32]Und wenn wir sagen: ›Sie war menschlichen Ursprungs, ...‹« – sie hatten aber Angst vor dem Volk, denn alle hielten Jochanan für einen wahren Propheten. [33]Also antworteten sie Jeschua: »Wir wissen es nicht.« »Dann«, so entgegnete er, »werde ich euch auch nicht sagen, durch welche *Semichah* ich diese Dinge tue.«

12 [1]Und Jeschua fing an, in Gleichnissen zu ihnen zu sprechen. »Ein Mann pflanzte einen Weinberg. Er errichtete eine Mauer drumherum, grub ein Loch für die Weinpresse und baute einen Turm; dann vermietete er ihn an Pächter-Bauern und ging fort. [2]Als die Erntezeit kam, schickte er einen Knecht zu den Pächtern, um seinen Teil des Ertrags aus dem Weinberg einzufordern. [3]Aber sie nahmen ihn, verprügelten ihn und schickten ihn mit leeren Händen fort. [4]Da sandte er einen anderen Knecht; diesen schlugen sie auf den Kopf und beschimpften ihn. [5]Er schickte noch einen anderen, und ihn töteten sie; und so weiter mit vielen anderen – manche verprügelten sie, andere töteten sie. [6]Doch er hatte noch einen Menschen übrigbehalten, einen Sohn, den er liebte; ihn sandte er schließlich zu ihnen mit den Worten: ›Meinem Sohn werden sie Respekt erweisen.‹ [7]Aber die Pächter sprachen zueinander: ›Das ist der Erbe. Kommt, wir wollen ihn töten, und das Erbe wird unser sein!‹ [8]So ergriffen sie ihn, töteten ihn und warfen ihn aus dem Weinberg hinaus. [9]Was wird nun der Besitzer des Weinbergs tun? Er wird kommen, diese Pächter vernichten und den Weinberg anderen geben! [10]Habt ihr nicht die Passage in der *Tenach* gelesen, die sagt:

›Ebender Stein, den die Bauleute

u In manchen Handschriften folgt Vers 26: Wenn ihr aber nicht vergebt, wird euch euer Vater im Himmel eure Vergehen nicht vergeben.

verwarfen, ist der Eckstein geworden! [11]**Das ist gekommen von *Adonai*, und in unseren Augen ist es wunderbar‹?«**[v]

[12]Sie machten Anstalten, ihn gefangenzunehmen, denn sie erkannten, daß er das Gleichnis im Hinblick auf sie selbst erzählt hatte. Aber sie hatten Angst vor der Menge, deshalb ließen sie ihn und gingen fort.

[13]Als nächstes schickten sie *Peruschim* und einige Mitglieder der Partei des Herodes zu ihm, die ihm mit einer *Sche-ehlah* eine Falle stellen sollten. [14]Sie kamen und sagten zu ihm: »Rabbi, wir wissen, daß du die Wahrheit sagst und daß du dich nicht darum kümmerst, was andere Leute von dir halten, weil du nicht auf den Stand eines Menschen siehst, sondern wirklich lehrst, welches der Weg Gottes ist. Sagt die *Torah*, daß dem römischen Kaiser Steuern gezahlt werden sollen oder nicht?« [15]Er aber kannte ihre Heuchelei und antwortete ihnen: »Warum versucht ihr, mir eine Falle zu stellen? Bringt mir einen Denar, damit ich ihn ansehen kann.« [16]Sie brachten ihm einen; und er fragte sie: »Wessen Name und Bild ist das?« »Des Kaisers«, antworteten sie. [17]Jeschua sagte: »Gebt dem Kaiser, was dem Kaiser gehört. Und gebt Gott, was Gott gehört!« Und sie waren verwundert über ihn.

[18]Dann kamen einige *Zeddukim* zu ihm. Das sind diejenigen, die sagen, daß es so etwas wie Auferstehung nicht gibt. Sie legten ihm eine *Sche-ehlah* vor: [19]»Rabbi, Mosche schrieb für uns, daß, **wenn der Bruder eines Mannes stirbt, und er hinterläßt eine Frau, aber kein Kind, sein Bruder die Frau nehmen und Kinder mit ihr haben soll, damit die Familie des Mannes bewahrt wird.**[w] [20]Da waren sieben Brüder. Der erste nahm eine Frau, und als er starb, hinterließ er keine Kinder. [21]Deshalb nahm sie der zweite, und auch er starb, ohne Kinder zu hinterlassen, und der dritte ebenso, [22]und keiner der sieben hinterließ Kinder. Schließlich starb auch die Frau. [23]In der Auferstehung, wessen Frau wird sie sein? Denn alle sieben hatten sie zur Frau.«

[24]Jeschua sagte zu ihnen: »Ist das nicht der Grund dafür, daß ihr irregeht? Weil ihr weder die *Ten-*

v Ps 118,22–23

w Dtn 25,5–6

Adonai – der HERR, Jahwe
Jeruschalajim – Jerusalem
Jeschua – Jesus
Jochanan – Johannes
Kohanim – Priester (pl.)
Mosche – Mose
Peruschim – Pharisäer (pl.)
Sche-ehlah – Frage
Semichah – Ordination, Bevollmächtigung (durch Handauflegung)
Tenach – die hebr. Bibel, das Alte Testament
Torah – Weisung, Lehre, das »Gesetz«, der Pentateuch (die 5 Bücher Mose)
Torahlehrer – Schriftgelehrte
Zeddukim – Sadduzäer

ach noch die Macht Gottes kennt?
25Denn wenn die Menschen von
den Toten auferstehen, werden
weder Mann noch Frau mehr hei-
raten – sie sind wie Engel im
Himmel. 26Und was die Toten be-
trifft, die auferweckt werden, habt
ihr nicht im Buch des Mosche ge-
lesen, in der Passage über den
Busch, wie Gott zu ihm sagte: ›**Ich
bin der Gott** Avrahams, der Gott
Jizchaks und der Gott Ja-akovs‹?[x]
27Er ist aber nicht der Gott der
Toten, sondern der Lebenden! Ihr
irrt euch sehr!«

28Einer der *Torah*lehrer kam her-
zu und hörte dem Streitgespräch zu.
Als er sah, daß Jeschua ihnen gut
antwortete, fragte er ihn: »Welche
ist die wichtigste *Mizvah*?« 29Je-
schua antwortete ihm: »Die wichtig-
ste ist:

›***Schema Jisrael, Adonai Eloheh-
nu, Adonai echad*** **(Höre, o Jisra-
el, der HERR, unser Gott, der
HERR ist einer),** 30**und du sollst**
Adonai, **deinen Gott, lieben mit
deinem ganzen Herzen, mit dei-
ner ganzen Seele,** mit deinem gan-
zen Verstand **und mit deiner gan-
zen Kraft.**‹[y]

31Die zweite ist diese:

›**Du sollst deinen Nächsten lie-
ben wie dich selbst.**‹[z]

Es gibt keine größere *Mizvah* als
diese beiden.« 32Die *Torah*lehrer
sagten zu ihm: »Gut gesprochen,
Rabbi; du sagst die Wahrheit, wenn
du sagst, daß er einer ist und daß es
keinen neben ihm gibt; 33und daß
ihn zu lieben von ganzem Herzen,
ganzem Verstand und ganzer Kraft
und den Nächsten zu lieben wie
sich selbst mehr ist als alle Brandop-
fer und Opferungen.« 34Als Jeschua
sah, daß er verständig antwortete,
sprach er zu ihm: »Du bist dem
Reich Gottes nicht mehr fern.« Und
danach wagte niemand, ihm noch
eine weitere *Sche-ehlah* zu stellen.

35Als Jeschua im Tempel lehrte,
fragte er: »Wie kommt es, daß die
*Torah*lehrer sagen, der Messias sei
der Sohn Davids? 36David selbst gab
doch der *Ruach Ha Kodesch* folgen-
de Worte ein:

›***Adonai*** **sagte zu meinem Herrn:
„Setz dich hier zu meiner rechten
Hand, bis ich deine Feinde unter
deine Füße lege."**‹[a]

37 Wenn nun David selbst ihn
„Herr" nennt, wie kann er da sein
Sohn sein?«

Die große Menge hörte ihm auf-
merksam zu. 38Und er lehrte sie und
sagte: »Hütet euch vor den *Torah*-
lehrern, die es lieben, in kostbaren
Gewändern herumzugehen und sich
auf den Marktplätzen ehrfürchtig
grüßen zu lassen, 39die es lieben, die
besten Plätze in den Synagogen zu
besetzen und die Ehrenplätze bei
Festmählern einzunehmen, 40die die
Häuser von Witwen verschlingen,
während sie ein öffentliches Schau-

x Ex 3,6
y Dtn 6,4–5
z Lev 19,18

a Ps 110,1

spiel aus ihrem langen *Dawenen*
machen. Ihre Strafe wird umso
schlimmer sein!«
41Dann ließ sich Jeschua gegen-
über vom Tempelschatz nieder und
beobachtete die Menge, wie sie Geld
in die Opferkästen warf. Viele rei-
che Leute legten große Summen
hinein, 42doch eine arme Witwe kam
und legte zwei kleine Münzen hin-
ein. 43Er rief seine *Talmidim* zu sich
und sagte zu ihnen: »Ja! Ich sage
euch, diese arme Witwe hat mehr in
den Opferkasten gelegt als alle an-
deren, die Schenkungen machten.
44Denn sie alle haben aus ihrem
Reichtum heraus Geld beigesteuert,
auf das sie leicht verzichten konn-
ten; sie aber hat aus ihrer Armut
heraus alles gegeben, was sie zum
Leben hatte.«

13 1Als Jeschua aus dem Tem-
pel herauskam, sagte einer
der *Talmidim* zu ihm: »Schau, Rab-
bi! Welch riesige Steine! Welch
herrliche Gebäude!« 2»Seht ihr alle
diese großen Bauwerke?« sagte Je-
schua zu ihm. »Sie werden völlig
zerstört werden – nicht ein einziger
Stein wird stehenbleiben!«
3Als er auf dem Ölberg gegen-
über dem Tempel saß, fragten ihn
Kefa, Ja-akov, Jochanan und Andre-
as, als sie allein mit ihm waren: 4»Sa-
ge uns, wann werden diese Dinge
geschehen? Und welches Zeichen
wird anzeigen, daß all das vor der
Vollendung steht?«
5Jeschua begann, zu ihnen zu
sprechen: »Seid wachsam! Laßt
euch von niemandem zum Narren
halten! 6Viele werden in meinem
Namen kommen und sagen: ›Ich
bin er!‹, und sie werden viele
Menschen zum Narren halten.
7Wenn ihr den Lärm von Kriegen
in der Nähe hört und die Nach-
richt von Kriegen in der Ferne, la-
ßt euch nicht schrecken. Solche
Dinge müssen geschehen, doch das
Ende steht noch aus. 8Denn die
Völker werden einander bekämp-
fen, und die Nationen werden ein-
ander bekämpfen, es werden Erd-
beben sein in den verschiedensten
Teilen der Welt, und es werden
Hungersnöte sein; doch all das ist
nur der Anfang der ›Wehen‹.
9Ihr aber, hütet euch! Denn sie
werden euch dem *Sanhedrin* des
Ortes übergeben, ihr werdet in
den Synagogen ausgepeitscht wer-
den, und ihr werdet um meinet-
willen vor Statthaltern und Köni-
gen stehen als Zeugen für sie.

Adonai – der HERR, Jahwe
Avraham – Abraham
Dawenen – Beten
Ja-akov – Jakob
Jeschua – Jesus
Jizchak – Isaak
Jochanan – Johannes
Kefa – Petrus
Mizvah – Gebot
Mosche – Mose
Ruach Ha Kodesch – Heiliger Geist
Sanhedrin – oberstes jüdisches Gericht, Hoher Rat
Sche-elah – Frage
Schema Israel, Adonai Elohehnu, Adonai echad – Höre, o Israel, der HERR, unser Gott, der HERR ist einer
Talmidim – Jünger (pl.)
Tenach – die hebr. Bibel, das Alte Testament
Torahlehrer – Schriftgelehrte

10Wahrhaftig, die Gute Nachricht muß zuerst allen *Gojim* verkündigt werden. 11Und wenn sie euch gefangennehmen und vor Gericht stellen, sorgt euch nicht vorher über das, was ihr sagen sollt. Sagt vielmehr, was immer euch gegeben wird, wenn die Zeit kommt; denn nicht ihr werdet reden, sondern der *Ruach Ha Kodesch*. 12Ein Bruder wird den Bruder verraten und ihn dem Tod überliefern und ein Vater sein Kind; Kinder werden sich gegen ihre Eltern wenden und sie hinrichten lassen; 13und jeder wird euch um meinetwillen hassen. Doch wer immer ausharrt bis zum Ende, wird erlöst werden.

14Und wenn ihr **den Greuel, der Verwüstung bringt,**[b] stehen seht, wo er nicht sein sollte« (möge der Leser die Anspielung verstehen) – »dann wird es Zeit für die in Jehudah sein, in die Hügel zu fliehen. 15Wenn jemand auf dem Dach ist, soll er nicht hinabsteigen und in sein Haus gehen, um noch irgend etwas von seinen Besitztümern zu holen; 16wenn jemand auf dem Acker ist, soll er nicht umkehren, seinen Mantel zu holen. 17Welch schreckliche Zeit wird es sein für schwangere Frauen und stillende Mütter! 18Betet, daß es nicht im Winter geschehe! 19Denn zu der Zeit wird **schlimmere Not** sein als **je gewesen ist von Anbeginn der Welt**, als Gott das Universum schuf, **bis jetzt; und es wird nie wieder etwas Ähnliches sein.**[c] 20Wahrhaftig, wenn Gott die Dauer dieser Not nicht begrenzt hätte, würde niemand überleben; doch um der Auserwählten willen, um derentwillen, die er erwählt hat, hat er sie begrenzt.

21Wenn zu der Zeit jemand zu euch sagt ›Sieh! Hier ist der Messias!‹ oder ›Schau, dort ist er!‹ – dann glaubt ihm nicht! 22Es werden falsche Messiasse und falsche Propheten auftreten und Zeichen und Wunder vollbringen, um, wenn möglich, die Erwählten in die Irre zu führen. 23Ihr aber, hütet euch! Ich habe euch alles vorhergesagt!

24In jenen Tagen, nach dieser Drangsal,

wird die Sonne sich verfinstern, der Mond wird aufhören zu scheinen, 25die Sterne werden vom Himmel **fallen, und die Mächte im Himmel** werden **erschüttert** werden.[d]

26Dann werden sie **den Sohn des Menschen kommen** sehen **in Wolken** mit schrecklicher Macht und Herrlichkeit.[e] 27Er wird seine Engel aussenden und sein erwähltes Volk sammeln aus den vier Winden, von den Enden der Erde bis zu den Enden des Himmels.

28So lernt nun vom Feigenbaum: Wenn seine Zweige ausschlagen und

b Daniel 9,27; 11,31; 12,11

c Joel 2,2; Daniel 12,1

d Jes 13,10; 34,4; Ez 32,7; Joel 2,10; 3,4; 4,15; Hag 2,6.21

e Daniel 7,13–14

Blätter erscheinen, wißt ihr, daß der
Sommer kommt. 29So sollt auch ihr,
wenn ihr seht, daß alle diese Dinge
geschehen, wissen, daß die Zeit nahe
ist, daß sie vor der Tür steht. 30Ja! Ich
sage euch, daß dieses Volk mit Si-
cherheit nicht vergehen wird, bevor
nicht alle diese Dinge geschehen.
31Himmel und Erde werden verge-
hen, aber meine Worte werden mit
Sicherheit nicht vergehen. 32Doch
wann jener Tag und jene Stunde
kommen, weiß niemand – nicht die
Engel im Himmel, nicht der Sohn,
nur der Vater. 33Bleibt wachsam!
Seid auf der Hut! Denn ihr wißt
nicht, wann die Zeit kommen wird.

34Es ist wie ein Mann, der von zu
Hause fortgeht auf die Reise und
seine Knechte einsetzt, jedem seine
eigene Aufgabe zuweist, und den
Türhüter heißt, wachsam zu sein.
35So bleibt wachsam! Denn ihr wißt
nicht, wann der Besitzer des Hauses
kommen wird, 36ob es Abend, Mit-
ternacht, Hahnenschrei oder Mor-
gen sein wird – ihr wollt doch nicht,
daß er plötzlich kommt und euch
schlafend findet! 37Und was ich
euch sage, sage ich jedem: Bleibt
wachsam!«

14 1Es war nun zwei Tage vor
Pessach (das ist das Fest der
Mazah), und die Haupt-*Kohanim*
und die *Torah*lehrer versuchten, ei-
ne Möglichkeit zu finden, Jeschua
heimlich gefangenzunehmen und
ihn hinrichten zu lassen; 2denn sie
sagten: »Nicht während des Festes,
oder die Leute werden einen Auf-
stand machen!«

3Während er sich in Beht-Anjah
im Hause Schim-ons aufhielt (eines
Mannes, der eine abstoßende
Hautkrankheit gehabt hatte), kam,
als er gerade beim Essen saß, eine
Frau mit einem Alabastergefäß mit
Parfum, reinem, sehr kostbarem
Nardenöl, zerbrach das Gefäß und
goß das Parfum über sein Haupt.
4Doch manche der Anwesenden
sprachen ärgerlich zu sich selbst:
»Warum diese Verschwendung
von Parfum? 5Man hätte es für ei-
nen Jahreslohn verkaufen und den
Armen geben können!« Und sie
schalten sie. 6Aber Jeschua sagte:
»Laßt sie. Warum beunruhigt ihr
sie! Sie hat ein schönes Werk für
mich getan. 7Denn die Armen
werdet ihr immer bei euch haben;
und ihr könnt ihnen helfen, wann
immer ihr wollt. Mich aber werdet
ihr nicht immer haben. 8Was sie
tun konnte, hat sie getan – im vor-
aus goß sie Parfum auf meinen
Leib, um mich für das Begräbnis
vorzubereiten. 9Ja! Ich sage euch,
daß, wo immer auf der ganzen
Welt diese Gute Nachricht ver-
kündigt wird, erzählt werden wird,
was sie getan hat, zu ihrer Erinne-
rung.«

Beht-Anjah – Betanien
Gojim – die Nationen, Völker, Heiden
Jehudah – Judäa
Jeschua – Jesus
Kohanim – Priester (pl.)
Mazah – ungesäuertes Brot
Pessach – Passa
Ruach Ha Kodesch – Heiliger Geist
Schim-on – Simon
Torahlehrer – Schriftgelehrte

10Dann ging Jehudah aus Ki-
riot, einer der Zwölf, zu den
Haupt-*Kohanim*, um Jeschua an
sie zu verraten. 11Es gefiel ihnen,
das zu hören, und sie versprachen,
ihm Geld zu geben. Und er fing
an, nach einer günstigen Gelegen-
heit zu suchen, Jeschua zu verra-
ten.

12Am ersten Tag der *Mazah*, als
sie das Lamm für das *Pessach*fest
schlachteten, fragten Jeschuas *Tal-
midim* ihn: »Wo sollen wir dein
Seder vorbereiten?« 13Er schickte
zwei seiner *Talmidim* mit folgen-
den Anweisungen aus: »Geht in
die Stadt, wo euch ein Mann, der
einen Wasserkrug trägt, begegnen
wird. Folgt ihm; 14und in dem
Haus, das er betritt, sagt zu ihm,
daß der Rabbi spricht: ›Wo ist das
Gastzimmer für mich, in dem ich
das *Pessach*mahl mit meinen *Tal-
midim* essen kann?‹ 15Er wird euch
ein großes Zimmer oben im Haus
zeigen, mit Möbeln ausgestattet
und bereit. Dort trefft die Vorbe-
reitungen.« 16Die *Talmidim* gingen
fort, kamen in die Stadt und fan-
den die Dinge genauso, wie er es
ihnen beschrieben hatte; und sie
bereiteten den *Seder*.

17Als der Abend kam, langte Je-
schua mit den Zwölfen an. 18Als sie
sich zu Tisch legten und aßen, sagte
Jeschua: »Ja! Ich sage euch, daß ei-
ner von euch im Begriff ist, mich zu
verraten.« 19Sie erregten sich und
fingen an, ihn zu fragen, einer nach
dem anderen: »Du meinst doch
nicht etwa mich?« 20»Es ist einer der
Zwölf«, sagte er, »einer, der seine
Mazah mit mir in den Teller taucht.
21Denn der Sohn des Menschen
wird sterben, ganz wie die *Tenach*
über ihn sagt; doch wehe dem Men-
schen, durch den der Sohn des Men-
schen verraten wird! Es wäre besser
für ihn, er wäre nie geboren wor-
den!«

22Während sie aßen, nahm Je-
schua ein Stück *Mazah*, machte
die *Berachah*, brach es, gab es ih-
nen und sagte: »Nehmt es! Das ist
mein Leib!« 23Ebenso nahm er ei-
nen Becher Wein, machte die *Ber-
achah* und gab ihn ihnen; und sie
alle tranken. 24Er sagte zu ihnen:
»Das ist mein Blut, das den Neuen
Bund besiegelt, mein Blut, vergos-
sen für viele Menschen. 25Ja! Ich
sage euch, ich werde diese ›Frucht
des Weinstocks‹ nicht wieder trin-
ken, bis zum Tag, an dem ich neu-
en Wein in meines Vaters Reich
trinken werde.«

26Nach dem Singen der *Hallel*
gingen sie hinaus zum Ölberg. 27Je-
schua sagte zu ihnen: »Ihr werdet
alle den Glauben an mich verlieren,
denn die *Tenach* sagt:

›Ich will den Hirten töten, und die Schafe der Herde werden zerstreut werden.‹[f]

28 Doch nachdem ich auferweckt
bin, werde ich euch vorangehen ins
Galil.« 29Kefa sagte zu ihm: »Selbst
wenn alle anderen den Glauben an
dich verlieren, so doch ich nicht.«
30Jeschua antwortete: »Ja! Ich sage
dir, daß du mich ebendiese Nacht,

f Sach 13,7

bevor der Hahn zweimal kräht,
dreimal verraten wirst!« 31Doch Ke-
fa beharrte weiter: »Selbst wenn ich
mit dir sterben muß, werde ich dich
niemals verleugnen!« Und sie alle
sagten das gleiche.

32Sie gingen zu einem Ort na-
mens Gat Schemanim; und Jeschua
sagte zu seinen *Talmidim*: »Setzt
euch hierher, während ich bete.«
33Er nahm Kefa, Ja-akov und Jo-
chanan mit sich. Große Pein und
Angst überkamen ihn; 34und er
sagte zu ihnen: »Mein Herz ist so
erfüllt mit Traurigkeit, daß ich
sterben könnte! Bleibt hier und
wacht.« 35Er ging ein Stückchen
weiter, fiel zu Boden und betete,
daß, wenn möglich, die Stunde an
ihm vorübergehen möge: 36»*Ab-
ba*!« (das heißt »Lieber Vater!«)
»Dir ist alles möglich. Nimm die-
sen Kelch von mir! Doch nicht,
was ich will, sondern was du
willst.« 37Er kam zu ihnen und
fand sie schlafend; und er sagte zu
Kefa: »Schim-on, schläfst du?
Konntest du nicht eine einzige
Stunde wachbleiben? 38Bleibt wach
und betet, daß ihr nicht geprüft
werdet – der Geist ist freilich wil-
lig, aber die menschliche Natur ist
schwach.«

39Wieder ging er fort und betete
mit den gleichen Worten; 40und
abermals kam er zurück und fand
sie schlafend; ihre Augen waren so
schwer; und sie wußten nicht, was
sie ihm antworten sollten.

41Das dritte Mal kam er und sagte
zu ihnen: »Für jetzt schlaft weiter,
ruht euch aus ... Da, es ist genug!
Die Zeit ist gekommen! Seht! Der
Sohn des Menschen wird verraten in
die Hände der Sünder! 42Steht auf!
Laßt uns gehen! Hier kommt mein
Verräter!«

43Während Jeschua noch sprach,
kam Jehudah (einer der Zwölf), und
mit ihm eine große Menge, die
Schwerter und Knüppel trug, von
den Haupt-*Kohanim*, den *Torah*-
lehrern und den Ältesten. 44Der
Verräter hatte verabredet, ihnen ein
Zeichen zu geben: »Der Mann, den
ich küsse, ist der, den ihr sucht. Er-
greift ihn und führt ihn unter Bewa-
chung ab.« 45Als er anlangte, ging er
direkt zu Jeschua, sagte »Rabbi!«
und küßte ihn. 46Da ergriffen sie Je-
schua und nahmen ihn gefangen;
47doch einer von denen, die in der
Nähe standen, zog sein Schwert und
schlug auf den Knecht des *Kohen
Ha Gadol* ein und hieb ihm ein Ohr
ab.

Abba – lieber Vater, »Papa«
Berachah – Segnung
Galil – Galiläa
Gat Schemanim – Gethsemane
Hallel – Lobpsalmen (Ps 113–118)
Ja-akov – Jakob
Jehudah – Judas
Jehudah aus Kiriot – Judas Iskariot
Jeschua – Jesus
Jochanan – Johannes
Kefa – Petrus
Kohanim – Priester (pl.)
Kohen Ha Gadol – Hoherpriester
Mazah – ungesäuertes Brot
Pessach – Passa
Seder – Mahlzeit am Vorabend des Passa
Schim-on – Simon
Talmidim – Jünger (pl.)
Tenach – die hebr. Bibel, das Alte Testament
Torahlehrer – Schriftgelehrte

[48]Jeschua wandte sich an sie: »Ihr kamt also heraus, um mich mit Schwertern und Knüppeln zu ergreifen, wie ihr es bei dem Anführer eines Aufstands tun würdet? [49]Jeden Tag saß ich bei euch im Vorhof des Tempels und lehrte, und da habt ihr mich nicht ergriffen! Doch die *Tenach* soll erfüllt werden.« [50]Und sie alle verließen ihn und liefen weg. [51]Es war aber ein junger Mann, der versuchte, ihm zu folgen; doch er trug nur ein Nachthemd; und als sie versuchten, ihn zu ergreifen, [52]schlüpfte er aus dem Nachthemd und lief nackt fort.

[53]Sie führten Jeschua zum *Kohen Ha Gadol*, und mit ihm versammelten sich alle Haupt-*Kohanim*, Ältesten und *Torah*lehrer. [54]Kefa folgte ihm aus einiger Entfernung bis hinein in den Hof des *Kohen Ha Gadol*, wo er sich mit den Wachen niedersetzte und sich am Feuer wärmte.

[55]Die Haupt-*Kohanim* und der gesamte *Sanhedrin* versuchten, Beweise gegen Jeschua zu finden, um ihn hinrichten zu lassen, doch sie konnten nichts finden. [56]Denn es legten zwar manche Leute falsches Zeugnis gegen ihn ab, doch ihre Zeugnisse stimmten nicht überein. [57]Manche standen auf und gaben dieses falsche Zeugnis: [58]»Wir hörten ihn sagen: ›Ich werde diesen mit Händen gemachten Tempel zerstören; und in drei Tagen werde ich einen anderen bauen, nicht mit Händen gemacht.‹« [59]Doch auch darin stimmte ihr Zeugnis nicht überein.

[60]Der *Kohen Ha Gadol* vorn stand auf und fragte Jeschua: »Hast du nichts zu den Anschuldigungen, die diese Männer vorbringen, zu sagen?« [61]Doch er blieb still und gab keine Antwort. Abermals fragte ihn der *Kohen Ha Gadol*: »Bist du der *Maschiach*, *Ben Ha Mevorach*?« [62]»ICH BIN«, antwortete Jeschua. »Und du wirst **den Sohn des Menschen sitzen** sehen **zur rechten Hand von** *Ha Gevurah* und **kommen auf den Wolken des Himmels.**«[g] [63]Daraufhin zerriß der *Kohen Ha Gadol* seine Kleider und sagte: »Wozu brauchen wir noch Zeugen? [64]Ihr hörtet, wie er Gott lästerte! Was ist eure Entscheidung?« Und sie alle erklärten ihn für schuldig und verfallen der Todesstrafe.

[65]Dann begannen einige, ihn anzuspucken; und nachdem sie ihm die Augen verbunden hatten, fingen sie an, mit ihren Fäusten auf ihn einzuschlagen und sagten zu ihm: »Zeig uns doch, wie du prophezeist!« Und als die Wachen ihn übernahmen, schlugen sie ihn ebenfalls.

[66]In der Zwischenzeit war Kefa noch unten im Hof. Eine der Mägde des *Kohen Ha Gadol* [67]erblickte Kefa, der sich am Feuer wärmte, sah ihn an und sagte: »Du warst bei dem Mann aus Nazeret, Jeschua!« [68]Doch er leugnete es und sagte: »Ich habe nicht die leiseste Idee, wovon du sprichst!« Er ging hinaus in den Toreingang, und ein Hahn krähte. [69]Das Mäd-

g Dan 7,13; Ps 110,1

chen sah ihn dort und fing an, den
Umstehenden zu erzählen: »Dieser
Mensch ist einer von ihnen.«
70Wieder leugnete er es. Etwas
später sagten die Umstehenden
selbst zu Kefa: »Du mußt einer
von ihnen sein, denn du bist aus
dem Galil.« 71Darüber begann er,
sich selbst zu verfluchen, und
schwor: »Ich kenne diesen Mann,
von dem ihr zu mir redet, nicht!«
– 72Und in diesem Augenblick
krähte der Hahn ein zweites Mal.
Da erinnerte sich Kefa, was Je-
schua zu ihm gesagt hatte: »Bevor
der Hahn zweimal kräht, wirst du
mich dreimal verleugnen.« Und er
warf sich zu Boden und weinte.

15 1Sobald es Morgen war,
hielten die Haupt-*Kohanim*
eine Ratsversammlung mit den Äl-
testen, den *Torah*lehrern und dem
gesamten *Sanhedrin*. Dann legten
sie ihn in Ketten, führten ihn ab und
übergaben ihn Pilatus. 2Pilatus stell-
te ihm folgende Frage: »Bist du der
König der Juden?« Er antwortete
ihm: »Das sind deine Worte.«
3Auch die Haupt-*Kohanim* brach-
ten Anschuldigungen gegen ihn vor,
4und Pilatus fragte ihn abermals:
»Antwortest du nicht? Sieh, wie vie-
le Anschuldigungen sie gegen dich
vorbringen!« 5Doch Jeschua gab zu
Pilatus' Verwunderung keine Ant-
wort mehr.

6Nun pflegte Pilatus während ei-
nes Festes einen Gefangenen frei-
zulassen, wen immer die Menge sich
erbat. 7Unter den gefangenen Auf-
rührern, die während des Aufstandes
gemordet hatten, war ein Mann na-
mens Bar-Abba. 8Als die Menge kam
und Pilatus bat zu tun, was er ge-
wöhnlich für sie tat, 9fragte er sie:
»Wollt ihr, daß ich euch den ›König
der Juden‹ freilasse?« 10Denn er war
sich sehr wohl bewußt, daß die
Haupt-*Kohanim* ihn ihm nur aus Ei-
fersucht ausgeliefert hatten. 11Doch
die Haupt-*Kohanim* stifteten die
Menge an, zu bitten, daß er an seiner
Stelle Bar-Abba für sie freilasse.
12Abermals sagte Pilatus zu ihnen:
»Was soll ich dann mit diesem Mann,
den ihr König der Juden nennt, tun?«
13Sie riefen zurück: »Richte ihn hin
am Pfahl!« 14Er fragte: »Warum?
Was für ein Verbrechen hat er began-
gen?« Doch sie schrien nur umso
lauter: »Richte ihn hin am Pfahl!«
15Also ließ Pilatus, der den Mob zu-
friedenstellen wollte, Bar-Abba für
sie frei; Jeschua aber ließ er auspeit-
schen und übergab ihn dann, damit
er am Pfahl hingerichtet würde.

16Die Soldaten führten ihn fort in
den Palast (das heißt ins Hauptquar-
tier) und riefen das ganze Bataillon

Bar-Abba – Barabbas
Ben Ha Mevorach – Sohn des einen Gesegneten, d.h. Sohn Gottes
Galil – Galiläa
Ha Gevurah – die Kraft, d.h. Gott
Jeschua – Jesus
Kefa – Petrus
Kohanim – Priester (pl.)
Kohen Ha Gadol – Hoherpriester
Maschiach – Messias
Nazeret – Nazareth
Sanhedrin – oberstes jüdisches Gericht, hoher Rat
Tenach – die hebr. Bibel, das Alte Testament
Torahlehrer – Schriftgelehrte

zusammen. [17]Sie kleideten ihn in
Purpur und flochten Dornenzweige
zu einer Krone, die sie ihm aufsetz-
ten. [18]Dann fingen sie an, ihn zu
grüßen: »Heil dem König der Ju-
den!« [19]Sie schlugen ihn mit einem
Stock auf den Kopf, spien ihn an und
machten sich über ihn lustig, indem
sie ihm auf Knien huldigten. [20]Als sie
ihn lange genug verspottet hatten,
zogen sie ihm das Purpurgewand
aus, zogen ihm seine eigenen Kleider
wieder an und führten ihn fort, ihn
an den Hinrichtungspfahl zu nageln.

[21]Ein gewisser Mann aus Kyrene,
Schim-on, der Vater von Alexander
und Rufus, ging auf dem Weg vom
Land herein zufällig vorüber; und sie
zwangen ihn, den Pfahl zu tragen.
[22]Sie brachten Jeschua zu einem Ort
namens Galgolta (das bedeutet »Platz
eines Schädels«) [23]und gaben ihm
Wein gewürzt mit Myrrhe, aber er
nahm ihn nicht. [24]Dann nagelten sie
ihn an den Hinrichtungspfahl; und
sie teilten seine Kleider unter sich
auf, indem sie die Würfel warfen, um
zu entscheiden, was jeder bekom-
men sollte. [25]Es war neun Uhr mor-
gens, als sie ihn ans Kreuz nagelten.
[26]Über seinem Kopf war die Tafel
mit der Anklage gegen ihn zu lesen:

DER KÖNIG DER JUDEN

[27] Mit ihm zusammen wurden
zwei Räuber an Hinrichtungspfäh-
len aufgestellt, einer zu seiner Rech-
ten und einer zu seiner Linken. [28][h]
[29]Die Menschen, die vorübergingen,
schleuderten ihm Beleidigungen
entgegen, schüttelten ihre Köpfe
und sagten: »Aha! Du kannst also
den Tempel zerstören und in drei
Tagen wiederaufbauen? [30]Dann ret-
te dich selbst und steig herab vom
Pfahl!« [31]Ebenso machten sich die
Haupt-*Kohanim* und die *Torah*leh-
rer über ihn lustig und sprachen zu-
einander: »Er hat andere gerettet,
aber er kann sich selbst nicht ret-
ten!« [32]und »Er ist also der Messias?
Der König Jisraels? Soll er doch
vom Pfahl herabkommen! Wenn
wir das sehen, werden wir ihm glau-
ben!« Sogar die Männer, die mit ihm
angenagelt waren, schmähten ihn.

[33]Mittags bedeckte Finsternis das
ganze Land bis drei Uhr nachmit-
tags. [34]Um drei Uhr stieß er einen
lauten Schrei aus: *»Elohi! Elohi! Le-
mah schevachtani?«* (das heißt ›**Mein
Gott! Mein Gott! Warum hast du
mich verlassen?**‹)[i] [35]Als sie das hör-
ten, sagten einige der Umstehenden:
»Seht! Er ruft nach Elijahu!« [36]Einer
lief und tränkte einen Schwamm in
Essig, steckte ihn auf einen Stab und
gab ihn ihm zu **trinken.**[j] »Wartet!«
sagte er. »Laßt uns sehen, ob Elijahu
kommt und ihn abnimmt.« [37]Aber
Jeschua stieß einen lauten Schrei aus
und gab seinen Geist auf. [38]Und der
Parochet im Tempel riß von oben
nach unten entzwei. [39]Als der römi-
sche Offizier, der ihm gegenüber
stand, sah, wie er seinen Geist auf-

h In manchen Handschriften folgt der Vers 28: Und die Passage aus der Tenach wurde erfüllt, welche sagt: »Er wurde gerechnet mit Missetätern« (Jes 53,12).

i Ps 22,2

j Ps 69,22

gab, sagte er: »Dieser Mann war
wahrhaftig ein Sohn Gottes!«
40 Da waren Frauen, die sahen aus
der Ferne zu; unter ihnen waren
Mirjam aus Magdala, Mirjam, die
Mutter des jüngeren Ja-akovs und
Josis, und Schlomit. 41 Diese Frauen
waren ihm gefolgt und hatten ihm
gedient, als er im Galil war. Und
noch viele andere Frauen waren da,
die mit ihm nach Jeruschalajim her-
aufgekommen waren.
42 Da es Rüsttag war (das heißt,
der Tag vor *Schabbat*), nahm, als
der Abend nahte, 43 Josef von Rama-
tajim, ein angesehenes Mitglied des
Sanhedrin, der selbst das Reich
Gottes suchte, seinen Mut zusam-
men und ging zu Pilatus und bat um
Jeschuas Leichnam. 44 Pilatus war
überrascht zu hören, daß er bereits
tot war, deshalb rief er den Offizier
zu sich und fragte ihn, ob er schon
eine Weile tot sei. 45 Nachdem er von
dem Offizier die Bestätigung erhal-
ten hatte, daß Jeschua tot war, über-
ließ er Josef den Leichnam. 46 Josef
erwarb ein leinenes Laken; und
nachdem er Jeschua abgenommen
hatte, wickelte er ihn in das leinene
Laken, legte ihn in ein Grab, das aus
dem Felsen gehauen war, und rollte
einen Stein vor den Eingang des
Grabes. 47 Mirjam von Magdala und
Mirjam, die Mutter von Josi, sahen,
wohin er gelegt worden war.

16 1 Als der *Schabbat* vorüber
war, kauften Mirjam von
Magdala, Mirjam, die Mutter von
Ja-akov, und Schlomit Gewürze,
um zu gehen und Jeschua zu salben.
2 Sehr früh am Sonntag, unmittelbar
nach Sonnenaufgang, gingen sie
zum Grab. 3 Sie fragten einander:
»Wer wird den Stein für uns weg-
rollen?« 4 Da schauten sie auf und
sahen, daß der Stein, obwohl er rie-
sig war, bereits fortgerollt worden
war. 5 Als sie das Grab betraten, sa-
hen sie einen jungen Mann, geklei-
det in ein weißes Gewand, zur
Rechten sitzen; und sie waren
sprachlos. 6 Aber er sagte: »Seid
nicht so überrascht! Ihr sucht nach
Jeschua aus Nazeret, der am Pfahl
hingerichtet wurde. Er ist auferstan-
den, er ist nicht da! Seht doch den
Ort, wo sie ihn hinlegten. 7 Doch
geht und erzählt seinen *Talmidim*,
vor allem Kefa, daß er euch voraus-
geht ins Galil. Dort werdet ihr ihn

Elijahu – Elia
Elohi! Elohi! Lemah schevachtani? – Mein Gott! Mein Gott! Warum hast du mich verlassen?
Galgolta – Golgatha
Galil – Galiläa
Ja-akov – Jakob
Jeruschalajim – Jerusalem
Jeschua – Jesus
Josi – Joses (Verkleinerungsform von »Josef«)
Kefa – Petrus
Kohanim – Priester (pl.)
Mirjam – Miriam, Maria
Mirjam aus Magdala – Maria von Magdala
Nazeret – Nazareth
Parochet – Vorhang, der den heiligsten Bereich des Tempels abgrenzt
Ramatajim – Arimathäa
Sanhedrin – oberstes jüdisches Gericht, Hoher Rat
Schabbat – Sabbat
Schim-on – Simon
Schlomit – Salome
Talmidim – Jünger
Torahlehrer – Schriftgelehrte

sehen, genau wie er euch gesagt hat.« 8 Zitternd, aber außer sich vor Freude gingen sie hinaus und flohen vom Grab, und sie sagten zu niemandem etwas, weil sie Angst hatten.

9 [k] Als Jeschua früh am Sonntag auferstand, erschien er zuerst Mirjam von Magdala, aus der er sieben Dämonen ausgetrieben hatte. 10 Sie ging und erzählte es denen, die bei ihm gewesen waren, denn sie weinten und trauerten. 11 Doch als sie hörten, daß er am Leben war und daß sie ihn gesehen hatte, wollten sie es nicht glauben.

12 Danach erschien Jeschua in anderer Gestalt zwei von ihnen, als sie aufs Land gingen. 13 Sie gingen und erzählten es den anderen, doch sie glaubten auch ihnen nicht.

14 Später erschien Jeschua den Elfen, als sie aßen, und tadelte sie für ihren Mangel an Vertrauen und ihre spirituelle Gefühllosigkeit, daß sie denen, die ihn gesehen hatten, nachdem er auferstanden war, nicht geglaubt hatten. 15 Dann sagte er zu ihnen: »Wenn ihr in die Welt hinausgeht, verkündigt der ganzen Schöpfung die Gute Nachricht. 16 Wer immer vertraut und eingetaucht wird, wird gerettet sein; wer nicht vertraut, wird verdammt sein. 17 Und folgende Zeichen werden die begleiten, die vertrauen: In meinem Namen werden sie Dämonen austreiben, werden in neuen Zungen sprechen, 18 werden unverletzt bleiben, wenn sie Schlangen berühren oder Gift trinken, und sie werden die Kranken heilen, indem sie ihnen die Hände auflegen.«

19 Und nachdem er zu ihnen gesprochen hatte, wurde der Herr Jeschua in den Himmel hinaufgenommen und **saß zur rechten Hand** Gottes.[l] 20 Und sie gingen hinaus und predigten überall, und der Herr wirkte mit ihnen und bestätigte die Botschaft durch die begleitenden Zeichen.

k Die Verse 9–20 finden sich in vielen alten griechischen Handschriften, nicht aber in den beiden ältesten.

l Ps 110,1

DIE GUTE NACHRICHT VON
JESCHUA DEM MESSIAS
NACH DEM BERICHT VON

LUKAS

1 1Lieber Theophilos:
Hinsichtlich der Dinge, die
unter uns geschehen sind, haben
viele Leute es unternommen, einen
Bericht zu schreiben, 2gestützt auf
das, was auf uns überkommen ist
von denen, die von Anfang an Au-
genzeugen und Verkünder der Bot-
schaft waren. 3Deshalb, Eure Exzel-
lenz, schien es mir, weil ich allen
diesen Dingen von Anfang an sorg-
fältig nachgeforscht habe, gut, auch
dir einen genauen und geordneten
Bericht zu schreiben, 4damit du
weißt, wie wohlbegründet die Dinge
sind, die du gelehrt wurdest.

5In den Tagen des Herodes, König
von Jehudah, war ein *Kohen* namens
Secharjah, der zur Abteilung des
Avija gehörte. Seine Frau gehörte zu
den Nachkommen Aharons, und ihr
Name war Elischeva. 6Beide waren
gerecht vor Gott, untadelig hielten
sie alle *Mizvot* und die Weisungen
*Adonai*s. 7Aber sie hatten keine Kin-
der, weil Elischeva unfruchtbar war;
und sie waren beide schon recht alt.

8Einmal, während Secharja seine
Pflichten als *Kohen* erfüllte – seiner
Abteilung oblag nach der Ordnung
der Dienst vor Gott –, 9wurde er
(wie es Brauch war unter den *Koha-
nim*) durch das Los erwählt, den
Tempel zu betreten und Weihrauch
zu verbrennen. 10Das ganze Volk
war draußen und betete, während
der Weihrauch verbrannt wurde,
11als ihm ein Engel *Adonai*s erschien
und rechts vom Räucheraltar stand.
12Secharjah war zutiefst erschrocken
und wurde bei dem Anblick von
Entsetzen gepackt. 13Aber der Engel
sagte zu ihm: »Hab keine Angst, Se-
charjah; denn dein Gebet ist erhört
worden. Deine Frau Elischeva wird
dir einen Sohn tragen, und du sollst
ihn Jochanan nennen. 14Er wird dei-
ne Freude und dein Entzücken sein,
und viele Menschen werden sich
freuen bei seiner Geburt, 15denn er
wird groß sein vor den Augen *Ado-
nai*s. Er soll niemals Wein oder an-
deren Alkohol trinken, und er wird
bereits von Mutterleib an mit dem

Adonai – der HERR, Jahwe
Aharon – Aaron
Avija – Abija
Elischeva – Elisabeth
Jehudah – Judäa
Jeschua – Jesus
Jochanan – Johannes
Kohanim – Priester (pl.)
Kohen – Priester (sg.)
Mirjam von Magdala – Maria von Magdala
Mizvot – Gebote
Secharjah – Zacharias

Ruach Ha Kodesch erfüllt sein. 16Er
wird viele im Volk Jisrael zu *Ado-
nai*, ihrem Gott, führen. 17Er wird
Adonai vorausgehen im Geist und
in der Macht Elijahus, um die Her-
zen der Väter ihren Kindern zuzu-
wenden[a] und die Ungehorsamen der
Weisheit des Gerechten, um *Adonai*
ein zugerüstetes Volk zu bereiten.«
18Secharjah sagte zu dem Engel:
»Wie kann ich dessen gewiß sein?
Denn ich bin ein alter Mann; und
auch meine Frau ist fortgeschritten
an Jahren.« 19»Ich bin Gavri-el«,
antwortete ihm der Engel, »und ich
stehe in der Gegenwart Gottes. Ich
bin gesandt, zu dir zu sprechen, dir
diese gute Nachricht zu bringen.
20Weil du nicht geglaubt hast, was
ich sagte, was erfüllt werden wird,
wenn die Zeit kommt, wirst du
stumm sein, unfähig zu sprechen,
bis zum Tag, an dem diese Dinge
geschehen.«
21In der Zwischenzeit wartete das
Volk auf Secharjah; sie waren über-
rascht, daß er so lange im Tempel
blieb. 22Doch als er herauskam und
nicht zu ihnen sprechen konnte,
merkten sie, daß er im Tempel eine
Vision gehabt hatte; unfähig zu
sprechen, verständigte er sich mit
ihnen mittels Zeichen.
23Als seine Zeit des Dienstes im
Tempel vorüber war, kehrte er nach
Hause zurück. 24Daraufhin empfing
seine Frau Elischeva, und sie zog
sich für fünf Monate zurück und
sagte: 25»*Adonai* hat das für mich
getan; er hat mir zu dieser Zeit be-
sondere Gunst erwiesen, damit mei-
ne öffentliche Schmach getilgt
wird.«
26Im sechsten Monat wurde der
Engel Gavri-el von Gott in eine
Stadt im Galil mit Namen Nazeret
gesandt, 27zu einer Jungfrau, die mit
einem Mann namens Josef aus dem
Haus Davids verlobt war; der Name
der Jungfrau war Mirjam. 28Der En-
gel trat zu ihr und sagte: »*Schalom*,
Bevorzugte! *Adonai* ist mit dir!«
29Sie war sehr beunruhigt durch sei-
ne Worte und fragte sich, was das
wohl für ein Gruß sei. 30Der Engel
sagte zu ihr: »Hab keine Angst,
Mirjam, denn du hast besondere
Gunst gefunden bei Gott. 31Sieh!
Du wirst schwanger werden, du
wirst einen Sohn gebären und du
sollst ihn Jeschua nennen. 32Er wird
groß sein, er wird Sohn von *Ha El-
jon* genannt werden. *Adonai*, Gott,
wird ihm den Thron seines Vorva-
ters David geben; 33und er wird
herrschen über das Haus Ja-akovs
für immerdar – sein Reich wird kein
Ende nehmen.« 34»Wie kann das
sein«, fragte Mirjam den Engel, »da
ich doch eine Jungfrau bin?« 35Der
Engel antwortete ihr:

»Der *Ruach Ha Kodesch* wird über dich kommen,
die Macht *Ha Eljon*s wird dich bedecken.
Deshalb wird das heilige Kind, das dir geboren wird,
der Sohn Gottes genannt werden.

36Du hast eine Verwandte, Eli-
scheva, die ist eine alte Frau; und je-
der sagt, sie ist unfruchtbar. Aber sie

a Mal 3,23–24

hat einen Sohn empfangen und ist
im sechsten Monat schwanger!
[37]Denn bei Gott ist nichts unmög-
lich.« [38]Mirjam sagte: »Ich bin die
Dienerin *Adonai*s; mir geschehe,
wie du gesagt hast.«

[39]Ohne Verzug machte Mirjam
sich auf den Weg und eilte in die
Stadt im Hügelland von Jehudah,
[40]wo Secharjah lebte, ging in sein
Haus und begrüßte Elischeva. [41]Als
Elischeva Mirjams Gruß hörte, be-
wegte sich das Kind in ihrem Bauch.
Elischeva wurde erfüllt mit dem *Ru-
ach Ha Kodesch* [42]und fing laut an
zu sprechen:

»Wie gesegnet bist du unter den Frauen!
Und wie gesegnet ist das Kind in deinem Schoß!

[43]Doch wer bin ich, daß die
Mutter meines Herrn zu mir kom-
men sollte? [44]Denn sobald der
Klang deines Grußes meine Ohren
erreichte, hüpfte das Kind in mei-
nem Schoß vor Freude! [45]Du bist
wahrhaftig gesegnet, weil du ge-
glaubt hast, daß die Verheißung,
die *Adonai* dir gegeben hat, erfüllt
werden wird.«

[46]Da sagte Mirjam:

»**Meine Seele verherrlicht** ***Adonai***;
[47]**und** mein Geist **freut sich in Gott, meinem Retter,**
[48]der **Beachtung geschenkt hat** seiner **Magd**
in ihrer Niedrigkeit.[b]
Denn – stell dir vor! – von nun an werden mich alle
Generationen gesegnet nennen!
[49]Der Mächtige hat große Dinge für mich getan!
Wahrhaftig, **sein Name ist heilig;**
[50]und in jeder Generation
hat er **Erbarmen mit denen, die ihn fürchten.**[c]

[51]Er hat mächtige Taten vollbracht
mit seinem Arm,
hat, die sich insgeheim überhoben, vertrieben,
[52]Herrscher von ihren Thronen gestoßen,
die Niedrigen erhöht,
[53]die Hungrigen mit guten Dingen gesättigt,
die Reichen aber mit leeren Händen fortgeschickt.

[54]Er hat sich auf die Seite seines Knechtes Jisrael gestellt,
im Gedenken an die Barmherzigkeit,
[55]die er unseren Vätern verheißen hat,

b 1. Sam 2,1; 1,11

c Ps 111,9; 103,17

Adonai – der HERR, Jahwe
Elijahu – Elis
Elischeva – Elisabeth
Galil – Galiläa
Gavri-el – Gabriel
Ha Eljon – der Höchste
Ja-akov – Jakob
Jehudah – Judäa
Jeschua – Jesus
Mirjam – Miriam, Maria
Nazeret – Nazareth
Ruach Ha Kodesch – Heiliger Geist
Schalom – Friede
Secharjah – Zacharias

Avraham und seiner Nachkom-
menschaft für alle Zeit.«

[56]Mirjam blieb etwa drei Monate
bei Elischeva und kehrte dann nach
Hause zurück.
[57]Die Zeit kam, daß Elischeva ihr
Kind bekommen sollte, und sie ge-
bar einen Sohn. [58]Ihre Nachbarn
und Verwandten hörten, wie gut
Adonai zu ihr gewesen war, und
freuten sich mit ihr.
[59]Am achten Tag kamen sie, um
die *Berit Milah* am Kind zu voll-
ziehen. Sie wollten ihn gerade Se-
charjah nennen nach seinem Vater,
[60]als seine Mutter anhub und sagte:
»Nein, er soll Jochanan heißen.«
[61]Sie antworteten ihr: »Keiner dei-
ner Verwandten trägt diesen Na-
men«, [62]und sie machten seinem
Vater Zeichen, um herauszufinden,
wie er ihn nennen wollte. [63]Er
winkte nach einer Schreibtafel und
schrieb zur Überraschung aller auf:
»Sein Name ist Jochanan.« [64]In
diesem Augenblick erlangte er die
Fähigkeit zu reden zurück, und
seine ersten Worte waren eine *Ber-
achah* an Gott. [65]Alle ihre Nach-
barn wurden von Ehrfurcht ergrif-
fen; und im ganzen Hügelland von
Jehudah sprachen die Leute über
all diese Dinge. [66]Jeder, der davon
hörte, sagte zu sich: »Was wird
aus diesem Kind noch werden?«
Denn es war ganz deutlich, daß
die Hand *Adonai*s mit ihm war.
[67]Sein Vater Secharjah wurde er-
füllt mit dem *Ruach Ha Kodesch*
und sprach folgende Prophezeiung:

[68]»**Gelobt sei *Adonai*, der Gott
Jisraels,**[d] weil er sein Volk angese-
hen und ein Lösegeld zu seiner Be-
freiung gegeben hat,
[69]indem er uns einen mächtigen
Erlöser erweckt hat, der ein Nach-
komme seines Knechtes David ist.
[70]Es ist genauso, wie er gespro-
chen hat durch den Mund der Pro-
pheten von Anbeginn an –,
[71]daß wir von unseren Feinden er-
löst werden sollen und von der
Macht aller, die uns hassen.

[72]Das ist geschehen, damit er er-
weise die Barmherzigkeit, die unse-
ren Vätern verheißen ist – daß er
seines heiligen Bundes gedenke,
[73]des Eides, den er vor *Avraham
Avinu* geschworen hat,
[74]uns zu gewähren, daß wir, be-
freit von unseren Feinden, ihm ohne
Furcht dienen werden,
[75]in Heiligkeit und Gerechtigkeit
vor ihm alle unsere Tage.

[76]Du, Kind, wirst ein Prophet *Ha
Eljon*s genannt werden; du wirst
**vor dem Herrn einhergehen und
seinen Weg bereiten,**[e]
[77]indem du das Wissen unter sei-
nem Volk verbreitest, daß die Erlö-
sung kommt durch die Vergebung
der Sünden,
[78]durch die zärtlichste Barmher-
zigkeit unseres Gottes, der die Son-
ne aufgehen läßt, uns vom Himmel
her anzusehen,
[79]**zu scheinen auf jene in der**

d Ps 41,14; 72,18; 106,48
e Mal 3,1; Jes 40,3

Finsternis, die leben im Schatten des Todes,[f] und zu leiten unsere Füße auf den Wegen des Friedens.«

[80]Das Kind wuchs und wurde stark im Geist, und es lebte in der Wüste, bis die Zeit für es kam, öffentlich in Jisrael aufzutreten.

2

[1]Um diese Zeit erließ Kaiser Augustus den Befehl, im ganzen Reich eine Volkszählung durchzuführen. [2]Diese Erfassung, die erste ihrer Art, fand statt, als Quirinius Statthalter in Syrien war. [3]Jeder ging hin, erfaßt zu werden, ein jeder in seiner Heimatstadt. [4]Deshalb zog Josef, weil er ein Nachkomme Davids war, von der Stadt Nazeret im Galil hinauf in die Stadt Davids, genannt Beht-Lechem, in Jehudah, [5]um erfaßt zu werden, zusammen mit Mirjam, mit der er verlobt war und die schwanger war. [6]Während sie dort waren, kam die Zeit für sie zu gebären; [7]und sie gebar ihr erstes Kind, einen Sohn. Sie wickelte ihn in Tuch und legte ihn in eine Krippe, weil kein Platz für sie war im Gasthaus.

[8]Auf dem nahegelegenen Land befanden sich ein paar Hirten, die die Nacht auf dem Feld verbrachten und ihre Herden bewachten, [9]als ihnen ein Engel *Adonai*s erschien und die *Schechinah* Adonais um sie herum erstrahlte. Sie waren zu Tode erschrocken; [10]doch der Engel sagte zu ihnen: »Habt keine Angst, denn ich bin hier, euch Gute Nachricht zu verkünden, die allen Menschen große Freude bringen wird. [11]An diesem Tag wurde euch in der Stadt Davids ein Erlöser geboren, der ist der Messias, der Herr. [12]Und daran werdet ihr es erkennen: Ihr werdet finden ein Kind, in Tuch gewickelt und in einer Krippe liegend.« [13]Plötzlich war um den Engel eine riesige Heerschar vom Himmel und lobte Gott:

[14]»Im höchsten Himmel, Ehre sei Gott! Und auf Erden Frieden unter den Menschen, die guten Willens sind!«

[15]Die Engel kehrten erst dann in den Himmel zurück, als die Hirten zueinander sagten: »Laßt uns nach Beht-Lechem gehen und das anschauen, was geschehen ist, von dem *Adonai* zu uns gesprochen hat.« [16]Eilends kamen sie und fanden Mirjam und Josef und das Kind, das in der Krippe lag. [17]Als sie das sahen, erzählten sie, was sie über dieses Kind erfahren hatten; [18]und alle,

f Jes 9,1

Adonai – der HERR, Jahwe
Avraham – Abraham
Avraham Avinu – unser Vater Abraham
Beht-Lechem – Bethlehem
Berachah – Segnung
Berit Milah – rituelle Beschneidung
Elischeva – Elisabeth
Galil – Galiläa
Ha Eljon – der Höchste
Jehudah – Judäa
Jochanan – Johannes
Mirjam – Miriam, Maria
Nazeret – Nazareth
Ruach Ha Kodesch – Heiliger Geist
Schechinah – »Einwohnung Gottes«, Gottes herrliche Gegenwart
Secharjah – Zacharias

die es hörten, waren verwundert über das, was die Hirten zu ihnen sagten. [19]Mirjam hielt alle diese Dinge in Ehren und sann in ihrem Herzen über sie nach. [20]In der Zwischenzeit kehrten die Hirten zurück und verherrlichten und lobten Gott für alles, was sie gehört und gesehen hatten; es war genauso gewesen, wie ihnen gesagt worden war.

[21]Am achten Tag, als es Zeit war für seine *Berit Milah*, erhielt er den Namen Jeschua, wie ihn der Engel vor seiner Empfängnis genannt hatte. [22]Als die Zeit für ihre Reinigung nach der *Torah* von Mosche kam, nahmen sie ihn hinauf nach Jeruschalajim, um ihn *Adonai* darzustellen [23](wie geschrieben steht in der *Torah Adonai*s: »**Jedes erstgeborene männliche Kind soll *Adonai* geweiht werden**«,[g]) [24]und auch, um ein Opfer von **einem Paar Turteltauben oder zwei jungen Tauben** darzubringen,[h] wie es die *Torah* Adonais vorschreibt.

[25]In Jeruschalajim lebte ein Mann namens Schim-on. Dieser Mann war ein *Zaddik*, er war fromm, er wartete sehnsüchtig, daß Gott Jisrael trösten würde, und der *Ruach Ha Kodesch* lag auf ihm. [26]Ihm war vom *Ruach Ha Kodesch* offenbart worden, daß er nicht sterben sollte, bevor er nicht den Messias *Adonai*s gesehen habe. [27]Auf Eingebung des Geistes kam er in die Tempelvorhöfe; und als die Eltern das Kind Jeschua brachten, um für es zu tun, was die *Torah* verlangte, [28]nahm Schim-on ihn in seine Arme, machte Gott eine *Berachah* und sagte:

[29]»Jetzt, *Adonai*, nach deinem Wort, hat dein Knecht Frieden, wenn du ihn gehen läßt;

[30]denn ich habe mit eigenen Augen deinen *Jeschu-ah* gesehen,
[31]den du in der Gegenwart aller Völker bereitet hast –

[32]ein Licht, das den *Gojim* Offenbarung bringen wird und Herrlichkeit deinem Volk Jisrael.«

[33]Jeschuas Vater und Mutter staunten über die Dinge, die Schim-on über ihn sagte. [34]Schim-on segnete sie und sagte zur Mutter des Kindes, Mirjam:

»Dieses Kind wird viele in Jisrael zu Fall bringen und viele aufrichten,
es wird ein Zeichen werden, dem die Menschen widersprechen werden;
[35]und mehr noch, ein Schwert wird auch dein eigenes Herz durchdringen.
All das wird geschehen, damit offenbar werden die innersten Gedanken vieler Menschen.«

[36]Da war auch eine Prophetin namens *Chanah Bat Penu-el*, vom Stamm Ascher. Sie war eine sehr alte Frau – sie hatte mit ihrem Ehemann nach ihrer Heirat sieben Jahre zusammengelebt [37]und war seither Witwe; jetzt war sie vierundachtzig. Sie verließ niemals den Tempelbereich, sondern diente Tag und Nacht und fastete und betete. [38]Sie

g Ex 13,2.12.15
h Lev 12,8

kam in diesem Augenblick vorbei
und fing an, Gott zu danken und zu
jedem, der darauf wartete, daß Jeru-
schalajim befreit würde, über das
Kind zu sprechen.
39Als Josef und Mirjam alles getan
hatten, was die *Torah Adonais* ver-
langte, kehrten sie ins Galil, in ihre
Stadt Nazeret, zurück.
40Das Kind wuchs und wurde
stark und erfüllt mit Weisheit – die
Gnade Gottes lag auf ihm.
41Jedes Jahr zogen Jeschuas El-
tern zum *Pessach*fest herauf nach
Jeruschalajim. 42Als er zwölf Jahre
alt war, gingen sie hinauf zum
Fest, wie der Brauch es verlangte.
43Doch nachdem das Fest vorüber
war, blieb Jeschua, als seine Eltern
zurückkehrten, in Jeruschalajim.
Sie merkten es nicht; 44sie nahmen
an, daß er irgendwo in der Kara-
wane war, und legten eine ganze
Tagesreise zurück, bevor sie bei
ihren Verwandten und Freunden
nach ihm suchten. 45Als sie ihn
nicht fanden, kehrten sie nach Je-
ruschalajim zurück, um nach ihm
zu suchen. 46Am dritten Tag fan-
den sie ihn – er saß im Tempel-
vorhof unter den Rabbis und hörte
ihnen nicht nur zu, sondern stellte
auch Fragen zu dem, was sie sag-
ten; 47und jeder, der ihn hörte, war
erstaunt über seine Einsichten und
Antworten. 48Als seine Eltern ihn
sahen, waren sie sehr erschrocken;
und seine Mutter sagte zu ihm:
»Sohn! Warum hast du uns das
angetan? Dein Vater und ich ha-
ben sich furchtbar gesorgt und
dich gesucht!« 49Er antwortete ih-
nen: »Warum habt ihr mich ge-
sucht? Wußtet ihr nicht, daß ich
mich mit meines Vaters Angele-
genheiten beschäftigen mußte?«
50Aber sie verstanden nicht, was er
meinte.
51So ging er mit ihnen nach Naze-
ret und gehorchte ihnen. Doch seine
Mutter bewahrte alle diese Dinge in
ihrem Herzen.
52Und Jeschua wuchs an Weisheit
und an Größe und nahm zu an
Gunst bei anderen Menschen und
bei Gott.

3 1Im fünfzehnten Jahr der
Herrschaft des Kaisers Tiberi-
us; als Pontius Pilatus Statthalter
von Jehudah war, Herodes Herr-
scher über das Galil, sein Bruder
Philippus Herrscher über Ituräa
und Trachonitis und Lysanias Herr-
scher über Abilene, 2und Anan und

Adonai – der HERR, Jahwe
Anan – Hannas
Ascher – Asser
Berachah – Segnung
Berit Milah – rituelle Beschneidung
Chanah Bat Penu-el – Hanna, die Tochter Phanuëls
Galil – Galiläa
Gojim – die Nationen, Völker, Heiden
Jehudah – Judäa
Jeruschalajim – Jerusalem
Jeschua – Jesus
Jeschu-ah – Erlösung (Wortspiel mit Jeschua)
Mirjam – Miriam, Maria
Mosche – Mose
Nazeret – Nazareth
Pessach – Passa
Ruach Ha Kodesch – Heiliger Geist
Schim-on – Simon
Torah – Weisung, Lehre, das »Gesetz«, der Pentateuch (die 5 Bücher Mose)
Zaddik – der Gerechte, gerechter Mensch

Kajafa *Kohanim Gedolim* waren; er-
ging das Wort Gottes an Jochanan
Ben Secharjah in der Wüste. 3Er zog
durch das ganze Gebiet des Jarden
und verkündigte eine Eintauchung,
die die Hinwendung von der Sünde
zu Gott zur Vergebung beinhaltete.
4Es war genau, wie es geschrieben
worden war im Buch der Worte des
Propheten Jeschajahu:

**»Die Stimme eines, der ruft in der
Wüste: ›Bereitet den Weg *Adonais*!
Macht die Wege eben für ihn! 5Je-
des Tal soll aufgefüllt werden, jeder
Berg und Hügel eben gemacht; die
kurvigen Wege sollen begradigt
werden und die rauhen Wege sanft.
6Dann wird die ganze Menschheit
die Erlösung Gottes sehen.‹«**[i]

7Deshalb sagte Jochanan zu der
Menge, die herauskam, um von ihm
eingetaucht zu werden: »Ihr Schlan-
gen! Wer hat euch nahegelegt, der
kommenden Strafe zu entfliehen?
8Wenn ihr euch wirklich von euren
Sünden bekehrt habt, dann bringt
Frucht hervor, die das beweist! Und
sprecht nicht zu euch: ›Avraham ist
unser Vater!‹ Denn ich sage euch,
daß Gott Avraham aus diesen Stei-
nen Söhne erwecken kann! 9Schon
liegt die Axt an der Wurzel der Bäu-
me, bereit zum Schlag; jeder Baum,
der keine guten Früchte hervor-
bringt, wird gefällt und ins Feuer
geworfen werden!«

10Die Menschen fragten Jocha-
nan: »Was sollen wir also tun?« 11Er
antwortete ihnen: »Wer immer zwei
Mäntel hat, soll sie mit jemandem
teilen, der keinen hat, und wer im-
mer Speise hat, soll das gleiche tun.«
12Auch Zöllner kamen, um einge-
taucht zu werden; und sie fragten
ihn: »Rabbi, was sollen wir tun?«
13»Erhebt nicht mehr Zoll, als die
Regierung auferlegt«, sagte er ihnen.
14Ein paar Soldaten fragten ihn:
»Was ist mit uns? Was sollen wir
tun?« Zu ihnen sagte er: »Schüchtert
niemanden ein, erhebt keine fal-
schen Anschuldigungen, und seid
zufrieden mit eurem Sold.«

15Die Menschen befanden sich in
einem Zustand gespannter Erwar-
tung, und jedermann fragte sich, ob
Jochanan vielleicht selbst der Messi-
as sei; 16deshalb antwortete Jochanan
ihnen allen: »Ich tauche euch in
Wasser ein, doch er, der kommt, ist
mächtiger als ich – ich bin nicht wert,
seine Sandalen aufzubinden! Er wird
euch im *Ruach Ha Kodesch* und in
Feuer eintauchen. 17Er hat seine
Worfschaufel bei sich, um seinen
Dreschboden zu reinigen und seinen
Weizen in seine Scheune zu sam-
meln, doch das Stroh wird er mit un-
löschbarem Feuer verbrennen!«

18Und mit noch vielen anderen
Warnungen verkündigte er den
Menschen die Gute Nachricht.

19Doch Jochanan rügte auch He-
rodes, den Statthalter der Region,
öffentlich, weil dieser Herodias, die
Frau seines Bruders, selbst zur Frau
genommen hatte, und wegen aller
anderen bösen Dinge, die Herodes
getan hatte; 20woraufhin Herodes
diesen noch folgendes hinzufügte: er
sperrte Jochanan im Gefängnis ein.

i Jes 40,3–5

21Als alle Leute eingetaucht wur-
den, wurde auch Jeschua einge-
taucht. Als er betete, wurde der
Himmel aufgetan; 22der *Ruach Ha
Kodesch* kam herab auf ihn in der
Gestalt einer Taube; und eine Stim-
me kam vom Himmel: »Du bist
mein Sohn, den ich liebe; ich habe
großen Gefallen an dir.«

23Jeschua war etwa dreißig Jahre
alt, als er sein öffentliches Wirken
begann. Man ging davon aus, daß er
ein Sohn Josefs war, der war
von Eli,
24von Matat,
von Levi,
von Malki,
von Jannai,
von Josef,
25von Matitjahu,
von Amoz,
von Nachum,
von Chesli,
von Nagai,
26von Machat,
von Matitjahu,
von Schimi,
von Josef,
von Joda,
27von Jochanan,
von Rescha,
von Serubavel,
von Schealti-el
von Neri,
28von Malki,
von Addi,
von Kosam,
von Emadan,
von Er,
29von Jeschua,
von Eli-eser,
von Joram,
von Matat,
von Levi,
30von Schim-on,
von Jehudah,
von Josef,
von Jonam,
von Eljakim,
31von Mala,
von Menah,
von Matatah,
von Natan,
von David,
32von Jischai,
von Oved,
von Boas,

Adonai – der HERR, Jahwe
Amoz – Amos
Avraham – Abraham
Chesli – Hesli
Eli-eser – Eliëser
Jarden – Jordan
Jehudah – Judas
Jeschajahu – Jesaja
Jeschua – Jesus; Joschua; Joses
Jischai – Isai
Jochanan – Johannes
Jochanan Ben Secharjah – Johannes, der Sohn des Zacharias (Secharjah)
Joram – Jorim
Kajafa – Kaiphas
Kohanim Gedolim – Hohepriester (pl.)
Machat – Mahat
Mala – Melea
Malki – Melchi
Matat – Mattat
Matatah – Mattata
Matitjahu – Matthäus; Mattitja; Matthias
Menah – Menna
Nachum – Nahum
Natan – Nathan
Oved – Obed
Rescha – Resa
Ruach Ha Kodesch – Heiliger Geist
Schealti-el – Schealtiël
Schim-on – Simon
Serubavel – Serubbabel

von Salmon,
von Nachschon,
[33]von Aminadav,
von Admin,
von Arni,
von Chesron,
von Perez,
von Jehudah,
[34]von Ja-akov,
von Jizchak,
von Avraham,
von Terach,
von Nachor,
[35]von Serug,
von Re-uh,
von Peleg,
von Ever,
von Schelah,
[36]von Kenan,
von Arpach-schad,
von Schem,
von Noach,
von Lemech,
[37]von Metuschelach,
von Chenoch,
von Jered,
von Mahalal-el,
von Kenan,
[38]von Enosch,
von Schet,
von Adam,
von Gott.

4 [1]Dann kehrte Jeschua, erfüllt
mit dem *Ruach Ha Kodesch*,
vom Jarden zurück und wurde vom
Geist in die Wüste geführt, [2]um
vierzig Tage durch den Widersacher
versucht zu werden. In dieser Zeit
aß er nichts, und danach war er
hungrig. [3]Der Widersacher sagte zu
ihm: »Wenn du der Sohn Gottes
bist, befiehl diesem Stein, Brot zu
werden.« [4]Jeschua antwortete ihm:
»Die *Tenach* sagt: ›**Der Mensch lebt
nicht vom Brot allein.**‹«[j]

[5]Der Widersacher nahm ihn hinauf,
zeigte ihm in einem einzigen
Augenblick alle Königreiche der
Welt [6]und sagte zu ihm: »Ich will
dir all diese Macht und Herrlichkeit
geben. Sie ist mir übergeben, und
ich kann sie geben, wem immer ich
will. [7]Wenn du mich also anbetest,
wird alles dein sein.« [8]Jeschua antwortete
ihm: »Die *Tenach* sagt: ›**Bete
Adonai, deinen Gott, an und
diene nur ihm.**‹«[k]

[9]Dann nahm er ihn nach Jeruschalajim,
stellte ihn auf den höchsten
Punkt des Tempels und sagte
zu ihm: »Wenn du der Sohn Gottes
bist, spring hier hinunter! [10]Denn
die *Tenach* sagt:

›**Er wird dich seinen Engeln anbefehlen,
daß sie dich schützen.**
[11]**Sie werden dich mit ihren Händen
halten, so daß du dir die Füße
nicht an den Steinen stoßen
wirst.**‹«[l]

[12]Jeschua antwortete ihm: »Aber
sie sagt auch: ›**Stelle *Adonai*, deinen
Gott, nicht auf die Probe.**‹«[m] [13]Als
der Widersacher seine Prüfung
beendet hatte, ließ er ihn allein bis
zu gelegener Zeit.

[14]Jeschua kehrte in der Macht des
Geistes ins Galil zurück, und die

j Dtn 8,3
k Dtn 6,13–14
l Ps 91,11–12
m Dtn 6,16

Kunde von ihm verbreitete sich im
ganzen Gebiet. 15Er lehrte in ihren
Synagogen, und jedermann achtete
ihn.
16Als er nun nach Nazeret zog, wo
er aufgezogen worden war, ging er
am *Schabbat* wie gewöhnlich in die
Synagoge. Er erhob sich, um zu le-
sen, 17und man gab ihm die Schrift-
rolle des Propheten Jeschajahu. Als
er die Schriftrolle aufrollte, fand er
die Stelle, wo geschrieben war:

18**»Der Geist *Adonais* ist auf mir;
deshalb hat er mich gesalbt, die
Gute Nachricht den Armen zu
verkünden;**

**er hat mich gesandt, den Gefan-
genen Freiheit zu verkündigen
und neues Sehvermögen den Blin-
den,**

**zu befreien die Zerschlagenen,
19zu verkündigen ein Jahr der
Gunst *Adonais*.«**[n]

20Nachdem er die Rolle geschlos-
sen und sie dem *Schammasch* zu-
rückgegeben hatte, setzte er sich; und
die Augen eines jeden in der Synago-
ge waren auf ihn gerichtet. 21Er hob
an, zu ihnen zu sprechen: »Heute,
wie ihr es vorgelesen hörtet, wurde
diese Passage der *Tenach* erfüllt!«
22Jeder sprach gut von ihm und wun-
derte sich, daß solch schöne Worte aus
seinem Munde kamen. Sie fragten so-
gar: »Kann das Josefs Sohn sein?«
23Da sagte Jeschua zu ihnen:
»Zweifellos werdet ihr mir das
Sprichwort vorhalten: ›Arzt, hilf dir
selbst! Wir haben gehört von all den
Dingen, die in Kefar-Nachum ge-
schehen sind; jetzt tu sie hier in dei-
ner Heimatstadt!‹ 24Ja!« sagte er,
»Ich sage euch, daß kein Prophet in
seiner Heimatstadt angenommen
wird. 25Das ist wahr, sage ich euch –
als Elijahu in Jisrael war und der
Himmel für dreieinhalb Jahre ver-
siegelt wurde, so daß das ganze
Land unter einer schweren Hun-
gersnot litt, gab es viele Witwen;
26doch Elijahu wurde nicht zu einer
von ihnen gesandt, sondern zu einer
Witwe in Zarfat im Land Zidon.
27Und zur Zeit des Propheten Eli-
scha gab es viele Menschen mit

n Jes 61,1–2; 58,6

Adonai – der HERR, Jahwe
Avraham – Abraham
Elijahu – Elia
Elischa – Elisa
Ever – Eber
Galil – Galiläa
Ja-akov – Jakob
Jarden – Jordan
Jehudah – Judas
Jeruschalajim – Jerusalem
Jeschajahu – Jesaja
Jeschua – Jesus
Jizchak – Isaak
Kefar-Nachum – Kapernaum
Lemech – Lamech
Mahalal-el – Mahalalel
Nachor – Nahor
Nazeret – Nazareth
Noach – Noah
Re-uh – Regu
Ruach Ha Kodesch – Heiliger Geist
Schabbat – der Sabbat
Schelah – Schelach
Schem – Sem
Schammasch – Diener
Tenach – die hebr. Bibel, das Alte Testament
Zarfat – Sarepta
Zidon – Sidon

ernsthaften Hautkrankheiten in Jis-
rael; doch von ihnen wurde keiner
geheilt, sondern der Syrer Na-
aman.«

28Als sie das hörten, wurden alle in
der Synagoge zornig. 29Sie erhoben
sich, trieben ihn aus der Stadt hinaus
und schleiften ihn an den Rand des
Berges, auf dem ihre Stadt erbaut
war, in der Absicht, ihn hinunterzu-
stoßen. 30Doch er ging mitten durch
die Menge hindurch fort.

31Er zog hinab nach Kefar-Nach-
um, einer Stadt im Galil, und lehrte
sie regelmäßig am *Schabbat.* 32Sie
waren verwundert über die Art, wie
er lehrte, denn in seinen Worten
schwang der Klang von Vollmacht
mit.

33In der Synagoge war ein Mann,
der hatte einen unreinen dämoni-
schen Geist, der schrie mit lauter
Stimme: 34»He! Was hast du mit uns
vor, Jeschua aus Nazeret? Bist du
gekommen, uns zu vernichten? Ich
weiß, wer du bist – der Heilige Got-
tes!« 35Doch Jeschua schalt ihn: »Sei
still und fahr heraus aus ihm!« Der
dämonische Geist warf den Mann
mitten unter die Menge und fuhr
aus ihm heraus, ohne ihm etwas zu
tun. 36Sie waren alle erstaunt und
sprachen zueinander: »Was ist das
für eine Lehre? Seht nur, er befiehlt
den unreinen Geistern mit Macht
und Vollmacht, und sie fahren her-
aus!« 37Und die Kunde von ihm ver-
breitete sich im ganzen umliegenden
Gebiet.

38Er verließ die Synagoge und ging
ins Haus von Schim-on. Schim-ons
Schwiegermutter litt an einem hefti-
gen Fieber, und sie baten ihn, etwas
für sie zu tun. 39So beugte er sich
über sie und schalt das Fieber; und
es verließ sie. Augenblicklich stand
sie auf und begann, sie zu bedienen.

40Nach Sonnenuntergang brachten
alle, die Menschen mit den unter-
schiedlichsten Krankheiten hatten,
diese zu Jeschua, und er legte jedem
von ihnen die Hände auf und heilte
sie; 41aus vielen fuhren auch Dämo-
nen aus und riefen: »Du bist der
Sohn Gottes!« Doch er schalt sie und
erlaubte ihnen nicht zu sagen, daß sie
wußten, daß er der Messias war.

42Als der Tag angebrochen war,
ging er fort an einen einsamen Ort.
Die Menschen suchten ihn, kamen
zu ihm und wollten ihn daran hin-
dern, sie zu verlassen. 43Doch er sagte
zu ihnen: »Ich muß die Gute Nach-
richt vom Reich Gottes auch ande-
ren Städten verkünden – dazu bin ich
gesandt.« 44Eine Zeitlang predigte er
auch in den Synagogen von Jehudah.

5 1Eines Tages, als Jeschua am
Ufer des Sees Kinneret stand
und die Menschen sich um ihn
drängten, um das Wort Gottes zu
hören, 2bemerkte er, daß zwei Boote
an den Strand gezogen und dort von
den Fischern, die ihre Netze reinig-
ten, liegengelassen worden waren.
3Er stieg in eines der Boote, das
Schim-on gehörte, und bat ihn, ein
Stück vom Ufer fortzufahren. Dann
setzte er sich und lehrte die Men-
schen vom Boot aus.

4Als er seine Rede beendet hatte,
sagte er zu Schim-on: »Fahr hinaus
in tiefes Wasser und wirf deine Net-

ze aus für einen Fang.« 5Schim-on
antwortete: »Wir haben die ganze
Nacht hart gearbeitet, Rabbi, und
haben nichts gefangen! Doch wenn
du es sagst, werde ich die Netze aus-
werfen.« 6Sie taten es und fingen so
viele Fische, daß ihre Netze zu rei-
ßen begannen. 7Deshalb machten sie
ihren Gefährten im anderen Boot
Zeichen, zu kommen und ihnen zu
helfen; und sie kamen und füllten
beide Boote bis zum Sinken. 8Als er
das sah, fiel Schim-on Kefa vor Je-
schua nieder und sagte: »Geh fort
von mir, lieber Herr, denn ich bin
ein Sünder!« 9Denn angesichts des
Fischfangs, den sie gemacht hatten,
waren er und alle, die bei ihm wa-
ren, von Erstaunen ergriffen wor-
den, 10auch Ja-akov und Jochanan,
Schim-ons Gefährten. »Habt keine
Angst«, sagte Jeschua zu Schim-on,
»von jetzt an werdet ihr Menschen
fangen – lebendig!« 11Und sobald sie
ihre Boote an den Strand gezogen
hatten, ließen sie alles zurück und
folgten ihm.

12Einmal, als Jeschua sich in einer
der Städte aufhielt, kam ein Mann,
der über und über mit einer absto-
ßenden Hautkrankheit bedeckt war.
Als er Jeschua sah, fiel er nieder auf
sein Gesicht und bat ihn: »Lieber
Herr, wenn du willst, kannst du
mich rein machen.« 13Jeschua
streckte seine Hand aus und berühr-
te ihn und sagte: »Ich *will*! Sei rein!«
Augenblicklich verließ ihn die
Hautkrankheit.

14Dann untersagte ihm Jeschua,
irgend jemandem davon zu erzäh-
len. »Geh statt dessen als ein Zeug-
nis für die Menschen auf geradem
Wege zum *Kohen* und bring ein
Opfer für deine Reinigung dar, wie
Mosche geboten hat.« 15Doch die
Nachricht von Jeschua verbreitete
sich immer weiter und weiter, so
daß riesige Menschenmengen sich
versammelten, ihm zuzuhören und
von ihren Krankheiten geheilt zu
werden. 16Er aber zog sich regel-
mäßig an einen entlegenen Ort zu-
rück, um zu beten.

17Eines Tages, als Jeschua lehrte,
waren *Peruschim* und *Torah*lehrer
anwesend, die aus mehreren Dörfern
des Galil, aus Jehudah und auch aus
Jeruschalajim gekommen waren;
und die Macht *Adonais* war mit ihm,
die Kranken zu heilen. 18Ein paar
Männer kamen und trugen einen
Gelähmten, der lag auf einem Bett.
Sie wollten ihn hineinbringen und
vor Jeschua niederlegen, 19doch sie
konnten wegen der Menge keinen
Weg finden, auf dem sie ihn hinein-

Adonai – der HERR, Jahwe
Galil – Galiläa
Ja-akov – Jakob
Jehudah – Judäa
Jeruschalajim – Jerusalem
Jeschua – Jesus
Jochanan – Johannes
Kefa – Petrus
Kefar-Nachum – Kapernaum
Kinneret, See – Galiläisches Meer, See Genezareth
Kohen – Priester (sg.)
Mosche – Mose
Na-aman – Naaman
Nazeret – Nazareth
Peruschim – Pharisäer (pl.)
Schabbat – der Sabbat
Schim-on – Simon
Torahlehrer – Schriftgelehrter

bekamen. So stiegen sie aufs Dach und ließen ihn auf seiner Trage durch die Dachziegel hindurch mitten in die Versammlung, direkt vor Jeschua hinab. [20]Als Jeschua ihr Vertrauen sah, sagte er: »Freund, deine Sünden sind dir vergeben.« [21]Die *Torah*lehrer und die *Peruschim* dachten bei sich: »Wer ist dieser Mensch, der solche Gotteslästerungen ausspricht? Wer kann Sünden vergeben außer Gott? [22]Doch Jeschua, der wußte, was sie dachten, antwortete: »Warum bewegt ihr solche Gedanken in euren Herzen? [23]Was ist leichter zu sagen: ›Deine Sünden sind dir vergeben‹ oder ›Steh auf und geh‹? [24]Doch seht! Ich will euch beweisen, daß der Sohn des Menschen die Vollmacht hat, auf Erden Sünden zu vergeben.« Dann sagte er zu dem Gelähmten: »Ich sage dir: Steh auf, nimm deine Trage und geh nach Hause!« [25]Augenblicklich stand er vor aller Augen auf, nahm hoch, worauf er gelegen hatte, und ging nach Hause und lobte Gott. [26]Verwunderung überwältigte sie alle, und sie machten Gott eine *Berachah*; sie wurden von Ehrfurcht ergriffen und sagten: »Wir haben heute außergewöhnliche Dinge gesehen.«

[27]Später ging Jeschua hinaus und sah einen Zöllner namens Levi in seinem Zollhäuschen sitzen; und er sagte zu ihm: »Folge mir nach!« [28]Er stand auf, ließ alles zurück und folgte ihm.

[29]Levi gab Jeschua zu Ehren ein Festmahl in seinem Haus, und es saß eine große Gruppe von Zöllnern und anderen mit ihnen zu Tisch. [30]Die *Peruschim* und ihre *Torah*lehrer wandten sich entrüstet an seine Talmidim und sagten: »Warum eßt und trinkt ihr mit Zöllnern und Sündern?« [31]Es war Jeschua, der ihnen antwortete: »Es sind nicht die Gesunden, die einen Arzt brauchen, sondern die Kranken. [32]Ich bin nicht gekommen, die ›Gerechten‹ zu berufen, sondern die Sünder aufzurufen, sich von ihren Sünden zu Gott zu wenden.«

[33]Als nächstes sagten sie zu ihm: »Jochanans *Talmidim* fasten und *dawenen* immerfort, und ebenso die *Talmidim* der *Peruschim*; deine aber essen und trinken immerzu.« [34]Jeschua entgegnete ihnen: »Könnt ihr die Hochzeitsgäste fasten lassen, während der Bräutigam noch bei ihnen ist? [35]Aber die Zeit wird kommen, wenn der Bräutigam fortgenommen wird von ihnen; und wenn diese Zeit kommt, werden sie fasten.« [36]Dann sagte er ihnen ein Beispiel: »Niemand reißt ein Stück aus einem neuen Mantel und setzt es auf einen alten; denn wenn er das tut, wird nicht nur der neue weiter einreißen, sondern das Stück aus dem neuen wird auch nicht auf den alten passen. [37]Ebenso füllt niemand neuen Wein in alte Schläuche; denn wenn er das tut, wird der neue Wein die alten Schläuche platzen lassen und vergossen werden, und auch die Schläuche werden ruiniert sein. [38]Neuer Wein muß vielmehr in neue Weinschläuche gefüllt werden. [39]Außerdem wollen die Menschen, wenn sie alten Wein getrunken ha-

ben, keinen neuen; denn sie sagen:
›Der alte ist gut genug.‹«

6 1Eines *Schabbats*, als Jeschua
durch Weizenfelder ging, fin-
gen seine Talmidim an, die Ähren
auszureißen, rieben sie zwischen ih-
ren Händen und aßen die Körner.
2Ein paar *Peruschim* sagten: »War-
um verletzt ihr den *Schabbat*?« 3Je-
schua antwortete ihnen: »Habt ihr
nie gelesen, was David tat, als er und
seine Begleiter hungrig waren? 4Er
ging in das Haus Gottes und nahm
das Brot der Gegenwart, das nie-
mand essen darf außer den *Koha-
nim*, und aß es. 5Der Sohn des Men-
schen«, schloß er, »ist Herr des
Schabbat.«
6An einem anderen Schabbat, als
Jeschua in die Synagoge gegangen
war und lehrte, hielt sich dort ein
Mann auf, der eine verkrüppelte
Hand hatte. 7Die *Torah*lehrer und
Peruschim beobachteten Jeschua
sorgfältig, um zu sehen, ob er am
Schabbat heilen würde, damit sie
ihn anklagen konnten. 8Doch er
wußte, was sie dachten, und sagte zu
dem Mann mit der verkrüppelten
Hand: »Komm herauf und stell dich
hin, so daß wir dich sehen können!«
Er stand auf und stellte sich hin.
9Dann sagte Jeschua zu ihnen: »Ich
frage euch jetzt: Was ist am *Schab-
bat* erlaubt? Gutes zu tun oder Bö-
ses zu tun? Leben zu retten oder es
zu zerstören?« 10Dann, nachdem er
sie alle der Reihe nach angesehen
hatte, sagte er zu dem Mann:
»Strecke deine Hand aus.« Als er sie
ausstreckte, wurde seine Hand wie-
derhergestellt. 11Doch die anderen
wurden wütend und fingen an, sich
miteinander zu bereden, was sie Je-
schua antun könnten.
12Es war um diese Zeit, daß Je-
schua hinaus ins Hügelland ging,
um zu beten, und die ganze Nacht
im Gebet zu Gott verbrachte.
13Als es Tag wurde, rief er seine
Talmidim und wählte aus ihnen
zwölf aus, die als Gesandte be-
kannt werden sollten –

14Schim-on, den er Kefa nannte,
Andreas, seinen Bruder,
Ja-akov,
Jochanan,
Philippus,
Bar-Talmai,
15Matitjahu,
Teoma,
Ja-akov Ben Chalfai,
Schim-on, der Zelot genannt,
16Jehudah Ben Ja-akov und

Bar-Talmai – Bartolomäus
Berachah – Segnung
dawenen – beten
Ja-akov – Jakob
Ja-akov Ben Chalfai – Jakobus, der Sohn des Alphäus
Jeschua – Jesus
Jehudah Ben Ja-akov – Judas, der Sohn des Jakobus
Jochanan – Johannes
Kefa – Petrus
Kohanim – Priester (pl.)
Levi – Levi
Matitjahu – Matthäus; Mattitja; Matthias
Peruschim – Pharisäer (pl.)
Schabbat – der Sabbat
Schim-on – Simon
Talmidim – Jünger (pl.)
Teoma – Thomas
Torahlehrer – Schriftgelehrter

Jehudah aus Kiriot, der zum Verräter wurde.

[17]Dann kam er mit ihnen herab
und stand auf einem ebenen Platz.
Eine große Menge seiner *Talmidim*
war dort, zusammen mit vielen
Menschen aus ganz Jehudah, Jeru-
schalajim und dem Küstengebiet um
Zor und Zidon; sie waren gekom-
men, ihn zu hören und von ihren
Krankheiten geheilt zu werden.
[18]Diejenigen, die von unreinen Gei-
stern geplagt wurden, wurden ge-
heilt; [19]und die ganze Menge ver-
suchte, ihn zu berühren, denn
beständig ging eine Macht von ihm
aus, die jeden heilte.
[20]Er sah seine *Talmidim* an und
sagte:

»Wie gesegnet seid ihr Armen!
Denn das Reich Gottes ist euer.

[21]Wie gesegnet seid ihr, die ihr hungrig seid!
Denn ihr werdet gesättigt werden.
Wie gesegnet seid ihr, die ihr jetzt weint!
Denn ihr werdet lachen.

[22]Wie gesegnet seid ihr, wann im-
mer euch die Menschen hassen und
euch ächten und euch schmähen
und euch als Verbrecher bezeichnen
wegen des Sohnes des Menschen.
[23]Seid froh, daß das geschieht; ja,
tanzt vor Freude! Denn im Himmel
ist eure Belohnung groß. Denn ge-
nauso haben ihre Väter die Prophe-
ten behandelt.

[24]Doch wehe euch, die ihr reich seid, denn ihr habt bereits allen Trost, den ihr bekommt, gehabt!

[25]Wehe euch, die ihr jetzt satt seid, denn ihr werdet hungern!

Wehe euch, die ihr jetzt lacht, denn ihr werdet trauern und weinen!

[26]Wehe euch, wenn die Leute gut von euch sprechen, denn genauso haben ihre Väter die falschen Propheten behandelt!
[27]Dennoch sage ich euch, die ihr zuhört, folgendes:

Liebt eure Feinde!
Tut Gutes denen, die euch hassen,
[28]segnet die, die euch fluchen,
betet für die, die euch mißhandeln.

[29]Wenn jemand euch auf eine Wange schlägt, bietet ihm auch die andere dar; wenn jemand euren Mantel nimmt, gebt ihm auch euer Hemd.

[30]Wenn jemand euch um etwas bittet, gebt es ihm; wenn jemand nimmt, was euch gehört, verlangt es nicht zurück.

[31]Behandelt andere Menschen, wie
ihr selbst von ihnen behandelt wer-
den wollt. [32]Welchen Verdienst habt
ihr, wenn ihr nur die liebt, die euch
lieben? Sogar Sünder lieben die, die
sie lieben. [33]Welchen Verdienst habt
ihr, wenn ihr nur denen Gutes tut,
die euch Gutes tun? Sogar Sünder
tun das. [34]Welchen Verdienst habt
ihr, wenn ihr nur denen leiht, bei de-
nen ihr damit rechnen könnt, daß sie
es euch zurückzahlen werden? Sogar

Sünder leihen einander und erwar-
ten, alles zurückgezahlt zu bekom-
men. 35Statt dessen liebt eure Feinde,
tut Gutes und leiht, ohne etwas zu-
rückzuerwarten! Eure Belohnung
wird groß sein, und ihr werdet Kinder
*Ha Eljon*s sein; denn er ist freundlich
gegenüber den Undankbaren und
den Bösen. 36Habt Mitleid, wie euer
Vater im Himmel Mitleid hat.

37Richtet nicht,
und ihr werdet nicht gerichtet werden.

Verdammt nicht,
und ihr werdet nicht verdammt werden.

Vergebt,
und euch wird vergeben werden.

38Gebt,
und ihr werdet Gaben erhalten –
das volle Maß, zusammenge-
drückt und gerüttelt und überflie-
ßend, wird euch in den Schoß gelegt
werden. Denn das Maß, mit dem ihr
meßt, wird angelegt werden, euch
zu messen!«

39Er sagte ihnen auch ein Gleich-
nis: »Kann ein Blinder einen anderen
Blinden führen? Werden sie nicht
beide in eine Grube fallen? 40Ein
Talmid steht nicht über seinem Rab-
bi; doch jeder wird, wenn er fertig
ausgebildet ist, wie sein Rabbi wer-
den. 41Warum siehst du den Splitter
im Auge deines Bruders, aber spürst
nicht den Baumstamm in deinem ei-
genen Auge? 42Wie kannst du zu dei-
nem Bruder sagen: ›Bruder, laß mich
den Splitter aus deinem Auge zie-
hen‹, wenn du selbst einen Baum-
stamm in deinem Auge hast? Du
Heuchler! Nimm erst den Baum-
stamm aus deinem eigenen Auge;
dann wirst du klar sehen, so daß du
den Splitter aus dem Auge deines
Bruders entfernen kannst!

43Denn kein guter Baum bringt
schlechte Früchte hervor, noch
bringt ein schlechter Baum gute
Früchte hervor. 44Jeder Baum wird
an seinen eigenen Früchten erkannt
– von Dornbüschen werden keine
Feigen gepflückt und von einem
Dornstrauch keine Trauben. 45Der
gute Mensch bringt gute Dinge her-
vor aus dem Vorrat an Gutem in sei-
nem Herzen, während der böse
Mensch böse Dinge aus dem Vorrat
an Bösem in seinem Herzen hervor-
bringt. Denn sein Mund spricht, was
aus seinem Herzen überfließt.

46Warum nennt ihr mich ›Herr,
Herr‹, aber tut nicht, was ich sage?
47Jeder, der zu mir kommt, meine
Worte hört und nach ihnen handelt
– ich werde euch sagen, wem er
gleicht: 48Er ist wie jemand, der ein
Haus baut und tief gräbt und den
Grundstein auf Fels legt. Als eine
Flut kam, schlug der Strom gegen
das Haus, doch er konnte es nicht
erschüttern, weil es gut gebaut war.
49Und wer immer meine Worte

Ha Eljon – der Höchste
Jehudah – Judäa
Jehudah aus Kiriot – Judas Iskariot
Jeruschalajim – Jerusalem
Talmid – Jünger (sg.)
Talmidim – Jünger (pl.)
Zidon – Sidon
Zor – Tyrus

hört, aber nicht nach ihnen handelt, ist wie jemand, der sein Haus auf den Grund baut, ohne einen Grundstein zu legen. Sobald der Fluß es traf, brach es zusammen, und aus diesem Haus wurde ein schrecklicher Trümmerhaufen!«

7

[1]Als Jeschua seine Rede beendet hatte, ging er zurück nach Kefar-Nachum. [2]Ein römischer Heeresoffizier dort hatte einen Knecht, den er sehr schätzte; der war todkrank. [3]Als er von Jeschua hörte, schickte der Offizier einige jüdische Älteste zu ihm mit der Bitte, daß er kommen und seinen Knecht heilen möge. [4]Sie kamen zu Jeschua und baten ihn dringlich: »Er verdient wirklich, daß du das tust, [5]denn er liebt unser Volk – tatsächlich hat er sogar die Synagoge für uns gebaut!« [6]Also ging Jeschua mit ihnen. Er war noch nicht weit vom Haus entfernt, als der Offizier Freunde schickte, die sagten zu ihm: »Lieber Herr, bemühe dich nicht. Ich bin nicht wert, daß du unter mein Dach kommst – [7]deshalb habe ich mir auch nicht erlaubt, mich dir selbst zu nähern. Gib statt dessen nur einen Befehl und laß meinen Knecht gesund werden. [8]Denn auch ich bin ein Mann unter Vollmacht. Ich habe Soldaten unter mir; und ich sage zu diesem: ›Geh!‹, und er geht; und zu einem anderen: ›Komm!‹, und er kommt; und zu meinem Sklaven: ›Tu dies!‹, und er tut es.« [9]Jeschua war erstaunt über ihn, als er das hörte; und er wandte sich um und sagte zu der Menge, die ihm folgte: »Ich sage euch, nicht einmal in Jisrael habe ich solches Vertrauen gefunden!« [10]Als die Boten zurückkamen zum Haus des Offiziers, fanden sie den Knecht bei guter Gesundheit.

[11]Am nächsten Tag ging Jeschua in Begleitung seiner *Talmidim* und einer großen Menge in eine Stadt namens Na-im. [12]Als er sich dem Stadttor näherte, wurde ein toter Mann zum Begräbnis herausgetragen. Seine Mutter war eine Witwe, dieser war ihr einziger Sohn gewesen, und eine beträchtliche Menge aus der Stadt ging mit ihr. [13]Als der Herr sie sah, empfand er Mitleid mit ihr und sagte zu ihr: »Weine nicht.« [14]Dann kam er näher und berührte den Sarg, und die Sargträger blieben stehen. Er sagte: »Junger Mann, ich sage dir: Steh auf!« [15]Der Tote setzte sich auf und begann zu sprechen, und Jeschua **gab ihn seiner Mutter.**[o] [16]Sie alle wurden von Ehrfurcht erfüllt und gaben Gott die Ehre und sagten: »Ein großer Prophet ist unter uns erschienen« und »Gott ist gekommen, seinem Volk zu helfen.« [17]Diese Kunde von ihm verbreitete sich in ganz Jehudah und dem umliegenden Land.

[18]Jochanans *Talmidim* unterrichteten ihn über alle diese Dinge. Da rief Jochanan zwei seiner *Talmidim* [19]und sandte sie zum Herrn, um fragen zu lassen: »Bist du der, der kommen soll? Oder sollen wir nach einem anderen suchen?« [20]Als die Männer zu ihm kamen, sagten sie:

o 1 Kön 17,23

»Jochanan der Eintaucher hat uns zu dir geschickt, um zu fragen: ›Bist du der, der kommen soll? Oder sollen wir weiter suchen – nach einem anderen?‹« [21]Er war gerade dabei, viele Leute von ihren Krankheiten, Schmerzen und bösen Geistern zu heilen und vielen, die blind waren, das Augenlicht wiederzugeben. [22]Und so antwortete er ihnen mit den Worten: »Geht, sagt Jochanan, was ihr gesehen und gehört habt: ›**Die Blinden sehen wieder, die Lahmen gehen**, Menschen mit Hautkrankheiten werden gereinigt, **die Tauben hören**, die Toten werden auferweckt, **die Gute Nachricht wird den Armen gesagt**‹[p] – [23]und wie gesegnet ist jeder, der nicht an mir Anstoß nimmt!«

[24]Als Jochanans Boten gegangen waren, fing Jeschua an, zu den Menschenmengen von Jochanan zu sprechen: »Was wolltet ihr sehen, als ihr in die Wüste hinausgegangen seid? Schilfrohre, die im Wind schaukeln? [25]Nein? Was wolltet ihr dann sehen? Jemand, der gutgekleidet war? Aber Menschen, die sich schön anziehen und im Luxus leben, findet man in Königspalästen. [26]*Nu*, was also wolltet ihr sehen? Einen Propheten! Ja! Und ich sage euch, er ist sehr viel mehr als ein Prophet. [27]Das ist der, über den die *Tenach* sagt:

›**Siehe, ich sende meinen Boten vor dir aus; er wird deinen Weg vor dir bereiten.**‹[q]

p Jes 35,5–6; 26,14; 61,1
q Mal 3,1

[28]Ich sage euch, daß aus den von Frauen Geborenen noch kein Größerer als Jochanan der Eintaucher hervorgegangen ist! Und doch ist der Letzte im Reich des Himmels größer als er! [29]Alle Menschen, die ihn gehört haben, sogar die Zöllner, haben bekannt, daß Gott recht hat, indem sie sich der Eintauchung Jochanans unterzogen; [30]doch die *Peruschim* und die *Torah*lehrer haben, indem sie sich nicht von ihm eintauchen ließen, für sich den Plan Gottes für nichtig erklärt. [31]Wie soll ich also«, sagte der Herr, »die Leute dieser Generation beschreiben? Wem gleichen sie? [32]Sie sind wie Kinder, die auf dem Marktplatz sitzen und einander zurufen:

›Wir haben lustige Musik gemacht, aber ihr wolltet nicht tanzen!
Wir haben traurige Musik gemacht, aber ihr wolltet nicht weinen!‹

[33]Denn Jochanan ist gekommen und aß kein Brot und trank keinen Wein, und ihr sagt: ›Er hat einen Dämon!‹ [34]Der Sohn des Menschen ist gekommen und ißt und trinkt, und

Jehudah – Judäa
Jeschua – Jesus
Jochanan – Johannes
Jochanan der Eintaucher – Johannes der Täufer
Kefar-Nachum – Kapernaum
Na-im – Nain
Nu – nun denn
Peruschim – Pharisäer (pl.)
Talmidim – Jünger (pl.)
Tenach – die hebr. Bibel, das Alte Testament
Torahlehrer – Schriftgelehrter

ihr sagt: ›Aha! Ein Schlemmer und Säufer! Ein Freund von Zöllnern und Sündern!‹ 35Nun, der Beweis der Weisheit liegt in all den verschiedenen Menschen, die sie hervorbringt.«

36Einer der *Peruschim* lud Jeschua ein, mit ihm zu essen, und er ging in das Haus des *Parusch* und nahm seinen Platz am Tisch ein. 37Eine Frau, die in der Stadt lebte, eine Sünderin, die wußte, daß er im Haus des *Parusch* aß, brachte ein Alabastergefäß voll kostbarstem Parfum, 38setzte sich hinter Jeschua zu seinen Füßen und weinte, bis ihre Tränen begannen, seine Füße zu netzen. Dann trocknete sie seine Füße mit ihrem Haar, küßte seine Füße und goß das Parfum über sie.

39Als der *Parusch*, der ihn eingeladen hatte, sah, was vorging, sprach er zu sich selbst: »Wenn dieser Mann wirklich ein Prophet wäre, hätte er gewußt, wer ihn berührt und was für eine Frau sie ist, daß sie eine Sünderin ist.« 40Jeschua antwortete: »Schim-on, ich habe dir etwas zu sagen.« »Sag es, Rabbi«, entgegnete er. 41»Ein gewisser Gläubiger hatte zwei Schuldner; der eine schuldete ihm zehnmal soviel wie der andere. 42Als sie beide ihre Schuld nicht zurückzahlen konnten, erließ er ihnen ihre Schulden. Wer von ihnen wird ihn wohl mehr lieben?« 43Schim-on antwortete: »Ich nehme an, der, dem er die größere Summe erlassen hat.« »Dein Urteil ist richtig«, sagte Jeschua zu ihm.

44Dann wandte er sich der Frau zu und sagte zu Schim-on: »Siehst du diese Frau? Ich kam in dein Haus – du hast mir kein Wasser für meine Füße gegeben, diese Frau aber hat meine Füße mit ihren Tränen gewaschen und sie mit ihrem Haar getrocknet! 45Du gabst mir keinen Kuß; diese Frau aber hat, seit ich hier bin, nicht aufgehört, meine Füße zu küssen! 46Du hast kein Öl auf mein Haupt gegossen, diese Frau aber goß Parfum über meine Füße! 47Deshalb sage ich dir, daß ihre Sünden – und es sind wahrlich viele! – vergeben sind, denn sie hat viel geliebt. Doch jemand, dem nur wenig vergeben wurde, liebt auch nur wenig.« 48Dann sagte er zu ihr: »Deine Sünden sind dir vergeben.« 49Darüber begannen die, die mit ihm aßen, zueinander zu sagen: »Wer ist dieser Mensch, der es wagt, Sünden zu vergeben?« 50Aber er sagte zu der Frau: »Dein Vertrauen hat dich gerettet; geh in Frieden.«

8

1Danach zog Jeschua von Stadt zu Stadt und von Dorf zu Dorf und verkündete die Gute Nachricht vom Reich Gottes. Bei ihm waren die Zwölf 2und eine Anzahl von Frauen, die von bösen Geistern und Krankheiten geheilt worden waren – Mirjam (genannt Magdalit), aus der sieben Dämonen ausgefahren waren; 3Jochanah, die Frau von Herodes' Finanzminister Kusa; Schoschanah und viele andere Frauen, die ihm mit ihrem Hab und Gut dienten.

4Nachdem sich eine große Menge der Leute, die weiterhin aus den Städten zu ihm kamen, versammelt hatte, erzählte Jeschua folgendes

Gleichnis: 5»Ein Bauer ging hinaus,
um seine Saat zu säen. Als er säte,
fiel manches neben den Weg und
wurde zertreten, und die Vögel, die
herumflogen, aßen es auf. 6Manches
fiel auf Stein; und nachdem es ge-
sprossen war, vertrocknete es aus
Mangel an Feuchtigkeit. 7Manches
fiel mitten unter Dornen, und die
Dornen wuchsen hoch und erstick-
ten es. 8Doch manches fiel auf
fruchtbaren Boden und wuchs und
brachte hundertmal soviel hervor
wie gesät worden war.« Nachdem er
das gesagt hatte, rief er aus: »Wer
immer Ohren hat zu hören, möge
hören!«

9Seine *Talmidim* fragten ihn, was
dieses Gleichnis bedeute, 10und er
sagte: »Euch ist es gegeben, die Ge-
heimnisse des Reiches Gottes zu
kennen; doch die übrigen werden in
Gleichnissen gelehrt; so daß sie
**schauen, aber nicht sehen, und hö-
ren, aber nicht verstehen.**[r]

11»Das Gleichnis bedeutet folgen-
des: Die Saat ist Gottes Botschaft.
12Die neben dem Weg sind die, die
hören, aber dann kommt der Wi-
dersacher und nimmt die Botschaft
aus ihren Herzen, damit sie nicht
gerettet werden, indem sie ihr ver-
trauen. 13Diejenigen auf Stein sind
die, die das Wort, wenn sie es hören,
mit Freuden annehmen; doch sie ha-
ben keine Wurzeln – sie vertrauen
eine Zeitlang; doch wenn eine Zeit
der Prüfung kommt, fallen sie ab.
14Was die betrifft, die mitten unter
Dornen fallen – das sind die, die hö-
ren; doch in der Folge dringen Sor-
gen und Reichtum und die Freuden
des Lebens ein und ersticken sie, so
daß ihre Früchte niemals reifen.
15Doch was auf fruchtbaren Boden
fiel – das sind die, die, wenn sie die
Botschaft hören, mit gutem, emp-
fänglichem Herzen an ihr festhalten;
und indem sie sie bewahren, bringen
sie Frucht hervor.

16Niemand, der eine Lampe ange-
zündet hat, bedeckt sie mit einer
Schale oder stellt sie unter ein Bett;
nein, er stellt sie auf einen Leuchter;
so daß diejenigen, die hereinkom-
men, das Licht sehen. 17Denn nichts
ist verborgen, das nicht offenbart
wird, nichts ist bedeckt, das nicht
bekannt wird und an die Öffentlich-
keit kommt. 18Achtet also darauf,
wie ihr hört! Denn jedem, der etwas
hat, wird mehr gegeben werden; je-
dem aber, der nichts hat, wird auch
noch genommen werden, was er zu
haben scheint.«

19Dann kamen Jeschuas Mutter
und seine Brüder, ihn zu sehen, aber
sie konnten nicht zu ihm durchdrin-
gen wegen der Menge. 20Man berich-
tete ihm: »Deine Mutter und deine
Brüder stehen draußen und wollen
dich sehen.« 21Doch er gab ihnen fol-
gende Antwort: »Meine Mutter und
meine Brüder sind die, welche die

r Jes 6,9

Jeschua – Jesus
Jochanah – Johanna
Kusa – Chuza
Mirjam – Miriam, Maria
Parusch – Pharisäer (sg.)
Peruschim – Pharisäer (pl.)
Schim-on – Simon
Schoschanah – Susanna
Talmidim – Jünger (pl.)

Botschaft Gottes hören und danach
handeln!«
[22]Eines Tages stieg Jeschua mit
seinen *Talmidim* in ein Boot und
sagte zu ihnen: »Laßt uns auf die an-
dere Seite des Sees übersetzen.« Al-
so fuhren sie hinaus; [23]und als sie se-
gelten, schlief er ein. Ein Sturm kam
auf über dem See, so daß das Boot
anfing, sich mit Wasser zu füllen,
und sie in große Gefahr gerieten.
[24]Sie gingen und weckten ihn auf
und sagten: »Rabbi! Rabbi! Wir
müssen sterben!« Er wachte auf und
wies den Wind und die rauhe See in
ihre Schranken; und sie beruhigten
sich, so daß es still war. [25]Dann sagte
er zu den *Talmidim*: »Wo ist euer
Vertrauen?« Von Ehrfurcht ergrif-
fen wunderten sie sich und fragten
einander: »Wer kann das sein, daß
er sogar Wind und Wellen befiehlt,
und sie gehorchen ihm?«
[26]Sie segelten weiter und landeten
im Gebiet der Gerasener, gegenüber
vom Galil. [27]Als Jeschua an Land
ging, kam ihm ein Mann aus der
Stadt entgegen, der Dämonen hatte.
Lange Zeit hatte er keine Kleider ge-
tragen; und er lebte nicht in einem
Haus, sondern in den Grabhöhlen.
[28]Als er Jeschua erblickte, schrie er,
fiel vor ihm nieder und kreischte:
»Jeschua! Sohn Gottes *Ha Eljon*!
Was hast du mit mir vor? Ich bitte
dich, quäl mich nicht!« [29]Denn Je-
schua hatte dem unreinen Geist be-
fohlen, aus dem Mann herauszufah-
ren. Er hatte ihn oft gepackt – man
hatte ihn bewacht, an Händen und
Füßen in Ketten gelegt, doch er hat-
te die Ketten zerbrochen und war
von dem Dämon in die Wüste ge-
trieben worden. [30]Jeschua fragte ihn:
»Wie heißt du?« »Legion«, sagte er,
weil viele Dämonen in ihn hineinge-
fahren waren. [31]Sie baten Jeschua,
ihnen nicht zu befehlen, in die Bo-
denlose Grube zu fahren.
[32]Nun graste auf dem Hügel eine
große Schweineherde; und die Dä-
monen baten ihn, sie in diese hinein-
fahren zu lassen. So gab er ihnen die
Erlaubnis. [33]Die Dämonen kamen
heraus aus dem Mann und fuhren in
die Schweine, woraufhin die Herde
den Hügel hinab in den See lief und
ertrank.
[34]Als die Schweinehirten sahen,
was geschehen war, flohen sie und
erzählten es in der Stadt und im
Land; [35]und die Menschen kamen
heraus, um selbst nachzusehen. Sie
kamen zu Jeschua und fanden den
Mann, aus dem die Dämonen ausge-
fahren waren, zu Füßen Jeschuas
sitzend – gekleidet und bei Ver-
stand; und sie waren sehr erschrok-
ken. [36]Diejenigen, die es gesehen
hatten, erzählten, wie der früher von
Dämonen besessene Mann erlöst
worden war.
[37]Da baten ihn alle Einwohner
des Gebiets von Gerasa, sie zu ver-
lassen, denn sie hatten große Angst
bekommen. Also bestieg er das
Boot und kehrte zurück. [38]Der
Mann, aus dem die Dämonen ausge-
fahren waren, bat ihn, daß er mit
ihm gehen dürfe; doch Jeschua
schickte ihn fort mit den Worten:
[39]»Geh zurück nach Hause und er-
zähle, wieviel Gott für dich getan
hat.« Er ging und verkündete in der

ganzen Stadt, wieviel Jeschua für ihn
getan hatte.

[40]Als Jeschua zurückkam, hieß
ihn die Menge willkommen; denn
sie alle erwarteten ihn. [41]Da kam ein
Mann namens Ja-ir, der war Vorste-
her der Synagoge. Er fiel Jeschua zu
Füßen und bat ihn, zu seinem Haus
zu kommen; [42]denn er hatte eine
einzige Tochter im Alter von zwölf
Jahren; die lag im Sterben.

Als er ging, wobei ihn die Men-
schenmengen von allen Seiten be-
drängten und fast erstickten, [43]trat
eine Frau, die seit zwölf Jahren eine
Blutung hatte und von niemand ge-
heilt werden konnte, [44]von hinten an
ihn heran und berührte die *Zizit* sei-
nes Gewands; und augenblicklich
hörte ihre Blutung auf. [45]Jeschua
fragte: »Wer hat mich berührt?« Als
sie alle leugneten, es getan zu haben,
sagte Kefa: »Rabbi! Die Menschen-
mengen umdrängen und stoßen
dich!« [46]Doch Jeschua sagte: »Je-
mand hat mich berührt, denn ich
spürte eine Macht von mir ausge-
hen.« [47]Als sie sah, daß sie nicht un-
bemerkt entkommen konnte, warf
sich die Frau, vor Angst zitternd,
vor ihm nieder und bekannte vor al-
ler Ohren, warum sie ihn berührt
hatte und wie sie augenblicklich ge-
heilt worden war. [48]Er sagte zu ihr:
»Meine Tochter, dein Vertrauen hat
dich gerettet; geh in Frieden.«

[49]Während Jeschua noch sprach,
kam ein Mann aus dem Haus des
Synagogenvorstehers. »Deine Toch-
ter ist gestorben«, sagte er. »Belästige
den Rabbi nicht weiter.« [50]Doch als
er das hörte, antwortete Jeschua ihm:
»Hab keine Angst! Vertraue nur
weiter, und sie wird wieder gesund
gemacht werden.« [51]Als er beim
Haus anlangte, erlaubte er nieman-
dem, mit ihm hineinzugehen, bis auf
Kefa, Jochanan, Ja-akov und dem
Vater und der Mutter des Kindes.
[52]Alle Leute wehklagten und trauer-
ten um sie; doch er sagte: »Weint
nicht; sie ist nicht gestorben; sie
schläft nur.« [53]Sie lachten ihn aus,
weil sie wußten, daß sie gestorben
war. [54]Doch er nahm sie bei der
Hand, rief aus: »Kleines Mädchen,
steh auf!«, [55]und ihr Geist kehrte zu-
rück. Sogleich stand sie auf, und er
gab Anweisung, daß sie etwas zu es-
sen bekam. [56]Ihre Eltern waren er-
staunt, doch er gebot ihnen, nieman-
dem zu sagen, was geschehen war.

9 [1]Jeschua rief die Zwölf zusam-
men und gab ihnen Macht und
Vollmacht, alle Dämonen auszutrei-
ben und Krankheiten zu heilen;
[2]und er sandte sie aus, das Reich
Gottes zu verkünden, und zu heilen.
[3]Er sagte zu ihnen: »Nehmt nichts
mit auf die Reise – weder einen
Wanderstab noch einen Rucksack,
weder Brot noch Geld; und keine
zwei Hemden. [4]Wenn ihr in ein

Galil – Galiläa
Ha Eljon – der Höchste
Ja-akov – Jakob
Ja-ir – Jaïrus
Jeschua – Jesus
Jochanan – Johannes
Kefa – Petrus
Talmidim – Jünger (pl.)
Zizit – Quaste, die aus religiösem Grund ge-
tragen wird

Haus hineingeht, dann bleibt dort
und geht von dort aus. 5Wo immer
sie euch abweisen, schüttelt, wenn
ihr die Stadt verlaßt, den Staub von
euren Füßen als Warnung für die
Einwohner.« 6Sie machten sich auf
den Weg und zogen durch die Dör-
fer, heilten und verkündeten überall
die Gute Nachricht.

7Der Statthalter Herodes hörte
von allem, was vor sich ging, und
war sehr überrascht, denn manche
sagten, daß Jochanan von den Toten
auferweckt sei, 8andere, daß Elijahu
erschienen sei, und wieder andere,
daß einer der alten Propheten wie-
derauferstanden sei. 9Herodes sagte:
»Ich habe Jochanan enthaupten las-
sen, wer ist also der, von dem ich
ständig solche Dinge höre?« Und er
wollte ihn sehen.

10Bei ihrer Rückkehr erzählten die
Gesandten Jeschua bis ins einzelne,
was sie getan hatten. Dann nahm er
sie mit sich und zog sich in eine Stadt
namens Beht-Zaidah zurück. 11Doch
die Menge fand es heraus und folgte
ihm. Er hieß sie willkommen und
sprach weiter zu ihnen über das
Reich Gottes und heilte weiterhin
die, die der Heilung bedurften.

12Der Tag neigte sich dem Ende
zu. Die Zwölf kamen zu ihm und
sagten: »Schick die Menge fort, da-
mit sie gehen können und in den um-
liegenden Städten und Bauernhöfen
Herberge und Speise bekommen,
denn wir sind an einem entlegenen
Ort.« 13Aber er sagte zu ihnen:
»Gebt ihr ihnen etwas zu essen!« Sie
entgegneten: »Wir haben nur noch
fünf Brotlaibe und zwei Fische – es
sei denn, wir gehen selbst und kaufen
Essen für alle diese Menschen!« 14(Es
waren aber an die fünftausend Män-
ner.) Er sagte zu seinen *Talmidim*:
»Laßt sie sich in Gruppen zu fünfzig
setzen.« 15Sie taten, was er sie geheiß-
en hatte, und ließen sie sich alle nie-
dersetzen. 16Dann nahm er die fünf
Laibe und die zwei Fische, sah hinauf
zum Himmel, machte eine *Berachah*,
brach die Laibe und begann, sie den
Talmidim zu geben, damit diese sie
an die Menge austeilten. 17Jeder aß,
soviel er wollte; und sie sammelten
ein, was übriggeblieben war, zwölf
Körbe voller Brocken.

18Einmal, als Jeschua für sich allein
betete, waren seine *Talmidim* bei
ihm; und er fragte sie: »Wer sagen die
Leute, daß ich sei?« 19Sie antworte-
ten: »Jochanan der Eintaucher; ande-
re sagen Elijahu, und wieder andere,
daß einer der alten Propheten aufer-
standen sei.« 20»Aber ihr«, sagte er
zu ihnen, »wer sagt ihr, daß ich sei?«
Kefa antwortete: »Der *Maschiach*
Gottes!« 21Doch er ermahnte sie und
gebot ihnen, das niemandem zu sa-
gen, 22und fügte hinzu: »Der Sohn
des Menschen muß viel Leid erdul-
den und von den Ältesten, den
Haupt-*Kohanim* und den *Torah*leh-
rern verworfen werden; und er muß
hingerichtet werden; doch am drit-
ten Tag muß er zum Leben aufer-
weckt werden.«

23Dann sagte er zu allen: »Wenn
jemand mir nachkommen möchte,
so sage er ›Nein‹ zu sich selbst, neh-
me täglich seinen Hinrichtungspfahl
auf sich und folge mir unbeirrt nach.
24Denn wer immer sein Leben zu

retten versucht, wird es zerstören,
doch wer immer sein Leben zerstört
um meinetwillen, wird es retten.
25Was wird es einem Menschen nüt-
zen, wenn er die ganze Welt ge-
winnt, aber sein Leben zerstört oder
verwirkt? 26Denn wenn jemand sich
meiner und dessen, was ich rede,
schämt, dessen wird sich der Sohn
des Menschen schämen, wenn er
kommt in seiner Herrlichkeit und
der des Vaters und der heiligen En-
gel. 27Ich sage euch die Wahrheit:
Hier stehen Menschen, die werden
den Tod nicht erfahren, bis sie das
Reich Gottes sehen.«

28Etwa eine Woche, nachdem Je-
schua diese Dinge gesagt hatte, nahm
er Kefa, Jochanan und Ja-akov mit
sich und ging hinauf ins Hügelland,
um zu beten. 29Während er betete,
änderte sich das Aussehen seines Ge-
sichts, und seine Kleidung wurde
strahlend weiß. 30Plötzlich sprachen
zwei Männer mit ihm – Mosche und
Elijahu! 31Sie erschienen in herrli-
chem Strahlen und sprachen von sei-
nem Ausgang, den er schon bald in
Jeruschalajim vollenden sollte. 32Ke-
fa und die mit ihm hatten fest ge-
schlafen; doch als sie erwacht waren,
sahen sie seine Herrlichkeit und die
beiden Männer, die bei ihm standen.
33Als die Männer Jeschua verließen,
sagte Kefa zu ihm, ohne zu wissen,
was er da sagte: »Es ist gut, daß wir
hier sind, Rabbi! Laß uns drei
Schutzhütten aufstellen – eine für
dich, eine für Mosche und eine für
Elijahu.« 34Während er sprach, kam
eine Wolke und umschloß sie. Sie
waren sehr erschrocken, als sie in die
Wolke hineingingen; 35und eine
Stimme kam aus der Wolke und sag-
te: »Dieser ist mein Sohn, den ich er-
wählt habe. Hört auf ihn!« 36Als die
Stimme sprach, war Jeschua wieder
allein. Sie schwiegen – zu der Zeit er-
zählten sie niemandem, was sie gese-
hen hatten.

37Am nächsten Tag, als sie aus
dem Hügelland herabkamen, kam
ihnen eine große Menge entgegen.
38Plötzlich rief ein Mann in der
Menge: »Rabbi! Sieh meinen Sohn,
ich bitte dich, denn er ist mein einzi-
ges Kind! 39Folgendes geschieht: Ein
Geist packt ihn, und plötzlich stößt
er einen Schrei aus und wirft ihn in
Krämpfe mit Schaum vor dem
Mund; und er läßt ihn kaum wieder
los. Er vernichtet ihn! 40Ich bat dei-
ne *Talmidim*, den Geist auszutrei-
ben, aber sie konnten es nicht!«
41»Verkehrtes Volk, ohne jedes Ver-
trauen!« antwortete Jeschua. »Wie
lange muß ich noch bei euch sein
und euch ertragen? Bring deinen
Sohn her.« 42Noch als der Junge zu
ihm kam, schleuderte der Dämon

Berachah – Segnung
Beht-Zaidah – Betsaida
Elijahu – Elia
Ja-akov – Jakob
Jeruschalajim – Jerusalem
Jeschua – Jesus
Jochanan – Johannes
Jochanan der Eintaucher – Johannes der Täufer
Kefa – Petrus
Kohanim – Priester (pl.)
Maschiach – Messias
Mosche – Mose
Talmidim – Jünger (pl.)
Torahlehrer – Schriftgelehrter

ihn auf den Boden und warf ihn in
einen Anfall. Doch Jeschua schalt
den unreinen Geist, heilte den Jun-
gen und gab ihn seinem Vater zu-
rück. 43Alle waren zutiefst verwun-
dert über die Größe Gottes.

Während sie sich noch wunderten
über alles, was Jeschua tat, sagte er
zu seinen *Talmidim*: 44»Hört genau
zu, was ich euch sagen werde. Der
Sohn des Menschen wird bald in die
Hände der Menschen verraten wer-
den.« 45Aber sie verstanden nicht,
was er damit meinte. Es war vor ih-
nen verborgen worden, damit sie
seine Bedeutung nicht verstanden,
und sie scheuten sich, ihn danach zu
fragen.

46Unter den *Talmidim* entstand
ein Streit darüber, wer von ihnen
der Größte sei. 47Doch Jeschua, der
die Gedanken ihrer Herzen kannte,
nahm ein Kind, stellte es neben sich
48und sagte zu ihnen: »Wer immer
dieses Kind in meinem Namen auf-
nimmt, nimmt mich auf, und wer
immer mich aufnimmt, nimmt den
auf, der mich gesandt hat. Mit ande-
ren Worten, wer unter euch allen
der Geringste ist – das ist der, der
groß ist.« 49Jochanan antwortete:
»Rabbi, wir haben jemanden in dei-
nem Namen Dämonen austreiben
sehen; und wir hinderten ihn, weil
er dir nicht mit uns zusammen
folgt.« 50Jeschua sagte zu ihm:
»Hindert solche Leute nicht, denn
wer immer nicht gegen euch ist, ist
für euch.«

51Als die Zeit für ihn kam, in den
Himmel aufgenommen zu werden,
beschloß er, sich auf den Weg nach
Jeruschalajim zu machen. 52Er sand-
te Boten voraus, die gingen und gin-
gen hinein in ein Dorf in Schomron,
um Vorbereitungen für ihn zu tref-
fen. 53Doch die Leute dort wollten
ihn nicht bleiben lassen, weil er nach
Jeruschalajim zog. 54Als die *Talmi-
dim* Ja-akov und Jochanan das sa-
hen, sagten sie: »Lieber Herr, willst
du, daß wir **Feuer vom Himmel
herabrufen**, sie **zu vernichten**?«[s]
55Doch er wandte sich um und wies
sie zurecht.[t] 56Und sie gingen in ein
anderes Dorf.

57Als sie auf der Straße entlangzo-
gen, sagte ein Mann zu ihm: »Ich
werde dir folgen, wo immer du hin-
gehst.« 58Jeschua antwortete ihm:
»Die Füchse haben Höhlen, und die
Vögel, die herumfliegen, haben Ne-
ster, doch der Sohn des Menschen
hat kein eigenes Haus.« 59Zu einem
anderen sagte er: »Folge mir nach!«,
doch der Mann antwortete: »Lieber
Herr, laß mich zuerst gehen und
meinen Vater begraben.« 60Jeschua
antwortete: »Laß die Toten selbst
ihre Toten begraben; du geh und
verkünde das Reich Gottes!«
61Noch ein anderer sagte: »Ich will
dir folgen, lieber Herr, aber ich will
mich noch von meinen Leuten zu
Hause verabschieden.« 62Zu ihm
sagte Jeschua: »Niemand, der seine
Hand an den Pflug legt und zurück-

s 2. Kön 1,9–16

t In manchen Handschriften folgen die Verse 55b–56a: … und er sagte: »Ihr wißt nicht, wes Geistes Kinder ihr seid; 56denn der Sohn des Menschen ist nicht gekommen, das Leben der Menschen zu vernichten, sondern es zu retten.«

schaut, ist geeignet, im Reich Gottes
zu dienen.«

10 1Danach ernannte der Herr
siebzig andere *Talmidim*
und sandte sie paarweise voraus in
jede Stadt und an jeden Ort, an den
er selbst im Begriff war zu gehen.
2Er sagte zu ihnen: »Ihr könnt ge-
wiß sein, daß es eine reiche Ernte
geben wird. Doch es sind nur weni-
ge Arbeiter. Deshalb bittet den
Herrn der Ernte, daß er rasch Ar-
beiter aussendet, seine Ernte einzu-
bringen. 3Geht jetzt, aber seid wach-
sam! Ich sende euch wie Lämmer
unter Wölfe. 4Nehmt keinen Geld-
gürtel und keinen Rucksack mit,
und bleibt nicht stehen, um mit den
Leuten auf der Straße ein *Schmuhs*
zu halten.

5Wann immer ihr in ein Haus hin-
eingeht, sagt zuerst ›Schalom‹ zur
Hausgemeinde. 6Wenn einer da ist,
der *Schalom* sucht, wird euer ›*Scha-
lom*‹ seine Ruhe bei ihm finden; und
wenn keiner da ist, wird er zu euch
zurückkehren. 7Bleibt in diesem
Haus, eßt und trinkt, was sie euch
anbieten, denn ein Arbeiter verdient
seinen Lohn – zieht nicht von Haus
zu Haus.

8Wann immer ihr in eine Stadt
kommt, in der man euch aufnimmt,
eßt, was euch vorgesetzt wird.
9Heilt die Kranken dort und sagt ih-
nen: ›Das Reich Gottes ist nahe.‹
10Doch wann immer ihr in eine
Stadt kommt und man nimmt euch
nicht auf, geht hinaus in ihre Straßen
und sagt: 11›Noch den Staub eurer
Straßen, der an unseren Füßen
klebt, streifen wir ab als ein Zeichen
gegen euch! Doch versteht dies: das
Reich Gottes ist nahe!‹ 12Ich sage
euch, es wird Sedom am Tag des
Gerichts erträglicher ergehen als
dieser Stadt.

13Wehe über dich, Korazin! Wehe
über dich, Beht-Zaidah! Wenn die
Wunder, die in euch getan wurden,
in Zor und Zidon getan worden wä-
ren, hätten sie längst Sackleinen und
Asche angelegt als Beweis dafür, daß
sie ihre Wege geändert haben.
14Doch ich sage euch, es wird Zor
und Zidon am Tag des Gerichts er-
träglicher gehen als euch!

15Und du, Kefar-Nachum, wirst
du **in den Himmel erhöht werden?
Nein, du wirst hinabgeworfen
werden in die Scheol!**[u]

16Wer immer euch hört, hört
mich, und wer immer euch zurück-
weist, weist mich zurück, und wer
immer mich zurückweist, weist den
zurück, der mich gesandt hat.«

u Jes 14,13.15

Beht-Zaidah – Betsaida
Ja-akov – Jakob
Jeruschalajim – Jerusalem
Jeschua – Jesus
Jochanan – Johannes
Kefar-Nachum – Kapernaum
Korazin – Chorazin
Schalom – Friede
Scheol – Hades, Hölle
Schmuhs – Schwätzchen
Schomron – Samaria
Sedom – Sodom
Talmidim – Jünger (pl.)
Zidon – Sidon
Zor – Tyrus

17Die Siebzig kamen jubelnd zurück. »Herr«, sagten sie, »mit deiner Macht unterwerfen sich uns sogar die Dämonen!« 18Jeschua sagte zu ihnen: »Ich sah Satan wie einen Blitz vom Himmel fallen. 19Erinnert euch, ich habe euch Vollmacht gegeben; so könnt ihr nun Schlangen und Skorpione, ja, alle Heere des Feindes zertreten; und euch wird kein Leid geschehen. 20Doch seid nicht froh, daß die Geister sich euch unterwerfen; seid froh, daß eure Namen im Himmel verzeichnet sind.«

21In diesem Augenblick wurde er durch den *Ruach Ha Kodesch* mit Freude erfüllt und sagte: »Vater, Herr des Himmels und der Erde, ich danke dir, daß du diese Dinge vor denen, die sich etwas auf ihre Klugheit zugute tun, und vor den Gebildeten verborgen und sie dem einfachen Volk offenbart hast. Ja, Vater, ich danke dir, daß es dir gefallen hat, das zu tun.

22»Mein Vater hat alles in meine Hände gelegt. Wahrhaftig, niemand kennt den Sohn wirklich außer dem Vater, und niemand kennt den Vater wirklich außer dem Sohn und denen, denen der Sohn ihn offenbaren möchte.« 23Dann wandte er sich an die *Talmidim* und sagte zu ihnen allein: »Wie gesegnet sind die Augen, die sehen, was ihr seht! 24Wahrhaftig, ich sage euch, daß viele Propheten und Könige die Dinge sehen wollten, die ihr seht, aber sie sahen sie nicht, und die Dinge hören wollten, die ihr hört, aber sie hörten sie nicht.«

25Ein *Torah*kenner stand auf und versuchte, ihm eine Falle zu stellen, indem er fragte: »Rabbi, was soll ich tun, um das ewige Leben zu erwerben?« 26Doch Jeschua sagte zu ihm: »Was steht geschrieben in der *Torah*? Wie liest du es?« 27Er antwortete: »**Du sollst *Adonai,* deinen Gott, lieben mit deinem ganzen Herzen, mit deiner ganzen Seele, mit deiner ganzen Kraft** und mit deinem ganzen Verstand; und **deinen Nächsten wie dich selbst.**«[v] 28»Das ist die richtige Antwort«, sagte Jeschua. »Tu das, und du wirst das Leben haben.«

29Doch er, der sich rechtfertigen wollte, sagte zu Jeschua: »Und wer ist mein ›**Nächster**‹?« 30Jeschua nahm die Frage auf und antwortete: »Ein Mann ging von Jeruschalajim nach Jericho, als er von Räubern überfallen wurde. Sie zogen ihn nackt aus und schlugen ihn und gingen dann fort und ließen ihn halbtot liegen. 31Zufällig kam ein *Kohen* die Straße entlang; doch als er ihn sah, ging er auf der anderen Seite an ihm vorbei. 32Ebenso ging ein *Levi*, der an den Ort kam und ihn sah, auf der anderen Seite vorbei.

33Doch ein Mann aus Schomron, der auf Reisen war, stieß auf ihn; und als er ihn sah, wurde er von Mitleid erfüllt. 34So ging er zu ihm hin, tat Öl und Wein auf seine Wunden und verband sie. Dann setzte er ihn auf seinen Esel, brachte ihn zu einem Gasthaus und sorgte für ihn. 35Am nächsten Tag nahm er den Lohn von zwei Tagen, gab ihn dem Wirt und sagte: ›Sieh nach ihm;

v Dtn 6,5; Lev 19,18

und wenn du mehr verbrauchst als
dies, werde ich es dir zurückzahlen,
wenn ich wiederkomme.‹ 36Wer von
diesen dreien scheint dir zum
›**Nächsten**‹ des Mannes, der unter
Räuber fiel, geworden zu sein?«
37Er antwortete: »Der, der ihm
Barmherzigkeit erwies.« Jeschua
entgegnete ihm: »Geh und tu, wie er
getan hat.«
38Auf ihrem Weg kamen Jeschua
und seine Talmidim zu einem
Dorf, wo eine Frau namens Marta
sie in ihr Haus aufnahm. 39Sie hat-
te eine Schwester namens Mirjam,
die sich ebenfalls dem Herrn zu
Füßen setzte und hörte, was er zu
sagen hatte. 40Marta aber machte
sich eifrig zu schaffen mit der vie-
len Arbeit, die anstand; deshalb
ging sie zu ihm hin und sagte:
»Lieber Herr, kümmert es dich gar
nicht, daß meine Schwester alle
Arbeit einfach mir überlassen
hat?« 41Doch der Herr antwortete
ihr: »Marta, Marta, du grämst und
sorgst dich um so viele Dinge!
42Doch es gibt nur eines, das we-
sentlich ist. Mirjam hat das richtige
Teil erwählt, und es wird ihr nicht
genommen werden.«

11 1Einmal betete Jeschua an ei-
nem bestimmten Ort. Als er
fertig war, sagte einer der *Talmidim*
zu ihm: »Lieber Herr, lehre uns zu
beten, so wie Jochanan es seine *Tal-
midim* lehrte.« 2Er sagte zu ihnen:
»Wenn ihr betet, sprecht:

›Vater,
Dein Name werde geheiligt.
Dein Reich komme.
3Gib uns jeden Tag das Essen, das
wir brauchen.
4Vergib uns unsere Sünden, denn
auch wir vergeben jedem, der uns
Unrecht getan hat.
Und führe uns nicht in schwere
Prüfung.‹«

5Er sagte auch zu ihnen: »Ange-
nommen, einer von euch hat einen
Freund; und ihr geht mitten in der
Nacht zu ihm und sagt zu ihm:
›Freund, leihe mir drei Laibe Brot,
6denn ein Freund von mir, der auf
Reisen war, ist soeben in meinem
Haus angekommen, und ich habe
nichts zu essen für ihn.‹ 7Nun sagt
der drinnen vielleicht: ›Belästige
mich nicht! Die Tür ist bereits abge-
schlossen, meine Kinder sind auch
zu Bett gegangen – ich kann nicht
aufstehen und dir etwas geben!‹ 8Ich
aber sage euch, selbst wenn er nicht
aufsteht, weil der Mann sein Freund
ist, so wird er doch aufstehen wegen
der *Chuzpah* des Mannes und ihm
geben, soviel er braucht.
9Außerdem sage ich euch: Bittet
ohne Unterlaß, und es wird euch ge-

Adonai – der HERR, Jahwe
Chuzpah – Dreistigkeit
Jeruschalajim – Jerusalem
Jeschua – Jesus
Jochanan – Johannes
Kohen – Priester (sg.)
Levi – Levit
Mirjam – Miriam, Maria
Ruach Ha Kodesch – Heiliger Geist
Satan – der Widersacher, Ankläger, Teufel
Schomron – Samaria
Talmidim – Jünger (pl.)
Torah – Weisung, Lehre, das »Gesetz«, der Pentateuch (die 5 Bücher Mose)

geben werden; sucht ohne Unterlaß,
und ihr werdet finden; klopft an oh-
ne Unterlaß, und die Tür wird euch
geöffnet werden. 10Denn jeder, der
nicht aufhört zu bitten, wird erhal-
ten; wer nicht aufhört zu suchen,
wird finden; und wer nicht aufhört
anzuklopfen, dem wird die Tür ge-
öffnet werden.

11Ist da ein Vater, der, wenn sein
Sohn ihn um einen Fisch bittet, ihm
statt des Fisches eine Schlange gibt?
12Oder der ihm, wenn er um ein Ei
bittet, einen Skorpion gibt? 13Wenn
also ihr, obgleich ihr schlecht seid,
euren Kindern Gaben zu geben wißt,
die gut sind, um wieviel mehr wird
der Vater denen immer wieder den
Ruach Ha Kodesch vom Himmel ge-
ben, die ihn bitten ohne Unterlaß!«

14Er trieb einen Dämon aus, der
stumm war. Als der Dämon heraus-
gefahren war, sprach der Mann, der
stumm gewesen war; und die Leute
waren erstaunt. 15Doch einige von
ihnen sagten: »Er treibt die Dämo-
nen durch Ba-al Sibul, den Herr-
scher der Dämonen, aus.« 16Und an-
dere, die ihm eine Falle stellen
wollten, erbaten ein Zeichen vom
Himmel von ihm. 17Doch er, der
wußte, was sie dachten, sagte zu ih-
nen: »Jedes Reich, das in sich selbst
entzweit ist, wird zugrundegehen,
so daß ein Haus über das andere
fällt. 18Wenn also der Widersacher
in sich selbst entzweit ist, wie kann
sein Reich dann bestehen? Ich frage,
weil ihr behauptet, daß ich die Dä-
monen durch Ba-al Sibul austreibe.
19Wenn ich Dämonen durch Ba-al
Sibul austreibe, durch wen treiben
eure Leute sie dann aus? So werden
sie eure Richter sein! 20Wenn ich
aber Dämonen durch **den Finger
Gottes**[w] austreibe, dann ist das
Reich Gottes zu euch gekommen!

21Wenn ein starker Mann, der be-
stens zur Schlacht gerüstet ist, sein
Haus bewacht, ist sein Besitz sicher.
22Doch wenn ein Stärkerer ihn an-
greift und besiegt, bringt der alle
Waffen und Rüstung, auf die sich
der Mann verließ, fort und verteilt
die Beute. 23Wer nicht mit mir ist, ist
gegen mich, und wer nicht mit mir
sammelt, zerstreut.

24Wenn ein unreiner Geist aus ei-
nem Menschen herauskommt,
durchstreift er auf der Suche nach
Ruhe ödes Land. Und wenn er kei-
ne findet, spricht er zu sich selbst:
›Ich will zurückkehren in das Haus,
das ich verlassen habe.‹ 25Wenn er
ankommt, findet er das Haus sauber
gefegt und aufgeräumt vor. 26Dann
geht er und bringt mit sich sieben
andere Geister, die böser sind als er
selbst, und sie kommen und nehmen
dort Wohnung – so daß der Mensch
am Ende schlimmer dran ist, als er
es zuvor war.«

27Als Jeschua diese Dinge sagte,
erhob eine Frau in der Menge ihre
Stimme und rief: »Wie gesegnet ist
die Mutter, die dich geboren und
dich an ihrer Brust genährt hat!«
28Doch er sagte: »Weit mehr geseg-
net sind die, die das Wort Gottes
hören und ihm gehorchen!«

29Während die Menschen sich um
ihn drängten, fuhr Jeschua fort:

w Ex 31,18

»Diese Generation ist eine böse Ge-
neration! Sie bittet um ein Zeichen,
doch ihr wird kein Zeichen gegeben
werden – bis auf das Zeichen von Jo-
na! 30Denn so wie Jona zum Zeichen
für die Leute von Ninive wurde, so
wird der Sohn des Menschen es für
diese Generation werden. 31Die Kö-
nigin des Südens wird im Gericht mit
den Menschen dieser Generation
aufstehen und sie verurteilen, denn
sie kam von den Enden der Erde, um
die Weisheit Schlomos zu hören, und
was jetzt hier ist, ist größer als Schlo-
mo. 32Die Leute von Ninive werden
im Gericht mit dieser Generation
aufstehen und sie verurteilen, denn
sie wandten sich von ihren Sünden
zu Gott, als Jona predigte, und was
jetzt hier ist, ist größer als Jona.

33Niemand, der eine Lampe ange-
zündet hat, versteckt sie oder stellt
sie unter eine Schale; er stellt sie viel-
mehr auf einen Leuchter, so daß die,
die hereinkommen, ihr Licht sehen.
34Die Lampe eures Leibes ist das Au-
ge. Wenn du also ein ›gutes Auge‹
hast [d.h., wenn du großzügig bist],
wird dein ganzer Leib voller Licht
sein; aber wenn du ein ›böses Auge‹
hast [d. h., wenn du geizig bist], wird
dein ganzer Leib voller Finsternis
sein. 35So achte darauf, daß das Licht
in dir nicht Finsternis ist! 36Wenn
dann dein ganzer Leib mit Licht er-
füllt ist, ohne jeden dunklen Bereich,
wird er ganz erhellt sein, als ob eine
helle Lampe auf dich scheint.«

37Noch während Jeschua sprach,
bat ihn ein *Parusch*, mit ihm zu
Abend zu essen; so ging er hinein
und nahm seinen Platz am Tisch ein;
38und der *Parusch* war überrascht,
daß er begann, ohne die *Netilat Ja-
dajim* vor dem Essen zu vollziehen.
39Doch der Herr sagte zu ihm:
»Nun, ihr *Peruschim*, ihr reinigt die
Außenseite des Bechers und der
Schüssel; doch innen seid ihr voller
Räuberei und Bosheit. 40Narren!
Hat nicht der, der das Außen mach-
te, auch das Innen gemacht? 41Gebt
als Almosen, was darin ist, und dann
wird euch alles rein sein!

42Doch wehe euch *Peruschim*! Ihr
zahlt eure Zehnten von Minze und
Raute und von allen Gartenkräu-
tern, aber ihr mißachtet Gerechtig-
keit und die Liebe Gottes. Es ist eu-
re Aufgabe, diese Dinge zu tun –
ohne dabei die anderen zu lassen!

43Wehe euch *Peruschim*, denn ihr
liebt die besten Plätze in den Syn-
agogen, und ihr liebt es, ehrfürchtig
gegrüßt zu werden auf den Markt-
plätzen!

44Wehe euch, denn ihr seid wie
nicht gekennzeichnete Gräber, über
die die Menschen hinweggehen, oh-
ne es zu wissen.«

45Einer der Kenner der *Torah* ant-
wortete ihm: »Rabbi, indem du die-
se Dinge sagst, beleidigst du auch
uns.« 46Jeschua sagte: »Wehe auch

Ba-al Sibul – Beelzebul, Beelzebub (Satan)
Jeschua – Jesus
Netilat Jadajim – rituelle Handwaschung
Parusch – Pharisäer (sg.)
Peruschim – Pharisäer (pl.)
Ruach Ha Kodesch – Heiliger Geist
Schlomo – Salomo
Torah – Weisung, Lehre, das »Gesetz«, der Pentateuch (die 5 Bücher Mose)
Torahlehrer – Schriftgelehrter

euch *Torah*kennern! Ihr legt den
Menschen Lasten auf, die sie kaum
tragen können, und rührt selbst kei-
nen Finger, ihnen zu helfen!
47Wehe euch! Ihr baut Gräber
zum Gedächtnis der Propheten,
aber eure Väter haben sie ermordet!
48So bezeugt ihr, daß ihr einverstan-
den mit dem seid, was eure Väter ta-
ten – sie übernahmen das Töten, ihr
das Bauen! 49Deshalb sagte die
Weisheit Gottes: ›Ich will ihnen
Propheten und Gesandte schicken;
sie werden einige töten und andere
verfolgen‹; 50so daß diese Genera-
tion die Verantwortung tragen wird
für das Blut aller Propheten, das
vergossen wurde seit der Erschaf-
fung der Welt, 51vom Blut Hevels
bis zum Blut Secharjahs, der zwi-
schen Altar und dem Heiligtum
umgebracht wurde. Ja, ich sage
euch, die Verantwortung dafür wird
diese Generation tragen!
52Wehe euch *Torah*kennern!
Denn ihr habt den Schlüssel des
Wissens gestohlen! Nicht nur seid
ihr selbst nicht hineingegangen, ihr
habt auch diejenigen, die hineinge-
hen wollten, daran gehindert!«
53Als Jeschua diesen Ort verließ,
fingen die *Torah*lehrer und *Peru-
schim* an, sich ihm erbittert zu wi-
dersetzen und ihn zu provozieren,
über alles mögliche seine Ansichten
zu hören, 54und sie stellten ihm Fal-
len, um ihn mit etwas, was er dabei
sagte, zu fangen.

12 1In der Zwischenzeit, als sich
eine Menge von Zehntausen-
den so eng zusammengedrängt hat-
te, daß sie einander gegenseitig nie-
dertrampelten, wandte Jeschua sich
zuerst an seine *Talmidim*: »Hütet
euch vor dem *Chamez* der *Peru-
schim*, damit meine ich ihre Heu-
chelei. 2Es ist nichts zugedeckt, das
nicht aufgedeckt sein wird, oder
verborgen, das nicht bekannt wer-
den wird. 3Was ihr gesprochen habt
in der Finsternis, wird gehört wer-
den im Licht, und was ihr geflüstert
habt hinter verschlossenen Türen,
wird verkündet von den Hausdä-
chern.
4Meine Freunde, ich sage euch:
Fürchtet nicht die, die den Leib tö-
ten, aber dann nichts mehr haben,
was sie tun können. 5Ich will euch
zeigen, wen ihr fürchten sollt: Fürch-
tet ihn, der, wenn er euch getötet hat,
die Vollmacht hat, euch in die Geh-
Hinnom zu werfen! Ja, ich sage euch,
dieser ist zum Fürchten! 6Werden
nicht Spatzen für fast gar nichts ver-
kauft, fünf für zwei Assarions? Und
doch hat Gott nicht einen von ihnen
vergessen. 7So ist jedes Haar auf eu-
rem Kopf gezählt! Habt keine Angst,
ihr seid mehr wert als viele Spatzen.
8Außerdem sage ich euch, wer im-
mer sich in der Gegenwart anderer
zu mir bekennt, zu dem wird sich
der Sohn des Menschen bekennen in
der Gegenwart der Engel Gottes.
9Doch wer immer mich vor anderen
verleugnet, wird vor Gottes Engeln
verleugnet werden. 10So wird auch
jedem, der etwas gegen den Sohn des
Menschen sagt, vergeben werden,
doch wer immer den *Ruach Ha Ko-
desch* gelästert hat, dem wird nicht
vergeben werden.

[11]Wenn sie euch vor die Synagogen
und die herrschenden Mächte und
die Autoritäten bringen, sorgt euch
nicht, wie ihr euch verteidigen oder
was ihr sagen werdet; [12]denn wenn
die Zeit kommt, wird euch der *Ru-
ach Ha Kodesch* lehren, was ihr sa-
gen müßt.«

[13]Jemand in der Menge sagte zu
ihm: »Rabbi, sag meinem Bruder,
daß er den Besitz, den wir geerbt
haben, mit mir teilt.« [14]Doch Je-
schua antwortete ihm: »Mein
Freund, wer hat mich zum Richter
oder Schiedsrichter über euch er-
nannt?« [15]Dann sagte er zu den
Leuten: »Hütet euch sorgfältig vor
allen Formen der Habgier, denn
auch wenn jemand reich ist, besteht
sein Leben doch nicht in dem, was
er besitzt.« [16]Und er erzählte ihnen
folgendes Beispiel: »Es war ein
Mann, dessen Land sehr fruchtbar
war. [17]Er sprach zu sich selbst: ›Was
soll ich tun? Ich habe nicht genug
Raum für meine ganze Ernte.‹ [18]Da
sagte er: ›Ich will folgendes tun: Ich
werde alle meine Scheunen einrei-
ßen und größere bauen, und ich
werde meinen ganzen Weizen und
die anderen Güter darin aufbewah-
ren. [19]Dann werde ich zu mir selbst
sagen: Du bist ein glücklicher
Mann! Du hast einen reichen Wa-
renvorrat angelegt, der viele Jahre
reichen wird. Nimm es von jetzt an
leicht! Iß! Trink! Freu dich!‹ [20]Doch
Gott sprach zu ihm: ›Du Narr!
Noch diese Nacht wirst du sterben!
Und die Dinge, die du vorbereitet
hast – wem werden sie gehören?‹
[21]So wird es jedem ergehen, der
Reichtum für sich anhäuft, ohne
reich vor Gott zu sein.«

[22]Zu seinen *Talmidim* sagte Je-
schua: »Deshalb sage ich euch: Sorgt
euch nicht um euer Leben – was ihr
essen oder trinken sollt; oder um eu-
ren Leib – was ihr anziehen sollt.
[23]Denn das Leben ist mehr als die
Speise und der Leib mehr als die
Kleidung. [24]Denkt an die Raben! Sie
säen weder noch ernten sie, sie haben
weder Vorratskammern noch
Scheunen, und Gott ernährt sie
doch. Ihr seid sehr viel mehr wert als
die Vögel! [25]Kann einer von euch
durch Sorge seinem Leben auch nur
eine Stunde hinzufügen? [26]Wenn ihr
nicht einmal eine Kleinigkeit wie
diese tun könnt, was sorgt ihr euch
um das übrige? [27]Denkt an die Felder
wilder Lilien und wie sie wachsen.
Sie arbeiten weder noch spinnen den
Faden, aber ich sage euch, daß nicht
einmal Schlomo in all seiner Herr-
lichkeit so schön gekleidet war wie
eine von diesen. [28]Wenn Gott so das
Gras auf dem Feld kleidet, das heute
auf dem Feld steht und morgen in
den Ofen geworfen wird, wieviel
mehr wird er euch kleiden! Wie we-
nig Vertrauen ihr habt!

Chamez – Sauerteig
Geh-Hinnom – Gehenna, Hölle
Hevel – Abel
Jeschua – Jesus
Peruschim – Pharisäer (pl.)
Ruach Ha Kodesch – Heiliger Geist
Schlomo – Salomo
Secharjah – Secharja
Talmidim –Jünger (pl.)
Torah – Weisung, Lehre, das »Gesetz«, der Pentateuch (die 5 Bücher Mose)

29 Mit anderen Worten, müht
euch nicht ab darum, was ihr essen
und was ihr trinken werdet – sorgt
euch nicht. 30 Denn alle Heiden in
der Welt hängen ihr Herz an diese
Dinge. Euer Vater weiß, daß auch
ihr sie braucht. 31 Sucht vielmehr
sein Reich; und diese Dinge wer-
den euch ebenfalls gegeben wer-
den. 32 Hab keine Angst, du kleine
Herde, denn euer Vater hat be-
schlossen, euch das Reich zu ge-
ben! 33 Verkauft, was euch gehört,
und tut *Zedakah* – macht euch
Börsen, die nicht leer werden,
schafft euch Reichtümer im Him-
mel, die niemals vergehen, wo kein
Räuber hinkommt, keine Motten
ihr Zerstörungswerk tun. 34 Denn
wo euer Reichtum ist, da wird
auch euer Herz sein.

35 Seid angekleidet zur Tat und
zum Handeln, und haltet eure Lam-
pen angezündet bereit, 36 wie Men-
schen, die nach einem Hochzeitsfest
auf die Rückkehr ihres Herrn war-
ten; so daß sie, wenn er kommt und
klopft, ohne Verzug die Tür für ihn
öffnen. 37 Glücklich die Sklaven, die
ihr Herr wach findet, wenn er
kommt! Ja! Ich sage euch, er wird
seine Arbeitskleider anlegen, sie am
Tisch Platz nehmen lassen und sie
selbst bedienen! 38 Ob es spät in der
Nacht ist oder früh am Morgen,
wenn er sie so findet, sind jene Skla-
ven glücklich.

39 Doch merkt euch: Kein Haus-
besitzer würde es zulassen, daß man
in sein Haus einbricht, wenn er
wüßte, wann der Dieb kommt.
40 Seid auch ihr bereit! Denn der
Sohn des Menschen wird kommen,
wenn ihr ihn nicht erwartet.«

41 Kefa sagte: »Lieber Herr, er-
zählst du dieses Gleichnis nur zu
unserem Besten oder für jeder-
mann?« 42 Der Herr entgegnete:
»*Nu*, wer ist der treue und kluge
Verwalter, den sein Herr über das
Hausgesinde setzt, damit er ihnen
zur rechten Zeit ihren Anteil der
Speise gibt? 43 Es wird diesem
Knecht gutgehen, wenn man ihn
bei seiner Arbeit findet, wenn sein
Herr kommt. 44 Ja, ich sage euch,
daß er ihn über seinen ganzen Be-
sitz setzen wird. 45 Doch wenn der
Knecht zu sich selbst spricht:
›Mein Herr läßt sich Zeit zu kom-
men‹; und er fängt an, die Knechte
und Mägde zu schlagen und zu es-
sen und zu trinken und sich zu
berauschen; 46 dann wird sein Herr
an einem Tag kommen, an dem
der Knecht ihn nicht erwartet, zu
einer Zeit, die er nicht im voraus
weiß; und sein Herr wird ihn ent-
zweischneiden und zu den Un-
treuen werfen. 47 Der Knecht aber,
der weiß, was sein Herr will, doch
es nicht vorbereitet und nicht nach
seinem Willen handelt, wird mit
vielen Schlägen ausgepeitscht wer-
den; 48 der hingegen, der tat, was
Schläge verdient, ohne es zu wis-
sen, wird nur wenige Schläge er-
halten. Von dem, dem viel gegeben
ist, wird viel verlangt – von jeman-
dem, dem die Leute viel anvertrau-
en, werden sie noch mehr erbitten.

49 Ich bin gekommen, Feuer an die
Erde zu legen! Und wie sehr wün-
sche ich, es wäre bereits entfacht!

50Ich muß eine Eintauchung über
mich ergehen lassen – wie schwer ist
mir zumute, bis es vorüber ist!
51Glaubt ihr, daß ich gekommen bin,
Frieden im Land zu bringen? Nicht
Frieden, sage ich euch, sondern Zwie-
tracht! 52Von jetzt an wird ein Haus
mit fünf Bewohnern gespalten sein,
drei gegen zwei, zwei gegen drei.

53Ein Vater wird entzweit sein
mit seinem Sohn und der **Sohn mit
dem Vater**,

eine Mutter mit der Tochter und
die **Tochter mit der Mutter**,

eine Schwiegermutter mit ihrer
Schwiegertochter und die **Schwie-
gertochter mit ihrer Schwieger-
mutter**.«[x]

54Dann sprach Jeschua zu der
Menge: »Wenn ihr seht, daß eine
Wolkenbank im Westen aufzieht,
sagt ihr sogleich, daß ein Regensturm
kommt; 55und wenn der Wind von
Süden kommt, sagt ihr, es wird eine
Hitzewelle kommen, und sie
kommt. 56Heuchler! Ihr wißt das
Aussehen der Erde und des Himmels
zu deuten – wie kommt es, daß ihr
diese gegenwärtige Zeit nicht deuten
könnt? 57Warum entscheidet ihr
nicht für euch selbst, welches der
richtige Weg ist, dem man folgen
soll? 58Wenn jemand einen Prozeß
gegen dich anstrengt, dann bemüh
dich zuerst, dich mit ihm zu einigen;
sonst wird er mit der Sache vor Ge-
richt gehen, und der Richter wird
dich dem Gerichtsvollzieher überge-
ben, und der Gerichtsvollzieher wird
dich ins Gefängnis werfen. 59Ich sage
dir, du wirst mit Sicherheit nicht wie-
der herauskommen, bis du nicht den
letzten Pfennig bezahlt hast.«

13 1Da kamen einige Leute, um
Jeschua von den Männern
aus dem Galil zu erzählen, die Pila-
tus hatte abschlachten lassen, als sie
gerade Tiere zur Opferung schlach-
teten. 2Seine Antwort an sie lautete:
»Glaubt ihr, daß diese Leute aus
dem Galil, weil sie so schrecklich
starben, schlimmere Sünder sind als
alle anderen im Galil? 3Nein, sage
ich euch. Wenn ihr euch nicht viel-
mehr von euren Sünden zu Gott
wendet, werdet ihr sterben wie sie!
4Oder was ist mit den achtzehn, die
starben, als der Turm von Schilo auf
sie fiel? Glaubt ihr, sie waren
schlimmere Verbrecher als alle an-
deren, die in Jeruschalajim leben?
5Nein, sage ich euch. Wenn ihr euch
nicht vielmehr von euren Sünden
abwendet, werdet ihr alle auf ähnli-
che Weise sterben.«

6Dann gab Jeschua ihnen folgen-
des Beispiel: »Ein Mann hatte einen
Feigenbaum in seinem Weinberg
gepflanzt, und er kam, nach Früch-
ten zu sehen, doch er fand keine. 7So

x Mi 7,6

Galil – Galiläa
Jeruschalajim – Jerusalem
Jeschua – Jesus
Kefa – Petrus
Nu – nun denn
Schiloach – Siloah
Zedakah – Gerechtigkeit, Mildtätigkeit, mildtätige Gabe

sagte er zu dem Mann, der den Weinberg bestellte: ›Sieh, ich bin jetzt drei Jahre lang gekommen, an diesem Feigenbaum nach Früchten zu sehen, ohne welche zu finden. Fälle ihn – warum soll er weiterhin den Boden aufbrauchen?‹ 8Doch er antwortete: ›Lieber Herr, laß ihn noch ein weiteres Jahr. Ich werde ihn umgraben und düngen. 9Wenn er nächstes Jahr Früchte trägt, schön und gut; wenn nicht, kannst du ihn dann immer noch fällen lassen.‹«

10Jeschua lehrte am *Schabbat* in einer der Synagogen. 11Es kam eine Frau, die einen bösen Geist hatte, der sie seit achtzehn Jahren verkrüppelt hatte; sie war zweifach gebunden und konnte nicht einmal aufrecht stehen. 12Als er sie sah, rief Jeschua sie herbei und sagte zu ihr: »Liebe Frau, du bist befreit von deiner Schwäche!« 13Er legte ihr seine Hände auf, und sogleich stand sie aufrecht da und begann, Gott zu verherrlichen.

14Doch der Vorsteher der Synagoge, der entrüstet war, daß Jeschua am *Schabbat* geheilt hatte, hob an und sagte zu der Versammlung: »Sechs Tage in der Woche sind zum Arbeiten bestimmt; also kommt in diesen Tagen, um geheilt zu werden, und nicht am *Schabbat*!« 15Der Herr aber entgegnete ihm: »Ihr Heuchler! Bindet nicht ihr alle am *Schabbat* euren Ochsen oder euren Esel los und führt ihn aus dem Stall zum Trinken? 16Diese Frau ist eine Tochter Avrahams, und der Widersacher hat sie achtzehn Jahre lang gebunden gehalten! Sollte sie nicht am *Schabbat* aus dieser Knechtschaft befreit werden?« 17Durch diese Worte beschämte Jeschua diejenigen, die sich ihm widersetzten; doch die übrigen aus der Menge waren glücklich über all die wunderbaren Dinge, die durch ihn geschahen.

18So fuhr er fort zu sprechen: »Wem gleicht das Reich Gottes? Womit werden wir es vergleichen? 19Es ist wie ein Senfsamen, den ein Mann nahm und in seinem Garten pflanzte, und es wuchs und wurde ein Baum, und die Vögel, die herumflogen, nisteten in seinen Zweigen.«

20Abermals sagte er: »Womit werde ich das Reich Gottes vergleichen? 21Es ist wie Sauerteig, den eine Frau nahm und mit einem Scheffel Mehl mischte und dann wartete, bis der ganze Schub Teig aufging.«

22Jeschua zog weiter durch eine Stadt nach der anderen und ein Dorf nach dem anderen und lehrte und ging seinen Weg nach Jeruschalajim. 23Jemand fragte ihn: »Werden nur wenige Menschen gerettet?« 24Er antwortete: »Kämpft darum, durch das schmale Tor einzugehen, denn – ich sage euch! – viele werden hineingehen wollen und werden es nicht können, 25wenn der Besitzer des Hauses erst einmal aufgestanden ist und die Tür geschlossen hat. Ihr werdet draußen stehen, an die Tür klopfen und sagen: ›Herr! Öffne uns!‹ Doch er wird antworten: ›Ich kenne euch nicht und weiß nicht, woher ihr kommt.‹ 26Dann werdet ihr sagen: ›Wir haben mit dir gegessen und getrunken! Du hast in unseren Straßen gelehrt!‹ 27Und er wird

zu euch sagen: ›Ich weiß nicht, wo-
her ihr seid. Weichet von mir, ihr
Handlanger der Bosheit!‹ 28Ihr wer-
det weinen und mit den Zähnen
knirschen, wenn ihr Avraham, Jiz-
chak, Ja-akov und alle die Prophe-
ten im Reich Gottes seht, ihr selbst
aber herausgeworfen werdet. 29Und
die Leute werden kommen aus dem
Osten, dem Westen, dem Norden
und dem Süden, zu sitzen am Tisch
im Reich Gottes. 30Und seht, daß
viele, die Letzte sind, Erste sein
werden, und viele, die Erste sind,
werden Letzte sein.«

31In diesem Augenblick kamen ein
paar *Peruschim* und sagten zu Je-
schua: »Geh hinaus, fort von hier,
denn Herodes will dich töten!« 32Er
entgegnete ihnen: »Geht, sagt die-
sem Fuchs: ›Paß auf: Heute und
morgen treibe ich Dämonen aus
und heile Menschen, und am dritten
Tag erreiche ich mein Ziel.‹ 33Den-
noch muß ich heute, morgen und
am nächsten Tag weiterziehen; denn
es ist undenkbar, daß ein Prophet an
einem anderen Ort als in Jeruschala-
jim stirbt.

34Jeruschalajim! Jeruschalajim!
Du tötest die Propheten! Du stei-
nigst die, die zu dir gesandt sind!
Wie oft wollte ich deine Kinder
sammeln, so wie eine Henne ihre
Küken unter ihre Flügel sammelt,
aber du wolltest nicht! 35Sieh! Gott
überläßt dir dein Haus. Ich sage dir,
du wirst mich nicht wiedersehen, bis
du sagst: ›**Gesegnet ist er, der
kommt im Namen von *Adonai*.**‹«[y]

y Ps 118,26

14 1Eines *Schabbat*s ging Je-
schua, im Haus eines der lei-
tenden *Peruschim* zu essen, und sie
beobachteten ihn ganz genau. 2Vor
ihm saß ein Mann, dessen Körper
war angeschwollen mit Flüssigkeit.
3Jeschua hob an und fragte die *To-
rah*kenner und *Peruschim*: »Erlaubt
die *Torah* das Heilen am *Schabbat*
oder nicht?« 4Doch sie entgegneten
nichts. Da nahm er ihn, heilte ihn
und schickte ihn fort. 5Zu ihnen sag-
te er: »Wer von euch wird, wenn ein
Sohn oder ein Ochse in einen Brun-
nen fällt, zögern, ihn am *Schabbat*
herauszuziehen?« 6Und auf diese
Dinge konnten sie keine Antwort
geben.

7Als Jeschua merkte, wie die Gäste
sich selbst die besten Plätze am
Tisch aussuchten, erzählte er ihnen
folgendes Gleichnis: 8»Wenn du bei
jemandem zum Hochzeitsfest ein-
geladen bist, setz dich nicht auf den
besten Platz; denn wenn noch ein
wichtigerer als du eingeladen ist,
9könnte der, der euch beide einlud,
kommen und zu dir sagen: ›Gib die-
sem Mann deinen Platz.‹ Dann wirst
du gedemütigt werden, wenn du
gehst, den unwichtigsten Platz ein-
zunehmen. 10Wenn du also eingela-

Adonai – der HERR, Jahwe
Avraham – Abraham
Ja-akov – Jakob
Jeruschalajim – Jerusalem
Jeschua – Jesus
Jizchak – Isaak
Peruschim – Pharisäer (pl.)
Schabbat – der Sabbat
Torah – Weisung, Lehre, das »Gesetz«, der Pentateuch (die 5 Bücher Mose)

den bist, geh und setz dich auf den unwichtigsten Platz; so daß, wenn der kommt, der dich einlud, zu dir sagen wird: ›Geh hinauf an einen besseren Platz.‹ Dann wirst du vor allen, die mit dir am Tisch sitzen,
geehrt werden. 11Denn jeder, der
sich selbst erhöht, wird gedemütigt werden, aber jeder, der sich selbst demütigt, wird erhöht werden.«

12Jeschua sagte weiter zu dem, der ihn eingeladen hatte: »Wenn du ein Mittagessen oder ein Abendessen gibst, lade nicht deine Freunde, Brüder, Verwandten oder reichen Nachbarn ein; denn sie laden dich vielleicht ihrerseits ein, und das wird
deine Bezahlung sein. 13Wenn du
ein Fest gibst, lade statt dessen arme Leute ein, Mißgestaltete, die Ver-
krüppelten, die Blinden! 14Wie ge-
segnet wirst du sein, wenn sie nichts haben, womit sie es dir vergelten können! Denn dir wird vergolten werden bei der Auferstehung der Gerechten.«

15Als er das hörte, sagte einer von den Leuten bei Jeschua am Tisch zu ihm: »Wie gesegnet sind die, die Brot
essen im Reich Gottes!« 16Doch er
antwortete: »Einmal gab ein Mann ein Festmahl und lud viele Leute ein.
17Als die Zeit zum Festmahl kam, sandte er seinen Sklaven, um denen, die eingeladen waren, zu sagen:
›Kommt! Alles ist bereit!‹ 18Doch sie
entgegneten mit einem Chor von Entschuldigungen. Der erste sagte zu ihm: ›Ich habe gerade einen Acker gekauft und muß nun hinausgehen und ihn ansehen. Bitte entschuldige
mich.‹ 19Ein anderer sagte: ›Ich habe
gerade fünf Joch Ochsen gekauft und bin auf dem Weg, sie auszuprobie-
ren. Bitte entschuldige mich.‹ 20Noch
ein anderer sagte: ›Ich habe gerade geheiratet, deshalb kann ich nicht
kommen.‹ 21Der Sklave kam und be-
richtete diese Dinge seinem Herrn.

Da forderte der Besitzer des Hauses voller Zorn seinen Knecht auf: ›Rasch, geh hinaus in die Straßen und Gassen der Stadt; und hol die Armen, die Mißgestalteten, die Blinden und die Verkrüppelten herein!‹
22Der Sklave entgegnete: ›Lieber Herr, was du geheißen hast, ist getan, und es ist immer noch Platz.‹
23Der Herr sagte zu dem Sklaven: ›Geh hinaus auf die Landstraßen und an die Grenzmauern, und überrede die Leute, hereinzukommen,
damit mein Haus voll werde. 24Ich
sage euch, daß keiner von denen, die eingeladen waren, mein Festmahl schmecken wird!‹«

25Große Menschenmassen zogen mit Jeschua. Er wandte sich um und
sagte zu ihnen: 26»Wenn jemand zu
mir kommt und nicht seinen Vater, seine Mutter, seine Frau, seine Kinder, seine Brüder und seine Schwestern haßt – ja, sogar sein eigenes Leben –, der kann nicht mein *Tal-
mid* sein. 27Wer nicht seinen eigenen
Hinrichtungspfahl trägt und mir nachfolgt, kann nicht mein *Talmid* sein.

28Angenommen, einer von euch möchte einen Turm bauen. Setzt

du dich nicht hin und schätzt die
Kosten, um zu sehen, ob du genug
Kapital hast, ihn auch zu vollen-
den? [29]Wenn nicht, dann werden,
wenn du den Grundstein gelegt
hast, aber nicht fertig bauen
kannst, alle, die zusehen, anfangen,
sich über dich lustig zu machen,
[30]und sagen: ›Das ist der Mann,
der anfing zu bauen, aber nicht
fertigbauen konnte!‹

[31]Oder nochmals: Angenommen,
ein König zieht aus, Krieg mit ei-
nem anderen König zu beginnen.
Setzt er sich nicht zuerst hin und
überlegt, ob er mit seinen zehntau-
send Truppen stark genug ist, dem
anderen entgegenzutreten, der ihm
mit zwanzigtausend entgegenzieht?
[32]Wenn nicht, schickt er, solange der
andere noch weit weg ist, eine Ge-
sandtschaft, um nach den Friedens-
bedingungen zu fragen.

[33]So wird keiner von euch, der
nicht alles, was er hat, aufgibt, mein
Talmid sein. [34]Salz ist hervorragend.
Doch wenn sogar das Salz ge-
schmacklos wird, womit kann man
es würzen? [35]Es eignet sich weder
als Erde noch als Dünger – die Leu-
te werfen es fort. Diejenigen, die
Ohren haben, die hören können,
mögen hören!«

15 [1]Die Zöllner und Sünder
sammelten sich weiter um
Jeschua, um ihn zu hören, [2]und die
Peruschim und *Torah*lehrer murrten
unablässig. »Dieser Mensch«, spra-
chen sie, »nimmt Sünder auf – ja, er
ißt sogar mit ihnen!« [3]Da erzählte er
ihnen folgendes Gleichnis: [4]»Wenn
einer von euch hundert Schafe hat
und eines von ihnen verliert, läßt er
nicht die anderen neunundneunzig
in der Wüste und geht dem Verlore-
nen nach, bis er es findet? [5]Wenn er
es dann findet, legt er es sich voller
Freude über die Schultern; [6]und
wenn er nach Hause kommt, ruft er
seine Freunde und Nachbarn zu-
sammen und sagt: ›Kommt, feiert
mit mir, denn ich habe mein verlo-
renes Schaf wiedergefunden!‹ [7]Ich
sage euch, daß auch im Himmel
mehr Freude sein wird über einen
Sünder, der sich von seinen Sünden
zu Gott wendet, als über neunund-
neunzig Gerechte, die keine Reue
nötig haben.
[8]Noch ein Beispiel: Welche Frau
zündet nicht, wenn sie zehn Drach-
men hat und eine dieser wertvollen
Münzen verliert, eine Lampe an,
kehrt das Haus und sucht alles
durch, bis sie sie findet? [9]Und wenn
sie sie gefunden hat, ruft sie ihre
Freunde und Nachbarn zusammen
und sagt: ›Kommt, feiert mit mir,
denn ich habe die Drachmen gefun-
den, die ich verloren hatte.‹ [10]Eben-
solche Freude, sage ich euch, wird
unter den Engeln Gottes herrschen,
wenn ein Sünder bereut.«
[11]Abermals sagte Jeschua: »Ein
Mann hatte zwei Söhne. [12]Der jünge-
re von ihnen sagte zu seinem Vater:

Jeschua – Jesus
Peruschim – Pharisäer (pl.)
Talmid – Jünger (sg.)
Torahlehrer – Schriftgelehrter

›Vater, gib mir den Teil des Besitzes,
der mir gehören wird.‹ Also teilte der
Vater das Eigentum zwischen ihnen
auf. 13Sobald er seinen Teil in Bargeld
umgetauscht hatte, verließ der jünge-
re Sohn sein Zuhause und ging fort in
ein fernes Land, wo er sein ganzes
Geld in zügellosem Leben verpraßte.
14Doch nachdem er alles ausgegeben
hatte, überfiel eine schwere Hun-
gersnot das ganze Land, und er litt
großen Mangel.

15So ging er und schloß sich einem
der Bürger dieses Landes an, der ihn
auf seine Felder schickte, Schweine
zu füttern. 16Er sehnte sich danach,
die Karobschoten zu essen, die die
Schweine fraßen, doch niemand gab
ihm eine.

17Schließlich kam er zur Vernunft
und sprach zu sich: ›Jeder der Miet-
linge meines Vaters hat Nahrung im
Überfluß; und hier bin ich und ver-
hungere! 18Ich werde mich aufma-
chen und zu meinem Vater zurück-
gehen und zu ihm sagen: „Vater, ich
habe gesündigt gegen den Himmel
und gegen dich; 19ich bin nicht mehr
wert, dein Sohn zu heißen; behandle
mich wie einen deiner Mietlinge.“‹
20So machte er sich auf den Rückweg
zu seinem Vater.

Doch als er noch ein ganzes Stück
weit weg war, sah ihn sein Vater be-
reits und wurde von Mitleid erfaßt.
Er lief ihm entgegen, umarmte ihn
und küßte ihn innig. 21Sein Sohn
sagte zu ihm: ›Vater, ich habe gesün-
digt gegen den Himmel und gegen
dich; ich bin nicht mehr wert, dein
Sohn zu heißen – ‹, 22doch sein Va-
ter sagte zu seinen Sklaven: ›Rasch,
bringt ein Gewand heraus, das be-
ste, und legt es ihm an; und steckt
einen Ring an seinen Finger und
zieht Schuhe an seine Füße; 23und
holt das Kalb, das gemästet wurde,
und tötet es; laßt uns essen und ein
Fest feiern! 24Denn dieser mein
Sohn war tot, aber jetzt ist er wieder
lebendig! Er war verloren, aber jetzt
ist er wiedergefunden!‹ Und sie fin-
gen an zu feiern.

25Nun war sein älterer Sohn auf
dem Feld. Als er sich dem Haus nä-
herte, hörte er Musik und Tanz.
26Da rief er einen der Knechte und
fragte: ›Was geht da vor?‹ 27Der
Knecht erzählte ihm: ›Dein Bruder
ist zurückgekommen, und dein Va-
ter hat das Kalb geschlachtet, das ge-
mästet wurde, weil er ihn sicher und
gesund wiederhat.‹ 28Da wurde der
ältere Sohn zornig und weigerte sich
hineinzugehen.

Deshalb kam sein Vater heraus
und bat ihn. 29›Sieh‹, entgegnete der
Sohn, ›ich habe alle diese Jahre für
dich gearbeitet und habe deinen An-
weisungen immer gehorcht. Du
aber hast mir nicht einmal eine jun-
ge Ziege gegeben, so daß ich mit
meinen Freunden feiern konnte.
30Doch dieser dein Sohn, der dein
Eigentum mit Huren verpraßt hat,
kommt, und für ihn schlachtest du
das gemästete Kalb!‹ 31›Sohn, du bist
immer bei mir‹, sagte der Vater,
›und alles, was ich habe, ist dein.
32Wir mußten feiern und uns freuen,
weil dieser dein Bruder tot war, aber
ins Leben zurückgekehrt ist – er
war verloren, aber er ist gefunden
worden.‹«

16 1Jeschua wandte sich an die
Talmidim und sagte: »Es
war einmal ein reicher Mann, der ei-
nen Verwalter über all seinen Besitz
einstellte. Da kamen ihm Anschul-
digungen zu Ohren, daß dieser Ver-
walter seine Mittel verschwende.
2Deshalb berief er ihn zu sich und
fragte ihn: ›Was ist das, was ich über
dich höre? Gib deine Geschäftsbü-
cher ab, denn du kannst nicht länger
Verwalter sein.‹

3›Was soll ich tun?‹ sprach der
Verwalter zu sich selbst. ›Mein Herr
entläßt mich, ich bin nicht kräftig
genug, Gräben zu graben, und ich
schäme mich, betteln zu gehen. 4O!
Ich weiß, was ich tun werde – etwas,
das die Menschen veranlassen wird,
mich in ihrem Haus aufzunehmen,
sobald ich meine Arbeit hier verlo-
ren habe!‹

5Nachdem er also Termine mit je-
dem der Schuldner seines Herrn
verabredet hatte, sagte er zum er-
sten: ›Wieviel schuldest du meinem
Herrn?‹ 6›Achthundert Gallonen
Olivenöl‹, antwortete der. ›Nimm
deinen Schuldschein zurück‹, sagte
er zu ihm. ›Komm, schnell! Setz
dich hin und schreibe einen über
vierhundert aus!‹ 7Zum nächsten
sagte er: ›Und du, wieviel bist du
schuldig?‹ ›Tausend Scheffel Wei-
zen‹, entgegnete der. ›Nimm deinen
Schuldschein zurück und schreibe
einen über achthundert aus.‹

8Und der Arbeitgeber dieses un-
ehrlichen Verwalters gratulierte ihm
dafür, so klug gehandelt zu haben!
Denn die Weltkinder haben mehr
Sechel als die, die das Licht empfan-
gen haben – jedenfalls im Umgang
mit Menschen ihres Schlags!

9Folgendes will ich euch sagen:
Nutzt euren weltlichen Reichtum,
euch Freunde zu schaffen, damit ihr,
wenn er zu Ende geht, im ewigen
Haus aufgenommen werdet. 10Je-
mand, der in kleinen Dingen ver-
trauenswürdig ist, ist auch in großen
vertrauenswürdig, und jemand, der
in kleinen Dingen unehrlich ist, ist
auch in großen unehrlich. 11Wenn
ihr also im Umgang mit weltlichem
Reichtum nicht vertrauenswürdig
wart, wer wird euch dann das wahre
Gut anvertrauen? 12Und wenn ihr
nicht vertrauenswürdig wart mit
dem, was einem anderen gehört, wer
wird euch dann geben, was euch ge-
hören sollte? 13Kein Knecht kann
Sklave zweier Herren sein; denn er
wird entweder den ersten hassen
und den zweiten lieben, oder dem
zweiten zürnen und dem ersten treu
sein. Ihr könnt nicht ein Sklave
Gottes und ein Sklave des Geldes
sein.«

14Die *Peruschim* hörten das alles,
und weil sie das Geld liebten, ver-
höhnten sie ihn. 15Er sagte zu ihnen:
»Ihr Leute stellt euch vor anderen
als Gerechte hin, aber Gott kennt
eure Herzen; was die Leute hoch-
schätzen, ist ein Greuel vor Gott!
16Bis zur Zeit Jochanans gab es die

Jeschua – Jesus
Jochanan – Johannes
Peruschim – Pharisäer (pl.)
Sechel – Intelligenz, gesunder Menschenverstand
Talmidim – Jünger (pl.)

Torah und die Propheten. Seither ist
die Gute Nachricht des Reiches
Gottes verkündet worden, und jeder
drängt sich danach hineinzukom-
men. 17Doch es ist leichter, daß
Himmel und Erde vergehen, als daß
auch nur ein Strich eines Buchsta-
bens in der *Torah* hinfällig wird.
18Jeder Mann, der sich von seiner
Frau scheiden läßt und eine andere
Frau heiratet, begeht Ehebruch, und
ein Mann, der eine Frau heiratet, die
von ihrem Mann geschieden ist, be-
geht Ehebruch.

19Es war einmal ein reicher Mann,
der pflegte sich in kostbarste Ge-
wänder zu kleiden und verbrachte
seine Tage in größtem Luxus. 20Vor
seinem Tor lag ein Bettler namens
El-asar, der mit Geschwüren über-
sät war. 21Er wäre froh gewesen, die
Brosamen essen zu dürfen, die vom
Tisch des reichen Mannes fielen;
doch statt dessen kamen die Hunde
und leckten seine Geschwüre.
22Nach einiger Zeit starb der Bettler
und wurde von den Engeln fortge-
tragen an Avrahams Seite; und auch
der reiche Mann starb und wurde
begraben.

23In der Scheol, wo er große Qua-
len litt, schaute der reiche Mann auf
und sah Avraham weit weg und El-
asar an seiner Seite. 24Er rief laut:
›Vater Avraham, hab Mitleid mit
mir und schick mir El-asar, damit er
nur die Spitze seines Fingers in
Wasser tauche, um mir die Zunge
zu kühlen, denn ich leide Todesqua-
len in diesem Feuer!‹ 25Doch Avra-
ham sagte: ›Sohn, erinnere dich, daß
du, als du lebtest, die guten Dinge
bekamst, während er die schlechten
erhielt; doch jetzt bekommt er sei-
nen Trost, während du derjenige
bist, der leidet. 26Doch das ist noch
nicht alles: Zwischen dir und uns
wurde eine tiefe Kluft gegraben, so
daß die, die von hier zu dir hinüber-
gehen möchten, es nicht können,
noch kann irgend jemand von dort
zu uns herüberkommen.‹

27Er antwortete: ›Dann bitte ich
dich, Vater, ihn zum Haus meines
Vaters zu schicken, 28wo ich fünf
Brüder habe, um sie zu warnen; da-
mit sie verschont davor bleiben mö-
gen, ebenfalls an diesen Ort der
Qual zu kommen.‹ 29Aber Avraham
sagte: ›Sie haben Mosche und die
Propheten; sie sollten auf sie hören.‹
30Doch er entgegnete: ›Nein, Vater
Avraham, sie brauchen mehr. Wenn
jemand von den Toten zu ihnen
kommt, werden sie bereuen!‹ 31Aber
er antwortete: ›Wenn sie nicht auf
Mosche und die Propheten hören,
werden sie auch nicht überzeugt
sein, wenn jemand von den Toten
aufersteht!‹«

17 1Jeschua sagte zu seinen *Tal-
midim*: »Es ist unmöglich,
daß keine Fallen gestellt werden.
Doch wehe dem Menschen, der sie
stellt! 2Für den wäre es besser, daß
ihm ein Mühlstein um den Hals ge-
hängt und er ins Meer geworfen
würde, als daß er auch nur eines die-
ser Kleinen verführt. 3Hütet euch!
Wenn dein Bruder sündigt, weise
ihn zurecht; und wenn er bereut,
vergib ihm. 4Auch wenn er sieben-
mal am Tag gegen dich sündigt und

siebenmal zu dir kommt und sagt: ›Ich bereue‹, sollst du ihm vergeben.« [5]Die Gesandten sagten zum Herrn: »Mehre unser Vertrauen.« [6]Der Herr entgegnete: »Wenn ihr Vertrauen hättet, das nur so klein wie ein Senfkorn ist, könntet ihr zu diesem Feigenbaum sagen: ›Sei entwurzelt und im Meer wieder eingepflanzt!‹ und er würde euch gehorchen. [7]Wenn einer von euch einen Sklaven hat, der die Schafe hütet oder den Acker pflügt – werdet ihr, wenn er vom Feld zurückkommt, sagen: ›Komm her, setz dich und iß‹? [8]Nein, sondern ihr werdet sagen: ›Bereite mein Abendbrot, zieh Arbeitskleider an und bediene mich, bis ich gegessen und getrunken habe; danach magst auch du essen und trinken.‹ [9]Dankt er dem Sklaven, weil er tat, was zu tun ihm geheißen war? Nein! [10]So ist es auch mit euch – wenn ihr alles getan habt, was ihr zu tun geheißen wurdet, solltet ihr sagen: ›Wir sind nur gewöhnliche Sklaven, wir haben nur unsere Pflicht getan.‹«

[11]Auf seinem Weg nach Jeruschalajim zog Jeschua durch das Grenzland zwischen Schomron und dem Galil. [12]Als er in eines der Dörfer ging, begegneten ihm zehn Männer mit einer Hautkrankheit. Sie blieben in einiger Entfernung stehen [13]und riefen laut: »Jeschua! Rabbi! Hab Mitleid mit uns!« [14]Als er sie sah, sagte er: »Geht und laßt die *Kohanim* euch prüfen!« Und als sie gingen, waren sie gereinigt. [15]Einer von ihnen kehrte, sobald er merkte, daß er geheilt war, um und lobte Gott laut [16]und fiel auf sein Gesicht, Jeschua zu Füßen, um ihm zu danken. Er war aber aus Schomron. [17]Jeschua sagte: »Sind nicht zehn gereinigt worden? Wo sind die anderen neun? [18]Ist niemand zurückgekommen, Gott die Ehre zu geben, bis auf diesen Fremden?« [19]Und zu dem Mann aus Schomron sagte er: »Steh auf, du magst gehen; dein Vertrauen hat dich gerettet.«

[20]Die *Peruschim* fragten Jeschua, wann das Reich Gottes kommen würde. »Das Reich Gottes«, antwortete er, »kommt nicht unter sichtbaren Zeichen; [21]noch werden die Menschen in der Lage sein zu sagen: ›Sieh! Hier ist es!‹ oder ›Dort hinten!‹ Denn seht ihr, das Reich Gottes ist unter euch.« [22]Dann sagte er zu seinen *Talmidim*: »Die Zeit kommt, in der ihr euch danach sehnen werdet, auch nur einen einzigen von den Tagen des Sohnes des Menschen zu sehen, aber ihr werdet ihn nicht sehen. [23]Die Menschen werden zu euch sagen: ›Sieh! Hier!‹ oder ›Schau! Dort!‹ Doch dann lauft

Avraham – Abraham
El-asar – Eleasar; Lazarus
Galil – Galiläa
Jeschua – Jesus
Jeruschalajim – Jerusalem
Kohanim – Priester (pl.)
Mosche – Mose
Peruschim – Pharisäer (pl.)
Scheol – Hades, Hölle
Schomron – Samaria
Talmidim – Jünger (pl.)
Torah – Weisung, Lehre, das »Gesetz«, der Pentateuch (die 5 Bücher Mose)

nicht los, folgt ihnen nicht, [24]denn der Sohn des Menschen wird an seinem Tag sein wie ein Blitz, der aufleuchtet und den Himmel erhellt von einem Ende bis zum anderen. [25]Doch zuerst muß er schreckliches Leiden erdulden und von dieser Generation zurückgewiesen werden.

[26]»Zur Zeit des Sohnes des Menschen wird es geradeso sein wie es zur Zeit Noachs war. [27]Die Menschen aßen und tranken, und Männer und Frauen heirateten, bis zum Tag, an dem Noach in die Arche ging; dann kam die Flut und vernichtete alle. [28]Und so, wie es zur Zeit Lots war – die Menschen aßen und tranken, kauften und verkauften, pflanzten und bauten; [29]doch an dem Tag, an dem Lot Sedom verließ, regneten Feuer und Schwefel vom Himmel und vernichteten sie alle. [30]So wird es sein an dem Tag, an dem der Sohn des Menschen offenbart wird. [31]An diesem Tag darf jemand, wenn er auf dem Dach ist und seine Besitztümer im Haus sind, nicht hinabgehen, sie zu holen. Ebenso, wenn jemand auf dem Feld ist, darf er sich nicht umwenden – [32]denkt an Lots Frau! [33]Wer immer darauf sieht, sein Leben zu bewahren, wird es verlieren, doch wer immer sein Leben verliert, wird lebendig bleiben. [34]Ich sage euch, in dieser Nacht werden zwei Menschen in einem Bett sein – einer wird genommen werden und der andere zurückgelassen. [35]Es werden zwei Frauen Korn zusammen mahlen – eine wird genommen werden und die andere zurückgelassen.« [36][z]

[37]Sie fragten ihn: »Wo, Herr?« Er antwortete: »Wo immer ein toter Körper ist, sammeln sich die Geier.«

18 [1]Dann erzählte Jeschua seinen Jüngern ein Gleichnis, um ihnen einzuprägen, daß sie immer beten und nie den Mut verlieren durften. [2]»In einer bestimmten Stadt lebte ein Richter, der weder Gott fürchtete noch die Menschen achtete. [3]In dieser Stadt lebte auch eine Witwe, die immer wieder zu ihm kam und sagte: ›Sprich mir ein Urteil gegen den Mann, der versucht, mich zugrundezurichten.‹ [4]Lange Zeit weigerte er sich; doch nach einer Weile sprach er zu sich selbst: ›Ich fürchte Gott nicht, und ich achte andere Menschen nicht; [5]doch weil diese Witwe eine solche *Nudnik* ist, werde ich dafür sorgen, daß ihr Gerechtigkeit widerfährt – sonst wird sie immer wieder kommen und mich belästigen, bis ich völlig erschöpft bin!‹«

[6]Und der Herr sagte dazu: »Hört, was der korrupte Richter sagt. [7]Wird dann nicht auch Gott seinem erwählten Volk, das Tag und Nacht zu ihm schreit, Gerechtigkeit widerfahren lassen? Wird er es noch lange hinauszögern? [8]Ich sage euch, daß er sein

z In manchen Handschriften folgt Vers 36: Zwei Männer werden auf dem Feld sein – einer wird genommen werden und der andere zurückgelassen.

Urteil zu ihren Gunsten sprechen
wird, und zwar rasch! Aber wird
der Sohn des Menschen, wenn er
kommt, überhaupt dieses Vertrau-
en auf Erden finden?«

9Und einigen, die sich auf ihre ei-
gene Gerechtigkeit verließen und
auf alle anderen herabsahen, erzählte
er folgendes Gleichnis: 10»Zwei
Männer gingen in den Tempel, um
zu beten, der eine ein *Parusch* und
der andere ein Zöllner. 11Der *Pa-
rusch* stand und betete bei sich
selbst: ›O Gott! Ich danke dir, daß
ich nicht bin wie der Rest der
Menschheit – habgierig, unehrlich,
unmoralisch oder wie dieser Zöll-
ner! 12Ich faste zweimal die Woche,
ich zahle Abgaben für mein gesam-
tes Einkommen ....‹ 13Der Zöllner
jedoch stellte sich weit weg, wollte
nicht einmal seine Augen zum Him-
mel erheben, sondern schlug sich an
die Brust und sagte: ›Gott! Hab Er-
barmen mit mir, ein Sünder, der ich
bin!‹ 14Ich sage euch, dieser Mann
ging eher mit Gott heim als der an-
dere. Denn jeder, der sich selbst er-
höht, wird gedemütigt werden, und
jeder, der sich selbst demütigt, wird
erhöht werden.«

15Die Menschen brachten Klein-
kinder zu ihm, damit er sie berühre;
doch als die *Talmidim* sahen, daß
die Menschen das taten, schalten sie
sie. 16Jeschua aber rief die Kinder zu
sich und sagte: »Laßt die Kinder zu
mir kommen und hindert sie nicht
daran, denn das Reich Gottes gehört
solchen wie diesen. 17Ja! Ich sage
euch, daß, wer immer das Reich
Gottes nicht annimmt wie ein klei-
nes Kind, überhaupt nicht in es ein-
gehen wird!«

18Einer von den Führern fragte
ihn: »Guter Rabbi, was soll ich tun,
um das ewige Leben zu erlangen?«
19Jeschua sagte zu ihm: »Warum
nennst du mich gut? Niemand ist gut
außer Gott! 20Du kennst die *Mizvot*
– **begehe nicht Ehebruch, morde
nicht, stiehl nicht, gib kein falsches
Zeugnis, ehre deinen Vater und
deine Mutter.**«[a] 21Er entgegnete:
»Ich habe alle diese gehalten, seit ich
ein Junge war.« 22Als Jeschua das
hörte, sagte er zu ihm: »Eines fehlt
dir noch. Verkaufe, was immer du
hast, verteile den Erlös unter die Ar-
men, und du wirst Reichtümer im
Himmel haben. Dann komm, folge
mir nach!« 23Doch als der Mann das
hörte, wurde er sehr traurig, denn er
war sehr reich.

24Jeschua sah ihn an und sagte:
»Wie schwer ist es für reiche Leute,
in das Reich Gottes einzugehen!
25Es ist leichter für ein Kamel, durch
ein Nadelöhr hindurchzugehen, als
für einen reichen Mann, in das
Reich Gottes zu kommen.« 26Dieje-
nigen, die das hörten, fragten: »Wer
kann dann gerettet werden?« 27Er
sagte: »Was vom Menschen her ge-

a Ex 20,12–13 (12–16); Dtn 5,16–20

Jeschua – Jesus
Mizvot – Gebote
Noach – Noah
Nudnik – Pest, Plage
Parusch – Pharisäer (sg.)
Sedom – Sodom
Talmidim – Jünger (pl.)

sehen unmöglich ist, ist bei Gott möglich.«

[28]Kefa sagte: »Sieh, wir haben unsere Heimat verlassen und sind dir gefolgt.« [29]Jeschua entgegnete ihnen: »Ja! Ich sage euch, daß jeder, der Haus, Ehefrau, Brüder, Eltern oder Kinder um des Reiches Gottes willen verlassen hat, [30]ein Vielfaches erhalten wird in dem *Olam Haseh*, und in dem *Olam Habah* das ewige Leben.«

[31]Dann nahm Jeschua die Zwölf und sagte zu ihnen: »Wir gehen jetzt hinauf nach Jeruschalajim, wo alles, was durch die Propheten über den Sohn des Menschen aufgeschrieben ist, wahr werden wird. [32]Denn er wird an die *Gojim* ausgeliefert und verspottet, geschmäht und bespuckt werden. [33]Dann, nachdem sie ihn geschlagen haben, werden sie ihn töten. Doch am dritten Tag wird er auferstehen.« [34]Aber sie verstanden nichts von dem, was er sagte; die Bedeutung war ihnen verborgen, und sie hatten keine Ahnung, wovon er sprach.

[35]Als Jeschua sich Jericho näherte, saß ein Blinder am Straßenrand und bettelte. [36]Als er die Menge vorbeigehen hörte, fragte er, was los sei; [37]und sie sagten ihm: »Jeschua aus Nazeret geht vorbei.« [38]Da rief er aus: »Jeschua! Sohn Davids! Hab Mitleid mit mir!« [39]Die vorausgingen, schalten ihn, um ihn zum Schweigen zu bringen, doch er schrie nur umso lauter: »Sohn Davids! Hab Mitleid mit mir!« [40]Jeschua blieb stehen und befahl, den Mann zu ihm zu bringen. Als er gekommen war, fragte Jeschua ihn: [41]»Was soll ich für dich tun?« Der Blinde sagte: »Herr, laß mich wieder sehen können.« [42]Jeschua antwortete ihm: »Sieh wieder! Dein Vertrauen hat dich geheilt!« [43]Sofort erhielt er sein Sehvermögen zurück und folgte ihm und verherrlichte Gott; und als die Menschen das sahen, lobten auch sie Gott.

19 [1]Jeschua ging nach Jericho hinein und wollte durch die Stadt hindurchgehen, [2]als ein Mann namens Sakai zu ihm kam, der ein leitender Zöllner und ein wohlhabender Mann war. [3]Er versuchte herauszufinden, wer Jeschua war; doch weil er klein war, gelang es ihm nicht, wegen der großen Menge. [4]Deshalb lief er voraus und kletterte auf einen Feigenbaum, um ihn zu sehen, denn Jeschua wollte diesen Weg nehmen. [5]Als er an den Ort kam, sah er hoch und sagte zu ihm: »Sakai! Rasch! Komm herunter, denn ich muß heute in deinem Haus bleiben!« [6]Er kletterte herunter, so schnell er konnte, und nahm Jeschua voller Freude auf. [7]Alle, die es sahen, fingen an zu murren: »Er hat sich bei einem Sünder einquartiert.« [8]Doch Sakai stand und sagte zum Herrn: »Hier, Herr, ich will die Hälfte von allem, was ich besitze, den Armen geben; und wenn ich jemanden betrogen habe, werde ich es ihm vierfach zurückzahlen.« [9]Jeschua sagte zu ihm: »Heute ist die Rettung in dieses Haus gekommen, insofern, als auch dieser Mann ein Sohn Avrahams ist. [10]Denn der Sohn des Menschen ist gekommen, zu suchen und zu retten, was verloren war.«

[11]Während sie noch diesen Worten lauschten, machte sich Jeschua daran, ein Gleichnis zu erzählen, denn er war kurz vor Jeruschalajim, und die Menschen nahmen an, daß das Reich Gottes jeden Augenblick erscheinen würde. [12]Deshalb sagte er: »Ein Edelmann ging in ein fernes Land, um sich dort zum König krönen zu lassen und dann zurückzukehren. [13]Er rief zehn seiner Knechte, gab ihnen zehn *Manim* [ein *Maneh* ist etwa der Lohn für drei Monate Arbeit] und sagte zu ihnen: ›Macht damit Geschäfte, während ich fort bin.‹ [14]Seine Landsleute aber haßten ihn, und sie schickten ihm eine Gesandtschaft nach, die ausrichten sollte: ›Wir wollen nicht, daß dieser Mann über uns herrscht.‹

[15]Aber er kehrte zurück und war zum König gemacht worden, und er schickte nach den Knechten, denen er das Geld gegeben hatte, um herauszufinden, was jeder von ihnen mit seinen Geschäften verdient hatte. [16]Der erste kam herein und sagte: ›Lieber Herr, dein *Maneh* hat zehn weitere *Manim* eingebracht.‹ [17]›Hervorragend!‹ sagte er zu ihm. ›Du bist ein guter Knecht. Weil du in einer kleinen Sache vertrauenswürdig warst, will ich dich über zehn Städte setzen.‹ [18]Der zweite kam herein und sagte: ›Lieber Herr, dein *Maneh* hat fünf weitere *Manim* eingebracht‹, [19]und diesem sagte er: ›Du wirst über fünf Städte gesetzt werden.‹

[20]Dann kam ein anderer und sagte: ›Lieber Herr, hier ist dein *Maneh*. Ich habe es in einem Stück Tuch verborgen, [21]weil ich Angst vor dir hatte – du nimmst heraus, was du nicht hineingelegt hast, und du erntest, was du nicht gepflanzt hast.‹ [22]Zu ihm sagte sein Herr: ›Du böser Knecht! Ich werde dich nach deinen eigenen Worten richten! Du wußtest also, daß ich ein strenger Mann bin, daß ich herausnehme, was ich nicht hineingelegt habe, und daß ich ernte, was ich nicht gepflanzt habe? [23]Warum hast du mein Geld dann nicht auf die Bank gebracht? Dann hätte ich es bei meiner Rückkehr mit Zinsen zurückbekommen!‹ [24]Und er sagte zu den Dabeistehenden: ›Nehmt ihm das *Maneh* fort und gebt es dem, der zehn *Manim* hat.‹ [25]Sie sagten zu ihm: ›Lieber Herr, er hat bereits zehn *Manim*!‹ [26]Doch der Herr antwortete ihnen: ›Ich sage euch, jeder, der etwas hat, wird mehr erhalten; doch jedem, der nichts hat, wird auch noch das genommen werden, was er hat. [27]Was jedoch diese meine Feinde angeht,

Avraham – Abraham
Gojim – die Nationen, Völker, Heiden
Jeruschalajim – Jerusalem
Jeschua – Jesus
Kefa – Petrus
Maneh – Pfund (sg.)
Manim – Pfund (pl.)
Nazeret – Nazareth
Olam Habah – die kommende Welt, das kommende Zeitalter
Olam Haseh – die jetzige Welt, das jetzige Zeitalter
Sakai – Zachäus

die nicht wollten, daß ich ihr König werde, bringt sie her und richtet sie in meiner Gegenwart hin!‹«

28Nachdem er das gesagt hatte, zog Jeschua weiter und machte sich daran, nach Jeruschalajim hinaufzugehen. 29Als er in die Nähe von Beht-Pageh und Beht-Anjah beim Ölberg kam, schickte er zwei *Talmidim* 30und wies sie an: »Geht in das Dorf, das vor euch liegt; wenn ihr hineingeht, werdet ihr ein Fohlen angebunden finden, das noch nie geritten wurde. Bindet es los und bringt es her. 31Wenn jemand fragt, warum ihr es losbindet, sagt ihm: ›Der Herr braucht es.‹« 32Diejenigen, die ausgeschickt waren, gingen fort und fanden es genauso, wie er es ihnen gesagt hatte. 33Als sie das Fohlen losbanden, sagte sein Besitzer zu ihnen: »Warum bindet ihr das Fohlen los?« 34Und sie antworteten: »Weil der Herr es braucht.« 35Sie brachten es zu Jeschua und warfen ihre Gewänder auf das Fohlen und setzten Jeschua hinauf. 36Als er weiterzog, bedeckten die Menschen die Straße mit ihren Kleidern; 37und als sie sich Jeruschalajim näherten, wo die Straße vom Ölberg hinabführt, fing die ganze Schar der *Talmidim* an zu singen und Gott mit lauter Stimme für all die mächtigen Werke, die sie gesehen hatten, zu loben:

38»**Gesegnet ist** der König, **der im Namen *Adonais* kommt!**«[b]
»*Schalom* im Himmel!«
und
»Ehre in den höchsten Orten!«

39Einige der *Peruschim* in der Menge sagten zu ihm: »Rabbi! Weise deine *Talmidim* zurecht!« 40Doch er antwortete ihnen: »Ich sage euch, daß, wenn sie still bleiben, die Steine schreien werden!«

41Als Jeschua näher gekommen war und die Stadt sehen konnte, weinte er über sie 42und sagte: »Wenn du nur heute wüßtest, was für den *Schalom* nötig ist! Doch für jetzt ist es deiner Einsicht verborgen. 43Denn die Tage werden über dich kommen, in denen deine Feinde eine Mauer um dich errichten, dich einkreisen und von allen Seiten belagern 44und dich dem Erdboden gleichmachen, dich und deine Kinder in deinen Mauern, und sie werden nicht einen Stein auf dem anderen stehen lassen – und alles, weil du deine Gelegenheit nicht erkanntest, als Gott sie dir bot!«

45Dann betrat Jeschua den Tempelbezirk und begann, alle herauszutreiben, die dort Geschäfte machten, 46und sagte zu ihnen: »Die *Tenach* sagt: ›**Mein Haus wird ein Haus des Gebets sein**‹,[c] doch ihr habt es zu einer **Räuberhöhle** gemacht!«[d]

47Jeden Tag lehrte er im Tempel. Die Haupt-*Kohanim*, die *Torah*lehrer und die Führer des Volkes versuchten, einen Weg zu finden, wie sie ihn loswerden konnten; 48aber sie fanden keine Möglichkeit, weil das

b Ps 118,26

c Jes 56,7
d Jer 7,11

ganze Volk sich an jedes Wort von
ihm klammerte.

20 1Eines Tages, als Jeschua das
Volk im Tempel lehrte und
die Gute Nachricht verkündete, ka-
men die Haupt-*Kohanim* und die
*Torah*lehrer zusammen mit den Äl-
testen zu ihm 2und sagten: »Sag uns,
welche *Semichah* hast du, die dir die
Vollmacht gibt, diese Dinge zu tun?
Wer hat dir diese *Semichah* gege-
ben?« 3Er antwortete: »Auch ich
will euch eine Frage stellen. Sagt
mir, 4die Eintauchung des Jochanan
– kam sie vom Himmel oder war sie
menschlichen Ursprungs?« 5Sie be-
redeten es unter sich und sagten:
»Wenn wir sagen: ›Vom Himmel‹,
wird er sagen: ›Warum habt ihr ihm
dann nicht geglaubt?‹ 6Und wenn
wir sagen: ›Sie war menschlichen
Ursprungs‹, werden die Menschen
uns steinigen, denn sie sind über-
zeugt, daß Jochanan ein Prophet
war.« 7Also antworteten sie: »Wir
wissen nicht, woher sie kam.« 8Je-
schua sagte zu ihnen: »Dann werde
ich euch auch nicht sagen, durch
welche *Semichah* ich diese Dinge
tue.«

9Als nächstes erzählte Jeschua
dem Volk folgendes Gleichnis: »Ein
Mann pflanzte einen Weinberg, ver
mietete ihn an Pächter-Bauern und
ging für lange Zeit fort. 10Als die
Zeit kam, schickte er einen Knecht
zu den Pächtern, um seinen Teil des
Ertrags aus dem Weinberg zu erhal-
ten. Aber die Pächter verprügelten
ihn und schickten ihn mit leeren
Händen fort. 11Er schickte einen an-
deren Knecht; sie verprügelten ihn
ebenfalls, schmähten ihn und
schickten ihn mit leeren Händen
fort. 12Er schickte einen dritten; die-
sen verwundeten sie und warfen ihn
hinaus.

13Da sagte der Besitzer des Wein-
bergs: ›Was soll ich tun? Ich werde
meinen Sohn schicken, den ich liebe;
vielleicht werden sie meinem Sohn
Respekt erweisen.‹ 14Doch als die
Pächter ihn sahen, beredeten sie es
unter sich und sagten: ›Das ist der
Erbe, wir wollen ihn töten, so daß
das Erbe uns gehören wird.‹ 15Und
sie warfen ihn aus dem Weinberg
und töteten ihn.

Was wird der Besitzer des Wein-
bergs mit ihnen tun? 16Er wird
kommen, ein Ende mit diesen
Pächtern machen und den Wein-
berg anderen geben!« Als die Leu-
te das hörten, sagten sie: »Der
Himmel möge es verhüten!«
17Doch Jeschua sah sie forschend
an und sagte: »Was bedeutet dann,

Adonai – der HERR, Jahwe
Beht-Anjah – Betanien
Beht-Pageh – Betfage
Jeruschalajim – Jerusalem
Jeschua – Jesus
Jochanan – Johannes
Kohanim – Priester (pl.)
Peruschim – Pharisäer (pl.)
Schalom – Friede
Semichah – Ordination, Bevollmächtigung (durch Handauflegung)
Talmidim – Jünger (pl.)
Tenach – die hebr. Bibel, das Alte Testament
Torah – Weisung, Lehre, das »Gesetz«, der Pentateuch (die 5 Bücher Mose)
Torahlehrer – Schriftgelehrter

was geschrieben steht in der *Tenach*:

›Ebender Stein, den die Bauleute verwarfen, ist der Eckstein geworden!‹[e]

18 Wer immer auf diesen Stein fällt, wird zerschmettert werden; aber auf wen er fällt, wird zu Staub zermalmt!«

19 Die *Torah*lehrer und die Haupt-*Kohanim* hätten ihn in diesem Augenblick ergriffen, denn sie wußten, daß er dieses Gleichnis auf sie gemünzt hatte, doch sie hatten Angst vor dem Volk.

20 So behielten sie die Lage sorgfältig im Auge. Sie schickten Spione, die sich in heuchlerischer Weise als Gerechte ausgaben, um mit dem Finger auf etwas zeigen zu können, was Jeschua sagte, das als Grund dafür dienen konnte, ihn der Rechtsprechung und Vollmacht des Statthalters auszuliefern. 21 Sie legten ihm folgende *Sche-ehlah* vor: »Rabbi, wir wissen, daß du aufrichtig sprichst und lehrst, unparteiisch bist und wirklich lehrst, was der Weg Gottes ist. 22 Erlaubt die *Torah* uns, dem römischen Kaiser Steuern zu zahlen, oder nicht?« 23 Doch er, der ihrer Arglist gewahr wurde, sagte zu ihnen: 24 »Zeigt mir einen Denar! Wessen Name und Bild trägt er?« »Des Kaisers«, antworteten sie. 25 »Dann«, sagte er, »gebt dem Kaiser, was dem Kaiser gehört. Und gebt Gott, was Gott gehört!« 26 Und sie konnten ihn mit nichts, was er öffentlich sagte, fangen; vielmehr schwiegen sie, verwundert über seine Antwort.

27 Einige *Zeddukim*, die sagen, daß es keine Auferstehung gibt, kamen zu Jeschua 28 und legten ihm eine *Sche-ehlah* vor: »Rabbi, Mosche schrieb für uns, daß, **wenn der Bruder eines Mannes stirbt und er hinterläßt eine Frau, aber kein Kind, sein Bruder die Frau nehmen und Kinder mit ihr haben soll, damit die Familie des Mannes bewahrt wird.**[f] 29 Da waren sieben Brüder. Der erste nahm eine Frau und starb kinderlos; 30 ebenso nahmen sie auch der zweite 31 und der dritte und gleichermaßen alle sieben, doch sie alle starben, ohne Kinder zu hinterlassen. 32 Schließlich starb auch die Frau. 33 In der Auferstehung, wessen Frau wird sie sein? Denn alle sieben waren mit ihr verheiratet.«

34 Jeschua sagte zu ihnen: »In dieser Zeit heiraten Männer und Frauen; 35 doch die, die der kommenden Zeit und der Auferstehung von den Toten für würdig erachtet werden, werden nicht verheiratet, 36 weil sie nicht mehr sterben können. Als Kinder der Auferstehung sind sie wie Engel; ja, sie sind Kinder Gottes.

37 Doch schon Mosche wies darauf hin, daß die Toten auferweckt werden: In der Passage über den Busch, wo er ***Adonai*** **›den Gott Avrahams, den Gott Jizchaks und den Gott Ja-akovs‹**[g] nennt. 38 Nun ist er nicht

e Ps 118,22

f Dtn 25,5

g Ex 3,6

der Gott der Toten, sondern der Le-
benden – für ihn sind alle lebendig.«
39Einige der *Torah*lehrer antwor-
teten: »Gut gesprochen, Rabbi.«
40Denn sie wagten es nicht mehr,
ihm eine *Sche-ehlah* zu stellen.
41Doch er sagte zu ihnen: »Wie
kommt es, daß die Menschen sagen,
der Messias sei Davids Sohn?
42Denn David selbst sagt im Buch
der Psalmen:

43›***Adonai*** **sagte zu meinem
Herrn: „Setz dich zu meiner rech-
ten Hand, bis ich deine Feinde zu
deinem Fußschemel mache.“**‹[h]

44Somit nennt David ihn ›Herr‹.
Wie also kann er Davids Sohn
sein?«
45Vor den Ohren aller Leute
sagte Jeschua zu seinen *Talmidim*:
46»Hütet euch vor jenen *Torah*leh-
rern, die es lieben, herumzugehen
in Gewändern und ehrfürchtig ge-
grüßt zu werden auf den Markt-
plätzen, vor denjenigen, die es lie-
ben, die besten Plätze in den
Synagogen zu haben und die Eh-
renplätze bei Festmählern einzu-
nehmen, 47vor denjenigen, die die
Häuser von Witwen verschlingen,
während sie ein öffentliches Schau-
spiel aus einem langen *Dawenen*
machen. Ihre Strafe wird umso
schlimmer sein!«

21 1Dann sah Jeschua auf, und
während er zusah, wie die
Reichen ihre Gaben in die Opferkä-
sten im Tempel einlegten, 2sah er
auch eine arme Witwe, die zwei
kleine Münzen einlegte. 3Er sagte:
»Ich sage euch die Wahrheit, diese
arme Witwe hat mehr eingelegt als
alle die anderen. 4Denn sie haben
aus ihrem Reichtum heraus Geld
beigesteuert, auf das sie leicht ver-
zichten konnten; sie aber hat aus ih-
rer Armut heraus alles gegeben, was
sie zum Leben hatte.«
5Als einige Leute Bemerkungen
über den Tempel machten, wie
schön sein Mauerwerk und sein
Denkmalschmuck seien, sagte er:
6»Die Zeit kommt, in der, was ihr
hier seht, vollkommen zerstört
werden wird – nicht ein einziger
Stein wird stehenbleiben!« 7Sie
fragten ihn: »Rabbi, wenn dem so
ist, wann werden diese Ereignisse
stattfinden? Und welches Zeichen
wird zeigen, daß sie bevorstehen?«
8Er antwortete: »Seid wachsam!
Laßt euch nicht zum Narren hal-
ten! Denn viele werden in meinem
Namen kommen und sagen: ›Ich
bin er!‹ und ›Die Zeit ist gekom-
men!‹ Folgt ihnen nicht. 9Und
wenn ihr von Kriegen und Auf-

h Ps 110,1

Adonai – der HERR, Jahwe
Avraham – Abraham
Dawenen – beten
Ja-akov – Jakob
Jeschua – Jesus
Jizchak – Isaak
Kohanim – Priester (pl.)
Mosche – Mose
Sche-ehlah – Frage
Talmidim – Jünger (pl.)
Torah – Weisung, Lehre, das »Gesetz«, der Pentateuch (die 5 Bücher Mose)
Torahlehrer – Schriftgelehrter
Zeddukim – Sadduzäer

ständen hört, erschreckt nicht.
Denn diese Dinge müssen zuerst
geschehen, doch das Ende wird
noch nicht gleich kommen.«

10Dann erzählte er ihnen: »Völker
werden einander bekämpfen, Natio-
nen werden einander bekämpfen,
11es werden große Erdbeben sein, es
werden Epidemien und Hungersnö-
te an den verschiedensten Orten
sein, und es werden angsterregende
Anblicke und große Zeichen vom
Himmel sein. 12Doch vor all dem
werden sie euch gefangennehmen
und verfolgen, euch an die Synago-
gen und Gefängnisse überstellen;
und ihr werdet vor Könige und
Statthalter gebracht werden. Das al-
les wird um meinetwillen gesche-
hen, 13aber es wird sich für euch als
Gelegenheit herausstellen, Zeugnis
zu geben. 14So entschließt euch,
euch nicht zu sorgen und schon im
voraus eure Verteidigung zurecht-
zulegen; 15denn ich selbst werde
euch eine Beredsamkeit und eine
Weisheit geben, der kein Widersa-
cher widerstehen, die er nicht wi-
derlegen kann. 16Ihr werdet sogar
von Eltern, Brüdern, Verwandten
und Freunden verraten werden;
manche von euch werden sie hin-
richten; 17und alle werden euch um
meinetwillen hassen. 18Doch es wird
nicht ein Haar eures Hauptes verlo-
rengehen. 19Wenn ihr standhaft seid,
werdet ihr euer Leben retten.

20»Wenn ihr aber Jeruschalajim
von Heeren umzingelt seht, dann
sollt ihr wissen, daß es bald zerstört
wird. 21Die in Jehudah müssen in
die Hügel fliehen, die in der Stadt
müssen hinausgehen, und die auf
dem Land dürfen nicht hineingehen.
22Denn diese sind die Tage der Ra-
che, in denen alles, was in der *Ten-
ach* geschrieben steht, wahr werden
wird. 23Welch schreckliche Zeit
wird es sein für schwangere Frauen
und stillende Mütter! Denn es wird
große Not sein im Land und ein
Gericht über das Volk. 24Manche
werden durch die Klinge des
Schwertes fallen, andere werden in
alle Länder der *Gojim* verschleppt
werden, und Jeruschalajim wird von
den *Gojim* niedergetreten werden,
bis die Zeit der *Gojim* erfüllt sein
wird.

25Dann werden Zeichen erschei-
nen in der Sonne, im Mond und in
den Sternen; und auf Erden werden
die Völker in Angst und Schrecken
versetzt angesichts des Brausens
und Wogens des Meeres, 26während
die Menschen in Ohnmacht fallen
aus Angst in der Erwartung dessen,
was die Welt überfällt; denn **die
Mächte im Himmel werden er-
schüttert werden.**[i] 27Dann werden
sie **den Sohn des Menschen kom-
men** sehen **in einer Wolke** mit
schrecklicher Macht und Herrlich-
keit.[j] 28Wenn diese Dinge anfangen
zu geschehen, steht auf und hebt die
Köpfe; denn eure Befreiung ist
nah!«

29Dann erzählte er ihnen ein
Gleichnis: »Seht den Feigenbaum,
ja, alle Bäume. 30Sobald sie Blätter
treiben, könnt ihr sehen, daß der
Sommer nahe ist. 31Ebenso sollt

i Hag 2,6.21
j Dan 7,13–14

ihr, wenn ihr alle diese Dinge ge-
schehen seht, wissen, daß das
Reich Gottes nahe ist! 32Ja! Ich sa-
ge euch, daß dieses Volk mit Si-
cherheit nicht vergehen wird, be-
vor nicht alles geschehen ist.
33Himmel und Erde werden verge-
hen, aber meine Worte werden mit
Sicherheit nicht vergehen.

34Doch hütet euch, oder eure Her-
zen werden schwerfällig werden
durch Zecherei, Trunkenheit und
die Sorgen des Alltags, und dieser
Tag wird über euch kommen so
plötzlich wie eine Falle! 35Denn er
wird kommen über alle, ganz gleich,
wo sie leben, auf der ganzen Welt.
36Bleibt wachsam und betet allezeit,
daß ihr die Kraft haben werdet, den
Dingen zu entkommen, die gesche-
hen werden, und in der Gegenwart
des Sohnes des Menschen zu ste-
hen.«

37Jeschua verbrachte seine Tage im
Tempel und lehrte; nachts aber ging
er hinaus und blieb auf dem Hügel,
genannt der Ölberg. 38Das ganze
Volk erhob sich beim Morgengrau-
en und kam, ihn in den Vorhöfen
des Tempels zu hören. 1Doch das
22 Fest der *Mazah*, bekannt als
Pessach, stand bevor; 2und
die Haupt-*Kohanim* und die *Torah*-
lehrer begannen und versuchten, ei-
ne Möglichkeit ausfindig zu ma-
chen, Jeschua loszuwerden, weil sie
Angst hatten vor dem Volk.

3An diesem Punkt fuhr der Wi-
dersacher in Jehudah aus Kiriot, der
einer der Zwölf war. 4Er ging zu
den Haupt-*Kohanim* und der Tem-
pelwache und beredete mit ihnen,
wie er ihnen Jeschua ausliefern
könnte. 5Das gefiel ihnen, und sie
boten an, ihm Geld zu zahlen. 6Er
war einverstanden und fing an, nach
einer günstigen Gelegenheit zu su-
chen, Jeschua ohne das Wissen des
Volkes zu verraten.

7Dann kam der Tag der *Mazah*,
an dem das Passalamm geschlachtet
werden mußte. 8Jeschua schickte
Kefa und Jochanan und wies sie an:
»Geht und bereitet unser *Seder*, so
daß wir essen können.« 9Sie fragten
ihn: »Wo sollen wir es vorberei-
ten?« 10Er sagte ihnen: »Wenn ihr in
die Stadt geht, wird euch ein Mann
begegnen, der einen Wasserkrug
trägt. Folgt ihm in das Haus, das er
betritt, 11und sagt zu seinem Besit-
zer: ›Der Rabbi fragt dich: Wo ist
das Gastzimmer für mich, in dem
ich das *Pessach*mahl mit meinen
Talmidim essen kann?‹ 12Er wird
euch ein großes Zimmer oben zei-
gen, bereits mit Möbeln ausgestattet;
dort trefft die Vorbereitungen.«
13Sie gingen und fanden die Dinge
genauso vor, wie Jeschua ihnen ge-
sagt hatte, daß sie sein würden. Und

Gojim – die Nationen, Völker, Heiden
Jehudah – Judäa
Jehudah aus Kiriot – Judas Iskariot
Jeruschalajim – Jerusalem
Jeschua – Jesus
Jochanan – Johannes
Kefa – Petrus
Kohanim – Priester (pl.)
Mazah – Ungesäuertes Brot
Pessach – Passa
Seder – Mahlzeit am Vorabend des Passa
Talmidim – Jünger (pl.)
Tenach – die hebr. Bibel, das Alte Testament
Torahlehrer – Schriftgelehrter

sie trafen die Vorbereitungen für
den *Seder.*
[14]Als die Zeit kam, legten sich Je-
schua und die Gesandten zu Tisch,
[15]und er sagte zu ihnen: »Ich hätte
so gern diesen *Seder* mit euch gefei-
ert, bevor ich sterbe! [16]Denn ich sa-
ge euch, es ist gewiß, daß ich es
nicht wieder feiern werde, bis es sei-
ne volle Bedeutung im Reich Gottes
erhalten hat.«
[17]Dann nahm er einen Becher
Wein, machte die *Berachah* und
sagte: »Nehmt diesen und teilt ihn
unter euch. [18]Denn ich sage euch,
daß ich von jetzt an die ›Frucht
des Weinstocks‹ nicht wieder trin-
ken werde, bis das Reich Gottes
kommt.« [19]Ebenso nahm er ein
Stück *Mazah*, machte die *Ber-
achah*, brach es, gab es ihnen und
sagte: »Das ist mein Leib, der für
euch hingegeben wird; tut das im
Gedenken an mich.« [20]Das gleiche
tat er nach dem Essen mit dem
Becher und sagte: »Dieser Becher
ist der Neue Bund, besiegelt durch
mein Blut, das für euch vergossen
wird.
[21]Doch seht! Der, der mich ver-
rät, sitzt hier am Tisch mit mir!
[22]Der Sohn des Menschen geht in
den Tod nach dem Plan Gottes,
doch wehe über den Mann, durch
den er verraten wird!« [23]Und sie
begannen, einander zu fragen, wer
von ihnen solches vorhaben könn-
te.
[24]Ein Streit brach unter ihnen aus
darüber, wer von ihnen als der
Größte zu erachten sei. [25]Doch Je-
schua sagte zu ihnen: »Die Könige
der *Gojim* herrschen über sie; und
diejenigen, die Vollmacht über sie
haben, tragen den Titel ›Wohltäter‹.
[26]Doch nicht so bei euch! Im Ge-
genteil, laßt den Größten unter euch
werden wie den Jüngsten, und den,
der herrscht, wie einen, der dient.
[27]Denn wer ist größer? Der sich zu
Tisch legt? Oder der bedient? Es ist
der, der sich zu Tisch legt, nicht
wahr? Doch ich selbst bin unter
euch wie einer, der dient.
[28]Ihr seid diejenigen, die in mei-
nen Versuchungen bei mir geblieben
sind. [29]Geradeso, wie mein Vater
mir das Recht gab zu herrschen,
werde ich euch ernennen, [30]und
zwar dazu, zu essen und zu trinken
an meinem Tisch in meinem Reich
und zu sitzen auf Thronen und zu
richten die zwölf Stämme Jisrael.
[31]Schim-on, Schim-on, hör zu!
Der Widersacher hat euch für sich
gefordert, euch zu sieben wie Wei-
zen! [32]Aber ich habe für dich gebe-
tet, Schim-on, daß dein Vertrauen
nicht wanken möge. Und du wirst,
wenn du dich erst einmal in Reue
von ihm abgewandt hast, deine Brü-
der stärken!« [33]Schim-on sagte zu
ihm: »Herr, ich bin bereit, mit dir
ins Gefängnis und auch in den Tod
zu gehen!« [34]Jeschua antwortete:
»Ich sage dir, Kefa, der Hahn wird
heute nicht krähen, bevor du nicht
dreimal geleugnet hast, mich zu
kennen.«
[35]Er sagte zu ihnen: »Als ich euch
aussandte ohne Börse, Rucksack
und Schuhe, hat es euch da jemals an
etwas gemangelt?« »An gar nichts«,
antworteten sie. [36]»Doch jetzt«, sag-

te er, »wenn ihr eine Börse oder einen Rucksack habt, nehmt ihn; und wenn ihr kein Schwert habt, verkauft euer Gewand und kauft euch eines.
37Denn ich sage euch folgendes: Die Passage aus der *Tenach*, die sagt: ›**Er wurde zu den Verbrechern gezählt**‹[k], muß in mir erfüllt werden; denn was mir geschieht, dient einem ganz bestimmten Zweck.«
38Sie sagten: »Sieh, Herr, hier sind zwei Schwerter!« »Genug!« antwortete er.

39Als sie gingen, machte Jeschua sich wie gewohnt auf den Weg zum Ölberg; und die *Talmidim* folgten ihm.
40Als er ankam, sagte er zu ihnen: »Betet, daß ihr nicht auf die Probe gestellt werdet.«
41Er ging etwa einen Steinwurf weit von ihnen weg, kniete nieder und betete:
42»Vater, wenn du willst, so nimm diesen Kelch von mir; doch möge nicht mein Wille, sondern deiner getan werden.«
43Da erschien ihm ein Engel vom Himmel und gab ihm Kraft,
44und in großer Qual betete er noch intensiver, so daß sein Schweiß wie Blutstropfen wurde, die auf die Erde fielen.
45Als er sich vom Gebet erhob und zu den *Talmidim* kam, fand er sie schlafend vor lauter Kummer.
46Er sagte zu ihnen: »Warum schlaft ihr? Steht auf und betet, daß ihr nicht auf die Probe gestellt werdet!«

47Während er noch sprach, langte eine Volksmenge an, angeführt von dem Mann namens Jehudah (einer der Zwölf!). Er kam zu Jeschua und küßte ihn,
48doch Jeschua sagte zu ihm: »Jehudah, verrätst du den Sohn des Menschen mit einem Kuß?«
49Als die, die ihm nachfolgten, sahen, was geschah, sagten sie: »Herr, sollen wir unsere Schwerter gebrauchen?«
50Einer von ihnen schlug nach dem Sklaven des *Kohen Ha Gadol* und hieb ihm das rechte Ohr ab.
51Doch Jeschua antwortete: »Laß mich nur noch das tun«, und er berührte das Ohr des Mannes und heilte ihn.

52Dann sagte Jeschua zu den Haupt-*Kohanim*, den Offizieren der Tempelwache und den Ältesten, die gekommen waren, ihn zu ergreifen: »So kamt ihr heraus geradeso, wie ihr zu dem Anführer eines Aufstands gekommen wärt, mit Schwertern und Knüppeln?
53Jeden Tag war ich bei euch im Vorhof des Tempels, aber ihr habt mich nicht gefangengenommen. Doch das ist eure Stunde – und die Stunde, in der Finsternis herrscht.«

54Nachdem sie ihn ergriffen hatten, führten sie ihn fort und brachten ihn in das Haus des *Kohen Ha Gadol*. Kefa folgte aus einiger Entfernung;
55doch als sie mitten im

k Jes 53,12

Berachah – Segnung
Gojim – die Nationen, Völker, Heiden
Jehudah – Judas
Jeschua – Jesus
Kefa – Petrus
Kohanim – Priester (pl.)
Kohen Ha Gadol – Hoherpriester
Mazah – Ungesäuertes Brot
Schim-on – Simon
Seder – Mahlzeit am Vorabend des Passa
Talmidim – Jünger (pl.)
Tenach – die hebr. Bibel, das Alte Testament

Hof ein Feuer angezündet hatten
und sich zusammen hinsetzten,
schloß er sich ihnen an. 56Eine der
Mägde sah ihn im Licht des Feuers
sitzen, betrachtete ihn genau und
sagte: »Dieser Mann war auch bei
ihm.« 57Doch er leugnete es: »Liebe
Frau, ich kenne ihn nicht einmal.«
58Ein wenig später sah ihn ein ande-
rer und sagte: »Du bist auch einer
von ihnen«; aber Kefa sagte: »Mann,
ich bin es nicht!« 59Etwa eine Stunde
später beteuerte ein anderer Mann
mit Nachdruck: »Es besteht kein
Zweifel, daß dieser Mensch bei ihm
war, denn er stammt auch aus dem
Galil!« 60Aber Kefa sagte: »Mann,
ich weiß nicht, wovon du sprichst!«
Und im gleichen Augenblick, wäh-
rend er noch sprach, krähte ein
Hahn. 61Der Herr wandte sich um
und sah Kefa ins Gesicht; und Kefa
erinnerte sich daran, was der Herr
gesagt hatte: »Bevor der Hahn heute
kräht, wirst du mich dreimal ver-
leugnen.« 62Und er ging hinaus und
weinte bitterlich.

63In der Zwischenzeit machten
sich die Männer, die Jeschua fest-
hielten, über ihn lustig. Sie schlugen
ihn, 64verbanden ihm die Augen und
fragten ihn: »Jetzt, ›weissage‹ uns!
Wer hat dich diesmal geschlagen?«
65Und sie sagten noch viele andere
Schmähreden gegen ihn.

66Bei Tagesanbruch kam der Älte-
stenrat des Volkes, zu dem sowohl
die Haupt-*Kohanim* als auch die
*Torah*lehrer gehörten, zusammen
und führte ihn dem *Sanhedrin* vor,
67und sie sagten: »Wenn du der
Maschiach bist, so sage es uns.« Er
antwortete: »Wenn ich es euch sage,
werdet ihr mir nicht glauben; 68und
wenn ich euch frage, werdet ihr
nicht antworten. 69Doch von jetzt
an wird der Sohn des Menschen **sit-
zen zur rechten Hand der** *Ha Ge-
vurah*.«[1] 70Sie alle sagten: »Bedeutet
das, daß du der Sohn Gottes bist?«
Und er antwortete ihnen: »Ihr sagt,
daß ich es bin.« 71Sie sagten: »Wozu
brauchen wir noch ein zusätzliches
Zeugnis? Wir haben es selbst aus
seinem Mund gehört!«

23 1Damit erhob sich der ge-
samte *Sanhedrin* und brach-
te Jeschua vor Pilatus, 2wo sie be-
gannen, ihn anzuklagen. »Wir haben
festgestellt, daß dieser Mann unser
Volk in Aufruhr versetzt, indem er
uns verbietet, dem Kaiser Steuern zu
zahlen, und behauptet, er selbst sei
der Messias – ein König!« 3Pilatus
fragte ihn: »Bist du der König der
Juden?« Und er antwortete ihm:
»Das sind deine Worte.« 4Pilatus
sagte zu den Haupt-*Kohanim* und
den Menschenmengen: »Ich finde
keinen Grund für eine Klage gegen
diesen Mann.« 5Aber sie beharrten:
»Er hetzt das Volk mit seinen Leh-
ren in ganz Jehudah auf – er hat im
Galil angefangen, und jetzt ist er
hier!« 6Als er das hörte, fragte Pila-
tus, ob der Mann aus dem Galil
stamme; 7und als er erfuhr, daß er
der Rechtsprechung des Herodes
unterstand, schickte er ihn zu Hero-

1 Ps 110,1

des, der sich zu der Zeit ebenfalls gerade in Jeruschalajim aufhielt.

8Herodes war erfreut, Jeschua zu sehen, denn er hatte von ihm gehört und hatte ihn schon lange sehen wollen; ja, er hoffte, daß er vor seinen Augen ein paar Wunder vollbringen würde. 9Er befragte ihn ausführlich, aber Jeschua gab keine Antwort. 10Doch die Haupt-*Kohanim* und die *Torah*lehrer standen dabei und vertraten nachdrücklich ihren Fall gegen ihn. 11Herodes und seine Soldaten behandelten Jeschua voller Verachtung und machten sich über ihn lustig. Dann kleideten sie ihn in ein elegantes Gewand und schickten ihn zurück zu Pilatus. 12An diesem Tag wurden Herodes und Pilatus Freunde; vorher waren sie Feinde gewesen.

13Pilatus berief die Haupt-*Kohanim*, die Führer und das Volk 14und sagte zu ihnen: »Ihr habt mir diesen Mann vorgeführt mit der Anklage, daß er das Volk in Aufruhr versetze. Ich habe ihn in eurer Gegenwart geprüft und fand ihn des Verbrechens, dessen ihr ihn anklagt, nicht schuldig. 15Und Herodes tat es ebenfalls nicht, denn er schickte ihn zu uns zurück. Ganz eindeutig hat er nichts getan, das die Todesstrafe verdient. 16Was ich also tun will, ist, ihn auszupeitschen und freizulassen.«17 [m] 18Sie aber riefen wie aus einem Mund: »Fort mit diesem Mann! Gib uns Bar-Abba!« 19(Er war ein Mann, der ins Gefängnis geworfen worden war wegen Mordes und weil er einen Aufstand in der Stadt angezettelt hatte.) 20Pilatus appellierte abermals an sie, denn er wollte Jeschua freilassen. 21Aber sie schrien: »Richte ihn hin am Pfahl! Richte ihn hin am Pfahl!« 22Ein drittes Mal fragte er sie: »Aber welches Unrecht hat dieser Mann begangen? Ich habe keinen Grund gefunden, ihn hinzurichten. Deshalb werde ich ihn auspeitschen lassen und dann freilassen.« 23Aber sie schrien beharrlich weiter und verlangten, daß er am Pfahl hingerichtet werde; und ihr Gebrüll wurde unerträglich. 24Pilatus entschloß sich, ihrer Forderung nachzugeben; 25er ließ den Mann frei, der wegen Aufruhrs und wegen Mordes ins Gefängnis geworfen worden war, den, um den sie gebeten hatten; und mit Jeschua verfuhr er nach ihrem Willen.

26Als die römischen Soldaten Jeschua fortführten, griffen sie sich einen Mann aus Kyrene namens Schim-on, der gerade vom Land hereinkam. Sie legten ihm den Hinrichtungspfahl auf den Rücken, und er mußte ihn hinter Jeschua hertragen.

m In manchen Handschriften folgt der Vers 17: Denn er mußte wegen des Festes einen Mann freilassen.

Bar-Abba – Barabbas
Galil – Galiläa
Ha Gevurah – die Kraft, d.h. Gott
Jehudah – Judäa
Jeruschalajim – Jerusalem
Jeschua – Jesus
Kefa – Petrus
Kohanim – Priester (pl.)
Maschiach – Messias
Sanhedrin – oberstes jüdisches Gericht, Hoher Rat
Schim-on – Simon
Torahlehrer – Schriftgelehrter

[27]Eine große Zahl Volkes folgte, dar-
unter Frauen, die wegen ihm wein-
ten und klagten. [28]Jeschua aber dreh-
te sich zu ihnen um und sagte:
»Töchter Jeruschalajims, weint nicht
um mich; weint um euch selbst und
um eure Kinder! [29]Denn die Zeit
kommt, in der die Menschen sagen
werden: ›Die kinderlosen Frauen
sind die glücklichen – diejenigen, de-
ren Schoß niemals ein Kind geboren
hat, deren Brüste niemals ein Klein-
kind gestillt haben!‹ [30]Dann

werden sie anfangen, **zu den Ber-
gen zu sagen: ›Fallt auf uns!‹ und
zu den Hügeln: ›Bedeckt uns!‹**[n]

[31]Denn wenn sie diese Dinge tun,
wenn das Holz grün ist, was wird
geschehen, wenn es trocken ist?«
[32]Zwei andere Männer, beide
Verbrecher, wurden hinausgeführt,
mit ihm hingerichtet zu werden.
[33]Als sie an den Ort kamen, der ›der
Schädel‹ genannt wird, nagelten sie
ihn an den Pfahl; und sie nagelten
auch die Verbrecher an Pfähle, einen
zur Rechten und einen zur Linken.
[34]Jeschua sagte: »Vater, vergib ih-
nen; sie wissen nicht, was sie tun.«
**Sie teilten seine Kleider, in-
dem sie Würfel warfen.**[o] [35]Das
Volk stand und sah zu, und die
Oberen **verhöhnten** ihn.[p] »Er hat
andere gerettet«, sagten sie, »wenn
er also wirklich der Messias ist,
der von Gott Erwählte, soll er sich
selbst retten!« [36]Auch die Soldaten
machten sich über ihn lustig; sie
kamen herzu, boten ihm **Essig**[q] an
[37]und sagten: »Wenn du der König
der Juden bist, rette dich selbst!«
[38]Und über ihm war eine Tafel,
auf der stand zu lesen:

DIES IST
DER KÖNIG DER JUDEN.

[39]Einer der Verbrecher, die dort
hingen, schleuderte ihm Beleidigun-
gen an den Kopf: »Bist du nicht der
Messias? Rette dich selbst und uns!«
[40]Doch der andere hob an und
schalt den ersten und sagte: »Hast
du keine Gottesfurcht? Du wirst die
gleiche Strafe erleiden wie er. [41]Un-
sere ist nur gerecht; wir bekommen,
was wir verdient haben für das, was
wir taten. Aber dieser Mann hat
kein Unrecht getan.« [42]Dann sagte
er: »Jeschua, denke an mich, wenn
du als König kommst.« [43]Jeschua
sagte zu ihm: »Ja! Ich verspreche
dir, daß du noch heute mit mir in
Gan-Eden sein wirst.«

[44]Es war jetzt etwa Mittag, und
Finsternis bedeckte das ganze
Land bis um drei Uhr nachmit-
tags; [45]die Sonne schien nicht.
Auch der *Parochet* im Tempel riß
mitten entzwei. [46]Jeschua schrie
laut auf und sagte: »Vater! **In dei-
ne Hände übergebe ich meinen
Geist.«**[r] Mit diesen Worten gab er
seinen Geist auf.
[47]Als der römische Offizier sah,

n Hos 10,8
o Ps 22,19
p Ps 22,8
q Ps 69,22

r Ps 31,6

was geschehen war, fing er an, Gott
zu loben, und sagte: »Ganz sicher
war dieser Mann unschuldig!«
48 Und als die ganzen Menschenmas-
sen, die sich versammelt hatten, um
das Schauspiel zu beobachten, die
Dinge sahen, die geschehen waren,
kehrten sie nach Hause zurück und
schlugen sich an die Brust. 49 Alle
seine Freunde, darunter auch die
Frauen, die ihn aus dem Galil be-
gleitet hatten, waren in einiger Ent-
fernung dabeigestanden; und sie sa-
hen alles.

50 Da war ein Mann namens Josef,
ein Mitglied des *Sanhedrin.* Er war
ein guter Mann, ein *Zaddik*; 51 und
er war weder mit dem Beweggrund
des *Sanhedrin* noch mit seiner
Handlungsweise einig gewesen. Er
kam aus der Stadt Ramatajim, einer
Stadt der Judäer; und er suchte das
Reich Gottes. 52 Dieser Mann ging
zu Pilatus und bat um Jeschuas
Leichnam. 53 Er nahm ihn ab, wik-
kelte ihn in ein Leintuch und legte
ihn in ein Grab, das in den Felsen
gehauen und noch nie benutzt wor-
den war.

54 Es war Rüsttag, und in Kürze
sollte der *Schabbat* beginnen. 55 Die
Frauen, die mit Jeschua aus dem
Galil gekommen waren, folgten
ihm; sie sahen das Grab und wie
sein Leichnam hineingelegt wurde.
56 Dann gingen sie zurück nach Hau-
se, um Kräuter und Salbungen vor-
zubereiten. 1 Am *Schabbat* ruhten

24

die Frauen, im Gehorsam
gegen das Gebot; 1 doch am
ersten Tag der Woche, als es noch
sehr früh war, nahmen sie die Kräu-
ter, die sie vorbereitet hatten, gingen
zum Grab 2 und fanden den Stein
vom Grab fortgerollt! 3 Als sie hin-
eingingen, entdeckten sie, daß der
Leichnam des Herrn fort war! 4 Sie
standen dort und wußten nicht, was
sie darüber denken sollten, als
plötzlich zwei Männer in strahlend
heller Kleidung neben ihnen stan-
den. 5 Entsetzt beugten sie sich nie-
der, die Gesichter zum Erdboden
gewandt. Die beiden Männer sagten
zu ihnen: »Warum sucht ihr nach
dem Lebenden unter den Toten?
6 Er ist nicht hier; er ist auferweckt.
Erinnert euch, was er euch erzählte,
als er noch im Galil war: 7 ›Der Sohn
des Menschen muß in die Hände
der sündigen Menschen ausgeliefert
und als ein Verbrecher am Pfahl
hingerichtet werden und dann am
dritten Tag wiederauferweckt wer-
den‹!« 8 Da erinnerten sie sich an sei-
ne Worte; 9 und als sie vom Grab zu-
rückkehrten, erzählten sie alles den
Elfen und allen übrigen. 10 Die Frau-
en, die den Gesandten diese Dinge
erzählten, waren Mirjam von Mag-

Galil – Galiläa
Gan-Eden – Paradies
Ja-akov – Jakob
Jeschua – Jesus
Jochanah – Johanna
Mirjam – Miriam, Maria
Mirjam von Magdala – Maria von Magdala
Nazeret – Nazareth
Parochet – Vorhang, der den heiligen Bereich des Tempels abgrenzt
Ramatajim – Arimathäa
Sanhedrin – oberstes jüdisches Gericht, hoher Rat
Schabbat – der Sabbat
Zaddik – der Gerechte, gerechter Mensch

dala, Jochanah, Mirjam, die Mutter
von Ja-akov, und die anderen, die zu
ihrem Kreis gehörten.

11Doch die Gesandten glaubten
ihnen nicht; ja, sie dachten, daß das,
was sie sagten, völlig unsinnig sei!
12Dennoch stand Kefa auf und lief
zum Grab. Als er sich hinabbückte,
sah er nur die Begräbniskleider, und
er ging nach Hause und fragte sich,
was geschehen sei.

13Am selben Tag gingen zwei
von ihnen in ein Dorf namens
Amma-us, ungefähr zehn Kilome-
ter von Jeruschalajim entfernt,
14und sie redeten miteinander über
alle die Dinge, die geschehen wa-
ren. 15Während sie redeten und
diskutierten, kam Jeschua selbst
hinzu und ging mit ihnen, 16doch
irgend etwas hinderte sie daran,
ihn zu erkennen. 17Er fragte sie:
»Worüber redet ihr miteinander,
während ihr geht?« Sie blieben ab-
rupt stehen, die Gesichter nach
unten gewandt; 18und einer von ih-
nen, mit Namen Kleopas, antwor-
tete ihm: »Bist du der einzige in
Jeruschalajim, der nicht weiß, was
hier in den letzten paar Tagen ge-
schehen ist?« 19»Was für Dinge?«
fragte er sie. Sie antworteten ihm:
»Die Dinge über Jeschua aus Na-
zeret. Er war ein Prophet und be-
wies es durch die Dinge, die er tat
und sagte vor Gott und vor dem
ganzen Volk. 20Unsere Haupt-*Ko-
hanim* und unsere Führer aber ha-
ben ihn ausgeliefert, so daß er zum
Tode verurteilt und am Pfahl hin-
gerichtet werden konnte wie ein
Verbrecher. 21Und wir hatten ge-
hofft, daß er derjenige wäre, der
Jisrael befreien würde! Außerdem
ist heute der dritte Tag, seit diese
Dinge geschehen sind; 22und diesen
Morgen haben einige von den
Frauen uns sehr erstaunt. Sie wa-
ren früh am Grab 23und konnten
seinen Leichnam nicht finden, des-
halb kamen sie zurück; doch sie
haben uns berichtet, daß sie eine
Vision von Engeln geschaut haben,
die sagen, daß er lebt! 24Einige un-
serer Freunde gingen zum Grab
und fanden es genauso, wie die
Frauen gesagt hatten, aber sie sa-
hen ihn nicht.«

25Er sagte zu ihnen: »Törichte
Leute! So unwillig, euer Vertrauen
auf das zu setzen, was die Pro-
pheten sagten! 26Mußte der Messi-
as denn nicht so sterben, bevor er
in die Herrlichkeit einging?«
27Dann erklärte er ihnen, angefan-
gen bei Mosche und den ganzen
Propheten, die Dinge, die in der
Tenach über ihn gefunden werden
können.

28Sie näherten sich dem Dorf, wo
sie hinwollten. Er tat so, als wolle er
weitergehen; 29doch sie hielten ihn
zurück und sagten: »Bleib bei uns,
denn es ist schon fast Abend, und es
wird dunkel.« So ging er hinein, um
bei ihnen zu bleiben. 30Als er sich
mit ihnen zu Tisch legte, nahm er
die *Mazah*, machte die *Berachah*,
brach sie und gab sie ihnen. 31Da
wurden ihre Augen geöffnet, und
sie erkannten ihn. Aber er wurde
unsichtbar für sie. 32Sie sagten zu-
einander: »Brannten unsere Herzen
denn nicht innerlich, als er zu uns

auf der Straße sprach und uns die
Tenach eröffnete?«

[33]Sie standen sogleich auf, kehrten
nach Jeruschalajim zurück und fan-
den die Elf versammelt mit ihren
Freunden [34]und sagten: »Es ist
wahr! Der Herr ist auferstanden!
Schim-on hat ihn gesehen!« [35]Dann
erzählten die zwei, was auf der
Straße geschehen war und wie er ih-
nen beim Brechen der *Mazah* be-
kannt offenbart worden war.

[36]Sie sprachen noch darüber, als –
da war er, stand mitten unter ihnen!
[37]Erschreckt und voller Furcht, wie
sie waren, glaubten sie, ein Gespenst
zu sehen. [38]Doch er sagte zu ihnen:
»Warum seid ihr so aufgeregt? War-
um kommen diese Zweifel in euch
hoch? [39]Seht auf meine Hände und
meine Füße – ich bin es, ich selbst!
Berührt mich und seht – ein Ge-
spenst hat nicht Fleisch und Kno-
chen, wie ihr es bei mir sehen
könnt.« [40]Während er das sagte,
zeigte er ihnen seine Hände und
Füße. [41]Als sie es vor lauter Freude
noch immer nicht glauben konnten
und sprachlos dastanden, sagte er zu
ihnen: »Habt ihr etwas zu essen
da?« [42]Sie gaben ihm ein Stück ge-
bratenen Fisch, [43]den er nahm und
in ihrer Gegenwart aß.

[44]Jeschua sagte zu ihnen: »Das ha-
be ich gemeint, als ich noch bei euch
war und euch sagte, daß alles, was
Mosche, die Propheten und die
Psalmen über mich in der *Torah* ge-
schrieben haben, erfüllt werden
mußte.« [45]Dann öffnete er ihren
Verstand, so daß sie die *Tenach* ver-
stehen konnten, [46]und sagte ihnen:
»Es bedeutet folgendes: Der Messias
muß leiden und am dritten Tag von
den Toten auferstehen; [47]und in sei-
nem Namen soll die Buße, die zur
Vergebung der Sünden führt, Men-
schen aus allen Völkern verkündet
werden, angefangen in Jeruschala-
jim. [48]Ihr seid Zeugen für diese Din-
ge. [49]Jetzt schicke ich auf euch, was
mein Vater versprochen hat, also
bleibt hier in der Stadt, bis ihr mit
der Macht von oben ausgerüstet
seid.«

[50]Er führte sie heraus nach Beht-
Anjah; dann erhob er die Hände
und sagte eine *Berachah* über sie;
[51]und während er sie segnete, zog er
sich von ihnen zurück und wurde in
den Himmel erhoben. [52]Sie neigten
sich in Anbetung und kehrten dann
nach Jeruschalajim zurück, außer
sich vor Freude. [53]Und sie verbrach-
ten ihre ganze Zeit in den Vorhöfen
des Tempels und lobten Gott.

Amma-us – Emmaus
Beht-Anjah – Betanien
Berachah – Segnung
Jeruschalajim – Jerusalem
Jeschua – Jesus
Kefa – Petrus
Kohanim – Priester (pl.)
Mazah – ungesäuertes Brot
Mosche – Mose
Nazeret – Nazareth
Schim-on – Simon
Tenach – die hebr. Bibel, das Alte Testament
Torah – Weisung, Lehre, das »Gesetz«, der Pentateuch (die 5 Bücher Mose)

DIE GUTE NACHRICHT VON
JESCHUA DEM MESSIAS
NACH DEM BERICHT VON

JOCHANAN (JOHANNES)

1 Im Anfang war das Wort, und
das Wort war bei Gott,

und das Wort war Gott.
2 Er war im Anfang bei Gott.

3 Alles wurde durch ihn, und ohne
ihn hatte nichts Erschaffenes das
Sein.

4 In ihm war Leben, und das Leben
war das Licht der Menschheit.

5 Das Licht scheint in der Finster-
nis, und die Finsternis hat es nicht
unterdrückt.

6 Es war ein Mann, von Gott ge-
sandt, dessen Name war Jochanan.
7 Er kam, um ein Zeugnis zu sein,
um von dem Licht zu zeugen; damit
durch ihn jedermann Gott vertrauen
und ihm treu sein möge. 8 Er selbst
war nicht dieses Licht; nein, er kam,
um Zeugnis von dem Licht abzule-
gen.

9 Das war das wahre Licht, das je-
dem, der die Welt betritt, leuchtet.

10 Er war in der Welt – die Welt
wurde durch ihn – doch die Welt
kannte ihn nicht.

11 Er kam in sein eigenes Heimat-
land, doch sein eigenes Volk nahm
ihn nicht auf.

12 Aber all denen, die ihn annah-
men, denen, die seiner Person und
Macht vertrauten, gab er das Recht,
Kinder Gottes zu werden, 13 nicht
aufgrund von Abstammung, körper-
lichem Trieb oder menschlichem
Vorsatz, sondern aufgrund von
Gott.

14 Das Wort wurde ein menschli-
ches Wesen und lebte bei uns, und
wir sahen seine *Schechinah*,

die *Schechinah* des einzigen Soh-
nes des Vaters, voller Gnade und
Wahrheit.

15 Jochanan zeugte von ihm, wenn
er ausrief: »Das ist der Mann, von
dem ich sprach, wenn ich sagte: ›Der,
der nach mir kommt, ist mir im Rang
voraus, weil er vor mir existierte.‹«

16 Wir alle haben aus seiner Fülle
empfangen, ja, Gnade um Gnade.

17 Denn die *Torah* wurde durch
Mosche gegeben; Gnade und Wahr-
heit aber kamen durch Jeschua den
Messias.

18 Niemand hat jemals Gott gese-
hen; doch der eine und einzige
Sohn, der wesensgleich mit Gott ist
und an der Seite des Vaters steht – er
hat ihn bekannt gemacht.

19Hier ist Jochanans Zeugnis: Als
die Judäer *Kohanim* und *Leviim* aus
Jeruschalajim zu ihm sandten, die
ihn fragen sollten: »Wer bist du?«,
20sagte er völlig ehrlich und ganz ein-
deutig: »Ich bin nicht der Messias.«
21»Wer bist du denn«, fragten sie ihn.
»Bist du Eliahu?« »Nein, der bin ich
nicht«, sagte er. »Bist du ›der Pro-
phet‹, der, auf den wir warten?«
»Nein«, entgegnete er. 22Da sagten
sie zu ihm: »Wer bist du? – damit wir
dem Volk, das uns sandte, eine Ant-
wort geben können. Was hast du
über dich selbst zu sagen?« 23Er ant-
wortete ihnen mit den Worten von
Jeschajahu dem Propheten: »Ich bin

die Stimme eines, der ruft in der Wüste: ›Macht den Weg *Adonais* eben!‹«[a]

24Einige derer, die gesandt worden
waren, waren *Peruschim*. 25Sie frag-
ten ihn: »Wenn du weder der Messi-
as noch Elijahu noch ›der Prophet‹
bist, warum tauchst du dann Men-
schen ein?« 26Ihnen antwortete Jo-
chanan: »Ich tauche Menschen in
Wasser ein, doch in eurer Mitte
steht jemand, den ihr nicht kennt.
27Er ist der, der nach mir kommt –
ich bin nicht einmal gut genug, seine
Sandale aufzubinden!« 28All das
fand statt in Beht-Anjah, östlich des
Jarden, wo Jochanan eintauchte.

29Am nächsten Tag sah Jochanan
Jeschua zu ihm kommen und sagte:
»Seht! Gottes Lamm! Der, der die
Sünde der Welt fortnimmt! 30Das ist
der Mann, von dem ich sprach, als
ich sagte: ›Nach mir kommt jemand,
der im Rang über mir steht, weil er
vor mir existiert hat.‹ 31Ich selbst
wußte nicht, wer er war, doch der
Grund dafür, daß ich kam, mit Was-
ser einzutauchen, war, damit er Jis-
rael bekannt gemacht werde.«
32Dann gab Jochanan dieses Zeug-
nis: »Ich sah den Geist herabkom-
men vom Himmel wie eine Taube
und auf ihm bleiben. 33Ich selbst
wußte nicht, wer er war, doch der,
der mich sandte, einzutauchen in
Wasser, sagte zu mir: ›Der, auf den
du den Geist herabkommen und
bleiben siehst, ist der, der im *Ruach
Ha Kodesch* eintaucht.‹ 34Und ich
habe gesehen und bezeugt, daß das
der Sohn Gottes ist.«

35Am nächsten Tag war Jochanan
wieder mit zwei seiner *Talmidim* zu-
sammen. 36Als sie Jeschua vorüber-
gehen sahen, sagte er: »Sieh! Gottes
Lamm!« 37Seine beiden *Talmidim*
hörten ihn sprechen und folgten Je-

a Jes 40,3

Adonai – der HERR, Jahwe
Beht-Anjah – Betanien
Elijahu – Elia
Jarden – Jordan
Jeruschalajim – Jerusalem
Jeschajahu – Jesaja
Jeschua – Jesus
Jochanan – Johannes
Kohanim – Priester (pl.)
Leviim – Leviten
Mosche – Mose
Peruschim – Pharisäer (pl.)
Ruach Ha Kodesch – Heiliger Geist
Schechinah – »Einwohnung Gottes«, Gottes herrliche Gegenwart
Talmidim – Jünger (pl.)
Torah – Weisung, Lehre, »das Gesetz«, der Pentateuch (die 5 Bücher Mose)

schua. [38]Jeschua wandte sich um und sah, daß sie ihm folgten, und fragte sie: »Was sucht ihr?« Sie sagten zu ihm: »Rabbi!« (das bedeutet »Lehrer!«) »Wo wohnst du?« [39]Er sagte zu ihnen: »Kommt und seht.« So gingen sie und sahen, wo er wohnte, und blieben den Rest des Tages bei ihm – es war etwa vier Uhr nachmittags. [40]Einer der beiden, die Jochanan gehört hatten und Jeschua gefolgt waren, war Andreas, der Bruder von Schim-on Kefa. [41]Das erste, was er tat, war, seinen Bruder Schim-on zu suchen und ihm zu erzählen: »Wir haben den *Maschiach* gefunden!« (Das Wort bedeutet »den, der gesalbt wurde«.) [42]Er brachte ihn zu Jeschua. Jeschua sah ihn an und sagte: »Du bist Schim-on Bar Jochanan; du wirst Kefa heißen.« (Der Name bedeutet »Felsen«.)

[43]Am nächsten Tag, nachdem sie beschlossen hatten, sich auf den Weg nach dem Galil zu machen, traf Jeschua Philippus und sagte: »Folge mir nach!« [44]Philippus war aus Beht-Zaidah, der Stadt, in der Andreas und Kefa lebten. [45]Philippus traf Natan-el und erzählte ihm: »Wir haben den gefunden, über den Mosche in der *Torah* und auch die Propheten schrieben – es ist Jeschua Ben Josef aus Nazeret!« [46]Natan-el antwortete ihm: »Nazeret? Kann von dort irgend etwas Gutes kommen?« »Komm und sieh«, sagte Philippus zu ihm. [47]Jeschua sah Natan-el zu ihm kommen und sagte über ihn: »Hier ist ein wahrer Sohn Jisraels – kein Falsch an ihm!« [48]Natan-el sagte zu ihm: »Wie, du kennst mich?« Jeschua antwortete ihm: »Bevor Philippus dich gerufen hat, als du unter dem Feigenbaum saßest, habe ich dich gesehen.« [49]Natan-el sagte: »Rabbi, du bist der Sohn Gottes! Du bist der König Jisraels!« [50]Jeschua antwortete ihm: »Du glaubst das nur, weil ich dir erzählt habe, daß ich dich unter dem Feigenbaum gesehen habe? Du wirst größere Dinge als das sehen!« [51]Dann sagte er zu ihm: »Ja wahrhaftig! Ich sage dir, daß du den **Himmel** offen sehen wirst und **die Engel Gottes heraufgehen und hinabkommen**[b] auf den Sohn des Menschen!«

2 [1]Zwei Tage später war in Kanah im Galil eine Hochzeit; und die Mutter Jeschuas war dort. [2]Auch Jeschua war zur Hochzeit eingeladen, zusammen mit seinen *Talmidim*. [3]Der Wein ging aus, und Jeschuas Mutter sagte zu ihm: »Sie haben keinen Wein mehr.« [4]Jeschua entgegnete: »Mutter, warum sollte mich das bekümmern? – oder du? Meine Zeit ist noch nicht gekommen.« [5]Seine Mutter sagte zu den Knechten: »Tut, was immer er euch sagt.« [6]Nun standen dort sechs steinerne Wasserkrüge für die zeremoniellen Waschungen, jeder mit einem Fassungsvermögen von neunzig bis einhundertdreißig Litern. [7]Jeschua gebot ihnen: »Füllt die Krüge mit Wasser«, und sie füllten sie bis zum Rand. [8]Er sagte: »Jetzt gießt etwas ein und bringt es

b Gen 28,12

dem Mann, der die Aufsicht über
das Festmahl hat«; und sie brachten
es. 9Der Mann, der die Aufsicht hat-
te, kostete das Wasser; es hatte sich
in Wein verwandelt! Er wußte
nicht, wo der Wein hergekommen
war, doch die Knechte, die das Was-
ser eingegossen hatten, wußten es.
Da rief er den Bräutigam 10und sagte
zu ihm: »Alle anderen servieren den
guten Wein zuerst und den schlech-
teren dann, wenn die Leute schon
reichlich getrunken haben. Du aber
hast den guten Wein bis jetzt zu-
rückgehalten!« 11Dieses, das erste
von Jeschuas Zeichen, tat er in Ka-
nah im Galil; er offenbarte seine
Herrlichkeit, und seine *Talmidim*
fanden zum Vertrauen zu ihm.
12Danach gingen er, seine Mutter
und seine Brüder und seine *Talmi-
dim* hinab nach Kefar-Nachum und
blieben einige Tage dort.

13Es war schon fast die Zeit für das
*Pessach*fest in Jehudah, deshalb ging
Jeschua hinauf nach Jeruschalajim.
14Im Tempelbereich fand er jene
vor, die dort Vieh, Schafe und Tau-
ben verkauften, und andere, die an
Tischen saßen und Geld wechselten.
15Er machte eine Peitsche aus Strik-
ken und trieb sie aus dem Tempel-
bereich hinaus, auch die Schafe und
das Vieh. Er stieß die Tische der
Geldwechsler um und verstreute ih-
re Münzen; 16und zu den Tauben-
verkäufern sagte er: »Bringt diese
Dinge hinaus! Wie könnt ihr es wa-
gen, meines Vaters Haus in einen
Markt zu verwandeln?« 17(Seine
Talmidim erinnerten sich später,
daß die *Tenach* sagt: »**Der Eifer für
dein Haus wird mich verzehren.**«)[c]
18Deshalb traten ihm die Judäer ent-
gegen und fragten ihn: »Welches
wunderbare Zeichen kannst du tun,
das uns beweist, daß du das Recht
hast, all das zu tun?« 19Jeschua ant-
wortete ihnen: »Zerstört diesen
Tempel, und in drei Tagen will ich
ihn wieder aufbauen.« 20Die Judäer
sagten: »Es hat 46 Jahre gebraucht,
diesen Tempel zu bauen, und du
willst ihn in drei Tagen aufbauen?«
21Der »Tempel«, von dem er ge-
sprochen hatte, war aber sein Leib.
22Deshalb erinnerten seine *Talmi-
dim* sich, als er von den Toten aufer-
weckt war, daß er das gesagt hatte,
und sie vertrauten der *Tenach* und
dem, was Jeschua gesagt hatte.

c Ps 69,10

Beht-Zaidah – Betsaida
Galil – Galiläa
Jehudah – Judäa
Jeruschalajim – Jerusalem
Jeschua – Jesus
Jeschua Ben Josef – Jesus, der Sohn des Josef
Jochanan – Johannes
Kanah – Kana
Kefa – Petrus
Kefar-Nachum – Kapernaum
Maschiach – Messias
Mosche – Mose
Natan-el – Nathanael
Nazeret – Nazareth
Pessach – Passa
Schim-on – Simon
Schim-on Bar Jochanan – Simon, der Sohn des Johannes
Schim-on Kefa – Simon Petrus
Talmidim – Jünger (pl.)
Tenach – die hebr. Bibel, das Alte Testament
Torah – Weisung, Lehre, »das Gesetz«, der Pentateuch (die 5 Bücher Mose)

[23]Während Jeschua beim *Pessach*-
fest in Jeruschalajim war, hielten sich
viele Menschen dort auf, die »an sei-
nen Namen glaubten«, als sie die
Wunder sahen, die er vollbrachte.
[24]Aber er vertraute sich ihnen nicht
an, denn er wußte, wie die Menschen
sind – [25]das heißt, er brauchte nie-
mand, der ihm etwas über einen
Menschen sagte, weil er wußte, was
im Herzen eines Menschen war.

3 [1]Unter den *Peruschim* war ein
Mann namens Nakdimon, der
war einer der Obersten der Judäer.
[2]Dieser Mann kam in der Nacht zu
Jeschua und sagte zu ihm: »Rabbi,
wir wissen, es ist von Gott, daß du
als Lehrer gekommen bist; denn
niemand kann diese Wunder tun,
die du vollbringst, wenn Gott nicht
mit ihm ist.« [3]»Ja wahrhaftig«, ant-
wortete Jeschua ihm, »ich sage dir,
daß ein Mensch, wenn er nicht wie-
dergeboren ist von oben, das Reich
Gottes nicht sehen kann.«

[4]Nakdimon sagte zu ihm: »Wie
kann ein erwachsener Mensch ›ge-
boren‹ werden? Kann er in den
Schoß seiner Mutter zurückkehren
und ein zweites Mal geboren
werden?« [5]Jeschua antwortete: »Ja
wahrhaftig, ich sage dir, daß ein
Mensch, wenn er nicht geboren ist
aus Wasser und Geist, nicht in das
Reich Gottes eingehen kann. [6]Was
vom Fleisch geboren ist, ist Fleisch,
und was aus dem Geist geboren ist,
ist Geist. [7]Hör auf, dich über meine
Worte, daß du von oben wiederge-
boren werden mußt, zu wundern!
[8]Der Wind weht, wo er will, und du
hörst sein Wehen, aber du weißt
nicht, woher er kommt oder wohin
er geht. So ist es mit jedem, der vom
Geist geboren wurde.«

[9]Nakdimon entgegnete: »Wie
kann das geschehen?« [10]Jeschua ant-
wortete ihm: »Du hast das Lehramt
in Jisrael und weißt das nicht? [11]Ja
wahrhaftig! Ich sage dir, daß wir
wissen, worüber wir reden; und daß
wir gesehen haben, worüber wir
Zeugnis ablegen; aber ihr akzeptiert
unsere Beweise nicht! [12]Wenn ihr
mir nicht glaubt, wenn ich euch von
den Dingen der Welt erzähle, wie
sollt ihr mir glauben, wenn ich euch
von den Dingen des Himmels er-
zähle? [13]Niemand ist in den Himmel
hinaufgegangen; es gibt nur den, der
vom Himmel herabgekommen ist,
den Sohn des Menschen. [14]So wie
Mosche die Schlange in der Wüste
emporhob, muß der Sohn des Men-
schen emporgehoben werden; [15]da-
mit jeder, der ihm vertraut, das ewi-
ge Leben habe.

[16]Denn Gott hat die Welt so sehr
geliebt, daß er seinen einen und ein-
zigen Sohn gab, damit jeder, der ihm
vertraut, das ewige Leben habe, statt
rettungslos vernichtet zu werden.
[17]Denn Gott schickte den Sohn
nicht in die Welt, die Welt zu rich-
ten, sondern damit durch ihn die
Welt gerettet werde. [18]Jene, die ihm
vertrauen, werden nicht gerichtet;
jene, die nicht vertrauen, sind bereits
gerichtet, insofern, als sie dem nicht
vertraut haben, der Gottes einer und
einziger Sohn ist.

[19]Und das ist das Gericht: Das
Licht ist in die Welt gekommen,

aber die Menschen haben die Fin-
sternis mehr geliebt als das Licht.
Warum? Weil ihre Werke böse wa-
ren. 20Denn jeder, der böse Dinge
tut, haßt das Licht und meidet es,
damit seine Werke nicht offenbar
werden. 21Doch jeder, der tut, was
wahr ist, kommt zum Licht, damit
alle sehen mögen, daß seine Werke
durch Gott vollbracht sind.«

22Danach gingen Jeschua und sei-
ne *Talmidim* hinaus ins Land von
Jehudah, wo er eine Zeitlang bei ih-
nen blieb und Menschen eintauchte.
23Auch Jochanan tauchte bei Ehna-
jim in der Nähe von Schalem ein,
weil dort viel Wasser war; und die
Menschen strömten zu ihm, um ein-
getaucht zu werden. 24(Das war vor
Jochanans Verhaftung.)

25Zwischen einigen von Jochanans
Talmidim und einem Judäer ent-
stand ein Streit über die zeremoniel-
le Reinigung; 26und sie kamen zu Jo-
chanan und sagten zu ihm: »Rabbi,
kennst du den Mann, der auf der an-
deren Seite des Jarden bei dir war,
den, über den du geredet hast? Nun,
er ist hier und taucht ein; und jeder
geht zu ihm!« 27Jochanan antworte-
te: »Niemand kann etwas empfan-
gen, wenn es ihm nicht vom Him-
mel gegeben ist. 28Ihr selbst könnt
bestätigen, daß ich nicht gesagt ha-
be, ich sei der Messias, sondern daß
ich vor ihm hergesandt bin. 29Der
Bräutigam ist derjenige, der die
Braut hat; doch der Freund des
Bräutigams, der steht und ihm zu-
hört, ist voller Freude über den
Klang der Stimme des Bräutigams.
So ist diese meine Freude jetzt voll-
kommen. 30Er muß wichtiger wer-
den, ich muß unwichtiger werden.

31Er, der von oben gekommen ist,
ist über allen. Er, der von der Erde
ist, ist von der Erde und spricht aus
einem irdischen Standpunkt heraus;
er, der vom Himmel kommt, ist
über allen. 32Er zeugt von dem, was
er wirklich gesehen und gehört hat,
doch keiner nimmt an, was er sagt!
33Wer immer annimmt, was er sagt,
besiegelt die Tatsache, daß Gott
wahrhaftig ist, 34weil der, den Gott
gesandt hat, Gottes Worte spricht.
Denn Gott gibt ihm den Geist nicht
in eingeschränktem Maß – 35der Va-
ter liebt den Sohn und hat alles in
seine Hände gelegt. 36Wer immer
dem Sohn vertraut, hat ewiges Le-
ben. Doch wer immer dem Sohn
nicht gehorcht, wird jenes Leben
nicht sehen, sondern bleibt unter
dem Zorn Gottes.«

4 1Als Jeschua erfuhr, daß die
Peruschim gehört hatten, er
mache mehr *Talmidim* und tauche
sie ein als Jochanan 2(obwohl es
nicht Jeschua selbst war, der ein-
tauchte, sondern seine *Talmidim*),
3verließ Jeschua Jehudah und mach-

Ehnajim – Änon
Jarden – Jordan
Jehudah – Judäa
Jeruschalajim – Jerusalem
Jeschua – Jesus
Jochanan – Johannes
Mosche – Mose
Nakdimon – Nikodemus
Peruschim – Pharisäer (pl.)
Schalem – Salem (Jerusalem)
Talmidim – Jünger (pl.)

te sich auf den Weg nach dem Galil. 4Das bedeutete, daß er durch Schomron ziehen mußte.

5Er kam in eine Stadt in Schomron namens Schechem, nahe bei dem Feld, das Ja-akov seinem Sohn Josef gegeben hatte. 6Ja-akovs Brunnen war dort; deshalb setzte sich Jeschua, erschöpft von seiner Reise, am Brunnen nieder; es war um die Mittagszeit. 7Eine Frau aus Schomron kam, Wasser zu holen; und Jeschua sagte zu ihr: »Gib mir einen Trunk Wasser.« 8(Seine *Talmidim* waren in die Stadt gegangen, Essen zu kaufen.) 9Die Frau aus Schomron sagte zu ihm: »Wie kommt es, daß du, ein Jude, mich, eine Frau aus Schomron, um Wasser bittest?« (Denn die Juden verkehren nicht mit den Leuten aus Schomron.) 10Jeschua antwortete ihr: »Wenn du Gottes Gabe kenntest, das heißt, wenn du wüßtest, wer zu dir gesagt hat: ›Gib mir einen Trunk Wasser‹, dann hättest du ihn gebeten; und er hätte dir lebendiges Wasser gegeben.«

11Sie sagte zu ihm: »Lieber Herr, du hast keinen Eimer, und der Brunnen ist tief; wo willst du also dieses ›lebendige Wasser‹ hernehmen? 12Du bist nicht größer als unser Vater Ja-akov, nicht wahr? Er hat uns diesen Brunnen gegeben und daraus getrunken, und so taten seine Söhne und sein Vieh.« 13Jeschua antwortete: »Jeder, der dieses Wasser trinkt, wird wieder durstig werden, 14doch wer immer das Wasser trinkt, das ich ihm gebe, wird nie mehr durstig werden! Im Gegenteil, das Wasser, das ich ihm gebe, wird eine Wasserquelle in ihm werden, die ins ewige Leben quillt!«

15»Lieber Herr, gib mir dieses Wasser«, sagte die Frau zu ihm, »damit ich nie mehr durstig sein und hierher kommen und Wasser holen muß.« 16Er sagte zu ihr: »Geh, ruf deinen Ehemann, und komm zurück.« 17Sie antwortete: »Ich habe keinen Ehemann.« Jeschua sagte zu ihr: »Du hast recht, du hast keinen Ehemann! 18Du hattest fünf Ehemänner in der Vergangenheit, und mit dem Mann, mit dem du jetzt lebst, bist du nicht verheiratet! Du hast die Wahrheit gesprochen!«

19»Lieber Herr, ich kann sehen, daß du ein Prophet bist«, entgegnete die Frau. 20»Unsere Väter haben auf diesem Berg angebetet, doch ihr sagt, daß der Ort, wo man anbeten muß, in Jeruschalajim sei.« 21Jeschua sagte: »Liebe Frau, glaube mir, die Zeit kommt, in der du den Vater weder auf diesem Berg noch in Jeruschalajim anbeten wirst. 22Ihr wißt nicht, was ihr anbetet; wir aber beten an, was wir wirklich kennen, denn die Rettung geht von den Juden aus. 23Doch die Zeit kommt – wahrhaftig, sie ist bereits da –, in der die wahren Anbeter den Vater im Geist und in der Wahrheit anbeten werden, denn das sind die Menschen, von denen der Vater angebetet werden will. 24Gott ist Geist; und die ihn anbeten, sollen ihn im Geist und in der Wahrheit anbeten.«

25Die Frau antwortete: »Ich weiß, daß der *Maschiach* kommt« (das heißt, »der, der gesalbt ist«). »Wenn er kommt, wird er uns alles sagen.« 26Jeschua sagte zu ihr: »Ich, der ich zu dir spreche, bin er.«

27In diesem Augenblick trafen die *Talmidim* ein. Sie waren verwundert, daß er mit einer Frau sprach; doch keiner von ihnen fragte: »Was willst du?« oder »Warum sprichst du mit ihr?« 28Da ließ die Frau ihren Wasserkrug stehen, ging zurück in die Stadt und sagte zu den Leuten dort: 29»Kommt und seht einen Mann, der mir alles gesagt hat, was ich jemals getan habe. Könnte es sein, daß dieser der Messias ist?« 30Sie gingen aus der Stadt hinaus und kamen zu ihm.

31In der Zwischenzeit drängten die *Talmidim* Jeschua: »Rabbi, iß etwas.« 32Aber er antwortete: »Ich habe Speise zu essen, von der ihr nichts wißt.« 33Darüber sagten die *Talmidim* zueinander: »Könnte jemand ihm etwas zu essen gebracht haben?« 34Jeschua sagte zu ihnen: »Meine Speise ist, zu tun, was der, der mich gesandt hat, will, daß ich tue, und sein Werk zum Abschluß zu bringen. 35Habt ihr nicht ein Sprichwort: ›Noch vier Monate, dann ist Erntezeit‹? Nun, ich sage euch dies: Öffnet eure Augen und schaut auf die Felder! Sie sind schon reif zur Ernte! 36Der, der erntet, empfängt seinen Lohn und sammelt Frucht zum ewigen Leben, damit der, der erntet, und der, der sät, zusammen froh sein mögen – 37denn in dieser Sache stimmt das Sprichwort ›Einer sät und ein anderer erntet‹. 38Ich sende euch zu ernten, wofür ihr nicht gearbeitet habt. Andere haben die harte Arbeit getan, und ihr habt aus ihrer Arbeit profitiert.«

39Viele Leute aus der Stadt in Schomron setzten ihr Vertrauen auf ihn aufgrund des Zeugnisses der Frau: »Er hat mir alle Dinge gesagt, die ich getan habe.« 40Deshalb baten die Leute aus Schomron ihn, als sie zu ihm kamen, bei ihnen zu bleiben. Er blieb zwei Tage, 41und noch viel mehr fanden aufgrund dessen, was er sagte, zum Vertrauen. 42Sie sagten zu der Frau: »Wir glauben jetzt nicht mehr aufgrund dessen, was du gesagt hast, sondern aufgrund dessen, was wir selbst gehört haben. Wir wissen jetzt, daß dieser Mann wahrhaftig der Retter der Welt ist.«

43Nach zwei Tagen zog er von dort weiter ins Galil. 44Nun sagte Jeschua selbst: »Ein Prophet wird in seinem eigenen Land nicht geachtet.« 45Doch als er im Galil ankam, hießen die Leute ihn willkommen, weil sie alles, was er bei dem Fest in Jeruschalajim getan hatte, gesehen hatten; denn sie waren auch dort gewesen.

Galil – Galiläa
Ja-akov – Jakob
Jeruschalajim – Jerusalem
Jeschua – Jesus
Maschiach – Messias
Schechem – Sychar, Sichem
Schomron – Samaria
Talmidim – Jünger (pl.)

46Er ging wieder nach Kanah im
Galil, wo er Wasser in Wein ver-
wandelt hatte. Dort war ein Offi-
zier im königlichen Dienst; dessen
Sohn lag krank in Kefar-Nachum.
47Als dieser Mann hörte, daß Je-
schua aus Jehudah ins Galil ge-
kommen war, ging er hin und bat
ihn, hinabzukommen und seinen
Sohn zu heilen, denn er lag im
Sterben. 48Jeschua antwortete:
»Wenn ihr keine Zeichen und
Wunder seht, vertraut ihr einfach
nicht!« 49Der Offizier sagte zu
ihm: »Lieber Herr, komm herab,
bevor mein Kind stirbt!« 50Jeschua
entgegnete ihm: »Du mögest ge-
hen, dein Sohn lebt.« Der Mann
glaubte, was Jeschua gesagt hatte,
und ging fort. 51Als er hinabging,
kamen ihm seine Knechte mit der
Nachricht entgegen, daß sein Sohn
lebte. 52Er fragte sie, zu welchem
Zeitpunkt es ihm besser gegangen
war; und sie sagten: »Das Fieber
verließ ihn gestern um ein Uhr
nachmittags.« 53Der Vater wußte,
daß das genau die Stunde war, in
der Jeschua zu ihm gesagt hatte:
»Dein Sohn lebt«; und er und sein
ganzes Haus vertrauten. 54Das war
ein zweites Zeichen, das Jeschua
tat; er tat es, nachdem er aus Jehu-
dah ins Galil gekommen war.

5 1Danach fand ein judäisches
Fest statt; und Jeschua ging
hinauf nach Jeruschalajim. 2In Jeru-
schalajim, am Schafstor, befindet
sich ein Teich, der auf aramäisch
Beht-Sata heißt, 3in dem eine Menge
Invaliden lagen – Blinde, Lahme,
Verkrüppelte. 4[d] 5Da war ein Mann,
der seit 38 Jahren krank gewesen
war. 6Jeschua, der diesen Mann sah
und wußte, daß er lange Zeit dort
gewesen war, sagte zu ihm: »Möch-
test du geheilt werden?« 7Der kran-
ke Mann antwortete: »Ich habe nie-
manden, der mich zum Teich bringt,
wenn das Wasser aufgewühlt wird;
und während ich noch versuche,
dorthin zu gelangen, geht jemand
anderer vor mir hinein.« 8Jeschua
sagte zu ihm: »Steh auf, nimm deine
Trage und geh!« 9Augenblicklich
wurde der Mann geheilt, und er
nahm seine Trage auf und ging.

Nun war dieser Tag *Schabbat*,
10deshalb sagten die Judäer zu dem
Mann, der geheilt worden war: »Es
ist *Schabbat*! Es verstößt gegen die
Torah, daß du deine Trage trägst!«
11Doch er antwortete ihnen: »Der
Mann, der mich geheilt hat – er hat
mir gesagt: ›Nimm deine Trage auf
und geh.‹« 12Sie fragten ihn: »Wer ist
der Mann, der dich hieß, sie aufzu-
nehmen und zu gehen?« 13Doch der
Mann, der geheilt worden war,
wußte nicht, wer er war, denn Je-
schua hatte sich in der Menge ent-
fernt.

14Danach fand Jeschua ihn im
Vorhof des Tempels und sagte zu

d In manchen Handschriften folgen die Verse 3b–4: ..., und darauf warteten, daß das Wasser sich bewege; 4 denn zu bestimmten Zeiten kam ein Engel Adonais hinab in den Teich und wühlte das Wasser auf, und wer immer als erster ins Wasser hineinging, nachdem es aufgewühlt worden war, wurde geheilt von seiner Krankheit, worunter auch immer er litt.

ihm: »Sieh, es geht dir gut! Nun
sündige nicht mehr, oder etwas
Schlimmeres wird dir zustoßen!«
15Der Mann ging fort und erzählte
den Judäern, daß es Jeschua war, der
ihn geheilt hatte; 16und aus diesem
Grund fingen die Judäer an, Jeschua
zu verfolgen, weil er diese Dinge am
Schabbat tat.

17Doch er antwortete ihnen:
»Mein Vater hat bis jetzt gearbeitet,
und auch ich arbeite.« 18Nach dieser
Antwort wollten die Judäer ihn
noch dringender töten – nicht nur,
daß er den *Schabbat* brach; sondern
dadurch, daß er sagte, daß Gott sein
Vater sei, stellte er sich Gott gleich.
19Deshalb sagte Jeschua folgendes
zu ihnen: »Ja wahrhaftig! Ich sage
euch, daß der Sohn nichts aus sich
selbst heraus tun kann, sondern nur,
was er den Vater tun sieht; was im-
mer der Vater tut, tut auch der
Sohn. 20Denn der Vater liebt den
Sohn und zeigt ihm alles, was er tut;
und er wird ihm noch größere Din-
ge als diese zeigen, so daß ihr ver-
wundert sein werdet. 21So wie der
Vater die Toten erweckt und sie le-
bendig macht, so macht auch der
Sohn lebendig jeden, den er will.
22Der Vater richtet niemanden, son-
dern er hat das Gericht dem Sohn
anvertraut, 23damit alle den Sohn eh-
ren mögen, wie sie den Vater ehren.
Wer immer versäumt, den Sohn zu
ehren, ehrt den Vater nicht, der ihn
sandte. 24Ja wahrhaftig! Ich sage
euch, daß, wer immer hört, was ich
sage, und dem vertraut, der mich ge-
sandt hat, ewiges Leben hat – das
heißt, er wird nicht gerichtet wer-
den, sondern ist bereits vom Tod ins
Leben übergegangen! 25Ja wahrhaf-
tig! Ich sage euch, daß eine Zeit
kommt – ja, sie ist bereits da –, in
der die Toten die Stimme des Soh-
nes Gottes hören werden, und jene,
die zuhören, werden leben. 26Denn
so wie der Vater Leben in sich selbst
hat, so hat er dem Sohn Leben gege-
ben, das dieser in sich selbst hat.
27Und er hat ihm Vollmacht gege-
ben zu richten, weil er der Sohn des
Menschen ist. 28Seid nicht über-
rascht darüber; denn die Zeit
kommt, in der alle, die im Grab
sind, seine Stimme hören 29und her-
auskommen werden – jene, die Gu-
tes getan haben, zu einer Auferste-
hung zum Leben, und jene, die
Böses getan haben, zu einer Aufer-
stehung zum Gericht. 30Ich kann
nichts aus mir selbst heraus tun. Wie
ich höre, richte ich; und mein Ge-
richt ist gerecht; denn ich suche
nicht meinen eigenen Willen, son-
dern den Willen dessen, der mich
gesandt hat.

31Wenn ich für mich selbst zeuge,
dann ist mein Zeugnis nicht gültig.
32Aber ein anderer zeugt für mich,
und ich weiß, daß das Zeugnis, das
er gibt, gültig ist – 33ihr habt nach

Beht-Sata – Betesda
Galil – Galiläa
Jehudah – Judäa
Jeruschalajim – Jerusalem
Jeschua – Jesus
Kanah – Kana
Kefar-Nachum – Kapernaum
Schabbat – der Sabbat
Torah – Weisung, Lehre, »das Gesetz«, der Pentateuch (die 5 Bücher Mose)

Jochanan gesandt, und er hat die
Wahrheit bezeugt. [34]Nicht, daß ich
menschliches Zeugnis sammle; ich
sage diese Dinge vielmehr, damit ihr
gerettet werdet. [35]Er war eine Lam-
pe, die brannte und leuchtete, und
eine Zeitlang wart ihr bereit, euch in
seinem Licht zu sonnen.

[36]Aber ich habe ein Zeugnis, daß
größer ist als das Jochanans. Denn
die Dinge, die der Vater mir gege-
ben hat, ebendie Dinge, die ich jetzt
tue, zeugen für mich, daß der Vater
mich gesandt hat.

[37]Und auch der Vater, der mich
gesandt hat, hat für mich gezeugt.
Doch ihr habt weder seine Stimme
gehört noch seine Gestalt gesehen;
[38]ja, sein Wort wohnt nicht in euch,
weil ihr dem nicht vertraut, den er
sandte. [39]Unentwegt prüft ihr die
Tenach, weil ihr glaubt, in ihr ewi-
ges Leben zu haben. Ebendiese
Schriften zeugen von mir, [40]aber ihr
wollt nicht zu mir kommen, um Le-
ben zu haben!

[41]Ich sammle nicht Lob von Men-
schen, [42]aber ich kenne euch – ich
weiß, daß keine Liebe zu Gott in
euch ist! [43]Ich bin in meines Vaters
Namen gekommen, und ihr nehmt
mich nicht an; wenn ein anderer in
seinem eigenen Namen kommt, ihn
werdet ihr annehmen. [44]Wie könnt
ihr vertrauen? Eifrig sammelt ihr
Lob von euch gegenseitig, statt nur
das Lob von Gott zu suchen.

[45]Aber glaubt nicht, daß ich euch
vor dem Vater anklagen werde.
Wißt ihr, wer euch anklagen wird?
Mosche, ebender, auf den ihr euch
verlassen habt! [46]Denn wenn ihr
Mosche wirklich glaubtet, würdet
ihr mir glauben; denn er hat über
mich geschrieben. [47]Aber wenn ihr
nicht glaubt, was er schrieb, wie
wollt ihr glauben, was ich sage?«

6 [1]Einige Zeit später ging Je-
schua hinüber auf die andere
Seite des Sees Kinneret (das ist der
See Tiberias), [2]und eine große Men-
ge folgte ihm, weil sie die Wunder
gesehen hatten, die er an den Kran-
ken vollbracht hatte. [3]Jeschua ging
hinauf in die Hügel und setzte sich
dort mit seinen *Talmidim*. [4]Nun
stand aber das judäische *Pessach*fest
bevor; [5]deshalb sagte Jeschua, als er
aufblickte und sah, daß sich eine
große Menge näherte, zu Philippus:
»Wo können wir Brot kaufen, damit
diese Leute essen können?« [6](Nun
sagte Jeschua das aber, um Philippus
auf die Probe zu stellen, denn Je-
schua selbst wußte, was er tun wür-
de.) [7]Philippus antwortete: »Ein
halber Jahreslohn würde nicht aus-
reichen, genügend Brot für sie alle
zu kaufen – jeder würde nur einen
einzigen Bissen bekommen!« [8]Einer
der *Talmidim*, Andreas, der Bruder
von Schim-on Kefa, sagte zu ihm:
[9]»Hier ist ein junger Mensch, der
hat fünf Laibe Gerstenbrot und
zwei Fische. Aber wie weit wird das
bei so vielen Menschen reichen?«

[10]Jeschua sagte: »Laßt die Leute
sich setzen.« Es war viel Gras dort,
und so setzten sie sich nieder. Die
Zahl der Männer betrug etwa fünf-
tausend. [11]Dann nahm Jeschua die
Brotlaibe und gab, nachdem er eine
Berachah gemacht hatte, allen, die

da saßen, und ebenso mit dem Fisch, soviel sie wollten. [12]Nachdem sie gegessen hatten, bis sie satt waren, hieß er seine *Talmidim*: »Sammelt die übriggebliebenen Brocken, damit nichts verschwendet wird.« [13]Sie sammelten sie ein und füllten zwölf Körbe mit den Brocken von den fünf Gerstenlaiben, die von denen übriggelassen worden waren, die gegessen hatten.

[14]Als die Leute das Wunder sahen, das er vollbracht hatte, sagten sie: »Das muß ›der Prophet‹ sein, der in die Welt kommen soll.« [15]Jeschua wußte, daß sie kurz davor waren, zu kommen und ihn zu ergreifen, um ihn zum König zu machen; deshalb ging er wieder zurück in die Hügel. Diesmal ging er allein.

[16]Als es Abend wurde, gingen seine *Talmidim* zum See hinab, [17]bestiegen ein Boot und ruderten hinaus über den See nach Kefar-Nachum. Inzwischen war es dunkel, Jeschua hatte sich ihnen nicht angeschlossen, [18]und der See war rauh, weil ein heftiger Wind blies. [19]Sie waren vier oder fünf Kilometer gerudert, als sie sahen, daß Jeschua sich dem Boot näherte, wandelnd auf dem See! Sie waren außer sich vor Schreck; [20]doch er sagte zu ihnen: »Hört auf, euch zu ängstigen; ich bin es.« [21]Da waren sie bereit, ihn ins Boot zu nehmen, und sogleich erreichte das Boot das Land, wo sie hinwollten.

[22]Am nächsten Tag merkte die Menge, die auf der anderen Seite des Sees geblieben war, daß da nur ein einziges Boot gewesen war und daß Jeschua das Boot nicht mit seinen *Talmidim* zusammen bestiegen hatte, sondern daß die *Talmidim* allein gewesen waren, als sie lossegelten. [23]Dann landeten andere Boote aus Tiberias an der Küste, nahe bei dem Ort, wo sie das Brot gegessen hatten, nachdem der Herr die *Berachah* gemacht hatte. [24]Als die Menge sah, daß weder Jeschua noch seine *Talmidim* dort waren, bestiegen sie selbst die Boote und kamen nach Kefar-Nachum, Jeschua zu suchen.

[25]Als sie ihn auf der anderen Seite des Sees fanden, fragten sie ihn: »Rabbi, wann bist du hierher gekommen?« [26]Jeschua antwortete: »Ja wahrhaftig! Ich sage euch, ihr sucht mich nicht, weil ihr mich wunderbare Zeichen vollbringen saht, sondern weil ihr Brot aßet und alles hattet, was ihr wolltet! [27]Arbeitet nicht für die Speise, die vergeht, sondern für die Speise, die bleibt ins ewige Leben, die der Sohn des Menschen euch geben wird. Denn das ist der, auf den Gott der Vater sein Siegel gelegt hat.«

[28]Da sagten sie zu ihm: »Was sollen wir tun, um die Werke Gottes zu vollbringen?« [29]Jeschua antwortete: »Folgendes ist das Werk Got-

Berachah – Segnung
Jeschua – Jesus
Jochanan – Johannes
Kefar-Nachum – Kapernaum
Mosche – Mose
Pessach – Passa
Schim-on Kefa – Simon Petrus
Talmidim – Jünger (pl.)
Tenach – die hebr. Bibel, das Alte Testament

tes: dem zu vertrauen, den er gesandt hat!«

30Sie sagten zu ihm: »*Nu*, welches Wunder wirst du für uns tun, damit wir es sehen mögen und dir vertrauen? Welches Werk kannst du vollbringen? 31Unsere Väter aßen Manna in der Wüste – wie es in der *Tenach* heißt: ›**Er gab ihnen Brot vom Himmel** zu essen.‹«[e] 32Jeschua sagte zu ihnen: »Ja wahrhaftig! Ich sage euch, es war nicht Mosche, der euch das Brot vom Himmel gab. Mein Vater aber gibt euch das wahre Brot vom Himmel; 33denn Gottes Brot ist der, der herabkommt aus dem Himmel und der Welt Leben gibt.«

34Sie sagten zu ihm: »Lieber Herr, gib uns dieses Brot von jetzt an.« 35Jeschua antwortete: »Ich bin das Brot, das Leben ist! Wer immer zu mir kommt, wird niemals hungrig werden, und wer immer mir vertraut, wird niemals durstig werden. 36Ich sage euch, daß ihr gesehen habt, aber noch immer nicht glaubt. 37Jeder, den der Vater mir gibt, wird zu mir kommen, und wer immer zu mir kommt, von dem will ich mich gewiß nicht abwenden. 38Denn ich bin aus dem Himmel herabgekommen, nicht, um meinen eigenen Willen zu tun, sondern den Willen dessen, der mich gesandt hat. 39Und das ist der Wille dessen, der mich gesandt hat: daß ich keinen von all denen, die er mir gegeben hat, verliere, sondern sie auferwecke am Jüngsten Tag. 40Ja, das ist der Wille meines Vaters: daß alle, die den Sohn sehen und ihm vertrauen, ewiges Leben haben sollen, und daß ich sie auferwecke am Jüngsten Tag.«

41Darüber fingen die Judäer an zu murren, weil er gesagt hatte: »Ich bin das Brot, das vom Himmel herabgekommen ist.« 42Sie sagten: »Ist das nicht Jeschua Ben Josef? Wir kennen seinen Vater und seine Mutter! Wie kann er nun sagen: ›Ich bin vom Himmel herabgekommen‹?« 43Jeschua antwortete ihnen: »Hört auf, untereinander zu murren! 44Niemand kann zu mir kommen, wenn nicht der Vater – der, der mich gesandt hat – ihn zieht. Und ich werde ihn am Jüngsten Tag auferwecken. 45Es steht geschrieben in den Propheten: ›**Sie werden alle durch *Adonai* gelehrt werden**.‹[f] Jeder, der dem Vater zuhört und von ihm lernt, kommt zu mir. 46Nicht, daß jemand den Vater gesehen hat außer dem, der von Gott ist – er hat den Vater gesehen. 47Ja wahrhaftig! Ich sage euch, wer immer vertraut, hat ewiges Leben: 48Ich bin das Brot, das Leben ist. 49Eure Väter aßen Manna in der Wüste; sie starben. 50Doch das Brot, das vom Himmel herabkommt, ist so, daß ein Mensch es esse und nicht sterbe. 51Ich bin das lebendige Brot, das vom Himmel herabgekommen ist; wenn jemand dieses Brot ißt, wird er für immer leben. Ja, das Brot, das ich geben werde, ist mein eigenes Fleisch; und ich werde es geben für das Leben der Welt.«

52Darüber stritten die Judäer mit-

e Ps 78,24; Neh 9,15

f Jes 54,13

einander und sagten: »Wie kann die-
ser Mann uns sein Fleisch zu essen
geben?« 53Da sagte Jeschua zu ih-
nen: »Ja wahrhaftig! Ich sage euch,
daß ihr kein Leben in euch haben
könnt, wenn ihr nicht das Fleisch
des Sohnes des Menschen eßt und
sein Blut trinkt. 54Wer immer mein
Fleisch ißt und mein Blut trinkt, hat
ewiges Leben – das heißt, ich werde
ihn am Jüngsten Tag auferwecken.
55Denn mein Fleisch ist wahre Spei-
se, und mein Blut ist wahrer Trank.
56Wer immer mein Fleisch ißt und
mein Blut trinkt, lebt in mir, und ich
lebe in ihm. 57So wie der Vater mich
gesandt hat und ich durch den Vater
lebe, so wird durch mich leben, wer
immer mich ißt. 58Und das ist das
Brot, das vom Himmel herabge-
kommen ist – es ist nicht wie das
Brot, das die Väter aßen; sie sind tot,
doch wer immer dieses Brot ißt,
wird ewig leben!« 59Er sagte diese
Dinge, als er in einer Synagoge in
Kefar-Nachum lehrte.

60Als sie das hörten, sagten viele
seiner *Talmidim*: »Das sind harte
Worte – wer kann es aushalten, ih-
nen zuzuhören?« 61Doch Jeschua,
der wußte, daß seine *Talmidim* dar-
über murrten, sagte zu ihnen: »Ist
das eine Falle für euch? 62Angenom-
men, ihr sähet den Sohn des Men-
schen zurückkehren, dorthin, wo er
zuvor war? 63Es ist der Geist, der
Leben gibt, das Fleisch nützt nichts.
Die Worte, die ich zu euch gespro-
chen habe, sind Geist und Leben,
64doch manche unter euch vertrauen
nicht.« (Denn Jeschua wußte von
Anfang an, welche ihm nicht ver-
trauen, und auch, wer ihn verraten
würde.) 65»Deshalb«, sagte er, »habe
ich euch gesagt, daß keiner zu mir
kommen kann, es sei denn, der Va-
ter hat es ihm ermöglicht.«

66Von dieser Zeit an wandten sich
viele seiner *Talmidim* ab und zogen
nicht mehr mit ihm. 67Und Jeschua
sagte zu den Zwölfen: »Wollt nicht
auch ihr mich verlassen?« 68Schim-
on Kefa antwortete ihm: »Herr, zu
wem sollten wir gehen? Du hast das
Wort ewigen Lebens. 69Wir haben
vertraut und wir wissen, daß du der
Heilige Gottes bist.« 70Jeschua ant-
wortete ihm: »Habe nicht ich euch
erwählt, die Zwölf? Doch einer von
euch ist ein Widersacher.« 71(Er
sprach aber von Jehudah Ben
Schim-on aus Kiriot; denn dieser
Mann – einer der Zwölf! – sollte ihn
bald verraten.)

7 1Danach zog Jeschua durch
das Galil in der Absicht, Jehu-
dah zu umgehen, weil die Judäer ihn
töten wollten. 2Doch das *Sukkot*fest

Adonai – der HERR, Jahwe
Galil – Galiläa
Jehudah – Judäa
Jehudah Ben Schim-on aus Kiriot – Judas, der Sohn des Simon Iskariot
Jeschua – Jesus
Jeschua Ben Josef – Jesus, der Sohn des Josef
Kefar-Nachum – Kapernaum
Mosche – Mose
Nu – nun denn
Schim-on Kefa – Simon Petrus
Sukkot – Laubhüttenfest
Talmidim – Jünger (pl.)
Tenach – die hebr. Bibel, das Alte Testament

in Jehudah stand bevor; 3deshalb
sagten seine Brüder zu ihm: »Geh
fort von hier nach Jehudah, damit
deine *Talmidim* die Wunder sehen
können, die du tust; 4denn niemand,
der bekannt werden will, wirkt im
geheimen. Wenn du diese Dinge
tust, zeige dich der Welt!« 5(Seine
Brüder sprachen so, weil sie nicht
ihr Vertrauen auf ihn gesetzt hat-
ten.) 6Jeschua sagte zu ihnen: »Mei-
ne Zeit ist noch nicht gekommen;
doch für euch ist jede Zeit richtig.
7Die Welt kann euch nicht hassen,
aber sie haßt mich, weil ich ihr un-
aufhörlich sage, wie böse ihre Wege
sind. 8Geht ihr hinauf zum Fest; ich
selbst werde jetzt nicht zu diesem
Fest gehen, denn für mich ist die
richtige Zeit noch nicht gekom-
men.« 9Nachdem er das gesagt hatte,
blieb er im Galil.

10Doch nachdem seine Brüder
zum Fest hinaufgegangen waren,
ging auch er, aber nicht öffentlich,
sondern im geheimen. 11Während
des Festes suchten die Judäer nach
ihm. »Wo ist er?« fragten sie. 12Un-
ter den Menschenmassen war viel
Getuschel über ihn. Einige sagten:
»Er ist ein guter Mensch«; doch an-
dere sagten: »Nein, er täuscht die
Massen.« 13Niemand aber sprach of-
fen über ihn, aus Angst vor den Ju-
däern.

14Erst als das Fest schon halb
vorüber war, ging Jeschua in die
Tempelvorhöfe und fing an zu
lehren. 15Die Judäer waren über-
rascht: »Wie kann dieser Mann so-
viel wissen, ohne studiert zu ha-
ben?« fragten sie. 16Und Jeschua
gab ihnen die Antwort: »Meine
Lehre ist nicht meine eigene, sie
kommt von dem, der mich gesandt
hat. 17Wenn jemand seinen Willen
tun möchte, wird er wissen, ob
meine Lehre von Gott ist, oder ob
ich aus mir selbst heraus spreche.
18Ein Mensch, der aus sich selbst
heraus spricht, versucht, für sich
selbst Lob zu gewinnen; aber ein
Mensch, der versucht, demjenigen
Lob zu gewinnen, der ihn gesandt
hat, ist ehrlich, es ist kein Falsch
an ihm. 19Hat nicht Mosche euch
die *Torah* gegeben? Doch nicht ei-
ner von euch gehorcht der *Torah*!
Warum wollt ihr mich töten?«
20»Du hast einen Dämon«, ant-
wortete die Menge. »Wer will dich
töten?« 21Jeschua antwortete ihnen:
»Ich tat ein einziges Werk; und
deswegen seid ihr alle verwundert.
22Mosche gab euch die *Berit Milah*
– nicht daß sie von Mosche kam,
sie kam von den Patriarchen – und
ihr vollzieht die *Berit Milah* eines
Jungen am *Schabbat*. 23Wenn ein
Junge am *Schabbat* beschnitten
wird, damit die *Torah* von Mosche
nicht gebrochen wird, warum
zürnt ihr dann mit mir, weil ich
am *Schabbat* den Körper eines
Mannes geheilt habe? 24Hört auf,
nach dem äußeren Schein zu rich-
ten, und richtet richtig!«

25Einige der Einwohner Jeruscha-
lajims sagten zu ihm: »Ist das
nicht der Mann, den sie töten wol-
len? 26Doch da ist er und spricht
ganz offen; und sie sagen nichts zu
ihm. Es kann doch nicht sein,
nicht wahr, daß die Obersten tat-

sächlich den Schluß gezogen ha-
ben, daß er der Messias ist?
[27]Ganz sicher nicht – wir wissen,
woher dieser Mann kommt; wenn
aber der Messias kommt, wird nie-
mand wissen, woher er kommt.«
[28]Daraufhin rief Jeschua, der weiter
in den Tempelvorhöfen lehrte, aus:
»Ihr kennt mich wirklich! Und ihr
wißt, woher ich komme! Und ich
bin nicht aus mir selbst heraus ge-
kommen! Der, der mich gesandt
hat, ist wirklich. Aber ihn kennt
ihr nicht! [29]Ich kenne ihn, weil ich
bei ihm bin und er mich gesandt
hat!«

[30]Darüber versuchten sie, ihn zu
verhaften; aber niemand legte Hand
an ihn; denn seine Zeit war noch
nicht gekommen. [31]Doch viele aus
der Menge setzten ihr Vertrauen auf
ihn und sagten: »Wenn der Messias
kommt, wird er dann mehr Wunder
tun als dieser Mann getan hat?«

[32]Die *Peruschim* hörten, daß die
Menge diese Dinge über Jeschua tu-
schelte; deshalb schickten die
Haupt-*Kohanim* und die *Peruschim*
einige Soldaten der Tempelwache zu
ihm, ihn zu verhaften. [33]Jeschua sag-
te: »Ich werde nur noch kurze Zeit
bei euch sein; dann werde ich fort-
gehen zu dem, der mich gesandt hat.
[34]Ihr werdet mich suchen und nicht
finden; wahrhaftig, wo ich bin,
könnt ihr nicht hinkommen.« [35]Die
Judäer sprachen zu sich selbst:
»Wohin will dieser Mann gehen,
daß wir ihn nicht finden werden?
Hat er vor, in die griechische Dia-
spora zu gehen und die griechisch
sprechenden Juden zu lehren?
[36]Und als er sagte: ›Ihr werdet mich
suchen und nicht finden; wahrhaf-
tig, wo ich bin, könnt ihr nicht hin-
kommen‹ – was hat er damit ge-
meint?«

[37]Am letzten Tag des Festes, *Ho-
schana Rabbah*, stand Jeschua dann
auf und rief: »Wenn jemand durstig
ist, möge er zu mir kommen und
trinken! [38]Wer immer sein Vertrau-
en auf mich setzt, aus dessen inner-
stem Sein werden, wie die *Tenach*
sagt, Flüsse lebendigen Wassers
fließen!« [39](Nun sagte er das über
den Geist, den die, die ihm vertrau-
ten, später empfangen sollten – der
Geist war noch nicht gegeben wor-
den, weil Jeschua noch nicht ver-
herrlicht worden war.)

[40]Als sie diese Worte hörten, sag-
ten einige aus der Menge: »Ganz si-
cher ist dieser Mann ›der Prophet‹«;
[41]andere sagten: »Das ist der Mes-
sias.« Doch noch andere sagten:
»Wie kann der Messias aus dem
Galil kommen? [42]Sagt die *Tenach*
denn nicht, daß der Messias aus

Berit Milah – rituelle Beschneidung, Bund der Beschneidung
Galil – Galiläa
Hoschana Rabbah – der siebte, wichtigste Tag des Laubhüttenfestes
Jehudah – Judäa
Jeruschalajim – Jerusalem
Jeschua – Jesus
Kohanim – Priester (pl.)
Mosche – Mose
Schabbat – der Sabbat
Peruschim – Pharisäer (pl.)
Talmidim – Jünger (pl.)
Tenach – die hebr. Bibel, das Alte Testament
Torah – Weisung, Lehre, »das Gesetz«, der Pentateuch (die 5 Bücher Mose)

der **Nachkommenschaft Davids**[g]
stammt und aus **Beht-Lechem**[h]
kommt, dem Dorf, in dem David
lebte?« 43 Und so waren die Men-
schen geteilter Meinung über ihn.
44 Einige wollten ihn verhaften, doch
niemand legte Hand an ihn.

45 Die Wachen kamen zurück zu
den Haupt-*Kohanim* und den *Peru-
schim*, die sie fragten: »Warum habt
ihr ihn nicht mitgebracht?« 46 Die
Wachen antworteten: »Niemand hat
je gesprochen wie dieser Mann
spricht!« 47 »Ihr meint, ihr seid auch
auf ihn hereingefallen?« gaben die
Peruschim zurück. 48 »Hat etwa einer
der Obersten ihm vertraut? Oder ei-
ner der *Peruschim*? Nein! 49 Es
stimmt, diese *Am Ha Arez* tun es,
aber sie wissen nichts über die *To-
rah*, sie stehen unter einem Fluch!«

50 Nakdimon, der Mann, der zuvor
zu Jeschua gegangen war und einer
von ihnen war, sagte zu ihnen:
51 »Unsere *Torah* verurteilt einen
Mann nicht – nicht wahr? –, bevor
er nicht angehört wurde und man
festgestellt hat, was er tut.« 52 Sie ent-
gegneten: »Bist du etwa auch aus
dem Galil? Studiere die *Tenach* und
sieh selbst, daß aus dem Galil kein
Prophet kommt!«

53 [i] Dann gingen sie alle fort, jeder
zu sich nach Hause.

8 1 Jeschua aber ging auf den Öl-
berg. 2 Bei Tagesanbruch er-
schien er wieder im Vorhof des
Tempels, wo sich alle um ihn schar-
ten, und setzte sich, um sie zu leh-
ren. 3 Die *Torah*lehrer und die *Peru-
schim* brachten eine Frau herein, die
beim Ehebruch ertappt worden war,
und stellten sie in die Mitte der
Gruppe. 4 Dann sagten sie zu ihm:
»Rabbi, diese Frau wurde auf fri-
scher Tat beim Ehebruch ertappt.
5 Nun hat Mosche in unserer *Torah*
geboten, daß eine solche Frau zu
Tode gesteinigt werden soll. Was
sagst du dazu?« 6 Sie fragten das
aber, um ihm eine Falle zu stellen,
damit sie einen Grund hätten, An-
klage gegen ihn zu erheben. Doch
Jeschua beugte sich nieder und fing
an, mit dem Finger im Staub zu
schreiben. 7 Als sie ihn abermals
fragten, richtete er sich auf und sag-
te: »Wer von euch ohne Sünde ist,
der werfe als erster einen Stein auf
sie.« 8 Dann beugte er sich wieder
hinab und schrieb erneut in den
Staub. 9 Als sie das hörten, begannen
sie hinauszugehen, einer nach dem
anderen, die älteren zuerst, bis er
schließlich mit der Frau allein war.
10 Jeschua stand auf und sagte zu ihr:
»Wo sind sie? Hat dich niemand
verurteilt?« 11 Sie sagte: »Niemand,
lieber Herr.« Jeschua sagte: »Auch
ich verurteile dich nicht. Jetzt geh,
und sündige nicht mehr.«

12 Wieder sprach Jeschua zu ihnen:
»Ich bin das Licht der Welt; wer im-
mer mir folgt, wird niemals in Fin-
sternis wandeln, sondern wird das
Licht haben, das Leben gibt.« 13 Da

---

g 2 Sam 7,12
h Mi 5,1
i Die meisten Forscher sind der Ansicht, daß die Passage von 7,53–8,11 nicht aus der Feder Jochanans stammt. Viele glauben, daß es eine wahre Geschichte über Jeschua ist, die ein anderer seiner Jünger aufgeschrieben hat.

sagten die *Peruschim* zu ihm: »Jetzt
zeugst du für dich selbst; dein Zeug-
nis ist nicht gültig.« 14Jeschua ant-
wortete ihnen: »Selbst wenn ich für
mich selbst zeuge, ist mein Zeugnis
gültig; denn ich weiß, woher ich
komme und wohin ich gehe; ihr
aber wißt nicht, woher ich kam oder
wohin ich gehen werde. 15Ihr richtet
nur nach menschlichem Maßstab.
Was mich betrifft, so richte ich nie-
manden; 16wenn ich aber richten
würde, wäre mein Urteil gültig;
denn nicht ich allein richte, sondern
ich und der, der mich gesandt hat.
17Und sogar in eurer *Torah* steht ge-
schrieben, daß das Zeugnis zweier
Leute gültig ist. 18Ich selbst zeuge
für mich, und so tut der Vater, der
mich gesandt hat.«

19Sie sagten zu ihm: »Wo ist dieser
dein ›Vater‹?« Jeschua antwortete:
»Ihr kennt weder mich noch meinen
Vater; wenn ihr mich kenntet, kenn-
tet ihr auch meinen Vater.« 20Er sagte
diese Dinge, als er in der Schatzkam-
mer des Tempels lehrte; doch nie-
mand verhaftete ihn, weil seine Zeit
noch nicht gekommen war.

21Wieder sagte er ihnen: »Ich gehe
fort; und ihr werdet mich suchen,
doch ihr werdet in eurer Sünde ster-
ben – wohin ich gehe, könnt ihr
nicht kommen.« 22Die Judäer sag-
ten: »Will er Selbstmord begehen?
Meint er das, wenn er sagt: ›Wohin
ich gehe, könnt ihr nicht kom-
men‹?« 23Jeschua sagte zu ihnen:
»Ihr seid von unten, ich bin von
oben; ihr seid von dieser Welt, ich
bin nicht von dieser Welt. 24Darum
habe ich euch gesagt, daß ihr in eu-
ren Sünden sterben werdet; denn
wenn ihr nicht glaubt, daß ich bin,
wer ich sage, daß ich bin, werdet ihr
in euren Sünden sterben.«

25Darüber sagten sie zu ihm: »Du?
Wer bist du?« Jeschua antwortete:
»Ebendas, was ich euch von Anfang
an gesagt habe. 26Es gibt vieles, was
ich über euch sagen könnte, und
viele Urteile, die ich fällen könnte.
Doch der, der mich gesandt hat, ist
wahrhaftig; und so sage ich in der
Welt nur, was ich von ihm gehört
habe.« 27Sie verstanden aber nicht,
daß er zu ihnen vom Vater sprach.
28So sagte Jeschua: »Wenn ihr den
Sohn des Menschen erhöht, dann
werdet ihr wissen, daß ich bin, wer
ich sage, daß ich bin, und daß ich
nichts aus mir selbst heraus tue, son-
dern nur sage, was der Vater mich
gelehrt hat. 29Und der, der mich ge-
sandt hat, ist noch bei mir; er hat
mich nicht mir selbst überlassen,
denn ich tue stets, was ihm wohlge-
fällt.«

30Viele Leute, die ihn diese Dinge
sagen hörten, vertrauten ihm. 31So
sagte Jeschua zu den Judäern, die

Am Ha Arez – »Volk des Landes« (Landbevölkerung in Israel)
Beht-Lechem – Bethlehem
Galil – Galiläa
Jeschua – Jesus
Kohanim – Priester (pl.)
Mosche – Mose
Nakdimon – Nikodemus
Peruschim – Pharisäer
Tenach – die hebr. Bibel, das Alte Testament
Torah – Weisung, Lehre, »das Gesetz«, der Pentateuch (die 5 Bücher Mose)
Torahlehrer – Schriftgelehrter

ihm vertraut hatten: »Wenn ihr tut,
was ich sage, dann seid ihr wahrhaft
meine *Talmidim*, 32dann werdet ihr
die Wahrheit erkennen, und die
Wahrheit wird euch frei machen.«
33Sie antworteten: »Wir sind die
Nachkommen Avrahams und sind
niemals jemandes Sklaven gewesen;
was meinst du also, wenn du sagst:
›Ihr werdet frei sein‹?« 34Jeschua
antwortete ihnen: »Ja wahrhaftig!
Ich sage euch, daß jeder, der sün-
digt, ein Sklave der Sünde ist. 35Nun
bleibt ein Sklave nicht für immer bei
einer Familie, ein Sohn aber bleibt
für immer bei ihr. 36Wenn also der
Sohn euch befreit, werdet ihr wahr-
haft frei sein! 37Ich weiß, daß ihr die
Nachkommen Avrahams seid.
Doch ihr wollt mich töten, weil das,
was ich sage, keine Fortschritte in
euch macht. 38Ich sage, was mein
Vater mir gezeigt hat; tut ihr nun,
was euer Vater euch gesagt hat!«

39Sie antworteten ihm: »Unser Va-
ter ist Avraham.« Jeschua entgegne-
te: »Wenn ihr Kinder Avrahams
seid, dann tut die Dinge, die Avra-
ham tat! 40Doch wie es aussieht,
wollt ihr mich töten, mich, einen
Mann, der euch die Wahrheit gesagt
hat, die ich von Gott gehört habe.
Avraham hat nichts dergleichen ge-
tan! 41Ihr tut die Dinge, die euer Va-
ter tut.« »Wir sind keine illegitimen
Kinder!« sagten sie zu ihm. »Wir
haben nur einen Vater – Gott!« 42Je-
schua entgegnete ihnen: »Wenn
Gott euer Vater wäre, würdet ihr
mich lieben; denn ich bin von Gott
ausgegangen; und jetzt bin ich hier.
Ich bin nicht aus mir selbst heraus
gekommen; er hat mich gesandt.
43Warum versteht ihr nicht, was ich
sage? Weil ihr es nicht ertragen
könnt, meiner Botschaft zuzuhören.
44Ihr gehört eurem Vater, Satan, an,
und ihr wollt die Wünsche eures
Vaters erfüllen. Von Anfang an war
er ein Mörder, und er ist nie bei der
Wahrheit geblieben, denn es ist kei-
ne Wahrheit in ihm. Wenn er eine
Lüge erzählt, spricht er nach seinem
Wesen; denn er ist ein Lügner – ja,
der Erfinder der Lüge! 45Doch was
mich betrifft, so glaubt ihr mir nicht,
weil ich die Wahrheit sage. 46Wer
von euch kann mir nachweisen, wo
ich unrecht habe? Wenn ich die
Wahrheit sage, warum glaubt ihr
mir dann nicht? 47Wer immer zu
Gott gehört, hört auf das, was Gott
sagt; der Grund, daß ihr nicht hört,
ist, daß ihr nicht zu Gott gehört.«

48Die Judäer antworteten ihm:
»Haben wir nicht recht, wenn wir
sagen, daß du aus Schomron bist
und einen Dämon hast?« 49Jeschua
entgegnete: »Ich? Ich habe keinen
Dämon. Ich ehre meinen Vater. Ihr
aber ehrt mich nicht. 50Ich suche
nicht Lob für mich selbst. Es gibt ei-
nen, der es sucht, und er ist der
Richter. 51Ja wahrhaftig! Ich sage
euch, daß, wer immer meiner Lehre
gehorcht, den Tod niemals sehen
wird.«

52Die Judäer sagten zu ihm: »Jetzt
wissen wir mit Sicherheit, daß er ei-
nen Dämon hat! Avraham ist ge-
storben, und auch die Propheten;
und doch sagst du: ›Wer immer
meiner Lehre gehorcht, wird den
Tod nicht schmecken.‹ 53*Avraham*

avinu ist gestorben; du bist nicht
größer als er, nicht wahr? Und auch
die Propheten sind gestorben. Wer
glaubst du, wer du bist?« 54Jeschua
antwortete: »Wenn ich mich selbst
lobe, zählt mein Lob nicht. Doch
der, der mich lobt, ist mein Vater,
der, von dem ihr sagt: ›Er ist unser
Gott.‹ 55Ihr habt ihn nicht gekannt,
ich aber kenne ihn; wahrhaftig,
wenn ich sagte, daß ich ihn nicht
kenne, wäre ich ein Lügner wie ihr!
Aber ich kenne ihn, und ich gehor-
che seinem Wort. 56Avraham, euer
Vater, frohlockte, daß er meinen
Tag sehen sollte; dann sah er ihn
und freute sich sehr.«

57»Aber du bist noch nicht fünf-
zig Jahre alt«, antworteten die Ju-
däer, »und du hast Avraham gese-
hen?« 58Jeschua sagte zu ihnen: »Ja
wahrhaftig! Bevor Avraham ins
Sein kam, BIN ICH!« 59Darüber
hoben sie Steine auf, sie nach ihm
zu werfen; aber Jeschua wurde
verborgen und verließ den Tem-
pelbezirk.

9 1Als Jeschua vorüberging, sah
er einen von Geburt an Blin-
den. 2Seine *Talmidim* fragten ihn:
»Rabbi, wer hat gesündigt – dieser
Mann oder seine Eltern –, daß er
blind geboren ist?« 3Jeschua ant-
wortete: »Seine Blindheit geht we-
der auf seine Sünde noch auf die sei-
ner Eltern zurück; es geschah
vielmehr, damit die Macht Gottes an
ihm offenbar würde. 4Solange es
Tag ist, müssen wir das Werk dessen
tun, der mich gesandt hat; die Nacht
kommt, wenn niemand arbeiten
kann. 5Solange ich in der Welt bin,
bin ich das Licht der Welt.«

6Nachdem er das gesagt hatte,
spuckte er auf den Boden, machte
mit Speichel etwas Schlamm, legte
dem Mann den Schlamm auf die
Augen 7und sagte zu ihm: »Geh,
wasch dich im Teich von Schilo-
ach!« (Der Name bedeutet »ge-
sandt«.) Da ging er und wusch sich
und wurde wieder sehend.

8Seine Nachbarn und diejenigen,
die ihn zuvor hatten betteln sehen,
sagten: »Ist das nicht der Mann, der
zu sitzen und zu betteln pflegte?«
9Manche sagten: »Ja, er ist es«; ande-
re sagten: »Nein, aber er sieht ihm
ähnlich.« Doch er selbst sagte: »Ich
bin es.« 10»Wie wurden deine Augen
geöffnet?« fragten sie ihn. 11Er ant-
wortete: »Der Mann, der Jeschua
heißt, hat Schlamm gemacht, ihn auf
meine Augen gelegt und mich ge-
heißen: ›Geh an den Teich Schiloach
und wasch dich!‹ So ging ich; und
sobald ich mich gewaschen hatte,
konnte ich sehen.« 12Sie sagten zu
ihm: »Wo ist er?« und er antworte-
te: »Ich weiß es nicht.«

13Sie brachten den Mann, der
blind gewesen war, zu den *Peru-
schim*. 14Nun war der Tag, an dem
Jeschua den Schlamm gemacht und

Avraham – Abraham
Avraham avinu – unser Vater Abraham
Jeschua – Jesus
Peruschim – Pharisäer (pl.)
Satan – der Widersacher, Ankläger, Teufel
Schiloach – Siloah
Schomron – Samaria
Talmidim – Jünger (pl.)

seine Augen geöffnet hatte, *Schab-*
bat gewesen. 15Deshalb fragten ihn
die *Peruschim* abermals, wie er wie-
der fähig geworden war zu sehen;
und er erzählte ihnen: »Er legte
Schlamm auf meine Augen, dann
wusch ich mich, und jetzt kann ich
sehen.« 16Darüber sagten einige der
Peruschim: »Dieser Mann ist nicht
von Gott, denn er hält den *Schabbat*
nicht.« Doch andere sagten: »Wie
könnte ein Mann, der ein Sünder ist,
Wunder wie diese tun?« Und es war
ein Zwiespalt unter ihnen. 17So sag-
ten sie abermals zu dem Blinden:
»Da du nun der bist, dessen Augen
er geöffnet hat, was sagst du über
ihn?« Er antwortete: »Er ist ein Pro-
phet.«

18Die Judäer aber wollten nicht
glauben, daß er zuvor blind gewesen
war, aber jetzt sehen konnte, bis sie
die Eltern des Mannes einbestellt
hatten. 19Sie fragten sie: »Ist das euer
Sohn, von dem ihr sagt, daß er blind
geboren wurde? Wie kommt es, daß
er jetzt sehen kann?« 20Seine Eltern
antworteten: »Wir wissen, daß das
unser Sohn ist und daß er blind ge-
boren wurde; 21doch wie es kommt,
daß er jetzt sehen kann, wissen wir
nicht; und wir wissen auch nicht,
wer seine Augen geöffnet hat. Fragt
ihn – er ist alt genug, er kann für sich
selbst sprechen!« 22Die Eltern sagten
das, weil sie Angst vor den Judäern
hatten, denn die Judäer waren bereits
übereingekommen, daß jeder, der Je-
schua als den Messias anerkannte,
aus der Synagoge verbannt werden
sollte. 23Darum sagten seine Eltern:
»Er ist alt genug, fragt ihn.«

24So riefen sie ein zweites Mal den
Mann, der blind gewesen war; und
sie sagten zu ihm: »Schwöre bei
Gott, daß du die Wahrheit sagen
wirst! Wir wissen, daß dieser Mann
ein Sünder ist.« 25Er antwortete:
»Ob er ein Sünder ist oder nicht,
weiß ich nicht. Eines aber weiß ich:
Ich war blind, und jetzt sehe ich.«
26Da sagten sie zu ihm: »Was hat er
mit dir gemacht? Wie hat er deine
Augen geöffnet?« 27»Ich habe es
euch bereits gesagt«, antwortete er,
»und ihr habt nicht zugehört. War-
um wollt ihr es noch einmal hören?
Möchtet ihr vielleicht auch seine
Talmidim werden?« 28Da fielen sie
über ihn her. »Du magst vielleicht
sein *Talmid* sein«, sagten sie, »wir
aber sind *Talmidim* von Mosche!
29Wir wissen, daß Gott zu Mosche
gesprochen hat, doch was diesen
Kerl angeht – wir wissen nicht, wo
er herkommt!« 30»Wie seltsam«,
antwortete der Mann, »daß ihr nicht
wißt, woher er kommt – wo er doch
meine Augen geöffnet hat! 31Wir
wissen, daß Gott nicht auf Sünder
hört; wenn aber jemand Gott fürch-
tet und seinen Willen tut, hört Gott
auf ihn. 32In der ganzen Geschichte
hat man noch nie von jemandem ge-
hört, der die Augen eines Blindge-
borenen geöffnet hat. 33Wenn dieser
Mann nicht von Gott wäre, könnte
er so etwas nicht tun!« 34»O du
Mamser!« gaben sie zurück, »willst
du uns belehren?« Und sie warfen
ihn hinaus.

35Jeschua hörte, daß sie den Mann
hinausgeworfen hatten. Er fand ihn
und sagte: »Vertraust du dem Sohn

des Menschen?« 36»Lieber Herr«,
antwortete er, »sage mir, wer er ist,
damit ich ihm vertrauen kann.« 37Je-
schua sagte zu ihm: »Du hast ihn
gesehen. Es ist der, der jetzt mit dir
spricht.« 38»Herr, ich vertraue!« sag-
te er, und er kniete vor ihm nieder.

39Jeschua sagte: »Ich bin in diese
Welt gekommen zu richten, damit
die, die nicht sehen, sehen mögen,
und die, die sehen, blind werden
mögen.« 40Einige der *Peruschim*, die
in der Nähe standen, hörten das und
sagten zu ihm: »So sind wohl auch
wir blind, nicht wahr?« 41Jeschua
antwortete ihnen: »Wenn ihr blind
wäret, so wäret ihr nicht der Sünde
schuldig. Doch da ihr immer noch
sagt: ›Wir sehen‹, bleibt eure Schuld
bestehen.«

10 1»Ja wahrhaftig! Ich sage
euch, der Mensch, der den
Schafstall nicht durch die Tür be-
tritt, sondern auf anderem Weg hin-
einklettert, ist ein Dieb und ein Räu-
ber. 2Der aber, der durch das Tor
hineingeht, ist der Hirte der Schafe.
3Er ist der, den der Torhüter hinein-
läßt, und die Schafe hören seine
Stimme. Er ruft seine Schafe, jedes
bei seinem Namen, und führt sie
hinaus. 4Nachdem er alle hinausge-
bracht hat, die ihm gehören, geht er
ihnen voran; und die Schafe folgen
ihm, weil sie seine Stimme erken-
nen. 5Sie folgen niemals einem
Fremden, sondern werden vor ihm
fortlaufen, weil die Stimmen der
Fremden ihnen nicht vertraut sind.«

6Jeschua gebrauchte diese indirek-
te Redeweise bei ihnen, aber sie ver-
standen nicht, worüber er zu ihnen
sprach. 7Deshalb sagte Jeschua aber-
mals zu ihnen: »Ja wahrhaftig! Ich
sage euch, daß ich das Tor für die
Schafe bin. 8All jene, die vor mir ge-
kommen sind, waren Diebe und
Räuber, doch die Schafe haben nicht
auf sie gehört. 9Ich bin das Tor;
wenn jemand durch mich eingeht,
wird er sicher sein und ein- und aus-
gehen und Weide finden. 10Der
Dieb kommt nur, um zu stehlen, zu
töten und zu zerstören; ich aber bin
gekommen, damit sie Leben haben
mögen, Leben in Fülle.

11Ich bin der gute Hirte. Der gute
Hirte gibt sein Leben für die Schafe
hin. 12Der Lohnarbeiter läßt die
Schafe im Stich und läuft fort, wenn
er den Wolf kommen sieht, denn er
ist kein Hirte, und die Schafe gehö-
ren ihm nicht. Dann schleppt der
Wolf sie fort und zerstreut sie. 13Der
Lohnarbeiter verhält sich so, weil er
eben nur das ist: ein Lohnarbeiter;
ihn kümmert es nicht, was den
Schafen zustößt. 14Ich bin der gute
Hirte; ich kenne mein Eigentum,
und mein Eigentum kennt mich –
15so wie der Vater mich kennt und
ich den Vater kenne – und ich gebe
mein Leben für die Schafe. 16Doch
ich habe noch andere Schafe, die
nicht aus diesem Stall sind; ich muß

Jeschua – Jesus
Mamser – uneheliches Kind, in Sünde geboren
Mosche – Mose
Peruschim – Pharisäer (pl.)
Schabbat – der Sabbat
Talmid – Jünger (sg.)
Talmidim – Jünger (pl.)

sie holen, und sie werden meine Stimme hören; und es wird eine Herde und ein Hirte sein.

17Darum liebt mein Vater mich: weil ich mein Leben gebe – um es wiederzunehmen! 18Niemand nimmt es mir; im Gegenteil, ich gebe es aus freiem Willen. Ich habe die Macht, es zu geben, und ich habe die Macht, es wiederzunehmen. Das hat mein Vater mir geboten zu tun.«

19Wieder war ein Zwiespalt unter den Judäern über das, was er sagte. 20Viele von ihnen sagten: »Er hat einen Dämon!« und »Er ist *meschugge*! Warum hören wir ihm überhaupt zu?« 21Andere sagten: »Das sind nicht die Taten eines Mannes, der von Dämonen besessen ist – wie kann ein Dämon einem Blinden die Augen öffnen?«

22Dann fand in Jeruschalajim das *Chanukkah*fest statt. Es war Winter, 23und Jeschua ging drinnen im Tempelbereich umher, in der Säulenhalle Schlomos. 24Da umringten ihn die Judäer und sagten zu ihm: »Wie lange willst du uns noch im Ungewissen lassen? Wenn du der Messias bist, dann sag es uns hier vor aller Ohren!« 25Jeschua antwortete ihnen: »Ich habe es euch bereits gesagt, und ihr vertraut mir nicht. Die Werke, die ich in meines Vaters Namen tue, zeugen für mich; 26doch der Grund, warum ihr mir nicht glaubt, ist, daß ihr nicht zu meinen Schafen gehört. 27Meine Schafe hören auf meine Stimme, ich erkenne sie, sie folgen mir, 28und ich gebe ihnen ewiges Leben. Sie werden nie, niemals vernichtet werden, und niemand wird sie mir aus den Händen reißen. 29Mein Vater, der sie mir gab, ist größer als alles; und niemand kann sie aus den Händen des Vaters reißen. 30Ich und der Vater sind eins.«

31Wieder einmal hoben die Judäer Steine auf, um ihn zu steinigen. 32Doch Jeschua antwortete ihnen: »Ihr habt mich viele gute Taten tun sehen, die die Macht des Vaters spiegeln; für welche dieser Taten steinigt ihr mich?« 33Die Judäer antworteten: »Wir steinigen dich nicht etwa für eine gute Tat, sondern für Gotteslästerung – weil du, der du nur ein Mensch bist, dich selbst zu Gott [*Elohim*] machst.« 34Jeschua antwortete ihnen: »Steht nicht geschrieben in eurer *Torah*: ›**Ihr seid *Elohim***‹?[j] 35Wenn er die Leute, an die das Wort *Elohims* gerichtet war, ›*Elohim*‹ nannte (und die *Tenach* kann nicht gebrochen werden), 36dann werft ihr dem, der vom Vater als heilig ausgesondert und in die Welt gesandt wurde, vor: ›Du begehst Gotteslästerung‹, nur weil ich gesagt habe: ›Ich bin ein Sohn *Elohims*‹?

37Wenn ich nicht Taten vollbringe, die die Macht meines Vaters spiegeln, vertraut mir nicht. 38Wenn ich es aber tue, dann vertraut, und wenn ihr schon nicht mir vertraut, so doch den Taten, damit ihr ein für allemal versteht, daß der Vater mit mir vereint ist und daß ich vereint bin mit dem Vater.« 39Einmal mehr

j Ps 82,6

versuchten sie, ihn zu verhaften,
doch er entschlüpfte ihren Händen.
40Er ging wieder fort, auf die ande-
re Seite des Jarden, wo Jochanan zu-
erst eingetaucht hatte, und blieb
dort. 41Viele Menschen kamen zu
ihm und sagten: »Jochanan voll-
brachte keine Wunder, doch alles,
was Jochanan über diesen Mann sag-
te, war wahr.« 42Und viele Menschen
dort setzten ihr Vertrauen auf ihn.

11

1Es war ein Mann, der war
krank geworden. Sein Name
war El-asar, und er stammte aus
Beht-Anjah, dem Dorf, wo Mirjam
und ihre Schwester Marta lebten.
2(Diese Mirjam, deren Bruder El-
asar krank geworden war, ist die, die
Parfum über dem Herrn ausgoß und
seine Füße mit ihrem Haar trockne-
te.) 3Deshalb schickten die Schwe-
stern Jeschua eine Botschaft: »Herr,
der Mann, den du liebst, ist krank.«
4Als er es hörte, sagte er: »Diese
Krankheit wird nicht zum Tode füh-
ren. Nein, sie ist zur Herrlichkeit
Gottes, damit der Sohn Gottes durch
sie Herrlichkeit empfange.«
5Jeschua liebte Marta und ihre
Schwester und El-asar; 6deshalb
blieb er, als er hörte, daß er krank
war, zuerst noch zwei Tage, wo er
war; 7danach sagte er dann zu seinen
Talmidim: »Laßt uns zurück nach
Jehudah gehen.« 8Die *Talmidim*
entgegneten: »Rabbi! Noch vor
kurzem wollten die Judäer dich stei-
nigen – und du willst dorthin zu-
rückgehen?« 9Jeschua antwortete:
»Ist nicht zwölf Stunden lang Ta-
geslicht? Wenn ein Mensch wäh-
rend des Tageslichts geht, stolpert er
nicht; denn er sieht das Licht dieser
Welt. 10Wenn ein Mensch aber bei
Nacht geht, stolpert er; denn er hat
kein Licht bei sich.«
11Jeschua sagte diese Dinge, und
danach sagte er zu den *Talmidim*:
»Unser Freund El-asar ist einge-
schlafen; doch ich gehe jetzt, ihn
aufzuwecken.« 12Die *Talmidim* sag-
ten zu ihm: »Herr, wenn er einge-
schlafen ist, wird es ihm besser ge-
hen.« 13Nun hatte Jeschua die
Wendung für El-asars Tod ge-
braucht, sie aber dachten, er hätte
von wirklichem Schlaf gesprochen.
14Deshalb sagte Jeschua ihnen in
klaren Worten: »El-asar ist gestor-
ben. 15Und um euretwillen bin ich
froh, daß ich nicht dort war, damit
ihr zum Vertrauen finden möget.
Aber laßt uns nun zu ihm gehen.«
16Da sagte Teoma (der Name be-
deutet »Zwilling«) zu seinen Mit-
Talmidim: »Ja, wir sollten gehen,
damit wir mit ihm sterben können!«

Beht-Anjah – Betanien
Chanukkah – Fest der Weihe, Einweihung
El-asar – Eleasar; Lazarus
Elohim – Gott, Götter
Jarden – Jordan
Jehudah – Judäa
Jeruschalajim – Jerusalem
Jeschua – Jesus
Jochanan – Johannes
meschugge – verrückt
Mirjam – Miriam, Maria
Schlomo – Salomo
Talmidim – Jünger (pl.)
Tenach – die hebr. Bibel, das Alte Testament
Teoma – Thomas
Torah – Weisung, Lehre, »das Gesetz«, der Pentateuch (die 5 Bücher Mose)

17Bei seiner Ankunft stellte Je-
schua fest, daß El-asar bereits vier
Tage im Grab war. 18Nun lag Beht-
Anjah etwa drei Kilometer von Je-
ruschalajim entfernt, 19und viele Ju-
däer waren zu Marta und Mirjam
gekommen, um sie über den Verlust
ihres Bruders zu trösten. 20Als Mar-
ta hörte, daß Jeschua kam, ging sie
hinaus, ihm entgegen; Mirjam aber
blieb im Haus und saß die *Schivah*
ab.

21Marta sagte zu Jeschua: »Herr,
wenn du hier gewesen wärst, wäre
mein Bruder nicht gestorben.
22Doch sogar jetzt weiß ich, daß
Gott dir alles, worum du Gott bit-
test, gibt.« 23Jeschua sagte zu ihr:
»Dein Bruder wird wiederauferste-
hen.« 24Marta sagte: »Ich weiß, daß
er bei der Auferstehung am Jüng-
sten Tag wiederauferstehen wird.«
25Jeschua sagte zu ihr: »ICH BIN
die Auferstehung und das Leben!
Wer immer sein Vertrauen auf mich
setzt, wird leben, auch wenn er
stirbt; 26und jeder, der lebt und mir
vertraut, wird niemals sterben.
Glaubst du das?« 27Sie sagte zu ihm:
»Ja, Herr, ich glaube, daß du der
Messias bist, der Sohn Gottes, der in
die Welt kommt.«

28Nachdem sie das gesagt hatte,
ging sie fort und rief heimlich Mir-
jam, ihre Schwester: »Der Rabbi ist
da und ruft nach dir.« 29Als sie das
hörte, sprang sie auf und ging zu
ihm. 30Jeschua war noch nicht in das
Dorf hineingegangen, sondern war
noch dort, wohin Marta ihm entge-
gen gegangen war; 31und als die Ju-
däer, die bei Mirjam im Haus gewe-
sen waren und sie getröstet hatten,
sahen, daß sie rasch aufstand und
hinausging, folgten sie ihr in dem
Glauben, sie ginge zum Grab, um
dort zu trauern.

32Als Mirjam dorthin kam, wo Je-
schua war, und ihn sah, fiel sie zu
seinen Füßen nieder und sagte zu
ihm: »Herr, wenn du hier gewesen
wärst, wäre mein Bruder nicht ge-
storben.« 33Als Jeschua sie weinen
sah und auch die Judäer, die wei-
nend mit ihr gekommen waren, war
er tief bewegt und auch bekümmert.
34Er fragte: »Wo habt ihr in begra-
ben?« Sie sagten: »Herr, komm und
sieh.« 35Jeschua weinte; 36und die
anwesenden Judäer sagten: »Sieh,
wie er ihn geliebt hat!« 37Doch man-
che von ihnen sagten: »Er hat die
Augen des Blinden geöffnet. Hätte
er nicht sein Sterben verhindern
können?«

38Jeschua, abermals tief bewegt,
kam zum Grab. Es war eine Höhle,
und ein Stein lag vor dem Eingang.
39Jeschua sagte: »Nehmt den Stein
fort!« Marta, die Schwester des To-
ten, sagte zu Jeschua: »Sein Leib
muß inzwischen bereits riechen,
denn er ist vor vier Tagen gestor-
ben!« 40Jeschua sagte zu ihr: »Habe
ich dir nicht gesagt, daß du, wenn
du weiterhin vertraust, die Herrlich-
keit Gottes sehen wirst?« 41So ent-
fernten sie den Stein. Jeschua sah auf
und sagte: »Vater, ich danke dir, daß
du mich gehört hast. 42Ich selbst
weiß, daß du mich immer hörst,
doch ich sage das wegen der Menge,
die mich umgibt, damit sie glauben,
daß du mich gesandt hast.« 43Nach-

dem er das gesagt hatte, rief er: »El-
asar! Komm heraus!« [44]Und der
Mann, der tot gewesen war, kam
heraus, seine Hände und Füße in
Leinenstreifen gewickelt und sein
Gesicht mit einem Tuch bedeckt. Je-
schua sagte zu ihm: »Wickelt ihn
aus und laßt ihn gehen!« [45]Darüber
vertrauten ihm viele Judäer, die ge-
kommen waren, Mirjam zu besu-
chen, und gesehen hatten, was Je-
schua getan hatte.

[46]Doch einige von ihnen gingen
fort zu den *Peruschim* und erzählten
ihnen, was er getan hatte. [47]Da be-
riefen die Haupt-*Kohanim* und die
Peruschim eine Versammlung des
Sanhedrin ein und sagten: »Was sol-
len wir tun? – Denn dieser Mann
vollbringt viele Wunder. [48]Wenn
wir ihn so weitermachen lassen,
wird jedermann ihm vertrauen, und
die Römer werden kommen und
den Tempel und das Volk vernich-
ten.« [49]Doch einer von ihnen, Kaja-
fa, der in diesem Jahr *Kohen Gadol*
war, sagte zu ihnen: »Ihr wißt aber
auch gar nichts! [50]Ihr seht nicht ein,
daß es besser für euch ist, wenn ein
Mann für das Volk stirbt, damit
nicht die ganze Nation vernichtet
wird.« [51]Nun sprach er aber nicht
aus eigenem Antrieb so; er prophe-
zeite vielmehr, weil er in diesem
Jahr *Kohen Gadol* war, daß Jeschua
der Nation wegen sterben sollte,
[52]und nicht für die Nation allein,
sondern um alle verstreuten Kinder
Gottes zu sammeln.

[53]Von diesem Tag an schmiedeten
sie Pläne, ihn hinrichten zu lassen.
[54]Deshalb trat Jeschua nicht mehr
offen unter den Judäern auf, son-
dern ging fort von ihnen in das Ge-
biet bei der Wüste, in eine Stadt na-
mens Efrajim, und blieb mit seinen
Talmidim dort.

[55]Das judäische *Pessach*fest stand
bevor, und viele Leute zogen aus
dem Land hinauf nach Jeruschala-
jim, um vor dem *Pessach* die Reini-
gungszeremonie zu vollziehen. [56]Sie
suchten Jeschua, und als sie in den
Tempelvorhöfen standen, sprachen
sie zueinander: »Was meinst du?
Daß er einfach nicht zum Fest kom-
men wollte?« [57]Und die Haupt-*Ko-*
hanim und die *Peruschim* hatten an-
geordnet, daß jeder, der über den
Aufenthaltsort Jeschuas Bescheid
wußte, sie informieren sollte, damit
sie ihn verhaften lassen konnten.

12 [1]Sechs Tage vor *Pessach* ging
Jeschua nach Beht-Anjah,
wo El-asar lebte, der Mann, den Je-
schua von den Toten auferweckt
hatte; [2]und sie gaben ein Abendes-
sen ihm zu Ehren. Marta bediente
bei Tisch, und El-asar war unter de-

Beht-Anjah – Betanien
Efrajim – Ephraim
El-asar – Eleasar; Lazarus
Jeruschalajim – Jerusalem
Jeschua – Jesus
Kajafa – Kaiphas
Kohanim – Priester (pl.)
Kohen Gadol – Hoherpriester
Mirjam – Miriam, Maria
Pessach – Passa
Sanhedrin – oberstes jüdisches Gericht, Hoher Rat
(die) Schivah absitzen – trauern
Peruschim – Pharisäer (pl.)
Talmidim – Jünger (pl.)

nen, die mit ihm zu Tisch saßen. 3Mirjam nahm ein ganzes Pfund reinen Nardenöls, das sehr teuer ist, goß es Jeschua über die Füße und trocknete seine Füße mit ihrem Haar, so daß das Haus vom Duft des Parfums erfüllt wurde. 4Doch einer der *Talmidim*, Jehudah aus Kiriot, der, der ihn verraten sollte, sagte: 5»Dieses Parfum ist einen Jahreslohn wert! Warum wurde es nicht verkauft und das Geld den Armen gegeben?« 6Nun sagte er das aber nicht aus Sorge für die Armen, sondern weil er ein Dieb war – er verwaltete die gemeinsame Börse und pflegte regelmäßig daraus zu stehlen. 7Jeschua sagte: »Laßt sie! Sie hat das für den Tag meines Begräbnisses aufbewahrt. 8Die Armen habt ihr immer bei euch, aber mich werdet ihr nicht immer haben.«

9Eine große Menge Judäer erfuhr, daß er da war; und sie kamen nicht nur wegen Jeschua, sondern auch, um El-asar zu sehen, der von den Toten auferweckt worden war. 10Da beschlossen die Haupt-*Kohanim*, sich auch El-asars zu entledigen, 11weil seinetwegen eine große Zahl der Judäer ihre Führer verließ und ihr Vertrauen auf Jeschua setzte.

12Am nächsten Tag hörte die große Menge, die zum Fest gekommen war, daß Jeschua auf dem Weg nach Jeruschalajim war. 13Sie nahmen Palmzweige und gingen hinaus, ihm entgegen, und riefen:

»Erlöse uns!«[k]

»Gesegnet ist er, der kommt im Namen *Adonais*,[l] der König Jisraels!«

14Nachdem er ein Eselfohlen gefunden hatte, bestieg Jeschua es, so, wie die *Tenach* sagt:

15**»Tochter Zions, hab keine Angst! Sieh! Dein König kommt, sitzend auf einem Eselfohlen.«**[m]

16Seine *Talmidim* verstanden das zuerst nicht; doch nachdem Jeschua verherrlicht war, erinnerten sie sich, daß die *Tenach* das über ihn sagte und daß sie das für ihn getan hatten. 17Die Gruppe, die bei ihm gewesen war, als er El-asar aus dem Grab herausgerufen und ihn von den Toten auferweckt hatte, hatte davon erzählt. 18Auch deswegen kam die Menge heraus, ihm entgegen – sie hatten gehört, daß er dieses Wunder vollbracht hatte. 19Die *Peruschim* sagten zueinander: »Seht, ihr richtet nichts aus! Die ganze Welt folgt ihm inzwischen nach!«

20Unter denen, die zum Fest nach Jeruschalajim hinaufgingen, waren einige griechisch sprechende Juden. 21Sie traten mit einer Frage an Philippus heran, dem aus Beht-Zaidah im Galil. »Lieber Herr«, sagten sie, »wir möchten gern Jeschua sehen.« 22Philippus kam und sagte es Andreas; dann gingen Andreas und Philippus und sagten es Jeschua. 23Jeschua gab ihnen folgende Antwort: »Die Zeit ist ge-

k Ps 118,25

l Sach 9,9

m Ps 118,26

kommen, daß der Sohn des Menschen verherrlicht wird. 24Ja wahrhaftig! Ich sage euch, daß ein Weizenkorn, das nicht zu Boden fällt und stirbt, ein Weizenkorn bleibt; wenn es aber stirbt, bringt es eine große Ernte hervor. 25Wer sein Leben liebt, verliert es, doch wer auf dieser Welt sein Leben haßt, wird es sicher hineinretten in ewiges Leben! 26Wenn jemand mir dient, der möge mir nachfolgen; wo immer ich bin, wird auch mein Knecht sein. Mein Vater wird jeden ehren, der mir dient.

27Jetzt bin ich zutiefst erregt. Was kann ich sagen – ›Vater, errette mich aus dieser Stunde‹? Nein, denn aus ebendiesem Grund bin ich in diese Stunde gekommen. Ich will das sagen: 28Vater, verherrliche deinen Namen!« Darüber kam eine *Bat-Kol* aus dem Himmel heraus: »Ich habe ihn zuvor verherrlicht, und ich will ihn wieder verherrlichen!« 29Die Menge, die dastand und es hörte, sagte, daß es gedonnert habe; andere sagten: »Ein Engel sprach zu ihm.« 30Jeschua antwortete: »Diese *Bat-Kol* kam nicht meinetwegen, sondern euretwegen. 31Jetzt ist die Zeit für diese Welt, gerichtet zu werden, jetzt wird der Herrscher dieser Welt vertrieben werden. 32Was mich betrifft, so werde ich, wenn ich erhöht werde von der Erde, alle zu mir ziehen.« 33Er sagte das, um anzudeuten, welchen Tod er sterben würde.

34Die Menge antwortete: »Wir haben aus der *Torah* erfahren, daß der Messias für immer bleibt. Wie kommt es, daß du sagst, der Sohn des Menschen müsse ›erhöht werden‹? Wer ist dieser ›Sohn des Menschen‹?« 35Jeschua sagte zu ihnen: »Das Licht wird nur noch kurze Zeit unter euch sein. Geht, solange ihr das Licht habt, oder die Finsternis wird euch überwältigen; wer in der Finsternis geht, weiß nicht, wohin er geht. 36Solange ihr das Licht habt, setzt euer Vertrauen auf das Licht; damit ihr Menschen des Lichts werdet.« Jeschua sagte diese Dinge, dann ging er fort und verbarg sich von nun an vor ihnen.

37Obwohl er so viele Wunder in ihrer Gegenwart vollbracht hatte, setzten sie immer noch nicht ihr Vertrauen auf ihn, 38damit erfüllt würde, was Jeschajahu der Prophet gesagt hatte:

»*Adonai*, wer hat unserem Bericht geglaubt? Wem ist der Arm *Adonais* offenbart worden?«[n]

n Jes 53,1

Adonai – der HERR, Jahwe
Bat-Kol – Stimme vom Himmel
Beht-Zaidah – Betsaida
El-asar – Eleasar; Lazarus
Galil – Galiläa
Jehudah aus Kiriot – Judas Iskariot
Jeruschalajim – Jerusalem
Jeschajahu – Jesaja
Jeschua – Jesus
Kohanim – Priester (pl.)
Mirjam – Miriam, Maria
Peruschim – Pharisäer (pl.)
Talmidim – Jünger (pl.)
Tenach – die hebr. Bibel, das Alte Testament
Torah – Weisung, Lehre, »das Gesetz«, der Pentateuch (die 5 Bücher Mose)

[39]Der Grund, daß sie nicht glau-
ben konnten, war – wie Jeschajahu
an anderer Stelle sagte –

[40]**»Er hat ihre Augen blind ge-
macht und ihre Herzen verhärtet,
damit sie nicht sehen mit ihren
Augen, verstehen mit ihren Her-
zen oder sich von ihren Sünden
abwenden, damit ich sie heile.«**[o]

[41](Jeschajahu sagte diese Dinge,
weil er die *Schechinah* Jeschuas sah
und über ihn sprach.) [42]Dennoch
vertrauten ihm viele der Führer;
doch wegen der *Peruschim* sagten
sie es nicht offen, aus Angst, aus der
Synagoge verbannt zu werden;
[43]denn sie liebten das Lob der Men-
schen mehr als das Lob Gottes.

[44]Jeschua erklärte öffentlich: »Die-
jenigen, die ihr Vertrauen auf mich
setzen, vertrauen nicht nur mir, son-
dern dem, der mich gesandt hat.
[45]Und diejenigen, die mich sehen,
sehen den, der mich gesandt hat.
[46]Ich bin als ein Licht in die Welt
gekommen, damit jeder, der mir
vertraut, nicht in der Finsternis blei-
be. [47]Wenn jemand hört, was ich sa-
ge, und nicht danach handelt, richte
ich ihn nicht; denn ich bin nicht ge-
kommen, die Welt zu richten, son-
dern die Welt zu retten. [48]Diejeni-
gen, die mich ablehnen und nicht
annehmen, was ich sage, haben ei-
nen Richter – das Wort, das ich ge-
sprochen habe, wird sie am Jüngsten
Tag richten. [49]Denn ich habe nicht
aus mir selbst heraus gesprochen;
sondern der Vater, der mich gesandt
hat, hat mir ein Gebot gegeben,
nämlich, was ich sagen und wie ich
es sagen soll. [50]Und ich weiß, daß
sein Gebot ewiges Leben ist. Des-
halb sage ich nur, was der Vater zu
sagen mich geheißen hat.«

13 [1]Es war unmittelbar vor dem
*Pessach*fest, und Jeschua
wußte, daß die Zeit für ihn gekom-
men war, aus dieser Welt zum Vater
zu gehen. Da er sein Volk in der
Welt geliebt hatte, liebte er es bis
zum Ende. [2]Sie waren beim Abend-
essen, und der Widersacher hatte
bereits den Wunsch, ihn zu verra-
ten, in das Herz von Jehudah Ben
Schim-on aus Kiriot gelegt. [3]Jeschua
wußte, daß der Vater alles in seine
Macht gegeben hatte und daß er aus
Gott gekommen war und zu Gott
zurückkehrte. [4]Und er stand vom
Tisch auf, legte seine Oberkleider ab
und wickelte ein Handtuch um sei-
ne Hüften. [5]Dann goß er etwas
Wasser in ein Becken und fing an,
den *Talmidim* die Füße zu waschen
und sie mit dem Handtuch, das er
um sich gewickelt hatte, abzutrock-
nen.

[6]Er kam zu Schim-on Kefa, der zu
ihm sagte: »Herr! Du wäschst mir
die Füße?« [7]Jeschua antwortete ihm:
»Du verstehst noch nicht, was ich
tue, aber du wirst es zur rechten
Zeit verstehen.« [8]»Nein«, sagte Ke-
fa, »du wirst mir nicht die Füße wa-
schen!« Jeschua antwortete ihm:
»Wenn ich dich nicht wasche, hast
du keinen Teil an mir.« [9]»Herr«,
antwortete Schim-on Kefa, »nicht
nur meine Füße, sondern auch mei-

o Jes 6,10

ne Hände und meinen Kopf!« 10Je-
schua sagte zu ihm: »Ein Mann, der
ein Bad gehabt hat, braucht sich
nicht zu waschen, außer seine Füße
– sein Leib ist bereits rein. Und ihr
seid rein, aber nicht alle von euch.«
11(Er wußte, wer ihn verraten wür-
de; deshalb sagte er: »Nicht alle von
euch sind rein.«)

12Nachdem er ihnen die Füße ge-
waschen und seine Kleider wieder
angelegt hatte und an den Tisch zu-
rückgekehrt war, sagte er zu ihnen:
»Versteht ihr, was ich für euch getan
habe? 13Ihr nennt mich ›Rabbi‹ und
›Herr‹, und ihr habt recht, denn ich
bin es. 14Wenn nun ich, der Herr
und Rabbi, euch die Füße gewa-
schen habe, solltet auch ihr einander
die Füße waschen. 15Denn ich habe
euch ein Beispiel gegeben, damit ihr
tut, wie ich für euch getan habe. 16Ja
wahrhaftig! Ich sage euch, ein Skla-
ve ist nicht größer als ein Herr, und
ein Gesandter ist nicht größer als
der, der ihn gesandt hat. 17Wenn ihr
diese Dinge wißt, werdet ihr geseg-
net sein, wenn ihr sie tut.

18Ich spreche nicht zu allen von
euch – ich weiß, welche ich er-
wählt habe. Aber die Worte der
Tenach müssen erfüllt werden, die
sagen: ›**Der mein Brot ißt, hat
sich gegen mich gewandt.**‹ p 19Ich
sage es euch jetzt, bevor es ge-
schieht; damit ihr, wenn es ge-
schieht, glaubt, daß ICH BIN, der
ich sage, daß ich bin. 20Ja wahrhaf-
tig! Ich sage euch, daß ein Mensch,
der jemanden aufnimmt, den ich
sende, mich aufnimmt, und daß je-
der, der mich aufnimmt, den auf-
nimmt, der mich gesandt hat.«

21Nachdem er das gesagt hatte,
erklärte Jeschua in tiefer Angst des
Geistes: »Ja wahrhaftig! Ich sage
euch, daß einer von euch mich
verraten wird.« 22Die *Talmidim*
blickten einander an, völlig ver-
wirrt – wen konnte er meinen?
23Einer seiner *Talmidim*, der, den
Jeschua besonders liebte, lag dicht
bei ihm zu Tisch. 24Deshalb wink-
te Schim-on Kefa ihm und sagte:
»Frage ihn, von wem er spricht.«
25Er lehnte sich an Jeschuas Brust
und fragte Jeschua: »Herr, wer ist
es?« 26Jeschua antwortete: »Es ist
der, dem ich dieses Stück *Mazah*
gebe, nachdem ich es in den Teller
getaucht habe.« Und er tauchte ein
Stück *Mazah* ein und gab es Jehu-
dah Ben Schim-on aus Kiriot.
27Sobald Jehudah das Stück *Mazah*
nahm, fuhr der Widersacher in
ihn. »Was du tust, das tu rasch!«
sagte Jeschua zu ihm. 28Doch kei-
ner am Tisch verstand, warum er
das zu ihm gesagt hatte. 29Manche

p Ps 41,10

Jehudah – Judas
Jehudah Ben Schim-on aus Kiriot – Judas, der Sohn des Simon Iskariot
Jeschajahu – Jesaja
Jeschua – Jesus
Kefa – Petrus
Mazah – umgesäuertes Brot
Peruschim – Pharisäer
Pessach – Passa
Schechinah – »Einwohnung Gottes«, Gottes herrliche Gegenwart
Schim-on Kefa – Simon Petrus
Talmidim – Jünger (pl.)
Tenach – die hebr. Bibel, das Alte Testament

dachten, daß Jeschua, weil Jehudah
die gemeinsame Börse verwaltete,
zu ihm sagte: »Kaufe, was wir für
das Fest brauchen«, oder daß er
ihm befahl, den Armen etwas zu
geben. 30Sobald er das Stück *Ma-
zah* genommen hatte, ging Jehudah
hinaus, und es war Nacht.
31Nachdem Jehudah gegangen
war, sagte Jeschua: »Jetzt ist der
Sohn des Menschen verherrlicht,
und Gott ist verherrlicht in ihm.
32Wenn der Sohn Gott verherrlicht
hat, wird Gott selbst den Sohn
verherrlichen, und er wird das oh-
ne Verzug tun. 33Kleine Kinder,
ich werde nur noch eine kurze
Weile bei euch sein. Ihr werdet
mich suchen; doch was ich zu den
Judäern sagte: ›Wohin ich gehe,
könnt ihr nicht kommen‹, das sage
ich jetzt zu euch.
34Ich gebe euch ein neues Gebot:
daß ihr einander liebt. So wie ich
euch geliebt habe, sollt auch ihr ein-
ander lieben. 35Daran werden alle
erkennen, daß ihr meine *Talmidim*
seid, daß ihr Liebe zueinander
habt.«
36Schim-on Kefa sagte zu ihm:
»Herr, wohin gehst du?« Jeschua
antwortete: »Wohin ich gehe,
kannst du mir jetzt nicht folgen;
doch du wirst später folgen.«
37»Herr«, sagte Kefa zu ihm, »war-
um kann ich dir jetzt nicht folgen?
Ich will mein Leben für dich ge-
ben!« 38Jeschua antwortete: »Du
willst dein Leben für mich geben?
Ja wahrhaftig! Ich sage dir, bevor
der Hahn kräht, wirst du mich
dreimal verleugnen.

14 1Laßt euch nicht verwirren.
Vertraut auf Gott und ver-
traut auf mich. 2Im Haus meines
Vaters sind viele Orte zu leben.
Wenn es nicht so wäre, hätte ich es
euch gesagt; denn ich gehe dorthin,
euch einen Ort zu bereiten. 3Da ich
aber hingehe und euch einen Ort
bereite, werde ich zurückkehren,
euch zu mir zu holen; damit ihr
seid, wo ich bin. 4Außerdem wißt
ihr, wohin ich gehe; und ihr wißt
den Weg dorthin.«
5Teoma sagte zu ihm: »Herr, wir
wissen nicht, wo du hingehst; wie
können wir dann den Weg wissen?«
6Jeschua sagte zu ihm: »ICH BIN
der Weg – und die Wahrheit und
das Leben; niemand kommt zum
Vater außer durch mich. 7Weil ihr
mich gekannt habt, werdet ihr auch
meinen Vater kennen; von jetzt an
kennt ihr ihn – ja, ihr habt ihn gese-
hen.«
8Philippus sagte zu ihm: »Herr,
zeige uns den Vater, das wird uns
genügen.« 9Jeschua entgegnete ihm:
»Bin ich so lange bei euch gewesen,
ohne daß du mich erkennst, Philip-
pus? Wer immer mich gesehen hat,
hat den Vater gesehen; wie könnt
ihr dann sagen: ›Zeige uns den Va-
ter‹? 10Glaubt ihr nicht, daß ich ver-
eint bin mit dem Vater und der Va-
ter vereint ist mit mir? Was ich euch
sage, sage ich nicht aus mir selbst
heraus; der Vater, der in mir lebt, tut
seine eigenen Werke. 11Vertraut mir,
daß ich vereint bin mit dem Vater,
und der Vater vereint mit mir.
Wenn ihr es aber nicht könnt, dann
vertraut wegen der Werke selbst.

12 Ja wahrhaftig! Ich sage euch, daß, wer immer mir vertraut, ebenfalls die Werke tun wird, die ich tue! Ja, er wird größere tun, weil ich zum Vater gehe. 13 Worum immer ihr bittet in meinem Namen, werde ich tun; damit der Vater im Sohn verherrlicht werde. 14 Wenn ihr in meinem Namen um etwas bittet, werde ich es tun.

15 Wenn ihr mich liebt, werdet ihr meine Gebote halten; 16 und ich werde den Vater bitten, und er wird euch einen anderen tröstenden Ratgeber wie mich geben, den Geist der Wahrheit, der immer bei euch sein soll. 17 Die Welt kann ihn nicht empfangen, denn sie sieht ihn weder noch kennt sie ihn. Ihr aber kennt ihn, denn er bleibt bei euch und wird mit euch vereint werden. 18 Ich werde euch nicht als Waisen zurücklassen – ich komme zu euch. 19 Nur noch eine kurze Zeit, und die Welt wird mich nicht mehr sehen; ihr aber werdet mich sehen. Weil ich lebe, werdet auch ihr leben. 20 Wenn dieser Tag kommt, werdet ihr wissen, daß ich mit meinem Vater vereint bin, und ihr mit mir und ich mit euch. 21 Wer immer meine Gebote hat und sie hält, ist der, der mich liebt, und wer mich liebt, wird von meinem Vater geliebt werden, und ich will ihn lieben und mich ihm offenbaren.«

22 Jehudah (nicht der aus Kiriot) sagte zu ihm: »Was ist geschehen, Herr, daß du dich uns, nicht aber der Welt offenbaren willst?« 23 Jeschua antwortete ihm: »Wenn jemand mich liebt, wird er mein Wort halten; und mein Vater wird ihn lieben, und wir werden zu ihm kommen und Wohnung bei ihm nehmen. 24 Doch wer mich nicht liebt, hält meine Worte nicht – und das Wort, das ihr hört, ist nicht mein eigenes, sondern das des Vaters, der mich gesandt hat.

25 Ich habe euch diese Dinge gesagt, solange ich noch bei euch bin. 26 Doch der Ratgeber, der *Ruach Ha Kodesch*, den der Vater in meinem Namen schicken wird, wird euch alles lehren; das heißt, er wird euch an alles erinnern, was ich euch gesagt habe.

27 Was ich euch lasse, ist der *Schalom* – ich gebe euch meinen *Schalom*. Ich gebe nicht, wie die Welt gibt. Laßt euch nicht beunruhigen oder erschrecken. 28 Ihr habt gehört, daß ich euch gesagt habe: ›Ich gehe nun, und ich werde zu euch zurückkommen.‹ Wenn ihr mich liebtet, wäret ihr froh gewesen, daß ich zum Vater gehe; denn der Vater ist größer als ich. 29 Und ich habe es euch jetzt gesagt, bevor es geschieht, damit ihr, wenn es geschieht, vertraut.

30 Ich werde nicht mehr viel länger mit euch sprechen, denn der Herrscher dieser Welt kommt. Er hat aber kein Anrecht auf mich; 31 das geschieht vielmehr, damit die Welt

---

Jehudah – Judas
Jeschua – Jesus
Mazah – ungesäuertes Brot
Ruach Ha Kodesch – Heiliger Geist
Schalom – Friede
Schim-on Kefa – Simon Petrus
Talmidim – Jünger (pl.)

weiß, daß ich den Vater liebe und
daß ich tue, wie der Vater mir gebo-
ten hat.

Steht auf! Laßt uns gehen!«

15 1»Ich bin der wahre Wein-
stock, und mein Vater ist der
Gärtner. 2Jede Rebe, die Teil von
mir ist, aber keine Frucht trägt,
schneidet er ab; und jede Rebe, die
Frucht trägt, beschneidet er, damit
sie mehr Frucht trägt. 3Aufgrund
des Wortes, das ich zu euch gespro-
chen habe, seid ihr jetzt beschnitten.
4Bleibt vereint mit mir, wie ich mit
euch – denn so wie der Zweig nicht
aus sich selbst, ohne den Weinstock,
Frucht hervorbringen kann, könnt
auch ihr keine Frucht bringen au-
ßerhalb von mir.

5Ich bin der Weinstock, und ihr
seid die Reben. Diejenigen, die ver-
eint mit mir bleiben und ich mit ih-
nen, sind die, die viel Frucht tragen;
denn außerhalb von mir könnt ihr
nichts tun. 6Wenn ein Mensch nicht
mit mir vereint bleibt, wird er fort-
geworfen wie eine Rebe und ver-
trocknet. Solche Reben werden ge-
sammelt und ins Feuer geworfen,
wo sie verbrannt werden.

7Wenn ihr mit mir vereint bleibt
und meine Worte mit euch, dann
bittet, worum ihr wollt, und es wird
für euch geschehen. 8So wird mein
Vater verherrlicht – indem ihr viel
Frucht tragt; so werdet ihr euch als
meine *Talmidim* erweisen.

9So wie der Vater mich geliebt hat,
habe auch ich euch geliebt; also
bleibt in meiner Liebe. 10 Wenn ihr
meine Gebote haltet, werdet ihr in
meiner Liebe bleiben – so wie ich
die Gebote meines Vaters gehalten
habe und in seiner Liebe bleibe. 11
Ich habe das zu euch gesagt, damit
meine Freude in euch und eure
Freude vollkommen sei.

12Das ist mein Gebot: daß ihr ein-
ander liebt, so wie ich euch geliebt
habe. 13Niemand hat größere Liebe
als ein Mensch, der sein Leben für
seine Freunde gibt. 14Ihr seid meine
Freunde, wenn ihr tut, was ich euch
geboten habe. 15Ich nenne euch
nicht länger Sklaven, denn ein Skla-
ve weiß nicht, was sein Herr tut;
sondern ich habe euch Freunde ge-
nannt, weil ich euch alles, was ich
von meinem Vater gehört habe,
kundgetan habe. 16Nicht ihr habt
mich erwählt, ich habe euch er-
wählt; und ich habe euch den Auf-
trag gegeben, zu gehen und Frucht
zu tragen, Frucht, die bleibt; damit,
was immer ihr vom Vater in mei-
nem Namen erbittet, er euch geben
möge. 17Das habe ich euch geboten:
liebt einander!

18Wenn die Welt euch haßt, dann
wißt, daß sie mich zuerst gehaßt hat.
19Wenn ihr zur Welt gehörtet, hätte
die Welt ihr Eigentum geliebt. Doch
weil ihr nicht zur Welt gehört – im
Gegenteil, ich habe euch aus der
Welt herausgenommen –, deshalb
haßt euch die Welt. 20Denkt daran,
was ich euch gesagt habe: ›Ein Skla-
ve ist nicht größer als sein Herr.‹
Wenn sie mich verfolgten, werden
sie auch euch verfolgen; wenn sie
mein Wort hielten, werden sie auch
eures halten. 21Aber sie werden euch
all das meinetwegen antun, weil sie

den nicht kennen, der mich gesandt hat.

22 Wenn ich nicht gekommen wäre und zu euch gesprochen hätte, wären sie nicht der Sünde schuldig; jetzt aber haben sie keine Entschuldigung für ihre Sünde. 23 Wer immer mich haßt, haßt auch meinen Vater. 24 Wenn ich nicht in ihrer Gegenwart Werke getan hätte, die kein anderer jemals tat, wären sie nicht der Sünde schuldig; jetzt aber haben sie sie gesehen und haben sowohl mich als auch meinen Vater gehaßt. 25 Doch das ist geschehen, um die Worte in ihrer *Torah* zu erfüllen, die lauten: ›**Sie haßten mich ohne jeden Grund.**‹[q]

26 Wenn der Ratgeber kommt, den ich euch vom Vater schicken werde – den Geist der Wahrheit, der vom Vater ausgeht –, wird er für mich zeugen. 27 Und auch ihr zeugt, denn ihr seid von Anfang an mit mir gewesen.«

16 1 »Ich habe euch diese Dinge gesagt, damit ihr nicht überrascht seid. 2 Sie werden euch aus der Synagoge ausschließen; ja, die Zeit wird kommen, wenn jeder, der euch tötet, glauben wird, daß er Gott damit diene! 3 Sie werden diese Dinge tun, weil sie weder den Vater noch mich verstanden haben. 4 Doch ich habe euch das gesagt, damit ihr euch, wenn die Zeit kommt, in der es geschieht, daran erinnern werdet, daß ich es euch gesagt habe. Ich habe es euch nicht am Anfang gesagt, weil ich bei euch war. 5 Jetzt aber gehe ich zu dem, der mich gesandt hat.

Nicht einer von euch fragt mich: ›Wohin gehst du?‹ 6 Statt dessen seid ihr, weil ich diese Dinge zu euch gesagt habe, überwältigt von Kummer. 7 Aber ich sage euch die Wahrheit, es ist zu eurem Nutzen, daß ich fortgehe; denn wenn ich nicht ginge, würde der Tröster und Ratgeber nicht zu euch kommen. Wenn ich aber gehe, werde ich ihn euch schicken.

8 Wenn er kommt, wird er aufzeigen, daß die Welt im Unrecht ist über die Sünde, über die Gerechtigkeit und über das Gericht – 9 über die Sünde, weil die Menschen ihr Vertrauen nicht auf mich setzen; 10 über die Gerechtigkeit, weil ich zum Vater gehe und ihr mich nicht mehr sehen werdet; 11 über das Gericht, weil der Herrscher dieser Welt gerichtet ist.

12 Ich habe euch noch vieles zu sagen, aber ihr könnt es jetzt nicht ertragen. 13 Doch wenn der Geist der Wahrheit kommt, wird er euch in alle Wahrheit führen; denn er wird nicht aus sich selbst heraus sprechen, sondern wird nur sagen, was er hört. Er wird euch auch die Ereignisse der Zukunft ankündigen. 14 Er wird mich verherrlichen, denn er wird empfangen aus dem, was mir gehört, und es euch verkünden. 15 Alles, was der Vater hat, gehört

q Ps 35,19; 69,5

Talmidim – Jünger (pl.)
Torah – Weisung, Lehre, »das Gesetz«, der Pentateuch (die 5 Bücher Mose)

mir; darum habe ich gesagt, daß er
aus dem empfangen wird, was mir
gehört, und es euch verkünden
wird.

16 In einer kurzen Weile werdet ihr
mich nicht mehr sehen; dann, eine
kurze Weile später, werdet ihr mich
sehen.« 17 Darüber sagten einige der
Talmidim zueinander: »Was bedeu-
tet das, was er uns da sagt: ›In einer
kurzen Weile werdet ihr mich nicht
mehr sehen; dann, eine kurze Weile
später, werdet ihr mich sehen.‹?
Und ›Ich gehe zum Vater‹?« 18 Und
sie sagten weiter: »Was ist diese
›kurze Weile‹? Wir wissen nicht,
wovon er spricht.«

19 Jeschua wußte, daß sie ihn fra-
gen wollten, deshalb sagte er zu ih-
nen: »Fragt ihr einander, was ich ge-
meint habe, als ich sagte: ›In einer
kurzen Weile werdet ihr mich nicht
mehr sehen; dann, eine kurze Weile
später, werdet ihr mich sehen.‹? 20 Ja,
es ist wahr. Ich sage euch, daß ihr
weinen und trauern werdet, und die
Welt wird sich freuen; ihr werdet
Kummer haben, aber euer Kummer
wird sich in Freude verwandeln.
21 Wenn eine Frau gebiert, ist sie in
Schmerzen; denn ihre Zeit ist ge-
kommen. Doch sobald das Kind ge-
boren ist, vergißt sie ihre Leiden vor
Freude darüber, daß ein Kind in die
Welt gekommen ist. 22 So habt ihr
jetzt Kummer, aber ich werde euch
wiedersehen. Dann werden eure
Herzen voller Freude sein, und nie-
mand wird diese Freude von euch
nehmen.

23 Wenn dieser Tag kommt, werdet
ihr mich nichts mehr fragen! Ja
wahrhaftig! Ich sage euch, daß, was
immer ihr vom Vater erbittet, er
euch in meinem Namen geben wird.
24 Bis jetzt habt ihr noch um nichts
in meinem Namen gebeten. Bittet
weiter, und ihr werdet empfangen,
damit eure Freude vollkommen sei.

25 Ich habe euch diese Dinge mit
Hilfe von Beispielen gesagt; doch es
kommt eine Zeit, in der ich nicht
mehr verhüllt reden werde, sondern
ich werde in klaren Worten vom
Vater sprechen. 26 Wenn dieser Tag
kommt, werdet ihr in meinem Na-
men bitten. Ich sage euch nicht, daß
ich euretwegen zum Vater beten
werde, 27 denn der Vater selbst liebt
euch, weil ihr mich geliebt habt und
geglaubt habt, daß ich von Gott
komme.

28 Ich bin vom Vater ausgegangen
und in die Welt gekommen; und
jetzt verlasse ich die Welt wieder
und kehre zum Vater zurück.«

29 Die *Talmidim* sagten zu ihm:
»Sieh, jetzt sprichst du klar, du
sprichst gar nicht verhüllt. 30 Jetzt
wissen wir, daß du alles weißt und
daß die Menschen ihre Fragen an
dich gar nicht erst in Worte kleiden
müssen. Das läßt uns glauben, daß
du von Gott gekommen bist.«

31 Jeschua antwortete: »Jetzt glaubt
ihr. 32 Aber es kommt eine Zeit – ja,
sie ist bereits gekommen –, in der
ihr zerstreut werdet und jeder nur
noch nach sich selbst sieht; und ihr
werdet mich alle verlassen. Aber ich
bin nicht allein, denn der Vater ist
bei mir.

33 Ich habe diese Dinge zu euch ge-
sagt, damit ihr, vereint mit mir,

Schalom habt! In der Welt habt ihr
Zuris. Aber faßt Mut! Ich habe die
Welt erobert!«

17 [1]Nachdem Jeschua diese
Dinge gesagt hatte, blickte er
zum Himmel auf und sagte: »Vater,
die Zeit ist gekommen. Verherrliche
deinen Sohn, damit dein Sohn dich
verherrliche – [2]so wie du ihm Voll-
macht über die ganze Menschheit
gegeben hast, damit er ewiges Leben
all jenen geben möge, die du ihm ge-
geben hast. [3]Und ewiges Leben ist
dies: dich zu kennen, den wahren
Gott, und ihn, den du gesandt hast,
Jeschua den Messias.

[4]Ich habe dich auf Erden verherr-
licht, indem ich das Werk, das zu
tun du mir aufgegeben hast, vollen-
det habe. [5]Jetzt, Vater, verherrliche
mich bei dir. Gib mir dieselbe Herr-
lichkeit, die ich bei dir hatte, bevor
die Welt existierte.

[6]Ich habe deinen Namen dem
Volk bekannt gemacht, das du mir
aus der Welt gegeben hast. Sie wa-
ren dein, du gabst sie mir, und sie
haben dein Wort gehalten. [7]Jetzt
wissen sie, daß alles, was du mir ge-
geben hast, von dir ist, [8]weil ich die
Worte, die du mir gegeben hast, ih-
nen gegeben habe, und sie haben sie
angenommen. Sie haben wirklich
erkannt, daß ich von dir kam, und
sie vertrauen darauf, daß du mich
gesandt hast.

[9]Ich bete für sie. Ich bete nicht für
die Welt, sondern für die, die du mir
gegeben hast, denn sie sind dein. [10]Ja,
alles, was ich habe, ist dein, und alles,
was du hast, ist mein, und in ihnen
bin ich verherrlicht worden. [11]Ich
bin nicht länger in der Welt. Sie sind
in der Welt, ich aber komme zu dir.
Heiliger Vater, bewache sie mit der
Macht deines Namens, den du mir
gegeben hast, damit sie eins sein mö-
gen, so wie wir es sind. [12]Als ich bei
ihnen war, bewachte ich sie mit der
Macht deines Namens, den du mir
gegeben hast; ja, ich wachte über sie;
und nicht eines von ihnen wurde
vernichtet (außer dem, der für die
Vernichtung bestimmt war, damit
die *Tenach* erfüllt werde). [13]Aber
jetzt komme ich zu dir; und ich sage
diese Dinge, solange ich noch in der
Welt bin, damit meine Freude in ih-
nen vollkommen sei.

[14]Ich habe ihnen dein Wort gege-
ben, und die Welt hat sie gehaßt,
weil sie nicht zur Welt gehören – so
wie ich selbst nicht zur Welt gehöre.
[15]Ich bitte dich nicht, sie aus der
Welt herauszunehmen, sondern sie
vor dem Bösen zu beschützen. [16]Sie
gehören nicht zur Welt, so wie ich
nicht zur Welt gehöre. [17]Sondere sie
aus für die Heiligkeit durch die
Wahrheit – dein Wort ist Wahrheit.
[18]So wie du mich in die Welt ge-
sandt hast, habe ich sie in die Welt
gesandt. [19]Ihretwegen sondere ich
mich aus für die Heiligkeit, damit
auch sie ausgesondert werden mö-
gen für die Heiligkeit durch die
Wahrheit.

Jeschua – Jesus
Schalom – Friede
Talmidim – Jünger (pl.)
Tenach – die hebr. Bibel, das Alte Testament
Zuris – Bedrängnis

[20]Ich bete nicht nur für diese, sondern auch für jene, die mir aufgrund ihres Wortes vertrauen werden, [21]daß sie alle eins sein mögen. So wie du, Vater, vereint bist mit mir und ich mit dir, bete ich, daß sie vereint sein mögen mit uns, damit die Welt glaubt, daß du mich gesandt hast. [22]Die Herrlichkeit, die du mir gegeben hast, habe ich ihnen gegeben; damit sie eins sein mögen, so wie wir eins sind – [23]ich vereint mit ihnen und du mit mir, damit sie völlig eins sein mögen und die Welt dadurch erkennt, daß du mich gesandt hast und daß du sie geliebt hast, so wie du mich geliebt hast.

[24]Vater, ich möchte, daß die, die du mir gegeben hast, bei mir sind, wo ich bin; damit sie meine Herrlichkeit sehen, die du mir gegeben hast, weil du mich geliebt hast schon vor der Erschaffung der Welt. [25]Gerechter Vater, die Welt hat dich nicht gekannt, aber ich habe dich gekannt, und diese Menschen haben gewußt, daß du mich gesandt hast. [26]Ich habe ihnen deinen Namen bekannt gemacht, und ich werde ihn weiterhin bekannt machen; damit die Liebe, mit der du mich geliebt hast, in ihnen sei und ich selbst mit ihnen vereint.«

18 [1]Nachdem Jeschua all das gesagt hatte, ging er mit seinen *Talmidim* hinaus an den Strom, der im Winter durch das Kidrontal fließt, zu einem Fleck, wo ein Hain von Bäumen stand; und er und seine *Talmidim* gingen hinein. [2]Nun kannte aber auch Jehudah, der ihn verriet, diesen Ort; denn Jeschua hatte sich hier oft mit seinen *Talmidim* getroffen. [3]So ging Jehudah dorthin und nahm eine Abteilung römischer Soldaten und einige Tempelwachen, die die Haupt-*Kohanim* und die *Peruschim* zur Verfügung gestellt hatten, mit sich; sie trugen Waffen, Laternen und Fackeln. [4]Jeschua, der alles wußte, was mit ihm geschehen sollte, ging hinaus und fragte sie: »Wen wollt ihr?« [5]»Jeschua aus Nazeret«, antworteten sie. Er sagte zu ihnen: »ICH BIN.« Bei ihnen stand Jehudah, der, der ihn verriet. [6]Als er sagte: »ICH BIN«, traten sie zurück von ihm und fielen zu Boden. [7]So fragte er sie abermals: »Wen wollt ihr?« und sie sagten: »Jeschua aus Nazeret.« [8]»Ich habe euch gesagt, ›ICH BIN‹«, antwortete Jeschua, »wenn ich nun der bin, den ihr wollt, laßt diese anderen gehen.« [9]Das geschah, damit erfüllt würde, was er gesagt hatte: »Ich habe keines von denen verloren, die du mir gegeben hast.«

[10]Da zog Schim-on Kefa, der ein Schwert hatte, es heraus und schlug den Sklaven des *Kohen Ha Gadol* und hieb ihm das rechte Ohr ab; der Name des Sklaven aber war Melech. [11]Jeschua sagte zu Kefa: »Steck dein Schwert zurück in seine Scheide! Das ist der Kelch, den der Vater mir gegeben hat; und ich sollte ihn nicht trinken?«

[12]So verhaftete die Abteilung römischer Soldaten und ihr Hauptmann zusammen mit der Tempelwache der Judäer Jeschua; sie banden ihn [13]und brachten ihn zu-

erst zu Anan, dem Schwiegervater
Kajafas, der in diesem schicksalhaf-
ten Jahr *Kohen Gadol* war. 14(Es
war Kajafa, der den Judäern geraten
hatte, daß es gut wäre, wenn ein
Mann für das Volk stürbe.) 15Schim-
on Kefa und ein anderer *Talmid*
folgten Jeschua. Der zweite *Talmid*
war dem *Kohen Ha Gadol* bekannt,
und er ging mit Jeschua in den Hof
des *Kohen Ha Gadol* hinein; 16Kefa
aber stand außerhalb des Tores. Da
ging der andere *Talmid*, der, der
dem *Kohen Ha Gadol* bekannt war,
zurück hinaus und sprach mit der
Frau, die am Tor Dienst hatte, und
holte Kefa hinein. 17Die Frau am
Tor sagte zu Kefa: »Bist du nicht
auch einer der *Talmidim* dieses
Mannes?« Er sagte: »Nein, ich bin
es nicht.« 18Nun zündeten die Skla-
ven und Wachen ein Feuer an, denn
es war kalt, und sie standen darum
herum und wärmten sich; und Kefa
ging zu ihnen und wärmte sich
ebenfalls.

19Der *Kohen Ha Gadol* befragte
Jeschua über seine *Talmidim* und
darüber, was er lehrte. 20Jeschua ant-
wortete: »Ich habe völlig offen vor
jedermann gesprochen; ich habe
stets in der Synagoge oder im Tem-
pel gelehrt, wo sich alle Juden ver
sammeln, und ich habe nichts im ge-
heimen gesagt; 21warum also fragst
du mich? Frage diejenigen, die ge-
hört haben, was ich zu ihnen sagte;
sieh, sie wissen, was ich gesagt ha-
be.« 22Bei diesen Worten schlug eine
der Wachen, die dabeistanden, Je-
schua ins Gesicht und sagte:
»Sprichst du so mit dem *Kohen Ha*
Gadol?« 23Jeschua antwortete:
»Wenn ich etwas Unrechtes gesagt
habe, dann sag öffentlich, was daran
unrecht war; wenn ich aber recht
hatte, warum schlägst du mich
dann?« 24Und so schickte Anan ihn,
noch immer gebunden, zu Kajafa,
dem *Kohen Ha Gadol*.

25In der Zwischenzeit stand Kefa
da und wärmte sich. Sie sagten zu
ihm: »Bist du nicht einer seiner *Tal-*
midim?« Er leugnete es und sagte:
»Nein, ich bin es nicht.« 26Einer der
Sklaven des *Kohen Ha Gadol*, ein
Verwandter des Mannes, dessen
Ohr Kefa abgeschnitten hatte, sagte:
»Habe ich dich nicht mit ihm in
dem Hain gesehen?« 27Wieder leug-
nete Kefa, und im selben Augen-
blick krähte ein Hahn.

28Sie führten Jeschua von Kajafa
zum Hauptquartier des Statthalters.
Inzwischen war es früh am Morgen.
Sie betraten das Gebäude des
Hauptquartiers nicht, weil sie nicht
wollten, daß sie rituell unrein wur-
den und damit das *Pessach*mahl
nicht essen konnten. 29So kam Pila-

Anan – Hannas
Jehudah – Judas
Jeschua – Jesus
Kajafa – Kaiphas
Kefa – Petrus
Kohanim – Priester (pl.)
Kohen Gadol – Hoherpriester
Kohen Ha Gadol – Hoherpriester
Melech – Malchus
Nazeret – Nazareth
Peruschim – Pharisäer (pl.)
Pessach – Passa
Schim-on Kefa – Simon Petrus
Talmid – Jünger (sg.)
Talmidim – Jünger (pl.)

tus heraus zu ihnen und sagte: »Was habt ihr gegen diesen Mann vorzubringen?« 30Sie antworteten: »Wenn er nicht ein Unrecht getan hätte, hätten wir ihn nicht vor dich gebracht.« 31Pilatus sagte zu ihnen: »Nehmt ihr ihn und richtet ihn nach eurem eigenen Gesetz.« Die Judäer antworteten: »Wir haben nicht die gesetzliche Macht, jemanden hinrichten zu lassen.« 32Das geschah, damit erfüllt würde, was Jeschua über sein Sterben gesagt hatte.

33So ging Pilatus zurück ins Hauptquartier, rief Jeschua zu sich und sagte zu ihm: »Bist du der König der Juden?« 34Jeschua antwortete: »Fragst du das aus eigenem Antrieb, oder haben die anderen dir von mir erzählt?« 35Pilatus entgegnete: »Bin ich ein Jude? Dein eigenes Volk und deine Haupt-*Kohanim* haben dich mir übergeben; was hast du getan?« 36Jeschua antwortete: »Mein Königtum leitet seine Vollmacht nicht von dieser Weltordnung ab. Wenn es das täte, hätten meine Männer gekämpft, um mich vor der Verhaftung durch die Judäer zu bewahren. Mein Königtum aber stammt nicht von hier.« 37»Also«, sagte Pilatus zu ihm, »bist du letztlich ein König.« Jeschua antwortete: »Du sagst, daß ich ein König bin. Der Grund, daß ich geboren wurde, der Grund, daß ich in die Welt gekommen bin, ist, für die Wahrheit zu zeugen. Jeder, der zur Wahrheit gehört, hört auf mich.« 38Pilatus fragte ihn: »Was ist Wahrheit?«

Nachdem er das gesagt hatte, ging Pilatus wieder zu den Judäern hinaus und sagte ihnen: »Ich finde nichts, worauf sich eine Anklage gegen ihn stützen könnte. 39Doch ihr habt einen Brauch, daß ich zum Passafest einen Gefangenen freilasse. Wollt ihr, daß ich euch den ›König der Juden‹ freilasse?« 40Aber sie schrien zurück: »Nein, nicht diesen Mann, sondern Bar-Abba!« (Bar-Abba war ein Revolutionär.)

19 1Da nahm Pilatus Jeschua und ließ ihn geißeln. 2Die Soldaten wanden Dornenzweige zu einer Krone und setzten sie auf sein Haupt, legten ihm ein purpurnes Gewand an, 3gingen hinauf zu ihm und riefen wieder und wieder: »Heil, ›König der Juden‹!« und schlugen ihm ins Gesicht.

4Pilatus ging abermals hinaus und sagte zu der Menge: »Sieh, ich bringe ihn hinaus zu euch, damit ihr begreift, daß ich nichts finde, worauf sich eine Anklage gegen ihn stützen könnte.« 5So kam Jeschua heraus und trug die Dornenkrone und das Purpurgewand. Pilatus sagte zu ihnen: »Seht auf diesen Mann!« 6Als die Haupt-*Kohanim* und die Tempelwachen ihn sahen, riefen sie: »Richte ihn hin am Pfahl! Richte ihn hin am Pfahl!« Pilatus sagte zu ihnen: »Nehmt ihr ihn selbst hinaus und richtet ihn am Pfahl hin, denn ich finde nichts, worauf sich eine Anklage gegen ihn stützen könnte.« 7Die Judäer antworteten ihm: »Wir haben ein Gesetz; nach diesem Gesetz muß er hingerichtet werden, weil er sich zum Sohn Gottes gemacht hat.« 8Als

er das hörte, bekam Pilatus noch
mehr Angst.
9Er ging zurück ins Hauptquartier
und fragte Jeschua: »Woher kommst
du?« Aber Jeschua antwortete nicht.
10Da sagte Pilatus zu ihm: »Du wei-
gerst dich, mit mir zu sprechen?
Weißt du nicht, daß es in meiner
Macht liegt, dich entweder freizulas-
sen oder dich am Pfahl hinrichten zu
lassen?« 11Jeschua antwortete: »Du
hättest keine Macht über mich, wenn
sie dir nicht von oben gegeben wäre;
deshalb ist der, der mich dir überge-
ben hat, einer größeren Sünde schul-
dig.« 12Als er das hörte, versuchte Pi-
latus einen Weg zu finden, ihn
freizulassen; aber die Judäer riefen:
»Wenn du diesen Mann freiläßt,
dann bedeutet das, daß du kein
›Freund des Kaisers‹ bist! Jeder, der
behauptet, ein König zu sein, wider-
setzt sich dem Kaiser!« 13Als Pilatus
hörte, was sie sagten, brachte er Je-
schua heraus und setzte sich auf den
Sitz des Richters an dem Ort, der
»Das Steinpflaster« (auf aramäisch
Gabta) genannt wurde; 14es war um
die Mittagszeit am Rüsttag des *Pes-
sach*. Er sagte zu den Judäern: »Hier
ist euer König!« 15Sie riefen: »Weg
mit ihm! Weg mit ihm! Richte ihn
hin am Pfahl!« Pilatus sagte zu ihnen:
»Ihr wollt, daß ich euren König an
einem Pfahl hinrichte?« Die Haupt-
Kohanim antworteten: »Wir haben
keinen König außer dem Kaiser.«
16Da übergab Pilatus ihnen Jeschua,
daß sie ihn am Pfahl hinrichteten.

So bemächtigten sie sich Jeschuas.
17Selbst den Pfahl tragend, ging er
hinaus an den Ort namens »Schä-
del« (auf aramäisch Galgolta).
18Dort nagelten sie ihn an den Pfahl
zusammen mit zwei anderen zu sei-
nen Seiten, mit Jeschua in der Mitte.
19Pilatus ließ darüber hinaus eine
Tafel schreiben und am Pfahl an-
bringen; darauf war zu lesen:

JESCHUA AUS NAZERET
DER KÖNIG DER JUDEN

20Viele Judäer lasen diese Tafel,
denn der Ort, an dem Jeschua am
Pfahl hingerichtet wurde, lag nahe
bei der Stadt; und die Inschrift war
hebräisch, lateinisch und griechisch
geschrieben. 21Die Haupt-*Kohanim*
der Judäer sagten deshalb zu Pilatus:
»Schreib nicht ›König der Juden‹,
sondern ›Er sagte: »Ich bin der Kö-
nig der Juden.«.‹« 22Pilatus antwor-
tete: »Was ich geschrieben habe, ha-
be ich geschrieben.«
23Als die Soldaten Jeschua an den
Pfahl genagelt hatten, nahmen sie
seine Kleider und teilten sie in vier
Teile, einen Teil für jeden Soldaten,
nur das Unterkleid blieb übrig. Nun
war das Unterkleid ohne Nähte,
von oben bis unten an einem Stück
gewebt; 24deshalb sprachen sie un-
tereinander: »Wir sollten das nicht
in Stücke reißen; laßt uns darum lo-
sen.« Das geschah, um die Worte
aus der *Tenach* zu erfüllen:

Bar-Abba – Barabbas
Gabta – der Platz, der ›das Steinpflaster‹ heißt
Galgolta – Golgatha
Jeschua – Jesus
Kohanim – Priester (pl.)
Pessach – Passa
Tenach – die hebr. Bibel, das Alte Testament

»Sie teilten meine Kleider unter sich und spielten um mein Gewand.«[r]

Deshalb taten die Soldaten diese Dinge.

[25]Neben Jeschuas Hinrichtungspfahl standen seine Mutter, die Schwester seiner Mutter – Mirjam, die Frau des Klofah – und Mirjam aus Magdala. [26]Als Jeschua seine Mutter und den *Talmid*, den er liebte, dort stehen sah, sagte er zu seiner Mutter: »Mutter, das ist dein Sohn.« [27]Dann sagte er zu dem *Talmid*: »Das ist deine Mutter.« Und von da an nahm der *Talmid* sie in sein Haus.

[28]In dem Wissen, daß alles nun zu seinem Ziel gekommen war, sagte Jeschua danach, um die Worte der *Tenach* zu erfüllen: »Ich bin durstig.« [29]Ein Krug voll billigen sauren Weines war da; und sie tauchten einen Schwamm in den Wein, steckten ihn auf das Ende eines Ysopzweiges und hielten ihn an seinen Mund. [30]Nachdem Jeschua den Wein genommen hatte, sagte er: »Es ist vollbracht!« Und er ließ seinen Kopf sinken und gab seinen Geist auf.

[31]Es war Rüsttag, und die Judäer wollten nicht, daß die Leichname den *Schabbat* über am Pfahl blieben, weil es ein besonders wichtiger *Schabbat* war. So baten sie Pilatus, ihnen die Beine zu brechen und die Leichname entfernen zu lassen. [32]Die Soldaten kamen und brachen dem ersten Mann, der neben Jeschua an den Pfahl genagelt worden war, die Beine, dann die Beine dessen auf der anderen Seite; [33]doch als sie zu Jeschua kamen und sahen, daß er bereits tot war, brachen sie seine Beine nicht. [34]Einer der Soldaten aber stieß mit einem Speer in seine Seite, und sogleich flossen Blut und Wasser heraus. [35]Der Mann, der das sah, bezeugte es, und sein Zeugnis ist wahr. Und er weiß, daß er die Wahrheit sagt, deshalb könnt auch ihr vertrauen. [36]Denn diese Dinge geschahen, damit folgende Passage aus der *Tenach* erfüllt würde:

»Nicht einer seiner Knochen wird gebrochen werden.«[s]

[37]Und in einer anderen Passage heißt es:

»Sie werden auf ihn sehen, den sie durchbohrt haben.«[t]

[38]Danach fragte Josef von Ramatajim, der ein *Talmid* Jeschuas war, aber ein heimlicher aus Angst vor den Judäern, Pilatus, ob er Jeschuas Leichnam haben könne. Pilatus gab seine Zustimmung, und Josef kam und nahm den Leichnam ab. [39]Auch Nakdimon, der zuerst gegangen war, Jeschua in der Nacht zu sehen, kam mit siebzig Pfund Gewürzen – einer Mixtur aus Myrrhe und Aloe. [40]Sie nahmen Jeschuas Leichnam und wickelten ihn in Leinentücher mit den Gewürzen, gemäß dem jüdischen Begräbnisbrauch. [41]In der Nähe des Ortes, wo er hingerichtet

r Ps 22,19

s Ps 34,21; Ex 12,46; Num 9,12

t Sach 12,10

worden war, war ein Garten, und in
dem Garten war ein neues Grab, in
dem noch niemand begraben wor-
den war. 42Deshalb, weil es Rüsttag
war für die Judäer und weil das
Grab in der Nähe gelegen war, be-
gruben sie Jeschua dort.

20 1Früh am ersten Tag der
Woche, als es noch dunkel
war, ging Mirjam aus Magdala zum
Grab und sah, daß der Stein vom
Grab entfernt worden war. 2So lief
sie zu Schim-on Kefa und dem an-
deren *Talmid*, dem, den Jeschua
liebte, und sagte zu ihnen: »Sie ha-
ben den Herrn aus dem Grab her-
ausgenommen, und wir wissen
nicht, wo sie ihn hingelegt haben!«

3Da machten sich Kefa und der
andere *Talmid* auf den Weg zum
Grab. 4Beide liefen, doch der andere
Talmid überholte Kefa und erreich-
te das Grab als erster. 5Er beugte
sich nieder und sah die leinenen
Grabtücher dort liegen, aber er ging
nicht hinein. 6Da langte Kefa an, der
ihm gefolgt war, ging in das Grab
hinein und sah die Grabtücher da-
liegen, 7und das Tuch, das um sei-
nen Kopf gewesen war, lag nicht bei
den Tüchern, sondern an einem an-
deren Ort, noch zusammengefaltet.

8Dann kam auch der andere *Tal-
mid*, der als erster am Grab ange-
kommen war, herein; er sah und er
vertraute. 9(Sie hatten noch nicht
verstanden, daß die *Tenach* lehrt,
daß der Messias von den Toten auf-
erstehen muß.)

10Dann kehrten die *Talmidim*
nach Hause zurück, 11Mirjam aber
stand draußen und weinte. Während
sie weinte, beugte sie sich nieder, sah
in das Grab hinein 12und sah zwei
Engel in Weiß da sitzen, wo der
Leichnam Jeschuas gewesen war, ei-
nen bei dem Haupt und einen bei
den Füßen. 13»Warum weinst du?«
fragten sie sie. »Sie haben meinen
Herrn genommen«, sagte sie zu ih-
nen, »und ich weiß nicht, wo sie ihn
hingebracht haben.«

14Als sie das sagte, drehte sie sich
um und sah Jeschua dastehen, aber
sie wußte nicht, daß er es war. 15Je-
schua sagte zu ihr: »Liebe Frau,
warum weinst du? Wen suchst du?«
In dem Glauben, er sei der Gärtner,
sagte sie zu ihm: »Lieber Herr,
wenn du es warst, der ihn fortge-
bracht hat, dann sag mir, wo du ihn
hingelegt hast; und ich werde gehen
und ihn selbst holen.« 16Jeschua sag-
te zu ihr: »Mirjam!« Sie drehte sich
um und rief auf hebräisch aus:
»*Rabbani*!« (das heißt: »Lehrer!«)
17»Faß mich nicht länger an«, sagte
Jeschua zu ihr, »denn ich bin noch
nicht zum Vater zurückgegangen.
Doch geh zu meinen Brüdern und

Jeschua – Jesus
Kefa – Petrus
Klofah – Klopas
Mirjam – Miriam, Maria
Mirjam aus Magdala – Maria von Magdala
Nakdimon – Nikodemus
Rabbani – »mein Großer«, mein Lehrer
Ramatajim – Arimathäa
Schabbat – der Sabbat
Schim-on Kefa – Simon Petrus
Talmid – Jünger (sg.)
Talmidim – Jünger (pl.)
Tenach – die hebr. Bibel, das Alte Testament

sag ihnen, daß ich zu meinem und
ihrem Vater, zu meinem und ihrem
Gott, zurückgehe.« 18Und Mirjam
von Magdala ging zu den *Talmidim*
mit der Nachricht, daß sie den
Herrn gesehen und daß er ihr das
gesagt habe.

19Am Abend desselben Tages,
dem ersten Tag der Woche, als die
Talmidim hinter verschlossenen Tü-
ren versammelt waren aus Angst vor
den Judäern, kam Jeschua, stand in
der Mitte und sagte: »*Schalom ale-
chem*!« 20Nachdem er sie begrüßt
hatte, zeigte er ihnen seine Hände
und seine Seite. Die *Talmidim* wa-
ren außer sich vor Freude, den
Herrn zu sehen. 21»*Schalom ale-
chem*!« wiederholte Jeschua. »So
wie der Vater mich gesandt hat,
werde auch ich euch senden.«
22Nachdem er das gesagt hatte, blies
er sie an und sagte zu ihnen: »Emp-
fangt den *Ruach Ha Kodesch*!
23Wenn ihr jemandes Sünden ver-
gebt, sind ihre Sünden vergeben;
wenn ihr sie haltet, sind sie gehal-
ten.«

24Nun war Teoma (der Name
bedeutet »Zwilling«), einer der
Zwölf, nicht bei ihnen, als Jeschua
kam. 25Als die anderen *Talmidim*
ihm erzählten: »Wir haben den
Herrn gesehen«, entgegnete er:
»Solange ich nicht die Nagelzei-
chen in seinen Händen sehe, mei-
nen Finger in die Stelle lege, wo
die Nägel waren, und meine Hand
in seine Seite lege, weigere ich
mich zu glauben.«

26Eine Woche später waren seine
Talmidim abermals in dem Raum,
und diesmal war Teoma bei ihnen.
Obwohl die Türen verschlossen wa-
ren, kam Jeschua, stand unter ihnen
und sagte: »*Schalom alechem*!«
27Dann sagte er zu Teoma: »Lege
deinen Finger hierher, sieh auf mei-
ne Hände, nimm deine Hand und
lege sie in meine Seite. Es mangle dir
nicht an Vertrauen, sondern hab
Vertrauen!« 28Teoma antwortete
ihm: »Mein Herr und mein Gott!«
29Jeschua sagte zu ihm: »Hast du
vertraut, weil du mich gesehen hast?
Wie gesegnet sind die, die nicht se-
hen, aber dennoch vertrauen!«

30In der Gegenwart der *Talmidim*
vollbrachte Jeschua noch andere
Wunder, die nicht in diesem Buch
aufgeschrieben sind. 31Aber diese,
die aufgeschrieben sind, stehen hier,
damit ihr glaubt, daß Jeschua der
Messias ist, der Sohn Gottes, und
daß ihr durch dieses Vertrauen Le-
ben habt.

21 1Danach erschien Jeschua
den *Talmidim* noch einmal
am See Tiberias. Es geschah folgen-
dermaßen: 2Schim-on Kefa und
Teoma (der Name bedeutet »Zwil-
ling«) waren mit Natan-el aus Ka-
nah im Galil, den Söhnen Savdais
und zwei anderen *Talmidim* zusam-
men. 3Schim-on Kefa sagte: »Ich ge-
he fischen.« Sie sagten zu ihm: »Wir
kommen mit dir.« Sie gingen und
stiegen ins Boot, doch in dieser
Nacht fingen sie nichts. 4Aber als es
Tag wurde, stand Jeschua am Ufer,
doch die *Talmidim* wußten nicht,
daß er es war. 5Er sagte zu ihnen:
»Ihr habt keine Fische, nicht wahr?«

»Nein«, antworteten sie ihm. 6Er
sagte zu ihnen: »Werft euer Netz
nach Steuerbord aus, und ihr werdet
welche fangen.« So warfen sie ihr
Netz aus, und es waren so viele Fi-
sche darin, daß sie es nicht an Bord
hieven konnten. 7Der *Talmid*, den
Jeschua liebte, sagte zu Kefa: »Es ist
der Herr!« Als er hörte, daß es der
Herr war, zog Schim-on Kefa sei-
nen Mantel an, denn er hatte sich für
die Arbeit ausgezogen, und stürzte
sich in den See; 8die anderen *Talmi-
dim* aber folgten im Boot und zogen
das Netz voller Fische; denn sie wa-
ren nicht weit vom Ufer, nur etwa
100 Meter. 9Als sie ans Ufer kamen,
sahen sie ein Feuer aus brennenden
Kohlen mit einem Fisch darüber,
und etwas Brot. 10Jeschua sagte zu
ihnen: »Bringt etwas von dem Fisch,
den ihr soeben gefangen habt.«
11Schim-on Kefa ging hin und zog
das Netz ans Ufer. Es war voller Fi-
sche, 153 Stück; doch trotz dieser
Menge zerriß das Netz nicht. 12Je-
schua sagte zu ihnen: »Kommt und
frühstückt.« Keiner der *Talmidim*
wagte ihn zu fragen: »Wer bist du?«
Sie wußten, es war der Herr. 13Je-
schua kam, nahm das Brot und gab
es ihnen, und tat das gleiche mit
dem Fisch. 14Das war das dritte Mal,
daß Jeschua den *Talmidim* erschien,
nachdem er von den Toten aufer-
weckt war.

15Nach dem Frühstück sagte Je-
schua zu Schim-on Kefa: »Schim-
on Bar Jochanan, liebst du mich
mehr als diese?« Er entgegnete:
»Ja, Herr, du weißt, ich bin dein
Freund.« Er sagte zu ihm: »Füttere
meine Lämmer.« 16Ein zweites Mal
sagte er zu ihm: »Schim-on Bar
Jochanan, liebst du mich?« Er ent-
gegnete: »Ja, Herr, du weißt, ich
bin dein Freund.« Er sagte zu ihm:
»Hüte meine Schafe.« 17Das dritte
Mal sagte er zu ihm: »Schim-on
Bar Jochanan, bist du mein
Freund?« Schim-on war verletzt,
daß er ihn ein drittes Mal fragte:
»Bist du mein Freund?«, und er
entgegnete: »Herr, du weißt alles!
Du weißt, ich bin dein Freund!«
Jeschua sagte zu ihm: »Füttere
meine Schafe! 18Ja wahrhaftig! Ich
sage dir, als du jünger warst, hast
du deine Kleider angelegt und
gingst, wohin du wolltest. Doch
wenn du alt wirst, wirst du deine
Hände ausstrecken und ein ande-
rer wird dich anziehen und dich
hinbringen, wo du nicht hingehen
willst.« 19Er sagte das, um ihn auf
den Tod hinzuweisen, durch den
Kefa Gott verherrlichen sollte.
Dann sagte Jeschua zu ihm: »Folge
mir nach!«

20Kefa drehte sich um und sah

Galil – Galiläa
Jeschua – Jesus
Kanah – Kana
Mirjam von Magdala – Maria aus Magdala
Natan-el – Nathanael
Ruach Ha Kodesch – Heiliger Geist
Savdai – Zebedäus
Schalom alechem! – der Friede sei mit euch! (Gruß)
Schim-on Bar Jochanan – Simon der Sohn des Johannes
Schim-on Kefa – Simon Petrus
Talmid – Jünger (sg.)
Talmidim – Jünger (pl.)
Teoma – Thomas

den *Talmid*, den Jeschua besonders
liebte, den, der sich bei dem
Abendmahl gegen ihn gelehnt und
ihn gefragt hatte: »Wer ist der, der
dich verrät?« [21]Als er ihn sah, sag-
te Kefa zu Jeschua: »Herr, was ist
mit ihm?« [22]Jeschua antwortete:
»Wenn ich will, daß er bleibt, bis
ich komme, was geht dich das an?
Du folge mir nach!« [23]Deshalb
verbreitete sich unter den Brüdern
das Wort, daß der *Talmid* nicht
sterben würde. Doch Jeschua sagte
nicht, daß er nicht sterben würde,
sondern nur: »Wenn ich will, daß
er bleibt, bis ich komme, was geht
dich das an?«

[24]Dieser ist der *Talmid*, der diese
Dinge bezeugt und sie aufgeschrie-
ben hat.

Und wir wissen, daß sein Zeugnis wahr ist.

[25]Aber Jeschua tat noch viele an-
dere Dinge; und wenn sie alle aufge-
schrieben werden sollten, so glaube
ich, daß die ganze Welt die Bücher,
die dann geschrieben werden müß-
ten, nicht fassen könnte!

DIE

TATEN

DER GESANDTEN JESCHUAS DES MESSIAS

1 1Lieber Theophilus:
Im ersten Buch habe ich über
alles geschrieben, was Jeschua zu
tun und zu lehren angefangen hat,
2bis zu dem Tag, als er in den Him-
mel aufgehoben wurde, nachdem er
den Gesandten, die er erwählt hatte,
durch den *Ruach Ha Kodesch* An-
weisungen gegeben hatte.
3Nach seinem Tod zeigte er sich
ihnen und gab so vielen Menschen
den überzeugenden Beweis, daß er
lebendig war. Sie sahen ihn vierzig
Tage lang, und er sprach mit ihnen
über das Reich Gottes.
4Bei einer dieser Zusammenkünfte
wies er sie an, Jeruschalajim nicht zu
verlassen, sondern auf das zu warten,
was »der Vater verheißen hatte und
worüber ihr von mir gehört habt.
5Denn Jochanan pflegte die Men-
schen in Wasser einzutauchen; in we-
nigen Tagen aber werdet ihr im *Ruach
Ha Kodesch* eingetaucht werden!«
6Als sie zusammen waren, fragten
sie ihn: »Herr, wirst du die Autono-
mie Jisraels diesmal wiederherstel-
len?« 7Er antwortete: »Ihr braucht
die Tage oder Zeiten nicht zu wissen;
sie hat der Vater seiner eigenen Voll-
macht vorbehalten. 8Doch wenn der
Ruach Ha Kodesch auf euch kommt,
werdet ihr Macht erhalten; ihr wer-
det meine Zeugen sein in Jeruschala-
jim wie in ganz Jehudah und Schom-
ron, ja bis an die Enden der Erde!«
9Nachdem er das gesagt hatte,
wurde er vor ihren Augen aufgeho-
ben; und eine Wolke verbarg ihn
vor ihren Blicken. 10Während sie
ihm noch in den Himmel nachblick-
ten, sahen sie plötzlich zwei weiß
gekleidete Männer neben sich ste-
hen. 11Die Männer sagten: »Ihr Ga-
liläer! Warum steht ihr und starrt in
den Raum? Dieser Jeschua, der von
euch fort in den Himmel aufgenom-
men wurde, wird auf genau dieselbe
Weise zu euch zurückkommen, wie
ihr ihn in den Himmel gehen saht.«
12Dann kehrten sie vom Ölberg
nach Jeruschalajim zurück – eine
Entfernung von einem *Schabbat*-
weg. 13Sobald sie in der Stadt waren,
gingen sie in den oberen Raum und

Jehudah – Judäa
Jeruschalajim – Jerusalem
Jeschua – Jesus
Jochanan – Johannes
Kefa – Petrus
Ruach Ha Kodesch – Heiliger Geist
Schabbat – der Sabbat
Schomron – Samaria
Talmid – Jünger (sg.)

blieben dort. Die Namen der Ge-
sandten waren Kefa, Ja-akov, Jocha-
nan, Andreas, Philippus, Teoma,
Bar-Talmai, Matitjahu, Ja-akov Ben
Chalfai, Schim-on der Zelot und Je-
hudah Ben Ja-akov. 14Sie alle wid-
meten sich ausschließlich dem Ge-
bet, gemeinsam mit einigen Frauen,
darunter Mirjam (Jeschuas Mutter),
und seinen Brüdern.

15In dieser Zeit, als die Gruppe der
Gläubigen etwa hundertzwanzig
zählte, stand Kefa auf und wandte
sich an seine Mit-Gläubigen:
16»Brüder, der *Ruach Ha Kodesch*
hat im voraus durch David von Je-
hudah gesprochen, und diese Worte
der *Tenach* mußten erfüllt werden.
Er war der Anführer derer, die Je-
schua gefangennahmen – 17er war
einer von uns, und es war ihm be-
stimmt, an unserem Werk teilzuha-
ben.« 18(Mit dem Geld, das Jehudah
für seine böse Tat erhalten hatte,
hatte er einen Acker gekauft; und
dort war er in seinen Tod gestürzt.
Sein Leib schwoll an und platzte
auf, und alle seine Eingeweide quol-
len heraus. 19Das kam allen Men-
schen in Jeruschalajim zu Ohren,
deshalb nannten sie den Acker
»*Chakel-Dema*«, was in ihrer Spra-
che »Acker des Blutes« bedeutet.)
20»Nun«, sagte Kefa, »es steht ge-
schrieben im Buch der Psalmen:

›**Möge sein Anwesen verwüstet werden, möge niemand darin leben;**‹[a]

und

›**Möge ein anderer seinen Platz als Aufseher einnehmen.**‹[b]

21Deshalb soll einer der Männer,
die bei uns waren die ganze Zeit, in
der der Herr Jeschua mit uns durch
das Land zog, 22von der Zeit, als Jo-
chanan Menschen eintauchte, bis zu
dem Tag, an dem Jeschua von uns
fortgenommen wurde – einer von
diesen soll mit uns Zeuge seiner
Auferstehung werden.«

23Sie stellten zwei Männer auf –
Josef Bar-Sabba mit dem Zunamen
Justus und Matitjahu. 24Dann bete-
ten sie: »Herr, du kennst jedes Men-
schen Herz. Zeige uns, welchen von
diesen beiden du erwählt hast, 25das
Werk und das Amt des Gesandten
zu übernehmen, das Jehudah aufge-
geben hat, um hinzugehen, wo er
hingehört.« 26Dann warfen sie das
Los, um sich zwischen den beiden
zu entscheiden, und das Los fiel auf
Matitjahu. So wurde er unter die elf
Gesandten aufgenommen.

2 1Das Fest *Schavuot* kam, und
alle Gläubigen versammelten
sich an einem Ort. 2Plötzlich ertönte
ein Brausen vom Himmel her wie das
Brüllen eines wütenden Windes, und
es erfüllte das ganze Haus, in dem sie
saßen. 3Dann erblickten sie etwas,
das aussah wie feurige Zungen, die
sich trennten und auf jedem einzel-
nen von ihnen zur Ruhe kamen. 4Sie
alle wurden erfüllt mit dem *Ruach*
Ha Kodesch und fingen an, in ver-
schiedenen Sprachen zu reden, wie
der Geist sie befähigte zu sprechen.

a Ps 69,26

b Ps 109,8

5 Nun hielten sich in Jeruschalajim
religiöse Juden aus allen Völkern
unter dem Himmel auf. 6 Als sie das
Brausen hörten, versammelte sich
eine Menschenmenge; und sie waren
verwirrt, weil jeder die Gläubigen in
seiner eigenen Sprache sprechen
hörte. 7 Zutiefst verwundert fragten
sie: »Wie ist das möglich? Sind nicht
alle diese Leute, die da sprechen, aus
dem Galil? 8 Wie kann es sein, daß
wir sie in unseren Muttersprachen
reden hören? 9 Wir sind Parther,
Meder, Elamiter; Einwohner Meso-
potamiens, Jehudahs, Kappado-
ziens, aus Pontus, Asien, 10 Phrygien,
Pamphylien, Ägypten, den Gebie-
ten Libyens in der Nähe von Kyre-
ne; Besucher aus Rom; 11 Juden von
Geburt und Proselyten; Juden aus
Kreta und aus Arabien ...! Wie
kann es sein, daß wir sie in unseren
eigenen Sprachen über die großen
Dinge reden hören, die Gott getan
hat?« 12 Verwundert und verwirrt
fragten sie einander immer wieder:
»Was kann das bedeuten?« 13 Doch
andere lachten sie aus und sagten:
»Sie haben bloß zuviel Wein getrun-
ken!«

14 Da stand Kefa mit den Elfen
auf und erhob seine Stimme und
wandte sich an sie: »Ihr Judäer
und alle, die ihr hier in Jeruschala-
jim seid! Laßt mich euch erzählen,
was das bedeutet! Hört mir genau
zu!

15 Diese Menschen sind nicht be-
trunken, wie ihr annehmt – es ist ja
erst neun Uhr morgens. 16 Nein, hier
geschieht, was gesprochen wurde
durch den Propheten Joel:

17 **›*Adonai* spricht:
In den letzten Tagen will ich aus-
gießen von meinem Geist über je-
dermann. Eure Söhne und Töch-
ter werden weissagen, eure jungen
Männer werden Visionen sehen,
eure alten Männer werden Träu-
me träumen.**

18 **Sogar über meine Sklaven,
Männer und Frauen, will ich aus-
gießen von meinem Geist in jenen
Tagen; und sie werden weissagen.**

19 **Ich will Wunder vollbringen
oben am Himmel und Zeichen un-
ten auf der Erde – Blut, Feuer und
dicken Rauch.**

20 **Die Sonne wird dunkel werden
und der Mond blutig, bevor der**

c Joel 3,1–5

Adonai – der HERR, Jahwe
Bar-Talmai – Bartolomäus
Chakel-Dema – Hakeldamach
Galil – Galiläa
Ja-akov – Jakob
Ja-akov Ben Chalfai – Jakobus, der Sohn des Alphäus
Jehudah – Judäa
Jehudah – Judas
Jehudah Ben Ja-akov – Judas, der Sohn des Jakobus
Jeruschalajim – Jerusalem
Jeschua – Jesus
Jochanan – Johannes
Josef Bar-Sabba – Josef Barsabbas
Kefa – Petrus
Matitjahu – Matthäus; Mattitja; Matthias
Mirjam – Miriam, Maria
Ruach Ha Kodesch – Heiliger Geist
Schavuot – »Wochenfest«, Pfingsten
Schim-on – Simon
Schomron – Samaria
Tenach – die hebr. Bibel, das Alte Testament
Teoma – Thomas

große und schreckliche Tag *Adonais* kommt.

[21]**Und dann wird, wer immer den Namen *Adonais* anruft, gerettet werden.**‹[c]

[22]Männer Jisraels! Hört auf das! Jeschua aus Nazeret war ein Mann, dessen Herkunft von Gott euch bestätigt wurde durch mächtige Werke, Wunder und Zeichen, die Gott durch ihn in eurer Gegenwart vollbrachte. Ihr wißt das selbst. [23]Dieser Mann wurde verhaftet gemäß dem vorherbestimmten Plan und dem Vorwissen Gottes; und durch die Hände von Menschen, die nicht durch die *Torah* gebunden waren, habt ihr ihn an den Pfahl genagelt und getötet!

[24]Gott aber hat ihn auferweckt und aus dem Leiden des Todes befreit; der Tod konnte ihn nicht in seiner Gewalt behalten. [25]Denn David sagt folgendes über ihn:

›**Ich habe *Adonai* immer vor mir gesehen, denn er ist zu meiner rechten Hand, so daß ich nicht erschüttert werde.**

[26]**Aus diesem Grund war mein Herz froh; und meine Zunge freute sich; und jetzt wird auch mein Leib in der gewissen Hoffnung leben, [27]daß du mich in der Scheol nicht im Stich lassen, deinen Heiligen die Verwesung nicht sehen lassen wirst.**

[28]**Du hast mir den Weg des Lebens gezeigt; du wirst mich mit Freude erfüllen durch deine Gegenwart.**‹[d]

[29]Brüder, ich weiß, ich kann offen zu euch sagen, daß der Patriarch David starb und begraben wurde – sein Grab ist unter uns bis auf diesen Tag. [30]Weil er ein Prophet war und wußte, daß Gott ihm einen Eid geschworen hatte, daß einer seiner Nachkommen auf seinem Thron sitzen würde, [31]sprach er im voraus über die Auferstehung des Messias – daß er es war, der in der Scheol nicht im Stich gelassen wurde und dessen Fleisch die Verwesung nicht sah. [32]Gott hat diesen Jeschua auferweckt! Und wir alle sind Zeugen!

[33]Und darüber hinaus ist er erhöht worden zur **rechten Hand** Gottes; er hat empfangen vom Vater, was er verheißen hat, nämlich den *Ruach Ha Kodesch*; und hat ausgegossen diese Gabe, die ihr seht und hört. [34]Denn David ist nicht in den Himmel aufgestiegen. Aber er sagt:

[35]›***Adonai* sagte zu meinem Herrn: Setz dich zu meiner rechten Hand, bis ich dir deine Feinde zum Fußschemel für deine Füße mache.**‹[e]

[36]Deshalb möge das ganze Haus Jisrael ohne jeden Zweifel wissen, daß Gott ihn sowohl zum Herrn als auch zum Messias gemacht hat – diesen Jeschua, den ihr am Pfahl hingerichtet habt!«

[37]Als sie das hörten, ging es ihnen durchs Herz; und sie sagten zu Kefa und den anderen Gesandten: »Brü-

d Ps 16,8–11

e Ps 110,1

der, was sollen wir tun?« [38]Kefa ant-
wortete ihnen: »Wendet euch ab
von der Sünde, kehrt um zu Gott,
und jeder von euch werde einge-
taucht auf die Vollmacht von Je-
schua dem Messias in die Verge-
bung eurer Sünden, und ihr werdet
die Gabe des *Ruach Ha Kodesch* er-
halten! [39]Denn die Verheißung gilt
euch, euren Kindern und denen, die
weit weg sind – so viele, wie *Ado-
nai*, euer Gott, berufen mag!«

[40]Er führte noch viele andere Ar-
gumente für seine Sache an und bat
sie weiter dringlich: »Rettet euch
aus dieser verkehrten Generation!«

[41]So wurden die, die annahmen,
was er sagte, eingetaucht, und an
diesem Tag wurden der Gruppe un-
gefähr dreitausend Leute hinzuge-
fügt.

[42]Sie blieben treu in der Lehre der
Gesandten, in der Gemeinschaft, im
Brechen des Brotes und in den Ge-
beten. [43]Alle wurden erfüllt mit
Ehrfurcht, und durch die Gesandten
geschahen viele Wunder und Zei-
chen. [44]Alle, die auf Jeschua vertrau-
ten, blieben zusammen und hatten
alles gemeinsam; [45]ja, sie verkauften
ihr Eigentum und ihren Besitz und
verteilten den Erlös an alle, die in
Not waren. [46]Sie trafen sich weiter-
hin treu und einmütig jeden Tag in
den Vorhöfen des Tempels, brachen
das Brot in ihren Häusern, teilten
ihre Speise in Freude und Schlicht-
heit des Herzens, [47]lobten Gott und
genossen die Achtung des ganzen
Volkes. Und Tag um Tag fügte der
Herr ihnen weiterhin diejenigen
hinzu, die gerettet wurden.

3 [1]Eines Nachmittags um drei
Uhr, der Stunde der *Minchah*-
Gebete, als Kefa und Jochanan gera-
de zum Tempel hinaufgingen, [2]wur-
de ein Mann, der seit seiner Geburt
verkrüppelt war, hineingebracht. Je-
den Tag pflegten die Menschen ihn
an die Schöne Pforte des Tempels
zu setzen, so daß er bei denen, die in
den Vorhof des Tempels hineingin-
gen, betteln konnte. [3]Als er sah, daß
Kefa und Jochanan hineingehen
wollten, bat er sie um etwas Geld.
[4]Sie aber blickten ihm direkt ins Ge-
sicht; und Kefa sagte: »Sieh uns an!«
[5]Der verkrüppelte Mann sah sie auf-
merksam an in der Erwartung, et-
was von ihnen zu bekommen. [6]Kefa
sagte: »Ich habe kein Silber, und ich
habe kein Gold; doch was ich habe,
gebe ich dir: im Namen des Messias,
Jeschua von Nazeret, geh!« [7]Kefa
ergriff ihn bei seiner rechten Hand
und zog ihn hoch. Augenblicklich
wurden seine Füße und Beine stark;
[8]so daß er aufsprang, einen Augen-
blick dastand und anfing, herumzu-
gehen. Dann betrat er mit ihnen den
Vorhof des Tempels, ging umher
und sprang und lobte Gott! [9]Alle
sahen ihn gehen und Gott loben.
[10]Sie erkannten ihn als denselben

Adonai – der HERR, Jahwe
Jeschua – Jesus
Jochanan – Johannes
Kefa – Petrus
Minchah – Nachmittagsgottesdienst
Nazeret – Nazareth
Ruach Ha Kodesch – Heiliger Geist
Scheol – Hades, Hölle
Torah – Weisung, Lehre, »das Gesetz«, der Pentateuch (die 5 Bücher Mose)

Mann, der zuvor an der Schönen
Pforte des Tempels gesessen und ge-
bettelt hatte, und sie waren zutiefst
verwundert und bestürzt über das,
was mit ihm geschehen war. 11Wäh-
rend er sich an Petrus und Johannes
klammerte, kam das ganze Volk
voller Erstaunen hergelaufen zu ih-
nen in die Säulenhalle Schlomos.

12Als er das sah, wandte Kefa sich
an das Volk: »Männer Jisraels! War-
um seid ihr verwundert über dies?
Warum starrt ihr uns an, als hätten
wir diesen Mann durch unsere eigene
Macht oder Frömmigkeit wieder ge-
hen machen? 13Der **Gott Avrahams,
Jizchaks und Ja-akovs, der Gott
unserer Väter,**[f] hat seinen Knecht
Jeschua verherrlicht – denselben Je-
schua, den ihr ausgeliefert und vor
Pilatus verleugnet habt, noch nach-
dem dieser beschlossen hatte, ihn
freizulassen. 14Ihr habt den Heiligen
und Unschuldigen verleugnet und
statt dessen um die Begnadigung ei-
nes Mörders gebeten! 15Ihr habt den
Urheber des Lebens getötet!

Gott aber hat ihn von den Toten
auferweckt! Dessen sind wir Zeu-
gen. 16Und weil er ihm vertraut
hat, hat sein Name diesem Mann,
den ihr seht und kennt, Kraft ge-
geben. Ja, es ist das Vertrauen, das
durch Jeschua kommt, das ihm
diese vollständige Heilung in euer
aller Gegenwart gegeben hat.

17Nun, Brüder, ich weiß, daß ihr
die Bedeutung dessen, was ihr tatet,
nicht verstanden habt, genausowe-
nig wie eure Führer. 18Doch auf die-
se Weise hat Gott erfüllt, was er im
voraus verkündet hat, als er durch
alle Propheten sprach, nämlich, daß
sein Messias sterben sollte.

19Deshalb, bereut und kehrt euch
zu Gott, damit eure Sünden getilgt
werden mögen; 20damit Zeiten der
Erquickung aus der Gegenwart des
Herrn kommen mögen und er
euch den Messias sende, der für
euch im voraus gesalbt wurde, das
ist Jeschua. 21Er muß im Himmel
bleiben, bis die Zeit kommt, in der
alles wiederhergestellt wird, wie
Gott vor langer Zeit gesagt hat, als
er durch die heiligen Propheten
sprach. 22Denn Mosche selbst hat
gesagt: ›***Adonai* wird euch einen
Propheten wie mich aus euren
Brüdern erwecken. Ihr sollt auf
alles hören, was er euch sagt.
23Jeder, der nicht auf diesen Pro-
pheten hört, wird aus dem Volk
ausgestoßen und vernichtet wer-
den.**‹[g] 24Ja, alle Propheten haben
diese Tage angekündigt, angefan-
gen bei Schmu-el bis hin zu allen,
die auf ihn folgten.

25Ihr seid die Söhne der Prophe-
ten; und ihr seid mitaufgenommen
in den Bund, den Gott mit euren
Vätern schloß, als er zu Abraham
sagte: ›**Durch deine Nachkommen
werden alle Familien der Erde ge-
segnet sein.**‹[h] 26So hat Gott seinen
Knecht, den er auferweckt hat, zu-
erst zu euch gesandt, damit er
euch segne, indem er euch alle von
euren bösen Wegen abbringe.«

f Ex 3,6.15

g Dtn 18,15–16
h Gen 22,18; 26,4

4 1Kefa und Jochanan sprachen
noch zum Volk, als die *Koha-
nim*, der Hauptmann der Tempel-
wache und die *Zeddukim* zu ihnen
kamen, 2erzürnt darüber, daß sie
dem Volk die Lehre der Auferste-
hung von den Toten verkündeten
und Jeschua als Beweis anführten.
3Die Tempelwache nahm sie gefan-
gen; und da es bereits Abend war,
setzten sie sie über Nacht in Ge-
wahrsam. 4Doch viele von denen,
die die Botschaft gehört hatten, ver-
trauten ihr; die Zahl der Männer be-
trug ungefähr fünftausend.

5Am nächsten Tag versammelten
sich die Oberen des Volkes, die Äl-
testen und die *Torah*lehrer in Jeru-
schalajim, 6zusammen mit Anan,
dem *Kohen Ha Gadol*, Kajafa, Jo-
chanan, Alexander und den anderen
Männern aus der Familie des *Kohen
Ha Gadol*. 7Sie ließen die Gesandten
vorführen und fragten: »Durch wel-
che Macht oder in wessen Namen
habt ihr das getan?«

8Da sagte Kefa, erfüllt mit dem
Ruach Ha Kodesch, zu ihnen:
»Herrscher und Älteste des Volkes!
9Wenn wir heute befragt werden
über ein gutes Werk, das wir für ei-
nen Verkrüppelten getan haben,
wenn ihr wissen wollt, wie er wie-
der gesund gemacht wurde, 10dann
laßt euch und dem ganzen Volk Jis-
rael gesagt sein, daß es im Namen
des Messias, Jeschua von Nazeret,
den ihr als Verbrecher am Pfahl hin-
richten ließt, den Gott jedoch von
den Toten auferweckt hat, ge-
schieht, daß dieser Mann völlig ge-
heilt vor euch steht.

11Dieser Jeschua ist der **Stein, von
euch Bauleuten verworfen**, der
zum Eckstein geworden ist.[i] 12In
keinem anderen ist Rettung! Denn
es ist der Menschheit kein anderer
Name unter dem Himmel gegeben,
durch den wir gerettet werden!«

13Als sie sahen, wie kühn Kefa
und Jochanan sprachen, obwohl sie
ungebildete ‹*Am Ha Arez* waren,
waren sie verwundert; außerdem er-
kannten sie sie als Gefährten Jeschu-
as. 14Und weil sie zudem den Mann,
der geheilt worden war, rechts ne-
ben ihnen stehen sehen konnten,
gab es nichts, was sie sagen konnten,
um die Heilung in Zweifel zu zie-
hen. 15So forderten sie sie auf, den
Sanhedrin zu verlassen, während sie

i Ps 118,22

Adonai – der HERR, Jahwe
Am Ha Arez – Volk des Landes (Landbevölkerung in Israel)
Anan – Hannas
Avraham – Abraham
Ja-akov – Jakob
Jeruschalajim – Jerusalem
Jeschua – Jesus
Jizchak – Isaak
Jochanan – Johannes
Kajafa – Kaiphas
Kefa – Petrus
Kohanim – Priester (pl.)
Kohen Ha Gadol – Hoher Priester
Mosche – Mose
Nazeret – Nazareth
Ruach Ha Kodesch – Heiliger Geist
Sanhedrin – oberstes jüdisches Gericht, Hoher Rat
Schlomo – Salomo
Schmu-el – Samuel
Torahlehrer – Schriftgelehrter
Zeddukim – Sadduzäer

die Sache unter sich erörterten.
16»Was sollen wir mit diesen Män-
nern tun?« fragten sie einander. »Al-
le in Jeruschalajim können sehen,
daß ein bemerkenswertes Wunder
durch sie geschehen ist – wir kön-
nen das unmöglich leugnen. 17Doch
um zu verhindern, daß es sich wei-
ter unter dem Volk ausbreitet, wol-
len wir ihnen verbieten, fortan noch
zu irgend jemandem in diesem Na-
men zu reden.«

18So beriefen sie sie wieder herein
und befahlen ihnen, unter keinen
Umständen im Namen Jeschuas zu
reden oder zu lehren. 19Doch Kefa
und Jochanan antworteten: »Ihr
müßt beurteilen, ob es richtig ist in
den Augen Gottes, auf euch statt auf
Gott zu hören. 20Was uns betrifft, so
können wir nicht umhin, davon zu
reden, was wir ja wirklich gesehen
und gehört haben.« 21Sie bedrohten
sie noch, doch schließlich ließen sie
sie gehen – sie konnten sie nicht be-
strafen wegen des Volkes, denn alle
lobten Gott wegen dem, was ge-
schehen war, 22weil der Mann, der
wunderbarerweise geheilt worden
war, über vierzig Jahre alt war.

23Nachdem sie freigelassen worden
waren, gingen sie zurück zu ihren
Freunden und berichteten, was die
Haupt-*Kohanim* und Ältesten zu ih-
nen gesagt hatten. 24Als sie es hörten,
erhoben sie einmütig ihre Stimmen
zu Gott. »Meister«, beteten sie, »du
hast Himmel, Erde, das Meer und
alles, was darin ist, gemacht.[j]
25Durch den *Ruach Ha Kodesch*,
durch den Mund unseres Vaters Da-
vid, deinen Knecht, hast du gesagt:

›Warum zürnten die Nationen,
und warum ersannen die Völker
nutzlose Pläne?
26Die Könige der Erde standen
auf; und die Herrscher sammelten
sich gegen *Adonai* und gegen sei-
nen Messias.‹[k]

27Das ist wahr geworden in dieser
Stadt, weil Herodes und Pilatus sich
zusammen mit den *Gojim* und allen
Stämmen Jisraels gegen deinen heili-
gen Knecht Jeschua sammelten, den
du zum Messias gemacht hast, 28um
zu tun, was deine Macht und dein
Plan bereits zuvor beschlossen hat-
ten, daß es geschehen solle.

29Und nun, Herr, sieh ihre Dro-
hungen; und gib deinen Knechten
die Kraft, deine Botschaft mit Kühn-
heit zu verkünden! 30Strecke deine
Hand aus und heile und tue Zeichen
und Wunder durch den Namen dei-
nes heiligen Knechtes Jeschua!«

31Während sie noch beteten, wur-
de der Ort, an dem sie versammelt
waren, erschüttert. Sie alle wurden
erfüllt mit dem *Ruach Ha Kodesch*
und verkündeten die Botschaft Got-
tes mit Kühnheit.

32All die vielen Gläubigen waren
ein Herz und eine Seele, und keiner
behielt etwas von seinem Besitz für
sich selbst, sondern alle teilten alles,
was sie hatten. 33Mit großer Macht
bezeugten die Gesandten weiterhin
die Auferstehung des Herrn Je-
schua, und sie waren alle hochange-

j Ps 146,6

k Ps 2,1–2

sehen. [34]Keiner von ihnen war arm,
weil diejenigen, die Ländereien oder
Häuser besaßen, sie verkauften und
den Erlös den Gesandten überga-
ben, [35]so daß er je nach ihrem Be-
dürfnis unter alle verteilt wurde.
[36]So verkaufte Josef, den die Ge-
sandten Bar-Nabba nannten (das
bedeutet »der Tröster«), ein *Levit*,
der aus Zypern stammte, einen Ak-
ker, der ihm gehörte, und brachte
das Geld den Gesandten.

5 [1]Es war aber ein Mann namens
Chananjah, der zusammen mit
seiner Frau Schappirah einigen Be-
sitz verkaufte [2]und mit dem Wissen
seiner Frau etwas von dem Erlös für
sich selbst behielt; den Rest aber
brachte er den Gesandten. [3]Da sagte
Kefa: »Warum hat der Widersacher
dein Herz so erfüllt, daß du den *Ru-
ach Ha Kodesch* belügst und etwas
von dem Geld, das du für das Land
erhalten hast, zurückbehältst? [4]Be-
vor du ihn verkauft hast, war der
Besitz dein Eigentum; und nachdem
du ihn verkauft hast, war das Geld
dein, damit zu tun, wie es dir gefällt.
Was hat dich also veranlaßt, so et-
was zu tun? Du hast nicht Men-
schen, sondern Gott belogen!«

[5]Als er diese Worte hörte, fiel
Chananjah tot zu Boden; und jeder,
der davon hörte, war entsetzt. [6]Die
jungen Männer standen auf, wickel-
ten seinen Leichnam in ein Leichen-
tuch, trugen ihn hinaus und begru-
ben ihn.

[7]Etwa drei Stunden später kam
seine Frau herein, die nicht wußte,
was geschehen war. [8]Kefa stellte sie
zur Rede: »Sag mir, ist es wahr, daß
ihr das Land für so und soviel ver-
kauft habt?« »Ja«, antwortete sie,
»das wurde uns dafür bezahlt.«
[9]Doch Kefa entgegnete ihr: »Warum
habt ihr Leute euch verschworen,
den Geist des Herrn auf die Probe
zu stellen? Hör zu! Die Männer, die
deinen Mann begraben haben, ste-
hen an der Tür. Sie werden auch
dich hinaustragen!« [10]Augenblick-
lich brach sie zu seinen Füßen zu-
sammen und starb. Die jungen
Männer kamen herein, fanden sie tot
vor, trugen sie hinaus und begruben
sie neben ihrem Mann. [11]In der Fol-
ge kam große Furcht über die
messianische Gemeinschaft, ja über
jeden, der davon hörte.

[12]In der Zwischenzeit wurden
durch die Gesandten weiterhin viele
Zeichen und Wunder unter dem
Volk getan. Eines Sinnes und einem
einzigen Zweck verpflichtet, trafen
sich die Gläubigen in Schlomos Säu-
lenhalle; [13]und kein anderer wagte,
sich ihnen anzuschließen. Dennoch
achtete das Volk sie weiterhin hoch;
[14]und Massen von Gläubigen wur-
den dem Herrn hinzugefügt, Män-

Adonai – der HERR, Jahwe
Bar-Nabba – Barnabas
Chananjah – Hananias
Gojim – die Nationen, Völker, Heiden
Jeruschalajim – Jerusalem
Jeschua – Jesus
Jochanan – Johannes
Kefa – Petrus
Kohanim – Priester (pl.)
Ruach Ha Kodesch – Heiliger Geist
Schappirah – Saphira
Schlomo – Salomo

ner wie Frauen. 15Sie gingen sogar soweit, die Kranken auf die Straßen zu tragen und sie auf Matratzen und Tragen niederzulegen, damit wenigstens Kefas Schatten auf sie falle, wenn er vorüberging. 16Auch aus den Städten um Jeruschalajim versammelten sich die Menschenmengen und brachten die Kranken und diejenigen, die unter unreinen Geistern litten; und alle wurden geheilt.

17Der *Kohen Ha Gadol* aber und seine Verbündeten, Mitglieder der Partei der *Zeddukim*, wurden von Eifersucht gepackt. 18Sie verhafteten die Gesandten und überstellten sie in das öffentliche Gefängnis. 19Doch in der Nacht öffnete ein Engel *Adonais* die Türen des Gefängnisses, führte sie hinaus und sagte: 20»Geht, stellt euch in den Vorhof des Tempels, und erzählt dem Volk weiterhin alles über dieses neue Leben!« 21Nachdem sie das gehört hatten, gingen sie gegen Morgengrauen zum Tempelbezirk und fingen an zu lehren.

Jetzt kamen der *Kohen Ha Gadol* und seine Verbündeten und beriefen eine Sitzung des *Sanhedrin* (der Vollversammlung der Ältesten Jisraels) ein und schickten zum Gefängnis, um sie holen zu lassen. 22Doch die Offiziere, die hingingen, fanden sie nicht im Gefängnis. So kehrten sie zurück und berichteten: 23»Wir fanden das Gefängnis sicher abgeschlossen und die Wachen vor den Türen stehend, doch als wir sie öffneten, fanden wir niemand darin!« 24Als der Hauptmann der Tempelwache und die Haupt-*Kohanim* diese Dinge hörten, waren sie verwirrt und fragten sich, was als nächstes geschehen würde.

25Da kam jemand und berichtete ihnen: »Hört zu! Die Männer, die ihr ins Gefängnis werfen ließt, stehen im Vorhof des Tempels und lehren das Volk!« 26Der Hauptmann und seine Offiziere gingen hin und holten sie, aber nicht mit Gewalt; denn sie hatten Angst, vom Volk gesteinigt zu werden. 27Sie führten sie dem *Sanhedrin* vor, und der *Kohen Ha Gadol* hielt ihnen vor: 28»Wir haben euch strengen Befehl gegeben, nicht in diesem Namen zu lehren! Seht her! Ihr habt Jeruschalajim mit eurer Lehre erfüllt; ja mehr noch, ihr seid entschlossen, uns für den Tod dieses Mannes verantwortlich zu machen!«

29Kefa und die anderen Gesandten antworteten: »Wir müssen Gott gehorchen, nicht den Menschen. 30**Der Gott unserer Väter**[l] hat Jeschua auferweckt, wohingegen ihr Männer ihn getötet habt, indem ihr ihn **an einen Pfahl gehängt**[m] habt. 31Gott hat diesen Mann erhöht **zu seiner rechten Hand**[n] als Herrscher und Retter, um Jisrael zu befähigen, *Teschuvah* zu tun, damit ihm seine Sünden vergeben werden. 32Wir sind Zeugen für diese Dinge; ebenso der *Ruach Ha Kodesch*, den Gott denen gegeben hat, die ihm gehorchen.«

33Als sie das hörten, gerieten die Mitglieder des *Sanhedrin* außer sich

l Ex 3,15
m Dtn 21,22–23
n Ps 110,1

vor Wut und wollten die Gesandten
hinrichten lassen. [34]Doch eines der
Mitglieder des *Sanhedrin* erhob sich,
ein *Parusch* namens Gamli-el, ein
Lehrer der *Torah*, den das ganze
Volk hochachtete. Er ordnete an, die
Männer für kurze Zeit hinauszu-
schicken, [35]und wandte sich an den
Gerichtshof: »Männer Jisraels, seht
euch vor damit, was ihr diesen Leu-
ten antut. [36]Vor einiger Zeit war ein
Aufstand unter Todah, der behaup-
tete, ein ganz besonderer Mensch zu
sein; und eine Reihe Männer, etwa
vierhundert, scharten sich um ihn.
Doch nachdem er hingerichtet wor-
den war, zerstreute sich sein ganzes
Gefolge und löste sich auf. [37]Danach
führte Jehudah Ha Galili einen ande-
ren Aufstand an, damals, zur Zeit der
Einschreibung für die römische
Steuer; und er fand einiges Volk, das
zu ihm überlief. Doch er wurde ge-
tötet, und alle, die ihm nachfolgten,
wurden zerstreut. [38]Deshalb ist mein
Rat für den vorliegenden Fall: Belä-
stigt diese Leute nicht, sondern laßt
sie. Denn wenn diese Bewegung
menschlichen Ursprungs ist, wird sie
vergehen. [39]Wenn sie aber von Gott
ist, werdet ihr sie nicht aufhalten
können; ja, ihr könntet sogar fest-
stellen, daß ihr gegen Gott kämpft!«

Sie befolgten seinen Rat. [40]Nach-
dem sie die Gesandten hatten zu-
sammenrufen und auspeitschen las-
sen, befahlen sie ihnen, nicht mehr
im Namen Jeschuas zu reden, und
ließen sie gehen. [41]Die Gesandten
verließen den *Sanhedrin* voller
Freude darüber, daß sie für wert
erachtet wurden, seinetwegen
Schmach zu leiden. [42]Und nicht ei-
nen einzigen Tag hörten sie, weder
im Vorhof des Tempels noch in
ihren Häusern, auf, zu lehren und
die Gute Nachricht zu verkünden,
daß Jeschua der Messias ist.

6 [1]Etwa um diese Zeit, als die
Zahl der *Talmidim* wuchs, fin-
gen die griechisch sprechenden Ju-
den an, sich bei denen, die hebräisch
sprachen, zu beklagen, daß ihre
Witwen bei der täglichen Verteilung
übergangen würden. [2]So beriefen
die Zwölf eine allgemeine Ver-
sammlung der *Talmidim* ein und
sagten: »Es ist nicht recht, daß wir
das Wort Gottes vernachlässigen,
um Tischdienst zu verrichten. [3]Brü-
der, wählt sieben Männer aus eurer
Mitte, von denen bekannt ist, daß
sie voll des Geistes und der Weisheit
sind. Wir werden sie ernennen, die-
ser wichtigen Angelegenheit vorzu-
stehen, [4]wir selbst aber werden un-
sere ganze Aufmerksamkeit dem

Adonai – der HERR, Jahwe
Gamli-el – Gamaliel
Jehudah Ha Galili – Judas der Galiläer
Jeruschalajim – Jerusalem
Jeschua – Jesus
Kefa – Petrus
Kohanim – Priester (pl.)
Kohen Ha Gadol – Hoherpriester
Parusch – Pharisäer (sg.)
Ruach Ha Kodesch – Heiliger Geist
Sanhedrin – oberstes jüdisches Gericht
Talmidim – Jünger (pl.)
Teschuvah tun – umkehren
Todah – Theudas
Torah – Weisung, Lehre, »das Gesetz«, der Pentateuch (die 5 Bücher Mose)
Zeddukim – Sadduzäer

Beten und dem Dienst am Wort
widmen.«
[5]Die ganze Versammlung war ein-
verstanden mit dem, was sie sagten.
Sie wählten Stephanus, einen Mann
voll des Glaubens und des *Ruach
Ha Kodesch*, Philippus, Prochorus,
Nikanor, Timon, Parmenas und Ni-
kolaus, einen Proselyten aus Antio-
chia. [6]Sie präsentierten diese Männer
den Gesandten, die beteten und ih-
nen ihre Hände auflegten.
[7]So breitete sich das Wort Gottes
weiter aus. Die Zahl der *Talmidim*
in Jeruschalajim nahm rasch zu, und
eine große Menge von *Kohanim*
wurde dem Glauben gehorsam.
[8]Nun vollbrachte Stephanus, voll
der Gnade und der Macht, große
Wunder und Zeichen unter dem
Volk. [9]Doch unter den Mitgliedern
der Synagoge der Freigelassenen
Sklaven (wie sie genannt wurde), der
Leute aus Kyrene, Alexandria, Zili-
zien und der Provinz Asien angehör-
ten, wuchs der Widerstand. Sie stritten
mit Stephanus, [10]aber sie konnten
nichts ausrichten gegen seine Weisheit
und den Geist, durch den er sprach.
[11]So überredeten sie heimlich ein
paar Männer zu behaupten: »Wir ha-
ben ihn lästern hören gegen Mosche
und gegen Gott.« [12]Sie wiegelten das
Volk und die Ältesten und *Torah*-
lehrer auf; und so kamen sie und ver-
hafteten ihn und führten ihn dem
Sanhedrin vor. [13]Sie ließen falsche
Zeugen aufmarschieren, die sagten:
»Dieser Mann hat nicht aufgehört,
gegen diesen heiligen Ort und gegen
die *Torah* zu reden; [14]denn wir ha-
ben ihn sagen hören, daß Jeschua aus
Nazeret diesen Ort zerstören und
die Bräuche Mosches, die auf uns
überkommen sind, ändern wird.«
[15]Alle, die im *Sanhedrin* saßen,
blickten Stephanus an und sahen,
daß sein Gesicht aussah wie das ei-
nes Engels.

7 [1]Der *Kohen Ha Gadol* fragte:
»Sind diese Anschuldigungen
wahr?« [2]Und Stephanus sagte:
»Brüder und Väter, hört mir zu!
Der Gott der Herrlichkeit erschien
Avraham avinu in Mesopotamien,
bevor er in Charan lebte, und sagte
zu ihm: [3]›**Verlaß dein Land und
deine Familie und geh in das Land,
das ich dir zeigen werde.**‹[o] [4]So ver-
ließ er das Land der Chaldäer und
lebte in Charan. Nachdem sein Va-
ter gestorben war, ließ Gott ihn in
das Land ziehen, in dem ihr jetzt
lebt. [5]Er gab ihm kein Erbe darin,
keinen Fußbreit Raum[p]; doch er
verhieß ihm, **es ihm als einen Besitz
zu geben und seinen Nachkom-
men nach ihm,**[q] obgleich er zu der
Zeit kinderlos war. [6]Folgendes sagte
Gott zu ihm: ›**Deine Nachkommen
werden Fremde in einem fremden
Land sein, wo sie vierhundert Jah-
re lang in Sklaverei leben und un-
terdrückt werden.** [7]Doch ich will
die Nation, die sie versklavt, rich-
ten‹, sagte Gott, ›**und danach wer-
den sie fortgehen und mich an die-
sem Ort anbeten.**‹[r] [8]Und er gab

o Gen 12,1
p Dtn 2,5
q Gen 12,7; 13,15; 15,4.7.18–21; 17,8; 24,7;48,4
r Gen 15,13–14.16

ihnen die *Berit Milah*. So wurde er der Vater Jizchaks und vollzog seine *Berit Milah* am achten Tag, und Jizchak wurde der Vater Ja-akovs, und Ja-akov wurde der Vater der Zwölf Patriarchen.

9Nun **wurden** die Patriarchen **eifersüchtig auf Josef und verkauften ihn** in die Sklaverei **nach Ägypten.** Doch *Adonai* war mit ihm;[s] 10er rettete ihn aus allen Bedrängnissen und **gab ihm Gunst und Weisheit vor Pharao, dem König von Ägypten, der ihn zum Hauptverwalter über Ägypten und über sein ganzes Haus ernannte.**[t] 11**Nun brach dort eine Hungersnot aus,** die großes Leid **in ganz Ägypten und Kanaan**[u] verursachte. 12Doch als Ja-akov hörte, daß es in Ägypten Korn gab, sandte er unsere Väter zum ersten Mal dorthin. 13Das zweite Mal **offenbarte** Josef **seinen Brüdern seine Identität,**[v] und Josefs Familie wurde Pharao vorgestellt. 14 Dann schickte Josef nach seinem Vater Ja-akov und allen seinen Verwandten, fünfundsiebzig an der Zahl. 15Und Ja-akov zog hinab nach Ägypten; dort starb er, wie auch unsere Ahnen. 16Ihre Leiber wurden nach Schechem zurückgebracht und in dem Grab begraben, das Avraham von der Familie des Chamor in Schechem für eine bestimmte Summe Geldes gekauft hatte.

17Als der Zeitpunkt für die Erfüllung der Verheißung, die Gott Avraham gegeben hatte, näherrückte, **wuchs** die Zahl unseres Volkes in Ägypten **beträchtlich an,** 18bis **ein anderer König über Ägypten herrschte, der nichts von Josef wußte.**[w] 19Dieser Mann zwang unsere Väter mit grausamer List, ihre neugeborenen Kinder auszusetzen, so daß sie nicht überlebten.

20Damals wurde auch Mosche geboren, und er war schön vor den Augen Gottes. Drei Monate lang wurde er in seines Vaters Haus aufgezogen; 21und als er ausgesetzt wurde, nahm ihn die Tochter des Pharao und erzog ihn als ihren eigenen Sohn. 22So wurde Mosche in aller Weisheit Ägyptens ausgebildet und wurde ein mächtiger Redner und ein Mann der Tat.

s Gen 37,11.28; 39,1–3.21.23
t Gen 41,37–44
u Gen 41,54;42,5
v Gen 45,1
w Ex 1,7–8

Adonai – der HERR, Jahwe
Avraham – Abraham
Avraham avinu – unser Vater Abraham
Berit Milah – rituelle Beschneidung
Chamor – Hamor
Charan – Haran
Ja-akov – Jakob
Jeruschalajim – Jerusalem
Jeschua – Jesus
Jizchak – Isaak
Kohanim – Priester (pl.)
Kohen Ha Gadol – Hoherpriester
Mosche – Mose
Nazeret – Nazareth
Ruach Ha Kodesch – Heiliger Geist
Sanhedrin – oberstes jüdisches Gericht
Schechem – Sychar, Sichem
Talmidim — Jünger (pl.)
Torah – Weisung, Lehre, »das Gesetz«, der Pentateuch (die 5 Bücher Mose)
Torahlehrer – Schriftgelehrter

23Doch als er vierzig Jahre alt war,
kam ihm der Gedanke, seine israeli-
tischen Brüder zu besuchen. 24Und
als er sah, wie einer von ihnen miß-
handelt wurde, schritt er zu seiner
Verteidigung ein und nahm Rache,
indem er den Ägypter niederschlug.
25Er glaubte, daß seine Brüder ver-
stehen würden, daß Gott ihn ge-
brauchte, sie zu befreien, aber sie
verstanden es nicht. 26Als er am
nächsten Tag erschien, während sie
kämpften, und versuchte, Frieden
zwischen ihnen zu stiften, indem er
sagte: ›Männer, ihr seid Brüder!
Warum wollt ihr einander verlet-
zen?‹, 27stieß derjenige, der seinen
Gefährten mißhandelte, Mosche
fort und sagte: ›**Wer hat dich zum
Herrscher und Richter über uns
gemacht?** 28**Willst du mich töten,
so wie du gestern den Ägypter ge-
tötet hast?**‹[x] 29Als er das hörte, floh
Mosche aus dem Land und wurde
Exilant im Land von Midjan, wo er
zwei Söhne hatte.

30Nach vierzig weiteren Jahren **er-
schien ihm** ein Engel **in der Wüste**
beim Berg Sinai **in den Flammen ei-
nes brennenden Dornbusches**.[y]
31Als Mosche das sah, war er ver-
wundert über den Anblick; und als
er näherkam, um besser sehen zu
können, erklang die Stimme *Ado-
nais*: 32›**Ich bin der Gott deiner Vä-
ter, der Gott Avrahams, Jizchaks
und Ja-akovs.**‹ **Doch Mosche zit-
terte vor Furcht und wagte nicht
aufzusehen.** 33*Adonai* sagte zu ihm:
›**Zieh deine Sandalen aus, denn der
Ort, auf dem du stehst, ist heiliger
Boden.** 34**Ich habe ganz genau ge-
sehen, wie mein Volk in Ägypten
unterdrückt wird, ich habe sein
Weinen gehört, und ich bin herab-
gekommen, es zu befreien; und
jetzt will ich dich nach Ägypten
schicken.**‹[z]

35Dieser Mosche, den sie zurück-
wiesen, indem sie zu ihm sagten:
›Wer hat dich zum Herrscher und
Richter gemacht?‹, ist derselbe, den
Gott durch den Engel, der ihm im
Dornbusch erschien, als Herrscher
und Erlöser gesandt hat. 36Dieser
Mann führte sie heraus und voll-
brachte Wunder und Zeichen in
Ägypten, beim Roten Meer und
vierzig Jahre lang in der Wüste.
37Dieser ist der Mosche, der zum
Volk Jisrael sagte: ›**Gott wird einen
Propheten wie mich unter euren
Brüdern erwecken.**‹[a] 38Dieser ist
der Mann, der in der Versammlung
in der Wüste war, begleitet von dem
Engel, der zu ihm am Berg Sinai ge-
sprochen hatte, und von unseren
Vätern, der Mann, dem das lebendi-
ge Wort gegeben wurde, daß er es
an uns weitergebe.

39Doch unsere Väter wollten ihm
nicht gehorchen. Im Gegenteil, sie
lehnten ihn ab und kehrten in ihren
Herzen nach Ägypten zurück 40und
sagten zu Aharon: ›**Mach uns Göt-
ter, die uns leiten; denn dieser Mo-
sche, der uns aus Ägypten heraus-
geführt hat – wir wissen nicht, was**

x Ex 2,14
y Ex 3,1–2
z Ex 3,6–10
a Dtn 18,15

aus ihm geworden ist.‹[b] 41Damals
machten sie ein Bild in Gestalt eines
Kalbes und brachten ihm ein Opfer
dar und feierten ein Fest zu Ehren
dessen, was sie mit ihren eigenen
Händen gemacht hatten. 42Deshalb
wandte Gott sich von ihnen ab und
überließ sie der Verehrung der Ster-
ne – wie geschrieben steht im Buch
der Propheten:

**›Volk Jisrael, nicht mir hast du
geschlachtete Tiere angeboten und
Opfer vierzig Jahre lang in der
Wüste!**
43**Nein, du hast das Zelt des Mo-
lech getragen und den Stern deines
Gottes Rehfan, der Bilder, die ihr**
so **gemacht** habt, daß ihr sie anbe-
ten könnt. **Deshalb will ich euch
ins Exil jenseits von Babylon
schicken.‹**[c]

44Unsere Väter hatten das Zelt des
Zeugnisses in der Wüste. Es war ge-
nauso gemacht worden, wie Gott,
der zu Mosche sprach, es zu machen
befohlen hatte, nach dem Vorbild,
das Mosche gesehen hatte. 45Später
brachten unsere Väter, die es emp-
fangen hatten, es mit Jehoschua hin-
ein, als sie den Nationen, die Gott
vor ihnen hinaustrieb, das Land
fortnahmen.
So war es bis zu den Tagen Da-
vids. 46Er erfreute sich der besonde-
ren Gunst Gottes und fragte, ob er
einen Wohnort für den Gott Ja-
akovs machen dürfe; 47und Schlomo
baute ihm ein Haus. 48Doch *Ha El-
jon* lebt nicht an einem von Men-
schen gemachten Ort! Wie der Pro-
phet sagt:

49**›Der Himmel ist mein Thron‹,
sagt *Adonai,* ›und die Erde ist mein
Fußschemel. Was für ein Haus
könntet ihr mir bauen? Was für
einen Ort könntet ihr für meine
Ruhe ersinnen?** 50**Habe ich diese
Dinge nicht alle selbst gemacht?‹**[d]

51**Halsstarriges Volk,**[e] mit **unbe-
schnittenen Herzen und Ohren**![f]
Unablässig **widersetzt** ihr euch **dem**
Ruach Ha Kodesch![g] Ihr tut diesel-
ben Dinge, die eure Väter taten!
52Welchen der Propheten haben eu-
re Väter nicht verfolgt? Sie töteten
jene, die das Kommen des *Zaddik*
weissagten, und jetzt seid ihr zu sei-
nen Verrätern und Mördern gewor-
den! – 53Ihr! – Die ihr die *Torah*
empfingt, die euch von Engeln

b Ex 32,1.23
c Am 5,25–27

d Jes 66,1–2
e Ex 32,9; 33,3.5
f Lev 26,41; Jer 6,10; 9,25
g Jes 63,10

Adonai – der HERR, Jahwe
Aharon – Aaron
Avraham – Abraham
Ha Eljon – der Höchste
Ja akov Jakob
Jehoschua – Jösua
Jizchak – Isaak
Midjan — Midian
Molech — Moloch
Mosche – Mose
Rehfan – Räfan
Ruach Ha Kodesch – Heiliger Geist
Schlomo – Salomo
Torah – Weisung, Lehre, »das Gesetz«, der Pentateuch (die 5 Bücher Mose)
Zaddik – der Gerechte, gerechter Mensch

überbracht wurde – und sie nicht
haltet!«

54 Als sie diese Dinge hörten, ging
es ihnen durchs Herz, und sie
knirschten mit den Zähnen gegen
ihn. 55 Er aber blickte, voll des *Ruach
Ha Kodesch*, zum Himmel auf und
sah die Herrlichkeit Gottes.
56 »Sieh!« rief er aus, »ich sehe den
Himmel offen und den Sohn des
Menschen stehen **zur rechten
Hand** Gottes!«[h]

57 Darüber begannen sie aus vol-
lem Hals zu schreien, so daß sie ihn
nicht mehr zu hören brauchten; und
einmütig stürzten sie sich auf ihn,
58 warfen ihn aus der Stadt hinaus
und fingen an, ihn zu steinigen. Und
die Zeugen legten ihre Mäntel zu
Füßen eines jungen Mannes namens
Scha-ul nieder.

59 Während sie ihn steinigten, rief
Stephanus Gott an: »Herr Jeschua!
Nimm meinen Geist auf!« 60 Dann
kniete er nieder und rief aus: »Herr!
Rechne ihnen diese Sünde nicht
zu!« Damit starb er;

8 1 und Scha-ul billigte diesen
Mord.

Mit diesem Tag begann eine
schlimme Verfolgung gegen die
messianische Gemeinschaft in Jeru-
schalajim; alle außer den Gesandten
wurden im ganzen Gebiet von Jehu-
dah und Schomron zerstreut. 2 Ein
paar gottesfürchtige Männer begru-
ben Stephanus und trauerten sehr
um ihn. 3 Scha-ul aber machte sich
daran, die messianische Gemein-
schaft zu zerstören – er ging in ein
Haus nach dem anderen, trieb die
Männer und Frauen hinaus und
übergab sie, sie ins Gefängnis wer-
fen zu lassen. 4 Doch diejenigen, die
zerstreut waren, verkündeten die
Gute Nachricht des Wortes, wo im-
mer sie hingingen.

5 Nun ging Philippus in eine Stadt
in Schomron und verkündete ihnen
den Messias; 6 und die Menschen-
mengen achteten genau auf das, was
Philippus sagte, weil sie die wunder-
baren Zeichen, die er tat, hörten und
sahen. 7 Denn bei vielen Menschen
trieb er unreine Geister aus, die
schrien; auch viele Gelähmte und
Verkrüppelte wurden geheilt; 8 so
daß große Freude in dieser Stadt
war.

9 Doch es war ein Mann namens
Schim-on in der Stadt, der seit eini-
ger Zeit Zauberei trieb und das Volk
von Schomron erstaunte und be-
hauptete, daß er ein Großer sei. 10 Al-
le folgten ihm, vom niedrigsten bis
zum höchsten, und sagten: »Dieser
Mann ist die Kraft Gottes, genannt
›Die große Kraft‹.« 11 Sie folgten ihm,
weil er sie seit geraumer Zeit mit sei-
ner Zauberei verwundert hatte.

12 Doch als sie Philippus glaubten,
als er die Gute Nachricht über das
Reich Gottes und den Namen Je-
schuas des Messias verkündete,
wurden sie eingetaucht, Männer wie
Frauen. 13 Ja, sogar Schim-on selbst
fand zum Glauben; und nachdem er
eingetaucht war, hielt er sich eng an
Philippus; und er war verwundert,
als er die wunderbaren Zeichen und
großen Taten der Macht sah, die
weiterhin stattfanden.

h Ps 110,1

[14]Als die Gesandten in Jeruschalajim hörten, daß Schomron das Wort Gottes empfangen hatte, schickten sie Kefa und Jochanan,
[15]die herabkamen und für sie beteten, daß sie den *Ruach Ha Kodesch* empfingen.
[16]Denn bis dahin war er noch auf keinen von ihnen gekommen; sie waren nur im Namen des Herrn Jeschua eingetaucht worden.
[17]Doch als Kefa und Jochanan ihnen die Hände auflegten, empfingen sie den *Ruach Ha Kodesch.*

[18]Schim-on sah, daß der Geist gegeben wurde, wenn die Gesandten ihnen die Hände auflegten, und er bot ihnen Geld an.
[19]»Gib auch mir diese Macht«, sagte er, »damit, wem immer ich meine Hände auflege, den *Ruach Ha Kodesch* empfängt.«
[20]Doch Kefa sagte zu ihm: »Dein Silber fahre ins Verderben! – Und du mit ihm, weil du geglaubt hast, die freie Gabe Gottes könne gekauft werden!
[21]Du hast absolut keinen Teil an dieser Sache; denn in den Augen Gottes ist dein Herz unaufrichtig.
[22]Deshalb bereue diese deine Bosheit und bete zum Herrn. Vielleicht wird dir doch noch vergeben, daß du einen solchen Gedanken in deinem Herzen hegst.
[23]Denn ich sehe, daß du völlig verbittert bist und ganz und gar unter der Macht der Sünde stehst!«
[24]Schim-on antwortete: »Bete zum Herrn für mich, damit keines der Dinge, die du gesagt hast, mir zustoßen wird.«

[25]Nachdem er eingehend Zeugnis gegeben und das Wort des Herrn gesprochen hatte, machten sich Kefa und Jochanan auf den Weg zurück nach Jeruschalajim, und sie verkündeten die Gute Nachricht in vielen Dörfern Schomrons.

[26]Ein Engel *Adonai*s sagte zu Philippus: »Steh auf und geh in Richtung Süden auf der Straße, die von Jeruschalajim nach Aza hinabführt, auf der ›Wüstenstraße‹.«
[27]So stand er auf und ging. Auf dem Weg erblickte er einen Äthiopier, einen Eunuchen, der der Verwalter aller Schätze der Kandake war, der Königin von Äthiopien. Er war in Jeruschalajim gewesen, um anzubeten;
[28]und jetzt, auf dem Rückweg nach Hause, saß er in seinem Wagen und las den Propheten Jeschajahu.
[29]Der Geist sagte zu Philippus: »Geh hinüber zu diesem Wagen und halte dich dicht neben ihm.«
[30]Als Philippus hinlief, hörte er, wie der Äthiopier aus dem Propheten Jeschajahu las. »Verstehst du, was du da liest?« fragte er.
[31]»Wie könnte ich«, sagte er, »wenn es mir nicht jemand erklärt?« Und er lud Philippus ein, hinaufzuklettern und sich zu ihm zu setzen.

[32]Er las aber folgenden Teil der *Tenach*:

Adonai – der HERR, Jahwe
Aza – Gaza
Jehudah – Judäa
Jeruschalajim – Jerusalem
Jeschajahu – Jesaja
Jeschua – Jesus
Jochanan – Johannes
Kefa – Petrus
Ruach Ha Kodesch – Heiliger Geist
Scha-ul – Saulus (Paulus)
Schim-on – Simon
Schomron – Samaria
Tenach – die hebr. Bibel, das Alte Testament

›Er war wie ein Schaf, das zum Schlachten geführt wird; wie ein Lamm, das verstummt vor seinem Scherer, öffnete er seinen Mund nicht. 33Er war gedemütigt und fand keine Gerechtigkeit. Wer wird von diesem Nachkommen reden, wenn sein Leben von der Erde fortgenommen ist?‹[i]

34Der Eunuch sagte zu Philippus: »Das ist meine Frage an dich: Spricht der Prophet über sich selbst oder über einen anderen?« 35Da fing Philippus an zu sprechen – er begann bei dieser Passage und erzählte ihm dann von der Guten Nachricht über Jeschua.

36Als sie die Straße hinabzogen, kamen sie an ein Wasser; und der Eunuch sagte: »Sieh! Hier ist ein Wasser! Gibt es einen Grund, warum ich nicht eingetaucht werden sollte?« 37[j] 38Er ließ den Wagen anhalten; dann stiegen Philippus und der Eunuch hinab ins Wasser, und Philippus tauchte ihn ein. 39Als sie aus dem Wasser herauskamen, entrückte der Geist des Herrn Philippus. Der Eunuch sah ihn nicht mehr, denn er zog seinen Weg weiter – voller Freude. 40Philippus aber tauchte in Aschdod auf und verkündete weiterhin die Gute Nachricht, während er durch alle Städte wanderte, bis er nach Cäsarea kam.

i Jes 53,7–8

j In manchen Handschriften folgt Vers 37: Und Philippus sagte: »Wenn du von ganzem Herzen glaubst, mag es sein.« Er antwortete: »Ich glaube, daß Jeschua der Messias der Sohn Gottes ist.«

9 1In der Zwischenzeit ging Scha-ul, der noch immer Morddrohungen gegen die *Talmidim* des Herrn schnaubte, zum *Kohen Ha Gadol* 2und bat ihn um Briefe an die Synagogen in Dammesek, die ihm die Vollmacht gaben, jeden, den er dort finden mochte, sei es Mann oder Frau, der »dem Weg« angehörte, zu verhaften und zurück nach Jeruschalajim zu bringen.

3Er war auf der Straße und näherte sich Dammesek, als plötzlich ein Licht vom Himmel um ihn herum aufflammte. 4Er fiel zur Erde und hörte eine Stimme, die sagte zu ihm: »Scha-ul! Scha-ul! Warum hörst du nicht auf, mich zu verfolgen?« 5»Lieber Herr, wer bist du?« fragte er. »Ich bin Jeschua, und du verfolgst mich. 6Doch steh auf und geh hinein in die Stadt, und du wirst erfahren, was du tun sollst.«

7Die Männer, die mit ihm reisten, standen sprachlos; sie hörten die Stimme, sahen aber niemanden. 8Sie halfen Scha-ul, vom Boden aufzustehen; doch als er seine Augen öffnete, konnte er nichts sehen. So führten sie ihn an der Hand nach Dammesek hinein. 9Drei Tage lang konnte er nichts sehen, und er aß weder noch trank er.

10In Dammesek war ein *Talmid* mit Namen Chananjah; und in einer Vision sagte der Herr zu ihm: »Chananjah!« Er antwortete: »Hier bin ich, Herr.« 11Der Herr sagte zu ihm: »Steh auf und geh in die Gerade Straße, ins Haus von Jehudah; und frage nach einem Mann aus Tarsus namens Scha-ul; denn er betet, 12und

in einer Vision hat er einen Mann na-
mens Chananjah gesehen, der herein-
kommt und ihm die Hände auflegt,
um sein Augenlicht wiederherzustel-
len.« 13Doch Chananjah antwortete:
»Herr, viele haben mir von diesem
Mann erzählt, wieviel Leid er deinem
Volk in Jeruschalajim zugefügt hat;
14und er hat eine Vollmacht von den
Haupt-*Kohanim* bei sich, jeden zu
verhaften, der deinen Namen an-
ruft.« 15Doch der Herr sagte zu ihm:
»Geh, denn dieser Mann ist mein
auserwähltes Werkzeug, meinen Na-
men unter die *Gojim* zu tragen, ja bis
zu ihren Königen, und auch zu den
Söhnen Jisraels. 16Denn ich selbst will
ihm zeigen, wie sehr er um meines
Namens willen leiden müssen wird.«

17So machte sich Chananjah auf
den Weg und ging in das Haus. Er
legte ihm die Hände auf und sagte:
»Bruder Scha-ul, der Herr – Je-
schua, derjenige, der dir auf der
Straße hierher erschienen ist – hat
mich gesandt, damit du wieder se-
hen mögest und mit dem *Ruach Ha
Kodesch* erfüllt werdest.« 18In die-
sem Augenblick fiel etwas wie
Schuppen von Scha-uls Augen; und
er konnte wieder sehen. Er stand auf
und wurde eingetaucht; 19dann aß er
etwas und kam wieder zu Kräften.

Scha-ul verbrachte einige Tage bei
den *Talmidim* in Dammesek 20und
begann sogleich, in den Synagogen
zu verkünden, daß Jeschua der Sohn
Gottes ist. 21Alle, die ihn hörten,
waren verwundert. Sie fragten: »Ist
das nicht der Mann, der in Jeruscha-
lajim versuchte, die Leute, die diesen
Namen anrufen, zu vernichten? Ja,
ist er nicht hierher gekommen, sie
zu verhaften und zu den Haupt-*Ko-
hanim* zurückzubringen?« 22Doch
Scha-ul wurde mit mehr und mehr
Kraft erfüllt und verursachte mit
seinen Beweisen, daß Jeschua der
Messias ist, einen Aufruhr unter den
Juden in Dammesek.

23Einige Zeit später versammelten
sich die ungläubigen Juden und
machten Pläne, ihn zu töten; 24doch
ihre Verschwörung kam Scha-ul zu
Ohren. Sie beobachteten Tag und
Nacht die Tore, um ihn umzubrin-
gen; 25doch seine *Talmidim* nahmen
ihn im Schutz der Nacht und ließen
ihn in einem großen Korb über die
Stadtmauer hinab.

26Als er Jeruschalajim erreichte,
versuchte er, sich den *Talmidim*
anzuschließen; aber sie hatten alle
Angst vor ihm – sie glaubten
nicht, daß er ein *Talmid* war.
27Trotzdem nahm ihn Bar-Nabba
und brachte ihn zu den Gesand-
ten. Er erzählte ihnen, wie Scha-ul
auf der Reise den Herrn gesehen
hatte, daß der Herr zu ihm ge-
sprochen hatte, und wie Scha-ul in

Bar-Nabba – Barnabas
Chananjah – Hananias
Dammesek – Damaskus
Gojim – die Nationen, Völker, Heiden
Jehudah – Judas
Jeruschalajim – Jerusalem
Jeschua – Jesus
Kohanim – Priester (pl.)
Kohen Ha Gadol – Hoherpriester
Ruach Ha Kodesch – Heiliger Geist
Scha-ul – Saulus (Paulus)
Talmid – Jünger (sg.)
Talmidim – Jünger (pl.)

Dammesek kühn im Namen von Jeschua geredet hatte. 28So blieb er bei ihnen und zog durch ganz Jeruschalajim und sprach weiterhin kühn im Namen des Herrn. 29Er redete und debattierte mit den griechisch sprechenden Juden, doch sie versuchten, ihn zu töten. 30Als die Brüder davon erfuhren, brachten sie ihn hinab nach Cäsarea und schickten ihn fort nach Tarsus.

31Danach hatte die messianische Gemeinschaft in ganz Jehudah, im Galil und in Schomron Frieden und wurde aufgebaut. Sie lebten in der Furcht des Herrn, mit dem Rat des *Ruach Ha Kodesch*; und ihre Zahl nahm weiterhin zu.

32Als Kefa durchs Land zog, kam er auch zu den Gläubigen in Lud.33Dort fand er einen Mann namens Äneas, der seit acht Jahren ans Bett gefesselt war, weil er gelähmt war. 34Kefa sagte zu ihm: »Äneas! Jeschua der Messias heilt dich! Steh auf und mach dein Bett!« 35Alle, die in Lud und in Scharon wohnten, sahen ihn, und sie wandten sich zum Herrn.

Nun wohnte in Jafo eine *Talmidah* namens Tavita 36(das bedeutet »Gazelle«); sie tat jederzeit *Zedakah* und andere gute Werke. 37Es geschah gerade zu der Zeit, daß sie krank wurde und starb. Nachdem sie gewaschen worden war, legten sie sie in ein Zimmer oben im Haus. 38Lud liegt in der Nähe von Jafo, und die *Talmidim* hatten gehört, daß Kefa dort war, deshalb schickten sie zwei Männer zu ihm und baten ihn dringlich: »Bitte komm sofort zu uns.« 39Kefa stand auf und ging mit ihnen.

Als er anlangte, führten sie ihn in das obere Zimmer. Alle Witwen standen bei ihm, weinten und zeigten ihm alle Kleider und Mäntel, die Tavita ihnen gemacht hatte, als sie noch bei ihnen war. 40Doch Kefa schickte sie alle hinaus, kniete nieder und betete. Dann wandte er sich zu dem Leichnam und sagte: »Tavita! Steh auf!« Sie öffnete ihre Augen; und als sie Kefa sah, setzte sie sich auf. 41Er reichte ihr die Hand und half ihr auf die Füße; dann rief er die Gläubigen und die Witwen herein und stellte sie lebendig vor sie hin. 42Das wurde in ganz Jafo bekannt, und viele Leute setzten ihr Vertrauen auf den Herrn. 43Kefa blieb noch einige Zeit in Jafo bei einem Mann namens Schim-on, einem Ledergerber.

10 1In Cäsarea lebte ein Mann namens Kornelius, ein römischer Heeresoffizier im sogenannten Italischen Regiment. 2Er war ein frommer Mann, ein »Gottesfürchtiger«, wie auch sein ganzes Haus; er spendete großzügig für die jüdischen Armen und betete regelmäßig zu Gott. 3Eines Nachmittags gegen drei Uhr sah er ganz deutlich in einer Vision einen Engel Gottes hereinkommen und zu ihm sagen: »Kornelius!« 4Kornelius starrte den Engel entsetzt an. »Was ist, lieber Herr?« fragte er. »Deine Gebete«, entgegnete der Engel, »und deine Werke der Barmherzigkeit sind hin-

aufgestiegen in die Gegenwart Got-
tes, so daß er an dich denkt. 5Schicke
nun einige Männer nach Jafo, einen
Mann namens Schim-on zu holen,
der auch Kefa genannt wird. 6Er
wohnt bei Schim-on, dem Lederger-
ber, der ein Haus am Meer hat.«
7Als der Engel, der zu ihm gespro-
chen hatte, fortgegangen war, rief
Kornelius zwei seiner Haussklaven
und einen seiner Soldaten, einen
gottesfürchtigen Mann; 8er erklärte
ihnen alles und schickte sie nach Ja-
fo.

9Am nächsten Tag gegen Mittag,
als sie noch auf dem Weg waren
und sich gerade der Stadt näherten,
ging Kefa hinauf auf das Dach des
Hauses, um zu beten. 10Er wurde
allmählich hungrig und hätte gern
etwas zu essen gehabt; doch wäh-
rend sie das Mahl vorbereiteten,
fiel er in eine Trance, 11in der er
den Himmel offen sah und beob-
achtete, wie etwas, das aussah wie
ein großes Tuch, an seinen vier
Ecken bis auf den Boden herabge-
lassen wurde. 12Darin waren alle
Arten vierfüßiger Tiere, kriechen-
der Tiere und wilder Vögel.
13Dann erreichte ihn eine Stimme:
»Steh auf, Kefa, schlachte und iß!«
14Doch Kefa sagte: »Nein, lieber
Herr! Auf gar keinen Fall! Ich ha-
be niemals Speise gegessen, die un-
rein oder *trehf* war!« 15Die Stimme
sprach ein zweites Mal zu ihm:
»Hör auf, als unrein zu behandeln,
was Gott rein gemacht hat.« 16Das
geschah dreimal, und dann wurde
das Tuch plötzlich in den Himmel
zurückgezogen.

17Kefa grübelte noch über die Be-
deutung der Vision, die er gesehen
hatte, als die Männer, die Kornelius
geschickt hatte und die sich nach
dem Haus von Schim-on erkundigt
hatten, vor dem Tor standen 18und
riefen, ob der Schim-on, der auch
unter dem Namen Kefa bekannt
war, hier wohne. 19Während Kefas
Gedanken noch bei der Vision wa-
ren, sagte der Geist: »Drei Männer
suchen nach dir. 20Steh auf, geh hin-
unter und hab keine Bedenken, mit
ihnen zu gehen, denn ich selbst habe
sie geschickt.«

21So ging Kefa hinunter und sagte
zu den Männern: »Ihr habt nach mir
gesucht? Hier bin ich. Was führt
euch her?« 22Sie antworteten: »Kor-
nelius. Er ist ein römischer Heeres-
offizier, ein aufrichtiger Mann und
ein ›Gottesfürchtiger‹, ein Mann,
hochgeachtet vom ganzen jüdischen
Volk; ihm wurde durch einen Engel
befohlen, dich in sein Haus holen zu

Dammesek – Damaskus
Galil – Galiläa
Jafo – Joppe
Jehudah – Judäa
Jeruschalajim – Jerusalem
Jeschua – Jesus
Kefa – Petrus
Lud – Lydda
Ruach Ha Kodesch – Heiliger Geist
Schim-on – Simon
Schomron – Samaria
Talmidah – Jüngerin
Talmidim – Jünger (pl.)
Tavita – Tabita
trehf – nicht koscher (rein) (d.h. nach den jüd. Speisevorschriften nicht zulässig)
Zedakah – Gerechtigkeit, Mildtätigkeit, mildtätige Gabe

lassen und sich anzuhören, was du zu sagen hast.« 23Da lud Kefa sie ein, seine Gäste zu sein.

Am nächsten Tag stand er auf und ging mit ihnen, begleitet von einigen Brüdern aus Jafo; 24und am folgenden Tag langte er in Cäsarea an. Kornelius erwartete ihn – er hatte bereits seine Verwandten und engen Freunde zusammengerufen. 25Als Kefa das Haus betrat, ging Kornelius ihm entgegen und fiel vor ihm aufs Gesicht. 26Doch Kefa zog ihn auf die Füße und sagte: »Steh auf! Auch ich bin nur ein Mensch!«

27Während er mit ihm sprach, ging Kefa hinein und fand dort viele Leute versammelt. 28Er sagte zu ihnen: »Ihr seid euch doch bewußt, daß für einen Mann, der ein Jude ist, die enge Berührung mit jemandem, der einem anderen Volk angehört, oder auch ein Besuch bei ihm etwas ist, das sich einfach nicht gehört. Gott aber hat mich gelehrt, keinen Menschen mehr gewöhnlich oder unrein zu nennen; 29deshalb bin ich, als ich gerufen wurde, ohne Fragen zu stellen gekommen. Sag mir nun, warum hast du nach mir geschickt?«

30Kornelius antwortete: »Vor etwa drei Tagen um diese Zeit war ich gerade bei den *Minchah*-Gebeten in meinem Haus, als plötzlich ein Mann in strahlenden Kleidern vor mir stand 31und sagte: ›Gott hat deine Gebete gehört und deiner Werke der Barmherzigkeit gedacht. 32Schikke nach Jafo und frage nach Schimon, bekannt als Kefa; er wohnt im Haus Schim-ons, eines Ledergerbers, am Meer.‹ 33So schickte ich sogleich nach dir, und du bist so freundlich gewesen zu kommen. Jetzt sind wir alle in der Gegenwart Gottes versammelt, um alles zu hören, was der Herr dich geheißen hat zu sagen.«

34Da wandte Kefa sich an ihn: »Jetzt sehe ich, daß Gott keine Günstlinge hat, 35sondern daß, wer immer ihn fürchtet und tut, was recht ist, von ihm angenommen wird, ganz gleich, zu welchem Volk er gehört.

36Dies ist die Botschaft, die er den Söhnen Jisraels sandte und die *Schalom* verkündet durch Jeschua den Messias, der Herr über alles ist. 37Ihr wißt, was in ganz Jehudah geschehen ist, angefangen im Galil nach der Eintauchung, die Jochanan verkündete; 38wie Gott Jeschua aus Nazeret mit dem *Ruach Ha Kodesch* und mit Macht gesalbt hat; wie Jeschua durch das Land zog und Gutes tat und das ganze Volk heilte, das vom Widersacher unterdrückt wurde, weil Gott mit ihm war.

39Was uns betrifft, so sind wir Zeugen für alles, was er tat, im judäischen Land wie in Jeruschalajim. Sie töteten ihn, indem sie **ihn an einen Pfahl hängten**;[k] 40doch Gott hat ihn am dritten Tag auferweckt und gezeigt, 41nicht dem ganzen Volk, sondern nur Zeugen, die Gott zuvor erwählt hatte, das heißt uns, die mit ihm aßen und tranken, nachdem er von den Toten auferweckt war.

42Dann befahl er uns, dem jüdi-

k Dtn 21,23

schen Volk zu verkünden und zu
bezeugen, daß dieser Mann von
Gott gesalbt wurde, zu richten die
Lebendigen und die Toten. 43Alle
Propheten bezeugten von ihm, daß
jeder, der sein Vertrauen auf ihn
setzt, durch seinen Namen die Ver-
gebung der Sünden erlangt.«

44Noch während Kefa alle diese
Dinge redete, fiel der *Ruach Ha Ko-
desch* auf alle, die die Botschaft hör-
ten. 45Alle Gläubigen aus der Be-
schneidungs-Partei, die Kefa beglei-
tet hatten, waren verwundert, daß
die Gabe des *Ruach Ha Kodesch*
auch auf die *Gojim* ausgegossen
wurde, 46denn sie hörten sie in Zun-
gen sprechen und Gott loben. Kefas
Antwort lautete: 47»Will irgend je-
mand verbieten, daß diese Leute in
Wasser eingetaucht werden? Schließ-
lich haben sie den *Ruach Ha Kodesch*
empfangen, ebenso wie wir.« 48Und
er ordnete an, daß sie im Namen Je-
schuas des Messias eingetaucht wür-
den. Dann baten sie Kefa, noch ein
paar Tage bei ihnen zu bleiben.

11 1Die Gesandten und die
Brüder in ganz Jehudah hör-
ten, daß die *Gojim* das Wort Gottes
empfangen hatten; 2doch als Kefa
hinaufging nach Jeruschalajim, ta-
delten ihn die Mitglieder der Be-
schneidungs-Partei 3und sagten: »Du
bist in die Häuser unbeschnittener
Männer gegangen und hast sogar mit
ihnen gegessen!«

4Als Antwort fing Kefa an, ihnen
alles, was wirklich geschehen war,
bis ins einzelne zu erklären: 5»Ich
war in der Stadt Jafo und betete; und
in einer Trance hatte ich eine Vision.
Ich sah, wie etwas wie ein großes
Tuch an seinen vier Ecken vom
Himmel herabgelassen wurde, und
es kam herunter zu mir. 6Ich sah hin-
ein und sah vierfüßige Tiere, krie-
chende Tiere und wilde Vögel.
7Dann hörte ich eine Stimme, die
sagte zu mir: ›Steh auf, Kefa, schlach-
te und iß!‹ 8Ich sagte: ›Nein, lieber
Herr! Auf gar keinen Fall! Nichts,
das unrein oder *trehf* war, ist jemals
über meine Lippen gegangen!‹
9Doch die Stimme sprach abermals
aus dem Himmel: ›Hör auf, als un-
rein zu behandeln, was Gott rein ge-
macht hat.‹ 10Das geschah dreimal,
und dann wurde alles wieder in den
Himmel hinaufgezogen.

11Genau in diesem Augenblick ka-
men drei Männer, die aus Cäsarea
zu mir geschickt worden waren, im
Haus an, in dem ich wohnte; 12und
der Geist wies mich an, ohne Be-
denken mit ihnen zurückzugehen.
Diese sechs Brüder kamen mit mir,
und wir gingen in das Haus des
Mannes. 13Er erzählte uns, wie er

Galil – Galiläa
Gojim – die Nationen, Völker, Heiden
Jafo – Joppe
Jehudah – Judäa
Jeruschalajim – Jerusalem
Jeschua – Jesus
Jochanan – Johannes
Kefa – Petrus
Minchah – Nachmittagsgottesdienst
Nazeret – Nazareth
Ruach Ha Kodesch – Heiliger Geist
Schalom – Friede
Schim-on – Simon
trehf – nicht koscher (rein) (d.h. nach den jüd. Speisevorschriften nicht zulässig)

den Engel gesehen hatte, der in seinem Haus stand und sagte: ›Schicke nach Jafo und laß Schim-on, auch bekannt als Kefa, holen. 14Er hat eine Botschaft für dich, durch die du und dein Haus gerettet werdet.‹

15Aber ich hatte kaum angefangen zu reden, als der *Ruach Ha Kodesch* auf sie fiel, geradeso wie zu Anfang auf uns! 16Und ich erinnerte mich, daß der Herr gesagt hatte: ›Jochanan pflegte die Menschen in Wasser einzutauchen, ihr aber werdet im *Ruach Ha Kodesch* eingetaucht werden.‹ 17Wenn nun Gott ihnen dieselbe Gabe schenkte, die er uns gab, nachdem wir unser Vertrauen auf den Herrn Jeschua den Messias gesetzt hatten, wer bin ich, mich Gott in den Weg zu stellen?«

18Als sie diese Dinge hörten, gaben sie nach und fingen an, Gott zu loben, und sprachen: »Das bedeutet, daß Gott auch die *Gojim* befähigt hat, *Teschuvah* zu tun und das Leben zu haben!«

19Nun zogen diejenigen, die nach der Verfolgung, die durch Stephanus ihren Anfang genommen hatte, zerstreut worden waren, bis nach Phönizien, Zypern und Antiochia; sie verkündeten das Wort Gottes, aber nur den Juden. 20Dennoch wandten sich manche von ihnen, als sie in Antiochia ankamen, auch an die Griechen und verkündeten ihnen die Gute Nachricht des Herrn Jeschua. 21Die Hand des Herrn war mit ihnen, und eine große Zahl Volkes vertraute und kehrte sich zum Herrn.

22Die Nachricht davon kam der messianischen Gemeinschaft in Jeruschalajim zu Ohren, und sie schickten Bar-Nabba nach Antiochia. 23Als er anlangte und selbst die Gnade Gottes am Werk sah, war er froh; und er ermutigte sie alle, dem Herrn mit ihrem ganzen Herzen treu zu bleiben; 24denn er war ein guter Mann, voll des *Ruach Ha Kodesch* und voller Vertrauens.

25Dann machte Bar-Nabba sich auf den Weg nach Tarsus, um nach Scha-ul zu suchen; 26und als er ihn fand, brachte er ihn nach Antiochia. Sie kamen ein ganzes Jahr lang mit der dortigen Gemeinde zusammen und lehrten eine größere Menge. In Antiochia wurden die *Talmidim* auch zum ersten Mal »messianisch« genannt.

27In dieser Zeit kamen einige Propheten aus Jeruschalajim herab nach Antiochia; 28und einer von ihnen namens Agav erhob sich und weissagte durch den Geist, daß dem Römischen Reich eine schwere Hungersnot bevorstünde. (Sie fand statt, als Claudius Kaiser war.) 29Deshalb beschlossen die *Talmidim*, den Brüdern, die in Jehudah lebten, zu helfen, jeder nach seinen Mitteln; 30und sie taten es und schickten ihren Beitrag in der Obhut von Bar-Nabba und Scha-ul an die Ältesten.

12 1Es war um diese Zeit, daß König Herodes anfing, Mitglieder der messianischen Gemeinschaft zu verhaften und zu verfolgen; 2und er ließ Ja-akov, den Bruder von Jochanan, durch das Schwert hinrichten. 3Als Herodes

sah, wie sehr das den Judäern gefiel,
wollte er auch Kefa gefangenneh-
men. Es war in den Tagen des *Ma-*
zahfestes, 4in denen Herodes ihn,
nachdem er ihn ergriffen hatte, ins
Gefängnis werfen und von vier
Mannschaften zu je vier Soldaten
bewachen ließ, in der Absicht, ihn
nach dem *Pessach*fest vor ein öffent-
liches Gericht zu stellen. 5So wurde
nun Kefa im Gefängnis unter Auf-
sicht gehalten, die messianische Ge-
meinschaft aber betete in leiden-
schaftlichem Gebet für ihn zu Gott.

6Die Nacht, bevor Herodes ihn
vor Gericht stellen wollte, schlief
Kefa zwischen zwei Soldaten. Er
war. mit zwei Ketten gebunden;
und Wachen standen an der Tür,
die das Gefängnis bewachten.
7Plötzlich stand ein Engel *Adonai*s
da, und ein Licht fiel in die Zelle.
Er berührte Kefa an der Seite und
weckte ihn auf. »Rasch! Steh auf!«
sagte er; und die Ketten fielen von
seinen Händen. 8Der Engel sagte
zu ihm: »Zieh deine Kleider und
Sandalen an«, und er tat es. »Wirf
dein Gewand um«, sagte er, »und
folge mir!« 9Er ging hinaus, und
Kefa folgte ihm, ohne zu merken,
daß das, was durch den Engel ge-
schah, Wirklichkeit war – er
glaubte, er sähe eine Vision.
10Nachdem er eine erste und eine
zweite Wache passiert hatte, lang-
ten sie am eisernen Tor an, das in
die Stadt hineinführte. Es öffnete
sich von selbst für sie, und sie gin-
gen hinaus. Sie schritten die ganze
Länge einer Straße hinunter, und
plötzlich verließ ihn der Engel.
11Da kam Kefa zu sich und sagte:
»Jetzt weiß ich sicher, daß der
Herr seinen Engel gesandt hat,
mich aus der Macht des Herodes
und aus allem, was sich das judäi-
sche Volk erhoffte, zu befreien.«

12Als er merkte, was geschehen
war, ging er zum Haus von Mirjam,
der Mutter Jochanans (mit dem Zu-
namen Markus), wo viele Menschen
versammelt waren, um zu beten.
13Er klopfte an die äußere Tür, und
eine Magd namens Rhode kam, um
zu antworten. 14Sie erkannte Kefas
Stimme und war so glücklich, daß
sie zurücklief, ohne die Tür zu öff-
nen, und verkündete, daß Kefa
draußen stünde. 15»Du bist von Sin-
nen«, sagten sie zu ihr. »Es ist sein
Engel.« 16In der Zwischenzeit klopf-
te Kefa weiter; und als sie die Tür
öffneten und ihn sahen, waren sie
verwundert. 17Er gebot ihnen mit
seiner Hand Ruhe und erzählte ih-
nen, wie der Herr ihn aus dem Ge-

Adonai – der HERR, Jahwe
Agav – Agabus
Bar-Nabba – Barnabas
Gojim – die Nationen, Völker, Heiden
Ja-akov – Jakob
Jafo – Joppe
Jehudah – Judäa
Jeruschalajim – Jerusalem
Jeschua – Jesus
Jochanan – Johannes
Kefa – Petrus
Mazah – ungesäuertes Brot
Mirjam – Miriam, Maria
Pessach – Passa
Ruach Ha Kodesch – Heiliger Geist
Scha-ul – Saulus (Paulus)
Schim-on – Simon
Talmidim – Jünger (pl.)
Teschuvah tun – umkehren

fängnis geholt hatte, und sagte: »Er-
zählt das alles Ja-akov und den Brü-
dern.« Dann ging er fort, an einen
anderen Ort.
[18]Als der Tag anbrach, war nicht
wenig Aufregung unter den Solda-
ten darüber, was wohl aus Kefa ge-
worden war. [19]Herodes ließ ihn
gründlich suchen, aber sie fanden
ihn nicht, deshalb verhörte er die
Wachen und ließ sie hinrichten.
Dann reiste Herodes aus Jehudah
hinab nach Cäsarea und verbrachte
einige Zeit dort.
[20]Nun war Herodes sehr zornig
auf das Volk von Zor und Zidon, so
daß sie zusammenkamen und ihn
um eine Audienz ersuchten. Nach-
dem sie sich der Unterstützung von
Blastus, des ersten persönlichen
Dieners des Königs, versichert hat-
ten, baten sie um Frieden; denn sie
waren, was ihren Nahrungsmittel-
nachschub betraf, von den Lände-
reien des Königs abhängig. [21]Ein
Tag wurde festgelegt, und Herodes
saß in seinem Königsmantel auf dem
Thron und hielt ihnen eine Rede.
[22]Der Mob schrie: »Das ist die Stim-
me Gottes, nicht die eines Men-
schen!« [23]In diesem Augenblick
wurde Herodes, weil er Gott nicht
die Ehre gab, von einem Engel *Ado-
nai*s geschlagen. Er wurde von
Würmern zerfressen und starb.
[24]Das Wort des Herrn aber wuchs
weiter und mehrte sich.
[25]Nachdem Bar-Nabba und Scha-
ul ihren Auftrag erfüllt hatten, kehr-
ten sie aus Jeruschalajim zurück und
brachten Jochanan mit dem Zuna-
men Markus mit.

13 [1]In der antiochenischen Ge-
meinde waren Propheten
und Lehrer – Bar-Nabba, Schim-on
(bekannt als »der Schwarze«), Luzi-
us (aus Kyrene), Menachem (der zu-
sammen mit dem Statthalter Hero-
des aufgezogen worden war) und
Scha-ul. [2]Einmal, als sie den Herrn
anbeteten und fasteten, sagte der
Ruach Ha Kodesch zu ihnen: »Son-
dert mir Bar-Nabba und Scha-ul ab
für die Arbeit, zu der ich sie berufen
habe.« [3]Nachdem sie gefastet und
gebetet hatten, legten sie ihnen ihre
Hände auf und sandten sie fort.
[4]So gingen die beiden, nachdem
sie durch den *Ruach Ha Kodesch*
ausgesandt worden waren, hinab
nach Seleuzia und segelten von dort
nach Zypern. [5]Als sie in Salamis ge-
landet waren, fingen sie an, das
Wort Gottes in den Synagogen zu
verkünden, mit Jochanan (Markus)
als Helfer; [6]und so zogen sie über
die ganze Insel.
Sie beendeten ihre Reise in Pa-
phos, wo sie einen jüdischen Zaube-
rer und Pseudo-Propheten namens
Bar-Jeschua vorfanden. [7]Er hielt
sich in der Umgebung des Statthal-
ters Sergius Paulus auf, der ein klu-
ger Mann war. Nun hatte der Statt-
halter Bar-Nabba und Scha-ul zu
sich gerufen und war begierig, die
Botschaft von Gott zu hören; [8]doch
der Zauberer Elymas (denn so wird
sein Name übersetzt) widersetzte
sich ihnen und tat sein Bestes, den
Statthalter vom Glauben abzubrin-
gen. [9]Da blickte ihm Scha-ul, auch
bekannt als Paulus, erfüllt mit dem
Ruach Ha Kodesch, ins Gesicht und

sagte: 10»Du Sohn Satans, voll von
Trug und Bösem! Du Feind alles
Guten! Wirst du niemals aufhören,
**die ebenen Wege des Herrn
krumm zu machen**?[l] 11Und jetzt
sieh! Die Hand des Herrn ist auf
dir; und für eine Weile wirst du
blind sein, unfähig, die Sonne zu se-
hen.« Augenblicklich senkten sich
Nebel und Dunkelheit auf Elymas;
und er tastete herum und versuchte,
jemanden zu finden, der ihn an der
Hand führte. 12Als der Statthalter
sah, was geschehen war, glaubte er,
voller Staunen angesichts der Lehre
über den Herrn.

13Nachdem sie in Paphos Segel ge-
setzt hatten, langten Scha-ul und
seine Begleiter in Perge in Pamphy-
lien an. Dort verließ Jochanan sie
und kehrte nach Jeruschalajim zu-
rück, 14die anderen aber zogen wei-
ter von Perge nach dem pisidischen
Antiochien, und am *Schabbat* gin-
gen sie in die Synagoge und setzten
sich. 15Nach der Lesung aus der *To-
rah* und den Propheten schickten
die Vorsteher der Synagoge ihnen
eine Botschaft: »Brüder, wenn einer
von euch ein Wort der Ermahnung
für das Volk hat, so möge er spre-
chen!« 16Also stand Scha-ul auf,
winkte mit der Hand und sagte:

17»Mit-Jisraeliten und Gottes-
fürchtige, hört zu! Der Gott dieses
Volkes Jisrael hat unsere Väter er-
wählt. Er machte das Volk groß in
der Zeit, als sie als Fremde in Ägyp-
ten lebten, und **mit ausgestrecktem
Arm führte er sie aus dem Land
heraus.**[m] Etwa vierzig Jahre[n] lang
sorgte er für das Volk in der Wüste,
19und nachdem er **sieben Nationen**[o]
im Land Kanaan vernichtet hatte,
gab er ihr Land seinem Volk als ein
Erbe. 20All das dauerte etwa vier-
hundertfünfzig Jahre. Danach **gab
er ihnen Richter**[p] bis zum Prophe-
ten Samuel. 21Dann baten sie um ei-
nen König, und Gott gab ihnen
Scha-ul Ben Kisch, einen Mann aus
dem Stamm Benjamin. Nach vierzig
Jahren 22setzte Gott ihn ab und er-
hob David für sie zum König, wo-
bei er ihnen seine Billigung durch
folgende Worte zu erkennen gab:
›**Ich fand David** Ben Jischai, **einen
Mann nach** meinem **Herzen**; er
wird alles tun, was ich will.‹[q]

l Spr 10,9

m Ex 6,6; 12,51
n Ex 16,35; Num 14,34
o Dtn 7,1
p Ri 2,16
q Ps 89,21; 1 Sam 13,14

Adonai – der HERR, Jahwe
Bar-Jeschua – Barjesus
Bar-Nabba – Barnabas
David Ben Jischai – David, der Sohn Isais
Ja-akov – Jakob
Jehudah – Judäa
Jeruschalajim – Jerusalem
Jochanan – Johannes
Kefa – Petrus
Menachem – Manaën
Ruach Ha Kodesch – Heiliger Geist
Satan – der Widersacher, Ankläger, Teufel
Schabbat – der Sabbat
Scha-ul – Saulus (Paulus)
Scha-ul Ben Kisch – Saulus, der Sohn des Kisch
Schim-on – Simon
Torah – Weisung, Lehre, das »Gesetz«, der Pentateuch (die 5 Bücher Mose)
Zidon – Sidon
Zor – Tyrus

[23]In Einklang mit seiner Verheißung hat Gott Jisrael aus der Nachkommenschaft dieses Mannes einen Erlöser geschickt, Jeschua. [24]Nun hat vor dem Kommen Jeschuas Jochanan dem ganzen Volk Jisrael eine Eintauchung verkündet, in Verbindung mit der Hinwendung von der Sünde zu Gott. [25]Doch als Jochanan sein Werk beendete, sagte er: ›Was glaubt ihr, wer ich bin? Nun – ich bin es nicht! Doch nach mir kommt einer, dessen Sandalen an den Füßen ich nicht wert bin aufzubinden.‹

[26]Brüder! – Söhne Avrahams und die unter euch, die ›Gottesfürchtige‹ sind! An uns ist die Botschaft dieser Erlösung ergangen! [27]Denn das Volk, das in Jeruschalajim lebt, und seine Führer erkannten nicht, wer Jeschua war, und verstanden die Botschaft der Propheten, die jeden *Schabbat* gelesen wird, nicht, so daß sie diese Botschaft erfüllten, indem sie ihn verurteilten. [28]Sie konnten vor dem Gesetz keinen Grund für ein Todesurteil finden; dennoch baten sie Pilatus, ihn hinrichten zu lassen; [29]und als sie alle Dinge, die über ihn geschrieben sind, ausgeführt hatten, wurde er vom Pfahl[r] herabgenommen und in ein Grab gelegt. [30]Doch Gott hat ihn von den Toten auferweckt! [31]Viele Tage lang ist er denen erschienen, die mit ihm aus dem Galil nach Jeruschalajim gekommen waren; und sie sind jetzt seine Zeugen vor dem Volk.

[32]Was uns betrifft, so bringen wir euch die Gute Nachricht, daß Gott das, was er den Vätern verheißen hat, [33]für uns, die Kinder, erfüllt hat, indem er Jeschua auferweckte, wie geschrieben steht im zweiten Psalm:

›Du bist mein Sohn; heute bin ich dein Vater geworden.‹[s]

[34]Und zu seiner Auferweckung von den Toten, um niemals mehr in die Verwesung zurückzukehren, sagte er:

›Ich will dir die heiligen und vertrauenswürdigen Dinge Davids geben.‹[t]

[35]Das ist an anderer Stelle erklärt:

›Du wirst deinen Heiligen die Verwesung nicht sehen lassen.‹[u]

[36]Denn David diente wahrhaft den Plänen Gottes in seiner Generation; danach aber starb er, wurde bei seinen Vätern begraben und **sah** die **Verwesung** sehr wohl. Derjenige aber, den Gott auferweckte, **sah** die **Verwesung** nicht.

[38]Deshalb, Brüder, sei euch kundgetan, daß durch diesen Mann die Vergebung der Sünden verkündet ist! [39]Das heißt, Gott reinigt jeden von uns, der sein Vertrauen auf diesen Mann setzt, auch von all den Dingen, von denen euch die *Torah* des Mosche nicht reinigen konnte.

[40]Hütet euch also, daß das Wort,

r Dtn 21,23

s Ps 2,7

t Jes 55,3

u Ps 16,10

das in den Propheten gefunden wird, nicht auf euch zutrifft:

[41]›**Ihr Spötter! Seht und wundert euch und sterbt! Denn in eurer eigenen Zeit tue ich ein Werk, das ihr einfach nicht glauben wollt, selbst wenn jemand es euch erklärt!**‹«[v]

[42]Als sie gingen, lud das Volk Scha-ul und Bar-Nabba ein, ihnen am folgenden *Schabbat* mehr über diese Dinge zu erzählen. [43]Als die Synagogenversammlung sich auflöste, folgten viele der gebürtigen Juden und frommen Proselyten Scha-ul und Bar-Nabba, die mit ihnen sprachen und sie drängten, weiter an der Liebe und Güte Gottes festzuhalten.

[44]Am nächsten *Schabbat* versammelte sich fast die ganze Stadt, um die Botschaft vom Herrn zu hören; [45]doch als die Juden, die nicht geglaubt hatten, die Menschenmengen sahen, wurden sie von Eifersucht gepackt und widersprachen dem, was Scha-ul sagte, und beschimpften ihn. [46]Scha-ul aber und Bar-Nabba antworteten kühn: »Es war nötig, daß Gottes Wort zuerst euch verkündet wurde. Da ihr es jedoch abgelehnt und euch selbst des ewigen Lebens für unwürdig erachtet – nun, da wenden wir uns an die *Gojim*! [47]Denn das hat *Adonai* uns befohlen zu tun:

›**Ich habe dich zum Licht für die *Gojim* gemacht, eine Erlösung zu sein bis an die Enden der Erde.**‹«[w]

[48]Die Heiden waren sehr glücklich, als sie das hörten. Sie ehrten die Botschaft vom Herrn, und soviele, wie zum ewigen Leben bestimmt waren, kamen zum Vertrauen. [49]Und die Botschaft vom Herrn wurde durch das ganze Gebiet getragen.

[50]Doch die ungläubigen Juden wiegelten die hochgestellten weiblichen »Gottesfürchtigen« und die führenden Männer der Stadt auf, und sie ließen Scha-ul und Bar-Nabba verfolgen und aus ihrem Distrikt vertreiben. [51]Scha-ul und Bar-Nabba aber schüttelten den Staub von ihren Füßen gegen sie und zogen weiter nach Ikonion; [52]und die *Talmidim* wurden erfüllt mit Freude und mit dem *Ruach Ha Kodesch*.

14 [1]In Ikonion geschah dasselbe – sie gingen in die Synagoge und sprachen so, daß eine große Zahl Juden wie auch Griechen zum Vertrauen kam. [2]Die Juden aber, die sich nicht überreden lassen wollten, wiegelten die Heiden auf und ver-

v Hab 1,5
w Jes 49,6

Adonai – der HERR, Jahwe
Avraham – Abraham
Bar-Nabba – Barnabas
Galil – Galiläa
Gojim – die Nationen, Völker, Heiden
Jeruschalajim – Jerusalem
Jeschua – Jesus
Jochanan – Johannes
Mosche – Mose
Ruach Ha Kodesch – Heiliger Geist
Schabbat – der Sabbat
Scha-ul – Saulus (Paulus)
Talmidim – Jünger (pl.)
Torah – Weisung, Lehre, das »Gesetz«, der Pentateuch (die 5 Bücher Mose)

gifteten ihre Gemüter gegen die
Brüder. 3Deshalb blieben Scha-ul
und Bar-Nabba lange Zeit da und
sprachen kühn über den Herrn, der
Zeugnis für die Botschaft seiner Liebe und Güte ablegte, indem er sie befähigte, Zeichen und Wunder zu
vollbringen. 4Die Bevölkerung der
Stadt aber spaltete sich in zwei Lager – manche schlugen sich auf die Seite der ungläubigen Juden, andere auf die der Gesandten.

5Schließlich beschlossen die Ungläubigen, Juden wie Heiden, zusammen mit ihren Führern, sie zu
mißhandeln und zu steinigen; 6doch
sie erfuhren davon und flohen nach Lystra und Derbe, Städte in Lykaonien, und in das umliegende Land,
7wo sie weiter das Wort Gottes verkündeten.

8In Lystra lebte ein Mann, der seine Füße nicht gebrauchen konnte – verkrüppelt von Geburt an, war er
noch nie gegangen. 9Dieser Mann
hörte Scha-ul sprechen. Scha-ul sah ihn genau an, und als er merkte, daß er den Glauben hatte, geheilt zu wer-
den, 10sagte er mit lauter Stimme:
»Stell dich auf deine Füße!« Er sprang auf und fing an zu gehen.
11Als die Massen sahen, was Scha-ul getan hatte, begannen sie, in lykaonischer Sprache zu rufen: »Die Götter sind in der Gestalt von Menschen zu
uns herabgestiegen!« 12Sie fingen an,
Bar-Nabba »Zeus« und Scha-ul »Hermes« zu nennen, weil er am
meisten sprach; 13und die Priester
des Zeus, dessen Tempel vor der Stadt stand, brachten Bullen und Kränze zu den Stadttoren herein in der Absicht, ihnen gemeinsam mit dem Volk ein Opfer darzubringen.

14Als die Gesandten Bar-Nabba und Scha-ul das hörten, zerrissen sie ihre Kleider und liefen in die Menge
hinein und riefen: 15»Männer! Warum tut ihr das? Wir sind nur Männer, Menschen wie ihr! Wir verkündigen euch die Gute Nachricht – wendet euch ab von diesen wertlosen Dingen, hin zu dem lebendigen **Gott, der Himmel und Erde und das Meer und alles, was in ihnen
ist, gemacht hat**![x] 16In der Vergangenheit gestattete er allen Völkern,
ihre eigenen Wege zu gehen; 17doch
er ließ sie nicht ohne Beweis für sein Wesen; weil er gute Dinge tut, euch Regen vom Himmel gibt und Früchte des Feldes je nach ihrer Jahreszeit, euch gesättigt hat mit Speise und eure Herzen mit Glück!«
18Doch auch das, was sie da sagten,
hielt die Massen kaum davon ab, ihnen zu opfern.

19Dann kamen einige ungläubige Juden aus Antiochia und Ikonion. Sie zogen die Massen auf ihre Seite, steinigten Scha-ul und warfen ihn aus der Stadt hinaus in dem Glau-
ben, er sei tot. 20Doch als die *Talmidim* sich um ihn scharten, stand er auf und ging zurück in die Stadt. Am nächsten Tag reiste er mit Bar-Nabba nach Derbe ab.

21Nachdem er die Gute Nachricht in dieser Stadt verkündet hatte und sie viele Menschen zu *Talmidim* gemacht hatten, kehrten sie nach Lystra, Ikonion und Antiochia zurück,

x Ps 146,6

22stärkten die *Talmidim*, ermutigten
sie, dem wahren Glauben treu zu
bleiben, und erinnerten sie daran,
daß wir nur durch viele Beschwer-
nisse in das Reich Gottes eingehen.
23Als sie in jeder Gemeinde Älteste
für sie ernannt hatten, übergaben
Scha-ul und Bar-Nabba sie unter
Beten und Fasten dem Herrn, auf
den sie ihr Vertrauen gesetzt hatten.

24Sie zogen durch Pisidien und ka-
men nach Pamphylien. 25Nachdem
sie die Botschaft in Perge verkündet
hatten, kamen sie hinunter nach At-
talia; und von dort segelten sie zu-
rück nach Antiochia, 26dem Ort, wo
sie der Fürsorge Gottes übergeben
worden waren für das Werk, das sie
jetzt vollendet hatten.

27Als sie anlangten, riefen sie die
messianische Gemeinschaft zusam-
men und berichteten, was Gott
durch sie getan hatte, daß er den
Heiden eine Tür zum Glauben ge-
öffnet hatte. 28Und sie blieben einige
Zeit dort bei den *Talmidim*.

15 1Doch es kamen einige Män-
ner aus Jehudah herunter
nach Antiochia und fingen an, die
Brüder zu lehren: »Ihr könnt nicht
gerettet werden, wenn ihr euch
nicht der *Berit Milah* unterzieht,
wie Mosche sie geboten hat.« 2Das
führte zu nicht geringer Uneinigkeit
und Zwietracht mit Scha-ul und
Bar-Nabba. Deshalb bestimmte die
Gemeinde Scha-ul, Bar-Nabba und
einige aus ihrer Mitte, zu gehen und
diese *Sche-ehlah* den Gesandten und
den Ältesten in Jeruschalajim vorzu-
legen.

3Nachdem sie von der Gemeinde
fortgeschickt worden waren, zogen
sie durch Phönizien und Schomron
und erzählten bis ins einzelne, wie
die Heiden sich zu Gott gewandt
hatten; und diese Nachricht weckte
bei allen Brüdern große Freude.

4Bei der Ankunft in Jeruschalajim
wurden sie von der messianischen
Gemeinschaft, auch von den Ge-
sandten und den Ältesten, aufge-
nommen; und sie berichteten, was
Gott durch sie getan hatte. 5Doch
einige derer, die zum Vertrauen ge-
kommen waren, gehörten der Partei
der *Peruschim* an; und sie erhoben
sich und sagten: »Es ist nötig, sie zu
beschneiden und anzuhalten, die
Torah von Mosche zu halten.«

6Die Gesandten und Ältesten tra-
fen sich, um diese Dinge genauer zu
erörtern. 7Nach langer Debatte
stand Kefa auf und sagte zu ihnen:
»Brüder, ihr selbst wißt, daß Gott
mich vor längerer Zeit aus eurer
Mitte erwählte, der zu sein, durch
dessen Mund die *Gojim* die Bot-
schaft von der Guten Nachricht hö-
ren und zum Vertrauen kommen

Bar-Nabba – Barnabas
Berit Milah – rituelle Beschneidung
Gojim – die Nationen, Völker, Heiden
Jehudah – Judäa
Jeruschalajim – Jerusalem
Kefa – Petrus
Mosche – Mose
Peruschim – Pharisäer (pl.)
Scha-ul – Saulus (Paulus)
Sche-ehlah – Frage
Schomron – Samaria
Talmidim – Jünger (pl.)
Torah – Weisung, Lehre, das »Gesetz«, der Pentateuch (die 5 Bücher Mose)

sollten. [8]Und Gott, der das Herz kennt, legte Zeugnis vor ihnen ab, indem er ihnen den *Ruach Ha Kodesch* gab, geradeso wie uns; [9]das heißt, er machte keinen Unterschied zwischen uns und ihnen, sondern reinigte ihre Herzen durch das Vertrauen. [10]Warum also stellt ihr nun Gott auf die Probe, indem ihr den Schultern der *Talmidim* ein Joch auferlegt, das zu tragen weder unsere Väter noch wir die Kraft hatten? [11]Nein, sondern durch die Liebe und Güte des Herrn Jeschua vertrauen wir und sind erlöst – und so ist es auch mit ihnen.«

[12]Dann blieb die ganze Versammlung still und hörte Bar-Nabba und Scha-ul zu, die erzählten, welche Zeichen und Wunder Gott durch sie unter den Heiden getan hatte. [13]Ja-akov brach schließlich das Schweigen und antwortete. »Brüder«, sagte er, »hört, was ich zu sagen habe. [14]Schim-on hat ganz genau erzählt, was Gott tat, als er zuerst anfing, sein Anliegen zu offenbaren, unter den *Gojim* ein Volk auszusondern, das seinen Namen tragen sollte. [15]Und die Worte der Propheten stehen völlig in Einklang damit – denn es steht geschrieben:

[16]›**Danach will ich zurückkehren; und ich will das gefallene Zelt Davids wiederaufbauen. Ich will seine Ruinen wiederaufbauen, ich will es wiederherstellen,** [17]**damit der Rest der Menschheit den Herrn suchen möge, das heißt, alle *Gojim*, die durch meinen Namen berufen sind,** [18]**sagt *Adonai*, der diese Dinge tut.**‹[y]

All das ist seit Urzeiten bekannt.

[19]Deshalb ist meine Meinung, daß wir den *Gojim*, die sich zu Gott kehren, keine Hindernisse in den Weg legen sollten. [20]Statt dessen sollten wir ihnen einen Brief schreiben und ihnen sagen, daß sie sich von Dingen fernhalten sollen, die durch Götzen verunreinigt sind, von Unzucht, von Ersticktem und von Blut. [21]Denn seit frühester Zeit hat Mosche in jeder Stadt solche gehabt, die ihn verkündigt haben, die seine Worte jeden *Schabbat* in den Synagogen lasen.«

[22]Da beschlossen die Gesandten und die Ältesten zusammen mit der ganzen messianischen Gemeinschaft, Männer aus ihrer Mitte auszuwählen und gemeinsam mit Scha-ul und Bar-Nabba nach Antiochia zu schicken. Sie sandten Jehudah, genannt Bar-Sabba, und Sila, beides führende Männer unter den Brüdern, [23]mit folgendem Brief:

»Von: Den Gesandten und Ältesten, euren Brüdern

An: Die Brüder unter den Heiden in Antiochia, Syrien und Zilizien:

Grüße!

[24]Wir haben gehört, daß einige Leute aus unserer Mitte ohne unsere Vollmacht gekommen sind und daß sie euch mit ihrem Gerede in Aufruhr gebracht und eure Gemüter

y Am 9,11–12

aufgestört haben. [25]Deshalb haben
wir einmütig beschlossen, Männer
auszuwählen und sie gemeinsam mit
euren lieben Freunden Bar-Nabba
und Scha-ul, [26]die ihr Leben dem
Eintreten für den Namen des
Herrn, Jeschua des Messias, geweiht
haben, zu euch zu schicken. [27]Wir
haben Jehudah und Sila geschickt,
und sie werden persönlich bestäti-
gen, was wir hier schreiben.

[28]Denn es schien dem *Ruach Ha
Kodesch* und uns richtig, euch keine
schwerere Last aufzubürden als die
folgenden Forderungen: [29]euch zu
enthalten von dem, was Götzen ge-
opfert wurde, von Blut, von Er-
sticktem und von Unzucht. Wenn
ihr euch von diesen fernhaltet, wer-
det ihr das Richtige tun.

Schalom!

[30]Die Boten wurden losgeschickt
und zogen nach Antiochia, wo sie
die ganze Gruppe versammelten
und den Brief übergaben. [31]Nach-
dem sie ihn gelesen hatten, freuten
die Leute sich über die Ermutigung.
[32]Jehudah und Sila, die auch Pro-
pheten waren, sagten vieles zur Er-
mutigung und Stärkung der Brüder.
[33]Nachdem sie einige Zeit dort ver-
bracht hatten, wurden sie von den
Brüdern mit dem Gruß »*Schalom*!«
zu denen zurückgeschickt, die sie
gesandt hatten. [34] [z] [35]Scha-ul und
Bar-Nabba aber blieben in Antio-
chia, wo sie und viele andere lehrten
und die Gute Nachricht von der
Botschaft vom Herrn verkündeten.

[36]Nach einiger Zeit sagte Scha-ul
zu Bar-Nabba: »Laß uns zurückge-
hen und die Brüder in all den Städ-
ten besuchen, wo wir die Botschaft
vom Herrn verkündet haben, und
sehen, wie es ihnen geht.« [37]Nun
wollte aber Bar-Nabba Jochanan
mitnehmen, den, der Markus ge-
nannt wurde. [38]Scha-ul hingegen
hielt es für unklug, diesen Mann
mitzunehmen, weil er in Pamphy-
lien fortgegangen und sie mit ihrer
Arbeit alleingelassen hatte. [39]Dar-
über kam es zu einem so großen
Zerwürfnis, daß sie sich trennten,
und Bar-Nabba nahm Markus und
segelte nach Zypern.

[40]Scha-ul aber wählte Sila und
machte sich ebenfalls auf den Weg,
nachdem die Brüder ihn der Liebe
und Güte des Herrn anvertraut
hatten. [41]Er zog durch ganz Syrien
und Zilizien und stärkte die Ge-
meinden.

z In manchen Manuskripten folgt Vers 34: Doch es schien richtig, daß Sila dablieb.

Adonai – der HERR, Jahwe
Bar-Nabba – Barnabas
Bar-Sabba – Barsabas
Gojim – die Nationen, Völker, Heiden
Ja-akov – Jakob
Jehudah – Judas
Jeschua – Jesus
Jochanan – Johannes
Mosche – Mose
Ruach Ha Kodesch – Heiliger Geist
Schabbat – der Sabbat
Schalom! – Friede! (Gruß)
Scha-ul – Saulus (Paulus)
Schim-on – Simon
Sila – Silas
Talmidim – Jünger (pl.)

16 [1]Scha-ul kam hinab nach Derbe und reiste weiter nach Lystra, wo ein *Talmid* namens Timotheus lebte. Er war der Sohn einer Jüdin, die zum Vertrauen gefunden hatte, und eines griechischen Vaters. [2]Alle Brüder in Lystra und Ikonion sprachen gut über Timotheus. [3]Scha-ul wollte, daß Timotheus ihn begleitete; deshalb nahm er ihn und vollzog eine *Berit Milah* an ihm, wegen der Juden, die in diesen Gebieten lebten; denn sie alle wußten, daß sein Vater ein Grieche gewesen war.

[4]Als sie durch die Städte zogen, überbrachten sie dem Volk die von den Gesandten und Ältesten in Jeruschalajim getroffenen Entscheidungen über die Gebote, die sie halten sollten. [5]So wurden die Gemeinden im Glauben gestärkt und nahmen täglich an Zahl zu.

[6]Sie reisten durch das Gebiet von Phrygien und Galatien, weil sie vom *Ruach Ha Kodesch* daran gehindert worden waren, die Botschaft in der Provinz Asien zu verkünden. [7]Als sie an die Grenze von Mysien kamen, versuchten sie, auch nach Bithynien zu gehen; doch der Geist Jeschuas erlaubte es ihnen nicht. [8]Deshalb zogen sie durch Mysien und gingen anschließend hinab nach Troas.

[9]Dort hatte Scha-ul in der Nacht eine Vision. Ein Mann aus Mazedonien stand vor ihm und bat: »Komm herüber nach Mazedonien und hilf uns!« [10]Sobald er die Vision geschaut hatte, verloren wir keine Zeit, uns auf die Abreise nach Mazedonien vorzubereiten; denn wir schlossen daraus, daß Gott uns berufen hatte, ihnen die Gute Nachricht zu verkünden.

[11]Von Troas segelten wir direkt nach Samothrake; am nächsten Tag reisten wir weiter nach Neapolis; [12]und von dort gingen wir nach Philippi, einer römischen Kolonie und führenden Stadt jenes Teils von Mazedonien. Wir verbrachten ein paar Tage in dieser Stadt; [13]am *Schabbat* gingen wir dann vor das Tor zum Flußufer hinab, wo sich unseres Wissens eine *Minjan* traf. Wir setzten uns und fingen an, zu den Frauen, die dort versammelt waren, zu sprechen. [14]Eine von denen, die uns zuhörten, war eine Frau aus der Stadt Thyatira namens Lydia, die mit feinen Purpurkleidern handelte. Sie war bereits eine »Gottesfürchtige«, und nun öffnete der Herr ihr Herz, so daß sie annahm, was Scha-ul sagte. [15]Nachdem sie und die Mitglieder ihres Hauses eingetaucht worden waren, lud sie uns mit folgenden Worten ein: »Wenn ihr glaubt, daß ich dem Herrn treu bin, kommt und bleibt in meinem Haus.« Und sie beharrte so lange darauf, bis wir mitgingen.

[16]Einmal, als wir zu dem Ort gingen, an dem sich die *Minjan* versammelte, begegneten wir einer Sklavin, die einen Schlangengeist in sich hatte, der sie befähigte, die Zukunft vorauszusagen. Sie verdiente viel Geld für ihre Besitzer, indem sie weissagte. [17]Dieses Mädchen lief hinter Scha-ul und uns anderen her und schrie die ganze Zeit: »Diese

Männer sind Knechte Gottes *Ha*
Eljon! Sie sagen euch, wie ihr geret-
tet werden könnt!« 18So ging es wei-
ter, Tag um Tag, bis Scha-ul sich
völlig entnervt umwandte und zu
dem Geist sagte: »Im Namen Je-
schuas des Messias, ich befehle dir,
fahre heraus aus ihr!« Und augen-
blicklich kam der Geist heraus.

19Doch als ihre Besitzer sahen, daß
damit auch jede Aussicht auf Ge-
winn für sie dahin war, ergriffen sie
Scha-ul und Sila und schleppten sie
auf den Marktplatz vor die Ober-
sten der Stadt. 20Sie führten sie den
Richtern vor und sagten: »Diese
Menschen verursachen eine Menge
Ärger in unserer Stadt, weil sie Juden
sind. 21Sie unterstützen Bräuche, die
hinzunehmen oder zu praktizieren
gegen unser Gesetz verstoßen, da
wir Römer sind.« 22Der Mob schloß
sich dem Angriff gegen sie an, und
die Richter rissen ihnen ihre Kleider
vom Leib und ließen sie auspeit-
schen. 23Nachdem sie schwer ge-
schlagen worden waren, warf man
sie ins Gefängnis und beauftragte
den Gefängnisaufseher, sie streng zu
bewachen. 24Aufgrund dieser Order
warf er sie in die innere Zelle und
schloß ihre Füße sicher zwischen
schweren Holzblöcken ein.

25Um Mitternacht beteten Scha-ul
und Sila und sangen Hymnen an
Gott, während ihnen die anderen
Gefangenen aufmerksam zuhörten.
26Plötzlich geschah ein heftiges Erd-
beben, das das Gefängnis in seinen
Grundfesten erschütterte. Alle Tü-
ren flogen auf, und jedermanns Ket-
ten fielen ab. 27Der Gefängnisaufse-
her erwachte, und als er die Türen
offen sah, zog er sein Schwert und
wollte sich töten, denn er nahm an,
daß die Gefangenen entflohen wa-
ren. 28Doch Scha-ul rief: »Tu dir
nichts! Wir sind alle hier!«

29Er rief nach Licht und lief in die
Zelle, fing an zu zittern und fiel vor
Scha-ul und Sila nieder. 30Dann
führte er sie hinaus und sagte:
»Männer, was muß ich tun, um ge-
rettet zu werden?« 31Sie sagten:
»Vertrau auf den Herrn Jeschua,
und du wirst gerettet sein – du und
dein ganzes Haus!« 32Daraufhin
verkündeten sie ihm und allen in
seinem Haus die Botschaft vom
Herrn.

33Obwohl es schon spät war,
nahm der Gefängnisaufseher sie,
wusch ihnen ihre Wunden; und oh-
ne Verzug wurden er und alle seine
Leute eingetaucht. 34Danach brachte
er sie hinauf in sein Haus und setzte
ihnen Speise vor; und er und sein
ganzes Haus feierten, daß sie zum
Vertrauen zu Gott gefunden hatten.

35Am nächsten Morgen schickten
die Richter Polizeioffiziere mit der
Order: »Laßt jene Männer frei!«

Berit Milah – rituelle Beschneidung
Ha Eljon – der Höchste
Jeruschalajim – Jerusalem
Jeschua – Jesus
Minjan – Mindestanzahl von zehn Männern oder Frauen, die zur Abhaltung eines jüdischen Gottesdienstes anwesend sein muß
Ruach Ha Kodesch – Heiliger Geist
Schabbat – der Sabbat
Scha-ul – Saulus (Paulus)
Sila – Silas
Talmid – Jünger (sg.)

36Der Gefängnisaufseher sagte zu
Scha-ul: »Die Richter haben ange-
ordnet, euch beide freizulassen. So
kommt nun heraus und geht euren
Weg in Frieden.« 37Doch Scha-ul
sagte zu den Offizieren: »Nachdem
sie uns öffentlich ausgepeitscht hat-
ten, obwohl wir nicht etwa eines
Verbrechens überführt waren und
römische Bürger sind, warfen sie
uns ins Gefängnis. Und jetzt wollen
sie sich heimlich unserer entledigen?
O nein! Sie mögen kommen und
uns selbst hinausbegleiten!«

38Die Offiziere berichteten diese
Worte den Richtern, die furchtbar
erschraken, als sie vernahmen, daß
Scha-ul und Sila römische Bürger
waren. 39Sie kamen und entschul-
digten sich bei ihnen; dann, nach-
dem sie sie hinausbegleitet hatten,
baten sie sie, die Stadt zu verlas-
sen. 40Vom Gefängnis gingen sie
zum Haus von Lydia, und nach-
dem sie die Brüder noch einmal
gesehen und gestärkt hatten, rei-
sten sie ab.

17 1Nachdem sie durch Amphi-
polis und Apollonia gezogen
waren, langten Scha-ul und Sila in
Thessalonich an, wo eine Synagoge
stand. 2Wie gewöhnlich ging Scha-ul
hinein; und an drei *Schabbat*en gab
er ihnen *Draschot* aus der *Tenach*
3und erklärte und bewies ihnen, daß
der Messias leiden und von den To-
ten auferstehen mußte und daß
»dieser Jeschua, den ich euch ver-
künde, der Messias ist«. 4Manche
der Juden wurden überzeugt und
banden ihr Schicksal an das von
Scha-ul und Sila, und mit ihnen eine
große Zahl griechischer Männer, die
»Gottesfürchtige« waren, und nicht
wenige führende Frauen.

5Die ungläubigen Juden aber wur-
den eifersüchtig; deshalb riefen sie
einige schlechte Männer aus dem
Gesindel, das auf dem Marktplatz
herumhing, zusammen, stellten eine
Menge auf die Beine und verursach-
ten einen Aufruhr in der Stadt. Sie
griffen Jasons Haus an, in der Hoff-
nung, Scha-ul und Sila dem Mob
vorwerfen zu können. 6Als sie sie
nicht fanden, zerrten sie Jason und
einige andere Brüder vor die Ober-
sten der Stadt und riefen: »Diese
Männer, die die ganze Welt auf den
Kopf gestellt haben, sind nun auch
hierher gekommen! 7Und Jason hat
sie in seinem Haus wohnen lassen!
Sie alle verstoßen gegen die Erlasse
des Kaisers; denn sie behaupten, ein
anderer sei König, Jeschua!« 8Ihre
Worte verursachten heftigen Auf-
ruhr unter der Menge und bei den
Obersten, 9so daß sie sie erst dann
gehen ließen, als Jason und die an-
deren eine Kaution gestellt hatten.
10Doch sobald es Nacht geworden
war, schickten die Brüder Scha-ul
und Sila fort nach Beröa.

Sobald sie angelangt waren, gin-
gen sie in die Synagoge. 11Nun war
das Volk dort von vornehmerer
Wesensart als die Leute in Thessalo-
nich; sie nahmen die Botschaft be-
reitwillig auf und prüften jeden Tag
die *Torah*, um zu sehen, ob die Din-
ge, die Scha-ul sagte, wahr seien.
12Viele von ihnen fanden zum Ver-
trauen, darunter auch eine Anzahl

vornehmer griechischer Frauen und
nicht wenige griechische Männer.

13Doch als die ungläubigen Juden
von Thessalonich hörten, daß Scha-
ul das Wort Gottes auch in Beröa
verkündet hatte, gingen sie auch
dorthin, um Unruhe zu stiften und
die Menge aufzuwiegeln. 14Die Brü-
der schickten Scha-ul sogleich fort,
an die Küste hinab, während Sila
und Timotheus dablieben. 15Scha-
uls Begleitung ging mit ihm bis nach
Athen, dann verließen sie ihn und
kehrten, so rasch sie konnten, mit
Anweisungen für Sila und Timo-
theus zurück.

16Als Scha-ul in Athen auf sie war-
tete, geriet sein Geist in Aufruhr an-
gesichts dieser Stadt voller Götzen.
17Deshalb fing er an, in der Synago-
ge Diskussionen mit den Juden und
den »Gottesfürchtigen« zu führen
und jeden Tag auf dem Marktplatz
mit den Leuten zu reden, die zufäl-
lig dort waren.

18Allmählich gesellte sich auch eine
Gruppe von Epikuräern und
stoischen Philosophen zu ihm. Man-
che fragten: »Was will dieser Schwät-
zer sagen?« Andere sagten, weil er
die Gute Nachricht über Jeschua und
die Auferstehung verkündete: »Er
klingt wie ein Fürsprecher fremder
Götter.« 19Sie nahmen ihn und führ-
ten ihn dem Hohen Rat vor und sag-
ten: »Dürfen wir erfahren, was das
für eine Lehre ist, die du da vor-
stellst? 20Manche der Dinge, die wir
von dir hören, klingen uns sehr be-
fremdlich, und wir wüßten gern, was
sie bedeuten.« 21(Alle Athener und
die Fremden, die dort leben, pflegen
ihre Freizeit damit zu verbringen,
sich die neuesten Schrullen anzuhö-
ren und darüber zu diskutieren.)

22Scha-ul stand vor der Ratsver-
sammlung auf und sagte: »Männer
von Athen: Ich sehe, wie tief religiös
ihr in jeder Hinsicht seid! 23Denn als
ich herumging und eure Heiligtü-
mer anschaute, fand ich sogar einen
Altar mit der Inschrift: ›Einem un-
bekannten Gott‹. Nun, der, den ihr
bereits in Unkenntnis verehrt – das
ist der, den ich euch verkündige.

24Der Gott, der das Universum
und alles, was darin ist, gemacht hat,
und der der Herr des Himmels und
der Erde ist, lebt nicht in von Men-
schenhand gemachten Tempeln;
25und man dient ihm auch nicht mit
Menschenhand, als ob ihm irgend
etwas mangle; denn er selbst ist es,
der allen Menschen Leben und
Atem und alles gibt.

26Aus einem Menschen hat er alle
Nationen gemacht, die auf der gan-
zen Erde leben, und er hat die
Grenzen ihrer Gebiete festgesetzt
und die Zeiten, in denen sie auf der
Höhe ihrer Macht stehen. 27Gott tat
das, damit die Menschen nach ihm
suchen und vielleicht die Hand nach
ihm ausstrecken und ihn finden –
obwohl er in Wirklichkeit einem je-

Draschot (pl.) – Schriftauslegung, Predigt
Jeschua – Jesus
Schabbat – der Sabbat
Scha-ul – Saulus (Paulus)
Sila – Silas
Tenach – die hebr. Bibel, das Alte Testament
Torah – Weisung, Lehre, das »Gesetz«, der Pentateuch (die 5 Bücher Mose)

den von uns nicht fern ist, 28›denn in ihm leben und weben und sind wir‹. Ja, wie manche eurer Dichter gesagt haben: ›Wir sind wahrhaftig seine Kinder.‹ 29Da wir nun aber Kinder Gottes sind, dürfen wir nicht glauben, daß das Wesen Gottes Gold, Silber oder Steinen gleicht, die durch menschliche Kunst und Phantasie gestaltet wurden.

30In der Vergangenheit hat Gott über solche Unwissenheit hinweggesehen; jetzt aber gebietet er allen Menschen an allen Orten, sich von ihren Sünden zu ihm zu wenden. 31Denn er hat einen Tag festgesetzt, an dem er die bewohnte Welt richten wird, und zwar gerecht, durch einen Mann, den er dazu bestimmt hat. Und das hat er öffentlich bestätigt, indem er diesen Mann von den Toten auferweckt hat.«

32Bei der Erwähnung einer Auferstehung Toter fingen manche an zu spotten; während andere sagten: »Wir möchten dich wieder einmal über dieses Thema hören.« 33So verließ Scha-ul die Versammlung. 34Doch einige Männer blieben bei ihm und fanden zum Vertrauen, darunter auch das Ratsmitglied Dionysius und eine Frau namens Damaris; und noch andere fanden mit ihnen zum Vertrauen.

18 1Danach verließ Scha-ul Athen und zog nach Korinth, 2wo er einen Juden namens Aquila traf, der aus Pontus stammte, jedoch kürzlich mit seiner Frau Priszilla aus Italien gekommen war, weil Claudius einen Erlaß verfügt hatte, der alle Juden aus Rom vertrieb. Scha-ul ging, sie zu sehen; 3und weil er denselben Beruf hatte wie sie, nämlich Zeltmacher, blieb er bei ihnen; und sie arbeiteten zusammen.

4Scha-ul begann außerdem, jeden Schabbat Diskussionen in der Synagoge abzuhalten, wo er versuchte, Juden und Griechen zu überzeugen. 5Doch als Sila und Timotheus aus Mazedonien angelangt waren, wurde Scha-ul von der Dringlichkeit der Botschaft überwältigt und bezeugte den Juden mit Macht, daß Jeschua der Messias ist. 6Als die sich aber gegen ihn wandten und ihm Schmähungen an den Kopf warfen, schüttelte er seine Kleider aus und sagte: »Euer Blut komme über euer eigenes Haupt! Denn ich für meinen Teil bin rein; von jetzt an werde ich zu den *Gojim* gehen!«

7Und so verließ er sie und ging in das Haus eines »Gottesfürchtigen« namens Titius Justus, dessen Haus direkt neben der Synagoge stand. 8Krispus, der Vorsteher der Synagoge, fand zum Vertrauen in den Herrn, zusammen mit seinem ganzen Haus; und auch viele Korinther, die hörten, vertrauten und wurden eingetaucht.

9Eines Nachts sagte der Herr in einer Vision zu Scha-ul: »Hab keine Angst, sondern sprich offen und hör nicht auf, 10denn ich bin bei dir. Niemand wird dir etwas anhaben können, denn ich habe viele Menschen in dieser Stadt.« 11So blieb Scha-ul anderthalb Jahre dort und lehrte sie das Wort Gottes.

12 Als nun aber Gallio römischer
Statthalter von Achaja wurde, rotte-
ten sich die ungläubigen Juden zu
einem Angriff gegen Scha-ul zusam-
men und brachten ihn vor Gericht
13 und sagten: »Dieser Mann ver-
sucht, die Menschen zu überreden,
Gott auf eine Weise anzubeten, die
gegen die *Torah* verstößt.« 14 Scha-ul
wollte gerade seinen Mund öffnen,
als Gallio zu den Juden sagte:
»Hört, ihr Juden, wenn das ein Fall
von zugefügtem Unrecht oder ein
ernstes Verbrechen wäre, dürftet ihr
in der Tat verlangen, daß ich euch
geduldig anhöre. 15 Doch da es sich
hier nur um Fragen über Worte und
Namen und euer eigenes Gesetz
handelt, müßt ihr euch selbst damit
befassen. Ich weigere mich schlicht
und einfach, über solche Dinge zu
richten.« 16 Und er warf sie aus dem
Gerichtssaal hinaus. 17 Da packten
alle Sosthenes, den Vorsteher der
Synagoge, und schlugen ihn vor der
Richterbank; aber Gallio kümmerte
sich nicht mehr darum.

18 Scha-ul blieb noch einige Zeit,
dann verabschiedete er sich von
den Brüdern und setzte Segel nach
Syrien, nachdem er in Kenchreä
sein Haar hatte scheren lassen,
weil er ein Gelübde abgelegt hatte;
bei ihm waren Priszilla und Aqui-
la.

19 Sie kamen nach Ephesus, und er
ließ sie dort zurück; er selbst aber
ging in die Synagoge und führte Ge-
spräche mit den Juden. 20 Als sie ihn
baten, noch länger bei ihnen zu blei-
ben, lehnte er ab; 21 doch beim Ab-
schied sagte er: »So Gott will, werde
ich zu euch zurückkommen.« Dann
segelte er von Ephesus aus los.

22 Als er in Cäsarea gelandet war,
zog er hinauf nach Jeruschalajim und
begrüßte die messianische Gemein-
schaft. Dann ging er hinab nach An-
tiochia, 23 verbrachte dort einige Zeit
und machte sich schließlich auf den
Weg und bereiste systematisch das
Gebiet von Galatien und Phrygien
und stärkte alle *Talmidim*.

24 In der Zwischenzeit kam ein Ju-
de namens Apollos nach Ephesus.
Er war ein begnadeter Redner, der
sich gründlich in der *Tenach* aus-
kannte. 25 Dieser Mann war über den
Weg des Herrn unterrichtet wor-
den, und er verkündete und lehrte
mit großer geistlicher Leidenschaft
über Jeschua, doch er wußte nur
von der Eintauchung Jochanans.
26 Er fing an, kühn in der Synagoge
zu predigen; doch als Priszilla und
Aquila ihn hörten, nahmen sie ihn
beiseite und erklärten ihm den Weg
Gottes noch genauer. 27 Als er Pläne
machte, nach Achaja überzusetzen,
ermutigten ihn die Brüder und
schrieben den *Talmidim* dort, damit
sie ihn aufnahmen. Bei seiner An-
kunft half er denen, die durch die
Gnade zum Vertrauen gefunden

Gojim – die Nationen, Völker, Heiden
Jeruschalajim – Jerusalem
Jeschua – Jesus
Jochanan – Johannes
Schabbat – Sabbat
Scha-ul – Saulus (Paulus)
Talmidim – Jünger (pl.)
Tenach – die hebr. Bibel, das Alte Testament
Torah – Weisung, Lehre, das »Gesetz«, der Pentateuch (die 5 Bücher Mose)

hatten, sehr; [28]denn er widerlegte die ungläubigen Juden in aller Öffentlichkeit überzeugend und schlüssig und bewies durch die *Tenach*, daß Jeschua der Messias ist.

19 [1]Während Apollos sich in Korinth aufhielt, schloß Scha-ul seine Reisen durch das Inland ab und langte in Ephesus an, wo er einigen *Talmidim* begegnete. [2]Er fragte sie: »Habt ihr den *Ruach Ha Kodesch* empfangen, als ihr zum Vertrauen fandet?« »Nein«, antworteten sie ihm, »wir haben noch nie gehört, daß es so etwas wie den *Ruach Ha Kodesch* gibt.« [3]»In was«, sagte er, »wurdet ihr dann eingetaucht?« »Die Eintauchung des Jochanan«, antworteten sie. [4]Scha-ul sagte: »Jochanan hat eine Eintauchung in Verbindung mit der Hinwendung von der Sünde zu Gott praktiziert; doch er wies die Menschen an, ihr Vertrauen auf den zu setzen, der nach ihm kommen würde, das ist auf Jeschua.« [5]Als sie das hörten, wurden sie eingetaucht im Namen des Herrn Jeschua; [6]und als Scha-ul ihnen die Hände auflegte, kam der *Ruach Ha Kodesch* auf sie; so daß sie anfingen, in Zungen zu sprechen und zu prophezeien. [7]Alles in allem waren es ungefähr zwölf Männer.

[8]Scha-ul ging in die Synagoge; und drei Monate lang predigte er kühn, widmete sich dem Gespräch und versuchte, Menschen vom Reich Gottes zu überzeugen. [9]Doch manche fingen an, sich zu verhärten, und weigerten sich zuzuhören; und als sie begannen, den »Weg« vor der ganzen Synagoge zu verleumden, zog Scha-ul sich zurück, nahm die *Talmidim* mit sich und führte von nun an täglich Gespräche in der *Jeschivah* des Tyrannus. [10]Das ging so zwei Jahre; so daß alle, Juden wie Heiden, die in der Provinz Asien lebten, die Botschaft vom Herrn hörten.

[11]Gott tat außergewöhnliche Wunder durch Scha-ul. [12]So wurden Handtücher und Schurze, die er berührt hatte, zu Kranken gebracht; und sie erholten sich von ihren Leiden; und die bösen Geister verließen sie.

[13]Dann versuchten ein paar jüdische Exorzisten, die von Ort zu Ort reisten, sich des Namens des Herrn Jeschua in Zusammenhang mit Menschen, die böse Geister hatten, zu bedienen. Sie sagten etwa: »Ich treibe dich aus durch den Jeschua, den Scha-ul verkündet!« [14]Einmal taten das sieben Söhne eines jüdischen *Kohen Gadol* namens Skeva; [15]und der böse Geist antwortete ihnen. Er sagte: »Jeschua kenne ich. Und auch von Scha-ul weiß ich. Aber ihr? Wer seid ihr?« [16]Dann fiel der Mann mit dem bösen Geist über sie her, überwältigte sie und schlug sie so furchtbar, daß sie nackt und blutend aus dem Haus liefen.

[17]Als all das den Einwohnern von Ephesus zu Ohren kam, wurden alle, Juden wie Griechen, von Furcht gepackt; und der Name des Herrn Jeschua wurde hochgeachtet. [18]Viele derer, die sich früher zum Glauben bekannt hatten, kamen jetzt und ga-

ben öffentlich ihre bösen Taten zu;
[19]und eine beträchtliche Zahl derer,
die Okkultismus getrieben hatten,
warfen ihre Schriftrollen auf einen
großen Haufen und verbrannten sie
öffentlich. Als sie den Wert der Rol-
len nachrechneten, kamen sie auf
fünfzigtausend Drachmen. [20]So ge-
wann die Botschaft vom Herrn Je-
schua weiterhin sehr an Einfluß.

[21]Einige Zeit später entschloß sich
Scha-ul auf Geheiß des Geistes,
durch Mazedonien und Achaja zu
reisen und dann nach Jeruschalajim
zu gehen. »Und wenn ich dort ge-
wesen bin«, sagte er, »muß ich Rom
sehen.« [22]So schickte er zwei seiner
Helfer, Timotheus und Erastus,
nach Mazedonien; er selbst aber
blieb noch eine Weile in der Provinz
Asien.

[23]In dieser Zeit entstand ein
größerer Aufruhr über den »Weg«.
[24]Da war ein Silberschmied namens
Demetrius, der aus Silber Gegen-
stände für den Gottesdienst der Ar-
temis herstellte; und er verschaffte
den Kunsthandwerkern nicht wenig
Arbeit. [25]Er berief eine Versamm-
lung dieser Männer und anderer, die
in ähnlichen Berufen tätig waren,
ein und sagte: »Männer, ihr wißt,
daß wir von diesem Geschäftszweig
leben. [26]Und ihr könnt selbst sehen
und hören, daß dieser Scha-ul nicht
nur hier in Ephesus, sondern prak-
tisch in der ganzen Provinz Asien
eine beträchtliche Zahl überzeugt
und abgekehrt hat, indem er sagte,
daß die von Menschen gemachten
Götter gar keine Götter seien.
[27]Nun besteht dadurch nicht nur die
Gefahr, daß der Ruf unseres Gewer-
bes Schaden leidet, sondern auch,
daß der Tempel der großen Göttin
Artemis nicht mehr ernst genom-
men wird. Das endet schließlich
möglicherweise damit, daß die Göt-
tin selbst, die in der ganzen Provinz
Asien, ja auf der ganzen Welt ange-
betet wird, auf schändliche Weise
ihrer göttlichen Majestät beraubt
wird!«

[28]Als sie das hörten, wurden sie
furchtbar aufgebracht und fingen an
zu schreien: »Groß ist die Artemis
der Epheser!« [29]Schon bald war die
ganze Stadt in Aufruhr. Wie ein
Mann stürmte der Mob ins Theater
und schleppte Gajus und Aristar-
chus, die Reisegefährten Scha-uls
aus Mazedonien, mit sich. [30]Scha-ul
selbst wollte vor der Menge auftre-
ten, doch die *Talmidim* wollten es
ihm nicht erlauben. [31]Sogar einige
der Provinzbeamten, Freunde von
ihm, schickten eine Botschaft und
baten ihn, nicht das Wagnis einzu-
gehen und das Theater zu betreten.
[32]In der Zwischenzeit schrien die ei-
nen dies und die anderen das, denn
es herrschte völlige Verwirrung in
der Versammlung, und die große
Mehrheit wußte nicht einmal, war-

Jeruschalajim – Jerusalem
Jeschivah – Schule, in der die Torah gelernt wird
Jeschua – Jesus
Jochanan – Johannes
Kohen Gadol – Hoherpriester
Ruach Ha Kodesch – Heiliger Geist
Scha-ul – Saulus (Paulus)
Talmidim – Jünger (pl.)
Tenach – die hebr. Bibel, das Alte Testament

um sie überhaupt da waren. 33Einige aus der Menge erklärten die Situation Alexander, den die Juden nach vorn geschoben hatten. So bat Alexander mit der Hand um Ruhe, in der Hoffnung, eine Verteidigungsrede vor den Leuten halten zu können. 34Doch sobald sie erkannten, daß er Jude war, fingen sie unisono an zu schreien: »Groß ist die Artemis der Epheser!«, und das setzten sie fast zwei Stunden lang fort.

35Schließlich gelang es dem Stadtschreiber, die Menge zu beruhigen. »Männer von Ephesus!« sagte er, »ist da auch nur einer, der nicht weiß, daß die Stadt Ephesus die Wächterin des Tempels der großen Artemis ist, und der nichts von dem heiligen Stein weiß, der vom Himmel fiel? 36Da das außer Frage steht, wäre es besser, ihr würdet euch beruhigen und nichts Übereiltes tun. 37Denn ihr habt diese Männer, die weder den Tempel ausgeraubt noch unsere Göttin geschmäht haben, hierhergebracht. 38Wenn also Demetrius und seine Kollegen eine Klage gegen jemanden haben, dann stehen ihm die Gerichte und die Richter zur Verfügung – er möge die Klagen und die Gegenklagen vortragen. 39Wenn ihr aber noch mehr wollt, so wird es in einer ordentlichen Versammlung geklärt werden müssen. 40Denn wir laufen Gefahr, aufgrund dessen, was heute geschehen ist, des Aufruhrs angeklagt zu werden. Es gibt keine Rechtfertigung dafür; und wenn wir gefragt werden, werden wir keine vernünftige Erklärung für diesen unrechtmäßigen Auflauf abgeben können.« 41Und mit diesen Worten löste er die Versammlung auf.

20 1Nachdem der Aufruhr sich gelegt hatte, schickte Scha-ul nach den *Talmidim* und ermutigte sie, dann nahm er Abschied und machte sich auf den Weg nach Mazedonien. 2Er zog durch dieses Gebiet, und nachdem er viel gesagt hatte, um sie zu ermutigen, reiste er weiter nach Griechenland, 3wo er drei Monate verbrachte. Als er sich vorbereitete, Segel zu setzen nach Syrien, kam er einer Verschwörung gegen seine Person von seiten der ungläubigen Juden auf die Spur; deshalb änderte er seine Absicht und beschloß, über Mazedonien zurückzukehren. 4Sopater aus Beröa, der Sohn des Pyrrhus, begleitete ihn; außerdem Aristarchus und Sekundus aus Thessalonich, Gajus aus Derbe, Timotheus und Tychikus und Trophimus aus der Provinz Asien. 5Diese Männer machten sich auf den Weg und erwarteten uns in Troas, 6während wir nach den Tagen des *Mazahfestes* von Philippi lossegelten. Fünf Tage später trafen wir sie in Troas, wo wir eine Woche verbrachten.

7Am *Moza-eh Schabbat*, als wir zusammenkamen, um das Brot zu brechen, wandte Scha-ul sich an sie. Da er am nächsten Tag abreisen wollte, sprach er bis Mitternacht. 8Nun brannten in dem Obergemach, wo wir uns versammelt hatten, viele Öllampen, 9und ein junger Mensch namens Eutychus saß auf

dem Fensterbrett. Scha-uls *Drasch*
nahm und nahm kein Ende, und
Eutychus wurde immer schläfriger;
bis er schließlich fest einschlief und
aus dem dritten Stock auf den Bo-
den hinunterfiel. Als sie ihn aufho-
ben, war er tot. [10]Doch Scha-ul ging
hinab, warf sich über ihn, legte seine
Arme um ihn und sagte: »Regt euch
nicht auf, er lebt!« [11]Dann ging er
wieder hinauf, brach das Brot und
aß. Er sprach weiter mit ihnen bis
Tagesanbruch und verließ sie dann.
[12]Sehr erleichtert brachten sie den
Jungen lebendig nach Hause.

[13]Wir gingen voraus auf das Schiff
und setzten Segel nach Assos, wo
wir Scha-ul an Bord nehmen woll-
ten – er hatte das so angeordnet,
weil er selbst über Land dorthin ge-
hen wollte. [14]Nachdem er uns in As-
sos getroffen hatte, nahmen wir ihn
an Bord und reisten weiter nach Mi-
tylene. [15]Am nächsten Tag segelten
wir von dort ab und langten vor
Chios an; am folgenden Tag setzten
wir über nach Samos; und am Tag
danach erreichten wir Milet. [16]Denn
Scha-ul hatte beschlossen, Ephesus
auf seiner Reise links liegen zu las-
sen, um keine Zeit in der Provinz
Asien zu verlieren, weil er es eilig
hatte, nach Jeruschalajim zu kom-
men, wenn möglich rechtzeitig zum
*Schavuot*fest.

[17]Er schickte jedoch von Milet
nach Ephesus und rief die Ältesten
der messianischen Gemeinschaft zu-
sammen. [18]Als sie anlangten, sagte er
zu ihnen: »Ihr wißt, wie ich seit dem
ersten Tag, an dem ich die Provinz
Asien betrat, allezeit bei euch war
[19]und euch diente im Herrn mit
großer Demut und mit Tränen,
trotz der Prüfungen, denen ich
durch die Verschwörungen der un-
gläubigen Juden ausgesetzt war.
[20]Ihr wißt, daß ich nichts zurück-
hielt, das euch helfen konnte, und
daß ich euch öffentlich und von
Haus zu Haus lehrte [21]und Juden
wie Griechen in tiefstem Ernst die-
selbe Botschaft verkündete: Wendet
euch von den Sünden zu Gott; und
setzt euer Vertrauen auf den Herrn,
Jeschua den Messias.

[22]»Und jetzt gehe ich auf Geheiß
des Geistes nach Jeruschalajim. Ich
weiß nicht, was mir dort bevorsteht,
[23]außer daß der *Ruach Ha Kodesch*
mich in jeder Stadt warnt, daß Ge-
fängnis und Verfolgung mich erwar-
ten. [24]Aber ich erachte mein eigenes
Leben alles andere als wichtig, so-
lange ich den Lauf vollenden kann,
der vor mir liegt, die Aufgabe, die
ich vom Herrn Jeschua empfangen
habe – mit Macht die Gute Nach-
richt von der Liebe und Güte Got-
tes zu verkünden.

[25]Nun hört mir zu! Ich weiß, daß
keiner von euch, denen ich das
Reich verkündet habe, mich je wie-
dersehen wird. [26]Deshalb bezeuge

Drasch (sg.) – Schriftauslegung, Predigt
Jeruschalajim – Jerusalem
Jeschua – Jesus
Mazah – ungesäuertes Brot
Moza-eh Schabbat – der Ausgang des Sabbat, Samstagabend
Ruach Ha Kodesch – Heiliger Geist
Scha-ul – Saulus (Paulus)
Schavuot – »Wochenfest«, Pfingsten
Talmidim – Jünger (pl.)

ich an diesem Tag, daß ich unschuldig bin am Blut aller. 27Denn ich habe mich nicht gescheut, euch den ganzen Plan Gottes zu verkünden.

28Paßt auf euch auf und auf die Herde, in die der *Ruach Ha Kodesch* euch als Hüter hineingestellt hat, die messianische Gemeinschaft Gottes, die er auf Kosten des Blutes seines eigenen Sohnes für sich gewonnen hat, zu leiten. 29Ich weiß, daß, wenn ich fort bin, wilde Wölfe in eure Gemeinschaft eindringen werden; und sie werden die Herde nicht verschonen. 30Ja, sogar aus eurer eigenen Mitte werden Männer erstehen und Entstellungen der Wahrheit lehren, um die *Talmidim* auf ihre Seite zu ziehen. 31So bleibt wachsam! Denkt daran, daß ich euch drei Jahre lang Tag und Nacht mit Tränen in den Augen gewarnt habe!

32Und jetzt vertraue ich euch der Fürsorge des Herrn und der Botschaft seiner Liebe und Güte an, denn sie kann euch aufbauen und euch ein Erbe unter all denen geben, die für Gott ausgesondert sind.

33Ich wollte niemandes Silber oder Gold oder Kleidung für mich. 34Ihr wißt, daß diese meine Hände nicht nur für meinen eigenen Bedarf gearbeitet haben, sondern auch für den Bedarf meiner Mitarbeiter. 35In allem habe ich euch ein Beispiel gegeben dafür, wie ihr durch solche harte Arbeit den Schwachen helfen sollt, in der Erinnerung an die Worte des Herrn Jeschua selbst: ›Im Geben liegt mehr Glück als im Nehmen.‹«

36Als er seine Rede beendet hatte, kniete Scha-ul mit ihnen allen nieder und betete. 37Alle weinten, als sie ihre Arme um seinen Hals legten und ihn zum Abschied küßten. 38Was sie am meisten betrübte, war seine Bemerkung, daß sie ihn niemals wiedersehen würden. Dann begleiteten sie ihn zum Schiff.

21 1Nachdem wir uns von den Ältesten aus Ephesus losgerissen hatten, setzten wir Segel und liefen auf geradem Weg Kos an. Am nächsten Tag ging es nach Rhodos und von dort nach Patara. 2Als wir ein Schiff fanden, das nach Phönizien übersetzte, gingen wir an Bord und setzten Segel. 3Zypern kam in Sicht, doch wir ließen es links liegen und segelten nach Syrien, wo wir in Zor landeten, weil das Schiff dort seine Ladung löschen sollte. 4Wir suchten die dortigen *Talmidim* auf und blieben eine Woche. Unter der Leitung des Geistes sagten sie Scha-ul, daß er nicht nach Jeruschalajim gehen sollte; 5aber als die Woche vorüber war, verließen wir sie und setzten unsere Reise fort. Sie alle gaben uns gemeinsam mit ihren Frauen und Kindern das Geleit aus der Stadt. Wir knieten am Strand nieder und beteten 6und verabschiedeten uns voneinander. Dann gingen wir an Bord des Schiffes, und sie kehrten nach Hause zurück.

7Als die Fahrt von Zor beendet war, langten wir in Ptolemaïs an. Dort begrüßten wir die Brüder und blieben über Nacht bei ihnen. 8Am folgenden Tag zogen wir weiter und kamen nach Cäsarea, wo wir in das

Haus von Philippus, des Verkünders der Guten Nachricht, einem der Sieben, gingen und bei ihm blieben. [9]Er hatte vier unverheiratete Töchter, die die Gabe der Weissagung besaßen.

[10]Bei unserem Aufenthalt dort kam ein Prophet namens Agav aus Jehudah herab, [11]uns zu besuchen. Er nahm Scha-uls Gürtel, band seine eigenen Hände und Füße und sagte: »So sagt der *Ruach Ha Kodesch*: Der Mann, dem dieser Gürtel gehört – geradeso werden ihn die Judäer in Jeruschalajim binden und an die *Gojim* ausliefern.« [12]Als wir das hörten, baten wir und die Leute ihn, nicht nach Jeruschalajim hinaufzugehen; [13]doch Scha-ul antwortete: »Was macht ihr, daß ihr weint und versucht, meinen Entschluß ins Wanken zu bringen? Ich bin bereit, nicht nur, mich binden zu lassen, sondern auch, in Jeruschalajim zu sterben für den Namen des Herrn Jeschua.« [14]Als er sich nicht überzeugen lassen wollte, sagten wir: »Möge der Wille des Herrn geschehen«, und schwiegen.

[15]Also packten wir am Ende unseres Aufenthaltes zusammen und zogen hinauf nach Jeruschalajim; [16]und mit uns gingen einige *Talmidim* aus Cäsarea. Sie brachten uns in das Haus eines Mannes, bei dem wir wohnen sollten, Mnason aus Zypern, der seit den ersten Tagen ein *Talmid* war.

[17]In Jeruschalajim nahmen die Brüder uns mit Wärme auf. [18]Am nächsten Tag gingen Scha-ul und wir übrigen zu Ja-akov, und alle Ältesten waren anwesend. [19]Nachdem er ihn begrüßt hatte, beschrieb Scha-ul bis ins einzelne die Dinge, die Gott durch seine Bemühungen unter den Heiden getan hatte.

[20]Als sie das hörten, priesen sie Gott; doch sie sagten auch zu ihm: »Du siehst, Bruder, wie viele Tausende von Gläubigen es unter den Judäern gibt, und sie alle sind Eiferer für die *Torah*. [21]Nun wurde ihnen aber über dich erzählt, daß du alle Juden, die unter den *Gojim* leben, lehrtest, von Mosche abzufallen, und sie auffordertest, an ihren Söhnen nicht die *Berit Milah* zu vollziehen und nicht den Überlieferungen zu folgen.

[22]Was ist also zu tun? Sicher werden sie erfahren, daß du gekommen bist. [23]Deshalb tu, was wir dir sagen. Wir haben vier Männer, die ein Gelübde abgelegt haben. [24]Nimm sie mit dir, laß dich mit ihnen reinigen, und bezahle, was es kostet, ihnen das Haupt scheren zu lassen. Dann wird jeder wissen, daß an diesen Gerüchten, die sie über dich gehört

Agav – Agabus
Berit Milah – rituelle Beschneidung
Gojim – die Nationen, Völker, Heiden
Ja-akov – Jakob
Jehudah – Judäa
Jeruschalajim – Jerusalem
Jeschua – Jesus
Mosche – Mose
Ruach Ha Kodesch – Heiliger Geist
Scha-ul – Saulus (Paulus)
Talmid – Jünger (sg.)
Talmidim – Jünger (pl.)
Torah – Weisung, Lehre, das »Gesetz«, der Pentateuch (die 5 Bücher Mose)
Zor – Tyrus

haben, nichts ist, sondern du ganz
im Gegenteil in der Ordnung stehst
und die *Torah* hältst.

25 Im Blick auf die *Gojim* aber, die
zum Vertrauen an Jeschua gekom-
men sind, haben wir alle gemeinsam
ihnen einen Brief geschrieben, in
dem wir sie über unsere Entschei-
dung unterrichten, daß sie sich ent-
halten sollen von dem, was Götzen
geopfert wurde, von Blut, von Er-
sticktem und von Unzucht.«

26 Am nächsten Tag nahm Scha-ul
die Männer, reinigte sich mit ihnen
und ging in den Tempel und kün-
digte an, wann die Zeit der Reini-
gung vorüber und das Opfer für je-
den von ihnen gebracht sein werde.
27 Die sieben Tage waren fast um, als
einige ungläubige Juden aus der
Provinz Asien ihn im Tempel sahen,
die Menge aufwiegelten und ihn er-
griffen. 28 »Männer Jisraels, zu Hil-
fe«, schrien sie. »Das ist der Mann,
der überallhin geht und jedermann
Dinge lehrt, die gegen das Volk, ge-
gen die *Torah* und gegen diesen Ort
sind! Und jetzt hat er sogar *Gojim*
in den Tempel gebracht und diesen
heiligen Ort verunreinigt!« 29 (Sie
hatten zuvor Trophimus aus Ephe-
sus in der Stadt mit ihm gesehen
und glaubten, daß Scha-ul ihn in
den Tempel gebracht habe.)

30 Die ganze Stadt geriet in Auf-
ruhr, und die Menschen liefen von
überallher zusammen. Sie ergriffen
Scha-ul und zerrten ihn aus dem
Tempel heraus, und sogleich wur-
den die Tore geschlossen. 31 Doch
während sie noch versuchten, ihn zu
töten, wurde der Befehlshaber des
römischen Bataillons benachrichtigt,
daß ganz Jeruschalajim in Aufruhr
sei. 32 Augenblicklich nahm er Offi-
ziere und Soldaten und lief zu ihnen
hinab. Als sie den Befehlshaber er-
blickten, hörten sie auf, Scha-ul zu
schlagen.

33 Dann trat der Befehlshaber her-
zu, verhaftete ihn und befahl, ihn
mit zwei Ketten zu binden. Er frag-
te, wer er sei und was er getan habe.
34 Jeder schrie etwas anderes; und
weil er nicht feststellen konnte, was
geschehen war und den Aufruhr
verursacht hatte, befahl er, ihn in die
Baracken zu bringen. 35 Als Scha-ul
die Treppen erreicht hatte, mußten
die Soldaten ihn sogar tragen, weil
der Mob außer Rand und Band war
– 36 die Menge war ihnen weiter ge-
folgt und schrie unentwegt: »Töte
ihn!«

37 In dem Augenblick, als Scha-ul
in die Baracken hineingebracht wer-
den sollte, sagte er zu dem Befehls-
haber: »Ist es in Ordnung, wenn ich
dir etwas sage?« Der Befehlshaber
sagte: »Du sprichst Griechisch!
38 Sag, bist du denn nicht der Ägyp-
ter, der vor einiger Zeit versuchte,
einen Aufruhr anzuzetteln und vier-
tausend bewaffnete Terroristen in
die Wüste hinausführte?« 39 Scha-ul
sagte: »Ich bin ein Jude aus Tarsus
in Zilizien, Bürger einer bedeuten-
den Stadt; und ich bitte dich um Er-
laubnis, mich zum Volk sprechen zu
lassen.«

40 Nachdem er die Erlaubnis zum
Sprechen erhalten hatte, stellte sich
Scha-ul auf die Treppen und winkte
dem Volk mit der Hand. Als sie

endlich still geworden waren, wandte er sich auf hebräisch an sie:

22 [1]»Brüder und Väter! Hört mir zu, wenn ich mich jetzt vor euch verteidige!« [2]Als sie ihn auf hebräisch sprechen hörten, wurden sie noch ruhiger; und so fuhr er fort: [3]»Ich bin ein Jude, geboren in Tarsus in Zilizien, aber in dieser Stadt großgeworden und zu Füßen von Gamli-el in jeder Einzelheit der *Torah* unserer Vorväter unterrichtet. Ich war ein Eiferer für Gott, wie ihr alle, die ihr heute hier seid. [4]Ich habe die Anhänger dieses ›Weges‹ bis auf den Tod verfolgt und Männer wie Frauen verhaftet und ins Gefängnis geworfen. [5]Der *Kohen Ha Gadol* und der ganze *Sanhedrin* kann das bezeugen. Ja, nachdem ich von ihnen Briefe an ihre Kollegen in Dammesek erhalten hatte, machte ich mich auf den Weg dorthin, um sie auch in dieser Stadt zu verhaften und zur Bestrafung nach Jeruschalajim zurückzubringen.

[6]Als ich die Straße entlang zog und mich schon Dammesek näherte, umgab mich plötzlich gegen Mittag ein blendendes Licht von allen Seiten! [7]Ich fiel zu Boden und hörte eine Stimme zu mir sagen: ›Scha-ul! Scha-ul! Warum läßt du nicht ab, mich zu verfolgen?‹ [8]Ich antwortete: ›Lieber Herr, wer bist du?‹ ›Ich bin Jeschua aus Nazeret‹, sagte er zu mir, ›und du verfolgst mich!‹ [9]Die mit mir waren, sahen das Licht, aber sie hörten nicht die Stimme dessen, der zu mir sprach. [10]Ich sagte: ›Was soll ich tun, Herr?‹ Und der Herr sagte zu mir: ›Steh auf und geh hinein nach Dammesek, und dort wirst du erfahren, was zu tun dir bestimmt ist.‹ [11]Ich war geblendet durch die Helligkeit des Lichtes, deshalb führten mich meine Begleiter an der Hand nach Dammesek.

[12]Ein Mann namens Chananjah, ein gehorsamer Anhänger der *Torah*, der in der ganzen dortigen jüdischen Gemeinschaft hochgeschätzt wurde, [13]kam zu mir, stellte sich neben mich und sagte: ›Bruder Scha-ul, sieh wieder!‹ Und in diesem Augenblick gewann ich mein Augenlicht zurück und sah ihn. [14]Er sagte: ›**Der Gott unserer Väter**[a] hat im voraus beschlossen, daß du seinen Willen kennen, den *Zaddik* sehen und seine Stimme hören sollst; [15]denn du wirst jedermann ein Zeuge für ihn sein, für alles, was du gesehen und gehört hast. [16]Worauf wartest du also noch? Steh auf, tauche dich ein und laß deine Sünden abwaschen, indem du seinen Namen anrufst.‹

---

a Ex 3,15

Chananjah – Hananias
Dammesek – Damaskus
Gamli-el – Gamaliel
Gojim – die Nationen, Völker, Heiden
Jeruschalajim – Jerusalem
Jeschua – Jesus
Kohen Ha Gadol – Hoherpriester
Nazeret – Nazareth
Sanhedrin – oberstes jüdisches Gericht, Hoher Rat
Scha-ul – Saulus (Paulus)
Torah – Weisung, Lehre, das »Gesetz«, der Pentateuch (die 5 Bücher Mose)
Zaddik – der Gerechte, gerechter Mensch

[17]Als ich nach Jeruschalajim zurückgekehrt war, fiel ich, als ich im Tempel betete, in Trance [18]und sah Jeschua. ›Rasch!‹ sagte er zu mir, ›geh augenblicklich heraus aus Jeruschalajim, denn sie werden nicht annehmen, was du über mich sagen mußt.‹ [19]Ich sagte: ›Herr, sie wissen selbst, daß ich in allen Synagogen diejenigen zu verhaften pflegte und auspeitschen ließ, die auf dich vertrauten; [20]auch als das Blut deines Zeugen Stephanus vergossen wurde, stand ich dabei und war völlig einverstanden; ich paßte sogar auf die Kleider derjenigen auf, die ihn töteten!‹ [21]Doch er sagte: ›Geh endlich, denn ich will dich weit weg senden – zu den *Gojim*!‹«

[22]Bis dahin hatten sie ihm zugehört; doch jetzt schrien sie aus vollem Hals: »Befreie die Erde von einem solchen Mann! Er darf nicht am Leben bleiben!« [23]Sie schrien, schwenkten ihre Kleider und warfen Staub in die Luft; [24]deshalb ordnete der Befehlshaber an, ihn in die Baracken zu bringen, zu verhören und auszupeitschen, um herauszufinden, warum sie so auf ihn einschrien.

[25]Doch als sie ihn mit Riemen ausstreckten, sagte Scha-ul zum Hauptmann, der dabeistand: »Ist es nach dem Gesetz in Ordnung, daß du einen Mann auspeitschst, der römischer Bürger ist und nicht einmal einen Prozeß hatte?« [26]Als der Hauptmann das hörte, ging er und berichtete dem Befehlshaber: »Weißt du, was du tust? Dieser Mann ist römischer Bürger!« [27]Der Befehlshaber kam und sagte zu Scha-ul: »Sag mir, bist du römischer Bürger?« »Ja«, antwortete er. [28]Der Befehlshaber entgegnete: »Ich habe die Bürgerschaft für eine große Summe Geldes gekauft.« »Ich aber wurde hineingeboren«, sagte Scha-ul. [29]Sogleich wichen die Männer, die ihn hatten verhören wollen, vor ihm zurück; und der Befehlshaber hatte ebenfalls Angst, denn er wußte, daß er diesen Mann, der römischer Bürger war, in Ketten gelegt hatte.

[30]Am nächsten Tag aber ließ er ihn frei, und weil er die Klage wissen wollte, die die Judäer gegen ihn vorbrachten, ordnete er eine Versammlung der Haupt-*Kohanim* und des *Sanhedrin* an. Dann brachte er Scha-ul hinab und stellte ihn vor sie.

23 [1]Scha-ul sah sie voll an und sagte: »Brüder, ich habe meine Pflichten gegen Gott bis zum heutigen Tag mit vollkommen reinem Gewissen erfüllt.« [2]Doch der *Kohen Ha Gadol* Chananjah befahl denen, die bei ihm standen, ihn auf den Mund zu schlagen. [3]Da sagte Scha-ul zu ihm: »Gott wird dich schlagen, du weißgewaschene Wand! Willst du hier sitzen und mich nach der *Torah* richten und dabei die *Torah* verletzen, indem du mich schlagen läßt?« [4]Die Männer bei ihm sagten: »Es ist der *Kohen Ha Gadol* Gottes, den du beleidigst!« [5]Scha-ul sagte: »Ich wußte nicht, Brüder, daß er der *Kohen Ha Gadol* war; denn in der *Torah* heißt es: ›**Du sollst nicht geringschätzig**

**über einen Obersten deines Volkes
reden.‹«**[b]
6Doch weil er wußte, daß ein Teil
des *Sanhedrin* aus *Zeddukim* und
der andere aus *Peruschim* bestand,
rief Scha-ul: »Brüder, ich selbst bin
ein *Parusch* und der Sohn von *Peru-
schim*; und ich stehe hier vor euch
wegen der Hoffnung auf die Aufer-
stehung der Toten!« 7Als er das sag-
te, entstand ein Streit zwischen den
Peruschim und den *Zeddukim*, und
die Menge war geteilter Meinung.
8Denn die *Zeddukim* leugnen die
Auferstehung und die Existenz von
Engeln und Geistern; wohingegen
die *Peruschim* beides anerkennen.
9So entstand ein großer Aufruhr, in
dem einige der *Torah*lehrer, die auf
der Seite der *Peruschim* waren, auf-
standen und sich an dem Streit be-
teiligten: – »Wir finden kein Un-
recht an diesem Mann; und wenn
nun wirklich ein Geist oder ein En-
gel zu ihm gesprochen hat?« 10Der
Streit wurde so ingrimmig, daß der
Befehlshaber, der fürchtete, daß
Scha-ul von ihnen zerrissen würde,
den Soldaten befahl hinabzugehen,
ihn mit Gewalt zu ergreifen und zu-
rück in die Baracken zu bringen.

11In der folgenden Nacht stand
der Herr neben ihm und sagte:
»Fasse Mut! Denn so, wie du mir in
Jeruschalajim ein treuer Zeuge ge-
wesen bist, mußt du mich auch in
Rom bezeugen.«

12Am nächsten Tag taten sich eini-
ge der Judäer zu einer Verschwö-
rung zusammen. Sie legten ein Ge-
lübde ab und sagten, daß sie weder
essen noch trinken würden, bis sie
Scha-ul getötet hätten; 13über vierzig
waren an diesem Plan beteiligt. 14Sie
gingen zu den Haupt-*Kohanim* und
den Ältesten und sagten: »Wir ha-
ben uns durch ein Gelübde gebun-
den, keine Speise zu schmecken, bis
wir Scha-ul getötet haben. 15An
euch ist es nun, vor dem Befehlsha-
ber vorstellig zu werden und ihm
klarzumachen, daß ihr und der *San-
hedrin* genauere Information über
den Fall des Scha-ul wünscht, so
daß er ihn zu euch herabbringen
wird; während wir für unseren Teil
bereit sind, ihn zu töten, noch bevor
er dort anlangt.«

16Doch der Sohn von Scha-uls
Schwester bekam Wind von dem
geplanten Hinterhalt und ging in die
Baracken und erzählte Scha-ul da-
von. 17Scha-ul rief einen der Offizie-
re und sagte: »Bring diesen Mann
hinauf zum Befehlshaber; er hat ihm
etwas zu sagen.« 18So nahm er ihn
und brachte ihn zum Befehlshaber
und sagte: »Der Gefangene Scha-ul

b Ex 22,27

Chananjah – Hananias
Gojim – die Nationen, Völker, Heiden
Jeruschalajim – Jerusalem
Jeschua – Jesus
Kohanim – Priester (pl.)
Kohen Ha Gadol – Hoherpriester
Parusch – Pharisäer (sg.)
Peruschim – Pharisäer (pl.)
Sanhedrin – oberstes jüdisches Gericht, Hoher Rat
Scha-ul – Saulus (Paulus)
Torah – Weisung, Lehre, das »Gesetz«, der Pentateuch (die 5 Bücher Mose)
Torahlehrer – Schriftgelehrter
Zeddukim – Sadduzäer

rief mich und bat mich, diesen jun-
gen Mann zu dir zu bringen, denn
er hat dir etwas zu sagen.« 19Der Be-
fehlshaber nahm ihn an der Hand,
führte ihn beiseite und fragte: »Was
hast du mir zu sagen?« 20Er sagte:
»Die Judäer sind übereingekom-
men, dich morgen zu bitten, Scha-ul
unter dem Vorwand, daß sie seinen
Fall genauer untersuchen wollen,
vor den Sanhedrin hinabzubringen.
21Aber laß dich nicht dazu überre-
den, denn über vierzig Männer lie-
gen im Hinterhalt und warten auf
ihn. Sie haben ein Gelübde abgelegt,
nicht zu essen und zu trinken, bis
sie ihn töten; und sie sind jetzt bereit
dazu und warten nur darauf, daß du
ihre Bitte erfüllst.«

22Der Befehlshaber ließ den jun-
gen Mann gehen und ermahnte ihn:
»Sag niemandem, daß du mir das
berichtet hast.« 23Dann berief er
zwei seiner Hauptleute und sagte:
»Haltet zweihundert Infanteriesol-
daten bereit, heute nacht um neun
Uhr nach Cäsarea aufzubrechen,
und dazu siebenhundert Mann Ka-
vallerie und zweihundert Speerwer-
fer; 24sorgt auch für Ersatz für Scha-
uls Pferd, wenn es müde wird; und
bringt ihn sicher durch zum Statt-
halter Felix.« 25Und der Befehlsha-
ber schrieb folgenden Brief:

26Von: Claudius Lysias

An: Seine Exzellenz, den Statthal-
ter Felix:

Grüße!

27Dieser Mann wurde von den Ju-
däern ergriffen, und sie wollten ihn
töten, als ich mit meinen Truppen
kam und ihn befreite. Nachdem ich
erfahren hatte, daß er römischer
Bürger ist, 28wollte ich Genaueres
über die Klage hören, die sie gegen
ihn erhoben; deshalb brachte ich ihn
hinab zu ihrem ›*Sanhedrin*‹.

29Ich stellte fest, daß er im Zusam-
menhang mit ihrer ›*Torah*‹ ange-
klagt wurde, daß es jedoch keine
Klage gab, die die Todesstrafe oder
Gefängnis verdient hätte.

30Doch als ich von einer Ver-
schwörung gegen den Mann erfuhr,
schickte ich ihn sogleich zu dir und
befahl auch seinen Anklägern, ihren
Fall gegen ihn vor dir darzulegen.

31So brachten die Soldaten, gemäß
ihrem Befehl, Scha-ul in der Nacht
nach Antipatris 32und kehrten,
nachdem sie ihn der Kavallerie
übergeben hatten, in die Baracken
zurück. 33Die Kavallerie geleitete
ihn nach Cäsarea, überreichte dem
Statthalter den Brief und übergab
ihm Scha-ul. 34Der Statthalter las
den Brief und fragte, aus welcher
Provinz er stamme. Als er erfuhr,
daß er aus Zilizien war, 35sagte er:
»Ich will dich anhören, wenn auch
deine Ankläger erschienen sind«,
und befahl, ihn im Hauptquartier
des Herodes unter Bewachung zu
halten.

24 1Nach fünf Tagen kam der
Kohen Ha Gadol Chananjah
mit einigen Ältesten und einem An-
walt namens Tertullus herab, und
sie legten ihre Klage gegen Scha-ul

dem Statthalter vor. 2Scha-ul wurde gerufen, und Tertullus fing an, die Klagen vorzutragen: »Felix, Eure Exzellenz, deinetwegen erfreuen wir uns eines ungebrochenen Friedens, und deiner Voraussicht verdankt dieses Volk 3in so vieler Hinsicht Reformen. Wir empfangen sie mit größter Dankbarkeit. 4Doch, um nicht zuviel von deiner Zeit in Anspruch zu nehmen, bitte ich dich um die Nachsicht, uns kurz anzuhören.

5Wir haben diesen Mann als eine Plage erfunden. Er ist ein Aufwiegler unter den Juden überall auf der Welt und einer der Rädelsführer der Sekte der *Nazratim*. 6Er hat sogar versucht, den Tempel zu entweihen, aber wir haben ihn verhaftet. 7[c] 8Wenn du diesen Mann selbst verhörst, wirst du von all den Dingen, derer wir ihn anklagen, erfahren.« 9Die Judäer schlossen sich den Anklagen an und bestätigten, daß sie Tatsachen seien.

10Als der Statthalter Scha-ul das Wort erteilte, entgegnete dieser: »Ich weiß, daß du eine Reihe von Jahren Richter über dieses Volk warst, deshalb bin ich froh, mich jetzt selbst zu verteidigen. 11Wie du selbst feststellen wirst, ist es erst zwölf Tage her, seit ich hinaufging, in Jeruschalajim anzubeten; 12und weder im Tempel noch in den Synagogen noch an irgendeinem anderen Ort in der Stadt sahen sie mich mit jemandem streiten oder eine Menschenmenge sammeln. 13Genausowenig können sie die Dinge beweisen, derer sie mich anklagen.

14Doch das gebe ich vor dir zu: Ich bete den **Gott unserer Väter**[d] in Einklang mit dem ›Weg‹ (den sie eine Sekte nennen) an. Ich glaube weiterhin alles, was in Einklang mit der *Torah* steht, und alles, was in den Propheten geschrieben ist. 15Und ich habe weiterhin in Gott – den auch sie anerkennen – die Hoffnung, daß es eine Auferstehung der Gerechten und der Ungerechten geben wird. 16Ja, gerade deswegen achte ich so sehr darauf, allezeit ein reines Gewissen vor den Augen Gottes und der Menschen zu haben.

17Nach mehrjähriger Abwesenheit kam ich nach Jeruschalajim, um meinem Volk ein Almosengeschenk zu geben und Opfer darzubringen. 18In Zusammenhang mit letzterem fanden sie mich im Tempel. Ich hatte mich zeremoniell gereinigt, ich war nicht in Gesellschaft einer Menschenmenge, und ich habe keinen

c In manchen Manuskripten folgen die Verse 6b–8a: Wir wollten ihn unserem eigenen Gesetz unterstellen, 7doch der Befehlshaber Lysias ist eingeschritten. Er entriß ihn mit Gewalt unseren Händen 8und befahl seinen Anklägern, vor dir zu erscheinen.

d Ex 3,15

Chananjah – Hananias
Kohen Ha Gadol – Hoherpriester
Jeruschalajim – Jerusalem
Nazratim – Leute aus Nazareth; Nachfolger des Mannes aus Nazareth
Sanhedrin – oberstes jüdisches Gericht, Hoher Rat
Scha-ul – Saulus (Paulus)
Torah – Weisung, Lehre, das »Gesetz«, der Pentateuch (die 5 Bücher Mose)

Aufruhr verursacht. 19Doch einige
Juden aus der Provinz Asien – sie
sollten hier persönlich vor dir er-
scheinen, um mich anzuklagen,
wenn sie etwas gegen mich vorzu-
bringen haben! 20Andernfalls mögen
diese Männer selbst sagen, welches
Verbrechens sie mich schuldig fan-
den, als ich vor dem *Sanhedrin*
stand, 21außer dem, daß ich, als ich
vor ihnen stand, ausrief: ›Ich stehe
heute hier vor euch, weil ich an die
Auferstehung der Toten glaube!‹«

22Doch Felix, der einiges Wissen
über den »Weg« hatte, hielt sie hin
und sagte: »Wenn der Befehlshaber
Lysias herabkommt, werde ich eu-
ren Fall entscheiden.« 23Er befahl
dem Hauptmann, Scha-ul in Ge-
wahrsam zu behalten, ihm aber be-
trächtliche Freiheiten zu gewähren
und keinen seiner Freunde daran zu
hindern, für seine Bedürfnisse zu
sorgen.

24Nach einigen Tagen kam Felix
mit seiner Frau Drusilla, einer Jüdin.
Er schickte nach Scha-ul und hörte
ihm zu, als er über das Vertrauen in
den Messias Jeschua sprach. 25Doch
als Scha-ul anfing, von Gerechtig-
keit, Selbstbeherrschung und dem
kommenden Gericht zu reden, be-
kam Felix Angst und sagte: »Für
diesmal geh! Ich will gelegentlich
wieder nach dir schicken!« 26Gleich-
zeitig hoffte er, daß Scha-ul ihm ein
Bestechungsgeld anbieten würde;
deshalb schickte er ziemlich häufig
nach ihm und sprach weiter mit
ihm.

27Nach zwei Jahren wurde Felix
von Porzius Festus abgelöst; doch
weil Felix den Judäern noch einen
Gefallen tun wollte, ließ er Scha-ul
weiterhin gefangenhalten.

25 1Drei Tage, nachdem Festus
den Boden der Provinz be-
treten hatte, zog er von Cäsarea hin-
auf nach Jeruschalajim. 2Dort infor-
mierten ihn die Haupt-*Kohanim*
und die Anführer der Judäer über
ihre Klage gegen Scha-ul, und sie
baten ihn, 3ihnen den Gefallen zu
tun, den Mann nach Jeruschalajim
zu schicken. (Sie hatten geplant, ei-
nen Hinterhalt zu legen und ihn *en
route* zu töten.) 4Festus entgegnete,
daß Scha-ul in Cäsarea in Gewahr-
sam gehalten werde und daß er in
Kürze dorthin gehen werde. 5»Des-
halb«, sagte er, »mögen fähige Män-
ner aus eurer Mitte mit mir hinun-
tergehen und die Klagen gegen den
Mann darlegen, wenn er tatsächlich
ein Unrecht getan hat.«

6Nachdem er sich höchstens acht
bis zehn Tage bei ihnen aufgehalten
hatte, ging Festus hinab nach Cäsa-
rea; und am folgenden Tag nahm er
seinen Sitz im Gericht ein und ließ
Scha-ul hereinbringen. 7Als er an-
kam, standen die Judäer, die aus Je-
ruschalajim herabgekommen waren,
um ihn herum und brachten viele
schwere Anschuldigungen gegen
ihn vor, die sie nicht beweisen
konnten. 8In seiner Antwort darauf
sagte Scha-ul: »Ich habe keine Sün-
de begangen – weder gegen die *To-
rah*, an die sich die Juden halten,
noch gegen den Tempel noch gegen
den Kaiser.«

9Doch Festus, der den Judäern ei-

nen Gefallen tun wollte, fragte Scha-
ul: »Wärst du bereit, nach Jerscha-
lajim hinaufzugehen und dich dort
unter meinem Vorsitz diesen An-
schuldigungen zu stellen?« 10Scha-ul
antwortete: »Ich steh hier vor dem
Gericht des Kaisers, und hier soll
auch über mich befunden werden.
Ich habe den Judäern kein Unrecht
getan, wie du sehr wohl weißt.
11Wenn ich ein Übeltäter bin, wenn
ich etwas getan habe, für das ich ver-
diene zu sterben, dann bin ich bereit
zu sterben. Doch wenn nichts an
diesen Klagen ist, die sie gegen mich
vorbringen, dann kann mich auch
niemand ihnen übergeben, nur um
ihnen einen Gefallen zu tun! Ich be-
rufe mich auf den Kaiser!« 12Da ant-
wortete Festus, nachdem er sich mit
seinen Ratgebern besprochen hatte:
»Du hast dich auf den Kaiser beru-
fen; du wirst zum Kaiser gehen!«

13Nach einigen Tagen langten Kö-
nig Agrippa und Berenike in Cäsa-
rea an, um Festus ihre Reverenz zu
erweisen. 14Da sie für einige Zeit
dortblieben, hatte Festus Gelegen-
heit, den König von der Lage Scha-
uls zu unterrichten. »Hier ist ein
Mann«, sagte er, »der von Felix in
Gewahrsam zurückgelassen wurde.
15Als ich in Jeruschalajim war, infor-
mierten mich die Haupt-*Kohanim*
und die Ältesten der Judäer über ihn
und baten mich, ein Urteil über ihn
zu sprechen. 16Meine Antwort an sie
lautete, daß es bei den Römern nicht
Brauch ist, einen Angeklagten preis-
zugeben, nur um jemandem einen
Gefallen zu tun, bevor er seinen An-
klägern nicht von Angesicht zu An-
gesicht gegenübergestellt wurde und
Gelegenheit hatte, sich gegen die
Anschuldigung zu verteidigen. 17Als
sie also mit mir hier anlangten,
nahm ich am nächsten Tag ohne
Verzug meinen Sitz im Gericht ein
und ließ den Mann holen.

18Als die Ankläger aufstanden,
legten sie ihm nicht etwa schwere
Anschuldigungen zur Last, wie ich
erwartet hatte, 19sondern stritten mit
ihm über bestimmte Punkte ihrer
Religion, insbesondere über einen
Mann namens Jeschua, der gestor-
ben war, von dem Scha-ul aber be-
hauptete, daß er lebe. 20Da ich mich
in solchen Fragen überhaupt nicht
auskenne, fragte ich ihn, ob er bereit
sei, nach Jeruschalajim zu gehen und
diese Angelegenheit dort verhandeln
zu lassen. 21Doch weil Scha-ul sich
darauf berief, in Gewahrsam zu
bleiben und seinen Fall vor Seine
Kaiserliche Majestät zu bringen, be-
fahl ich, ihn weiterhin in Gewahr-
sam zu behalten, bis ich ihn zum
Kaiser schicken könnte.«

22Agrippa sagte zu Festus: »Ich
möchte den Mann selbst hören.«
»Morgen«, antwortete er, »sollst du
ihn hören.«

23Also kamen am nächsten Tag
Agrippa und Berenike mit großem

Jeruschalajim – Jerusalem
Jeschua – Jesus
Kohanim – Priester (pl.)
Sanhedrin – oberstes jüdisches Gericht, Hoher Rat
Scha-ul – Saulus (Paulus)
Torah – Weisung, Lehre, das »Gesetz«, der Pentateuch (die 5 Bücher Mose)

Gepränge und betraten in der Be-
gleitung militärischer Befehlshaber
und der führenden Männer der
Stadt den Verhörsaal. Dann wurde
auf Geheiß des Festus Scha-ul ge-
holt. 24Festus sagte: »König Agrippa
und alle hier Anwesenden, seht ihr
diesen Mann? Die gesamte judäische
Gemeinschaft hat sich in Jeruschala-
jim und auch hier bei mir über ihn
beklagt und geschrien, daß er nicht
mehr leben dürfe. 25Doch ich habe
festgestellt, daß er nichts getan hat,
was ein Todesurteil verdient. Als er
sich auf den Kaiser berief, habe ich
beschlossen, ihn hinzuschicken.
26Ich habe Seiner Majestät jedoch
nichts Genaues zu schreiben. Des-
halb habe ich ihn euch allen vorge-
führt, und besonders dir, König
Agrippa – damit ich, wenn wir ihn
geprüft haben, vielleicht etwas zu
schreiben habe. 27Es scheint mir un-
vernünftig, einen Gefangenen zu
schicken ohne Angaben über die
Klagen, die gegen ihn erhoben wer-
den.«

26 1Agrippa sagte zu Scha-ul:
»Du hast die Erlaubnis, für
dich zu sprechen.« Da winkte Scha-
ul mit der Hand und begann seine
Verteidigung:
2»König Agrippa, ich schätze
mich glücklich, daß ich mich heute
vor dir gegen alle die Klagen, die
von den Juden gegen mich erhoben
wurden, verteidigen soll, 3denn du
bist wohlunterrichtet über alle jüdi-
schen Bräuche und Kontroversen.
Deshalb bitte ich dich, mich gedul-
dig anzuhören.
4»Nun denn! Alle Juden wissen,
wie ich seit meiner Jugend gelebt
habe, in meinem Heimatland und in
Jeruschalajim. 5Sie kennen mich seit
langer Zeit; und wenn sie wollen,
können sie bezeugen, daß ich der
strengsten Partei in unserer Religion
gefolgt bin – das heißt, ich habe als
ein *Parusch* gelebt. 6Welche Ironie,
daß ich nun hier vor Gericht stehe
wegen meiner Hoffnung auf die
Verheißung, die unseren Vätern ge-
geben wurde! 7Es ist die Erfüllung
ebendieser Verheißung, die unsere
zwölf Stämme zu erlangen hoffen,
wenn sie Tag und Nacht unbeirrt
ihre Werke der Anbetung verrich-
ten; und in Zusammenhang mit die-
ser Hoffnung, Eure Majestät, bin
ich nun von den Juden angeklagt!
8Warum haltet ihr es für unglaub-
würdig, daß Gott Tote auferweckt?
9Ich hielt es immer für meine
Pflicht, alles zu tun, was ich nur
konnte, den Namen Jeschuas von
Nazeret zu bekämpfen; 10und in Je-
ruschalajim tat ich das auch. Nach-
dem ich von den Haupt-*Kohanim*
die Vollmacht erhalten hatte, warf
ich selbst viele aus dem Gottesvolk
ins Gefängnis; wenn sie zum Tode
verurteilt wurden, gab ich selbst
meine Stimme gegen sie ab. 11Oft
ging ich von einer Synagoge zur
nächsten, bestrafte sie und versuch-
te, sie dazu zu bringen, Gott zu lä-
stern; und in meinem ingrimmigen
Zorn gegen sie ging ich sogar so
weit, sie bis in Städte außerhalb des
Landes zu verfolgen.
12Bei einer solchen Gelegenheit
reiste ich nach Dammesek, ausge-

stattet mit aller Vollmacht und
Macht durch die Haupt-*Kohanim*.
13Ich war auf der Straße, und es war
Mittag, Eure Majestät, als ich ein
Licht vom Himmel sah, heller als
die Sonne, das mich und meine Rei-
segefährten umflutete. 14Wir alle fie-
len zu Boden; und dann hörte ich
eine Stimme auf hebräisch zu mir
sagen: ›Scha-ul! Scha-ul! Warum
läßt du nicht ab, mich zu verfolgen?
Es ist schwer für dich, gegen die Sta-
chelstöcke zu treten!‹ 15Ich sagte:
›Wer bist du, lieber Herr?‹, und der
Herr antwortete: ›Ich bin Jeschua,
und du verfolgst mich! 16Doch steh
auf und stell dich auf deine Füße!
Ich bin dir erschienen, um dich zu
salben, damit du dienst und Zeugnis
gibst für das, was du bereits von mir
gesehen hast, und das, was du sehen
wirst, wenn ich dir in Zukunft er-
scheine. 17Ich will dich aus den
Händen des Volkes und der *Gojim*
befreien. Ich sende dich, 18ihre Au-
gen zu öffnen; so daß sie sich von
der Finsternis zum Licht kehren,
von der Macht des Widersachers zu
Gott, und so Vergebung der Sünden
und einen Platz unter denen erlan-
gen, die für die Heiligkeit ausgeson-
dert sind, indem sie ihr Vertrauen
auf mich setzen.‹

19Und so, König Agrippa, habe
ich der Vision vom Himmel nicht
etwa nicht gehorcht! 20Im Gegenteil,
ich habe erst in Dammesek, dann in
Jeruschalajim und in ganz Jehudah
und schließlich auch den *Gojim* ver-
kündet, daß sie sich von ihren Sün-
den zu Gott wenden und Werke tun
sollen, die dieser Umkehr entspre-
chen. 21Wegen dieser Dinge nun ha-
ben die Juden mich im Tempel er-
griffen und versucht, mich zu töten.
22Doch ich hatte den Beistand Got-
tes; deshalb stehe ich nun bis zu die-
sem Tag und gebe Zeugnis vor Klei-
nen wie vor Großen und sage
nichts, als was bereits die Propheten
und auch Mosche vorhersagten –
23daß der Messias sterben und daß
er als der erste, der von den Toten
auferweckt würde, dem Volk und
den *Gojim* Licht verkünden wür-
de.«

24Doch als er diesen Punkt in sei-
ner Verteidigung erreicht hatte,
schrie Festus aus vollem Hals:
»Scha-ul, du bist von Sinnen! Das
viele Lernen macht dich verrückt!«

25Aber Scha-ul sagte: »Nein, ich
bin nicht ›verrückt‹, Festus, Eure
Exzellenz; im Gegenteil, ich rede
Worte der Wahrheit und Vernunft.
26Denn der König versteht diese
Dinge, deshalb rede ich in aller Of-
fenheit zu ihm, weil ich gewiß bin,
daß keines dieser Dinge vor ihm
verborgen blieb. Schließlich gescha-
hen sie nicht in irgendeinem Hinter-
hof. 27König Agrippa, glaubst du
den Propheten? Ich weiß, daß du
glaubst!«

Dammesek – Damaskus
Gojim – die Nationen, Völker, Heiden
Jehudah – Judäa
Jeruschalajim – Jerusalem
Jeschua – Jesus
Kohanim – Priester (pl.)
Nazeret – Nazareth
Mosche – Mose
Parusch – Pharisäer (sg.)
Scha-ul – Saulus (Paulus)

28 Agrippa sagte zu Scha-ul: »In
dieser kurzen Zeit versuchst du,
mich zu überzeugen, ein Anhänger
des Messias zu werden?« 29 Scha-ul
antwortete: »Ob es nun kurz oder
lange dauert, ich wünsche bei Gott,
daß nicht nur du, sondern jeder, der
mich heute hört, werden möge wie
ich – bis auf diese Ketten!«

30 Da erhob sich der König, und
mit ihm der Statthalter und Bereni-
ke und die anderen, die bei ihnen
saßen. 31 Nachdem sie gegangen wa-
ren, sagten sie zueinander: »Dieser
Mann tut nichts, das den Tod oder
das Gefängnis verdient.« 32 Und
Agrippa sagte zu Festus: »Wenn er
sich nicht auf den Kaiser berufen
hätte, hätte er freigelassen werden
können.«

27 1 Sobald beschlossen war,
daß wir Segel setzen sollten
nach Italien, übergaben sie Scha-ul
und einige andere Gefangene einem
Offizier des kaiserlichen Regiments;
der Offizier hieß Julius. 2 Wir bestie-
gen ein Schiff aus Adramyttion, das
beabsichtigte, die Häfen an der Kü-
ste der Provinz Asien entlangzuse-
geln, und stachen in See, in der Be-
gleitung von Aristarchus, einem
Mazedonier aus Thessalonich. 3 Am
nächsten Tag landeten wir in Zidon;
und Julius war so freundlich, Scha-
ul zu erlauben, seine Freunde aufzu-
suchen und von ihnen anzunehmen,
was er brauchte. 4 Wir stachen von
dort wieder in See und segelten nahe
an der geschützten Küste von Zy-
pern entlang, weil die Winde gegen
uns waren, 5 und dann quer übers
offene Meer und weiter an den Kü-
sten von Zilizien und Pamphylien
entlang; und so kamen wir nach
Myra in Lyzien.

6 Dort machte der römische Offi-
zier ein alexandrinisches Schiff aus-
findig, das nach Italien segelte, und
brachte uns an Bord. 7 Etliche Tage
lang kamen wir kaum voran, und
wir langten nur unter Schwierigkei-
ten vor Knidos an. Der Wind wollte
uns auf der direkten Route nicht
weiter vorankommen lassen; des-
halb fuhren wir von Kap Salmone
aus an der geschützten Küste von
Kreta entlang; 8 und, uns immer
dicht an der Küste weiter voran-
kämpfend, erreichten wir einen Ort
namens Guthafen, in der Nähe der
Stadt Lasäa.

9 Da schon viel Zeit verloren und
eine Fortsetzung der Reise riskant
war, weil *Jom-Kippur* bereits vorbei
war, riet Scha-ul ihnen: 10 »Männer,
ich kann sehen, daß eure Reise eine
Katastrophe werden wird, wir wer-
den nicht nur große Teile der Fracht
und das Schiff verlieren, sondern
auch unser Leben.« 11 Doch der Of-
fizier hörte mehr auf das, was der
Steuermann und der Besitzer des
Schiffes sagten, als auf das, was
Scha-ul sagte. 12 Da der Hafen sich
außerdem nicht für eine Überwinte-
rung eignete, kam die Mehrheit zu
dem Entschluß, weiterzusegeln in
der Hoffnung, nach Phönix zu ge-
langen, einem anderen Hafen auf
Kreta, und dort zu überwintern, wo
es Schutz vor den Südwest- und den
Nordwestwinden gab.

13 Als eine sanfte südliche Brise zu

wehen begann, glaubten sie, daß ihr
Ziel in Reichweite sei; so lichteten sie
Anker und segelten los, dicht an der
Küste Kretas entlang. 14Doch schon
nach kurzer Zeit traf uns vom Land
her ein Nordoststurm von der Art,
der Eurakylon genannt wird. 15Das
Schiff wurde mit fortgerissen und
war nicht mehr in der Lage, dem
Wind zu widerstehen, deshalb gaben
wir nach und wurden getrieben.

16Als wir in den Schutz einer klei-
nen Insel namens Kauda gelangten,
konnten wir uns unter großer Mühe
des Rettungsbootes bemächtigen.
17Sie hievten es an Bord und legten
die Taue fest um das Schiff, um es
zu verstärken. Da sie befürchteten,
sie würden auf die Sandbänke der
Syrte getrieben, holten sie die Segel
ein und ließen sich weiter treiben.
18Doch weil wir mit so schwerem
Wetter zu kämpfen hatten, fingen
sie am nächsten Tag an, unwichtige
Dinge über Bord zu werfen; 19und
am dritten Tag entledigten sie sich
eigenhändig der Segelausrüstung des
Schiffes. 20Viele Tage lang schienen
weder die Sonne noch die Sterne,
während der Sturm weiter wütete,
bis wir schließlich alle Hoffnung auf
Rettung verloren.

21Als sie nun lange Zeit nichts
mehr gegessen hatten, stand Scha-ul
auf, stellte sich vor sie hin und sagte:
»Ihr hättet auf mich hören und nicht
aus Kreta auslaufen sollen; wenn ihr
das getan hättet, hättet ihr diesen
großen Verlust vermieden. 22Doch
jetzt rate ich euch, Mut zu fassen;
denn nicht einer von euch wird sein
Leben verlieren – nur das Schiff
wird verloren sein. 23Denn in dieser
Nacht stand ein Engel des Gottes,
zu dem ich gehöre und dem ich die-
ne, neben mir. 24Er sagte: ›Hab kei-
ne Angst, Scha-ul! Du sollst vor
dem Kaiser stehen. Sieh! Gott hat
dir alle geschenkt, die mit dir se-
geln.‹ 25Also, Männer, faßt euch ein
Herz! Denn ich vertraue Gott und
glaube, daß das, was mir gesagt
wurde, wahr werden wird. 26Den-
noch müssen wir auf irgendeiner In-
sel stranden.«

27Es war die vierzehnte Nacht,
und wir trieben noch immer im
adriatischen Meer, als die Seeleute
um Mitternacht spürten, daß wir
uns festem Land näherten. 28So war-
fen sie ein Lot aus und fanden das
Wasser einhundertzwanzig Fuß tief.
Ein wenig weiter warfen sie noch-
mals das Lot und fanden es neunzig
Fuß tief. 29Da sie befürchteten, auf
Felsen aufzulaufen, ließen sie vier
Anker vom Heck herab und bete-
ten, daß es Tag werde.

30An diesem Punkt versuchte die
Besatzung, das Schiff zu verlassen –
sie ließen das Rettungsboot ins
Meer, wobei sie vorgaben, vom Bug
aus Anker auszuwerfen. 31Scha-ul
sagte zum Offizier und zu den Sol-
daten: »Wenn diese Männer nicht an
Bord des Schiffes bleiben, kannst
auch du nicht gerettet werden.«
32Da schnitten die Soldaten die Seile
durch, die das Rettungsboot hielten,
und ließen es hinabfallen.

Jom-Kippur – »Versöhnungstag«
Scha-ul – Saulus (Paulus)
Zidon – Sidon

33 Unmittelbar vor Tagesanbruch
drängte Scha-ul sie alle zu essen und
sagte: »Heute ist der vierzehnte Tag,
den ihr in Ungewißheit ausharrt,
hungrig, ohne etwas zu essen.
34 Deshalb rate ich euch, etwas Nah-
rung zu euch zu nehmen; ihr
braucht es, wenn ihr überleben
wollt. Denn nicht einer von euch
wird auch nur ein Haar von seinem
Haupt verlieren.« 35 Als er das gesagt
hatte, nahm er Brot, sagte vor ihnen
allen die *Berachah* an Gott, brach es
und fing an zu essen. 36 Sie hatten ih-
ren Mut wiedergefunden und aßen
alle etwas. 37 Insgesamt waren wir
zweihundertsechsundsiebzig Mann
an Bord des Schiffes. 38 Nachdem al-
le soviel gegessen hatten, wie sie
wollten, erleichterten sie das Schiff,
indem sie Korn ins Meer warfen.

39 Als der Tag anbrach, erkannten
sie das Land nicht; doch sie bemerk-
ten eine Bucht mit Sandstrand, und
dort wollten sie das Schiff auf
Grund laufen lassen, wenn es ihnen
gelang. 40 So schnitten sie die Anker
ab und ließen sie im Meer liegen;
gleichzeitig lockerten sie die Seile,
die die Ruder aus dem Wasser hiel-
ten. Dann setzten sie das Vorsegel
und hielten auf den Strand zu.
41 Doch sie gerieten an einen Ort, wo
sich zwei Strömungen trafen, und
ließen das Schiff auf die Sandbank
dort auflaufen. Der Bug steckte fest
und bewegte sich nicht mehr, wäh-
rend das Heck durch das Schlagen
der Brandung zu bersten begann.

42 An diesem Punkt wollten die
Soldaten die Gefangenen töten, da-
mit keiner von ihnen fortschwim-
men und entkommen konnte.
43 Doch der Offizier, der Scha-ul ret-
ten wollte, hielt sie von ihrem Plan
ab. Er befahl denen, die schwimmen
konnten, zuerst über Bord zu sprin-
gen und an die Küste zu schwim-
men, 44 und die übrigen sollten Plan-
ken oder was immer sie auf dem
Schiff fanden, benutzen. So erreich-
ten alle sicher das Land.

28 1 Nach unserer Rettung er-
fuhren wir, daß die Insel
Malta hieß. 2 Ihre Einwohner waren
außergewöhnlich freundlich zu uns
– es war kalt und hatte zu regnen
angefangen, deshalb zündeten sie
ein Feuer an und nahmen uns alle
auf. 3 Scha-ul hatte ein Bündel Reiser
gesammelt und wollte sie gerade ins
Feuer werfen, als der Hitze wegen
eine giftige Schlange herauskam und
sich in seiner Hand festbiß. 4 Die In-
selbewohner sahen die Kreatur an
Scha-uls Hand hängen und sagten
zueinander: »Dieser Mann muß ein
Mörder sein. Obwohl er dem Meer
entkommen ist, hat doch die Ge-
rechtigkeit ihm nicht erlaubt zu le-
ben.« 5 Er aber schüttelte die Schlan-
ge ab ins Feuer, und es geschah ihm
nichts. 6 Sie warteten und rechneten
damit, daß er anschwellen oder
plötzlich tot umfallen würde; doch
nachdem sie lange gewartet hatten
und sahen, daß ihm nichts Schlim-
mes geschah, änderten sie ihre
Meinung und sagten, er sei ein
Gott.

7 In der Nähe waren Ländereien,
die dem Statthalter der Insel, der
Publius hieß, gehörten. Er nahm uns

freundlich auf und beherbergte uns
drei Tage. [8]Nun geschah es aber,
daß Publius' Vater im Bett lag, er litt
an Fieberanfällen und Ruhr. Scha-ul
ging hinein zu ihm, betete, legte ihm
seine Hände auf und heilte ihn.
[9]Nachdem das geschehen war, ka-
men alle anderen auf der Insel, die
an Krankheiten litten, und wurden
geheilt. [10]Sie überhäuften uns mit
Ehren; und als die Zeit für uns kam
weiterzusegeln, statteten sie uns mit
allem aus, was wir brauchten.

[11]Nach drei Monaten segelten wir
auf einem Schiff aus Alexandria, das
»Zwillingsgötter« hieß und den
Winter auf der Insel verbracht hatte,
los. [12]Wir landeten in Syrakus und
blieben drei Tage dort. [13]Von dort
gelangten wir in einem Bogen nach
Rhegion; doch nach einem Tag kam
ein Südwind auf; deshalb schafften
wir es am zweiten Tag bis Puteoli.
[14]Dort fanden wir Brüder, die uns
einluden, eine Woche bei ihnen zu
verbringen. Und so zogen wir wei-
ter nach Rom.

[15]Die Brüder dort hatten von uns
gehört und kamen uns bis zum Ap-
pischen Markt und Drei Gasthäuser
entgegen. Als Scha-ul sie sah, dankte
er Gott und faßte neuen Mut. [16]Und
als wir in Rom anlangten, erlaubte
der Offizier Scha-ul, für sich zu
bleiben, wenn auch unter der Bewa-
chung eines Soldaten.

[17]Nach drei Tagen berief Scha-ul
eine Versammlung der örtlichen jü-
dischen Leiter ein. Als sie zusam-
mengekommen waren, sagte er zu
ihnen: »Brüder, obwohl ich nichts
getan habe, weder gegen euer Volk
noch gegen die Traditionen eurer
Väter, wurde ich in Jeruschalajim
verhaftet und den Römern überge-
ben. [18]Sie überprüften mich und
wollten mich freilassen, weil ich
nichts getan hatte, was ein Todesur-
teil rechtfertigte. [19]Doch als die Ju-
däer sich widersetzten, war ich ge-
zwungen, mich auf den Kaiser zu
berufen – nicht als hätte ich gegen
mein eigenes Volk eine Klage vor-
zubringen. [20]Darum habe ich gebe-
ten, euch sehen und sprechen zu
dürfen, denn ich trage diese Ketten
der Hoffnung Jisraels wegen.«

[21]Sie sagten zu ihm: »Wir haben
keinerlei Briefe über dich aus Jehu-
dah erhalten, und keiner der Brüder,
die von dort gekommen sind, hat ir-
gend etwas Schlechtes über dich be-
richtet oder gesagt. [22]Aber wir sind
der Meinung, daß es besser ist, deine
Ansichten aus deinem eigenen
Mund zu hören; denn alles, was wir
von dieser Sekte wissen, ist, daß die
Menschen allerorts gegen sie sind.«

[23]So setzten sie einen Tag mit ihm
fest und kamen zahlreich in sein
Haus. Vom Morgen bis zum Abend
erklärte er ihnen die Angelegenheit,
legte eingehend Zeugnis für das
Reich Gottes ab und bediente sich
der *Torah* des Mosche und der Pro-
pheten, um sie von Jeschua zu über-

Berachah – Segnung
Jehudah – Judäa
Jeruschalajim – Jerusalem
Jeschua – Jesus
Mosche – Mose
Scha-ul – Saulus (Paulus)
Torah – Weisung, Lehre, das »Gesetz«, der Pentateuch (die 5 Bücher Mose)

zeugen. [24]Einige wurden überzeugt durch das, was er sagte, [25]andere lehnten es ab zu glauben.

Und so gingen sie, uneinig untereinander, nachdem Scha-ul einen letzten Satz gesagt hatte: »Der *Ruach Ha Kodesch* hat wohl gesprochen, als er durch den Propheten Jeschajahu zu euren Vätern sagte:

[26]›**Geh zu diesem Volk und sage: Ihr werdet hören und hören, aber niemals verstehen, und schauen und schauen, aber niemals sehen,** [27]**denn das Herz dieses Volkes ist empfindungslos geworden – mit ihren Ohren hören sie kaum, und ihre Augen haben sie geschlossen, aus Angst, daß sie mit ihren Augen sehen könnten, hören mit ihren Ohren, verstehen mit ihren Herzen, und sich wieder zu mir kehren und ich sie heilen würde.**‹[e]

[28]Deshalb sei euch kund, daß diese Rettung Gottes den *Gojim* gesandt ist, und sie werden zuhören!« [29] [f]

[30]Scha-ul blieb zwei ganze Jahre an einem Ort, den er selbst mietete; und er empfing weiterhin alle, die kamen, ihn zu sehen; [31]offen und ungehindert verkündete er das Reich Gottes und lehrte über den Herrn, Jeschua den Messias.

e Jes 6,9–10

f In manchen Manuskripten folgt Vers 29: Nachdem er das gesagt hatte, gingen die Juden und stritten heftig miteinander.

DER BRIEF VON JESCHUAS
GESANDTEM SCHA-UL (PAULUS)
AN DIE MESSIANISCHE GEMEINSCHAFT IN ROM:

DER BRIEF AN DIE RÖMER

1 1Von: Scha-ul, einem Sklaven
des Messias Jeschua, einem
Gesandten, denn ich bin für die Gu-
te Nachricht Gottes berufen und
ausgesondert.

2Gott hat diese Gute Nachricht im
voraus durch seine Propheten in der
Tenach verheißen. 3Sie handelt von
seinem Sohn – dem Leib nach
stammte er von David ab; 4nach
dem Geist wurde er auf mächtige
Weise als Sohn Gottes erwiesen,
ausgesondert durch seine Aufer-
weckung von den Toten; er ist Je-
schua der Messias, unser Herr.

5Durch ihn haben wir Gnade
empfangen und ist uns das Werk
aufgetragen, ein Gesandter für seine
Sache zu sein, um unter allen Hei-
den einen auf Vertrauen gegründe-
ten Gehorsam zu wecken, 6auch un-
ter euch, die ihr durch Jeschua den
Messias berufen seid.

7An: Alle in Rom, die Gott liebt,
die berufen und für ihn ausgeson-
dert sind:

Gnade euch und *Schalom* von
Gott unserem Vater und dem Herrn
Jeschua dem Messias.

8Zunächst danke ich meinem Gott
durch Jeschua den Messias für euch
alle, denn die Kunde von eurem
Vertrauen breitet sich in der ganzen
Welt aus. 9Denn Gott, dem ich in
meinem Geist diene, indem ich die
Gute Nachricht von seinem Sohn
verbreite, ist mein Zeuge, daß ich
immer wieder eurer gedenke 10in
meinen Gebeten, und ich bete be-
ständig, daß es mir irgendwie, jetzt
oder in der Zukunft, durch Gottes
Willen gelingen möge, zu euch zu
kommen. 11Denn ich sehne mich,
euch zu sehen, damit ich etwas von
der geistlichen Gabe, die euch stär-
ken kann, mit euch teile – 12oder,
um es mit anderen Worten zu sagen,
damit wir einander dadurch, daß ich
bei euch bin, ermutigen durch unse-
ren gemeinsamen Glauben. 13Brü-
der, ich möchte, daß ihr wißt, daß
ich, obwohl ich bis jetzt daran ge-
hindert wurde, euch zu besuchen,
doch oft geplant habe, es zu tun, da-
mit ich Frucht unter euch habe, so

Gojim – die Nationen, Völker, Heiden
Jeschajahu – Jesaja
Jeschua – Jesus
Ruach Ha Kodesch – Heiliger Geist
Schalom – Friede
Scha-ul – Saulus (Paulus)
Tenach – die hebr. Bibel, das Alte Testament

wie ich sie unter den anderen Heiden habe. [14]Ich stehe in der Schuld der Griechen wie auch unzivilisierter Völker, der Gebildeten wie der Unwissenden; [15]deshalb bin ich begierig, die Gute Nachricht auch euch, die ihr in Rom lebt, zu verkünden.

[16]Denn ich schäme mich der Guten Nachricht nicht, da sie Gottes mächtiges Werkzeug ist, jedem, der im Vertrauen fest bleibt, die Erlösung zu bringen, dem Juden im besonderen, doch ebenso dem Heiden. [17]Denn in ihr ist offenbart, wie Gott die Menschen in seinen Augen gerecht macht; und vom Anfang bis zum Ende geschieht das durch das Vertrauen – wie die *Tenach* schreibt: **»Der Mensch aber, der gerecht ist, wird sein Leben leben durch Vertrauen.«**[a]

[18]Offenbart ist Gottes Zorn vom Himmel gegen die Gottlosigkeit und Schlechtigkeit der Menschen, die in ihrer Schlechtigkeit die Wahrheit unterdrücken; [19]denn was man von Gott weiß, ist ihnen bekannt, denn Gott hat es ihnen bekannt gemacht. [20]Seit der Erschaffung des Universums waren seine unsichtbaren Eigenschaften – seine ewige Macht wie auch sein göttliches Wesen – allezeit deutlich zu erkennen, denn man kann sie aus dem, was er gemacht hat, verstehen. Deshalb haben sie keine Entschuldigung; [21]denn obwohl sie wissen, wer Gott ist, verherrlichen sie ihn nicht als Gott und danken ihm nicht. Im Gegenteil, ihr Denken ist leer geworden; und ihre unverständigen Herzen wurden verfinstert. [22]Sie behaupten, weise zu sein, und sind doch Narren geworden! [23]Ja, sie haben die Herrlichkeit des unsterblichen Gottes eingetauscht gegen bloße Bilder, die sterblichen Menschen oder Vögeln, Tieren oder Reptilien gleichen!

[24]Deshalb hat Gott sie der Schändlichkeit der Begierden ihrer Herzen anheimgegeben, dem schändlichen Mißbrauch ihrer Leiber, den sie aneinander begehen. [25]Sie haben die Wahrheit Gottes gegen Falschheit eingetauscht, indem sie geschaffene Dinge anbeten und ihnen dienen statt dem Schöpfer – gelobt sei er für immer. *Amen.* [26]Deshalb hat Gott sie entwürdigenden Leidenschaften anheimgegeben; damit ihre Frauen natürliche sexuelle Beziehungen gegen unnatürliche eintauschen; [27]und ebenso die Männer, damit sie natürliche Beziehungen mit dem anderen Geschlecht aufgeben und brennen vor Leidenschaft zueinander, daß die Männer schändliche Handlungen mit anderen Männern begehen und an ihrer eigenen Person die Strafe, die ihrer Verderbtheit gebührt, empfangen. [28]Mit anderen Worten, da sie es nicht für wert erachtet haben, Gott zu kennen, hat Gott sie nutzlosen Gedanken anheimgegeben; damit sie ungeziemende Dinge tun. [29]Sie sind erfüllt mit aller Art von Schlechtigkeit, Bösem, Gier und Laster; stekken voller Eifersucht, Mordgedanken, Streit, Unehrlichkeit und

a Hab 2,4

Übelwollen; sie sind Schwätzer,
[30]Verleumder, Gotteshasser; sie sind
anmaßend, hochmütig und prahle-
risch; sie planen Intrigen; sie sind ih-
ren Eltern ungehorsam; [31]sie sind
dumm, treulos, herzlos und rück-
sichtslos. [32]Nur zu gut kennen sie
Gottes gerechten Ratschluß, daß
Menschen, die solche Dinge tun,
den Tod verdienen; und doch tun
sie diese Dinge nicht nur, sondern
spenden auch noch denen, die das
gleiche tun, Beifall.

2 [1]Deshalb hast du keine Ent-
schuldigung, wer immer du
bist, der du richtest; denn wenn du
einen anderen richtest, richtest du
dich selbst; weil du, der du richtest,
die gleichen Dinge tust wie er. [2]Wir
wissen, daß Gottes Gericht völlig
unparteiisch die trifft, die solches
tun; [3]glaubst du, daß du, ein bloßer
Mensch, der andere richtet, die sol-
che Dinge tun, und sie doch selbst
tut, dem Gericht Gottes entgehen
wirst? [4]Oder vielleicht verachtest du
die Reichtümer seiner Güte, Verge-
bung und Geduld; weil du nicht
merkst, daß Gottes Güte dich dahin
bringen will, dich von deinen Sün-
den abzuwenden. [5]Doch durch dei-
ne Halsstarrigkeit, durch dein un-
bußfertiges Herz häufst du Zorn
gegen dich auf für den Tag des
Zorns, wenn Gottes gerechtes Ge-
richt offenbart wird; [6]denn er **wird
jedem zurückzahlen nach seinen
Werken.**[b] [7]Denen, die Herrlichkeit,
Ehre und Unsterblichkeit suchen

b Ps 62,13; Spr 24,12

durch Ausdauer in guten Werken,
wird er ewiges Leben zurückzahlen.
[8]Denen aber, die das Ihre suchen,
die der Wahrheit nicht gehorchen,
sondern dem Bösen, wird er Grimm
und Zorn zurückzahlen.

[9]Ja, er wird jedem Menschen, der
Böses tut, dem Juden zuerst und
dann dem Heiden, Elend und Leid
zurückzahlen; [10]Herrlichkeit und
Ehre und *Schalom* aber dem, der
tut, was gut ist, dem Juden zuerst
und dann dem Heiden. [11]Denn Gott
hat keine Günstlinge. [12]Alle, die
außerhalb der *Torah* gesündigt ha-
ben, werden außerhalb der *Torah*
sterben; und alle, die innerhalb der
Torah gesündigt haben, werden
nach der *Torah* gerichtet werden.
[13]Denn es sind nicht die bloßen Hö-
rer der *Torah*, die Gott für gerecht
erachtet; es sind vielmehr die Täter
dessen, was die *Torah* sagt, die in
Gottes Augen gerecht sind. [14]Denn
wann immer Heiden, die die *Torah*
nicht haben, ganz selbstverständlich
tun, was die *Torah* fordert, sind sie,
auch wenn sie die *Torah* nicht ha-
ben, selbst *Torah*! [15]Ihr Leben zeigt,
daß das Verhalten, das die *Torah* ge-
bietet, **in ihre Herzen geschrieben**
ist.[c] Das bezeugt auch ihr Gewissen,
denn manchmal klagen ihre wider-
streitenden Gedanken sie an und
manchmal verteidigen sie sie [16]an ei-

c Jer 31,33

Amen – so sei es
Tenach – die hebr. Bibel, das Alte Testament
Torah – Weisung, Lehre, das »Gesetz«, der Pentateuch (die 5 Bücher Mose)

nem Tag, an dem Gott die innersten Geheimnisse der Menschen richtet. (Nach der Guten Nachricht, wie ich sie verkünde, tut er das durch den Messias Jeschua.)

[17]Wenn aber du dich einen Juden nennst und auf die *Torah* stützest und dich Gottes rühmst [18]und seinen Willen kennst und billigst, was recht ist, weil du aus der *Torah* unterwiesen bist; [19]und wenn du überzeugt bist, daß du ein Führer der Blinden, ein Licht in der Finsternis, [20]ein Erzieher der geistlich Unwissenden und ein Lehrer der Kinder bist, weil du in der *Torah* die Verkörperung der Erkenntnis und der Wahrheit hast; [21]du, der du andere lehrst, lehrst du dich selbst nicht? Während du verkündest: **»Du sollst nicht stehlen«,**[d] stiehlst du? [22]Während du sprichst: **»Du sollst nicht Ehebruch begehen«,**[e] begehst du Ehebruch? Du verabscheust Götzen und begehst doch götzendienerische Handlungen? [23]Du, der so stolz auf die *Torah* bist, verachtest Gott, indem du der *Torah* nicht gehorchst? – [24]Wie es in der *Tenach* heißt: **»Denn deinetwegen wird der Name Gottes durch die *Gojim* verlästert.«**[f] [25]Denn die Beschneidung ist in der Tat von Wert, wenn du tust, was die *Torah* sagt. Wenn du aber ein Übertreter der *Torah* bist, ist deine Beschneidung zur Unbeschnittenheit geworden! [26]Wenn nun also ein Unbeschnittener die gerechten Forderungen der *Torah* hält, wird dann seine Unbeschnittenheit nicht als Beschneidung gerechnet werden? [27]Wahrhaftig, der Mann, der am Leib unbeschnitten ist, aber der *Torah* gehorcht, wird dir zum Gericht, der du eine *Berit Milah* hattest und den Buchstaben der *Torah* hast, aber sie verletzt! [28]Denn der wahre Jude ist nicht nur äußerlich jüdisch: Wahre Beschneidung ist nicht nur äußerlich und leiblich. [29]Im Gegenteil, der wahre Jude ist einer, der innerlich Jude ist; und die wahre Beschneidung ist die des Herzens, geistlich, nicht wörtlich verstanden; damit sein Lob nicht von anderen Menschen kommt, sondern von Gott.

3 [1]Welchen Vorteil hat dann der Jude? Welchen Wert hat die Beschneidung? [2]Großen in jeder Hinsicht! Erstens, den Juden wurden die Worte Gottes anvertraut. [3]Wenn einige von ihnen untreu waren, was macht es? Hebt ihre Untreue die Treue Gottes auf? [4]Das möge der Himmel verhüten! Gott wäre treu, auch wenn alle anderen Lügner wären! – Wie die *Tenach* sagt:

»Damit du, Gott, in deinen Worten als gerecht erfunden wirst und den Freispruch erringst, wenn du vor Gericht stehst.«[g]

[5]Wenn nun unsere Ungerechtigkeit ein Licht auf die Gerechtigkeit Gottes wirft, was sollen wir sagen?

d Ex 20,13; Dtn 5,19
e Ex 20,13; Dtn 5,18
f Jes 52,5; Ez 36,20
g Ps 51,6

Daß Gott ungerecht ist, um uns sei-
nen Zorn spüren zu lassen? (Ich
spreche jetzt, wie die Menschen es
gemeinhin tun.) 6Das möge der
Himmel verhüten! Wie könnte Gott
sonst die Welt richten? 7»Aber«,
sagst du, »wenn die Wahrheit Got-
tes durch meine Lüge erhöht wird
und ihm größere Herrlichkeit
bringt, warum werde ich dann noch
gerichtet, nur weil ich ein Sünder
bin?« 8Wahrhaftig! Warum dann
nicht sagen (wie manche Leute uns
verleumden, indem sie behaupten,
wir sagten es): »Laß uns Böses tun,
damit Gutes daraus entstehen
kann«? Das Gericht über sie ist ein
gerechtes!

9Haben wir Juden also einen Vor-
teil? Nicht in jeder Hinsicht; denn
ich habe bereits die Anschuldigung
erhoben, daß alle, Juden wie Grie-
chen, unter der Macht der Sünde
stehen. 10Wie die *Tenach* schreibt:

**»Es gibt keinen Gerechten, nicht
einen! – Keiner versteht, 11 keiner
sucht Gott, 12 alle haben sich abge-
kehrt und sind damit nutzlos ge-
worden; es ist keiner, der Güte
zeigt, nicht ein einziger![h]**

**13Ihre Kehlen sind offene Grä-
ber, mit ihren Zungen führen sie
in die Irre.[i] Das Gift der Vipern ist
unter ihren Lippen.[j] 14Ihre Mün-
der sind voll von Flüchen und Bit-
terkeit.[k]**

**15Ihre Füße eilen, Blut zu ver-
gießen, 16auf ihren Wegen liegen
Verderben und Elend, 17 und den
Weg des *Schalom* kennen sie nicht.[l]**

**18Vor ihren Augen ist keine Got-
tesfurcht.«[m]**

19Außerdem wissen wir, daß, was
immer die *Torah* sagt, sie es zu de-
nen sagt, die innerhalb der *Torah* le-
ben; damit jeder Mund gestopft
werde und sich zeige, daß die ganze
Welt Gottes Verdammungsurteil
verdient. 20**Denn in seinen Augen
wird kein Lebender für gerecht er-
achtet**[n] aufgrund der peinlich ge-
nauen Befolgung der Gebote der
Torah, denn was die *Torah* wirklich
tut, ist, den Menschen zu zeigen,
wie sündig sie sind.

21Nun aber ist der Weg offenbar
geworden, wie Gott in seinen Au-
gen außerhalb der *Torah* Men-
schen gerecht macht – wenn auch
die *Torah* und die Propheten
ebenfalls dafür zeugen –, 22und das
ist eine Gerechtigkeit, die von
Gott kommt, durch die Treue des
Messias Jeschua, zu allen, die fest
vertrauen. Denn es macht keinen

h Ps 14,1–3; 53,1–3
i Ps 5,10
j Ps 140,4
k Ps 10,7

l Jes 59,7–8; Spr 1,16
m Ps 36,2
n Ps 143,2

Berit Milah – rituelle Beschneidung
Gojim – die Nationen, Völker, Heiden
Jeschua – Jesus
Schalom – Friede
Tenach – die hebr. Bibel, das Alte Testament
Torah – Weisung, Lehre, das »Gesetz«, der Pentateuch (die 5 Bücher Mose)

Unterschied, ob einer ein Jude oder ein Heide ist, [23]weil alle gesündigt haben und das Lob Gottes nicht verdienen können. [24]Durch Gottes Gnade, ohne es zu verdienen, erhalten alle den Status, vor ihm für gerecht erachtet zu werden, durch die Tat, die uns aus unserer Knechtschaft der Sünde befreit hat, die vollbracht wurde durch den Messias Jeschua. [25]Gott hat Jeschua hingestellt als *Kapparah* für die Sünde durch seine Treue in Hinsicht auf seinen blutigen Opfertod. Dieser hat Gottes Gerechtigkeit gerechtfertigt; denn in seiner Vergebung hatte er die Sünden, die die Menschen in der Vergangenheit begangen hatten, [ohne Strafe und Vergebung] übergangen; [26]und er rechtfertigt seine Gerechtigkeit in der gegenwärtigen Zeit, indem er zeigt, daß er selbst gerecht ist und zugleich derjenige, der Menschen aufgrund von Jeschuas Treue gerecht macht.

[27]Welchen Grund haben wir also zu prahlen? Gar keinen! Welche Art *Torah* schließt das aus? Eine, die mit der peinlich genauen Befolgung von Regeln zu tun hat? Nein, sondern eine *Torah*, die mit Vertrauen zu tun hat. [28]Deshalb sind wir der Ansicht, daß ein Mensch für gerecht erachtet wird durch Gott auf der Grundlage des Vertrauens, das nichts mit der peinlich genauen Befolgung von Geboten der *Torah* zu tun hat.

[29]Oder ist Gott nur der Gott der Juden? Ist er nicht auch der Gott der Heiden? Ja, er ist wahrhaft der Gott der Heiden; [30]denn, wie ihr zugeben werdet, **Gott ist einer**.[o] Deshalb wird er den Beschnittenen aufgrund des Vertrauens für gerecht erachten und den Unbeschnittenen durch das gleiche Vertrauen. [31]Folgt daraus, daß wir durch dieses Vertrauen die *Torah* aufheben? Das möge der Himmel verhüten! Im Gegenteil, wir bestätigen die *Torah*.

4 [1]Denn was wollen wir sagen, daß Avraham, unser Vorvater, durch seine eigenen Bemühungen erlangt hat? [2]Denn wenn Avraham durch Gott aufgrund der genauen Befolgung der Gebote für gerecht erachtet wurde, dann hat er etwas, dessen er sich rühmen kann. Doch so ist es nicht vor Gott! [3]Denn was sagt die *Tenach*? »**Avraham** setzte sein Vertrauen auf Gott, und das wurde ihm als Gerechtigkeit angerechnet.«[p] [4]Nun wird jemandem, der arbeitet, der Lohn nicht aufgrund von Gnade, sondern aufgrund dessen, was ihm zusteht, angerechnet. [5]Doch im Fall eines, der nicht arbeitet, sondern dem vertraut, der gottlose Menschen gerecht macht, wird dieses sein Vertrauen ihm als Gerechtigkeit angerechnet.

[6]Auf die gleiche Weise liegt der Segen, den David verkündet, auf denen, denen Gott außerhalb der genauen Befolgung der Gebote Gerechtigkeit anrechnet:

o Dtn 6,4
p Gen 15,6

7 **»Gesegnet sind die, deren Übertretungen vergeben sind, deren Sünden bedeckt sind;** 8 **Gesegnet ist der Mensch, dessen Sünde** ***Adonai*** **ihm nicht aufrechnet.«**[q]

9 Gilt nun dieser Segen allein den Beschnittenen? Oder gilt er auch den Unbeschnittenen? Denn wir sagen, daß Avrahams **Vertrauen ihm als Gerechtigkeit angerechnet wurde;** 10 doch in welchem Stand war er, als es ihm angerechnet wurde? – In der Beschneidung oder in der Unbeschnittenheit? Nicht in der Beschneidung, sondern in der Unbeschnittenheit! 11 Ja, er empfing die Beschneidung als ein Zeichen, als ein Siegel der Gerechtigkeit, die ihm angerechnet worden war aufgrund des Vertrauens, das er hatte, als er noch unbeschnitten war. Das geschah, damit er zum Vater jedes Unbeschnittenen werden konnte, der vertraut und dem deshalb Gerechtigkeit angerechnet wird, 12 und gleichzeitig zum Vater jedes Beschnittenen, der nicht nur eine *Berit Milah* hat, sondern auch in die Fußstapfen des Vertrauens tritt, das *Avraham avinu* hatte, als er noch unbeschnitten war.

13 Denn die Verheißung an Avraham und seinen **Samen**,[r] daß er die Welt erben würde, erging nicht durch Gesetzlichkeit, sondern durch die Gerechtigkeit, die Vertrauen hervorbringt. 14 Denn wenn die Erben durch Gesetzlichkeit gemacht werden, dann ist Vertrauen sinnlos und die Verheißung wertlos. 15 Denn was das Gesetz bringt, ist Bestrafung. Doch wo kein Gesetz ist, ist auch keine Gesetzesübertretung.

16 Der Grund, weshalb die Verheißung auf Vertrauen beruht, ist der, daß sie als Gottes freie Gabe ergehen soll, eine Verheißung, auf die sich der ganze **Same** verlassen kann, nicht nur die, die innerhalb der Torah leben, sondern auch die mit dem Vertrauen, das Avraham hatte – *Avraham avinu* für uns alle. 17 Das steht in Einklang mit der *Tenach*, wo es heißt: **»Ich habe dich zum Vater vieler Nationen eingesetzt.«**[s] Avraham ist in Gottes Augen unser Vater, weil er Gott vertraut hat als dem, der den Toten Leben gibt und nichtseiende Dinge ins Sein ruft. 18 Denn er war jenseits aller Hoffnung und vertraute doch der Hoffnung, daß er wahrhaftig **ein Vater vieler Nationen** werden würde, gemäß dem, was ihm gesagt worden war: **»So zahlreich wird dein Same sein.«**[t] 19 Sein Vertrauen wankte nicht, wenn er seinen Leib betrachtete – der so gut wie tot war, da er

q Ps 32,1–2
r Gen 15,3.5

s Gen 17,5
t Gen 15,5

Adonai – der HERR, Jahwe
Avraham – Abraham
Avraham avinu – unser Vater Abraham
Berit Milah – Bund der Beschneidung
Jeschua – Jesus
Kapparah – Versöhnung, Sühnegabe
Tenach – die hebr. Bibel, das Alte Testament
Torah – Weisung, Lehre, das »Gesetz«, der Pentateuch (die 5 Bücher Mose)

schon fast hundert Jahre alt war –
und wenn er bedachte, daß auch Sa-
rahs Schoß tot war. 20Er entschied
sich nicht aus Mangel an Vertrauen
gegen Gottes Verheißungen. Im Ge-
genteil, durch das Vertrauen erhielt
er die Kraft, weil er Gott die Ehre
gab, 21denn er war völlig überzeugt,
daß Gott das, was er verheißen hat-
te, auch erfüllen konnte. 22Deshalb
**wurde es ihm als Gerechtigkeit an-
gerechnet.**[u]

23Aber die Worte: »**Es wurde
ihm …**« wurden nicht nur für ihn
geschrieben. 24Sie wurden auch für
uns geschrieben, die wir ganz gewiß
auch unseren Lohn angerechnet be-
kommen, weil wir ihm vertraut ha-
ben, der Jeschua, unseren Herrn,
von den Toten auferweckt hat –
25Jeschua, der aufgrund unserer Ver-
gehen dem Tod übergeben und wie-
der zum Leben erweckt wurde, um
uns gerecht zu machen.

5 1Deshalb, weil wir durch Gott
aufgrund unseres Vertrauens
für gerecht erachtet werden, wollen
wir *Schalom* mit Gott haben durch
unseren Herrn Jeschua den Messias.
2Und durch ihn und aufgrund unse-
res Vertrauens haben wir Zugang zu
dieser Gnade gewonnen, in der wir
stehen; so wollen wir uns der Hoff-
nung rühmen, daß wir die Herrlich-
keit Gottes erfahren. 3Doch nicht
nur das, wir wollen uns auch unse-
rer Bedrängnis rühmen; denn wir
wissen, daß Bedrängnis Ausharren
hervorbringt, 4Ausharren bringt Be-
währung, und Bewährung bringt
Hoffnung; 5und diese Hoffnung
läßt uns nicht untergehen, denn
Gottes Liebe zu uns ist bereits in
unsere Herzen ausgegossen durch
den *Ruach Ha Kodesch*, der uns ge-
geben wurde.

6Denn als wir noch hilflos waren,
ist der Messias zur rechten Zeit für
gottlose Menschen gestorben. 7Nun
ist es schon ein seltenes Ereignis,
wenn jemand sein Leben für einen
Gerechten hingibt, obgleich es mög-
lich ist, daß jemand den Mut hat, für
einen wahrhaft guten Menschen zu
sterben. 8Gott aber erweist seine
Liebe zu uns dadurch, daß der
Messias unseretwegen starb, als wir
noch Sünder waren. 9Wenn wir nun
durch seinen blutigen Opfertod für
gerecht erachtet werden, wieviel
mehr werden wir durch ihn aus dem
Zorn des göttlichen Gerichtes erlöst
werden! 10Denn wenn wir durch
den Tod seines Sohnes schon mit
Gott versöhnt waren, als wir Feinde
waren, wieviel mehr werden wir
durch sein Leben erlöst werden,
nun, da wir versöhnt sind! 11Und
wir werden nicht nur in der Zu-
kunft erlöst werden, sondern wir
rühmen uns Gottes schon jetzt,
denn er hat gehandelt durch unseren
Herrn Jeschua den Messias, durch
den wir diese Versöhnung bereits
jetzt haben.

12Und das verhält sich folgender-
maßen: Durch einen einzigen Men-
schen kam die Sünde in die Welt,
und durch die Sünde der Tod; und
so hat der Tod die ganze Mensch-
heit erfaßt, insofern, als wir alle ge-

u Gen 15,6

sündigt haben. 13Die Sünde war in
der Welt, bevor die *Torah* gegeben
wurde, doch die Sünde wird nicht
als solche gerechnet, wenn es keine
Torah gibt. 14Nichtsdestoweniger
herrschte der Tod von Adam bis
Mosche, selbst über die, deren Sün-
de nicht war wie Adams Übertre-
tung eines konkreten Gebotes. Dar-
in verkörperte Adam einen Hinweis
auf den, der kommen sollte.

15Doch mit der freien Gabe ist es
nicht wie mit dem Vergehen. Denn
wenn wegen des Vergehens eines
Menschen viele gestorben sind, um
wieviel mehr hat sich dann die Gna-
de Gottes, das heißt die Gnadengabe
eines Menschen, Jeschua des Messi-
as, über viele ergossen! 16Nein, mit
der freien Gabe ist es nicht wie mit
dem, was aus der Sünde eines Men-
schen hervorging; denn aus einem
Sünder kam das Gericht, das die
Verdammnis brachte; die freie Gabe
aber kam nach vielen Vergehen und
brachte den Freispruch. 17Denn
wenn wegen des Vergehens eines
Menschen durch diesen einen Men-
schen der Tod herrschte; wieviel
mehr werden jene, die die überflie-
ßende Gnade empfangen, das heißt
die Gabe, für gerecht erachtet zu
werden, im Leben herrschen durch
den einen Menschen, Jeschua den
Messias!

18Mit anderen Worten, so, wie es
kam, daß durch ein Vergehen alle
Menschen unter der Verdammnis
standen, so kommt es auch, daß
durch die eine gerechte Tat alle
Menschen für gerecht erachtet wer-
den. 19Denn so, wie durch den Un-
gehorsam des einen Menschen viele
zu Sündern gemacht wurden, so
werden auch durch den Gehorsam
des anderen Menschen viele gerecht
gemacht werden. 20Und die *Torah*
kam ins Bild, damit das Vergehen
sich mehrte; doch wo die Sünde sich
mehrte, mehrte sich die Gnade noch
mehr. 21All das geschah, damit so,
wie die Sünde durch den Tod
herrschte, auch die Gnade herrschen
möge, indem sie die Ursache war,
daß die Menschen für gerecht erach-
tet wurden, damit sie ewiges Leben
haben mögen durch Jeschua den
Messias, unseren Herrn.

6 1Sollen wir also sagen: »Laßt
uns sündigen, damit mehr
Gnade sein kann?« 2Das möge der
Himmel verhüten! Wie können wir,
die der Sünde gestorben sind, noch
in ihr leben? 3Wißt ihr nicht, daß
diejenigen von uns, die eingetaucht
sind in den Messias Jeschua, in sei-
nen Tod eingetaucht sind? 4Durch
die Eintauchung in seinen Tod wur-
den wir mit ihm begraben; damit
auch wir so, wie der Messias durch
die Herrlichkeit des Vaters wieder
von den Toten auferweckt wurde,
ein neues Leben haben mögen.
5Denn wenn wir mit ihm in einem
solchen Tod vereint waren, werden

Jeschua – Jesus
Mosche – Mose
Ruach Ha Kodesch – Heiliger Geist
Sarah – Sara
Schalom – Friede
Torah – Weisung, Lehre, das »Gesetz«, der Pentateuch (die 5 Bücher Mose)

wir auch in einer solchen Auferstehung mit ihm vereint sein. 6Wir wissen, daß unser altes Selbst mit ihm am Pfahl hingerichtet wurde, damit der ganze Leib unserer sündigen Neigungen vernichtet werde und wir nicht länger Knechte der Sünde seien. 7Denn wer gestorben ist, ist von der Sünde gereinigt. 8Da wir nun aber mit dem Messias gestorben sind, vertrauen wir darauf, daß wir auch mit ihm leben werden. 9Wir wissen, daß der Messias von den Toten auferweckt wurde, um niemals wieder zu sterben; der Tod hat keine Vollmacht mehr über ihn. 10Denn sein Tod war ein einmaliges Ereignis, das nicht wiederholt zu werden braucht; sein Leben aber lebt er für Gott. 11So erachtet auch ihr euch als der Sünde gestorben, aber lebendig für Gott durch eure Vereinigung mit dem Messias Jeschua.

12Deshalb laßt nicht die Sünde in euren sterblichen Leibern herrschen, so daß sie euch ihren Begierden unterwirft; 13und bietet kein Glied von euch der Sünde an als ein Werkzeug zur Schlechtigkeit. Im Gegenteil, bietet euch Gott an als lebendig Gemachte aus den Toten, und eure Glieder bietet Gott an als Werkzeuge zur Gerechtigkeit. 14Denn die Sünde wird keine Vollmacht über euch haben; denn ihr steht nicht unter der Gesetzlichkeit, sondern unter der Gnade.

15Welchen Schluß sollen wir nun also ziehen? »Laßt uns sündigen, weil wir nicht unter der Gesetzlichkeit, sondern unter der Gnade stehen?« Das möge der Himmel verhüten! 16Wißt ihr nicht, daß ihr, wenn ihr euch jemandem als gehorsame Sklaven ausliefert, die Sklaven desjenigen seid, dem ihr gehorcht – sei es nun der Sünde, die zum Tod führt, oder des Gehorsams, der dazu führt, daß ihr gerecht gemacht werdet? 17Durch Gottes Gnade habt ihr, die ihr einst Sklaven der Sünde wart, aus ganzem Herzen dem System der Lehre gehorcht, der ihr ausgesetzt wart; 18und nachdem ihr von der Sünde befreit worden wart, wurdet ihr Sklaven der Gerechtigkeit. 19(Ich bediene mich einer gemeinverständlichen Sprache, weil eure menschliche Natur so schwach ist.) Denn so, wie ihr eure Glieder als Sklaven der Unreinheit und Gesetzlosigkeit anzubieten pflegtet, was zu immer größerer Gesetzlosigkeit führte; so bietet ihr jetzt eure Glieder als Sklaven der Gerechtigkeit an, die dazu führt, daß ihr heilig gemacht werdet, ausgesondert für Gott. 20Denn als ihr Sklaven der Sünde wart, wart ihr frei in bezug auf die Gerechtigkeit; 21doch welchen Nutzen hattet ihr von den Dingen, derer ihr euch nun schämt? Das Endergebnis jener Dinge war der Tod. 22Nun aber, befreit von der Sünde und als Sklaven Gottes, habt ihr wirklichen Nutzen – er besteht darin, daß ihr heilig gemacht werdet, ausgesondert für Gott, und sein Endergebnis ist ewiges Leben. 23Denn der Lohn der Sünde ist der Tod; ewiges Leben aber kommt als eine freie Gabe von Gott, in der Vereinigung mit dem Messias Jeschua, unserem Herrn.

7 [1]Sicher wißt ihr, Brüder – denn
ich spreche zu denen, die die
Torah verstehen –, daß die *Torah*
nur so lange Vollmacht über einen
Menschen hat, wie er lebt? [2]So ist
zum Beispiel eine verheiratete Frau
durch die *Torah* an ihren Mann ge-
bunden, solange er lebt; doch wenn
der Mann stirbt, ist sie befreit von
dem Teil der *Torah*, der die Ehe-
männer betrifft. [3]Deshalb wird sie,
solange der Mann lebt, als Ehebre-
cherin bezeichnet, wenn sie einen
anderen Mann heiratet; wenn der
Mann aber stirbt, ist sie frei von die-
sem Teil der *Torah*; damit ist sie,
wenn sie einen anderen Mann heira-
tet, keine Ehebrecherin.

[4]Deshalb, meine Brüder, seid ihr
im Hinblick auf die *Torah* durch
den Leichnam des Messias getötet
worden, damit ihr einem anderem
gehört, nämlich dem, der von den
Toten auferweckt wurde, damit wir
Frucht bringen für Gott. [5]Denn als
wir nach unserer alten Natur lebten,
wirkten die Leidenschaften, die mit
der Sünde zusammenhängen, durch
die *Torah* in unseren Gliedern, mit
dem Ergebnis, daß wir dem Tod
Frucht brachten. [6]Jetzt aber sind wir
von diesem Aspekt der *Torah* be-
freit, weil wir dem gestorben sind,
das uns in seinem Klammergriff
hielt, damit wir auf die neue Weise
dienen, die der Geist bestimmt, und
nicht auf die alte Weise des äußeren
Gehorsams gegen den Buchstaben
des Gesetzes.

[7]Was sollen wir also sagen? Daß
die *Torah* sündig ist? Das möge der
Himmel verhüten! Die Aufgabe der
Torah war es vielmehr, daß ich ohne
sie nicht gewußt hätte, was Sünde ist.
Zum Beispiel wäre mir nicht bewußt
geworden, was Habgier ist, wenn die
Torah nicht gesagt hätte: »**Du sollst
nicht begehren.**«[v] [8]Die Sünde aber
ergriff die Gelegenheit, die ihr dieses
Gebot gab, und wirkte in mir alle
Arten böser Begierden – denn außer-
halb der *Torah* ist die Sünde tot. [9]Ich
war einst lebendig, außerhalb der
Torah. Doch als ich die Gebote
wirklich kennenlernte, lebte die Sün-
de auf, [10]und ich starb. Das Gebot,
das gedacht war, mir Leben zu brin-
gen, sollte mir den Tod bringen!
[11]Denn die Sünde ergriff die Gele-
genheit, die das Gebot ihr gab, und
führte mich in die Irre; und durch das
Gebot tötete die Sünde mich. [12]So ist
also die *Torah* heilig; das heißt, das
Gebot ist heilig, gerecht und gut.

[13]Wurde also etwas Gutes zum
Anlaß des Todes für mich? Das mö-
ge der Himmel verhüten! Es war
vielmehr die Sünde, die durch etwas
Gutes den Tod in mir wirkte, damit
die Sünde ganz deutlich als Sünde er-
wiesen werde, damit die Sünde
durch das Gebot als über alle Maßen
sündig erfahren werde. [14]Denn wir
wissen, daß die *Torah* vom Geist ist;
doch was mich betrifft, so bin ich an
die alte Natur gebunden, als ein Skla-
ve an die Sünde verkauft. [15]Ich ver-

v Ex 20,14; Dtn 5,21

Jeschua – Jesus
Torah – Weisung, Lehre, das »Gesetz«, der Pentateuch (die 5 Bücher Mose)

stehe mein eigenes Verhalten nicht –
ich tue nicht, was ich tun will; statt
dessen tue ich gerade das, was ich
hasse! [16]Wenn ich nun tue, was ich
nicht tun will, stimme ich zu, daß die
Torah gut ist. [17]Nun tut es aber nicht
mehr mein »wirkliches Ich«, son-
dern die Sünde, die in mir wohnt.
[18]Denn ich weiß, daß nichts Gutes in
mir wohnt – das heißt, in meiner al-
ten Natur. Ich kann wollen, was gut
ist, aber ich kann es nicht tun!
[19]Denn ich tue nicht das Gute, das
ich will; statt dessen tue ich das Böse,
das ich nicht will! [20]Wenn ich aber
tue, was mein »wirkliches Ich« nicht
will, dann tut das nicht mehr mein
»wirkliches Ich«, sondern die Sünde,
die in mir wohnt. [21]So finde ich also
die Regel – eine Art verkehrter »*To-
rah*« –, daß, obwohl ich tun will, was
gut ist, immer das Böse in mir ist!
[22]Denn in meinem inneren Selbst
stimme ich vollkommen mit Gottes
Torah überein; [23]in meinen Gliedern
aber erkenne ich eine andere »*To-
rah*«, eine, die mit der *Torah* in mei-
nem Verstand kämpft und mich zum
Gefangenen der »*Torah*« der Sünde
macht, die in meinen Gliedern han-
delt. [24]Welch ein elendes Geschöpf
bin ich doch! Wer wird mich aus die-
sem Leib, der dem Tod bestimmt ist,
erlösen? [25]Dank sei Gott, er wird es
tun! – Durch Jeschua den Messias,
unseren Herrn!

Zusammengefaßt: Mit meinem Verstand bin ich ein Sklave der *Torah* Gottes; doch mit meiner alten Natur bin ich ein Sklave der »*Torah*« der Sünde.

8 [1]Deshalb erwartet diejenigen,
die eins mit dem Messias Je-
schua sind, keine Verdammnis
mehr. [2]Warum? Weil die *Torah* des
Geistes, die in der Vereinigung mit
dem Messias Jeschua dieses Leben
hervorbringt, mich aus der »*Torah*«
der Sünde und des Todes befreit hat.
[3]Denn was die *Torah* nicht selbst
tun konnte, weil ihr die Macht fehl-
te, die alte Natur zur Mitwirkung
zu bewegen, tat Gott, indem er sei-
nen eigenen Sohn als einen Men-
schen mit einer Natur, die unserer
eigenen, sündigen gleich war, sand-
te. Gott tat das, um die Sünde abzu-
tun, und indem er es tat, vollstreckte
er die Strafe gegen die Sünde in der
menschlichen Natur, [4]damit die ge-
rechte Forderung der *Torah* erfüllt
werde in uns, die wir unser Leben
nicht so führen, wie es unsere alte
Natur will, sondern so, wie es der
Geist will. [5]Denn diejenigen, die
sich mit ihrer alten Natur identifi-
zieren, richten ihren Sinn auf die
Dinge der alten Natur, die aber, die
sich mit dem Geist identifizieren,
richten ihren Sinn auf die Dinge des
Geistes. [6]Seinen Sinn der alten Na-
tur zu unterstellen, ist gleichbedeu-
tend mit dem Tod, doch seinen Sinn
dem Geist zu unterstellen, ist Leben
und *Schalom*. [7]Denn der Sinn, der
von der alten Natur beherrscht
wird, steht Gott feindlich gegen-
über, weil er sich nicht der *Torah*
Gottes unterwirft – ja, er kann es
gar nicht. [8]Damit können diejeni-
gen, die sich mit ihrer alten Natur
identifizieren, Gott nicht wohlgefal-
len.

[9]Ihr aber, identifiziert euch nicht
mit eurer alten Natur, sondern mit
dem Geist – vorausgesetzt, der Geist
Gottes lebt in euch, denn jeder, der
den Geist des Messias nicht hat, ge-
hört nicht zu ihm. [10]Wenn aber der
Messias in euch ist, dann ist einer-
seits der Leib tot wegen der Sünde;
und andererseits gibt der Geist Le-
ben, weil Gott euch für gerecht er-
achtet. [11]Und wenn der Geist des
Einen, der Jeschua von den Toten
auferweckt hat, in euch lebt, dann
wird der Eine, der den Messias Je-
schua von den Toten auferweckt
hat, auch euren sterblichen Leibern
Leben schenken durch seinen Geist,
der in euch lebt.

[12]Damit, Brüder, schulden wir
nun unserer alten Natur nichts,
das von uns verlangt, nach unserer
alten Natur zu leben. [13]Denn
wenn ihr nach eurer alten Natur
lebt, werdet ihr mit Sicherheit ster-
ben; wenn ihr aber durch den
Geist die Werke des Leibes tötet,
werdet ihr leben.

[14]Alle, die geleitet sind vom Geist
Gottes, sind Söhne Gottes. [15]Denn
ihr habt keinen Geist der Sklaverei
empfangen, der euch wieder in
Angst stürzen würde; im Gegenteil,
ihr habt den Geist empfangen, der
uns zu Söhnen macht und durch
dessen Macht wir rufen: »*Abba*!«
(das heißt »Lieber Vater!«). [16]Der
Geist selbst bezeugt mit unserem
Geist, daß wir Kinder Gottes sind;
[17]und wenn wir Kinder sind, dann
sind wir auch Erben, Erben Gottes
und Mit-Erben mit dem Messias –
vorausgesetzt, wir leiden mit ihm,
um auch mit ihm verherrlicht zu
werden.

[18]Ich glaube nicht, daß die Leiden,
die wir jetzt durchmachen, ins Ge-
wicht fallen im Vergleich mit der
Herrlichkeit, die uns in der Zukunft
offenbart wird. [19]Die Schöpfung
wartet sehnsüchtig darauf, daß die
Söhne Gottes offenbart werden;
[20]denn die Schöpfung ist der Hoff-
nungslosigkeit unterworfen – nicht
freiwillig, sondern durch den, der sie
unterworfen hat. Es besteht aber ei-
ne verläßliche Hoffnung, [21]daß auch
sie aus ihrer Knechtschaft der Ver-
gänglichkeit befreit wird und sich
der Freiheit erfreut, die mit der
Herrlichkeit einhergeht, die die
Kinder Gottes haben werden. [22]Wir
wissen, daß bis jetzt die ganze
Schöpfung geseufzt hat wie in Ge-
burtswehen; [23]und nicht nur sie,
sondern wir selbst, die die Erstlinge
des Geistes haben, seufzen innerlich,
solange wir sehnsüchtig darauf war-
ten, zu Söhnen gemacht zu werden
– das heißt, bis unser ganzer Leib
erlöst und befreit wird. [24]In dieser
Hoffnung wurden wir gerettet.
Doch wenn wir sehen, worauf wir
hoffen, dann ist das keine Hoffnung
mehr – denn wer hofft auf das, was
er bereits sieht? [25]Wenn wir aber auf
etwas hoffen, was wir nicht sehen,
dann warten wir sehnsüchtig darauf,
in Geduld.

Abba – lieber Vater, »Papa«
Jeschua – Jesus
Schalom – Friede
Torah – Weisung, Lehre, das »Gesetz«, der Pentateuch (die 5 Bücher Mose)

26Auf ähnliche Weise hilft uns der
Geist in unserer Schwachheit; denn
wir wissen nicht, wie wir so beten
können, wie wir es sollten. Der Geist
selbst aber tritt für uns ein mit Seuf-
zern, die zu tief sind für Worte;
27und der, der die Herzen erforscht,
weiß genau, was der Geist denkt,
denn seine Bitten für das Gottesvolk
stehen in Einklang mit Gottes Wil-
len. 28Außerdem wissen wir, daß
Gott alles zusammenwirken läßt
zum Guten derer, die Gott lieben
und die berufen sind nach seinem
Plan; 29denn die, die er im voraus ge-
kannt hat, hat er auch im voraus be-
stimmt, gleichförmig zu werden dem
Bild seines Sohnes, damit er der
Erstgeborene unter vielen Brüdern
sei; 30und die, die er auf diese Weise
im voraus bestimmt hat, hat er auch
berufen; und die, die er berufen hat,
bei denen hat er auch Sorge getragen,
daß sie für gerecht erachtet werden;
und die, bei denen er Sorge getragen
hat, daß sie für gerecht erachtet wer-
den, hat er auch verherrlicht!

31Was sollen wir also zu diesen
Dingen sagen? Wenn Gott für uns
ist, wer kann gegen uns sein? 32Er,
der nicht einmal seinen eigenen Sohn
verschonte, sondern ihn für uns alle
dahingab – wird er uns, nachdem er
uns seinen Sohn gegeben hat, nicht
auch alles andere geben? 33Wer wird
also eine Anschuldigung gegen das
erwählte Gottesvolk vorbringen? Si-
cherlich nicht Gott – er ist der, der
Sorge trägt, daß sie für gerecht erach-
tet werden! 34Wer straft sie? Sicher
nicht der Messias Jeschua, der starb
und – mehr noch – auferweckt wur-
de, der zur rechten Hand Gottes
sitzt und doch für uns eintritt! 35Wer
wird uns von der Liebe des Messias
trennen? Bedrängis? Not? Verfol-
gung? Hunger? Armut? Gefahr?
Krieg? 36Wie die *Tenach* schreibt:

»Deinetwegen werden wir den ganzen Tag lang in den Tod gegeben, werden wir erachtet als Schafe, die geschlachtet werden sollen.«[w]

37Nein, in all diesen Dingen sind
wir mehr als Überwinder durch
den, der uns geliebt hat. 38Denn ich
bin überzeugt, daß weder Tod noch
Leben, weder Engel noch andere
himmlische Herrscher, weder was
da ist noch was da kommt, 39weder
Mächte von oben noch Mächte von
unten noch irgendetwas Geschaffe-
nes uns trennen kann von der Liebe
Gottes, die zu uns kommt durch
den Messias Jeschua, unseren Herrn.

9

1Ich spreche die Wahrheit – als
einer, der dem Messias ange-
hört, ich lüge nicht; und auch mein
Gewissen bezeugt, geleitet vom *Ru-
ach Ha Kodesch*: 2Mein Kummer ist
so groß, der Schmerz in meinem
Herzen brennt so unaufhörlich,
3daß ich mir wirklich wünschen
würde, selbst unter dem Fluch Got-
tes zu stehen und vom Messias ge-
trennt zu sein, wenn das meinen
Brüdern helfen würde, meinem eige-
nen Fleisch und Blut, 4dem Volk Jis-
rael! Sie wurden zu Gottes Kindern
gemacht, die *Schechinah* war unter
ihnen, mit ihnen wurde der Bund
geschlossen, ihnen wurde die *Torah*

w Ps 44,23

gegeben, der Tempeldienst und die
Verheißungen; 5sie haben die Erzvä-
ter; und aus ihnen ging, was seine
leibliche Abstammung betrifft, der
Messias hervor, der über allen ist.
Lob sei *Adonai* für immer! *Amen.*

6Der gegenwärtige Zustand Jisra-
els bedeutet jedoch nicht, daß das
Wort Gottes hinfällig geworden ist.

Denn nicht jeder aus Jisrael ist
wahrhaft ein Glied Jisraels; 7ja, nicht
alle Nachkommen sind **Avrahams**
Same,[x] sondern: »**Was dein »Same«**
genannt werden soll, wird in Jiz-
chak sein.«[y] 8Mit anderen Worten,
es sind nicht die leiblichen Kinder,
die Kinder Gottes sind, sondern die
Kinder, auf die sich die Verheißung
bezieht, sind diejenigen, die als **Sa-**
me erachtet werden. 9Denn das hat
die Verheißung gesagt: »**Zur festge-**
legten Zeit werde ich kommen;
und Sarah wird einen Sohn ha-
ben.«[z] 10Und noch aufschlußreicher
ist der Fall von Rivkah; denn ihre
beiden Kinder wurden bei einem
einzigen Akt mit Jizchak, unserem
Vater, empfangen; 11und noch bevor
sie geboren wurden, bevor sie über-
haupt etwas getan hatten, sei es gut
oder schlecht (damit Gottes Plan ei-
ne Sache seiner freien Wahl bleibe,
12unabhängig von dem, was sie ta-
ten, abhängig nur von Gott, der die
Berufung ausspricht), wurde ihr ge-
sagt: »**Der Ältere wird dem Jünge-**
ren dienen.«[a] 13Das steht in Ein-
klang mit der Stelle, wo geschrieben

x 2 Chr 20,7; Ps 105,6
y Gen 21,12
z Gen 18,14

steht: »**Ja-akov habe ich geliebt,**
doch Esav habe ich gehaßt.«[b]

14Sollen wir also sagen: »Es war
ungerecht, daß Gott das getan hat?«
Das möge der Himmel verhüten!
15Denn zu Mosche sagt er: »**Ich ha-**
be Erbarmen, mit wem ich Erbar-
men habe, und ich habe Mitleid,
mit wem ich Mitleid habe.«[c] 16Da-
mit hängt es nicht von menschlichen
Wünschen oder Anstrengungen ab,
sondern von Gott, der Erbarmen
hat. 17Denn die *Tenach* sagt zu Pha-
rao: »**Aus ebendiesem Grund habe**
ich dich aufstehen lassen, damit
ich an dir meine Macht erweise,
auf daß mein Name bekannt wer-
de in der ganzen Welt.«[d] 18Also hat
er Erbarmen, mit wem er will, und
verstockt, wen er will.

19Aber du wirst zu mir sagen:
»Warum findet er dann noch Fehler

a Gen 25,23
b Mal 1,2–3
c Ex 33,19
d Ex 9,16

Adonai – der HERR, Jahwe
Amen – so sei es
Avraham – Abraham
Esav – Esau
Ja-akov – Jakob
Jeschua – Jesus
Jizchak – Isaak
Mosche – Mose
Rivkah – Rebekka
Ruach Ha Kodesch – Heiliger Geist
Sarah – Sara
Schechinah – »Einwohnung Gottes«, Gottes herrliche Gegenwart
Tenach – die hebr. Bibel, das Alte Testament
Torah – Weisung, Lehre, das »Gesetz«, der Pentateuch (die 5 Bücher Mose)

an uns? Wer kann denn seinem Willen widerstehen?« 20Wer bist du, ein Mensch, daß du mit Gott rechten könntest? **Wird das, was gebildet ist, zu dem, der es bildete, sagen: »Warum hast du mich so gemacht?«**[e] 21Oder hat der Töpfer nicht vielmehr das Recht, aus einem Tonklumpen diesen Topf zu ehrenvollem Gebrauch und jenen zu nicht ehrenvollem zu machen? 22Was nun, wenn Gott, obwohl er sehr wohl seinen Zorn zeigen und seine Macht offenbaren konnte, geduldig die Menschen ertrug, die Strafe verdienten und reif für die Vernichtung waren? 23Was, wenn er das tat, um die Reichtümer seiner Herrlichkeit denen zu offenbaren, die die Gegenstände seines Erbarmens sind, die er im voraus zur Herrlichkeit bereitet hat – 24das heißt, uns, die er nicht nur aus den Juden berufen hat, sondern auch aus den Heiden? 25Wie er denn auch tatsächlich bei Hoschea sagt:

»Die, die nicht mein Volk waren, werde ich mein Volk nennen; sie, die nicht geliebt war, werde ich Geliebte nennen; 26 und an demselben Ort, an dem ihnen gesagt wurde: ›Ihr seid nicht mein Volk‹, dort werden sie Söhne des lebendigen Gottes genannt werden!«[f]

27Aber Jeschajahu ruft in Bezug auf Jisrael aus:

»Selbst wenn die Zahl der Menschen in Jisrael so groß wäre wie die Zahl der Sandkörner am Meer, wird doch nur ein Rest gerettet werden. 28Denn *Adonai* wird sein Wort auf Erden erfüllen mit Sicherheit und ohne Verzug.«[g]

29Und wie Jeschajahu an früherer Stelle gesagt hat:

»Wenn Adonai *Zvaoth* uns nicht eine Nachkommenschaft gelassen hätte, wären wir geworden wie Sedom, wären wir Amora gleich gewesen.«[h]

30Was sollen wir also sagen? Dies: daß Heiden, obwohl sie nicht nach Gerechtigkeit strebten, Gerechtigkeit erhalten haben; aber eine Gerechtigkeit, die auf Vertrauen gegründet ist! 31Jisrael jedoch hat, obwohl es einer *Torah* folgte, die Gerechtigkeit anbietet, nicht erreicht, was die *Torah* anbietet. 32Warum? Weil sie der Gerechtigkeit nicht folgten, als sei sie auf Vertrauen gegründet, sondern als sei sie im Tun von Gesetzeswerken begründet. Sie stolperten über den **Stein, der Menschen stolpern läßt.**[i] 33Wie die *Tenach* schreibt:

»Sieh, ich lege in Zijon einen Stein, der die Menschen stolpern läßt, einen Fels, der sie zu Fall bringt. Doch wer sein Vertrauen auf ihn setzt, wird nicht erniedrigt werden.[j]

10 1Brüder, mein größter Wunsch und mein Gebet zu Gott für Jisrael ist ihre Rettung;

e Jes 29,16; 45,9
f Hos 2,25; 2,1

g Jes 10,22–23
h Jes 1,9
i Jes 8,14
j Jes 28,16

2denn ich kann ihren Eifer vor Gott bezeugen. Aber er gründet nicht auf dem rechten Verständnis; 3denn da sie Gottes Weise, Menschen gerecht zu machen, nicht kennen und statt dessen versuchen, ihre eigene aufzustellen, haben sie sich nicht der Weise Gottes, Menschen gerecht zu machen, unterworfen. 4Denn das Ziel, auf das die *Torah* zuläuft, ist der Messias, der jedem, der vertraut, Gerechtigkeit anbietet. 5Denn Mosche schreibt über die auf die *Torah* gegründete Gerechtigkeit, daß, **wer diese Dinge tut, durch sie Leben haben wird.**[k] 6Und die Gerechtigkeit, die auf Vertrauen gegründet ist, sagt:

»Sage nicht in deinem Herzen: ›Wer wird zum Himmel hinaufsteigen?‹« –

das heißt, um den Messias herunterzuholen –

7oder

»›Wer wird in die Scheol hinabsteigen?‹« –

das heißt, um den Messias von den Toten heraufzuholen. 8Was sagt sie dann?

»Das Wort ist dir nahe, in deinem Mund und in deinem Herzen«[l] –

das heißt, das Wort über das Vertrauen, das wir verkünden, nämlich 9daß du, wenn du öffentlich mit deinem Mund bekennst, daß Jeschua Herr ist, und in deinem Herzen darauf vertraust, daß Gott ihn von den Toten auferweckt hat, erlöst werden wirst. 10Denn mit dem Herzen vertraut man und gelangt so zur Gerechtigkeit, und mit dem Mund bekennt man öffentlich und gelangt so zur Erlösung. 11Denn die zitierte Stelle besagt, daß *jeder*, **der sein Vertrauen auf** ihn **setzt, nicht erniedrigt wird.**[m] 12Das heißt, daß es keinen Unterschied zwischen Juden und Heiden gibt – *Adonai* ist derselbe für alle, reich für jeden, der ihn anruft, 13denn *jeder*, der den Namen *Adonai*s anruft, wird erlöst.[n]

14Aber wie können sie jemanden anrufen, wenn sie ihm nicht vertraut haben? Und wie können sie jemandem vertrauen, wenn sie nichts von ihm gehört haben? Und wie können sie von jemandem hören, wenn niemand ihn verkündet? 15Und wie können Menschen ihn verkünden, wenn nicht Gott sie aussendet? – Wie die *Tenach* schreibt:

»Wie schön sind die Füße derer,

k Lev 18,5
l Dtn 30,11–14

m Jes 28,16
n Joel 3,5

Adonai – der HERR, Jahwe
Adonai Zvaoth – HERR (Jahwe) der (himmlischen) Heerscharen
Amora – Gomorrha
Hoschea – Hosea
Jeschajahu – Jesaja
Jeschua – Jesus
Mosche – Mose
Scheol – Hades, Hölle
Tenach – die hebr. Bibel, das Alte Testament
Torah – Weisung, Lehre, das »Gesetz«, der Pentateuch (die 5 Bücher Mose)
Zijon – Zion

die gute Nachrichten über gute Dinge verkünden!«[o]

16Das Problem ist, daß sie alle der Guten Nachricht keine Aufmerksamkeit geschenkt und ihr nicht gehorcht haben. Denn Jeschajahu sagt:

»*Adonai*, wer hat dem vertraut, was er von uns gehört hat?«[p]

17So kommt also Vertrauen aus dem Gehörten, und das Gehörte kommt durch ein Wort, das über den Messias verkündet wird.
18»Aber ich sage, haben sie etwa nicht gehört?« Nein, sie hörten wohl –

»Ihre Stimme ist ausgegangen über die ganze Welt und ihre Worte bis an die Enden der Erde.«[q]

19»Aber ich sage, hat Jisrael etwa nicht verstanden?«

»Ich will dich eifersüchtig machen auf ein Nicht-Volk, auf ein Volk ohne jedes Verständnis will ich dich zornig machen.«[r]

20Und Jeschajahu spricht kühn:

»**Ich wurde gefunden von denen, die mich nicht suchten,** ich wurde offenbar gemacht denen, die nicht nach mir fragten.«[s]

21Aber zu Jisrael sagt er:

»Den ganzen Tag lang streckte ich meine Hände aus nach einem Volk, das ungehorsam und aufsässig war.«[t]

11 1»In diesem Fall sage ich:
Hat Gott etwa sein Volk
verworfen?« Das möge der Himmel
verhüten! Denn ich selbst bin ein
Sohn Jisraels, aus dem **Samen** Avra-
hams,[u] aus dem Stamm Binjamin.
2**Gott hat sein Volk nicht verwor-
fen,**[v] das er im voraus erwählt hat.
Oder wißt ihr nicht, was die *Tenach*
über Elijahu sagt? Er tritt vor Gott
gegen Jisrael auf: 3**»*Adonai*, sie ha-
ben deine Propheten getötet und
deine Altäre umgestürzt, und ich
bin der einzige, der übriggeblieben
ist, und nun wollen sie auch mich
töten!«**[w] 4Doch was entgegnet Gott
ihm? »**Ich habe siebentausend
Mann für mich bewahrt, die nicht
vor Ba-al niedergekniet sind.**«[x] 5So
ist es auch in der Gegenwart: Es ist
ein Rest, erwählt durch die Gnade.
6(Wenn es aber durch die Gnade ge-
schieht, dann geschieht es nicht auf-
grund von Gesetzeswerken; denn
sonst wäre die Gnade nicht mehr
Gnade.) 7Daraus folgt, daß Jisrael
das Ziel, nach dem es strebt, nicht
erreicht hat. Die Erwählten haben es
erreicht, doch die übrigen sind Stei-
nen gleich gemacht worden, 8wie die
Tenach sagt:

»Gott hat ihnen einen Geist der

o Jes 52,7
p Jes 53,1
q Ps 19,5
r Dtn 32,21
s Jes 65,1

t Jes 65,2
u 2 Chr 20,7; Ps 105,6
v Jes 12,22; Ps 94,14
w 1 Kön 19,10.14
x 1 Kön 19,18

Stumpfheit gegeben – Augen, die
nicht sehen, und Ohren, die nicht
hören, bis auf den heutigen Tag.«[y]

[9]Und David sagt:

»Möge ihr Tisch ihnen eine
Schlinge und eine Fallgrube wer-
den, eine Falle und eine Strafe.
[10]**Mögen ihre Augen verfinstert**
werden, so daß sie nicht sehen
können, und ihre Rücken allezeit
gebeugt.«[z]

[11]»In diesem Fall sage ich: Sind sie
etwa gestolpert mit dem Resultat,
daß sie für immer abgefallen sind?«
Das möge der Himmel verhüten!
Ganz im Gegenteil, durch ihr Stol-
pern ist die Erlösung zu den Heiden
gekommen, um sie **eifersüchtig zu**
machen.[a] [12]Außerdem, wenn ihr
Stolpern der Welt Reichtum bringt
– das heißt, wenn die Tatsache, daß
Jisrael eine Zeitlang eine weniger be-
günstigte Stellung einnimmt als die
Heiden, letzteren Reichtümer bringt
– wieviel größere Reichtümer wird
Jisrael in seiner Fülle ihnen bringen!
[13]Denen von euch jedoch, die Hei-
den sind, sage ich dies: Da ich selbst
ein Gesandter an die Heiden bin, sa-
ge ich euch hiermit, wie wichtig mei-
ne Arbeit ist, [14]in der Hoffnung, daß
ich damit irgendwie manche aus
meinem eigenen Volk **eifersüchtig**
mache und manche von ihnen rette!
[15]Denn wenn ihre Verwerfung Je-
schuas die Versöhnung für die Welt
bedeutet, was wird es dann bedeu-
ten, wenn sie ihn annehmen? Es wird
Leben aus den Toten sein!
[16]Wenn nun die *Challah*, die als
Erstlingsgabe angeboten wird, heilig
ist, dann ist der ganze Leib heilig.
Und wenn die Wurzel heilig ist,
sind es auch die Zweige. [17]Doch
wenn manche von den Zweigen ab-
gebrochen wurden und du – ein wil-
der Ölzweig – aufgepfropft wurdest
und nun teilhast an der reichen
Wurzel des Ölbaums, [18]dann rühme
dich nicht, als seist du besser als die
Zweige! Sondern wenn du dich
rühmst, denke daran, daß nicht du
die Wurzel erhältst, sondern die
Wurzel dich. [19]So wirst du sagen:
»Zweige wurden abgebrochen, da-
mit ich aufgepfropft würde.« [20]Das
stimmt, aber was soll's? Sie wurden
abgebrochen wegen ihres Mangels
an Vertrauen. Du aber behältst dei-
nen Platz nur, weil du vertraust. So
sei nicht hochmütig; im Gegenteil,
fürchte dich! [21]Denn wenn Gott
schon die natürlichen Zweige nicht
verschonte, wird er dich ganz gewiß
nicht verschonen! [22]So sieh dir nun
Gottes Güte und seine Strenge ge-
nau an: auf der einen Seite die Stren-
ge gegen die, die abgefallen sind;
und auf der anderen Seite Gottes
Güte gegen dich – vorausgesetzt, du

y Dtn 29,4; Jes 29,10
z Ps 69,23–24
a Dtn 32,21

Adonai – der HERR, Jahwe
Avraham – Abraham
Binjamin – Benjamin
Challah – Brotlaib oder Kuchen, der für die Kohanim aufgehoben wird
Elijahu – Elia
Jeschajahu – Jesaja
Jeschua – Jesus
Tenach – die hebr. Bibel, das Alte Testament

bleibst in dieser Güte! Andernfalls wirst auch du abgeschnitten werden! [23]Und mehr noch, die anderen werden, wenn sie nicht in ihrem Mangel an Vertrauen beharren, wieder aufgepfropft werden; denn Gott kann sie wieder aufpfropfen. [24]Denn wenn du herausgeschnitten wurdest aus etwas, das von seiner Natur her ein wilder Ölbaum ist, und gegen die Natur einem kultivierten Ölbaum aufgepfropft wurdest, um wieviel mehr werden diese natürlichen Zweige wieder ihrem eigenen Ölbaum aufgepfropft werden!

[25]Denn, Brüder, ich möchte, daß ihr diese Wahrheit versteht, die Gott zuvor verborgen hatte, nun aber offenbart hat, damit ihr euch nicht einbildet, mehr zu wissen, als ihr tatsächlich wißt. Verhärtung ist bis zu einem gewissen Grad über Jisrael gekommen, bis die heidnische Welt eingeht in ihrer Fülle; [26]und auf diese Weise wird ganz Jisrael gerettet werden. Wie die *Tenach* sagt:

»Aus Zijon wird der Erlöser kommen; er wird die Gottlosigkeit aus Ja-akov fortnehmen, [27]und das wird mein Bund mit ihnen sein, ... wenn ich ihre Sünden fortnehme.«[b]

[28]In Hinsicht auf die Gute Nachricht werden sie um euretwillen gehaßt. Doch in Hinsicht auf die Erwählung sind sie geliebt um der Erzväter willen, [29]denn Gottes freie Gabe und seine Berufung sind unwiderruflich. [30]So wie ihr selbst Gott früher ungehorsam wart, jetzt aber Erbarmen empfangen habt wegen Jisraels Ungehorsam; [31]so ist auch Jisrael jetzt ungehorsam gewesen, damit es, indem ihr ihm das gleiche Erbarmen erweist, das Gott euch erwiesen hat, jetzt ebenfalls das Erbarmen Gottes empfange. [32]Denn Gott hat die ganze Menschheit in Ungehorsam eingeschlossen, damit er allen Erbarmen erweise!

[33]O die Tiefe der Reichtümer und die Weisheit und Erkenntnis Gottes! Wie unergründlich ist sein Gericht! Wie unerforschlich sind seine Wege!

[34]Denn **»wer hat den Sinn des Herrn gekannt? Wer ist sein Ratgeber gewesen?«**[c] [35]Oder **»wer hat ihm etwas gegeben damit er es ihm zurückzahle?«**[d]

[36]Denn aus ihm und durch ihn und zu ihm sind alle Dinge. Ihm sei Ehre für immer! *Amen*!

12 [1]Ich ermahne euch deshalb, Brüder, angesichts des göttlichen Erbarmens, euch selbst als Opfer darzubringen, lebendig und ausgesondert für Gott. Das wird ihm wohlgefallen; es ist der folgerichtige »Tempelgottesdienst« für euch. [2]Mit anderen Worten, übernehmt nicht die Maßstäbe des *Olam Haseh*. Laßt euch vielmehr verwandeln durch die Erneuerung eures Sinnes; damit ihr wißt, was Gottes Wille ist, und einseht, daß das, was er will, gut und befriedigend ist und

b Jes 59,20–21; 27,9

c Jes 40,13

d Hiob 41,3

gelingen kann. [3]Denn ich fordere jeden einzelnen von euch durch die Gnade, die mir gegeben ist, auf, keine übertriebenen Vorstellungen von seiner eigenen Bedeutung zu hegen. Entwickelt vielmehr eine nüchterne Selbsteinschätzung, ausgehend von dem Maßstab, den Gott jedem von euch gegeben hat, nämlich Vertrauen. [4]Denn so, wie viele Glieder sind, die einen Leib bilden, die Glieder aber nicht alle dieselbe Aufgabe haben; [5]so sind viele von uns, und in der Vereinigung mit dem Messias stellen wir einen Leib dar, wobei jeder von uns zu den anderen gehört. [6]Wir haben aber unterschiedliche Gaben, die wir gebrauchen sollen nach der Gnade, die uns gegeben wurde. Wenn deine Gabe die Weissagung ist, gebrauche sie nach dem Maß deines Vertrauens; [7]wenn es der Dienst ist, gebrauche ihn zu dienen; wenn du ein Lehrer bist, gebrauche deine Gabe im Lehren; [8]wenn du ein Ratgeber bist, gebrauche deine Gabe, um zu trösten und zu ermahnen; wenn du jemand bist, der gibt, dann tu es selbstverständlich und großzügig; wenn du in einer leitenden Stellung bist, dann leite mit Sorgfalt und Eifer; wenn du einer bist, der Werke der Barmherzigkeit tut, tu sie fröhlich.

[9]Laßt die Liebe nicht nur äußeren Schein sein. Scheut zurück vor dem Bösen und haltet euch an das Gute. [10]Liebt einander mit Hingabe und brüderlicher Liebe; und setzt Beispiele für einander, indem ihr einander achtet. [11]Seid nicht träge, wenn harte Arbeit nötig ist, aber dient dem Herrn mit geistlicher Leidenschaft. [12]Freut euch an eurer Hoffnung, seid geduldig in der Bedrängnis und betet ohne Unterlaß. [13]Teilt, was ihr habt, mit dem Volk Gottes, und übt Gastfreundschaft.

[14]Segnet, die euch verfolgen – segnet sie, flucht ihnen nicht! [15]Freut euch mit denen, die sich freuen, und weint mit denen, die weinen. [16]Seid wach für die Nöte des anderen – haltet euch nicht für besser als die andern, sondern sucht euch Freunde unter den Bescheidenen. Seid nicht eingebildet. [17]Zahlt nicht Böses mit Bösem heim, sondern versucht zu tun, was jedermann für gut hält. [18]Lebt, wenn möglich und soweit es von euch abhängt, in Frieden mit allen Menschen. [19]Sucht niemals Rache, meine Freunde; überlaßt sie vielmehr dem Zorn Gottes; denn in der *Tenach* ist geschrieben:

»*Adonai* sagt: ›Die Rache liegt in meiner Verantwortung; ich will zurückzahlen.‹«[e]

[20]Im Gegenteil:

»Wenn euer Feind hungrig ist, speist ihn; wenn er durstig ist, gebt ihm etwas zu trinken. Denn wenn ihr das tut, werdet ihr glühende

e Dtn 32,25

Adonai – der HERR, Jahwe
Amen – so sei es
Ja-akov – Jakob
Olam Haseh – die jetzige Welt, das jetzige Zeitalter
Tenach – die hebr. Bibel, das Alte Testament
Zijon – Zion

**Kohlen der Scham auf seinem
Haupt anhäufen.«**[f]

21Laßt euch nicht vom Bösen
überwinden, sondern überwindet
Böses mit Gutem.

13 1Jeder soll der herrschenden
Obrigkeit gehorchen. Denn
es gibt keine Obrigkeit, die nicht
von Gott ist, und die bestehende
Obrigkeit ist von Gott an den Platz
gestellt, an dem sie steht. 2Deshalb
widersetzt sich, wer immer sich der
Obrigkeit widersetzt, dem, was
Gott eingesetzt hat; und die, die sich
widersetzen, ziehen sich das Gericht
zu. 3Denn Herrscher sind kein
Schrecken für den, der sich richtig
verhält, sondern für den, der
Schlechtes tut. Möchtest du den, der
die Vollmacht hat, nicht fürchten
müssen? Dann tu einfach, was gut
ist, und du wirst seine Billigung er-
ringen; 4denn er ist Gottes Knecht
und deshalb dir von Nutzen. Wenn
du aber tust, was falsch ist, dann
fürchte dich! Denn nicht umsonst
hat er die Macht des Schwertes inne,
denn er ist Gottes Knecht, einge-
setzt als Rächer, um die Übeltäter
zu strafen. 5Ein weiterer Grund zu
gehorchen, neben der Angst vor
Strafe, ist das Gewissen. 6Deshalb
zahlt ihr auch Steuern; denn die Ob-
rigkeit, das sind Gottes öffentliche
Beamte, für ebendiese Pflichten un-
ablässig tätig. 7Zahlt jedem, was ihm
gebührt: Wenn ihr dem Zöllner
schuldet, zahlt eure Steuern; wenn
ihr den Einsammlern der Abgaben
schuldet, zahlt Abgaben; wenn ihr
jemandem Achtung schuldet, zollt
ihm Achtung; wenn ihr jemandem
Ehre schuldet, gebt ihm die Ehre.
8Seid niemandem etwas schuldig –
als nur einander zu lieben; denn wer
immer seinen Mitmenschen liebt,
hat die *Torah* erfüllt. 9Denn die Ge-
bote: **»Begehe nicht Ehebruch«,
»morde nicht«, »stiehl nicht«, »be-
gehre nicht«**[g] und andere sind in
dieser einen Regel zusammengefaßt:
**»Liebe deinen Nächsten wie dich
selbst.«**[h] 10Liebe fügt dem Nächsten
keinen Schaden zu, deshalb ist die
Liebe die Erfüllung der *Torah*.

11Neben all dem wißt ihr, an wel-
chem Punkt in der Geschichte wir
stehen; deshalb ist es höchste Zeit
für euch, euch aus dem Schlaf zu er-
heben; denn die endgültige Erlösung
ist näher als damals, als wir zum er-
stenmal zum Vertrauen fanden.
12Die Nacht ist fast vorüber, der Tag
fast da. So laßt uns nun die Werke
der Finsternis abtun und uns mit
den Waffen des Lichts wappnen.
13Laßt uns rechtschaffen leben, wie
es die Menschen am Tag tun – nicht
Feste feiern und trunken werden,
nicht Unzucht treiben und andere
Ausschweifungen, nicht streiten
und mißgünstig sein. 14Bekleidet
euch vielmehr mit dem Herrn, Je-
schua dem Messias; und verschwen-
det nicht eure Zeit mit Nachdenken
darüber, wie ihr die sündigen Be-

f Spr 25,21–22

g Ex 20,13–14; Dtn 5,17–18

h Lev 19,18

gierden eurer alten Natur befriedi-
gen könnt.

14 1Was nun einen Menschen
betrifft, dessen Vertrauen
schwach ist, so nehmt ihn auf – aber
nicht, um euch dann in Meinungs-
streitigkeiten zu verlieren. 2Ein
Mensch hat das Vertrauen, das ihm
erlaubt, alles zu essen, während ein
anderer, dessen Vertrauen schwach
ist, nur Gemüse ißt. 3Der, der alles ißt,
darf nicht auf den herabsehen, der sich
enthält; und der, der sich enthält, darf
den, der alles ißt, nicht verurteilen,
denn Gott hat ihn angenommen –
4und wer bist du, eines anderen
Knecht zu richten? Er wird vor sei-
nem eigenen Herrn bestehen oder fal-
len; und Tatsache ist, daß er bestehen
wird, denn der Herr kann ihn beste-
hen lassen.

5Ein Mensch erachtet manche Ta-
ge für heiliger als andere, während
ein anderer sie alle für gleich ansieht.
Wichtig ist, daß jeder von seiner ei-
genen Haltung vollkommen über-
zeugt ist. 6Wer einen Tag als einen
besonderen begeht, tut das, um den
Herrn zu ehren. Auch wer alles ißt,
ißt, um den Herrn zu ehren, denn er
dankt Gott damit; ebenso ehrt aber
auch der, der sich enthält, den
Herrn, und auch er dankt Gott da-
mit. 7Denn keiner von uns lebt nur
für sich selbst, und keiner von uns
stirbt nur für sich selbst; 8denn
wenn wir leben, leben wir in der Be-
ziehung zum Herrn, und wenn wir
sterben, sterben wir in der Bezie-
hung zum Herrn. Ob wir nun leben
oder sterben, wir gehören zum
Herrn – 9wahrhaftig, aus diesem
Grund ist der Messias gestorben und
ins Leben zurückgekommen, damit
er Herr sei der Toten und der Le-
benden. 10Du aber, warum richtest du
deinen Bruder? Oder warum siehst
du auf deinen Bruder herab? Denn
wir alle werden vor Gottes Richter-
stuhl stehen; 11denn es ist geschrie-
ben in der *Tenach*:

> **»So wahr ich lebe, spricht *Ado-*
> ***nai*, wird sich jedes Knie vor mir**
> **beugen; und jede Zunge wird Gott**
> **öffentlich bekennen.«**[i]

12So wird nun jeder von uns Gott
Rechenschaft ablegen müssen.

13Deshalb laßt uns aufhören, ein-
ander zu richten! Beschließt viel-
mehr nur das eine – daß einem Bru-
der kein Stolperstein in den Weg
gelegt und keine Falle gestellt werde.
14Ich weiß – das heißt, ich bin über-
zeugt worden durch den Herrn, Je-
schua den Messias –, daß nichts an
sich unrein ist. Wenn aber ein
Mensch etwas für unrein hält, dann
ist es für ihn unrein; 15und wenn dein
Bruder beunruhigt ist über die Spei-
se, die du ißt, dann ist dein Leben
kein Leben der Liebe mehr. Ver-
nichte nicht durch deine Eßgewohn-
heiten jemanden, für den der Messias
gestorben ist! 16Laß nicht zu, daß

i Jes 45,23

Adonai – der HERR, Jahwe
Jeschua – Jesus
Tenach – die hebr. Bibel, das Alte Testament
Torah – Weisung, Lehre, das »Gesetz«, der Pentateuch (die 5 Bücher Mose)

über etwas, was du als gut erkannt
hast, gesprochen wird wie über et-
was Schlechtes; 17denn das Reich
Gottes besteht nicht in essen und
trinken, sondern in Gerechtigkeit,
Schalom und Freude im *Ruach Ha*
Kodesch. 18Jeder, der dem Messias
auf diese Weise dient, erringt sowohl
das Wohlgefallen Gottes als auch
den Beifall anderer Menschen.

19So laßt uns denn den Dingen
nachstreben, die zu *Schalom* und ge-
genseitiger Erbauung führen. 20Tre-
tet das Werk Gottes nicht um einer
Speise willen in den Schmutz. Es
stimmt, alle Dinge sind rein; doch es
ist nicht richtig, wenn jemand durch
sein Essen einen anderen zum Ab-
fall veranlaßt. 21Gut ist es, weder
Fleisch zu essen noch Wein zu trin-
ken oder irgendetwas zu tun, was
deinen Bruder straucheln läßt. 22Be-
haltet die Überzeugung, die ihr über
solche Dinge hegt, zwischen euch
und Gott. Glücklich der Mensch,
der frei von Selbst-Verdammung ist,
wenn er etwas gutheißt! 23Der
Zweifler aber verfällt der Verdamm-
nis, wenn er ißt, weil sein Handeln
nicht auf Vertrauen gegründet ist.
Und alles, was nicht auf Vertrauen
gegründet ist, ist eine Sünde.

15 1So haben wir, die wir stark
sind, die Pflicht, die
Schwachheiten derer zu tragen, die
nicht stark sind, statt uns selbst zu
gefallen. 2Jeder von uns sollte sei-
nem Nächsten gefallen und zu des-
sen Wohl handeln und ihn dadurch
aufbauen. 3Denn sogar der Messias
gefiel nicht sich selbst; vielmehr, wie
die *Tenach* sagt: **»Die Schmähun-**
gen derer, die dich schmähen, fie-
len auf mich.«[j] 4Denn alles, was in
der Vergangenheit geschrieben wur-
de, wurde geschrieben, uns zu leh-
ren, damit wir mit der Ermutigung
der *Tenach* geduldig an unserer
Hoffnung festhalten. 5Und möge
Gott, die Quelle der Ermutigung
und Geduld, euch dieselbe Haltung
geben, wie sie der Messias Jeschua
hatte, 6damit ihr eines Sinnes seid
und mit einer Stimme den Gott und
Vater unseres Herrn, Jeschua des
Messias, verherrlicht.

7So nehmt nun einander auf, wie
der Messias euch in die Herrlichkeit
Gottes aufgenommen hat. 8Denn ich
sage, daß der Messias ein Knecht des
jüdischen Volkes wurde, um Gottes
Wahrhaftigkeit zu erweisen, indem
er seine Verheißungen an die Erzvä-
ter hielt, 9und um sein Erbarmen zu
erweisen, indem er die Heiden dazu
brachte, Gott zu verherrlichen – wie
geschrieben ist in der *Tenach*:

»Deshalb will ich dich unter den Heiden bekennen und lobsingen deinem Namen.«[k]

10Und abermals heißt es:

»Heiden, freut euch mit seinem Volk.«[l]

11Und abermals:

»Lobt *Adonai*, alle Heiden! Mögen alle Menschen ihn loben!«[m]

---

j Ps 69,10
k 2 Sam 22,50: Ps 18,50
l Dtn 22,43
m Ps 117,1

[12]Und Jeschajahu sagt:

»Die Wurzel Jischais wird kommen, er, der aufsteht, über die Heiden zu herrschen; die Heiden werden ihre Hoffnung auf ihn setzen.«[n]

[13]Möge Gott, die Quelle der Hoffnung, euch ganz und gar mit Freude und *Schalom* erfüllen, die ihr fest vertraut, so daß ihr durch die Macht des *Ruach Ha Kodesch* überreich seid in der Hoffnung.

[14]Ich selbst bin überzeugt, meine Brüder, daß ihr voll des Guten seid, voll der Erkenntnis und sehr wohl in der Lage, einander zu raten. [15]Doch in einigen Dingen habe ich euch recht kühn geschrieben, indem ich euch an sie erinnert habe, aufgrund der Gnade, die Gott mir gegeben hat, [16]ein Knecht des Messias Jeschua für die Heiden zu sein, mit der priesterlichen Pflicht, die Gute Nachricht Gottes vorzutragen, damit die Heiden ein annehmbares Opfer sein mögen, geheiligt durch den *Ruach Ha Kodesch*.

[17]In der Vereinigung mit dem Messias Jeschua habe ich daher Grund, stolz auf meinen Dienst für Gott zu sein; [18]denn ich werde nicht wagen, von etwas zu sprechen außer von dem, was der Messias durch mich erreicht hat, nämlich die Heiden durch meine Worte und Taten zum Gehorsam zu führen, [19]durch die Macht von Zeichen und Wundern, durch die Macht des Geistes Gottes. Deshalb habe ich von Jeruschalajim den ganzen Weg bis nach Illyrien überall die Gute Nachricht des Messias ohne Abstriche verkündet. [20]Ich habe stets meinen Ehrgeiz darein gesetzt, die Gute Nachricht zu verkünden, wo der Messias noch nicht bekannt war, damit ich nicht auf eines anderen Grundlagen aufbaue, [21]sondern vielmehr, wie die *Tenach* sagt:

»Die, denen nicht von ihm gesagt wurde, werden sehen, und die, die nicht gehört haben, werden verstehen.«[o]

[22]Deshalb war ich auch so häufig verhindert, euch zu besuchen. [23]Doch jetzt, da es in diesen Gebieten keinen Ort mehr gibt, der mich braucht, und da ich seit vielen Jahren zu euch kommen wollte, [24]hoffe ich, euch auf meinem Weg nach Spanien zu sehen, und hoffe auch, daß ihr meine Reise dorthin unterstützt, nachdem ich mich eine Zeitlang eurer Gesellschaft erfreut habe.

[25]Nun aber gehe ich nach Jeruschalajim mit der Unterstützung für das Gottesvolk dort. [26]Denn Mazedonien und Achaja hielten es für gut, einen Beitrag für die Armen un-

n Jes 11,10

o Jes 52,15

Adonai – der HERR, Jahwe
Jeruschalajim – Jerusalem
Jeschajahu – Jesaja
Jeschua – Jesus
Jischai – Isai
Ruach Ha Kodesch – Heiliger Geist
Schalom – Friede
Tenach – die hebr. Bibel, das Alte Testament

ter dem Gottesvolk in Jeruschalajim
zu leisten. [27]Sie haben es gern getan,
doch Tatsache ist, daß sie es ihnen
schulden. Denn wenn die Heiden
mit den Juden teilhatten an geistli-
chen Dingen, dann haben die Hei-
den ganz eindeutig die Pflicht, den
Juden in materiellen Dingen zu hel-
fen. [28]Wenn ich also diese Aufgabe
erfüllt und sichergestellt habe, daß
sie diese Frucht empfangen haben,
werde ich nach Spanien abreisen
und euch auf meinem Weg dorthin
besuchen; [29]und ich weiß, daß ich zu
euch kommen werde mit dem vol-
len Maß des Segens des Messias.
[30]Und nun bitte ich euch dringend,
Brüder, durch unseren Herrn Je-
schua den Messias und durch die
Liebe des Geistes, daß ihr euch mir
in meinem Kampf anschließt, indem
ihr für mich zu Gott betet, [31]daß ich
bewahrt werde vor den Ungläubi-
gen in Jehudah und daß mein Dienst
für Jeruschalajim dem Gottesvolk
dort angenehm sei. [32]Dann werde
ich, wenn es Gottes Wille ist, mit
Freude zu euch kommen und mich
eine Zeitlang bei euch ausruhen.
[33]Nun möge der Gott des *Schalom*
mit euch allen sein. *Amen.*

16 [1]Ich empfehle euch unsere
Schwester Phoebe, *Scham-
masch* der Gemeinde in Kenchreä,
[2]daß ihr sie im Herrn aufnehmt, wie
das Gottesvolk es tun sollte, und ihr
gebt, was immer sie an Hilfe von
euch brauchen mag; denn sie war
vielen Menschen eine große Hilfe –
einschließlich meiner selbst.

[3]Richtet Priszilla und Aquila,
meinen Mitarbeitern für den
Messias Jeschua, meine Grüße aus.
[4]Sie haben ihr Leben riskiert, um
das meine zu retten; ich danke
nicht nur ihnen, sondern allen
messianischen Gemeinschaften un-
ter den Heiden. [5]Und richtet auch
der Gemeinde, die in ihrem Haus
zusammenkommt, meine Grüße
aus.

Richtet meinem lieben Freund
Epänetus, der der erste in der Pro-
vinz Asien war, der sein Vertrauen
auf den Messias setzte, meine Grüße
aus.

[6]Richtet Mirjam, die hart für euch
gearbeitet hat, meine Grüße aus.

[7]Grüße an Andronikus und Ju-
nia, Verwandte von mir, die mit mir
im Gefängnis waren. Sie sind
unter den Gesandten wohlbekannt;
auch haben sie zum Vertrauen in
den Messias gefunden, bevor ich es
tat.

[8]Grüße an Ampliatus, meinen lie-
ben Freund im Herrn.

[9]Grüße an Urbanus, unseren Mit-
arbeiter für den Messias, und an
meinen lieben Freund Stachys.

[10]Grüße an Appeles, dessen Ver-
trauen in den Messias auf die Probe
gestellt wurde und sich bewährt hat.

Grüßt die im Haus von Aristobu-
lus.

[11]Grüßt meinen Verwandten, He-
rodion.

[12]Grüßt Tryphäna und Tryphosa,
Frauen, die hart für den Herrn ar-
beiten.

Grüßt meine liebe Freundin Per-
sis, eine andere Frau, die viel harte
Arbeit für den Herrn getan hat.

13Grüßt Rufus, den vom Herrn
Erwählten, und seine Mutter, die
auch mir eine Mutter gewesen ist.

14Grüßt Asyncritus, Phlegon,
Hermes, Patrobas, Hermas und die
Brüder, die bei ihnen sind.

15Grüßt Philologus, Julia, Nereus
und seine Schwester und Olympas
und alle Angehörigen des Gottes-
volkes, die bei ihnen sind.

16Grüßt einander mit einem heili-
gen Kuß. Alle Gemeinden des
Messias senden euch ihre Grüße.

17Ich bitte euch dringend, Brüder,
euch vor denen zu hüten, die Spal-
tungen verursachen und die Lehre,
in der ihr unterwiesen seid, mit Fal-
len spicken – haltet euch fern von
ihnen. 18Denn Männer wie diese
dienen nicht unserem Herrn, dem
Messias, sondern ihrem eigenen
Bauch; durch glatte Rede und
Schmeicheleien führen sie die Arg-
losen in die Irre. 19Denn jeder hat
von eurem Gehorsam gehört; des-
halb freue ich mich über euch. Ich
möchte aber, daß ihr weise seid, was
das Gute betrifft, und arglos, was
das Böse angeht. 20Und Gott, die
Quelle des *Schalom*, wird den Wi-
dersacher bald unter euren Füßen
zertreten.

Die Gnade unsres Herrn Jeschua
sei mit euch.

21Timotheus, mein Mitarbeiter,
schickt euch Grüße; ebenso Lukius,
Jason und Sosipater, meine Ver-
wandten.

22Ich, Tertius, der diesen Brief nie-
derschreibt, grüße euch im Herrn.

23Mein Gastgeber Gaius, in dessen
Haus sich die ganze Gemeinde ver-
sammelt, grüßt euch. Erastus, der
Stadtkämmerer, und Bruder Quar-
tus grüßen euch. 24[p]

25Gott aber, der euch stärken
kann, gemäß meiner Guten Nach-
richt, in Einklang mit der Offenba-
rung der geheimen Wahrheit, die ist
die Verkündigung von Jeschua dem
Messias, die verschwiegen war
durch ewige Zeiten hindurch,

26sich jetzt aber manifestiert hat
durch prophetische Schriften, in
Übereinstimmung mit dem Gebot
Gottes des Ewigen und verkündet
ist allen Heiden, um sie zu fördern
im Gehorsam, der auf Vertrauen ge-
gründet ist – 27dem einzig weisen
Gott, sei Ehre für immer und ewig
durch Jeschua den Messias!

Amen.

p In manchen Handschriften folgt Vers 24: Die Gnade unseres Herrn Jeschua des Messias sei mit euch allen. *Amen.*

Amen – so sei es
Jehudah – Judäa
Jeruschalajim – Jerusalem
Jeschua – Jesus
Mirjam – Miriam, Maria
Schammasch – Diener(in), Diakon(in)
Schalom – Friede

DER ERSTE BRIEF VON
JESCHUAS GESANDTEM SCHA-UL (PAULUS)
AN DIE MESSIANISCHE GEMEINSCHAFT IN KORINTH:

DER ERSTE BRIEF AN DIE KORINTHER

1 [1]Von: Scha-ul, nach Gottes
Willen berufen, ein Gesandter
des Messias Jeschua zu sein; und
von Bruder Sosthenes

[2]An: Gottes messianische Ge-
meinschaft in Korinth, bestehend
aus denen, die ausgesondert sind
durch Jeschua den Messias und be-
rufen zu Gottes heiligem Volk – ge-
meinsam mit allen Menschen an al-
len Orten, die den Namen unseres
Herrn Jeschua des Messias anrufen,
der ihr Herr ist ebenso wie der un-
sere:

[3]Gnade euch und *Schalom* von
Gott unserem Vater und dem
Herrn, Jeschua dem Messias.

[4]Ich danke meinem Gott allezeit
für euch wegen der Liebe und Güte
Gottes, die euch durch den Messias
Jeschua geschenkt ist, [5]in der ihr
durch ihn reich geworden seid auf so
vielerlei Art, vor allem in der Macht
der Rede und in der Tiefe der Er-
kenntnis. [6]Wahrhaftig, das Zeugnis
vom Messias ist fest in euch veran-
kert; [7]so daß ihr an keiner Geistesga-
be Mangel leidet und sehnsüchtig auf
die Offenbarung unseres Herrn, Je-
schua des Messias wartet. [8]Er wird
euch Kraft geben, bis zum Ende aus-
zuhalten und so untadelig dazuste-
hen am Tag unseres Herrn, Jeschua
des Messias – [9]Gott ist vertrauens-
würdig: Er war es, der uns in die Ge-
meinschaft mit seinem Sohn, Jeschua
dem Messias, unserem Herrn, beru-
fen hat.

[10]Dennoch, Brüder, fordere ich
euch im Namen unseres Herrn, Je-
schua des Messias auf, daß ihr alle
einig seid in dem, was ihr sagt, und
euch nicht aufspalten laßt in Partei-
en, sondern wieder eines Sinnes
werdet und ein gemeinsames Ziel
verfolgt. [11]Denn einige von den
Leuten der Chloë haben mich wis-
sen lassen, meine Brüder, daß Strei-
tigkeiten unter euch bestehen. [12]Ich
sage das, weil einer von euch sagt:
»Ich folge Scha-ul«; ein anderer:
»Ich folge Apollos«; ein anderer:
»Ich folge Kefa«; und noch ein an-
derer: »Ich folge dem Messias!« [13]Ist
der Messias etwa in Stücke zerteilt?
Wurde Scha-ul an einem Pfahl für
euch hingerichtet? Wurdet ihr im
Namen Scha-uls eingetaucht? [14]Ich
danke Gott, daß ich außer Crispus
und Gaius keinen von euch einge-
taucht habe – [15]andernfalls würde
vielleicht jemand sagen, daß ihr tat-
sächlich in meinem Namen einge-
taucht wurdet. [16](Ach ja, ich habe

auch Stephanas und sein Haus ein-
getaucht; doch darüber hinaus kann
ich mich nicht erinnern, daß ich je-
mand eingetaucht hätte.)
17 Denn der Messias hat mich nicht
gesandt einzutauchen, sondern die
Gute Nachricht zu verkünden –
und zwar ohne mich dabei auf eine
»Weisheit« zu verlassen, die nur auf
Rhetorik beruht, damit der Hinrich-
tungspfahl des Messias nicht seiner
Macht beraubt wird.
18 Denn die
Botschaft vom Hinrichtungspfahl
ist Torheit für die, die sich auf dem
Weg ins Verderben befinden, doch
für uns, die wir auf dem Weg in die
Erlösung sind, liegt die Macht Got-
tes darin!
19 Wahrhaftig, die *Tenach*
sagt:

»Ich will zunichte machen die Weisheit der Weisen und zuschanden machen den Verstand der Verständigen.«[a]

20 Wo bleiben da die Philosophen,
die *Torah*lehrer oder all die Denker
von heute? Hat nicht Gott die
Weisheit dieser Welt recht töricht
aussehen lassen?
21 Denn Gottes
Weisheit hat geboten, daß die Welt
ihn nicht erkennen sollte, solange sie
ihre eigene Weisheit gebrauchte.
Deshalb hat Gott beschlossen, mit-
tels der »Torheit« dessen, was wir
verkünden, diejenigen zu retten, die
zum Vertrauen darauf finden.
22 Ebendeshalb, weil die Juden nach
Zeichen fragen und die Griechen
nach Weisheit streben,
23 verkünden
wir einen Messias, der als ein Ver-
brecher an einem Pfahl hingerichtet
wurde! Den Juden ist dies ein Hin-
dernis und den Griechen ist es Tor-
heit;
24 denen aber, die berufen sind,
Juden wie Griechen, ist ebendieser
Messias Gottes Macht und Gottes
Weisheit!
25 Denn Gottes »Torheit«
ist weiser als die »Weisheit« der
Menschen.

Und auch Gottes »Schwachheit«
ist stärker als die »Stärke« der
Menschen.
26 Seht doch euch selbst
an, Brüder; seht die an, die Gott
berufen hat! Nicht viele von euch
sind weise nach dem Maßstab der
Welt, nicht viele haben Macht oder
rühmen sich vornehmer Herkunft.
27 Gott aber hat erwählt, was die
Welt für Torheit erachtet, um die
Weisen zu beschämen; Gott hat
erwählt, was die Welt für schwach
erachtet, um die Starken zu be-
schämen;
28 und Gott hat erwählt,
worauf die Welt als gewöhnlich
herabsieht oder was sie für nichtig
hält, um zunichte zu machen, was
die Welt für bedeutend erachtet;
29 damit niemand sich vor Gott
rühmen kann.
30 Durch sein Werk
seid ihr vereint mit dem Messias
Jeschua. Er ist für uns Weisheit
von Gott geworden und Gerech-
tigkeit und Heiligkeit und Erlö-
sung dazu!
31 Deshalb – wie die
Tenach sagt – **»Möge jeder, der**

a Jes 29,14

Jeschua – Jesus
Kefa – Petrus
Schalom – Friede
Scha-ul – Saulus (Paulus)
Tenach – die hebr. Bibel, das Alte Testament
Torahlehrer – Schriftgelehrter

sich rühmen will, sich *Adonais* rühmen!«[b]

2 1Was mich betrifft, Brüder: Als ich bei euch anlangte, habe ich euch nicht mit außerordentlicher Beredsamkeit oder Weisheit die vormals verborgene Wahrheit von Gott verkündet; 2denn ich hatte beschlossen, daß ich, solange ich bei euch war, nichts wissen wollte außer Jeschua den Messias, und auch ihn nur als einen, der als Verbrecher am Pfahl hingerichtet wurde. 3Und auch ich selbst war als ein Schwacher bei euch, schüchtern und zitternd vor Angst; 4und weder in der Verkündigung noch im Inhalt meiner Botschaft verließ ich mich auf überzeugende Worte der »Weisheit«, sondern allein auf den Erweis der Macht des Geistes, 5damit euer Vertrauen nicht auf menschlicher Weisheit beruhe, sondern auf der Macht Gottes.

6Doch es gibt eine Weisheit, die wir denen verkünden, die reif genug dafür sind. Das aber ist nicht die Weisheit dieser Welt oder der Führer dieser Welt, die vergehen. 7Im Gegenteil, wir predigen eine geheime Weisheit von Gott, die bis jetzt verborgen war, die uns jedoch nach dem Ratschluß Gottes, der schon vor dem Beginn der Geschichte beschlossen war, Herrlichkeit bringen sollte. 8Keiner der Führer dieser Welt hat sie verstanden; denn wenn sie es verstanden hätten, hätten sie den Herrn, aus dem diese Herrlichkeit fließt, nicht hingerichtet. 9Doch, wie die *Tenach* sagt:

»Kein Auge hat gesehen, kein Ohr hat gehört und keines Menschen Herz hat geahnt all die Dinge, die Gott für die bereitet hat, die ihn lieben.«[c]

10Uns aber hat Gott diese Dinge offenbart. Wie? Durch den Geist. Denn der Geist erforscht alle Dinge, auch die tiefsten Tiefen Gottes. 11Denn wer kennt das Innerste eines Menschen als allein der eigene Geist des Menschen in ihm? So kennt auch keiner das Innerste Gottes als allein der Geist Gottes. 12Nun haben wir aber nicht den Geist der Welt empfangen, sondern den Geist Gottes, damit wir die Dinge verstehen, die Gott uns so reichlich gegeben hat. 13Das sind die Dinge, von denen wir sprechen, wenn wir die Redeweise vermeiden, die menschliche Weisheit uns eingeben würde, und statt dessen eine Redeweise gebrauchen, die der Geist lehrt, durch den wir Dinge des Geistes Menschen erklären, die den Geist haben. 14Nun empfängt der natürliche Mensch die Dinge aus dem Geist Gottes nicht – für ihn sind sie Torheit! Und zudem ist er unfähig, sie zu begreifen, weil sie durch den Geist beurteilt werden. 15Der aber, der den Geist hat, kann alles beurteilen, wohingegen niemand in der Lage ist, ihn selbst zu beurteilen.

b Jer 9,23

c Jes 64,3; 52,15

16**»Denn wer hat den Sinn *Ado-
nais* erkannt? Wer wird ihm ra-
ten?«**[d] Wir aber haben den Sinn des
Messias!

3 1Was mich betrifft, Brüder, ich
konnte zu euch nicht als zu
geistlichen Menschen reden, son-
dern nur als zu weltlichen Men-
schen, als Kleinkindern, was die Er-
fahrung mit dem Messias betrifft.
2Ich gab euch Milch, keine feste
Speise, denn ihr wart noch nicht be-
reit dafür. Aber ihr seid auch jetzt
noch nicht dafür bereit! 3Denn ihr
seid noch immer weltlich! Zeigen
nicht all die Eifersucht und der
Streit unter euch, daß ihr weltlich
seid und nach rein menschlichen
Maßstäben lebt? 4Denn wenn einer
sagt: »Ich folge Scha-ul« und ein an-
derer: »Ich folge Apollos«, seid ihr
dann nicht ganz einfach mensch-
lich? 5Was ist schon Apollos? Was
ist Scha-ul? Nur Knechte, durch die
ihr zum Vertrauen gefunden habt.
Wahrhaftig, es war der Herr, der
euch zum Vertrauen führte durch
den einen oder anderen von uns.
6Ich pflanzte die Saat, und Apollos
hat sie begossen, doch es war Gott,
der sie wachsen ließ. 7So ist also we-
der der Pflanzer noch der Bewässe-
rer etwas, sondern nur Gott, der die
Dinge wachsen läßt – 8Pflanzer und
Bewässerer aber sind gleich.

Jeder aber wird nach seinem Werk
belohnt werden. 9Denn wir sind
Gottes Mitarbeiter; und ihr seid
Gottes Acker, Gottes Bauwerk.
10Ich habe die Gnade, die Gott mir
gegeben hat, gebraucht und einen
Grundstein gelegt, wie ein erfahre-
ner Baumeister; und ein anderer
Mann baut nun darauf. Doch möge
jeder sich vorsehen, wie er baut.
11Denn niemand kann einen anderen
Grundstein legen als den, der bereits
gelegt ist, der ist Jeschua der Messias.
12Manche werden Gold, Silber oder
kostbare Steine verwenden, wenn sie
auf diesem Grundstein weiterbauen;
während andere Holz, Gras oder
Stroh verwenden werden. 13Jedes
Mannes Werk aber wird sich erwei-
sen als das, was es ist; der Tag wird es
aufdecken, denn es wird durch Feuer
offenbart werden – das Feuer wird
den Wert der Arbeit eines jeden prü-
fen. 14Wenn das Werk, das jemand
auf dem Grundstein erbaut hat,
überdauert, wird er eine Belohnung
empfangen; 15wenn es verbrennt,
wird er den Verlust zu tragen haben:
Er wird zwar mit dem Leben davon-
kommen, doch es wird sein wie eine
Flucht durch das Feuer.

16Wißt ihr nicht, daß ihr Menschen
Gottes Tempel seid und daß der
Geist Gottes in euch lebt? 17Wenn
nun jemand den Tempel Gottes zer-
stört, wird Gott ihn zerstören. Denn
Gottes Tempel ist heilig, und ihr
selbst seid dieser Tempel.

18Täuscht euch nicht! Wenn je-
mand unter euch denkt, er sei wei-
se (nach dem Maßstab dieser

d Jes 40,13

Adonai – der HERR, Jahwe
Jeschua – Jesus
Scha-ul – Saulus (Paulus)
Tenach – die hebr. Bibel, das Alte Testament

Welt), möge er »töricht« werden, damit er wahrhaft weise werde. [19]Denn die Weisheit dieser Welt ist Torheit, was Gott betrifft; insofern die *Tenach* sagt: **»Er fängt die Weisen in ihrer eigenen Klugheit«**[e], [20]und wiederum: ***»Adonai*** **weiß, daß die Gedanken der Weisen wertlos sind.«**[f] [21]So rühme sich nun niemand eines Menschen, denn alles ist euer – [22]ob nun Scha-ul oder Apollos oder Kefa oder die Welt oder das Leben oder die Gegenwart oder die Zukunft: sie alle gehören euch [23]und ihr gehört dem Messias und der Messias gehört Gott.

4 [1]So sollt ihr uns also als Knechte des Messias ansehen, als Verwalter der geheimen Wahrheiten Gottes. [2]Nun ist aber das einzige, was von einem Verwalter gefordert wird, daß er vertrauenswürdig erfunden werde. [3]Und es gilt mir sehr wenig, wie ich von euch oder vor einem menschlichen Gerichtshof beurteilt werde; ja ich beurteile mich nicht einmal selbst. [4]Ich bin mir keiner Sache bewußt, die gegen mich spräche, doch das macht mich noch nicht unschuldig. Der Herr ist es, der mich beurteilt. [5]So verkündet also kein voreiliges Urteil, bevor der Herr kommt; denn er wird ans Licht bringen, was jetzt in der Finsternis verborgen ist; er wird die innersten Motive der Menschen aufdecken; und dann wird jeder von Gott das Lob empfangen, das er verdient.

[6]Bei dem, was ich soeben gesagt habe, Brüder, habe ich mich und Apollos als Beispiele gebraucht, um euch zu lehren, nicht über das hinauszugehen, was die *Tenach* sagt, und euch nicht des einen gegen den anderen zu rühmen. [7]Was macht euch denn zu etwas so Besonderem? Was besitzt ihr, was ihr nicht als Geschenk empfangen hättet? Und wenn es denn ein Geschenk war, warum rühmt ihr euch seiner, als sei es keines? [8]Seid ihr schon satt? Seid ihr schon reich? Seid ihr schon Könige, auch wenn wir es noch nicht sind? Nun, ich wünschte, ihr wärt tatsächlich Könige, damit wir an eurer Königsherrschaft teilhaben könnten! [9]Denn ich glaube, Gott hat uns als Gesandte ganz am Ende des Siegeszuges zur Schau gestellt, wie Männer, die dazu verurteilt sind, in der öffentlichen Arena zu sterben; wir sind ein Schauspiel geworden für das ganze Universum, für Engel wie für Menschen. [10]Denn um des Messias willen sind wir Toren, doch vereint mit dem Messias seid ihr weise! Wir sind schwach, ihr aber seid stark; ihr seid geehrt, wir aber sind entehrt. [11]Bis zu diesem Augenblick hungern und dürsten wir, sind in Lumpen gekleidet, werden rücksichtslos behandelt, ziehen von Ort zu Ort [12]und arbeiten mit unseren eigenen Händen bis zur Erschöpfung für unseren Lebensunterhalt. Wenn wir verflucht werden, segnen wir; wenn wir verfolgt werden, nehmen wir es hin; [13]wenn wir

e Hiob 5,13
f Ps 94,11

verleumdet werden, fahren wir fort
mit unserer Verkündigung. Wir sind
der Kehricht der Welt, der Ab-
schaum der Erde – jawohl, bis zu
diesem Augenblick!
14Ich schreibe euch das nicht, um
euch zu beschämen, sondern um
euch als meine geliebten Kinder zu
ermahnen und zur Veränderung zu
bewegen. 15Denn selbst wenn ihr
zehntausend Unterweiser hättet,
was den Messias betrifft, so habt ihr
doch nicht viele Väter; denn was
den Messias Jeschua betrifft, so bin
ich euer Vater geworden durch die
Gute Nachricht. 16Deshalb bitte ich
euch inständig, mich nachzuahmen.
17Aus diesem Grund habe ich euch
Timotheus geschickt, mein geliebtes
und vertrauenswürdiges Kind im
Herrn. Er wird euch an das Leben
erinnern, das ich in der Vereinigung
mit dem Messias Jeschua führe und
das ich überall in allen Gemeinden
lehre.
18Als ich nicht zu Besuch zu euch
kam, wurden einige von euch hoch-
mütig. 19Doch ich komme bald,
wenn der Herr will; und dann wer-
de ich nicht das Gerede dieser
Hochmütigen zur Kenntnis neh-
men, sondern ihre Macht. 20Denn
das Reich Gottes ist keine Sache von
Worten, sondern von Macht. 21Was
zieht ihr vor – soll ich mit einem
Stock zu euch kommen? Oder mit
Liebe und im Geist der Sanftmut?

5 1Nun hört man tatsächlich,
daß Unzucht unter euch
herrscht, und zwar Unzucht in einer
Form, die sogar von den Heiden
verurteilt wird – ein Mann lebt mit
seiner Stiefmutter! 2Und ihr seid
noch immer stolz? Hättet ihr nicht
lieber ein bißchen Trauer empfinden
sollen, die bewirkt hätte, daß ihr den
Mann, der das getan hat, aus eurer
Gemeinschaft ausschließt? 3Denn
ich selbst bin im Geiste bei euch,
auch wenn ich leiblich abwesend
bin; und ich habe den Mann, der das
getan hat, bereits gerichtet, als sei
ich anwesend. 4Im Namen des
Herrn Jeschua: Wenn ihr versam-
melt seid und ich im Geist und in
der Macht unseres Herrn Jeschua
anwesend bin, 5übergebt einen sol-
chen Mann dem Widersacher, damit
seine alte Natur vernichtet werde, so
daß sein Geist am Tag des Herrn ge-
rettet werden kann.
6Euer Prahlen ist nicht gut. Kennt
ihr nicht das Sprichwort: »Es
braucht nur ein wenig *Chamez*, um
einen ganzen Klumpen Teig zu säu-
ern«? 7Macht euch frei von dem al-
ten *Chamez*, damit ihr ein neuer
Schub Teig werden könnt, denn in
Wirklichkeit seid ihr ungesäuert.
Denn unser *Pessach*lamm, der
Messias, ist geopfert worden. 8So
laßt uns nun den *Seder* nicht mit
dem übriggebliebenen *Chamez* fei-
ern, dem *Chamez* der Schlechtigkeit

Adonai – der HERR, Jahwe
Chamez – Sauerteig
Jeschua – Jesus
Kefa – Petrus
Pessach – Passa
Scha-ul – Saulus (Paulus)
Seder – Mahlzeit am Vorabend des Passa
Tenach – die hebr. Bibel, das Alte Testament

und des Bösen, sondern mit der *Mazah* der Reinheit und der Wahrheit.

9In meinem früheren Brief forderte ich euch auf, euch nicht mit Menschen gemein zu machen, die Unzucht treiben. 10Damit meinte ich nicht die unzüchtigen Menschen außerhalb eurer Gemeinschaft oder die Habgierigen und Diebe und Götzenanbeter – denn dann müßtet ihr die Welt überhaupt verlassen! 11Nein, sondern ich schrieb euch vielmehr, euch nicht mit einem gemein zu machen, der vorgibt, ein Bruder zu sein, in Wirklichkeit aber ebenfalls Unzucht treibt, habgierig ist, Götzen anbetet, Mißbrauch treibt, sich betrinkt oder stiehlt. Mit einem solchen Menschen sollt ihr nicht einmal essen! 12Denn warum sollte ich Außenstehende richten? Sollt ihr nicht vielmehr die richten, die der Gemeinschaft angehören? 13Die Außenstehenden wird Gott richten. **Treibt ihr** nur **die Übeltäter aus eurer Mitte aus.**[g]

6 1Wie kann es einer von euch wagen, mit einer Klage gegen einen anderen vor einen heidnischen Gerichtshof zu gehen statt vor das Gottesvolk? 2Wißt ihr nicht, daß das Gottesvolk das Universum richten wird? Seid denn ihr, die ihr das Universum richten werdet, etwa unfähig, in diesen unwichtigen Angelegenheiten zu richten? 3Wißt ihr nicht, daß wir Engel richten werden, ganz zu schweigen von Alltagsangelegenheiten? 4Wenn ihr also Urteile in Alltagsangelegenheiten haben wollt, warum bringt ihr sie vor Männer, die keinen Stand in der messianischen Gemeinschaft haben? 5Ich sage: Schande über euch! Ist es möglich, daß nicht ein Mensch unter euch weise genug ist, einen Streit zwischen Brüdern zu schlichten? 6Statt dessen verklagt ein Bruder den anderen, und das auch noch vor Ungläubigen!

7Dabei ist es bereits eine Niederlage für euch, wenn ihr überhaupt Prozesse gegeneinander führt. Warum nicht lieber Unrecht erdulden? Warum nicht lieber betrogen werden? 8Ihr aber tut Unrecht und betrügt; ja, ihr fügt es euren eigenen Brüdern zu! 9Wißt ihr nicht, daß ungerechte Menschen keinen Teil am Reich Gottes haben? Täuscht euch nicht – Menschen, die vor der Ehe Geschlechtsverkehr haben, die Götzen anbeten, die nach der Ehe mit einem anderen als ihrem eigenen Ehepartner Geschlechtsverkehr haben, die aktiv oder passiv an homosexuellen Handlungen teilnehmen, 10die stehlen, die habgierig sind, die sich betrinken, die andere Menschen mit Schmähreden angreifen, die rauben – keiner von ihnen wird am Reich Gottes teilhaben. 11Einige von euch pflegten diese Dinge zu tun. Doch ihr habt euch gereinigt; ihr seid ausgesondert für Gott, ihr seid für gerecht erklärt worden durch die Macht des Herrn Jeschua des Messias und des Geistes unseres Gottes.

g Dtn 13,6; 17,7.12; 19,19; 21,21;22,21.24;24,7

[12]Ihr sagt: »Mir ist alles erlaubt«?
Mag sein, doch nicht alles ist nütz-
lich. »Mir ist alles erlaubt«? Mag
sein, doch was mich betrifft, so lasse
ich nichts die Kontrolle über mich
gewinnen. [13]»Speise ist für den Ma-
gen bestimmt und der Magen für die
Speise«? Mag sein, doch Gott wird
beidem ein Ende setzen. Auf jeden
Fall aber ist der Leib nicht für Un-
zucht bestimmt, sondern für den
Herrn, und der Herr für den Leib.
[14]Gott hat den Herrn auferweckt,
und er wird auch uns durch seine
Macht auferwecken.

[15]Wißt ihr nicht, daß eure Leiber
Glieder des Messias sind? Soll ich
nun die Glieder des Messias nehmen
und sie zu Gliedern einer Hure ma-
chen? Das möge der Himmel verhü-
ten! [16]Wißt ihr nicht, daß ein Mann,
der sich mit einer Hure verbindet,
körperlich eins mit ihr wird? Denn
die *Tenach* sagt: »**Die beiden wer-
den ein Fleisch werden**;«[h] [17]der
Mensch aber, der sich mit dem
Herrn verbindet, ist ein Geist.
[18]Flieht die Unzucht! Alle anderen
Sünden sind Sünden, die außerhalb
des Leibes begangen werden, doch
wer Unzucht treibt, sündigt gegen
seinen eigenen Leib. [19]Oder wißt ihr
nicht, daß euer Leib ein Tempel des
Ruach Ha Kodesch ist, der in euch
lebt und den ihr von Gott empfan-
gen habt? Tatsache ist: Ihr gehört
nicht euch selbst; [20]denn ihr seid um
einen Preis erkauft. So gebraucht
eure Leiber, Gott zu verherrlichen.

h Gen 2,24

7 [1]Und nun zu den Fragen, von
denen ihr geschrieben habt:
»Ist es gut für einen Mann, sich von
Frauen fernzuhalten?« [2]Nun, wegen
der Gefahr der Unzucht möge jeder
Mann seine eigene Ehefrau und jede
Frau ihren Ehemann haben. [3]Der
Ehemann soll seiner Frau geben,
was ihr in der ehelichen Gemein-
schaft zusteht, und die Frau soll das-
selbe für ihren Mann tun. [4]Nicht die
Frau hat die Gewalt über ihren eige-
nen Leib, sondern ihr Mann; ebenso
hat nicht der Mann die Gewalt über
seinen eigenen Leib, sondern die
Frau. [5]Entzieht euch einander nicht,
außer für eine begrenzte Zeit und
nach wechselseitiger Übereinkunft,
und auch dann nur, um zusätzliche
Zeit zum Gebet zu haben; danach
aber kommt wieder zusammen. An-
dernfalls könntet ihr wegen eurer
mangelnden Selbstbeherrschung der
Versuchung des Widersachers erlie-
gen. [6]Ich sage euch das als Vor-
schlag, nicht als ein Gebot. [7]Tat-
sächlich wünschte ich, daß alle wie
ich wären; doch jeder hat seine eige-
ne Gabe von Gott, der eine dies, der
andere das.

[8]Den Alleinstehenden und den
Witwen sage ich, daß es schön ist,
wenn sie unverheiratet bleiben wie
ich; [9]wenn sie aber keine Selbstbe-
herrschung haben, sollen sie heira-
ten; denn es ist besser zu heiraten, als
vor sexuellem Begehren zu brennen.

Jeschua – Jesus
Mazah – ungesäuertes Brot
Ruach Ha Kodesch – Heiliger Geist
Tenach – die hebr. Bibel, das Alte Testament

[10]Für die, die verheiratet sind, ha-
be ich ein Gebot, und es ist nicht
von mir, sondern vom Herrn: Eine
Frau soll sich nicht von ihrem Mann
trennen. [11]Wenn sie sich aber trennt,
so soll sie allein bleiben oder sich
wieder mit ihrem Mann versöhnen.
Und auch ein Mann soll seine Frau
nicht verlassen.

[12]Den übrigen sage ich – ich, nicht
der Herr: Wenn ein Bruder eine
Frau hat, die keine Gläubige ist, und
sie ist es zufrieden, mit ihm zusam-
menzuleben, dann soll er sie nicht
verlassen. [13]Und wenn eine Frau ei-
nen ungläubigen Mann hat, der es
zufrieden ist, mit ihr zu leben, soll
sie ihn nicht verlassen. [14]Denn der
ungläubige Ehemann ist durch die
Frau für Gott ausgesondert, und die
ungläubige Frau ist durch den Bru-
der für Gott ausgesondert – andern-
falls wären eure Kinder »unrein«, sie
sind aber für Gott ausgesondert.
[15]Wenn jedoch der ungläubige Ehe-
partner sich trennen will, so laßt ihn
sich trennen. In solchen Fällen ist
der Bruder oder die Schwester nicht
gebunden – Gott hat euch zu einem
Leben des Friedens berufen. [16]Denn
woher weißt du, Frau, ob du deinen
Mann vielleicht rettest? Oder woher
weißt du, Mann, ob du deine Frau
rettest?

[17]Es lebe nur jeder Mensch das Le-
ben, das der Herr ihm bestimmt hat,
und er lebe es in dem Zustand, in
dem er war, als Gott ihn berufen hat.
Das ist die Regel, die ich für alle Ge-
meinden aufstelle. [18]War einer be-
reits beschnitten, als er berufen wur-
de? Dann soll er nicht versuchen, die
Zeichen seiner Beschneidung zu ent-
fernen. War einer unbeschnitten, als
er berufen wurde? Er soll sich nicht
einer *Berit Milah* unterziehen. [19]Be-
schnitten sein bedeutet nichts, und
unbeschnitten sein bedeutet nichts;
nur Gottes Gebote halten bedeutet
etwas. [20]Jeder Mensch soll in dem
Zustand bleiben, in dem er war, als er
berufen wurde.

[21]Warst du ein Sklave, als du beru-
fen wurdest? Nun, dann soll es dich
nicht kümmern; wenn du aber deine
Freiheit erlangen kannst, dann er-
greif die Gelegenheit. [22]Denn ein
Mensch, der ein Sklave war, als er
berufen wurde, ist ein Freigelassener
des Herrn; und ebenso ist jemand,
der ein freier Mann war, als er beru-
fen wurde, ein Sklave des Messias.
[23]Ihr wurdet um einen Preis erkauft,
also werdet nicht Sklaven der Men-
schen. [24]Brüder, möge ein jeder von
euch in dem Zustand bleiben, in den
er berufen wurde.

[25]Nun zu der Frage über die Un-
verheirateten: Ich habe kein Gebot
vom Herrn, aber ich sage euch eine
Meinung als einer, der durch die
Gnade des Herrn würdig ist, daß
man ihm vertraut. [26]Ich denke, daß
es in einer Zeit der Belastung wie
der gegenwärtigen für einen Men-
schen gut ist zu bleiben, wie er ist.
[27]Das bedeutet, daß ein Mann, wenn
er eine Frau hat, nicht versuchen
soll, von ihr frei zu kommen; und
wenn er unverheiratet ist, soll er
nicht nach einer Frau suchen.
[28]Wenn du aber heiratest, sündigst
du nicht, und wenn ein Mädchen
heiratet, sündigt es nicht. Es ist nur,

daß die, die heiraten, auch die üblichen Probleme des Ehelebens haben, und ich würde sie euch lieber ersparen. [29]Was ich sage, Brüder, ist, daß nicht mehr viel Zeit bleibt; von jetzt an soll ein Mann mit einer Frau leben, als hätte er keine – [30]und die, die traurig sind, sollen leben, als seien sie es nicht, die, die glücklich sind, als seien sie es nicht, [31]und die, die sich mit weltlichen Angelegenheiten befassen, als seien sie nicht darin verwickelt – denn die gegenwärtige Ordnung der Dinge in dieser Welt wird nicht mehr lange währen. [32]Ich wünsche mir für euch, daß ihr ohne Sorge seid. Ein unverheirateter Mann befaßt sich mit den Angelegenheiten des Herrn; [33]damit, wie er dem Herrn gefallen kann; der verheiratete Mann hingegen befaßt sich mit den Angelegenheiten der Welt; damit, wie er seiner Frau gefallen kann; [34]und er ist im Zwiespalt. Ebenso befaßt sich die Frau, die nicht mehr verheiratet ist, oder das Mädchen, das nie verheiratet war, mit den Angelegenheiten des Herrn, damit, wie sie leiblich und geistlich heilig ist; die verheiratete Frau aber befaßt sich mit den Angelegenheiten der Welt, wie sie ihrem Mann gefallen kann. [35]Ich sage euch das zu eurem eigenen Wohl, nicht, um euch Einschränkungen aufzuerlegen – mir geht es einfach darum, daß ihr angemessen lebt und dem Herrn mit ungeteilter Hingabe dient.

[36]Wenn nun ein Mann denkt, er verhalte sich unehrenhaft, wenn er seine Verlobte so behandelt, und wenn das sexuelle Begehren groß ist, so daß diese Heirat stattfinden sollte; dann möge er tun, was er will – er sündigt nicht: Laßt sie heiraten. [37]Wenn aber ein Mann sich fest entschlossen hat und unter keinerlei Zwang steht, sondern völlig sein eigener Herr ist, wenn er bei sich selbst beschlossen hat, daß seine Verlobte eine Jungfrau bleibe, dann wird er gut daran tun. [38]So tut der Mann, der seine Verlobte heiratet, gut, und der Mann, der nicht heiratet, tut besser.

[39]Eine Frau ist an ihren Mann gebunden, solange er lebt, doch wenn der Mann stirbt, ist sie frei zu heiraten, wen sie will, vorausgesetzt, er ist ein Gläubiger an den Herrn. [40]Doch in meinen Augen wird sie glücklicher sein, wenn sie unverheiratet bleibt, und indem ich das sage, glaube ich, den Geist Gottes zu haben.

8 [1]Nun zu der Speise, die Götzen geopfert wurde: Wir wissen, daß, wie ihr sagt, »wir alle Erkenntnis haben«. Ja, das stimmt, doch »Erkenntnis« bläht einen Menschen mit Stolz auf; wohingegen die Liebe ihn aufbaut. [2]Der Mensch, der denkt, er habe etwas »erkannt«, erkennt noch nicht, wie er erkennen sollte. [3]Wenn aber jemand Gott liebt, dann kennt Gott ihn.

[4]Was also das Essen von Speise, die Götzen geopfert wurde, angeht, so haben wir »erkannt«, daß, wie ihr

Berit Milah – rituelle Beschneidung

sagt, »ein Götze keine wirkliche
Existenz auf der Welt hat und daß
es nur einen Gott gibt«. 5Denn
selbst wenn es sogenannte »Götter«
gibt, im Himmel oder auf der Erde
– wie in der Tat »Götter« und
»Herren« in Hülle und Fülle sind –,
6so gibt es für uns doch nur einen
Gott, den Vater, von dem alle Dinge
kommen und für den wir leben; und
einen Herrn, Jeschua den Messias,
durch den alle Dinge geschaffen
wurden und durch den wir unser
Sein haben.

7Doch nicht jeder hat diese Er-
kenntnis. Darüber hinaus sind man-
che Menschen noch so sehr an Göt-
zen gewöhnt, daß sie, wenn sie
Speise essen, die ihnen geopfert
wurde, diese tatsächlich als von ei-
nem Götzen befleckt ansehen; und
ihre Gewissen, die schwach sind,
werden dadurch verunreinigt. 8Nun
wird Speise unsere Beziehung zu
Gott nicht verbessern – sie wird we-
der schlechter, wenn wir uns enthal-
ten, noch besser, wenn wir essen.
9Aber achtet darauf, daß eure innere
Überlegenheit in dieser Situation
nicht zum Stolperstein für die
Schwachen wird. 10Du hast diese
»Erkenntnis«; doch angenommen,
jemand mit einem schwachen Ge-
wissen sieht dich sitzen und im
Tempel eines Götzen ein Mahl es-
sen. Wird er nicht fälschlich aufge-
baut werden, diese Speise zu essen,
die Götzen geopfert wurde? 11Da-
mit ist durch deine »Erkenntnis«
dieser schwache Mensch zerstört,
dieser Bruder, für den der Messias
gestorben ist; 12und darum sündigt
ihr, wenn ihr gegen die Brüder sün-
digt, indem ihr ihr Gewissen, wenn
es schwach ist, verletzt, gegen den
Messias selbst!

13Um nocheinmal zusammenzu-
fassen: Wenn die Speise ein Fall-
strick für meinen Bruder wird, will
ich niemals wieder Fleisch essen, da-
mit ich meinen Bruder nicht zur
Sünde verführe.

9 1Bin ich nicht ein freier Mann?
Bin ich nicht ein Gesandter des
Messias? Habe ich nicht Jeschua,
unseren Herrn, gesehen? Und seid
nicht ihr das Ergebnis meiner Arbeit
für den Herrn? 2Auch wenn ich für
andere kein Gesandter bin, so doch
für euch; denn ihr seid der lebendige
Beweis, daß ich der Gesandte des
Herrn bin. 3Das ist meine Verteidi-
gung, wenn die Menschen mich ins
Verhör nehmen.

4Haben wir nicht das Recht, daß
uns Speise und Trank gegeben
wird? 5Haben wir nicht das Recht,
uns eine gläubige Frau zu nehmen,
wie es die anderen Gesandten tun,
auch die Brüder des Herrn und Ke-
fa? 6Oder sind Bar-Nabba und ich
die einzigen, die für ihren Lebens-
unterhalt sorgen müssen? 7Habt ihr
jemals von einem Soldaten gehört,
der selbst für seinen Lebensunter-
halt aufkommt? Oder von einem
Bauern, der einen Weinberg pflanz-
te, ohne seine Trauben zu essen?
Wer hütet eine Herde, ohne von der
Milch zu trinken? 8Was ich sage,
gründet sich nicht bloß auf mensch-
liche Vollmacht, die *Torah* sagt das-
selbe – 9denn in der *Torah* von Mo-

sche ist geschrieben: »**Du sollst einem Ochsen, wenn er das Korn tritt, keinen Maulkorb anlegen.**«[i] Wenn Gott sich um Vieh kümmert, 10um wieviel mehr sagt er das dann um unseretwillen. Ja, es wurde für uns geschrieben, und es bedeutet, daß, wer pflügt und wer drischt, arbeiten soll in der Erwartung, einen Teil des Ertrags zu bekommen. 11Wenn wir geistliche Saat unter euch gesät haben, ist es dann zuviel verlangt, wenn wir eine materielle Ernte von euch einbringen? 12Wenn andere von dem Recht Gebrauch machen, von euch unterstützt zu werden, haben wir dann nicht größeren Anspruch darauf?

Doch wir machen keinen Gebrauch von diesem Recht. Wir finden uns vielmehr mit allem Möglichen ab, damit wir die Gute Nachricht vom Messias in keiner Weise behindern. 13Wißt ihr nicht, daß die, die im Tempel arbeiten, ihre Speise vom Tempel erhalten, und die, die beim Altar dienen, einen Teil der Opfer, die dort dargebracht werden, bekommen? 14Ebenso hat der Herr geboten, daß diejenigen, welche die Gute Nachricht verkünden, aus der Guten Nachricht ihren Lebensunterhalt beziehen.

15Doch ich habe keinen Gebrauch von diesen Rechten gemacht. Und ich schreibe auch jetzt nicht, um sie mir zu sichern, denn ich würde lieber sterben als meinen Grund, mich zu rühmen, zu verlieren! 16Denn ich kann mich nicht einfach nur deswegen rühmen, weil ich die Gute Nachricht verkünde – das tue ich aus innerem Zwang heraus; wehe mir, wenn ich die Gute Nachricht nicht verkünde! 17Denn wenn ich das freiwillig tue, habe ich einen Lohn; wenn ich es aber unfreiwillig tue, so tue ich es einfach, weil ich mit einer Aufgabe betraut wurde. 18Was ist also mein Lohn? Nur dies: daß ich in der Verkündigung der Guten Nachricht ebendiese Nachricht zu einem freien Geschenk machen kann, ohne Gebrauch von den Rechten zu machen, auf die sie mir Anspruch gibt.

19Denn obwohl ich ein freier Mann bin, an niemandes Gebot gebunden, habe ich mich zum Sklaven aller gemacht, um so viele Menschen wie möglich zu gewinnen. 20Das heißt, bei Juden trat ich als Jude auf, um Juden zu gewinnen. Bei Menschen, die einer gesetzlichen Entstellung der *Torah* verfallen sind, trat ich als einer auf, der einer solchen Gesetzlichkeit unterliegt, um die zu gewinnen, die unter dieser Gesetzlichkeit stehen, auch wenn ich selbst keiner gesetzlichen Entstellung der *Torah* unterworfen bin. 21Bei denen, die außerhalb der *Torah* leben, trat ich als einer außerhalb der *Torah* auf, um die außerhalb der *Torah* zu gewinnen – obwohl ich selbst nicht außer-

i Dtn 25,4

Bar-Nabba – Barnabas
Jeschua – Jesus
Kefa – Petrus
Mosche – Mose
Torah – Weisung, Lehre, das »Gesetz«, der Pentateuch (die 5 Bücher Mose)

halb der *Torah* Gottes stehe, son-
dern innerhalb der *Torah*, wie sie der
Messias vertreten hat. 22Bei den
»Schwachen« wurde ich »schwach«,
um die »Schwachen« zu gewinnen.
Bei allen Menschen bin ich alles ge-
worden, damit ich unter allen mögli-
chen Umständen wenigstens manche
von ihnen rette.

23Das alles aber tue ich wegen der
Belohnungen, die die Gute Nach-
richt verheißt, damit ich gemeinsam
mit den anderen, die zum Vertrauen
fanden, an ihnen teilhabe. 24Wißt ihr
nicht, daß bei einem Rennen alle
Läufer miteinander im Wettstreit
liegen, daß aber nur einer den Preis
gewinnt? So lauft denn, um zu ge-
winnen! 25Nun unterwirft sich jeder
Athlet im Training einer strengen
Disziplin, und das einzig und allein,
um einen Lorbeerkranz zu gewin-
nen, der bald verwelkt. Wir aber tun
es, um eine Krone zu gewinnen, die
ewig bleibt. 26Deshalb laufe ich
nicht ziellos, sondern direkt auf die
Ziellinie zu; ich treibe kein Schat-
tenboxen, sondern versuche, mit je-
dem Schlag Punkte zu machen. 27Ich
bin hart meinem Körper gegenüber,
ich mache ihn zu meinem Sklaven,
damit ich, nachdem ich die Gute
Nachricht anderen verkündet habe,
nicht selbst disqualifiziert werde.

10 1Denn, Brüder, ich will
nicht, daß euch die Bedeu-
tung dessen, was euren Vätern ge-
schah, entgeht. Sie alle wurden von
der Wolkensäule geführt, und sie al-
le gingen durch das Meer, 2und in
Verbindung mit der Wolke und
dem Meer tauchten sie sich alle in
Mosche ein, 3außerdem aßen sie alle
die gleiche Speise vom Geist – 4und
sie alle tranken den gleichen Trank
vom Geist, denn sie tranken aus ei-
nem vom Geist gesandten Felsen,
der ihnen folgte, und dieser Felsen
war der Messias. 5Doch mit der
Mehrheit von ihnen war Gott nicht
zufrieden, deshalb wurden ihre Lei-
ber in der Wüste verstreut.

6Nun geschahen diese Dinge als
zeichenhafte historische Ereignisse,
die uns warnen sollten, unsere Her-
zen nicht an böse Dinge zu verlie-
ren, wie jene es taten. 7Seid keine
Götzendiener, wie es manche von
ihnen waren – wie die *Torah* sagt:
**»Die Menschen setzten sich, zu es-
sen und zu trinken, dann erhoben
sie sich, sich Orgien hinzugeben.«**[j]
8Und laßt uns nicht an Unzucht teil-
haben, wie es manche von ihnen ta-
ten, mit dem Ergebnis, daß dreiund-
zwanzigtausend an einem einzigen
Tag starben. 9Und laßt uns nicht den
Messias auf die Probe stellen, wie es
manche von ihnen taten und durch
Schlangen umkamen. 10Und murrt
nicht, wie es manche von ihnen ta-
ten und durch den Engel der Ver-
nichtung umkamen.

11Diese Dinge stießen ihnen zu als
zeichenhafte historische Ereignisse,
und sie wurden niedergeschrieben
als Warnung für uns, die wir in der
Acharit Ha Jamim leben. 12Deshalb
möge jeder, der denkt, er stehe, sich
hüten, daß er nicht falle! 13Ihr wur-
det nicht versucht über das hinaus,

j Ex 32,6

was Menschen normalerweise erfah-
ren, und man darf Gott vertrauen,
daß er nicht zuläßt, daß ihr versucht
werdet über das hinaus, was ihr er-
tragen könnt. Im Gegenteil, mit der
Versuchung wird er auch den Weg
aus der Versuchung weisen, damit
ihr fähig sein werdet, auszuharren.

14 Deshalb, meine lieben Freunde,
flieht den Götzendienst! 15 Ich spre-
che zu euch als zu vernünftigen
Menschen; urteilt selbst, was ich sa-
ge. 16 Der »Kelch des Segens«, über
dem wir die *Berachah* machen – be-
deutet er nicht Teilhabe am blutigen
Opfertod des Messias? Das Brot,
das wir brechen, bedeutet es nicht
Teilhabe am Leib des Messias?
17 Denn es ist ein Laib Brot, und wir,
die wir viele sind, bilden einen Leib,
weil wir alle an dem einen Laib Brot
teilhaben. 18 Seht auf das leibliche Jis-
rael: Haben nicht die, die essen, teil
am Altar? 19 Was sage ich also? Daß
Speise, die Götzen geopfert wurde,
irgendeine Bedeutung an sich habe?
Oder daß ein Götze Bedeutung an
sich habe? 20 Nein, sondern ich sage,
daß Heiden die Dinge, die sie op-
fern, nicht Gott, sondern Dämonen
opfern; und ich möchte nicht, daß
ihr teilhabt an Dämonen! 21 Ihr
könnt nicht den Kelch des Herrn
und den Kelch von Dämonen trin-
ken, ihr könnt nicht am Mahl des
Herrn und am Mahl von Dämonen
teilhaben. 22 Oder versuchen wir,
den Herrn eifersüchtig zu machen?
Sind wir etwa stärker, als er ist?

23 »Alles ist erlaubt«, sagt ihr? Mag
sein, aber nicht alles ist nützlich.
»Alles ist erlaubt?« Mag sein, aber
nicht alles baut auf. 24 Niemand soll-
te seinen eigenen Vorteil suchen,
sondern stets den seines Nächsten.
25 Eßt, was immer auf dem Fleisch-
markt verkauft wird, ohne Gewis-
sensbisse, 26 denn **die Erde und alles,
was darin ist, gehört dem Herrn**.[k]
27 Wenn ein Ungläubiger euch zum
Mahl einlädt und ihr gehen möchtet,
eßt, was immer euch vorgesetzt
wird, ohne Gewissensbisse. 28 Wenn
aber jemand zu euch sagt: »Dieses
Fleisch wurde als ein Opfer darge-
bracht«, dann eßt es nicht, aus
Rücksicht auf den, der euch darauf
hinweist, und um des Gewissens
willen – 29 damit meine ich aber nicht
euer Gewissen, sondern das des an-
deren. Ihr sagt: »Warum sollte mei-
ne Freiheit eingeschränkt werden
durch das Gewissen eines anderen?
30 Wenn ich mit Dankbarkeit teil-
nehme, warum soll ich für etwas
kritisiert werden, für das ich persön-
lich Gott segne?« 31 Nun, was immer
ihr tut, sei es essen oder trinken oder
irgendetwas anderes, tut alles so,
daß es Gott verherrlicht. 32 Erregt
bei niemandem Anstoß – nicht bei
Juden, nicht bei Heiden und nicht
bei der messianischen Gemeinschaft
Gottes. 33 So wie ich versuche, in al-
lem, was ich tue, jedem zu gefallen,

k Ps 24,1; 50,12; 89,12

Acharit Ha Jamim – »das Ende der Tage«, die letzte(n) Zeit(en)
Berachah – Segnung
Mosche – Mose
Torah – Weisung, Lehre, das »Gesetz«, der Pentateuch (die 5 Bücher Mose)

und nicht auf meinen Vorteil sehe, sondern auf den der vielen, damit sie gerettet werden;

11 [1]versucht, mich nachzuahmen, wie ich selbst versuche, den Messias nachzuahmen.

[2]Nun lobe ich euch, weil ihr an alles gedacht habt, was ich euch sagte, und weil ihr den Überlieferungen genauso folgt, wie ich sie an euch weitergegeben habe. [3]Ich möchte aber, daß ihr versteht, daß das Haupt eines jeden Mannes der Messias ist, und das Haupt einer Frau ihr Mann und das Haupt des Messias Gott. [4]Jedermann, der betet oder weissagt und dabei etwas über sein Haupt gezogen hat, macht seinem Haupt Schande, [5]jede Frau hingegen, die mit unverschleiertem Haupt betet oder prophezeit, macht ihrem Haupt Schande – es ist kein Unterschied zwischen ihr und einer Frau, deren Haupt geschoren wurde. [6]Denn wenn eine Frau nicht verschleiert ist, möge ihr auch das Haar kurz geschnitten werden; wenn es aber schmählich ist für eine Frau, ihr Haar kurz geschnitten zu tragen oder ihr Haupt geschoren zu bekommen, dann möge sie verschleiert sein. [7]Wahrhaftig, ein Mann sollte sein Haupt nicht verschleiert haben, denn er ist das Bild und die Herrlichkeit Gottes, und die Frau ist die Herrlichkeit des Mannes. [8]Denn der Mann wurde nicht aus der Frau geschaffen, sondern die Frau aus dem Mann; [9]und tatsächlich wurde ja der Mann nicht um der Frau willen erschaffen, sondern die Frau um des Mannes willen. [10]Der Grund, daß eine Frau durch die Verschleierung ihres Hauptes zeigen soll, daß sie unter Vollmacht steht, hat mit den Engeln zu tun. [11]In der Vereinigung mit dem Herrn aber ist weder die Frau unabhängig vom Mann noch der Mann unabhängig von der Frau; [12]denn wie die Frau aus dem Mann gemacht wurde, so ist wiederum der Mann durch die Frau geboren. Alles aber ist aus Gott. [13]Entscheidet selbst: Ist es angemessen, daß eine Frau zu Gott betet, wenn sie unverschleiert ist? [14]Lehrt euch nicht die Natur der Dinge selbst, daß ein Mann, der sein Haar lang trägt, sich selbst abwertet? [15]Eine Frau hingegen, die ihr Haar lang trägt, erhöht ihre Erscheinung, weil ihr Haar ihr als Bedeckung gegeben wurde. [16]Wenn aber jemand darüber streiten will, so bleibt doch die Tatsache, daß wir keinen solchen Brauch haben, ebensowenig wie die messianischen Gemeinschaften Gottes.

[17]Mit der folgenden Anweisung nun lobe ich euch nicht, denn wenn ihr zusammenkommt, so bewirkt das mehr Schaden als Gutes! [18]Denn erstens höre ich, daß ihr euch, wenn ihr euch als Gemeinde versammelt, in Gruppen aufspaltet; und bis zu einem gewissen Grad glaube ich es auch [19](obgleich natürlich Spaltungen unter euch sein müssen, damit sich zeigt, welche recht haben). [20]Auf diese Weise kommt ihr nicht zusammen, um ein Mahl des Herrn zu essen; [21]denn wenn ihr euer Mahl eßt, so tut es jeder für sich; so daß der eine hungrig bleibt, während ein anderer bereits betrunken ist!

22 Habt ihr nicht Häuser, in denen
ihr essen und trinken könnt? Oder
versucht ihr, eure Verachtung für
Gottes messianische Gemeinschaft
zu zeigen und die in Verlegenheit zu
bringen, die arm sind? Was soll ich
euch sagen? Soll ich euch loben?
Dafür lobe ich euch wahrlich nicht!

23 Denn was ich vom Herrn emp-
fangen habe, ist ebendas, was ich an
euch weitergegeben habe – daß der
Herr Jeschua in der Nacht, als er
verraten wurde, Brot nahm; 24 und
nachdem er die *Berachah* gemacht
hatte, brach er es und sagte: »Das ist
mein Leib, der für euch ist. Tut das
als Erinnerung an mich«; 25 ebenso
den Kelch nach dem Mahl, und sag-
te: »Dieser Kelch ist der Neue
Bund, wirksam geworden durch
mein Blut; tut das, sooft ihr ihn
trinkt, als Erinnerung an mich.«
26 Denn sooft ihr dieses Brot eßt und
den Kelch trinkt, verkündet ihr den
Tod des Herrn, bis er kommt.

27 Wer immer also auf unwürdige
Weise das Brot des Herrn ißt oder
den Kelch des Herrn trinkt, wird
sich der Entweihung des Leibes und
Blutes des Herrn schuldig machen!
28 Deshalb möge ein Mensch sich zu-
erst prüfen, dann mag er von dem
Brot essen und aus dem Kelch trin-
ken; 29 denn ein Mensch, der ißt und
trinkt, ohne den Leib zu erkennen,
ißt und trinkt das Gericht über sich.
30 Deshalb sind viele unter euch
schwach und krank, und einige sind
gestorben! 31 Wenn wir uns prüfen
würden, würden wir nicht unter das
Gericht kommen. 32 Wenn wir aber
vom Herrn gerichtet werden, wer-
den wir gestraft, damit wir nicht mit
der Welt verdammt werden.

33 Deshalb, meine Brüder, wartet
aufeinander, wenn ihr euch versam-
melt, um zu essen. 34 Wenn einer
hungrig ist, soll er zu Hause essen,
damit es, wenn ihr euch trefft, nicht
zum Gericht führt.

Was die anderen Dinge betrifft,
werde ich euch darüber unterwei-
sen, wenn ich komme.

12

1 Aber, Brüder, ich möchte
nicht, daß ihr weiterhin un-
wissend über die Dinge des Geistes
seid. 2 Ihr wißt, daß ihr, als ihr Hei-
den wart, ganz gleich, wie ihr glaub-
tet, geführt zu werden, in die Irre
geführt wurdet, hin zu Götzen, die
nicht sprechen können. 3 Deshalb
möchte ich euch deutlich machen,
daß niemand, der durch den Geist
Gottes spricht, jemals sagt: »Jeschua
ist verflucht!«, und niemand kann
sagen: »Jeschua ist Herr«, es sei
denn durch den *Ruach Ha Kodesch*.

4 Nun gibt es verschiedene Gaben,
doch es ist derselbe Geist, der sie
gibt. 5 Und es gibt auch verschiedene
Wege zu dienen, doch es wird in al-
len demselben Herrn gedient. 6 Und
es sind verschiedene Formen der
Arbeit, aber derselbe Gott wirkt sie
in allen. 7 Darüber hinaus wird je-
dem Menschen eine besondere Er-
scheinungsform des Geistes gegeben
zum Wohl aller. 8 Dem einen wird
durch den Geist ein Wort der Weis-

Berachah – Segnung
Jeschua – Jesus
Ruach Ha Kodesch – Heiliger Geist

heit gegeben; einem anderen ein
Wort der Erkenntnis, in Einklang
mit demselben Geist; 9einem ande-
ren Glauben durch denselben Geist;
und einem anderen Gaben der Hei-
lung durch den einen Geist; 10einem
anderen das Wirken von Wundern;
einem anderen Weissagung; einem
anderen die Fähigkeit, zwischen den
Geistern zu unterscheiden; einem
anderen die Fähigkeit, in verschie-
denen Zungen zu sprechen; und
noch einem anderen die Fähigkeit,
Zungen auszulegen. 11Ein und der-
selbe Geist ist in allen diesen Dingen
am Werk und teilt jedem Menschen
zu, wie er will. 12Denn so wie der
Leib eins ist, aber viele Glieder hat;
und alle Glieder des Leibes, ob-
gleich viele, einen Leib bilden; so ist
es mit dem Messias. 13Denn durch
einen Geist wurden wir alle einge-
taucht in einen Leib, seien wir Juden
oder Heiden, Sklaven oder Freie;
und uns allen wurde der eine Geist
zu trinken gegeben.

14Denn wahrhaftig, der Leib ist
nicht ein Glied, sondern viele.
15Wenn der Fuß sagt: »Ich bin keine
Hand, also bin ich kein Glied des
Leibes«, dann hört er deswegen
nicht auf, ein Glied des Leibes zu
sein. 16Und wenn das Ohr sagt: »Ich
bin kein Auge, also bin ich kein
Glied des Leibes«, dann hört es des-
wegen nicht auf, ein Glied des Lei-
bes zu sein. 17Wenn der ganze Leib
ein Auge wäre, wie könnte er hö-
ren? Wenn er ganz Hören wäre, wie
könnte er riechen? 18Doch wie es ist,
hat Gott jedes der Glieder im Leib
geradeso angeordnet, wie er es woll-
te. 19Wenn sie nun alle nur ein Glied
wären, wo wäre dann der Leib?
20Doch wie es ist, sind in der Tat
viele Glieder, aber nur ein Leib.
21Deshalb kann das Auge nicht zur
Hand sagen: »Ich brauche dich
nicht«; oder der Kopf zu den Fü-
ßen: »Ich brauche euch nicht.« 22Im
Gegenteil, die Glieder des Leibes,
die weniger wichtig zu sein schei-
nen, erweisen sich also umso not-
wendiger; 23und Körperteilen, die
wir für weniger würdig halten, wei-
sen wir größere Würde zu; und die
Glieder, die nicht anziehend sind,
sind die, die wir so anziehend ma-
chen, wie wir nur können, 24wäh-
rend unsere anziehenden Glieder
keine solche Behandlung nötig ha-
ben. Tatsächlich hat Gott den Leib
so zusammengesetzt, daß er denje-
nigen Gliedern größere Würde ver-
leiht, denen sie fehlt; 25damit keine
Spaltung im Leib sei, sondern viel-
mehr alle Glieder gleichermaßen um
alle anderen besorgt sind. 26Wenn
also ein Glied leidet, leiden alle an-
deren Glieder mit ihm; und wenn
ein Glied geehrt wird, teilen alle an-
deren Glieder seine Freude.

27Nun bildet ihr gemeinsam den
Leib des Messias, und als einzelne
seid ihr Glieder des Leibes. 28Und
Gott hat an die erste Stelle in der
messianischen Gemeinde Gesandte
gesetzt; an die zweite Propheten; an
die dritte Lehrer; dann die, die
Wunder wirken; die mit der Bega-
bung zu heilen; dann die mit der Fä-
higkeit zu helfen; die in der Verwal-
tung Tüchtigen; und die, die in
verschiedenen Zungen sprechen.

29 Nicht alle sind Gesandte, nicht
wahr? Nicht alle sind Propheten,
nicht wahr? Oder Lehrer? Oder
Wundertäter? 30 Nicht alle haben
Gaben des Heilens, nicht alle spre-
chen in Zungen, nicht alle legen aus,
nicht wahr? 31 Strebt aber mit Eifer
nach den besseren Gaben.

Doch nun will ich euch den besten
von allen Wegen zeigen.

13 1 Ich mag in den Zungen von
Menschen, ja von Engeln
sprechen, wenn mir die Liebe fehlt,
bin ich nur tönendes Erz oder eine
klingende Zymbel.

2 Ich mag die Gabe der Weissa-
gung haben, ich mag alle Geheim-
nisse ergründen, alle Dinge wissen,
allen Glauben haben – genug, Berge
zu bewegen; doch wenn mir die
Liebe fehlt, bin ich nichts.

3 Ich mag alles hingeben, was ich
habe, ich mag sogar meinen Leib
zur Verbrennung hingeben; doch
wenn mir die Liebe fehlt, erlange ich
nichts.

4 Liebe ist geduldig und freundlich,
nicht eifersüchtig, nicht prahlerisch,
5 nicht stolz, roh oder selbstsüchtig,
nicht rasch im Zorn, und sie rechnet
das Unrecht nicht auf.

6 Liebe weidet sich nicht an den
Sünden anderer, sondern freut sich
an der Wahrheit.

7 Liebe erträgt immer, vertraut im-
mer, hofft immer, erduldet immer.

8 Liebe hört niemals auf; doch
Weissagungen werden vergehen,
Zungen werden vergehen, Erkennt-
nis wird vergehen.

9 Denn unsere Erkenntnis ist
Stückwerk, und unsere Weissagung
ist Stückwerk; 10 wenn aber das Voll-
kommene kommt, wird das Stück-
werk vergehen.

11 Als ich Kind war, sprach ich wie
ein Kind, dachte wie ein Kind, rede-
te wie ein Kind; nun, da ich ein
Mann geworden bin, habe ich die
kindische Art abgelegt.

12 Denn jetzt sehen wir noch dun-
kel wie in einem Spiegel, dann aber
wird es von Angesicht zu Angesicht
sein. Jetzt erkenne ich stückweise,
dann werde ich vollständig erken-
nen, so wie Gott mich vollständig
erkannt hat.

13 Doch für jetzt bleiben drei Din-
ge – Glaube, Hoffnung, Liebe; und
die größte unter ihnen ist die Liebe.

14 1 Strebt der Liebe nach!

Doch strebt weiterhin eifrig nach
den Dingen des Geistes; und beson-
ders strebt nach der Gabe der Weis-
sagung. 2 Denn wer in einer Zunge
spricht, spricht nicht zu den Men-
schen, sondern zu Gott, weil ihn
keiner verstehen kann, denn er äuß-
ert Geheimnisse in der Macht des
Geistes. 3 Wer aber weissagt, spricht
zu den Menschen, baut sie auf, er-
mutigt und tröstet sie. 4 Ein Mensch,
der in einer Zunge spricht, baut sich
selbst auf, ein Mensch hingegen, der
weissagt, baut die Gemeinde auf.
5 Ich wünschte, ihr sprächet alle in
Zungen, aber noch mehr wünschte
ich, ihr würdet alle weissagen. Wer
weissagt, ist größer als der, der in
Zungen spricht, es sei denn, jemand

gibt eine Deutung, so daß die Ge-
meinde aufgebaut werden kann.

6Brüder, angenommen, ich kom-
me zu euch und spreche in Zungen.
Wie kann ich euch da von Nutzen
sein, es sei denn, ich bringe euch
auch eine Offenbarung oder Er-
kenntnis oder Weissagung oder
Lehre? 7Und wie kann jemand bei
leblosen Musikinstrumenten wie ei-
ner Flöte oder einer Harfe die Melo-
die erkennen, wenn die einzelnen
Töne nicht voneinander unterschie-
den werden können? 8Und wenn
das Horn einen unklaren Ton her-
vorbringt, wer wird sich dann zur
Schlacht bereitmachen? 9So ist es
auch mit euch: Wie kann jemand
wissen, was ihr sagt, wenn ihr nicht
eure Zunge gebraucht, um vernünf-
tige Rede hervorzubringen? Ihr
werdet in die Luft sprechen! 10Zwei-
fellos gibt es alle Arten von Tönen
in der Welt, und keiner ist völlig be-
deutungslos; 11doch wenn ich nicht
weiß, was die Töne eines Menschen
bedeuten, werde ich dem Redenden
ein Fremder sein, und der Redende
wird mir ein Fremder sein. 12So
auch bei euch: Da ihr eifrig nach den
Dingen des Geistes strebt, strebt be-
sonders nach dem, was hilft, die Ge-
meinde aufzubauen.

13Deshalb soll jemand, der in einer
Zunge spricht, um die Macht der
Auslegung beten. 14Denn wenn ich
in einer Zunge bete, betet mein
Geist, aber mein Verstand ist un-
fruchtbar. 15Was ist nun? Ich will
mit meinem Geist beten, aber ich
will auch mit meinem Verstand be-
ten. 16Denn wenn du mit deinem
Geist dankst, wie kann dann je-
mand, der noch nicht viel Unterwei-
sung erhalten hat, »*Amen*« sagen,
wenn du die Danksagung beendet
hast, wo er doch gar nicht weiß, was
du gesagt hast? 17Denn zweifellos
sagst du sehr schön Dank, doch
wird der andere dadurch nicht auf-
gebaut. 18Ich danke Gott, daß ich in
Zungen spreche, mehr als ihr alle,
19doch in einer Gemeindeversamm-
lung würde ich lieber fünf Worte
mit meinem Verstand sagen, um an-
dere zu unterweisen, als zehntau-
send Worte in einer Zunge!

20Brüder, seid nicht Kinder in eu-
rem Denken! Im Bösen seid wie
Kleinkinder; in eurem Denken aber
seid erwachsen. 21In der *Torah* steht
geschrieben:

»Durch andere Zungen, durch die Lippen von Fremden, werde ich zu diesem Volk sprechen. Doch selbst dann werden sie nicht auf mich hören,« spricht *Adonai.*[1]

22Deshalb sind Zungen ein Zei-
chen nicht für Gläubige, sondern für
Ungläubige, wohingegen die Weis-
sagung nicht für Ungläubige ist,
sondern für Gläubige. 23Wenn also
die ganze Gemeinde zusammen-
kommt und alle in Zungen spre-
chen, und ununterwiesene Men-
schen oder Ungläubige kommen
herein, werden sie dann nicht sagen,
ihr seid verrückt? 24Wenn ihr aber
alle weissagt, und ein Ungläubiger
oder ein ununterwiesener Mensch
kommt herein, dann wird er durch

1 Jes 28,11

alle der Sünde überführt und von allen ins Gericht genommen, [25]und die Geheimnisse seines Herzens werden offengelegt; und dann fällt er auf sein Gesicht und betet Gott an und sagt: »Gott ist wahrhaftig unter euch anwesend!«

[26]Welchen Schluß ziehen wir nun, Brüder? Wann immer ihr zusammenkommt, möge jeder bereit sein mit einem Psalm oder einer Lehre oder einer Offenbarung, oder bereit, seine Gabe der Zungen zu gebrauchen oder eine Auslegung zu geben; doch alles möge der Erbauung dienen. [27]Wenn die Gabe der Zungen ausgeübt wird, dann mögen es nur zwei oder höchstens drei sein, und jeder der Reihe nach; und es möge sie jemand auslegen. [28]Und wenn niemand anwesend ist, der auslegen kann, mögen diejenigen, die in Zungen reden, still bleiben, wenn die Gemeinde zusammenkommt – sie können zu sich selbst und zu Gott reden. [29]Es mögen zwei oder drei Propheten reden, und die anderen das Gesagte abwägen. [30]Und wenn einem Propheten, der dasitzt, etwas offenbart wird, möge der erste schweigen. [31]Denn ihr könnt alle, einer nach dem anderen, weissagen, mit dem Ergebnis, daß alle etwas lernen und alle ermutigt werden. [32]Und die Geister der Propheten unterstehen der Kontrolle der Propheten; [33]denn Gott ist nicht ein Gott der Ungebärdigkeit, sondern des *Schalom*.

Wie in allen Gemeinden des Gottesvolkes [34]mögen die Frauen schweigen, wenn die Gemeinde zusammenkommt; ihnen ist unter keinen Umständen erlaubt zu reden. Sie mögen vielmehr untergeordnet bleiben, wie auch die *Torah* sagt; [35]und wenn sie etwas wissen wollen, mögen sie zu Hause ihre Ehemänner fragen; denn es ist schändlich für eine Frau, in einer Gemeindeversammlung zu reden.

[36]Ist das Wort Gottes etwa von euch ausgegangen? Oder seid ihr vielleicht die einzigen, die es erreicht hat? [37]Wenn jemand glaubt, er sei ein Prophet oder mit dem Geist begabt, möge er anerkennen, daß das, was ich euch schreibe, ein Gebot des Herrn ist. [38]Doch wenn jemand es nicht erkennt, möge er unerkannt bleiben.

[39]So strebt nun, meine Brüder, nach Weissagung; und verbietet die Zungenrede nicht; [40]doch möge alles auf angemessene und ordentliche Weise vonstatten gehen.

15 [1]Nun, Brüder, muß ich euch an die Gute Nachricht erinnern, die ich euch verkündet habe und die ihr empfangen habt und in der ihr steht [2]und durch die ihr gerettet seid – vorausgesetzt, ihr haltet fest an der Botschaft, die ich euch verkündet habe. Denn wenn ihr es nicht tut, wird euer Vertrauen vergeblich sein. [3]Denn zu den ersten Dingen, die ich an euch weitergege-

---

Adonai – der HERR, Jahwe
Amen – so sei es
Schalom – Friede
Torah – Weisung, Lehre, das »Gesetz«, der Pentateuch (die 5 Bücher Mose)

ben habe, gehörte, was auch ich
empfangen habe, nämlich dies: Der
Messias ist für unsere Sünden ge-
storben, in Einklang mit dem, was
die *Tenach* sagt; 4und er wurde be-
graben; und er wurde am dritten
Tag auferweckt, in Einklang mit
dem, was die *Tenach* sagt; 5und er
wurde von Kefa gesehen, dann von
den Zwölfen; 6und danach wurde er
von mehr als fünfhundert Brüdern
gleichzeitig gesehen, von denen die
meisten noch am Leben sind, wenn
auch manche gestorben sind. 7Später
wurde er von Ja-akov gesehen, dann
von allen Gesandten; 8und als letzter
von allen habe ich ihn gesehen, ob-
wohl ich zur falschen Zeit geboren
wurde. 9Denn ich bin der Geringste
von allen Gesandten, nicht wert,
Gesandter genannt zu werden, weil
ich die messianische Gemeinschaft
Gottes verfolgt habe. 10Doch durch
Gottes Gnade bin ich, was ich bin,
und seine Gnade mir gegenüber war
nicht vergeblich; im Gegenteil, ich
habe härter gearbeitet als sie alle,
wenngleich nicht ich, sondern die
Gnade Gottes mit mir. 11Doch wie
auch immer, ob nun ich oder sie:
Das verkünden wir und das habt ihr
geglaubt.

12Wenn aber verkündet wurde,
daß der Messias von den Toten auf-
erweckt wurde, wie kommt es dann,
daß einige von euch sagen, es gebe
so etwas wie eine Auferstehung der
Toten nicht? 13Wenn es keine Auf-
erstehung der Toten gibt, dann ist
der Messias nicht auferweckt wor-
den, 14und wenn der Messias nicht
auferweckt worden ist, dann ist, was
wir verkündet haben, vergeblich;
auch unser Vertrauen ist vergeblich;
15außerdem erweisen wir uns als fal-
sche Zeugen für Gott, wenn wir be-
zeugt haben, daß Gott den Messias
auferweckt hat, den er nicht aufer-
weckt hat, wenn es wahr ist, daß die
Toten nicht auferweckt werden.
16Denn wenn die Toten nicht aufer-
weckt werden, dann ist auch der
Messias nicht auferweckt worden;
17und wenn der Messias nicht aufer-
weckt wurde, ist euer Vertrauen
nutzlos, und ihr seid noch in euren
Sünden. 18Und wenn das der Fall ist,
sind die, die in der Vereinigung mit
dem Messias starben, verloren.
19Wenn wir nur für dieses Leben
unsere Hoffnung auf den Messias
gesetzt haben, dann sind wir bedau-
ernswerter als alle anderen.

20Tatsache ist aber, daß der
Messias von den Toten auferweckt
worden ist, als Erstling derer, die
gestorben sind. 21Denn da der Tod
durch einen Menschen kam, ist
auch die Auferstehung von den
Toten durch einen Menschen ge-
kommen. 22Denn so wie in Ver-
bindung mit Adam alle sterben, so
werden in Verbindung mit dem
Messias alle lebendig gemacht wer-
den. 23Doch jeder in seiner eigenen
Ordnung: Der Messias ist der
Erstling; dann die, die zum Messi-
as gehören, zur Zeit seines Kom-
mens; 24dann das Ende, wenn er
das Reich Gott dem Vater über-
gibt, nachdem er jeder Herrschaft,
ja jeder Vollmacht und Macht ein
Ende gesetzt hat. 25Denn er muß
herrschen, bis er alle Feinde unter

seine Füße legt. 26Der letzte Feind,
der abgetan werden muß, wird der
Tod sein, 27denn »**er hat alles in
Unterwerfung unter seine Füße
gelegt**«.[m] Wenn es nun aber heißt,
daß »**alles**« unterworfen ist, dann
schließt dieses Wort offensichtlich
nicht Gott mit ein, der selbst der-
jenige ist, der dem Messias alles
unterwirft. 28Und wenn schließlich
alles dem Sohn unterworfen ist,
dann wird er selbst sich Gott un-
terwerfen, der ihm alles unterwor-
fen hat; damit Gott alles in allem
sei.

29Wäre es anders, was würden
dann die Menschen erreichen, die
für die Toten eingetaucht werden?
Wenn die Toten nicht wirklich auf-
erweckt werden, warum werden die
Menschen dann für sie eingetaucht?
30Was das betrifft, wir selbst – war-
um setzen wir uns jede Stunde der
Gefahr aus? 31Brüder, bei dem
Recht, stolz zu sein, das der Messias
Jeschua, unser Herr, mir gibt, sage
ich euch feierlich, daß ich jeden Tag
sterbe. 32Wenn mein Kampf mit
»wilden Tieren« in Ephesus nur
nach Menschenart gekämpft wurde,
was gewinne ich dann dadurch?
Wenn Tote nicht auferweckt wer-
den, könnten wir genausogut nach
dem Sprichwort leben: »**Laßt uns
essen und trinken, denn morgen
sterben wir!**«[n] 33Laßt euch nicht
täuschen. »Schlechte Gesellschaft
verdirbt den guten Charakter.«
34Kommt zur Vernunft! Lebt recht-
schaffen und hört auf zu sündigen!
Es gibt Menschen, denen die Er-
kenntnis Gottes fehlt – das sage ich
zu eurer Schande.

35Doch manche fragen vielleicht:
»Auf welche Weise werden die To-
ten auferweckt? Was für einen Leib
werden sie haben?« 36Unsinn! Wenn
ihr ein Saatkorn sät, wird es nicht le-
bendig, bevor es nicht stirbt. 37So ist
auch, was ihr sät, nicht der Leib, der
sein wird, sondern ein nacktes Sa-
menkorn, sei es von Weizen oder
von etwas anderem; 38Gott aber gibt
ihm den Leib, den er für es be-
stimmt hat; und jedem Samenkorn
gibt er seinen eigenen Leib. 39Nicht
alle lebendige Materie ist die gleiche
lebendige Materie; im Gegenteil, es
gibt eine Form für Menschen, eine
andere lebendige Form für Tiere, ei-
ne andere für Vögel und eine andere
für Fische. 40Außerdem gibt es
himmlische Leiber und irdische Lei-
ber; die Schönheit der himmlischen
Leiber aber ist eines, die Schönheit
der irdischen Leiber ein anderes.
41Die Sonne hat eine Form der
Schönheit, der Mond eine andere,
die Sterne noch eine andere; ja, jeder
Stern hat seine ganz eigene Form
der Schönheit.

42So ist es auch mit der Auferste-
hung der Toten. Wenn der Leib »ge-
sät« ist, verwest er; wenn er aufer-
weckt wird, kann er nicht mehr
verwesen. 43Wenn er gesät ist, ist er

m Ps 8,7
n Jes 22,13; 56,12

Ja-akov – Jakob
Jeschua – Jesus
Kefa – Petrus
Tenach – die hebr. Bibel, das Alte Testament

ohne Würde; wenn er auferweckt ist, wird er schön sein. Wenn er gesät ist, ist er schwach; wenn er auferweckt wird, wird er stark sein. 44Wenn er gesät ist, ist er ein gewöhnlicher Menschenleib; wenn er auferweckt ist, wird er ein vom Geist beherrschter Leib sein. Wenn es einen gewöhnlichen Menschenleib gibt, gibt es auch einen vom Geist beherrschten Leib. 45Ja, die *Tenach* sagt es folgendermaßen: Adam, der erste Mensch, **wurde ein lebendiger Mensch**;[o] der letzte »Adam« aber ist der lebenschenkende Geist geworden. 46Beachtet jedoch, daß nicht der Leib aus dem Geist zuerst kam, sondern der gewöhnliche menschliche; der aus dem Geist kommt danach. 47Der erste Mensch ist von der Erde, aus Staub gemacht; der zweite Mensch ist vom Himmel. 48Aus dem Staub Geborene sind wie der Mensch aus Staub, und aus dem Himmel Geborene sind wie der Mensch vom Himmel; 49und so, wie wir das Bild des Menschen aus Staub getragen haben, werden wir auch das Bild des Menschen vom Himmel tragen.

50Laßt mich dies sagen, Brüder: Fleisch und Blut können nicht am Reich Gottes teilhaben, und ebensowenig kann etwas, das verwest, teilhaben an dem, das nicht verwest. 51Seht, ich will euch ein Geheimnis sagen – nicht alle von uns werden sterben! Doch wir werden alle verwandelt werden! 52Es wird nur einen Augenblick dauern, einen Lidschlag lang, bei dem letzten *Schofar*. Denn der *Schofar* wird erschallen, und die Toten werden auferweckt werden zum ewigen Leben, und auch wir werden verwandelt werden. 53Denn dieser Stoff, der verwesen kann, muß in Unvergänglichkeit gekleidet werden; das, was sterblich ist, muß in Unsterblichkeit gekleidet werden. 54Wenn, was verwest, Unvergänglichkeit anlegt, und was sterblich ist, Unsterblichkeit, dann wird die folgende Passage in der *Tenach* erfüllt werden:

»Der Tod ist verschlungen in den Sieg.[p]

55**»Tod, wo ist dein Sieg? Tod, wo ist dein Stachel?«**[q]

56Der Stachel des Todes ist die Sünde; und die Sünde bezieht ihre Macht aus der *Torah*; 57doch Dank sei Gott, der uns den Sieg gibt durch unseren Herrn, Jeschua den Messias!

58Deshalb, meine lieben Brüder, steht fest und unerschütterlich und tut stets das Werk des Herrn nach Kräften, in dem Wissen, daß vereint mit dem Herrn eure Bemühungen nicht vergebens sind.

16 1Nun zur Kollekte für das Gottesvolk: Ihr sollt ebenso verfahren, wie ich die Gemeinden in Galatien angewiesen habe. 2Jede Woche am *Moza-eh Schabbat* soll jeder von euch etwas Geld beiseitelegen, je nach seinem Einkommen, und es sparen; so daß ich, wenn ich

o Gen 2,7

p Jes 25,8
q Hos 13,14

komme, die Mittel nicht erst noch
aufbringen muß. [3]Und wenn ich
komme, werde ich den Leuten, die
eure Billigung genießen, Empfeh-
lungsbriefe geben und sie mit eurer
Gabe nach Jeruschalajim schicken.
[4]Wenn es richtig scheint, daß auch
ich gehe, werden sie zusammen mit
mir gehen.

[5]Ich werde euch nach meiner Reise
durch Mazedonien besuchen, denn
ich beabsichtige, durch Mazedonien
zu ziehen, [6]und ich bleibe vielleicht
bei euch, ja, ich verbringe möglicher-
weise sogar den Winter bei euch, so
daß ihr mir helfen könnt, meine Rei-
sen fortzusetzen, wo immer ich hin-
gehen werde. [7]Denn ich will euch
nicht jetzt sehen, wenn ich nur auf
der Durchreise bin; weil ich hoffe, ei-
nige Zeit mit euch zu verbringen,
wenn der Herr es erlaubt. [8]Ich will
aber bis *Schavuot* in Ephesus blei-
ben, [9]denn es hat sich eine große und
wichtige Tür für meine Arbeit aufge-
tan, und es gibt viele Leute, die sich
mir widersetzen.

[10]Wenn Timotheus kommt, seht
zu, daß er nichts zu fürchten hat,
während er bei euch ist; denn er tut
des Herrn Werk, geradeso wie ich.
[11]Deshalb möge niemand ihn mit
Nichtachtung behandeln. Helft ihm
auf seinem Weg in Frieden, damit er
zu mir kommen kann, denn die
Brüder und ich erwarten ihn.

[12]Was Bruder Apollos betrifft, so
habe ich ihn dringend aufgefordert,
zu gehen und euch zu besuchen, zu-
sammen mit den anderen Brüdern;
und obwohl es nicht sein Wunsch
war, zu diesem Zeitpunkt zu kom-
men, so wird er doch kommen,
wenn er die Gelegenheit hat.

[13]Bleibt wachsam, steht fest im
Glauben, benehmt euch wie ein
Mann, werdet stark. [14]Laßt alles,
was ihr tut, in Liebe geschehen.

[15]Und nun, Brüder, ihr wißt, daß
die Angehörigen des Hauses von
Stephanas die ersten in Achaja wa-
ren, die ihr Vertrauen auf den
Messias setzten, und sie haben sich
in den Dienst des Gottesvolkes ge-
stellt. [16]Ich bitte euch dringlich, sol-
chen Leuten und all denen, die mit
ihnen arbeiten und sich mit ihnen
mühen, unterzuordnen. [17]Ich bin
froh, daß Stephanas und Fortunatus
und Achaikus hier sind, denn sie ha-
ben geholfen, mich für eure Abwe-
senheit zu entschädigen. [18]Sie haben
meinen Geist erquickt, geradeso wie
euren. Ich möchte, daß ihr solche
Menschen hochschätzt.

[19]Die Gemeinden in der Provinz
Asien senden euch Grüße. Aquila
und Priszilla grüßen euch in der
Vereinigung mit dem Herrn, wie
auch die Gemeinde, die sich in ih-
rem Haus versammelt. [20]Alle Brüder
senden euch ihre Grüße. Grüßt ein-
ander mit einem heiligen Kuß.

Jeruschalajim – Jerusalem
Jeschua – Jesus
Moza-eh Schabbat – der Ausgang des Schabbat; Samstagabend
Schavuot – »Wochenfest«, Pfingsten
Schofar – Horn des Widders, Blasinstrument
Tenach – die hebr. Bibel, das Alte Testament
Torah – Weisung, Lehre, das »Gesetz«, der Pentateuch (die 5 Bücher Mose)

21Nun grüße ich, Scha-ul, euch in meiner eigenen Handschrift:

22Wenn jemand den Herrn nicht liebt, sei er verflucht! Marana, ta! [Unser Herr, komm!]

23Möge die Gnade des Herrn Jeschua mit euch sein.

24Meine Liebe ist bei euch allen, in der Vereinigung mit dem Messias Jeschua.

DER ZWEITE BRIEF VON
JESCHUAS GESANDTEM SCHA-UL (PAULUS)
AN DIE MESSIANISCHE GEMEINSCHAFT IN KORINTH:

DER ZWEITE BRIEF AN DIE KORINTHER

1 [1]Von: Scha-ul, durch Gottes
Willen ein Gesandter des
Messias Jeschua, und Bruder Timo-
theus

An: Gottes messianische Gemein-
schaft in Korinth, zusammen mit
dem ganzen Gottesvolk in ganz
Achaja:

[2]Gnade euch und *Schalom* von
Gott unserem Vater und dem Herrn
Jeschua dem Messias.

[3]Gelobt sei Gott, Vater unseres
Herrn, Jeschua des Messias, barm-
herziger Vater, Gott aller Ermuti-
gung und allen Trostes; [4]der uns in
allen unseren Bedrängnissen Mut
macht, so daß wir andere ermutigen
können in allen Bedrängnissen, in
die sie geraten mögen, mit der Er-
mutigung, die wir selbst von Gott
empfangen haben.
[5]Denn so wie die Leiden des
Messias in uns überfließen, so fließt
durch den Messias auch unsere Er-
mutigung über. [6]Wenn wir also Be-
drängnisse erfahren, dann geschieht
das zu eurer Ermutigung und Erlö-
sung; und wenn wir ermutigt wer-
den, dann sollte euch das ermutigen,
wenn ihr Leiden erdulden müßt wie
die, die wir gerade erleben. [7]Darüber
hinaus bleibt unsere Hoffnung für
euch fest, denn wir wissen, daß ihr,
wie ihr an Leiden teilhabt, auch an
der Ermutigung teilhaben werdet.
[8]Denn, Brüder, wir wollen euch
über die Bedrängnisse, die wir in der
Provinz Asien durchgemacht haben,
unterrichten. Die Last, die uns auf-
erlegt wurde, überstieg das, was wir
ertragen können, so über alle Ma-
ßen, daß wir darüber sogar am Le-
ben verzweifelten. [9]In unseren Her-
zen fühlten wir, daß wir zum Tod
verurteilt waren. Doch das geschah
nur, um uns dazu zu bringen, uns
nicht auf uns selbst, sondern auf
Gott zu verlassen, der die Toten
auferweckt! [10]Er rettete uns aus ei-
ner so tödlichen Gefahr, und er
wird uns wieder retten! Der, auf den
wir unsere Hoffnung gesetzt haben,
wird uns wahrhaftig immer wieder
retten. [11]Und ihr müßt dazu helfen,
indem ihr für uns betet; denn je
mehr Menschen beten, desto mehr
Menschen werden Dank sagen kön-
nen, wenn ihr Gebet für uns erhört
ist.

Jeschua – Jesus
Marana, ta! – unser Herr komme!
Schalom – Friede
Scha-ul – Saulus (Paulus)

12 Denn darauf sind wir stolz: daß
unser Gewissen uns versichert, daß
wir in unserem Umgang mit der
Welt, und besonders mit euch, stets
in Freimut und gottesfürchtiger
Reinheit der Beweggründe gehan-
delt haben – nicht durch weltliche
Weisheit, sondern durch von Gott
gegebene Gnade. 13 Unsere Briefe
enthalten keine anderen verborge-
nen Bedeutungen als die, die ihr le-
sen und verstehen könnt; und meine
Hoffnung geht dahin, daß ihr voll
und ganz verstehen werdet, 14 wie
ihr uns denn wirklich bereits teil-
weise verstanden habt; damit ihr am
Tag unseres Herrn Jeschua ebenso
stolz auf uns sein könnt, wie wir es
auf euch sind.

15 So sicher war ich dessen, daß ich
geplant hatte, zu kommen und euch
zu sehen, damit ihr den Nutzen ei-
nes zweiten Besuchs hättet. 16 Ich
wollte euch auf meinem Weg nach
Mazedonien besuchen und dann
abermals auf meinem Rückweg aus
Mazedonien, und mich dann von
euch auf den Weg nach Jehudah ge-
leiten lassen.

17 Habe ich diese Pläne etwa leicht-
fertig gefaßt? Oder mache ich Pläne,
wie es ein weltlicher Mensch tut, der
im gleichen Atemzug »ja,ja« und
»nein, nein« sagt? 18 So gewiß wie
Gott vertrauenswürdig ist, wir sa-
gen nicht »ja«, wenn wir »nein«
meinen. 19 Denn der Sohn Gottes,
der Messias Jeschua, der durch uns –
das heißt durch mich und Sila und
Timotheus – unter euch verkündigt
wurde, war kein Mensch, der zu-
gleich »ja« und »nein« sagt; im Ge-
genteil, bei ihm heißt es immer nur
»ja!«. 20 Denn wieviele Verheißun-
gen Gott auch gemacht hat, sie alle
finden ihr »Ja« in Verbindung mit
ihm; darum sprechen wir durch ihn
das »*Amen*«, wenn wir Gott die Eh-
re geben. 21 Außerdem ist es Gott,
der uns wie auch euch in die feste
Vereinigung mit dem Messias holt;
er hat uns gesalbt, 22 uns sein Siegel
aufgedrückt und uns seinen Geist in
unsere Herzen gegeben als eine Ga-
rantie für die Zukunft.

23 Ich rufe Gott zum Zeugen – er
weiß, wie mein Leben aussieht –,
daß der Grund, warum ich abgehal-
ten wurde, nach Korinth zu kom-
men, Rücksicht auf euch war! 24 Wir
versuchen nicht, euch vorzuschrei-
ben, wie ihr eurem Vertrauen in den
Messias in eurem Leben Ausdruck
geben müßt, denn in eurem Ver-
trauen steht ihr fest. Wir arbeiten
vielmehr mit euch für euer eigenes
Glück.

2 1 So beschloß ich, daß ich euch
keinen weiteren schmerzlichen
Besuch abstatten würde. 2 Denn
wenn ich euch Schmerz verursache,
wer bleibt dann, mich glücklich zu
machen, außer den Menschen, de-
nen ich Schmerz bereitet habe?
3 Wahrhaftig, deshalb habe ich ge-
schrieben, wie ich es tat – damit mir,
wenn ich käme, nicht durch jene
Schmerz bereitet würde, die mich
glücklich machen sollten; denn ich
hatte genügend Vertrauen in euch
alle, um zu glauben, daß, wenn ich
nicht glücklich sein konnte, es auch

keiner von euch sein konnte. [4]Ich
schrieb euch mit zutiefst bedrückt-
tem und geängstigtem Herzen und
unter vielen Tränen, nicht, um euch
Schmerz zu bereiten, sondern um
euch begreiflich zu machen, wie
sehr ich euch liebe.

[5]Wenn nun jemand eine Ursache
für Schmerz gewesen ist, dann hat er
nicht mir Schmerz bereitet, sondern
in gewisser Weise – ich möchte
nicht übertreiben – euch allen. [6]Für
einen solchen Menschen ist die Stra-
fe, die ihm durch die Mehrheit be-
reits auferlegt wurde, ausreichend,
[7]so daß ihr nun das Gegenteil tun
solltet – vergebt ihm, ermutigt ihn,
tröstet ihn. Andernfalls könnte ein
solcher Mensch von übergroßer
Traurigkeit verschlungen werden.
[8]So bitte ich euch dringlich zu zei-
gen, daß ihr ihn wahrhaft liebt. [9]Der
Grund, warum ich euch schrieb,
war, um zu sehen, ob ihr die Prü-
fung bestehen würdet, zu sehen, ob
ihr mir voll und ganz gehorchen
würdet. [10]Jedem, dem ihr vergebt,
vergebe auch ich. Denn wahrhaftig,
was immer ich vergeben habe, wenn
etwas zu vergeben war, geschah um
euretwillen in der Gegenwart des
Messias, [11]damit wir nicht vom Wi-
dersacher ausgenutzt werden – denn
wir sind uns seiner Pläne wohl be-
wußt!

[12]Als ich mich nun nach Troas be-
gab, um die Gute Nachricht vom
Messias zu verkünden, weil sich
durch den Herrn eine Tür für mich
aufgetan hatte, [13]konnte ich nicht
zur Ruhe kommen, weil ich meinen
Bruder Titus nicht vorfand. Deshalb
verließ ich die Menschen dort und
zog weiter nach Mazedonien.
[14]Aber Dank sei Gott, der uns im
Messias beständig in einem Tri-
umphzug einherführt und durch
uns überall den Duft dessen verbrei-
tet, was es bedeutet, ihn zu kennen!
[15]Denn für Gott sind wir das Aroma
des Messias, sowohl unter denen,
die gerettet sind, als auch unter de-
nen, die verloren sind; [16]für die letz-
teren sind wir der Geruch des To-
des, der nur zu noch mehr Tod
führt; für die ersteren aber sind wir
der süße Geruch des Lebens, der zu
noch mehr Leben führt. Wer ist ei-
ner solchen Aufgabe gewachsen?
[17]Denn wir sind nicht wie viele
Menschen, die Gottes Botschaft ge-
gen Geld verhökern; im Gegenteil,
wir reden aus aufrichtigem Herzen,
als von Gott Gesandte, die in der
Gegenwart Gottes stehen und in der
Vereinigung mit dem Messias leben.

3 [1]Fangen wir wieder an, uns zu
empfehlen? Oder brauchen
wir, wie so manche, Empfehlungs-
briefe an euch oder von euch? [2]Ihr
selbst seid unser Empfehlungsbrief,
geschrieben in unsere Herzen, be-
kannt und gelesen bei allen. [3]Ihr
macht deutlich, daß ihr ein Brief
vom Messias seid, unserer Fürsorge
übergeben, geschrieben nicht mit
Tinte, sondern durch den Geist des
lebendigen Gottes, nicht auf steiner-

Amen – so sei es
Jehudah – Judäa
Jeschua – Jesus
Sila – Silas

ne Tafeln, sondern in menschliche Herzen.

[4]Solches Vertrauen haben wir durch den Messias zu Gott. [5]Es ist nicht so, daß wir aus uns selbst heraus fähig wären, uns irgendetwas selbst zuzuschreiben; im Gegenteil, unsere Befähigung kommt von Gott. [6]Er hat uns sogar fähig gemacht, Arbeiter zu sein, die einem Neuen Bund dienen, dessen Wesen nicht ein geschriebener Text, sondern der Geist ist. Denn der geschriebene Text bringt den Tod, der Geist aber schenkt Leben.

[7]Was nun, wenn das, was den Tod gewirkt hat, durch einen geschriebenen Text eingegraben auf steinerne Tafeln, mit Herrlichkeit kam – mit solcher Herrlichkeit, daß das Volk Jisrael den Anblick von Mosches Gesicht wegen seines Strahlens nicht ertragen konnte, obgleich dieses Strahlen bereits wieder erlosch – [8]wäre da nicht das Wirken des Geistes von noch größerer Herrlichkeit begleitet? [9]Denn wenn Herrlichkeit in dem war, was dahin wirkte, die Menschen für schuldig zu erklären, wieviel größere Herrlichkeit muß dann von dem ausgehen, das dahin wirkt, Menschen für unschuldig zu erklären! [10]Ja, im Vergleich mit dieser größeren Herrlichkeit hat, was vor uns herrlich gemacht wurde, jetzt keine Herrlichkeit mehr. [11]Denn wenn Herrlichkeit war in dem, was verging, wieviel größere Herrlichkeit muß dann in dem sein, das bleibt.

[12]Deshalb sind wir mit einer Hoffnung wie dieser ganz offen – [13]anders als Mosche, der einen Schleier über sein Gesicht legte, damit das Volk Jisrael nicht sähe, wie das erlöschende Strahlen zu Ende ging.

[14]Mehr noch, ihr Sinn wurde verhärtet; denn bis zu diesem Tag bleibt ebendieser Schleier über ihnen, wenn sie den Alten Bund lesen; er wurde nicht entschleiert, weil der Schleier nur durch den Messias fortgenommen werden kann. [15]Ja, bis heute liegt, wann immer Mosche gelesen wird, ein Schleier über ihren Herzen. [16]»**Aber**«, sagt die *Torah*, »**wann immer sich jemand zu *Adonai* kehrt, wird der Schleier fortgenommen.**[a] [17]Nun bedeutet »*Adonai*« in diesem Text »Geist«. Und wo der Geist *Adonai*s ist, ist Freiheit. [18]So sehen wir alle mit unverschleierten Gesichtern wie in einem Spiegel die Herrlichkeit des Herrn; und wir werden verwandelt in sein Ebenbild, aus einem Zustand der Herrlichkeit in den nächsten, durch *Adonai* den Geist.

4 [1]Gott hat uns solche Gnade erwiesen, daß wir nicht den Mut verlieren, wenn wir das Werk tun, das er uns gegeben hat. [2]Wahrhaftig, wir lehnen es ab, uns schändlicher, hinterlistiger Methoden zu bedienen, die Menschen zu betrügen oder die Botschaft Gottes zu entstellen. Im Gegenteil, indem wir völlig klarmachen, was die Wahrheit ist, empfehlen wir uns in den Augen Gottes jedermanns Gewissen. [3]Wenn unse-

a Ex 34,34

re Gute Nachricht also tatsächlich
verschleiert ist, ist sie nur denen ver-
schleiert, die verlorengehen. 4Sie fin-
den nicht zum Vertrauen, weil der
Gott des *Olam Haseh* ihren Sinn
verblendet hat, um sie daran zu hin-
dern, das Licht zu sehen, das von
der Guten Nachricht von der Herr-
lichkeit des Messias, der das Bild
Gottes ist, ausgeht. 5Denn wir ver-
künden nicht uns selbst, sondern
den Messias Jeschua als Herrn, und
uns selbst als eure Sklaven um Je-
schuas willen. 6Denn es ist Gott, der
einst sagte: »Es möge Licht aus der
Finsternis scheinen«, der sein Licht
in unsere Herzen scheinen ließ, das
Licht der Erkenntnis der Herrlich-
keit Gottes, die im Antlitz des
Messias Jeschua leuchtet.

7Wir haben diesen Schatz aber in
irdenen Gefäßen, damit offenbar
wird, daß eine solche überwälti-
gende Macht von Gott kommt
und nicht von uns. 8Wir leiden alle
möglichen Nöte, aber wir werden
nicht zerschmettert; wir sind er-
schrocken, aber nicht in Verzweif-
lung; 9verfolgt, aber nicht verlas-
sen; zu Boden geworfen, aber
nicht vernichtet. 10Wir tragen in
unserem Leib allezeit das Sterben
des Messias, damit auch das Leben
des Messias in unserem Leib mani-
festiert werde. 11Denn wir, die wir
leben, werden allezeit um Jeschuas
willen dem Tod ausgeliefert, damit
auch das Leben Jeschuas in unse-
rem sterblichen Leib manifestiert
werde. 12So wirkt in uns der Tod,
in euch aber das Leben.

13Die *Tenach* sagt: **»Ich habe ver-
traut, deshalb habe ich geredet.«**[b]
Da wir denselben Geist haben, der
uns befähigt zu vertrauen, vertrauen
auch wir und reden deshalb; 14weil
wir wissen, daß er, der den Herrn
Jeschua auferweckt hat, auch uns
mit Jeschua auferwecken und uns
mit ihm in seine Gegenwart holen
wird. 15All das geschieht um euret-
willen, damit die Gnade, wenn sie
auf immer mehr Menschen über-
fließt, auch die Danksagung über-
fließen lasse zur Ehre Gottes.

16Deshalb verlieren wir nicht den
Mut. Obwohl unser äußeres Selbst
dem Verfall entgegengeht, wird un-
ser inneres Selbst doch täglich er-
neuert. 17Denn unsere leichten und
vergänglichen Nöte erwerben uns
eine immerwährende Herrlichkeit,
deren Gewicht jenseits aller Be-
schreibung liegt. 18Wir richten unser
Augenmerk nicht auf das, was zu
sehen ist, sondern auf das, was nicht
zu sehen ist, denn die sichtbaren
Dinge sind zeitlich, die unsichtbaren
aber ewig.

5 1Wir wissen, daß wir, wenn
das Zelt, das uns hier auf Er-
den beherbergt, abgebrochen wird,

b Ps 116,10

Adonai – der HERR, Jahwe
Jeschua – Jesus
Mosche – Mose
Olam Haseh – die jetzige Welt, das jetzige Zeitalter
Tenach – die hebr. Bibel, das Alte Testament
Torah – Weisung, Lehre, das »Gesetz«, der Pentateuch (die 5 Bücher Mose)

ein ewiges Haus von Gott haben, ein Haus, nicht von Menschenhand gemacht, das uns im Himmel beherbergen wird. 2Denn in diesem Zelt, unserem irdischen Leib, seufzen wir vor Verlangen, das Heim aus dem Himmel um uns zu haben, das unser sein wird. 3Mit ihm um uns werden wir nicht nackt erfunden werden. 4Ja, solange wir in diesem Leib sind, seufzen wir in dem Gefühl, unterdrückt zu sein; es ist weniger, daß wir etwas ablegen wollen, als daß wir vielmehr etwas darüber ziehen wollen; damit, was sterben muß, durch das Leben verschlungen werde. 5Außerdem ist es Gott, der uns für ebendies bereitet hat, und als ein Pfand hat er uns seinen Geist gegeben.

6So sind wir allezeit zuversichtlich – wir wissen, daß wir, solange wir im Leib zu Hause sind, fern sind unserem Heim beim Herrn; 7denn wir leben durch Vertrauen, nicht durch das, was wir sehen. 8Wir sind also zuversichtlich und zögen es bei weitem vor, unser Heim im Leib zu verlassen und in unser Heim beim Herrn zu kommen.

9Deshalb tun wir, ob wir nun zu Hause oder fern von zu Hause sind, unser Äußerstes, ihm zu gefallen; 10denn wir alle müssen vor dem Gerichtshof des Messias erscheinen, wo jeder die guten oder schlechten Folgen dessen, was er tat, solange er im Leib war, empfangen wird.

11So geschieht es also in der Furcht des Herrn, daß wir versuchen, Menschen zu überzeugen. Darüber hinaus kennt Gott uns so, wie wir wirklich sind; und ich hoffe, daß auch ihr uns in eurem Gewissen kennt, wie wir wirklich sind. 12Wir empfehlen uns euch nicht abermals, sondern geben euch einen Grund, stolz auf uns zu sein, damit ihr fähig sein werdet, denen zu entgegnen, die mehr mit der äußeren Erscheinung eines Menschen prahlen als mit seinen inneren Eigenschaften. 13Wenn wir von Sinnen sind, dann um Gottes willen; und wenn wir bei Sinnen sind, dann um euretwillen. 14Denn die Liebe des Messias hat Macht über uns, weil wir überzeugt sind, daß ein Mensch für die ganze Menschheit starb (was voraussetzt, daß die ganze Menschheit bereits tot war), 15und daß er für alle starb, damit die, die leben, nicht länger sich selbst leben, sondern dem, der für sie starb und auferweckt wurde. 16So betrachten wir von nun an also niemanden mehr von einem weltlichen Standpunkt aus. Selbst wenn wir den Messias einst von einem weltlichen Standpunkt aus sahen, so doch jetzt nicht mehr. 17Deshalb ist, wer mit dem Messias vereint ist, eine neue Schöpfung – das Alte ist vergangen; sieh, was gekommen ist, ist frisch und neu! 18Und es ist alles von Gott, der uns durch den Messias mit sich selbst versöhnt hat und uns den Dienst dieser Versöhnung gegeben hat, 19die bedeutet, daß Gott im Messias die Menschheit mit sich selbst versöhnt hat, daß er ihnen ihre Sünden nicht angerechnet hat und daß er uns die Botschaft der Versöhnung anvertraut hat. 20Deshalb sind wir Botschafter des Messias, ja,

Gott läßt seinen Ruf durch uns er-
gehen. Wir rufen um des Messias
willen: »Seid versöhnt mit Gott!
21Gott hat diesen sündlosen Men-
schen unseretwegen zu einem Sünd-
opfer gemacht, damit wir in der
Vereinigung mit ihm die volle Teil-
habe an der Gerechtigkeit Gottes
haben mögen.«

6 1Als Mitarbeiter Gottes bitten
wir euch auch dringlich, nicht
seine Gnade zu empfangen und
dann nichts mit ihr zu tun. 2Denn er
sagt:

»Zur angenehmen Zeit habe ich euch gehört; am Tag der Rettung habe ich euch geholfen.«[c]

Siehe, jetzt ist die angenehme Zeit;
siehe, jetzt ist der Tag der Rettung.
3Wir versuchen nicht, irgendje-
mandem Hindernisse in den Weg zu
legen, damit niemand einen Fehler
finde an dem Werk, das wir tun. 4Im
Gegenteil, wir versuchen, uns auf je-
de Weise als Arbeiter für Gott zu
empfehlen, indem wir ständig Nöte,
Beschwerden, Elend, 5Schläge, Haft,
Aufstände, Überarbeitung, man-
gelnden Schlaf und mangelndes Es-
sen ertragen. 6Wir empfehlen uns
durch unsere Reinheit, Erkenntnis,
Geduld und Sanftmut; durch den
Ruach Ha Kodesch; durch wahre
Liebe 7und wahrhaftige Rede; und
durch Gottes Macht. Wir empfehlen
uns durch den Gebrauch der richti-
gen Waffen, sei es, um unsere Sache
voranzubringen oder sie zu verteidi-
gen; 8dadurch, daß wir geehrt und
geschmäht werden, gelobt und be-
schuldigt, für betrügerisch gehalten
und für aufrichtig; 9für unbekannt
und für berühmt. Und wir empfeh-
len uns als Gottes Arbeiter, dem
Tod geweiht, doch sieh! Wir leben!
Bestraft, aber nicht getötet; 10als sol-
che, die Grund zur Traurigkeit ha-
ben, doch immer mit Freude erfüllt
sind; als Arme, die doch viele Men-
schen reich machen; als solche, die
nichts haben und doch alles haben!

11Liebe Freunde in Korinth! Wir
haben freimütig zu euch gespro-
chen, wir haben unsere Herzen
weit aufgetan. 12Ein jeglicher
Zwang, den ihr empfindet, wurde
nicht etwa durch uns auferlegt,
sondern durch euer eigenes Inne-
res. 13Deshalb öffnet, nur um »ge-
recht« zu sein (ich gebrauche die
Sprache von Kindern), auch ihr
eure Herzen weit.

14Spannt euch nicht in ein Joch ge-
meinsam mit Ungläubigen. Denn
wie können Gerechtigkeit und Ge-
setzlosigkeit Partner sein? Welche
Gemeinschaft hat das Licht mit der
Finsternis? 15Welche Eintracht kann
bestehen zwischen dem Messias und
Belija-al? Was hat ein Gläubiger mit
einem Ungläubigen gemein? 16Wel-
che Übereinstimmung herrscht zwi-
schen dem Tempel Gottes und Göt-
zen? Denn wir sind der Tempel des
lebendigen Gottes – wie Gott gesagt
hat:

c Jes 49,8

Belija-al – Beliar
Ruach Ha Kodesch – Heiliger Geist

**»Ich selbst will in ihnen Woh-
nung nehmen ... und ich will un-
ter ihnen wandeln. Ich will ihr
Gott sein, und sie werden mein
Volk sein.«**[d]

17Deshalb sagt *Adonai*:

»**›Geh aus aus ihrer Mitte; son-
dere dich aus; berühre nicht ein-
mal, was unrein ist.**[e] Dann werde
ich dich aufnehmen.[f] 18Ja, **ich will**
euer **Vater sein,** und ihr **werdet
meine Söhne** und Töchter **sein**‹,
spricht *Adonai Zvaot*.«[g]

7 1Deshalb, meine lieben Freun-
de, laßt uns, weil wir diese
Verheißungen haben, uns reinigen
von allem, was Körper und Geist
verunreinigen kann, und strebt da-
nach, vollkommen heilig zu sein,
aus Ehrfurcht vor Gott.

2Macht Raum für uns in euren
Herzen – wir haben niemandem
Unrecht getan, wir haben nieman-
den zugrunde gerichtet, wir haben
niemanden ausgebeutet. 3Ich sage
das nicht, um euch zu beschuldigen,
denn ich habe bereits gesagt, daß ihr
einen Platz in unseren Herzen habt,
ob wir nun zusammen leben oder
zusammen sterben; 4daß ich sehr
großes Vertrauen in euch habe; daß
ich sehr stolz auf euch bin; daß ihr
mir Mut gemacht habt; und daß ich
trotz all unserer Nöte überfließe vor
Freude.

5Und wahrhaftig hatte unser Leib,
als wir nach Mazedonien kamen,
keine Ruhe. Im Gegenteil, wir erlit-
ten alle möglichen Nöte – äußere
Streitigkeiten, innere Sorge. 6Gott
aber, der die Niedergeschlagenen er-
mutigt, hat uns mit der Ankunft von
Titus Mut gemacht! 7Doch es war
nicht nur seine Ankunft, die uns er-
mutigt hat, sondern auch die Tatsa-
che, wie ermutigt er über euch war,
als er uns erzählte, wie ihr euch
sehnt, mich zu sehen, wie betrübt
ihr seid über meine Lage, wie eifrig,
mich zu verteidigen – diese Nach-
richt machte mich noch glücklicher!

8Wenn ich euch durch meinen
Brief Schmerz bereitet habe, so be-
reue ich es nicht. Selbst wenn ich es
zuvor bereut habe – denn ich sehe,
daß der Brief euch betrübt hat,
wenngleich nur für kurze Zeit – 9so
freue ich mich doch jetzt, nicht, weil
ihr Schmerz hattet, sondern weil der
Schmerz euch dazu brachte, euch
wieder zu Gott zu wenden. Denn
ihr seid auf Gottes Weise mit dem
Schmerz umgegangen, so daß ihr
durch uns überhaupt nicht verletzt
wurdet. 10Schmerz, mit dem auf
Gottes Weise umgegangen wird,
führt zur Hinwendung von der
Sünde zu Gott, die die Rettung be-
wirkt, und daran gibt es nichts zu
bereuen! Schmerz aber, mit dem auf
die Weise der Welt umgegangen
wird, führt nur zum Tod. 11Denn
seht nur, was der Umgang mit dem
Schmerz auf Gottes Weise in euch
hervorgebracht hat! Welch ernsten
Eifer, welche Begierde, euch zu rei-
nigen, welche Empörung, welche

d Lev 26,12; Ex 6,7; Jer 31,33; 32,38; Ez 37,27
e Jes 52,11
f Ez 20,41.34
g 2 Sam 7,14.8; Jes 43,6

Furcht, welche Sehnsucht, welche
Hingabe, welche Bereitschaft, die
Dinge richtigzustellen! In allem
habt ihr euch in der Sache als unta-
delig erwiesen. 12Wenn ich euch also
schrieb, geschah es nicht um des-
sentwillen, der Unrecht tat oder
dem Unrecht angetan wurde, son-
dern damit ihr vor Gott selbst sehen
konntet, wie tief eure Hingabe an
uns ist. 13Das ist der Grund, weshalb
wir ermutigt worden sind.

Neben unserer eigenen Ermuti-
gung wurde uns die noch größere
Freude zuteil zu sehen, wie glück-
lich Titus war, denn ihr alle habt
sein Gemüt beruhigt. 14Denn ich
hatte mich eurer ein bißchen vor
ihm gerühmt, und jetzt stand ich
nicht töricht da. Im Gegenteil, so
wie alles, was wir euch gesagt haben,
wahr ist, so hat sich auch unser
Rühmen als wahr erwiesen. 15Und
seine Zuneigung zu euch ist um so
größer, wenn er daran denkt, wie
bereit ihr wart zu gehorchen und
wie ihr ihn mit Ehrfurcht und Ach-
tung aufgenommen habt. 16Ich bin
froh, daß ich so vollkommenes Ver-
trauen in euch haben kann.

8 1Und nun, Brüder, müssen wir
euch von der Gnade erzählen,
die Gott den Gemeinden in Maze-
donien zuteil werden ließ. 2Trotz
schwerer Bedrängnisse und obwohl
sie bitterarm sind, ist ihre Freude
übergeflossen zu einem Reichtum
der Freigebigkeit. 3Ich sage euch,
daß sie nicht nur entsprechend ihren
Mitteln gegeben haben, sondern aus
eigenem freien Willen heraus haben
sie über ihre Mittel gegeben. 4Sie ba-
ten uns und bettelten geradezu um
das Vorrecht, an diesem Dienst für
Gottes Volk teilhaben zu dürfen.
5Und sie taten das nicht so, wie wir
erwartet hatten, sondern zuerst
übergaben sie sich selbst dem
Herrn, das bedeutet, durch Gottes
Willen, an uns.

6All das hat uns dazu bewogen,
Titus zu drängen, dieselbe gnädige
Gabe unter euch zur Vollendung zu
bringen, da er bereits damit angefan-
gen hat. 7So wie ihr euch in allem
hervortut – im Glauben, in der Re-
de, in der Erkenntnis, in jeglichem
Eifer und in eurer Liebe zu uns –,
seht zu, daß ihr euch auch in dieser
Gabe hervortut. 8Ich erteile damit
keinen Befehl; ich wäge vielmehr die
Echtheit eurer Liebe gegen den Ei-
fer der anderen ab. 9Denn ihr wißt,
wie großzügig unser Herr, Jeschua
der Messias war – um euretwillen
hat er sich selbst arm gemacht, ob-
wohl er reich war, damit er euch
durch seine Armut reich mache.
10Wie ich sage, äußere ich in Hin-
sicht auf diese Sache nur eine Mei-
nung. Vor einem Jahr wart ihr nicht
nur die ersten, die handelten, son-
dern auch die ersten, die überhaupt
handeln wollten. Nun wäre es für
euch von Vorteil 11zu beenden, was
ihr angefangen habt, damit euer Ei-
fer, das Projekt zu vollenden, eurem
Eifer, es zu beginnen, ebenbürtig

Adonai – der HERR, Jahwe
Adonai Zvaot – HERR (Jahwe) der (himm-
lischen) Heerscharen
Jeschua – Jesus

sei, indem ihr beitragt aus dem, was
ihr habt. 12Denn wenn der Eifer zu
geben da ist, wird das Willkommen-
sein der Gabe gemessen werden an
dem, was ihr habt, nicht an dem,
was ihr nicht habt. 13Nicht, daß die
Erleichterung für andere euch in
Not bringen soll, aber es sollte doch
eine Art Gegenseitigkeit herrschen:
14In der Gegenwart kann euer
Überfluß denen helfen, die in Not
sind; damit ihr Überfluß euch helfen
kann, wenn ihr in Not seid – dann
herrscht Gegenseitigkeit. 15Es ist,
wie die *Tenach* sagt:

**»Wer viel sammelte, hatte
nichts über, und wer wenig sam-
melte, hatte keinen Mangel.«**[h]

16Nun danke ich Gott dafür, daß
er Titus ebensolche Zuneigung zu
euch gegeben hat, wie wir sie haben;
17denn er handelte nicht nur auf un-
ser Drängen, sondern kommt, eifrig
wie er ist, aus eigenem Antrieb zu
euch. 18Und mit ihm schicken wir
den Bruder, dessen Arbeit für die
Gute Nachricht in allen Gemeinden
gelobt wird; 19und nicht nur das, er
ist darüber hinaus durch die Ge-
meinden ernannt worden, mit uns
zu reisen, damit die Art und Weise,
auf die wir dieses Werk der Barm-
herzigkeit durchführen, dem Herrn
Ehre mache und unseren Eifer zu
helfen erweise. 20Unser Ziel ist es zu
beweisen, daß unser Verhalten im
Umgang mit diesen beträchtlichen
Summen jenseits allen Tadels ist;
21denn **wir geben uns Mühe zu
tun, was recht ist**, nicht nur **in den
Augen Gottes,** sondern **auch** in den
Augen **anderer Menschen**.[i] 22Mit
diesen beiden schicken wir einen an-
deren unserer Brüder, einen, dessen
Eifer wir viele Male auf vielerlei
Weise geprüft haben, der nun aber,
wegen seines großen Vertrauens in
euch, um so eifriger ist. 23Was Titus
betrifft, so ist er mein Gefährte, der
mit mir für euch arbeitet; und die
anderen Brüder bei ihm sind Ge-
sandte der Gemeinden und machen
dem Messias Ehre. 24So wird die
Liebe, die ihr diesen Männern er-
weist, unseren Stolz auf euch vor ih-
nen rechtfertigen, und durch sie vor
den Gemeinden, die sie gesandt ha-
ben.

9 1Ich habe es wahrhaftig nicht
nötig, euch über dieses Opfer
für Gottes Volk zu schreiben – 2ich
weiß, wie eifrig ihr seid, und ich
rühme mich eurer in Mazedonien.
Ich sage zu ihnen: »Achaja war seit
letztem Jahr bereit«, und es war
denn auch euer Eifer, der die mei-
sten von ihnen angespornt hat.
3Nun aber schicke ich euch die Brü-
der, damit sich unser Rühmen zu
euren Gunsten in dieser Sache nicht
als leer erweise, damit ihr bereit seid,
wie ich gesagt habe, daß ihr es seid.
4Denn wenn einige Mazedonier mit
mir kommen und euch unvorberei-
tet finden sollten, wären wir gede-
mütigt, weil wir so zuversichtlich
waren – ganz zu schweigen davon,
wie ihr euch fühlen würdet. 5Des-

h Ex 16,18

i Spr 3,4 (Septuaginta)

halb hielt ich es für nötig, diese Brü-
der zu drängen, schon vor mir zu
euch zu gehen und eure versproche-
ne Gabe in Ruhe vorzubereiten; auf
diese Weise wird sie bereit liegen,
wenn ich komme, und wird eine
wirkliche Gabe sein, nicht etwas,
das durch Druck herausgepreßt
wurde.
[6]Und darum geht es: Wer spärlich
anpflanzt, wird auch spärlich ernten.
[7]Jeder sollte geben nach dem, was er
in seinem Herzen beschlossen hat,
nicht murrend oder unter Zwang,
denn **Gott liebt einen freudigen
Geber.**[j] [8]Darüber hinaus hat Gott
die Macht, euch mit jeder gnädigen
Gabe im Überfluß auszustatten, so
daß ihr allezeit in jeder Hinsicht al-
les habt, was ihr selbst braucht, und
in der Lage seid, überreichlich für
jeden guten Zweck zu spenden –
[9]wie die *Tenach* sagt:

**»Er gab den Armen großzügig;
seine *Zedakah* währt ewig.«**[k]

[10]Der, der die Saat für den Sämann
gibt und Brot zur Speise, der wird
auch eure Saat geben und mehren
und die Ernte eurer *Zedakah* ver-
größern. [11]Ihr werdet in jeder Hin-
sicht reich werden, so daß ihr in al-
lem großzügig sein könnt. Und
durch uns wird eure Großzügigkeit
die Menschen veranlassen, Gott zu
danken, [12]denn die Durchführung
dieses heiligen Dienstes hilft nicht
nur der Not des Gottesvolkes ab,
sondern fließt auch über in den
großen Dank, den die Menschen
Gott sagen werden. [13]Indem ihr die-
sen Dienst darbringt, beweist ihr
diesen Menschen, daß ihr Gott ver-
herrlicht, indem ihr tatsächlich tut,
was euer Bekenntnis zu der Guten
Nachricht des Messias fordert, näm-
lich großzügig mit ihnen und mit al-
len teilen. [14]Und in ihren Gebeten
für euch werden sie große Zunei-
gung zu euch empfinden, weil Gott
euch so gnädig gewesen ist. [15]Dank
sei Gott für seine unbeschreibliche
Gabe!

10 [1]Nun appelliere ich selbst,
Scha-ul, an euch, mit der
Milde und Vergebung, die vom
Messias kommen, ich, der ich als
furchtsam erachtet werde, wenn ich
persönlich bei euch bin, aber furcht-
einflößend aus der Entfernung. [2]Ich
bitte euch, mich nicht zu zwingen,
furchteinflößend aufzutreten, wenn
ich bei euch bin, wie ich gedenke
aufzutreten gegen jemanden, der
glaubt, wir lebten nach weltlicher
Weise. [3]Denn obwohl wir tatsäch-
lich in der Welt leben, führen wir
doch nicht Krieg nach weltlicher
Weise; [4]denn die Waffen, die wir zur
Kriegführung gebrauchen, sind kei-
ne weltlichen. Im Gegenteil, sie ha-
ben die Macht Gottes, Festungen zu
zerstören. Wir machen Argumente
zunichte [5]und jeden Hochmut, der
sich gegen die Erkenntnis Gottes

j Spr 22,8 (Septuaginta)
k Ps 112,9

Scha-ul – Saulus (Paulus)
Tenach – die hebr. Bibel, das Alte Testament
Zedakah – Gerechtigkeit, Mildtätigkeit, mild-
tätige Gabe

selbst erhöht; wir nehmen alles Denken gefangen und bringen es dazu, dem Messias zu gehorchen. 6Und wenn ihr vollkommen gehorsam geworden seid, dann werden wir bereit sein, jede Handlung des Ungehorsams zu bestrafen.

7Ihr seht auf die Oberfläche der Dinge. Wenn jemand überzeugt ist, daß er zum Messias gehört, sollte er daran denken, daß wir ebensosehr dem Messias gehören wie er. 8Denn auch wenn ich mich ein wenig zu sehr der Vollmacht rühme, die der Herr uns gegeben hat – Vollmacht, aufzubauen, nicht, euch niederzureißen –, schäme ich mich doch nicht. 9Ich will nicht den Anschein erwecken, als versuchte ich, euch mit diesen Briefen abzuschrecken. 10Jemand sagt: »Seine Briefe sind gewichtig und mächtig, doch wenn er in persona auftritt, ist er schwach, und als Redner taugt er nichts.« 11Solch ein Mensch soll merken, daß wir das, was wir in unseren Briefen, also wenn wir abwesend sind, sagen, tatsächlich tun werden, wenn wir da sind.

12Wir wagen es nicht, uns mit jemandem von den Leuten, die sich selbst empfehlen, gleichzusetzen oder zu vergleichen. Indem sie sich untereinander messen und sich untereinander vergleichen, sind sie ganz einfach dumm. 13Wir werden uns nicht dessen rühmen, was außerhalb des Bereiches der Arbeit liegt, die Gott uns gegeben hat; wir werden uns vielmehr innerhalb des uns zugeteilten Bereiches rühmen, und dieser Bereich erstreckt sich bis auf euch. 14Wir überstrapazieren unser Rühmen nicht, als seien wir gar nicht bis zu euch gekommen; denn wir kamen mit der Guten Nachricht des Messias ja wirklich bis zu euch. 15Wir rühmen uns nicht des Bereiches, auf dem andere arbeiten; doch wir hoffen, daß wir in dem Maße, in dem euer Vertrauen wächst, in eurer Mitte erhöht werden, was den Bereich unserer Arbeit betrifft, so daß wir noch mehr tun können, 16nämlich die Gute Nachricht in Gebieten jenseits von euch verkünden. Wir hoffen, uns nicht einer Arbeit zu rühmen, die bereits ein anderer getan hat.

17So **möge sich jeder, der sich rühmen will, *Adonais* rühmen;**[1] 18denn nicht der, der sich selbst empfiehlt, ist der Billigung würdig, sondern der, den der Herr empfiehlt.

11 1Ich wünschte mir, daß ihr ein wenig Torheit von mir ertrügt – ertragt mich doch bitte! 2Denn ich eifere für euch mit der Eifersucht Gottes; ich versprach, euch eurem Ehemann, dem Messias, wie eine reine Jungfrau zu präsentieren; 3und ich fürchte nun, daß euer Sinn auf irgendeine Weise von der einfachen und reinen Hingabe an den Messias abgeworben werden könnte, so wie Chavah von der Schlange und ihrer List getäuscht wurde. 4Denn wenn jemand kommt und euch von einem anderen Jeschua erzählt als dem, von dem wir zu euch

1 Jer 9,23

sprachen, oder wenn ihr einen anderen Geist empfangt als den, den ihr empfangen habt, oder wenn ihr eine andere sogenannte »Gute Nachricht« annehmt als die, die ihr bereits angenommen habt, dann ertragt ihr das nur allzu gut! [5]Ich halte mich aber diesen »Über-Gesandten« in keiner Weise für unterlegen. [6]Ich mag vielleicht kein gewandter Redner sein, aber ich habe die Erkenntnis; und das haben wir euch in jeder Weise und unter allen Umständen deutlich gemacht.

[7]Oder habe ich gesündigt, indem ich mich erniedrigte, damit ihr erhöht werden konntet, indem ich euch die Gute Nachricht Gottes kostenlos verkündet habe? [8]Ich habe andere Gemeinden beraubt, indem ich von ihnen Hilfe annahm, um euch zu dienen. [9]Und als ich bei euch war und etwas brauchte, belastete ich niemanden: Für meine Bedürfnisse trugen die Brüder Sorge, die aus Mazedonien kamen. In nichts bin ich euch zur Last gefallen, und ich werde es auch niemals tun. [10]Die Wahrhaftigkeit des Messias ist in mir, damit dieses mein Rühmen nirgendwo in Achaja zum Schweigen gebracht werde. [11]Warum wollte ich nie eure Unterstützung annehmen? Weil ich euch nicht liebe? Gott weiß, daß ich es tue! [12]Nein, ich tue das – und werde es weiter tun –, um denjenigen den Boden zu entziehen, die einen Grund suchen, sich zu rühmen, daß sie dasselbe tun wie wir. [13]Tatsache ist, daß solche Männer Pseudo-Gesandte sind: Sie erzahlen Lugen über ihre Arbeit und geben sich als Gesandte des Messias aus. [14]Doch daran ist nichts Überraschendes, denn der Widersacher selbst gibt sich als ein Engel des Lichts aus; [15]und so ist es denn keine große Sache, wenn seine Arbeiter sich als Knechte der Gerechtigkeit ausgeben. Sie werden das Ende finden, das ihre Taten verdienen.

[16]Ich wiederhole: Es möge niemand glauben, ich sei ein Narr. Und wenn ihr es schon tut, dann nehmt mich wenigstens als einen Narren auf; damit auch ich mich ein wenig rühmen darf! [17]Was ich sage, steht nicht in Einklang mit dem Herrn; dieses eitle Rühmen ist vielmehr geredet, wie ein Narr redet. [18]Da sich jedoch viele Menschen auf weltliche Weise rühmen, will auch ich mich auf diese Weise rühmen. [19]Denn da ihr selbst so weise seid, ertragt ihr die Narren ja gern! [20]Ihr ertragt es, wenn jemand euch zu Sklaven macht, euch ausbeutet, euch betrügt, sich aufbläht, euch ins Gesicht schlägt. [21]Zu meiner Schande muß ich zugeben, daß wir zu »schwach« gewesen sind, solches zu tun!

Wenn nun aber jemand es wagt, sich einer Sache zu rühmen – ich rede als Narr! –, dann wage ich es ebenso. [22]Sind sie Hebräer? Ich auch. Sind sie Jisraeliten? Ich auch. Sind sie Nachkommen Avrahams? Ich auch. [23]Sind sie Knechte des Messias? (Ich spreche wie ein Ver-

Adonai – der HERR, Jahwe
Avraham – Abraham
Chavah – Eva
Jeschua – Jesus

rückter!) Ich bin ein besserer! Ich
habe härter gearbeitet, war öfter
im Gefängnis, erlitt mehr Schläge,
war immer wieder dem Tode nahe.
[24]Fünfmal empfing ich »vierzig
Schläge weniger einen« von den
Juden. [25]Dreimal wurde ich mit
Stöcken geschlagen. Einmal wurde
ich gesteinigt. Dreimal erlitt ich
Schiffbruch. Ich verbrachte eine
Nacht und einen Tag auf dem of-
fenen Meer. [26]Auf meinen vielen
Reisen war ich in Gefahr durch
Flüsse, durch Räuber, durch mein
eigenes Volk, durch Heiden, ich
war in Gefahr in der Stadt, in der
Einöde, auf dem Meer, in Gefahr
durch falsche Brüder. [27]Ich habe
mich gemüht und Not gelitten, oft
mangelte es mir an Schlaf, war ich
hungrig und durstig, häufig hatte
ich nichts zu essen, fror und war
nackt. [28]Und neben diesen äußeren
Dingen ist da der tägliche Druck
meiner ängstlichen Sorge für die
Gemeinden. [29]Wer ist schwach,
ohne daß ich seine Schwachheit
teile? Wer sündigt, ohne daß ich
innerlich brenne?

[30]Wenn ich mich rühmen muß,
will ich mich der Dinge rühmen,
die zeigen, wie schwach ich bin.
[31]Gott, der Vater des Herrn Je-
schua – gesegnet sei er für immer
– weiß, daß ich nicht lüge! [32]Als
ich in Dammesek war, ließ der
Statthalter des Königs Aretas die
Stadt bewachen, um mich zu ver-
haften; [33]doch ich wurde in einem
Korb durch eine Öffnung in der
Mauer herabgelassen und entkam
seinen Häschern.

12 [1]Ich muß mich rühmen. Es
ist nichts zu verdienen da-
mit, doch ich will nun auf die Visio-
nen und Offenbarungen des Herrn
kommen. [2]Ich kenne einen Men-
schen, eins mit dem Messias, der vor
vierzehn Jahren in den dritten Him-
mel entrückt wurde; ob er sich im
Leib oder außerhalb des Leibes be-
fand, weiß ich nicht; Gott weiß es.
[3]Und ich weiß, daß ein solcher
Mensch – ob nun im Leib oder au-
ßerhalb des Leibes, weiß ich nicht,
Gott weiß es – [4]nach *Gan-Eden* ent-
rückt wurde und Dinge hörte, die
nicht in Worte gefaßt werden kön-
nen, Dinge, die auszusprechen ei-
nem Menschen nicht gestattet sind.
[5]Eines solchen Menschen will ich
mich rühmen; doch meiner selbst
will ich mich nicht rühmen, außer in
Hinsicht auf meine Schwachheiten.
[6]Wenn ich mich rühmen wollte, wä-
re ich nicht töricht; denn ich spräche
die Wahrheit. Doch wegen der
Außerordentlichkeit der Offenba-
rungen tue ich es nicht, damit nie-
mand mehr von mir halte, als meine
Worte oder Taten bestätigen. [7]Des-
halb wurde mir, um zu verhindern,
daß ich über die Maßen stolz werde,
ein Dorn ins Fleisch gegeben, ein
Bote vom Widersacher, um immer-
fort auf mich einzuschlagen, damit
ich nicht hochmütig werde. [8]Drei-
mal bat ich den Herrn, dies von mir
zu nehmen; [9]doch er sprach zu mir:
»Meine Gnade ist genug für dich,
denn meine Macht wird in der
Schwachheit zur Vollkommenheit
gebracht.« Deshalb bin ich sehr
glücklich, mich meiner Schwachheit

zu rühmen, damit die Macht des
Messias auf mir ruhe. 10Ja, ich bin
zufrieden mit Schwachheiten,
Schmähungen, Härten, Verfolgun-
gen und Schwierigkeiten, die ich um
des Messias willen ertrage; denn
wenn ich schwach bin, bin ich stark.

11Ich habe mich wie ein Narr be-
nommen, doch ihr habt mich dazu
gezwungen – ihr, die ihr mich hättet
empfehlen sollen. Denn ich bin den
»Über-Gesandten« in keiner Hin-
sicht unterlegen, selbst wenn ich
nichts bin. 12Die Dinge, die bewei-
sen, daß ich ein Gesandter bin – Zei-
chen und Wunder –, wurden in eu-
rer Gegenwart getan, trotz allem,
was ich erleiden mußte. 13Seid ihr in
irgendeiner Weise schlechter wegge-
kommen als eine der anderen Ge-
meinden, außer, daß ich euch nicht
zur Last gefallen bin? Für diese Un-
billigkeit vergebt mir bitte!

14Seht, ich bin bereit, dieses dritte
Mal zu kommen und euch zu besu-
chen; und ich werde euch nicht zur
Last fallen; denn ich will nicht das,
was ihr besitzt, sondern euch! Kin-
der müssen nicht für ihre Eltern
sparen, sondern Eltern für ihre Kin-
der. 15Und was mich betrifft, ich will
um euretwillen frohen Herzens alles
hingeben, was ich habe, und mich
selbst dazu. Wenn ich euch mehr
liebe, sollte ich dann weniger geliebt
werden?

16Es stehe also fest, daß ich euch
nicht zur Last gefallen bin; doch –
listiger Kerl, der ich bin, fing ich
euch mit einem Trick! 17Habe ich
euch vielleicht durch jemanden, den
ich euch schickte, 18ausgenutzt? Ich
drängte Titus zu gehen und schick-
te den Bruder mit ihm; Titus hat
euch nicht ausgenutzt, nicht wahr?
Haben wir nicht durch denselben
Geist gelebt und euch denselben
Weg gewiesen?

19Vielleicht denkt ihr, daß wir
uns die ganze Zeit vor euch vertei-
digt haben. Nein, wir haben vor
den Augen Gottes geredet, wie es
die, die vereint sind mit dem
Messias, tun sollten; und, meine
lieben Freunde, es geschieht alles
zu eurer Erbauung. 20Denn ich
fürchte, daß ich komme und euch
nicht auf dem Weg finde, auf dem
ich mir euch wünsche, und auch,
daß ich nicht auf dem Weg erfun-
den werde, auf dem ihr euch mich
wünscht. Ich fürchte, Streit und
Eifersucht vorzufinden, Zorn und
Rivalitäten, Verleumdung und
Klatsch, Hochmut und Unord-
nung. 21Ich fürchte, daß wenn ich
wiederkomme, mein Gott mich in
eurer Gegenwart demütigen könn-
te, und daß ich über viele von
euch betrübt sein werde, die in der
Vergangenheit gesündigt haben
und die Unreinheit, Unzucht und
Ausschweifung, der sie sich erge-
ben haben, nicht bereuen.

13

1Dies wird das dritte Mal
sein, daß ich komme, euch
zu besuchen. **Jede Klage muß
durch das Zeugnis von zwei oder**

Dammesek – Damaskus
Gan-Eden – Paradies
Jeschua – Jesus

drei Zeugen bestätigt werden.[m]
2Denen, die in der Vergangenheit
gesündigt haben, und den übrigen
sage ich vorderhand, solange ich ab-
wesend bin, das gleiche, was ich ge-
sagt habe, als ich das zweite Mal bei
euch war: Wenn ich wiederkomme,
werde ich euch nicht verschonen –
3denn ihr sucht einen Beweis dafür,
daß der Messias in mir spricht. Er ist
nicht schwach im Umgang mit euch,
sondern er ist mächtig unter euch.
4Denn obwohl er in Schwachheit
am Pfahl hingerichtet wurde, lebt er
jetzt durch Gottes Macht. Und auch
wir sind schwach in der Vereinigung
mit ihm, im Umgang mit euch aber
werden wir leben mit ihm durch
Gottes Macht.

5Prüft euch, um zu sehen, ob ihr
das Leben des Vertrauens lebt. Prüft
euch. Merkt ihr nicht, daß Jeschua
der Messias in euch ist? – Es sei
denn, ihr bestündet die Prüfung
nicht. 6Doch ich hoffe, ihr werdet
merken, daß wir nicht versagt ha-
ben. 7Und wir beten zu Gott, daß
ihr nichts Unrechtes tut. Es geht uns
nicht darum, daß wir uns als erfolg-
reich erweisen, sondern darum, daß
ihr tut, was recht ist, auch wenn wir
versagt zu haben scheinen. 8Denn
wir können nicht gegen die Wahr-
heit handeln, nur für sie. 9So freuen
wir uns, wann immer wir schwach
sind und ihr stark seid; wahrhaftig,
wir beten, daß ihr vollkommen wer-
det. 10Ich schreibe diese Dinge, wäh-
rend ich euch fern bin, damit ich,
wenn ich bei euch bin, nicht meine
Vollmacht gebrauchen muß, euch
hart heranzunehmen, denn der Herr
gab sie mir zum Aufbauen und
nicht zum Niederreißen.

11Und nun, Brüder, *Schalom*!
Bringt euch zurecht, befolgt meinen
Rat, seid einmütig, lebt in *Schalom* –
und der Gott der Liebe und des
Schalom wird mit euch sein.

12Grüßt einander mit einem heili-
gen Kuß. 13Das ganze Gottesvolk
schickt euch Grüße.

14Die Gnade des Herrn, Jeschua
des Messias, und die Liebe Gottes
und die Gemeinschaft des *Ruach
Ha Kodesch* sei mit euch allen.

m Dtn 19,15

DER BRIEF VON JESCHUAS
GESANDTEM SCHA-UL (PAULUS)
AN DIE MESSIANISCHE GEMEINSCHAFT IN GALATIEN:

DER BRIEF AN DIE GALATER

1 1 Von: Scha-ul, einem Gesand-
ten – ich habe meinen Auftrag
nicht von Menschen oder durch
menschliche Vermittlung empfan-
gen, sondern durch Jeschua den
Messias und Gott den Vater, der ihn
von den Toten auferweckt hat – und
von allen Brüdern bei mir

2 An: Die messianischen Gemein-
schaften in Galatien:

3 Gnade und *Schalom* euch von
Gott unserem Vater und vom Herrn,
Jeschua dem Messias, 4 der sich selbst
für unsere Sünden dahingab, damit
er uns aus dem gegenwärtigen bösen
Weltsystem erlöse, im Gehorsam ge-
gen den Willen Gottes, unseres Va-
ters. 5 Ihm sei Herrlichkeit für immer
und ewig! *Amen.*

6 Ich bin erstaunt, daß ihr euch so
schnell von mir zurückzieht, der ich
euch durch die Gnade des Messias
berufen habe, und euch einer ande-
ren angeblichen »Guten Nachricht«
zuwendet, 7 die gar keine Gute
Nachricht ist! Was hier tatsächlich
geschieht, ist, daß gewisse Leute
euch plagen und versuchen, die
wahre Gute Nachricht des Messias
zu verdrehen. 8 Doch auch wenn wir
selbst – oder sei es gar ein Engel
vom Himmel – euch eine sogenann-
te »Gute Nachricht« verkündeten,
die der Guten Nachricht, die wir
euch bereits verkündet haben, wi-
derspricht, so möge er für immer
unter einem Fluch stehen! 9 Wir ha-
ben es bereits gesagt, und ich sage es
abermals: Wenn irgendjemand eine
»Gute Nachricht« verkündet, die
dem, was ihr empfangen habt, wi-
derspricht, möge er für immer unter
einem Fluch stehen!

10 Klingt das etwa, als versuchte
ich, die Billigung der Menschen zu
gewinnen? Nein! Ich möchte die
Billigung Gottes! Oder als versuchte
ich, Menschen zu schmeicheln?
Wenn ich das noch täte, wäre ich
kein Knecht des Messias.

11 Darüber hinaus laßt mich euch
ganz deutlich sagen, Brüder, daß die
Gute Nachricht, wie ich sie verkün-
de, kein menschliches Werk ist;
12 denn weder habe ich sie von einem
anderen empfangen, noch bin ich sie
gelehrt worden – sie kam durch eine

Amen – so sei es
Jeschua – Jesus
Schalom – Friede
Schalom! – Friede! (Gruß)
Scha-ul – Saulus (Paulus)
Ruach Ha Kodesch – Heiliger Geist

direkte Offenbarung von Jeschua
dem Messias. 13Denn ihr habt von
meinem früheren Leben im traditio-
nellen Judentum gehört – wie ich
mein Bestes tat, die messianische
Gemeinschaft Gottes zu verfolgen
und zu zerstören; 14und wie ich, da
ich mehr als die meisten Juden mei-
nes Alters ein Eiferer für die Über-
lieferungen war, die von meinen
Vorvätern auf mich überkommen
waren, im traditionellen Judentum
schnellere Fortschritte machte als
sie.

15Doch als Gott, der mich heraus-
griff, bevor ich geboren war, und
mich durch seine Gnade berief, be-
schloß, 16mir seinen Sohn zu offen-
baren, damit ich ihn den Heiden
verkünde, zog ich niemanden zu
Rate; 17und ich ging nicht hinauf
nach Jeruschalajim, um diejenigen
zu sehen, die vor mir Gesandte wa-
ren. Statt dessen ging ich sofort nach
Arabien und kehrte dann nach
Dammesek zurück. 18Erst drei Jahre
später ging ich hinauf nach Jeru-
schalajim, um Kefa kennenzulernen,
und ich blieb zwei Wochen bei ihm,
19aber ich sah keinen der anderen
Gesandten außer Ja-akov, den Bru-
der des Herrn. 20(Zu dem, was ich
euch geschrieben habe, erkläre ich
vor Gott, daß ich nicht lüge!)
21Dann ging ich nach Syrien und
Zilizien; 22in Jehudah aber wußten
die messianischen Gemeinschaften
nicht einmal, wie ich aussah – 23sie
hörten nur den Bericht: »Der, der
euch zu verfolgen pflegte, predigt
jetzt die Gute Nachricht des Glau-
bens, den er früher zu zerstören
suchte«; 24und sie lobten Gott für
mich.

2 1Nach vierzehn Jahren ging ich
dann abermals hinauf nach Je-
ruschalajim, diesmal mit Bar-Nab-
ba; und ich nahm Titus mit mir. 2Ich
ging hinauf im Gehorsam gegen eine
Offenbarung, und ich erklärte ihnen
die Gute Nachricht, wie ich sie un-
ter den Heiden verkünde – aber nur
den anerkannten Gemeindeleitern.
Ich tat das aus Sorge, daß meine ge-
genwärtige oder frühere Arbeit ver-
geblich war.

3Sie zwangen aber meinen heidni-
schen Begleiter Titus keineswegs,
sich der *Berit Milah* zu unterziehen.
4Tatsächlich kam die Frage nur auf,
weil einige Männer, die vorgaben,
Brüder zu sein, sich eingeschlichen
hatten – sie hatten sich eingeschli-
chen, um die Freiheit auszuspionie-
ren, die wir im Messias Jeschua ha-
ben, damit sie uns versklaven
konnten. 5Nicht eine Minute lang
gaben wir ihnen nach, damit die
Wahrheit der Guten Nachricht für
euch bewahrt bleibe.

6Darüber hinaus erlegten die, die
die anerkannten Gemeindeleiter wa-
ren – was sie waren, machte aller-
dings keinen Unterschied für mich;
Gott richtet nicht nach der äußeren
Erscheinung –, diese Gemeindeleiter
erlegten mir nichts weiter auf. 7Im
Gegenteil, sie sahen, daß ich mit der
Guten Nachricht für die Unbe-
schnittenen betraut war, ebenso wie
Kefa für die Beschnittenen; 8denn
der Eine, der in Kefa wirkte, um ihn
zum Gesandten für die Beschnitte-

nen zu machen, hatte auch in mir
gewirkt, mich zum Gesandten an
die Heiden zu machen. [9]Nachdem
sie alle gesehen hatten, welche Gna-
de mir gegeben war, reichten mir Ja-
akov, Kefa und Jochanan, die aner-
kannten Säulen der Gemeinschaft,
die rechte Hand der Partnerschaft;
damit wir zu den Heiden gehen
sollten, und sie zu den Beschnitte-
nen. [10]Ihre einzige Forderung war,
daß wir an die Armen denken soll-
ten – eine Sache, die zu tun ich keine
Mühe gescheut habe.

[11]Darüber hinaus habe ich mich,
als Kefa nach Antiochia kam, öf-
fentlich gegen ihn gewandt, weil er
ganz eindeutig im Unrecht war.
[12]Denn vor der Ankunft gewisser
Leute aus der Gemeinschaft unter
der Führung Ja-akovs hatte er mit
heidnischen Gläubigen gegessen;
doch als sie kamen, zog er sich zu-
rück und sonderte sich aus, weil er
Angst vor der Partei hatte, die sich
für die Beschneidung der heidni-
schen Gläubigen aussprach. [13]Und
die übrigen jüdischen Gläubigen
wurden mit ihm zusammen zu
Heuchlern, so daß sogar Bar-Nabba
durch ihre Heuchelei in die Irre ge-
führt wurde. [14]Doch als ich sah, daß
sie nicht den geraden Weg wandel-
ten und nicht bei der Wahrheit der
Guten Nachricht blieben, sagte ich
vor allen Leuten zu Kefa: »Wenn
du, der du Jude bist, wie ein *Goi*
lebst und nicht wie ein Jude, warum
zwingst du dann die *Gojim*, wie Ju-
den zu leben? [15]Wir sind von Ge-
burt Juden, nicht sogenannte *»goji-
sche* Sünder«; [16]doch selbst wenn es
so wäre, haben wir doch erkannt,
daß ein Mensch von Gott nicht auf-
grund der peinlich genauen Befol-
gung der Gebote der *Torah* für ge-
recht erklärt wird, sondern durch
die vertrauende Treue Jeschuas des
Messias. Deshalb haben auch wir
unser Vertrauen auf den Messias Je-
schua gesetzt und haben zum Glau-
ben an ihn gefunden, damit wir auf-
grund der vertrauenden Treue des
Messias für gerecht erklärt würden
und nicht aufgrund unserer peinlich
genauen Befolgung der Gebote der
Torah. Denn aufgrund der peinlich
genauen Befolgung der Gebote der
Torah **wird keiner für gerecht er-
klärt.**[a]

[17]Wenn wir nun aber selbst bei
unserem Versuch, von Gott auf-
grund unserer Vereinigung mit dem
Messias für gerecht erklärt zu wer-
den, tatsächlich als Sünder erfunden
werden, dann ist also der Messias
ein Helfershelfer der Sünde und ein
Anstifter zu ihr? Das möge Gott
verhüten! [18]Wenn ich die Knecht-

a Ps 143,2

Bar-Nabba – Barnabas
Berit Milah – rituelle Beschneidung
Dammesek – Damaskus
Goi – Heide
Gojim – die Nationen, Völker, Heiden
Ja-akov – Jakob
Jehudah – Judäa
Jeruschalajim – Jerusalem
Jeschua – Jesus
Jochanan – Johannes
Kefa – Petrus
Torah – Weisung, Lehre, das »Gesetz«, der Pentateuch (die 5 Bücher Mose)

schaft des Gesetzes, die ich zerstört
habe, wiederaufbaue, dann mache
ich mich tatsächlich zu einem Über-
treter. [19]Denn dadurch, daß ich die
Torah für sich selbst sprechen ließ,
bin ich ihrer traditionellen Mißdeu-
tung des Gesetzes gestorben, damit
ich in unmittelbarer Beziehung zu
Gott lebe. [20]Als der Messias als Ver-
brecher am Pfahl hingerichtet wur-
de, wurde ich es ebenfalls; damit
mein stolzes Ich nicht länger lebe.
Doch der Messias lebt in mir, und
das Leben, das ich nun in meinem
Leib lebe, lebe ich durch dieselbe
vertrauende Treue, die der Sohn
Gottes hatte, der mich liebte und
sich selbst für mich hingab. [21]Ich
weise Gottes gnädiges Geschenk
nicht zurück; denn wenn der Weg,
auf dem man Gerechtigkeit erwirbt,
der der Gesetzlichkeit ist, dann war
der Tod des Messias nutzlos.

3 [1]Ihr dummen Galater! Wer hat
einen Zauberspruch über euch
gesprochen? Vor euren eigenen Au-
gen wurde Jeschua der Messias völ-
lig eindeutig als der gemalt, der zum
Tod als Verbrecher verurteilt wur-
de! [2]Ich möchte von euch nur dieses
eine wissen: Habt ihr den Geist
durch die peinlich genaue Befolgung
der Gebote der *Torah* empfangen
oder durch das Vertrauen auf das,
was ihr gehört habt und dem ihr
treu gewesen seid? [3]Seid ihr wirklich
so dumm? Nachdem ihr angefangen
habt in der Macht des Geistes,
glaubt ihr da wirklich, daß ihr das
Ziel nun aus eigener Macht errei-
chen könnt? [4]Habt ihr umsonst so-
viel gelitten? Wenn ihr das denkt,
dann war euer Leiden tatsächlich
umsonst! [5]Was ist mit Gott, der
euch den Geist gibt und Wunder
unter euch wirkt – tut er das wegen
eurer peinlich genauen Befolgung
der Gebote der *Torah* oder wegen
eures Vertrauens auf das, was ihr ge-
hört habt und dem ihr treu gewesen
seid?

[6]Mit Avraham war es dasselbe:
»**Er vertraute Gott und war ihm
treu, und das wurde ihm als Ge-
rechtigkeit angerechnet.**«[b] [7]Seid
deshalb versichert, daß die, die
durch Vertrauen leben und treu
sind, die wahren Kinder Avrahams
sind. [8]Auch die *Tenach*, die voraus-
sah, daß Gott die Heiden für ge-
recht erachten würde, wenn sie
durch Vertrauen leben und treu sein
würden, sagte Avraham im voraus
die Gute Nachricht: »**In Zusam-
menhang mit dir werden alle *Go-
jim* gesegnet sein.**«[c] [9]So sind also
die, die sich auf Vertrauen verlassen
und treu sind, mit Avraham zusam-
men gesegnet, der vertraute und treu
war.

[10]Denn wer sich von der peinlich
genauen Befolgung der Gebote der
Torah abhängig macht, lebt unter ei-
nem Fluch, denn es steht geschrie-
ben: »**Verflucht ist jeder, der nicht
alles tut, was in der Schriftrolle der
Torah geschrieben ist.**[d] [11]Nun ist es
aber offensichtlich, daß niemand von

b Gen 15,6
c Gen 12,3
d Dtn 27,26

Gott aufgrund der Gesetzlichkeit für gerecht erklärt werden kann, denn: »**Wer gerecht ist, wird Leben haben, indem er vertraut und treu ist.**«[e] 12Darüber hinaus ist die Gesetzlichkeit nicht auf Vertrauen und Treue gegründet, sondern auf einen Mißbrauch des Textes, der sagt: »**Jeder, der diese Dinge tut, wird durch sie Leben haben.**[f] 13Der Messias erlöste uns von dem Fluch, der in der *Torah* ausgesprochen ist, indem er selbst unsretwegen verflucht wurde; denn die *Tenach* sagt: »**Jeder, der an einem Pfahl hängt, gerät unter einen Fluch.**«[g] 14Jeschua der Messias tat das, damit die Heiden in der Vereinigung mit ihm den Segen hätten, der Avraham verkündet wurde, damit wir durch Vertrauen und Treue empfingen, was verheißen war, nämlich den Geist.

15Brüder, laßt mich eine Analogie aus dem Alltagsleben anführen: Wenn jemand einen Eid schwört, kann kein anderer ihn aufheben oder ihm etwas hinzufügen. 16Nun ergingen die Verheißungen an Avraham und seinen **Samen**. Es heißt nicht »und seinen Nachkommen«, als seien es viele; im Gegenteil, es ist von einem die Rede – »**und seinem Samen**«[h] –, und dieser »eine« ist der Messias. 17Ich sage also folgendes: Der gesetzliche Teil der *Torah*, der erst vierhundertdreißig Jahre später folgte, hebt einen Eid, den Gott geschworen hat, nicht auf, als sei damit die Verheißung aufgehoben. 18Denn wenn das Erbe aus den Gesetzen der *Torah* kommt, dann kommt es nicht mehr aus einer Verheißung. Gott aber gab es Avraham durch eine Verheißung.

19Warum dann aber die Gesetze der *Torah*? Sie wurden hinzugefügt, um Übertretungen zu schaffen, bis zum Kommen des **Samens**, über den die Verheißung ergangen war. Darüber hinaus wurden sie durch Engel und einen Mittler übergeben. 20Nun setzt ein Mittler mehr als einen voraus, Gott aber ist einer.

21Bedeutet das, daß die Gesetze der *Torah* im Widerspruch zu den Verheißungen Gottes stehen? Das möge der Himmel verhüten! Denn wenn die Gesetze der *Torah*, die Gott gab, in sich selbst die Macht hätten, Leben zu geben, dann käme die Gerechtigkeit tatsächlich durch das peinlich genaue Befolgen einer solchen *Torah*. 22Die *Tenach* vielmehr stellt jedoch alles unter die Sünde; damit, was verheißen war, auf der Grundlage der vertrauenden Treue Jeschuas des Messias denen gegeben werde, die vertrauen und treu bleiben.

23Bevor nun die Zeit für diese vertrauende Treue kam, waren wir gefangen, dem System unterworfen,

e Hab 2,4
f Lev 18,5
g Dtn 21,22–23
h Gen 12,7; 13,15; 17,7; 24,7

Avraham – Abraham
Gojim – die Nationen, Völker, Heiden
Jeschua – Jesus
Tenach – die hebr. Bibel, das Alte Testament
Torah – Weisung, Lehre, das »Gesetz«, der Pentateuch (die 5 Bücher Mose)

das aus der Entstellung der *Torah* zur Gesetzlichkeit rührt, unter Bewachung gehalten, bis diese noch zukünftige vertrauende Treue offenbart würde. 24Demgemäß erfüllte die *Torah* die Aufgabe eines Wächters, bis der Messias kam, damit wir aufgrund von Vertrauen und Treue für gerecht erklärt würden. 25Nun aber, da die Zeit für die vertrauende Treue gekommen ist, unterstehen wir keinem Wächter mehr.

26Denn in der Vereinigung mit dem Messias seid ihr alle Kinder Gottes durch diese vertrauende Treue; 27denn so viele von euch in den Messias eingetaucht wurden, so viele haben sich mit dem Messias gekleidet, in dem 28weder Jude noch Heide, weder Sklave noch Freier, weder Mann noch Frau ist; denn in der Vereinigung mit dem Messias Jeschua seid ihr alle eins. 29Und wenn ihr zum Messias gehört, seid ihr der **Same** Avrahams und Erben nach der Verheißung.

4 1Was ich sage, ist, daß der Erbe, solange er unmündig ist, sich nicht von einem Sklaven unterscheidet, obwohl er nach dem Gesetz der Besitzer des Anwesens ist; 2er ist vielmehr Wächtern und Fürsorgern unterstellt, bis zur im voraus von seinem Vater festgesetzten Zeit. 3So ist es auch mit uns – als wir »Kinder« waren, waren wir Sklaven der Elementargeister des Universums; 4als aber die festgesetzte Zeit kam, sandte Gott seinen Sohn. Er wurde aus einer Frau geboren, hineingeboren in eine Kultur, in der die Entstellung der *Torah* zur Gesetzlichkeit die Norm war, 5damit er die, die dieser Gesetzlichkeit unterworfen waren, erlöse und uns auf diese Weise in die Lage versetze, zu Söhnen Gottes gemacht zu werden. 6Weil ihr nun aber Söhne seid, hat Gott den Geist seines Sohnes in eure Herzen gesandt, den Geist, der ruft »*Abba*!« (das heißt »Vater!«). 7So bist du durch Gott nicht länger ein Sklave, sondern ein Sohn, und wenn du ein Sohn bist, bist du auch ein Erbe.

8In der Vergangenheit, als ihr Gott nicht kanntet, wart ihr Sklaven von Wesen, die in Wirklichkeit Nicht-Götter sind. 9Jetzt aber kennt ihr Gott und, mehr als das, ihr seid von Gott erkannt. Wie könnt ihr euch da erneut zu jenen schwachen und elenden Elementargeistern zurückwenden? Wollt ihr euch wieder zu ihren Sklaven machen? 10Ihr beobachtet bestimmte Tage, Monate, Jahreszeiten und Jahre! 11Ich fürchte für euch, daß mein Werk unter euch vergeblich war!

12Brüder, ich bitte euch: Versetzt euch an meine Stelle – schließlich habe auch ich mich an eure Stelle versetzt. Nicht, daß ihr mir ein Unrecht getan hättet – 13ihr wißt, daß ich euch die Gute Nachricht zuerst verkündet habe, weil ich krank war; 14und obwohl mein körperlicher Zustand euch verlockt haben muß, mich mit Hohn zu behandeln, zeigtet ihr kein Zeichen von Geringschätzung oder Abscheu. Nein, ihr nahmt mich auf, als sei ich ein Engel Gottes, als sei ich der Messias Je-

schua persönlich gewesen! 15Was ist
aus der Freude geworden, die ihr
empfandet? Denn ich bezeuge euch,
daß ihr euch, wenn es möglich ge-
wesen wäre, eure Augen herausge-
rissen und sie mir gegeben hättet.
16Bin ich jetzt euer Feind geworden,
weil ich die Wahrheit sage? 17Es
stimmt, diese Lehrer eifern um
euch, aber ihre Beweggründe sind
keine guten. Sie wollten euch uns
abspenstig machen, damit ihr für sie
eifert. 18Zu eifern ist gut, immer vor-
ausgesetzt, daß der Grund gut ist.
Wahrhaftig, ob ich nun bei euch bin
oder nicht, 19meine lieben Kinder,
ich leide abermals Geburtswehen
um euch – und das wird so bleiben,
bis der Messias in euch Gestalt an-
nimmt. 20Ich wünschte, ich könnte
jetzt bei euch sein und meinen Ton
ändern. Ich weiß nicht, was ich mit
euch tun soll.

21Sagt mir, ihr, die ihr euch dem
System unterwerfen wollt, das auf
der Entstellung der *Torah* zur Ge-
setzlichkeit beruht, was sagt die *To-
rah* selbst? 22Sie sagt, daß Avraham
zwei Söhne hatte, einen von der
Sklavin und einen von der Freien.
23Der von der Sklavin wurde gebo-
ren gemäß der begrenzten Fähigkei-
ten von Menschen, der von der
Freien aber wurde geboren durch
die Wunder wirkende Macht Got-
tes, der seine Verheißung erfüllte.
24Nun, um einen *Midrasch* zu diesen
Dingen zu machen: Die beiden
Frauen sind zwei Bündnisse. Eine
ist vom Sinai und trägt die Kinder
für die Sklaverei – das ist Hagar.
25Hagar ist der Berg Sinai in Ara-
bien; sie entspricht dem gegenwärti-
gen Jeruschalajim, denn sie dient als
Sklavin gemeinsam mit ihren Kin-
dern. 26Das Jeruschalajim aber, das
oben ist, ist frei, und das ist unsere
Mutter; 27denn die *Tenach* sagt:

»Freue dich, du unfruchtbare Frau, die keine Kinder trägt! Brich in Jubel aus und rufe laut, du, die du keine Wehen hast! Denn die verlassene Frau wird mehr Kinder haben als die, deren Mann bei ihr ist!«[i]

28Ihr, Brüder, seid wie Jizchak
Kinder, denen eine Verheißung
Gottes gilt. 29Doch so wie damals
derjenige, der nach der begrenzten
menschlichen Fähigkeit geboren
war, den verfolgte, der durch die
übernatürliche Macht des Geistes
geboren war, ist es auch jetzt.
30Aber was sagt die *Tenach*? **»Ma-
che dich los von der Sklavin und
ihrem Sohn, denn auf keinen Fall
wird der Sohn der Sklavin gemein-
sam mit dem Sohn der Freien er-
ben!**[j] 31Und so, Brüder, sind wir

---

i Jes 54,1
j Gen 21,10

Avraham – Abraham
Abba – lieber Vater, »Papa«
Jeruschalajim – Jerusalem
Jeschua – Jesus
Jizchak – Isaak
Midrasch – allegorisierende oder homiletische Auslegung, lose an einen Text angelehnt
Tenach – die hebr. Bibel, das Alte Testament
Torah – Weisung, Lehre, das »Gesetz«, der Pentateuch (die 5 Bücher Mose)

nun Kinder nicht der Sklavin, son-
dern der Freien.

5 1Zur Freiheit hat uns der
Messias befreit! Deshalb steht
fest und laßt euch nicht abermals
unter ein Joch der Sklaverei span-
nen. 2Hört meine Worte – ich, Scha-
ul, sage euch, daß der Messias euch
nichts nützen wird, wenn ihr euch
der *Berit Milah* unterzieht! 3Und
abermals warne ich euch: Jeder, der
sich der *Berit Milah* unterzieht, ist
verpflichtet, die ganze *Torah* zu hal-
ten! 4Ihr, die ihr versucht, von Gott
aufgrund von Gesetzlichkeit für ge-
recht erklärt zu werden, habt euch
vom Messias getrennt! Ihr seid aus
der Gnade Gottes gefallen! 5Denn
durch die Macht des Geistes, der in
uns wirkt, weil wir vertrauen und
treu sind, erwarten wir zuversicht-
lich, daß unsere Hoffnung, Gerech-
tigkeit zu erlangen, sich erfüllt.
6Wenn wir vereint sind mit dem
Messias Jeschua, zählt weder Be-
schnittensein noch Unbeschnitten-
sein; was zählt, ist allein die vertrau-
ende Treue, die in der Liebe
Ausdruck findet.

7Ihr seid das Rennen gut gelaufen;
wer hat euch gehindert, der Wahr-
heit zu folgen? 8Wodurch auch im-
mer er euch überredet hat, es war
nicht von dem Einen, der euch be-
ruft. 9»Es braucht nur wenig *Cha-
mez*, um den ganzen Teigklumpen
zu säuern.« 10Ich bin zuversichtlich,
daß ihr, da ihr mit dem Herrn ver-
eint seid, keine andere Sichtweise
annehmen werdet; und ich bin zu-
versichtlich, daß der, der euch ver-
wirrt hat, wer immer er auch sein
mag, seine Strafe erhalten wird.

11Was mich betrifft, Brüder, war-
um werde ich, wenn ich immer
noch predige, daß die Beschneidung
notwendig ist, noch immer verfolgt?
Wenn das der Fall wäre, böte meine
Predigt über den Hinrichtungspfahl
keinen Grund zum Anstoß. 12Ich
wünschte, die Leute, die euch beun-
ruhigen, gingen den Weg zu Ende
und kastrierten sich selbst!

13Denn, Brüder, ihr seid berufen,
frei zu sein. Laßt nur diese Freiheit
nicht zur Entschuldigung dafür
werden, daß eure alte Natur sich
wieder Bahn bricht. Dient vielmehr
einander in Liebe. 14Denn die Ge-
samtheit der *Torah* ist zusammenge-
faßt in diesem einen Satz: »**Liebe
deinen Nächsten wie dich selbst**«;[k]
15wenn ihr euch nun aber weiterhin
gegenseitig angreift und in Stücke
reißt, dann habt acht, oder ihr wer-
det euch gegenseitig zerstören!

16Ich sage folgendes: Lebt nach
dem Geist. Dann werdet ihr nicht
tun, was eure alte Natur will.
17Denn die alte Natur will, was dem
Geist widerspricht, und der Geist
will, was der alten Natur wider-
spricht. Sie widerstreben einander,
so daß ihr euch unfähig findet, eure
guten Absichten auszuführen.
18Wenn ihr aber vom Geist geleitet
seid, dann seid ihr nicht dem System
unterworfen, das auf der Entstel-
lung der *Torah* zur Gesetzlichkeit
beruht.

19Und es ist völlig offensichtlich,

k Lev 19,18

was die alte Natur tut. Sie offenbart
sich in Unzucht, Unreinheit und
Unanständigkeit; 20in Götzendienst
und okkultistischen Praktiken unter
Drogeneinfluß; in Streit, Zank, Ei-
fersüchteleien und Zornesausbrü-
chen; in Selbstsucht, Parteiungen,
Intrigen 21und Neid; in Trunken-
heit, Orgien und ähnlichem. Ich
warne euch jetzt, wie ich euch schon
zuvor gewarnt habe: Wer solches
tut, wird keinen Anteil am Reich
Gottes haben!

22Die Frucht des Geistes aber ist
Liebe, Freude, Frieden, Geduld,
Sanftmut, Güte, Treue, 23Demut,
Selbstbeherrschung. Nichts in der
Torah richtet sich gegen solche Din-
ge.

24Darüber hinaus haben die, die
zum Messias Jeschua gehören, ihre
alte Natur am Pfahl hingerichtet,
zusammen mit ihren Leidenschaften
und Begierden. 25Weil wir durch
den Geist Leben haben, mögen wir
unser Leben auch jeden Tag durch
den Geist ordnen.

26Laßt uns nicht überheblich wer-
den und einander provozieren und
beneiden.

6 1Brüder, angenommen, jemand
wird dabei ertappt, wie er ein
Unrecht tut. Ihr, die ihr den Geist
habt, solltet ihn zurechtrücken,
doch im Geist der Demut und stets
darauf achtend, daß nicht auch ihr
selbst versucht werdet. 2Tragt einan-
der die Last – so werdet ihr die wah-
re Bedeutung der *Torah* erfüllen,
wie sie der Messias vertritt. 3Denn
wenn jemand glaubt, er sei etwas,
während er doch in Wirklichkeit
nichts ist, täuscht er sich selbst. 4So
möge jeder von euch seine eigenen
Handlungen sorgfältig prüfen. Denn
wenn ihr dann etwas zum Rühmen
findet, wird sich dieses Rühmen zu-
mindest darauf gründen, was ihr tat-
sächlich getan habt, und nicht nur
auf ein Urteil, daß ihr besser seid als
ein anderer; 5denn jeder Mensch
wird seine eigene Last tragen. 6Wer
immer aber im Wort unterrichtet
wird, soll mit dem, der ihn unterrich-
tet, alle guten Dinge teilen. 7Täuscht
euch nicht: Niemand macht aus
Gott einen Narren! Ein Mensch
erntet, was er sät. 8Die, die auf dem
Acker ihrer alten Natur säen, um ih-
re Forderungen zu erfüllen, werden
schließlich Verderben ernten; die
aber, die auf dem Acker des Geistes
säen, werden aus dem Geist ewiges
Leben ernten. 9So laßt uns nun nicht
müde werden, Gutes zu tun; denn
wenn wir nicht aufgeben, werden
wir zur rechten Zeit die Ernte ein-
bringen. 10Deshalb laßt uns, sobald
sich die Gelegenheit ergibt, tun, was
allen nützt, und besonders der Fa-
milie derer, die vertrauend treu sind.

11Seht auf die großen Buchstaben,
die ich gebrauche, wenn ich den
Brief in meiner eigenen Handschrift
schließe.

Berit Milah – rituelle Beschneidung
Chamez – Sauerteig
Jeschua – Jesus
Scha-ul – Saulus (Paulus)
Torah – Weisung, Lehre, das »Gesetz«, der Pentateuch (die 5 Bücher Mose)

[12]Es sind die, die äußerlich gut
dastehen wollen, die versuchen,
euch zur Beschneidung zu veran-
lassen. Der einzige Grund, warum
sie das tun, ist, der Verfolgung we-
gen der Predigt über den Hinrich-
tungspfahl des Messias zu entkom-
men. [13]Denn sogar die, die
beschnitten sind, befolgen die *To-
rah* nicht. Und nun wollen sie
euch zur Beschneidung veranlas-
sen, damit sie sich rühmen kön-
nen, euch als Anhänger gewonnen
zu haben. [14]Doch was mich an-
geht, so möge der Himmel verhü-
ten, daß ich mich einer Sache rüh-
me außer des Hinrichtungspfahls
unseres Herrn, Jeschua des Messi-
as! Durch ihn ist, soweit es mich
betrifft, die Welt am Pfahl hinge-
richtet; und durch ihn wurde, so-
weit es die Welt betrifft, ich am
Pfahl hingerichtet.

[15]Denn weder Beschnittensein
noch Unbeschnittensein zählt; was
zählt, ist allein, eine neue Schöpfung
zu sein. [16]Und so viele ihr Leben
nach dieser Regel ordnen, *Schalom*
über sie und Gnade, und auf das Jis-
rael Gottes!

[17]Von nun an möchte ich nicht,
daß mir jemand noch mehr Zuris
macht, denn ich habe Narben an
meinem Körper, die beweisen, daß
ich Jeschua gehöre!

[18]Die Gnade unseres Herrn Je-
schua, des Messias, sei mit eurem
Geist, Brüder. *Amen.*

DER BRIEF VON JESCHUAS
GESANDTEM SCHA-UL (PAULUS)
AN DIE MESSIANISCHE GEMEINSCHAFT IN EPHESUS:

DER BRIEF AN DIE EPHESER

1 1Von: Scha-ul, durch Gottes
Willen ein Gesandter des
Messias Jeschua

An: Gottes Volk, das in Ephesus
lebt, das heißt die, die dem Messias
Jeschua vertrauen:

2Gnade euch und *Schalom* von
Gott unserem Vater und dem
Herrn, Jeschua dem Messias.

3Gelobt sei *Adonai*, Vater unseres
Herrn Jeschua des Messias, der uns
im Messias gesegnet hat mit jedem
geistlichen Segen im Himmel. 4Im
Messias hat er uns in Liebe erwählt
bereits vor der Schöpfung des Uni-
versums, heilig zu sein und untade-
lig in seiner Gegenwart. 5Er hat im
voraus festgesetzt, daß wir durch Je-
schua den Messias seine Söhne sein
sollen – nach seinem Wohlgefallen
und Plan –, 6damit wir ihm Lob
bringen entsprechend der Herrlich-
keit der Gnade, die er uns durch den
Geliebten gab.

7In der Vereinigung mit ihm,
durch das Vergießen seines Blutes,
sind wir befreit – unsere Sünden
sind vergeben; das entspricht dem
Reichtum der Gnade, 8die er über
uns ausgegossen hat. In seiner gan-
zen Weisheit und Erkenntnis 9hat er
uns seinen geheimen Plan offenbart,
den er nach seinem eigenen Willen
zuvor mit dem Messias gefaßt hat
10und in die Tat umsetzen wird,
wenn die Zeit reif ist – seinen Plan,
alles im Himmel und auf Erden un-
ter die Herrschaft des Messias zu
stellen.

11Ebenfalls in der Vereinigung mit
ihm erhalten wir ein Erbe, wir, die
wir im voraus herausgegriffen wa-
ren gemäß dem Plan des Einen, der
alles wirkt, nach dem Entschluß sei-
nes Willens, 12damit wir, die wir frü-
her unsere Hoffnung auf den Messi-
as gesetzt hatten, ihm Lob bringen
würden gemäß seiner Herrlichkeit.

13Darüber hinaus wurdet ihr, die
ihr die Botschaft der Wahrheit hör-
tet, die Gute Nachricht, die euch
Erlösung anbot, und die ihr dem
Messias vertraut habt, durch ihn
versiegelt mit dem verheißenen *Ru-
ach Ha Kodesch*, 14der unser Erbe

Adonai – der HERR, Jahwe
Amen – so sei es
Jeschua – Jesus
Ruach Ha Kodesch – Heiliger Geist
Schalom – Friede
Scha-ul – Saulus (Paulus)
Torah – Weisung, Lehre, das »Gesetz«, der Pentateuch (die 5 Bücher Mose)
Zuris – Bedrängnis

garantiert, bis wir in seinen Besitz
kommen und ihm auf diese Weise
Lob bringen gemäß seiner Herrlich-
keit.

[15]Aus diesem Grund habe ich, seit
ich von eurem Vertrauen in den
Herrn Jeschua und von eurer Liebe
zum ganzen Gottesvolk hörte,
[16]nicht aufgehört, für euch zu dan-
ken. In meinen Gebeten bitte ich
[17]den Gott unseres Herrn, Jeschua
des Messias, den herrlichen Vater,
euch einen Geist der Weisheit und
der Offenbarung zu geben, damit
ihr die volle Erkenntnis seiner selbst
habt. [18]Ich bete, daß er die Augen
eurer Herzen erleuchten wird, da-
mit ihr die Hoffnung versteht, zu
der er euch berufen hat, damit ihr
versteht, welch große Herrlichkeit
in dem Erbe liegt, das er seinem
Volk verheißen hat, [19]und wie über
die Maßen groß seine Macht ist, die
in uns, die wir ihm vertrauen, wirkt.
Sie wirkt mit derselben mächtigen
Kraft, die er gebrauchte, [20]als er im
Messias wirkte, um ihn von den To-
ten aufzuerwecken und ihn zu sei-
ner rechten Hand im Himmel zu
setzen, [21]weit über jeden Herrscher,
jede Vollmacht, Macht, Herrschaft
oder jeden anderen Namen, der ge-
nannt werden kann im *Olam Haseh*
oder im *Olam Habah*. [22]Und er hat
alle Dinge unter seine Füße gelegt[a]
und ihn zum Haupt über alles ge-
macht für die messianische Gemein-
schaft, [23]die sein Leib ist, der voll-
gültige Ausdruck dessen, der die
ganze Schöpfung erfüllt.

a Ps 8,7

2 [1]Ihr pflegtet tot zu sein auf-
grund eurer Sünden und
Handlungen des Ungehorsams. [2]Ihr
seid die Wege des *Olam Haseh* ge-
wandelt und habt dem Herrscher
der Mächte der Luft gehorcht, der
unter den Ungehorsamen noch im-
mer am Werk ist. [3]Ja, wir alle haben
einst auf diese Weise gelebt – wir
folgten den Leidenschaften unserer
alten Natur und gehorchten den
Wünschen unserer alten Natur und
unseren eigenen Gedanken. In unse-
rem natürlichen Zustand lebten wir
auf den Zorn Gottes hin, so wie alle
anderen.

[4]Gott aber ist so reich an Gnade
und liebt uns mit so großer Liebe,
[5]daß er uns, sogar als wir wegen un-
serer Handlungen des Ungehorsams
tot waren, zusammen mit dem
Messias zum Leben brachte – durch
die Gnade seid ihr erlöst worden.
[6]Das heißt, Gott hat uns mit dem
Messias Jeschua auferweckt und uns
im Himmel neben ihn gesetzt, [7]um
in der Zukunft zu zeigen, wie un-
endlich reich seine Gnade ist, wie
groß seine Sanftmut gegen uns ist,
die wir mit dem Messias Jeschua
vereint sind. [8]Denn ihr seid erlöst
aus Gnade durch Vertrauen, und
auch das ist nicht eure Errungen-
schaft, sondern Gottes Geschenk.
[9]Ihr wurdet nicht durch eure eige-
nen Handlungen erlöst; deshalb
sollte sich niemand rühmen. [10]Denn
wir sind von Gott gemacht, geschaf-
fen in der Vereinigung mit dem
Messias Jeschua für ein Leben voller
guter Werke, von Gott schon berei-
tet, damit wir sie tun.

[11]Deshalb erinnert euch an euren früheren Zustand: Ihr, Heiden von Geburt – die Unbeschnittenen genannt von denen, die, lediglich durch eine Operation an ihrem Fleisch, die Beschnittenen genannt werden –, [12]hattet zu der Zeit keinen Messias. Ihr wart entfremdet vom nationalen Leben Jisraels. Ihr wart Fremde dem Bund, der die Verheißung Gottes verkörperte. Ihr wart in dieser Welt, ohne Hoffnung und ohne Gott.

[13]Nun aber seid ihr, die ihr einst fern wart, durch das Vergießen des Blutes des Messias nah geworden. [14]Denn er selbst ist euer *Schalom* – er hat aus uns beiden eins gemacht und hat die *Mechizah* eingerissen, die uns getrennt hat, [15]indem er in seinem eigenen Leib die Feindschaft zerstörte, die durch die *Torah* mit ihren Geboten in der Form von Ritualen hervorgerufen wurde. Er tat das, um in der Vereinigung mit sich selbst aus den zwei Gruppen eine einzige neue Menschheit zu schaffen und auf diese Weise *Schalom* zu schaffen, [16]und um beide in einem einzigen Leib mit Gott zu versöhnen, indem er als ein Verbrecher am Pfahl hingerichtet wurde und auf diese Weise in sich selbst die Feindschaft tötete.

[17]Und als er kam, **verkündete er als Gute Nachricht *Schalom* euch Fernen und *Schalom* euch Nahen,**[b] [18]die Nachricht, daß wir beide durch ihn in einem Geist Zugang zum Vater haben.

[19]So seid ihr nun nicht länger Ausländer und Fremde. Im Gegenteil, ihr seid Mitbürger mit Gottes Volk und Angehörige der Familie Gottes. [20]Ihr habt auf die Grundlage der Gesandten und Propheten aufgebaut, wobei der Eckstein Jeschua der Messias selbst war. [21]In der Vereinigung mit ihm wird das ganze Gebäude zusammengehalten, und in der Vereinigung mit dem Herrn wächst es zu einem heiligen Tempel. [22]Ja, in der Vereinigung mit ihm seid ihr selbst zusammengebaut zu einem geistlichen Wohnort Gottes!

3

[1]Eine Folge davon ist, daß ich, Scha-ul, wegen euch Heiden ein Gefangener des Messias bin. [2]Ich nehme an, daß ihr von dem Werk gehört habt, das Gott in seiner Gnade mir zu eurem Besten gegeben hat, [3]und daß ich von diesem geheimen Plan durch eine Offenbarung erfuhr. Ich habe bereits kurz darüber geschrieben, [4]und wenn ihr lest, was ich geschrieben habe, werdet ihr begreifen, wie ich diesen geheimen Plan, den Messias betreffend, verstehe. [5]In den vergangenen Generationen wurde er der Menschheit nicht kundgetan, wie der Geist ihn jetzt seinen Gesandten und Pro-

b Jes 57,19

Jeschua – Jesus
Mechizah – Trennwand
Olam Habah – die kommende Welt, das kommende Zeitalter
Olam Haseh – die jetzige Welt, das jetzige Zeitalter
Schalom – Friede
Torah – Weisung, Lehre, das »Gesetz«, der Pentateuch (die 5 Bücher Mose)

pheten offenbart, 6nämlich daß in der Vereinigung mit dem Messias und durch die Gute Nachricht die Heiden zu Miterben werden sollten, ein gemeinsamer Leib und gemeinsame Teilhaber mit den Juden an dem, was Gott verheißen hat. 7Ich wurde ein Knecht dieser Guten Nachricht durch Gottes gnädige Gabe, die er mir durch die Wirksamkeit seiner Macht gab. 8Mir, dem unwichtigsten aller Heiligen Gottes, wurde dieses Vorrecht gegeben, den Heiden die Gute Nachricht der unermeßlichen Reichtümer des Messias zu verkünden 9und jedermann sichtbar zu machen, wie dieser geheime Plan sich erfüllt. Durch diesen Plan, den Gott, der alle Dinge geschaffen hat, Zeitalter hindurch verbarg, 10sollen die Herrscher und Oberen im Himmel durch die Existenz der messianischen Gemeinschaft lernen, wie mannigfaltig Gottes Weisheit ist. 11Das entspricht dem seit Urzeiten existierenden Plan Gottes, der erfüllt wurde im Messias Jeschua, unserem Herrn. 12In der Vereinigung mit ihm, durch seine Treue, haben wir Kühnheit und Zuversicht, wenn wir vor Gott treten. 13Deshalb bitte ich euch, euch durch die Nöte, die ich euretwegen erleide, nicht entmutigen zu lassen – es ist alles für eure Herrlichkeit.

14Aus diesem Grund falle ich vor dem Vater auf die Knie, 15von dem jedes Vaterland im Himmel und auf Erden seinen Namen empfängt. 16Ich bete, daß er euch aus den Schätzen seiner Herrlichkeit durch seinen Geist mit innerer Kraft ausstatten wird, 17damit der Messias durch euer Vertrauen in euren Herzen lebe. Und ich bete auch, daß ihr in der Liebe verwurzelt und gegründet werdet, 18damit euch, zusammen mit dem ganzen Gottesvolk, Kraft gegeben wird, die Breite, Länge, Höhe und Tiefe der Liebe des Messias zu begreifen, 19ja, sie zu erkennen, obgleich sie jenseits aller Erkenntnis ist, damit ihr alle mit der Fülle Gottes erfüllt werdet.

20Und ihm, der durch seine Macht, die in uns wirkt, fähig ist, über alles, was wir bitten oder uns vorstellen können, weit hinaus zu tun, 21ihm sei Ehre in der messianischen Gemeinschaft und im Messias Jeschua von Generation zu Generation für immer. *Amen*.

4 1Deshalb bitte ich, der mit dem Herrn vereinte Gefangene, euch, ein Leben zu führen, das der Berufung, zu der ihr berufen seid, würdig ist.

2Seid allezeit bescheiden, freundlich und geduldig, ertragt einander in Liebe 3und tut alles, um die Einheit zu bewahren, die der Geist durch die bindende Macht des *Schalom* gibt. 4Es ist ein Leib und ein Geist, so wie ihr, als ihr berufen wurdet, zu einer Hoffnung berufen wurdet. 5Und es ist ein Herr, ein Vertrauen, eine Eintauchung 6und ein Gott, der Vater aller, der über alles herrscht, durch alles wirkt und in allem ist.

7Jedem von uns wurde aber die Gnade nach dem Maß der Freigebigkeit des Messias gegeben. [8]Deshalb heißt es:

»**Nachdem er hinaufging in die Höhen, nahm** er **die Gefangenschaft gefangen, und** er gab **den Menschen Gaben.**«[c]

[9]Was kann nun diese Wendung »**er ging hinauf**« anderes bedeuten, als daß er zuerst hinabstieg in die unteren Teile, das heißt, auf die Erde? [10]Der, der hinabging, ist selbst der, der auch **hinaufging**, weit über alle Himmel hinaus, um alle Dinge zu erfüllen. [11]Außerdem **gab er** einige Leute als Gesandte, einige als Propheten, einige als Verkünder der Guten Nachricht und einige als Hirten und Lehrer. [12]Ihre Aufgabe ist es, das Gottesvolk für das Werk des Dienstes auszustatten, der den Leib des Messias aufbaut, [13]bis wir alle bei der Einheit anlangen, die das Vertrauen und die Erkenntnis des Gottessohnes mit sich bringen, bei der vollen Mannesreife, bei dem Maßstab der Reife, der durch die Vollkommenheit des Messias gesetzt wurde.

[14]Wir wollen deshalb nicht länger Kleinkinder sein, hin- und hergeworfen von den Wellen und umhergetrieben von jedem Wind der Lehre, in der Gewalt von Menschen, die geschickt darin sind, Irrwege zu weisen. [15]Wir wollen vielmehr in Liebe die Wahrheit reden und damit in jeder Hinsicht hinwachsen auf ihn, der das Haupt ist, den Messias. [16]Unter seiner Herrschaft wird der ganze Leib bereitet und zusammengehalten mit Hilfe von allen Gelenken, wobei jedes Glied dahin wirkt, seine Aufgabe zu erfüllen; so wächst der Leib und baut sich selbst in Liebe auf.

[17]Deshalb sage ich folgendes – ja, in der Vereinigung mit dem Herrn bestehe ich darauf: Lebt nicht länger, wie die Heiden leben, mit ihrem unfruchtbaren Denken. [18]Ihre Klugheit wurde in Finsternis gehüllt, und sie sind dem Leben Gottes entfremdet wegen ihrer Unwissenheit, die wiederum von dem Widerstand gegen den Willen Gottes herrührt. [19]Sie haben alles Gefühl verloren, deshalb haben sie sich der Sinnlichkeit ergeben und praktizieren jede Form der Unreinheit und gieren nach immer noch mehr. [20]Doch das ist nicht die Lektion, die ihr vom Messias gelernt habt! [21]Wenn ihr ihm wirklich zugehört habt und in ihm unterwiesen wurdet, dann habt ihr gelernt, daß ihr, weil das, was in Jeschua ist, Wahrheit ist, [22]eure alte Natur ablegen müßt, soweit es euer früheres Leben betrifft, denn eure alte Natur ist durch und durch verderbt durch ihre trügerischen Begierden; [23]und ihr müßt euren Geist und Sinn erneuern lassen [24]und euch mit der neuen Natur kleiden, die geschaffen wurde, göttlich zu sein und sich in der Gerechtigkeit und Heiligkeit manifestiert, die aus der Wahrheit fließen.

[25]Deshalb **möge jeder** die Falschheit ablegen und **mit seinem Näch-**

c Ps 68,19

Amen – so sei es
Jeschua – Jesus
Schalom – Friede

sten die Wahrheit reden,[d] denn wir
sind als Glieder eines Leibes eng
miteinander verbunden. 26**Seid zor-
nig, aber sündigt nicht**[e] – laßt die
Sonne nicht untergehen, bevor ihr
nicht die Ursache eures Zorns bei-
gelegt habt; 27andernfalls laßt ihr
dem Widersacher Raum.

28Der Dieb soll aufhören zu steh-
len; er soll vielmehr durch eigene
Anstrengungen ein ehrliches Leben
führen. So wird er mit denen, die in
Not sind, teilen können.

29Laßt keine verletzende Rede aus
eurem Mund kommen, sondern nur
gute Worte, die helfen, die Not zu
lindern, Worte, die denen wohltun,
die sie hören. 30Macht dem *Ruach
Ha Kodesch* Gottes keinen Kum-
mer, denn er hat euch zu seinem Ei-
gentum gestempelt bis zum Tag der
endgültigen Erlösung. 31Tut ab alle
Bitterkeit, alle Wut, allen Zorn, alle
übergroße Anmaßung und Ver-
leumdung und alle Bosheit. 32Seid
vielmehr sanftmütig und weichher-
zig untereinander; und vergebt ein-
ander, wie auch der Messias Gottes
euch vergeben hat.

5 1So ahmt nun Gott nach, als
seine lieben Kinder; 2und lebt
ein Leben der Liebe, so wie auch der
Messias uns geliebt hat, ja, sich für
uns als ein Opfer hingegeben hat, als
ein Schlachtopfer für Gott mit ei-
nem angenehmen Wohlgeruch.

3Unzucht sollte unter euch nicht
einmal erwähnt werden, ebensowe-
nig wie irgendeine Form der Un-
reinheit oder Habgier; diese sind ab-
solut unangemessen für Gottes hei-
liges Volk. 4Ebenfalls unangebracht
sind Unanständigkeit und dummes
Gerede oder eine rohe Rede; ihr
sollt vielmehr Dank sagen. 5Denn
dessen könnt ihr gewiß sein: Jeder
unzüchtige, unreine oder habgierige
Mensch – das heißt, jeder Götzen-
diener – hat keinen Anteil am Reich
des Messias und Gottes. 6Laßt euch
von niemandem mit trügerischer
Rede in die Irre führen; denn wegen
dieser Dinge kommt Gottes Gericht
über die, die ihm ungehorsam sind.
7Also macht euch nicht gemein mit
ihnen!

8Denn ihr pflegtet Finsternis zu
sein; doch jetzt, vereint mit dem
Herrn, seid ihr Licht. Lebt wie Kin-
der des Lichts, 9denn die Frucht des
Lichts besteht in jeder Form der
Güte, Gerechtigkeit und Wahrheit –
10versucht zu entscheiden, was dem
Herrn gefällt. 11Habt nichts zu tun
mit den Werken, die die Finsternis
hervorbringt, sondern macht sie
vielmehr offenbar, 12denn es ist
schändlich, auch nur von den Din-
gen zu sprechen, die die Menschen
im geheimen tun. 13Alles aber, was
dem Licht ausgesetzt wird, wird
ganz deutlich offenbart als das, was
es ist, 14denn alles, was offenbart ist,
ist ein Licht. Darum heißt es:

»Steh auf, Schläfer! Erhebe dich
von den Toten, und der Messias
wird auf dich scheinen!«

15Deshalb habt sorgfältig acht, wie
ihr euer Leben führt – lebt weise,

d Sach 8,16
e Ps 4,5

nicht unweise. [16]Nutzt eure Zeit wohl, denn es sind böse Tage. [17]Seid nicht töricht, sondern versucht zu verstehen, was der Wille des Herrn ist.

[18]Werdet nicht trunken von Wein, denn dann verliert ihr die Selbstbeherrschung. Laßt euch vielmehr erfüllen mit dem Geist – [19]singt einander Psalmen, Hymnen und geistliche Lieder; singt dem Herrn und macht ihm in euren Herzen Musik; [20]dankt Gott dem Vater allezeit für alles im Namen unseres Herrn, Jeschua des Messias.

[21]Unterwerft euch einander in der Furcht des Messias. [22]Die Frauen sollen sich ihren Männern unterwerfen, wie sie sich dem Herrn unterwerfen; [23]denn der Mann ist das Haupt der Frau, so wie der Messias, als das Haupt der messianischen Gemeinschaft, selbst der ist, der den Leib sicher bewahrt. [24]So wie sich die messianische Gemeinschaft dem Messias unterwirft, sollen sich die Frauen in allem ihren Männern unterwerfen.

[25]Was die Männer betrifft, so liebt eure Frauen, so wie der Messias die messianische Gemeinschaft geliebt, ja, sich für sie hingegeben hat, [26]damit er sie für Gott aussondere, sie sozusagen durch die Eintauchung in die *Mikveh* reinige, [27]um die messianische Gemeinschaft sich selbst als eine Braut vorzuführen, auf die er stolz sein kann, ohne einen Flecken oder eine Runzel oder etwas Derartiges, sondern heilig und untadelig. [28]So sollen die Männer ihre Frauen lieben – wie ihren eigenen Leib; denn der Mann, der seine Frau liebt, liebt sich selbst. [29]Niemand hat jemals seinen eigenen Leib gehaßt! Im Gegenteil, er nährt ihn wohl und sorgt für ihn, so wie der Messias es für die messianische Gemeinschaft tut, [30]denn wir sind Glieder seines Leibes. [31]»**Deshalb wird ein Mann seinen Vater und seine Mutter verlassen und bei seiner Frau bleiben, und die beiden werden eins werden.**«[f] [32]Darin liegt eine tiefe Wahrheit verborgen, die, wie ich sage, den Messias und die messianische Gemeinschaft betrifft. [33]Doch der Text gilt auch für jeden einzelnen von euch: Möge jeder Mann seine Frau lieben, wie er sich selbst liebt, und zusehen, daß die Frau ihren Mann achtet.

6 [1]Kinder, was ihr tun sollt in der Vereinigung mit dem Herrn, ist, euren Eltern gehorchen, denn das ist recht. [2]»**Ehre deinen Vater und deine Mutter**« – das ist das erste Gebot, das eine Verheißung verkörpert –, [3]»**damit es dir gutgehen möge und du lange lebest im Land.**«[g]

[4]Väter, ärgert eure Kinder nicht und bringt sie nicht gegen euch auf; zieht sie vielmehr groß in der Zucht und Führung des Herrn.

f Gen 2,24
g Ex 20,12; Dtn 5,16

Jeschua – Jesus
Mikveh – Becken mit fließendem Wasser für die rituelle Reinigung (zum Eintauchen)
Ruach Ha Kodesch – Heiliger Geist

5Sklaven, gehorcht euren menschlichen Herren mit derselben Furcht, demselben Zittern und derselben Aufrichtigkeit, mit der ihr dem Messias gehorcht. 6Gehorcht nicht nur, um ihre Gunst zu gewinnen, indem ihr nur dient, wenn sie euch beobachten; sondern dient wie Sklaven des Messias und tut, was Gott will, von ganzem Herzen. 7Arbeitet bereitwillig als Sklaven, als Menschen, die nicht nur Menschen dienen, sondern dem Herrn. 8Denkt daran, daß, wer immer gute Arbeit tut, sei er nun Sklave oder Freier, vom Herrn belohnt werden wird.

9Und Herren, behandelt eure Sklaven ebenso. Droht ihnen nicht. Erinnert euch daran, daß ihr im Himmel beide denselben Herrn habt, und er hat keine Günstlinge.

10Schließlich: Werdet mächtig in der Vereinigung mit dem Herrn, in der Vereinigung mit seiner mächtigen Kraft! 11Gebraucht die ganze Rüstung und alle Waffen, die Gott euch zur Verfügung stellt, damit ihr gegen die trügerischen Taktiken des Widersachers bestehen könnt. 12Denn wir kämpfen nicht gegen Menschen, sondern gegen die Herrscher, Oberen und kosmischen Mächte, die diese Finsternis regieren, gegen die geistlichen Kräfte des Bösen im himmlischen Reich. 13So ergreift jedes Stück der Waffenrüstung, die Gott zur Verfügung stellt; damit ihr, wenn der böse Tag kommt, widerstehen könnt; und wenn die Schlacht gewonnen ist, werdet ihr noch immer stehen. 14Deshalb steht! Habt den Gürtel der **Wahrheit um eure Hüften geschnallt,**[h] **legt die Gerechtigkeit als Brustschild an**[i] 15und tragt an euren **Füßen die Bereitschaft, die aus der Guten Nachricht des *Schalom* kommt.**[j] 16Tragt allezeit den Schild des Vertrauens vor euch her, mit dem ihr alle flammenden Pfeile des Bösen auslöschen könnt. 17Und nehmt den **Helm der Erlösung;**[k] zusammen mit dem Schwert, das der Geist gibt, das heißt, dem Wort Gottes; 18und betet dabei allezeit, mit allen Gebeten und Bitten, im Geist, wachsam und beständig, für das ganze Gottesvolk.

19Und betet auch für mich, daß mir, wann immer ich meinen Mund öffne, die Worte gegeben werden, kühn das Geheimnis der Guten Nachricht zu verkünden, 20für die ich ein Botschafter in Ketten bin. Betet, daß ich kühn rede, so, wie ich es sollte.

21Damit ihr darüber informiert seid, wie es mir geht und was ich tue, wird Tychikus, der liebe Bruder und ein treuer Arbeiter für den Herrn, euch alles erzählen. 22Aus diesem Grund habe ich ihn zu euch geschickt, damit ihr wißt, wie es um uns steht und damit er euch tröste und ermutige.

23*Schalom* den Brüdern. Möge Gott der Vater und der Herr Jeschua, der Messias, euch Liebe und Vertrauen geben. 24Gnade allen, die unseren Herrn, Jeschua den Messias, mit nie erlöschender Liebe lieben.

h Jes 11,5
i Jes 59,17
j Jes 52,7
k Jes 59,17

DER BRIEF VON JESCHUAS GESANDTEM SCHA-UL (PAULUS) AN DAS VOLK GOTTES, DAS IN PHILIPPI LEBT:

DER BRIEF AN DIE PHILIPPER

1 1Von: Scha-ul und Timotheus,
Sklaven des Messias Jeschua

An: Das ganze Gottesvolk, das
mit dem Messias Jeschua vereint ist
und in Philippi lebt, zusammen mit
den Gemeindeleitern und *Scham-*
maschim:

2Gnade euch und *Schalom* von
Gott unserem Vater und dem
Herrn, Jeschua dem Messias.

3Ich danke meinem Gott jedesmal,
wenn ich an euch denke. 4Wann im-
mer ich für euch alle bete, bete ich
mit Freude, 5denn ihr hattet vom er-
sten Tag an bis jetzt an der Verkün-
digung der Guten Nachricht teil.
6Und dessen bin ich gewiß: daß der
Eine, der ein gutes Werk unter euch
angefangen hat, dafür sorgen wird,
daß es wächst, bis es am Tag des
Messias Jeschua vollendet ist. 7Ich
habe recht, wenn ich so über euch
alle denke, denn ihr seid in meinem
Herzen; denn ob ich in Ketten bin
oder die Gute Nachricht verteidige
und bekräftige, stets habt ihr alle teil
an diesem besonderen Werk. 8Gott
kann bezeugen, wie ich mich nach
euch allen sehne, mit der tiefen Zu-
neigung des Messias Jeschua.

9Und das ist mein Gebet: daß eure
Liebe mehr und mehr überfließe in
die Fülle der Erkenntnis und die
Tiefe der Einsicht, 10so daß ihr in
der Lage seid zu entscheiden, was
das Beste ist, und auf diese Weise
rein und ohne Tadel seid für den
Tag des Messias, 11erfüllt mit der
Frucht der Gerechtigkeit, die durch
Jeschua den Messias kommt – zur
Ehre und zum Lob Gottes.

12Nun, Brüder, möchte ich, daß
ihr wißt, daß das, was mir zugesto-
ßen ist, dazu beigetragen hat, die
Gute Nachricht voranzubringen.
13Dem ganzen Palast und allen an-
deren ist bewußt geworden, daß ich
um des Messias willen in Ketten lie-
ge. 14Und darüber hinaus hat die
Tatsache, daß ich in Ketten liege,
den meisten Brüdern im Herrn Zu-
versicht gegeben, so daß sie sehr viel
kühner geworden sind, das Wort
Gottes furchtlos zu reden. 15Es
stimmt zwar, manche verkünden
den Messias aus Eifersucht und Ri-
valität, andere aber tun es aus gutem
Willen. 16Die letzteren handeln aus

Jeschua – Jesus
Schalom – Friede
Schammaschim – diejenigen, die beim Gottesdienst dienen; Diakone
Scha-ul – Saulus (Paulus)

Liebe, in dem Bewußtsein, daß ich hingestellt wurde, wo ich stehe, weil ich die Gute Nachricht verteidigt habe; [17]die ersteren dagegen verkünden den Messias aus selbstsüchtigem Ehrgeiz, mit unreinen Beweggründen, in der Annahme, sie könnten mir im Gefängnis damit Schwierigkeiten machen. [18]Doch was soll's? Was zählt, ist nur, daß der Messias verkündet wird, sei es nun aufrichtig oder zum Schein; und darüber freue ich mich.

Ja, und ich werde mich weiter freuen, [19]denn ich weiß, daß **mir das zur Erlösung ausschlagen wird,**[a] weil ihr für mich betet und weil ich von Jeschua dem Messias die Hilfe des Geistes habe. [20]All das steht in Einklang mit meiner aufrichtigen Erwartung und Hoffnung, daß ich mich keiner Sache werde schämen müssen; sondern daß vielmehr, wie es immer ist, dem Messias durch meinen Leib, sei er nun tot oder lebendig, Ehre zuteil wird. [21]Denn für mich ist der Messias Leben, und Tod ist Gewinn. [22]Wenn ich allerdings im Leib lebe, kann ich fruchtbare Arbeit tun, deshalb weiß ich nicht, was ich wählen soll. [23]Ich stecke in einem Dilemma: Mein Wunsch ist, fortzugehen und beim Messias zu sein – das ist weit besser –, [24]doch euretwegen ist es wichtiger, daß ich im Leib bleibe. [25]Ja, ich bin überzeugt davon; deshalb weiß ich, daß ich bei euch bleiben werde, um euch zum Fortschritt im Glauben zu verhelfen und mich daran zu freuen. [26]Und wenn ich wieder bei euch bin, werdet ihr noch mehr Grund haben, euch des Messias Jeschua zu rühmen.

[27]Führt ihr nur ein Leben, das der Guten Nachricht des Messias würdig ist; damit ihr, ob ich nun komme und euch selbst sehe oder ob ich aus der Ferne von euch höre, fest steht, vereint im Geist, und einmütig für den Glauben der Guten Nachricht kämpft, [28]ohne euch durch etwas, was eure Gegner tun, schrecken zu lassen. Das wird für sie ein Zeichen sein, daß sie sich auf dem Weg in die Vernichtung befinden und ihr auf dem Weg in die Erlösung. Und das ist von Gott; [29]denn um des Messias willen wurde es euch gegeben, ihm nicht nur zu vertrauen, sondern auch für ihn zu leiden, [30]die gleichen Kämpfe zu kämpfen, die ihr mich kämpfen saht und von denen ihr nun hört, daß ich sie kämpfe.

2 [1]Wenn ihr irgendeine Ermutigung für mich habt aus eurer Vereinigung mit dem Messias, irgendeinen Trost aus der Liebe, irgendeine Gemeinschaft mit mir im Geist, oder irgendwelches Erbarmen und Mitleid, [2]dann vollendet meine Freude, indem ihr zudem ein Ziel und eine Liebe habt, einmütig und eines Sinnes seid. [3]Tut nichts aus Rivalität oder Eitelkeit; haltet euch vielmehr einander gegenseitig voller Bescheidenheit für besser als euch selbst – [4]tretet ein für die Inter-

a Hiob 13,16

essen des anderen, nicht für eure ei-
genen.

5 Möge euer Verhalten gegeneinan-
der von eurer Vereinigung mit dem
Messias Jeschua beherrscht sein:

6 Denn obwohl er in der Gestalt
Gottes war, hielt er seine Gleichheit
mit Gott nicht für etwas, das er
durch Gewalt in seinen Besitz brin-
gen mußte.
7 Im Gegenteil, er entäußerte sich
selbst insofern, als er die Gestalt ei-
nes Sklaven annahm, indem er wur-
de, wie die Menschen sind.
Und als er als ein Mensch er-
schien, 8 erniedrigte er sich noch
mehr, indem er selbst dem Tod ge-
horsam war – dem Tod am Pfahl,
wie ein Verbrecher!

9 Deshalb hat Gott ihn auf den
höchsten Platz erhoben und ihm
den Namen über alle Namen gege-
ben; 10 damit sich in der Verehrung
des Namens, der Jeschua gegeben
wurde, **jedes Knie beugen wird** –
im Himmel, auf Erden und unter
der Erde – 11 **und jede Zunge beken-
nen wird,**[b] daß Jeschua der Messias
Adonai ist – zur Ehre Gottes des
Vaters.

12 So ist es nun, meine lieben
Freunde, wie ihr stets gehorsam
wart, als ich bei euch war, um so
wichtiger, daß ihr auch jetzt ge-
horcht, da ich fern von euch bin:
Wirkt an eurer Erlösung **mit
Furcht und Zittern,**[c] 13 denn Gott
ist der, der unter euch sowohl das
Wollen als auch das Tun dessen
wirkt, das ihm gefällt. 14 Tut alles oh-
ne *Kwetschen* oder Streiten, 15 damit
ihr untadelige und reine Kinder
Gottes seid, ohne Fehler inmitten
**einer verdrehten und verkehrten
Generation,**[d] unter denen ihr strahlt
wie Sterne am Himmel, 16 weil ihr
am Wort des Lebens festhaltet.
Wenn ihr das tut, werde ich mich
rühmen können, wenn der Tag des
Messias kommt, daß ich nicht um-
sonst lief und mich abmühte.
17 Wahrhaftig, selbst wenn mein Le-
bensblut ausgegossen wird als ein
Trankopfer über dem Opfer und
dem Dienst eures Glaubens, will ich
doch froh sein und mich mit euch
allen freuen. 18 So sollt auch ihr froh
sein und euch mit mir freuen.
19 Doch ich hoffe im Herrn Je-
schua, schon bald Timotheus zu
euch schicken zu können, damit
auch ich aufgeheitert werde, wenn
ich erfahre, wie es euch geht. 20 Ich
habe niemanden, der ihm gleichkä-
me, der so aufrichtig um euer Wohl
besorgt ist – 21 die Menschen stellen
alle ihre eigenen Interessen über die
des Messias Jeschua. 22 Ihr aber
kennt seinen Charakter, daß er sich
mit mir wie ein Kind mit seinem
Vater zum Sklaven machte, um die
Gute Nachricht voranzubringen.

b Jes 45,23
c Ps 2,11
d Dtn 32,5

Adonai – der HERR, Jahwe
Jeschua – Jesus
Kwetschen – murren, meckern

[23]Deshalb hoffe ich, ihn schicken zu
können, sobald ich beurteilen kann,
wie es mit mir weitergeht, [24]und ich
bin zuversichtlich im Herrn, daß ich
schon bald selbst kommen werde.

[25]Außerdem hielt ich es für nötig,
euch Epaphroditus zu schicken,
meinen Bruder, Mitarbeiter und
Mit-Soldaten, den Gesandten, den
ihr mir schicktet, damit er für meine
Bedürfnisse sorgte; [26]denn er hat sich
sehr nach euch allen gesehnt und war
bekümmert, weil ihr gehört habt,
daß er krank war. [27]Er war tatsäch-
lich krank, dem Tode nahe; aber
Gott war ihm gnädig – und nicht nur
ihm, sondern auch mir –, andernfalls
wäre mir Leid auf Leid gehäuft wor-
den. [28]Deshalb bin ich um so begieri-
ger, ihn zu schicken, damit ihr euch
freut, wenn ihr ihn wiederseht; und
ich für meinen Teil weniger traurig
bin. [29]So nehmt ihn freudig im Herrn
auf; ehrt solche Leute. [30]Denn er
setzte sein Leben aufs Spiel und ist
beinahe gestorben in der Arbeit für
den Messias, um mir die Hilfe ange-
deihen zu lassen, die zu geben ihr
nicht in der Lage wart.

3 [1]Kurz und gut, meine Brüder, freut euch an eurer Vereinigung mit dem Herrn.

Es ist mir keine Last zu wieder-
holen, was ich euch zuvor bereits
geschrieben habe, und für euch wird
es eine Sicherheitsmaßnahme sein:
[2]Hütet euch vor den Hunden, die-
sen Übeltätern, den Verstümmelten!
[3]Denn wir sind die Beschnittenen,
wir, die wir durch den Geist Gottes
anbeten und uns des Messias Je-
schua rühmen! Wir setzen unser
Vertrauen nicht auf menschliche
Qualifikationen, [4]obgleich ich si-
cherlich Grund hätte, auf solche
Dinge zu vertrauen. Wenn ein ande-
rer denkt, er habe Grund, sein Vertrauen auf menschliche Qualifikationen zu setzen, so habe ich bessere Gründe:

[5]– *Berit Milah* am achten Tag,
– Jisraelit von Geburt,
– vom Stamm Binjamin,
– hebräischer Zunge, von hebräisch sprechenden Eltern,
– was die *Torah* betrifft ein *Parusch*,
[6]– was den Eifer angeht, ein Verfolger der messianischen Gemeinschaft,
– was die von der Gesetzlichkeit geforderte Gerechtigkeit angeht, untadelig.

[7]Doch die Dinge, die Vorteile
für mich zu sein pflegten, halte ich
aufgrund des Messias inzwischen
für Nachteile. [8]Nicht nur das, ich
halte alles für einen Nachteil im
Vergleich mit dem höchsten Wert,
den Messias Jeschua als meinen
Herrn zu kennen. Seinetwegen ha-
be ich alles aufgegeben und halte
ich alles für Dreck, um den Messi-
as zu gewinnen [9]und eins mit ihm
erfunden zu werden, der ich keine
Gerechtigkeit aus mir selbst her-
aus, auf die Gesetzlichkeit gegrün-
det, habe, sondern die Gerechtig-
keit, die durch die Treue des
Messias kommt, die Gerechtigkeit
von Gott, die auf Vertrauen ge-
gründet ist. [10]Ja, ich habe alles auf-
gegeben, um ihn zu erkennen, das

heißt, um die Macht seiner Aufer-
stehung und die Gemeinschaft sei-
ner Leiden zu erkennen, wie ich
seinem Tod gleichgemacht werde,
[11]damit ich irgendwie dahin gelan-
ge, von den Toten auferweckt zu
werden. [12]Nicht, daß ich es bereits
erlangt oder das Ziel schon er-
reicht hätte – nein, ich verfolge es
in der Hoffnung, das zu ergreifen,
was der Messias Jeschua für mich
ergriffen hat. [13]Brüder, ich für mei-
nen Teil bin nicht der Ansicht,
daß ich es bereits ergriffen habe;
aber ich tue eines: Ich vergesse,
was hinter mir ist, und strebe nach
vorn, dem nach, was vor mir liegt,
[14]ich jage auf das Ziel zu, um den
Preis zu gewinnen, der angeboten
ist durch die Tatsache, daß Gott
den Messias Jeschua hinaufberufen
hat. [15]Deshalb laßt uns, soviele von
uns reif sind, unsere Aufmerksam-
keit darauf richten; und wenn ihr
über etwas anders denkt, wird
Gott euch auch das offenbaren.
[16]Laßt uns nur darauf bedacht sein,
daß unser Lebenswandel dem
geistlichen Reifegrad entspreche,
den wir bereits erreicht haben.

[17]Brüder, ahmt mich alle nach und
richtet euer Augenmerk auf die, die
nach dem Vorbild leben, das wir für
euch gesetzt haben. [18]Denn viele –
ich habe euch schon oft von ihnen
erzählt, und auch jetzt erwähne ich
es unter Tränen – leben als Feinde
des Hinrichtungspfahls des Messias.
[19]Sie sind auf dem Weg in ihre Ver-
nichtung! Ihr Gott ist der Bauch; sie
sind stolz auf Dinge, derer sie sich
schämen sollten, weil sie sich um die
Dinge der Welt kümmern. [20]Wir
aber sind Bürger des Himmels, und
von dort erwarten wir auch einen
Erlöser, den Herrn, Jeschua den
Messias. [21]Er wird die Leiber, die
wir in diesem niedrigen Stand ha-
ben, verwandeln und sie seinem
herrlichen Leib gleichmachen,
durch die Macht, die ihn befähigt,
alles unter seine Herrschaft zu brin-
gen.

4 [1]Und nun, meine Brüder, die
ich liebe und nach denen ich
mich sehne, meine Freude und mei-
ne Krone, bleibt fest in der Vereini-
gung mit dem Herrn.

[2]Ich bitte Evodia und ich bitte
Syntyche, sich zu einigen in der
Vereinigung mit dem Herrn. [3]Dich,
treuer Syzygus, bitte ich, diesen
Frauen zu helfen; denn sie haben
hart gearbeitet, die Gute Nachricht
mit mir zu verkünden, zusammen
mit Clemens und meinen übrigen
Mitarbeitern, deren Namen im
Buch des Lebens stehen.

[4]Freut euch allezeit in der Vereini-
gung mit dem Herrn! Und ich will
es nochmals sagen: Freut euch! [5]Je-
der soll sehen, wie vernünftig und
freundlich ihr seid. Der Herr ist na-
he! [6]Sorgt euch um nichts; im Ge-
genteil, tragt eure Bitten in Gebet
und Flehen vor Gott, mit Dank.

Binjamin – Benjamin
Berit Milah – rituelle Beschneidung
Jeschua – Jesus
Parusch – Pharisäer (sg.)
Torah – Weisung, Lehre, das »Gesetz«, der Pentateuch (die 5 Bücher Mose)

7 Denn Gottes *Schalom*, der über al-
les Verstehen hinausgeht, wird eure
Herzen und Gedanken bewahren in
der Vereinigung mit dem Messias
Jeschua. 8 Kurz, Brüder, richtet eure
Gedanken auf das, was wahr ist,
edel, gerecht, rein, liebenswert oder
bewundernswert, auf eine Tugend
oder etwas Lobenswertes. 9 Tut, was
ihr von mir gelernt und empfangen
habt, was ihr von mir gehört und bei
mir gesehen habt; dann wird der
Gott, der *Schalom* gibt, mit euch
sein.

10 In der Vereinigung mit dem
Herrn freue ich mich sehr, daß ihr
jetzt, nach dieser langen Zeit, wieder
eurer Sorge für mich Ausdruck ge-
geben habt. Natürlich wart ihr die
ganze Zeit um mich besorgt, doch
ihr hattet keine Gelegenheit, diese
Sorge zum Ausdruck zu bringen.
11 Ich sage das nicht etwa, um euren
Blick auf ein Bedürfnis von mir zu
richten; soweit es mich betrifft, habe
ich gelernt, ungeachtet der Umstän-
de zufrieden zu sein. 12 Ich weiß, was
es heißt, Not zu leiden, und ich
weiß, was es heißt, mehr als genug
zu haben – in allem und auf jede
Weise habe ich das Geheimnis er-
fahren, satt zu sein und hungrig zu
sein, Überfluß zu haben und Not zu
leiden. 13 Ich kann alle Dinge tun
durch ihn, der mir Macht gibt.

14 Dennoch war es gut von euch,
an meiner Bedrängnis teilzuhaben.
15 Und ihr Philipper wißt selbst, daß
in der Frühzeit meiner Arbeit an der
Verbreitung der Guten Nachricht,
als ich Mazedonien verließ, nicht ei-
ne einzige Gemeinde mit mir am ge-
genseitigen Geben und Empfangen
teilnahm – bis auf euch. 16 Wahrhaf-
tig, in Thessalonich habt ihr mir, als
ich es brauchte, zweimal geholfen.
17 Es geht mir nicht um die Gabe; ich
suche vielmehr nach dem, was euer
Guthaben mehrt. 18 Ich bin mehr als
genug bezahlt worden: Ich bin ge-
sättigt worden, denn ich habe von
Epaphroditus die Geschenke entge-
gengenommen, die ihr geschickt
habt – sie sind **ein duftender Wohl-
geruch**,[e] ein angenehmes Opfer, ei-
nes, das Gott wohlgefällt. 19 Mehr
noch, mein Gott wird alles, dessen
ihr bedürft, erfüllen gemäß seines
herrlichen Reichtums, in der Verei-
nigung mit dem Messias Jeschua.
20 Und Gott unserem Vater sei die
Herrlichkeit für immer und ewig.
Amen.

21 Grüßt jeden Angehörigen des
Gottesvolkes in dem Messias Je-
schua. Die Brüder, die bei mir sind,
schicken euch ihre Grüße. 22 Das
ganze Volk Gottes sendet Grüße,
vor allem aber die aus dem Haus des
Kaisers.

23 Die Gnade des Herrn, Jeschua
des Messias, sei mit eurem Geist.

e Gen 8,21; Ex 29,18

DER BRIEF VON
JESCHUAS GESANDTEM SCHA-UL (PAULUS)
AN DAS VOLK GOTTES, DAS IN KOLOSSÄ LEBT:

DER BRIEF AN DIE KOLOSSER

1 1Von: Scha-ul, durch Gottes
Willen ein Gesandter des
Messias Jeschua, und Bruder Timot-
heus

2An: Gottes Volk in Kolossä,
treue Brüder im Messias:

Gnade euch und *Schalom* von
Gott unserem Vater.

3Wann immer wir beten, danken
wir Gott, dem Vater unseres Herrn,
Jeschua des Messias, allezeit für
euch. 4Denn wir haben von eurem
Vertrauen in den Messias Jeschua
und von der Liebe, die ihr für das
ganze Gottesvolk habt, gehört. 5Bei-
de entspringen der zuversichtlichen
Hoffnung, daß ihr empfangen wer-
det, was für euch im Himmel aufbe-
wahrt wird. Ihr habt das schon frü-
her in der Botschaft von der
Wahrheit gehört. Diese Gute Nach-
richt 6hat sich in eurer Mitte manife-
stiert, so wie sie in der ganzen Welt
ebenso **fruchtbar ist und sich
mehrt,**[a] wie sie es unter euch getan
hat seit dem Tag, an dem ihr gehört
und verstanden habt, wie die Gnade
Gottes wirklich ist. 7Ihr habt es von
Epaphras gehört, unserem lieben
Mit-Sklaven und einem treuen Ar-
beiter für den Messias, der er euret-
wegen ist; 8und er hat uns von der
Liebe erzählt, die der Geist euch ge-
geben hat.

9Deshalb haben wir seit dem Tag,
an dem wir davon hörten, nicht auf-
gehört, für euch zu beten und Gott
zu bitten, euch mit der Erkenntnis
seines Willens zu erfüllen, in aller
Weisheit und allem Verstehen, die
der Geist gibt; 10damit ihr ein Leben
führt, das des Herrn würdig ist und
ihm vollkommen gefällt, das **frucht-
bar ist** in allem guten Werk und
sich mehrt in der vollen Erkenntnis
Gottes. 11Wir beten, daß ihr bestän-
dig gestärkt werdet mit aller Kraft,
die von seiner herrlichen Macht
kommt; damit ihr fähig seid, in jeder
Situation auszuhalten und geduldig
zu sein und freudig 12dem Vater da-
für dankt, daß er euch tauglich ge-
macht hat, das Erbe seines Volkes
im Licht zu teilen. 13Er hat uns aus
dem Reich der Finsternis befreit
und uns in das Reich seines lieben
Sohnes geholt.

a Gen 1,28

Amen – so sei es
Jeschua – Jesus
Schalom – Friede
Scha-ul – Saulus (Paulus)

14Durch seinen Sohn haben wir
die Erlösung – das heißt, unsere
Sünden sind vergeben. 15Er ist das
sichtbare Bild des unsichtbaren
Gottes. Er ist der Höchste über der
ganzen Schöpfung, 16denn in Zu-
sammenhang mit ihm wurden alle
Dinge geschaffen – im Himmel und
auf Erden, sichtbar und unsichtbar,
ob Throne, Herrschaften, Herrscher
oder Obrigkeiten – sie alle wurden
durch ihn und für ihn geschaffen.
17Er war vor allen Dingen, und er
hält alles zusammen.

18Und er ist das Haupt des Leibes,
der messianischen Gemeinschaft –
er ist der Anfang, der Erstgeborene
aus den Toten, damit er den ersten
Platz in allem innehabe. 19Denn es
gefiel Gott, die ganze Fülle seines
Wesens in seinem Sohn lebendig
werden zu lassen 20und durch seinen
Sohn alle Dinge, sei es auf Erden
oder im Himmel, mit sich selbst zu
versöhnen, durch ihn Frieden zu
schließen, indem er seinen Sohn bei
der Hinrichtung am Pfahl sein Blut
vergießen ließ.

21Mit anderen Worten, er hat
euch, die ihr einst von Gott getrennt
und ihm feindlich gesonnen wart
aufgrund eurer bösen Werke, 22ver-
söhnt im leiblichen Leib seines Soh-
nes durch seinen Tod; um euch hei-
lig und ohne Fehler oder Tadel vor
sich hinzustellen – 23vorausgesetzt
natürlich, daß ihr gegründet und fest
in eurem Vertrauen bleibt und euch
nicht von der Hoffnung, die in der
Guten Nachricht, die ihr hörtet, an-
geboten ist, abbringen laßt.

Das ist die Gute Nachricht, die in
der ganzen Schöpfung unter dem
Himmel verkündet ist; und ich,
Scha-ul, wurde einer ihrer Knechte.
24Euretwegen freue ich mich an mei-
nen gegenwärtigen Leiden! Ja, ich
vollende an meinem eigenen Fleisch,
was den Leiden des Messias noch
gefehlt hat, für seinen Leib, die
messianische Gemeinde. 25Ich wur-
de ein Knecht der Guten Nachricht,
weil Gott mir diese Arbeit zu eurem
Nutzen gab. Die Arbeit besteht dar-
in, die Botschaft von Gott voll und
ganz kundzutun, 26das Geheimnis,
das für Generationen und für Zeital-
ter verborgen war, jetzt aber den
Menschen, die er für sich ausgeson-
dert hat, offenbart wurde. 27Ihnen
wollte Gott offenbaren, wie groß
der herrliche Reichtum dieses Ge-
heimnisses unter den Heiden ist.
Und das Geheimnis ist folgendes:
Der Messias ist eins mit euch! Dar-
auf beruht unsere Hoffnung auf
Herrlichkeit! 28Wir für unseren Teil
verkünden ihn; wir warnen und leh-
ren alle und treten ihnen mutig mit
aller Weisheit entgegen; damit wir
jeden hinstellen können als einen,
der das Ziel erreicht hat, mit dem
Messias eins zu sein. 29Dafür mühe
ich mich und kämpfe mit aller Kraft,
die er so mächtig in mir aufstehen
läßt.

2 1Denn ich möchte, daß ihr
wißt, wie hart ich für euch ar-
beite, für die in Laodizea und für die
übrigen derjenigen, denen ich noch
nicht persönlich begegnet bin.
2Mein Ziel ist, daß sie ermutigt wer-
den, daß sie vereint werden in Liebe

und daß sie alle Reichtümer besit-
zen, die mit der Gewißheit des Ver-
stehens und vollkommenen Erken-
nens der geheimen Wahrheit Gottes
einhergehen – welche der Messias
ist! [3]In ihm sind alle Schätze der
Weisheit und Erkenntnis verborgen.

[4]Ich sage das, damit niemand euch
mit plausiblen, aber dennoch trüge-
rischen Argumenten täusche. [5]Denn
obgleich ich leiblich fern von euch
bin, bin ich doch im Geist mit euch
und freue mich, wenn ich die geord-
nete und entschlossene Festigkeit
eures Vertrauens in den Messias se-
he. [6]Da ihr den Messias als Herrn
angenommen habt, lebt nun auch
euer Leben vereint mit ihm. [7]Bleibt
tief in ihm verwurzelt; laßt euch be-
ständig in ihm aufbauen und in eu-
rem Vertrauen bestärken, so wie ihr
gelehrt wurdet, damit ihr über-
strömt im Dank.

[8]Paßt auf, daß euch niemand ge-
fangennimmt durch Philosophie
und hohlen Trug nach der mensch-
lichen Überlieferung, die in Ein-
klang steht mit den Elementargei-
stern der Welt, aber nicht mit dem
Messias. [9]Denn in ihm, in seinem
Leib, lebt die Fülle all dessen, was
Gott ist. [10]Und in der Vereinigung
mit ihm seid auch ihr zur Fülle ge-
macht worden – er ist das Haupt je-
der Regel und Vollmacht.

[11]Und in der Vereinigung mit ihm
wurdet ihr auch beschnitten mit ei-
ner Beschneidung nicht durch Men-
schenhand, sondern durch die Auf-
hebung der Herrschaft der alten
Natur über den Leib. In dieser Be-
schneidung, die der Messias voll-
brachte, [12]wurdet ihr gemeinsam mit
ihm begraben, indem ihr einge-
taucht wurdet; und in der Vereini-
gung mit ihm wurdet ihr auch ge-
meinsam mit ihm auferweckt durch
die Treue Gottes, die wirkte, als er
Jeschua von den Toten auferweckte.
[13]Ihr wart tot wegen eurer Sünden,
das heißt, wegen der »Vorhaut« eu-
rer alten Natur. Gott aber hat euch
gemeinsam mit dem Messias leben-
dig gemacht, indem er euch alle eure
Sünden vergab. [14]Er hat die Rech-
nung der Anklagen gegen uns begli-
chen. Denn wegen der Satzungen
stand sie als ein Zeugnis gegen uns;
doch er hob sie auf, indem er sie an
den Hinrichtungspfahl nagelte. [15]In-
dem er die Herrscher und Obrigkei-
ten ihrer Macht entkleidete, machte
er ein öffentliches Schauspiel aus ih-
nen und triumphierte über sie durch
den Pfahl.

[16]So laßt euch nun von nieman-
dem richten im Zusammenhang mit
Essen oder Trinken oder in Hin-
sicht auf ein jüdisches Fest oder
Rosch-Chodesch oder *Schabbat.*
[17]Diese sind nur ein Schatten der
Dinge, die kommen, der Leib selbst
aber ist der des Messias. [18]Laßt euch
von niemandem dadurch um den
Preis bringen, daß er euch wieder in
Selbstkasteiung oder Engelvereh-
rung hineinhetzt. Solche Leute ge-
hen ständig herum und erzählen
von einer Vision, die sie hatten, und

Jeschua – Jesus
Rosch-Chodesch – Monatsanfang
Schabbat – der Sabbat
Scha-ul – Saulus (Paulus)

spielen sich ohne allen Grund mit
ihrer weltlichen Haltung auf. 19Sie
halten sich nicht an das Haupt, aus
dem der ganze Leib, indem er Nah-
rung empfängt und zusammenge-
halten wird durch seine Gelenke
und Bänder, herauswächst, wie Gott
ihn wachsen läßt. 20Wenn ihr ge-
meinsam mit dem Messias den Ele-
mentargeistern der Welt gestorben
seid, warum laßt ihr euch dann noch
immer von ihren Regeln quälen, als
ob ihr noch immer zur Welt gehör-
tet? – 21»Berührt dies nicht!« »Eßt
jenes nicht!« »Faßt das nicht an!«
22Solche Verbote betreffen Dinge,
die durch den Gebrauch zum Ver-
derben bestimmt sind (nicht, indem
man sie vermeidet!), und sie grün-
den sich auf **von Menschen ge-
machte Regeln und Lehren**.[b]
23Tatsächlich scheinen sie nach au-
ßen wie Weisheit mit ihren selbst-
auferlegten religiösen Geboten, ih-
rer falschen Bescheidenheit und
ihrer Askese; doch sie nützen über-
haupt nichts, die Menschen davon
abzuhalten, ihrer alten Natur nach-
zugeben.

3 1Wenn ihr also gemeinsam mit
dem Messias auferweckt wur-
det, dann sucht die Dinge von oben,
wo der Messias **sitzt zur rechten
Hand Gottes**.[c] 2Konzentriert euch
auf die Dinge von oben, nicht auf
die Dinge hier auf Erden. 3Denn ihr
seid gestorben, und euer Leben ist
verborgen mit dem Messias in Gott.
4Wenn der Messias, der euer Leben
ist, erscheint, dann werdet auch ihr
mit ihm in Herrlichkeit erscheinen!

5Deshalb tötet die irdischen Teile
eurer Natur – Unzucht, Unreinheit,
Begierde, böse Triebe und Habgier
(die eine Form von Götzendienst
ist); 6denn wegen dieser Dinge
kommt Gottes Zorn über die, die
ihm nicht gehorchen. 7Es stimmt
zwar, ihr pflegtet diese Dinge zu
praktizieren in dem Leben, das ihr
einst lebtet; 8jetzt aber legt sie alle ab
– Zorn, Erbitterung, Niederträch-
tigkeit, Verleumdung und unanstän-
diges Reden. 9Belügt einander nicht;
denn ihr habt das alte Selbst mit sei-
nen Wegen abgelegt 10und das neue
Selbst angezogen, das allezeit erneu-
ert wird in immer tieferer Erkennt-
nis und dem Bild seines Schöpfers
immer ähnlicher wird. 11Das neue
Selbst läßt keinen Raum für die Un-
terscheidung zwischen Heide und
Jude, Beschnittenem und Unbe-
schnittenem, Fremdem, Wildem,
Sklavem, Freiem; im Gegenteil, in
allem ist der Messias alles.

12Deshalb kleidet euch als Gottes
erwähltes Volk, als heilig und innig
Geliebte, mit Gefühlen des Mitleids
und mit Sanftmut, Bescheidenheit,
Freundlichkeit und Geduld. 13Er-
tragt einander; wenn jemand eine
Klage gegen einen anderen hat, ver-
gebt ihm. Wahrhaftig, ihr sollt ver-
geben, wie der Herr euch vergeben
hat.

14Und vor allem kleidet euch mit
der Liebe, die alles vollkommen zu-
sammenfügt; 15und laßt den *Scha-
lom*, der vom Messias kommt, in eu-

b Jes 29,13
c Ps 110,1

rem Herzen entscheiden, denn des-
halb wurdet ihr berufen, Teil eines
einzigen Leibes zu sein.

Und seid dankbar – 16laßt das
Wort des Messias in all seinem
Reichtum in euch leben, während
ihr einander in aller Weisheit lehrt
und ratet und während ihr Psalmen,
Hymnen und geistliche Lieder singt
voller Dankbarkeit gegen Gott in
euren Herzen. 17Das heißt, alles, was
ihr tut oder sagt, tut im Namen des
Herrn Jeschua, indem ihr durch ihn
Gott dem Vater dankt.

18Frauen, unterwerft euch euren
Männern, wie es angemessen ist im
Herrn.

19Männer, liebt eure Frauen und
behandelt sie nicht grausam.

20Kinder, gehorcht euren Eltern in
allem, denn das gefällt dem Herrn.

21Väter, ärgert eure Kinder nicht
und bringt sie nicht auf, oder sie
werden entmutigt werden.

22Sklaven, gehorcht euren
menschlichen Herren in allem, in-
dem ihr nicht nur dient, wenn sie
euch beobachten, um ihre Gunst zu
gewinnen, sondern indem ihr auf-
richtig den Herrn fürchtet. 23Was
immer ihr arbeitet, legt euer Herz
hinein als solche, die nicht nur ande-
ren Menschen dienen, sondern dem
Herrn. 24Denkt daran, daß ihr als
Belohnung das Erbe vom Herrn
empfangen werdet. Ihr tut Sklaven-
dienst für den Herrn, für den Messi-
as. 25Sorgt euch nicht – wer immer
Unrecht tut, dem wird in derselben
Münze für sein Unrecht heimge-
zahlt, und es wird keine Günstlings-
wirtschaft geben.

4 1Herren, behandelt eure Skla-
ven gerecht und anständig.
Denkt daran, daß auch ihr einen
Herrn im Himmel habt.

2Haltet fest am Gebet, bleibt
wachsam darin und seid dankbar.
3Betet auch für uns, daß Gott eine
Tür für uns auftue, die Botschaft
vom Geheimnis des Messias zu ver-
künden – denn deshalb liege ich im
Gefängnis. 4Und betet, daß ich re-
den möge, wie ich es sollte, so, daß
die Botschaft deutlich wird.

5Seid weise gegenüber Außenste-
henden, ergreift jede Gelegenheit –
6eure Unterhaltung sei stets freund-
lich und interessant, damit ihr wißt,
wie ihr jedem einzelnen antworten
sollt.

7Euer lieber Bruder Tychikus, der
ein treuer Arbeiter und Mit-Sklave
im Herrn ist, wird euch alle Neuig-
keiten von mir erzählen. 8Aus die-
sem Grund habe ich ihn zu euch ge-
schickt – damit ihr wißt, wie es uns
geht, und damit er euch ermutige.
9Ich habe Onesimus, den lieben und
treuen Bruder, der einer von euch
ist, mit ihm geschickt; sie werden
euch alles erzählen, was hier gesche-
hen ist.

10Aristarchus, mein Mitgefange-
ner, schickt Grüße, wie auch Mar-
kus, Bar-Nabbas Vetter, über den
ihr Anweisungen empfangen habt –
wenn er zu euch kommt, nehmt ihn
auf. 11Jeschua, mit dem Beinamen
Justus, schickt ebenfalls Grüße. Die-

Bar-Nabba – Barnabas
Jeschua – Jesus
Schalom – Friede

se drei gehören zu den Beschnitte-
nen; und von meinen Mitarbeitern
für das Reich Gottes haben nur sie
sich als ein Trost für mich erwiesen.

12 Epaphras schickt Grüße; er ist
einer von euch, ein Sklave des
Messias Jeschua, der sich allezeit im
Gebet für euch abmüht und betet,
daß ihr feststeht, reif und in völliger
Zuversicht, während ihr euch ganz
und gar dem Willen Gottes hingebt.
13 Denn ich kann für ihn zeugen, daß
er hart für euch und für die in Lao-
dizea und Hierapolis arbeitet.

14 Unser lieber Freund Lukas, der
Arzt, und Demas schicken euch
Grüße.

15 Richtet den Brüdern in Laodizea
und auch Nympha und der Ge-
meinde, die sich in ihrem Haus ver-
sammelt, meine Grüße aus.
16 Wenn
dieser Brief euch vorgelesen wurde,
sorgt dafür, daß er auch in der Ge-
meinde der Laodizeer vorgelesen
wird; und ihr wiederum lest den
Brief, der aus Laodizea kommen
wird.
17 Und sagt Archippus: »Sieh
zu, daß du die Aufgabe, die dir im
Herrn übertragen wurde, vollen-
dest.«

18 Diesen Gruß schreibe ich, Scha-
ul, mit meiner eigenen Hand.

Denkt an meine Gefangenschaft!

Gnade sei mit euch!

DER ERSTE BRIEF VON JESCHUAS GESANDTEM SCHA-UL (PAULUS) AN DIE MESSIANISCHE GEMEINSCHAFT IN THESSALONICH:

DER ERSTE BRIEF AN DIE THESSALONICHER

1 1Von: Scha-ul, Sila und Timo-
theus

An: Die messianische Gemein-
schaft der Thessalonicher, vereint
mit Gott dem Vater und dem
Herrn, Jeschua dem Messias:

Gnade euch und *Schalom*.

2Wir danken Gott allezeit für
euch, indem wir euch regelmäßig in
unseren Gebeten erwähnen 3und
unablässig vor Gott unserem Vater
dessen gedenken, was unser Herr,
Jeschua der Messias, in euch bewirkt
hat – wie euer Vertrauen Taten her-
vorbringt, eure Liebe harte Arbeit
und eure Hoffnung Geduld. 4Wir
wissen, Brüder, daß Gott euch ge-
liebt und auserwählt hat; 5daß die
Gute Nachricht, die wir brachten,
für euch nicht nur eine Sache von
Worten war, sondern auch eine der
Kraft, des *Ruach Ha Kodesch* und
der absoluten Überzeugung – so
wie wir selbst, wie ihr ja wißt, um
euretwillen lebten, als wir bei euch
waren. 6Ihr wurdet wahrhaft unsere
und des Herrn Nachahmer; so daß
ihr, obwohl ihr schwere Bedrang-
nisse durchgemacht habt, das Wort
mit Freude vom *Ruach Ha Kodesch*
empfangen habt.
7Auf diese Weise wurdet ihr ein
Vorbild für alle Gläubigen in Maze-
donien und Achaja; 8denn die Bot-
schaft des Herrn erklang durch euch
nicht nur in Mazedonien und Acha-
ja, sondern überall, wo euer Ver-
trauen zu Gott offenbar wurde.
Deshalb müssen wir nichts sagen;
9denn sie selbst erzählen uns von der
Aufnahme, die wir bei euch fanden,
und wie ihr euch von den Götzen
zu Gott gewandt habt, um dem
wahren Gott zu dienen, dem der le-
bendig ist, 10und um auf seinen Sohn
Jeschua zu warten, den er von den
Toten auferweckt hat, damit er vom
Himmel her erscheine und uns vor
dem drohenden Zorn von Gottes
Gericht rette.

2 1Ihr wißt selbst, Brüder, daß
unser Besuch bei euch nicht

Jeschua – Jesus
Ruach Ha Kodesch – Heiliger Geist
Scha-ul – Saulus (Paulus)
Sila – Silas

vergeblich war. [2]Im Gegenteil, ob-
wohl wir in Philippi bereits gelitten
hatten und verletzt worden waren,
wie ihr wißt, hatten wir, vereint mit
Gott, doch den Mut, euch sogar un-
ter großem Druck die Gute Nach-
richt zu sagen. [3]Denn unser Appell
beruht nicht auf einem Irrtum oder
auf unreinen Beweggründen, und
wir versuchen auch nicht, die Men-
schen zu überlisten. [4]Da Gott uns
geprüft hat und für geeignet hielt,
mit der Guten Nachricht betraut zu
werden, reden wir vielmehr folgen-
dermaßen: Nicht, um die Gunst der
Menschen zu gewinnen, sondern die
Gunst Gottes, der unsere Herzen
prüft. [5]Denn niemals haben wir, wie
ihr wißt, Schmeichelreden ge-
braucht oder einen Vorwand, der
Habgier verschleiern sollte – Gott
ist unser Zeuge. [6]Und wir suchten
auch nicht das Lob der Menschen –
weder von euch noch von anderen.
[7]Als Gesandte des Messias hätten
wir gewichtig auftreten können;
doch statt dessen waren wir freund-
lich, als wir bei euch waren, wie eine
Mutter, die ihre Kinder nährt und
für sie sorgt. [8]So groß war unsere
Hingabe für euch, daß wir uns freu-
ten, nicht nur die Gute Nachricht
Gottes mit euch zu teilen, sondern
auch unser eigenes Leben, denn ihr
wart uns teuer geworden. [9]Denn ihr
erinnert euch, Brüder, an unsere
Mühe und Not, wie wir Tag und
Nacht arbeiteten, um niemandem
eine Last aufzuerlegen, als wir euch
die Gute Nachricht Gottes verkün-
deten. [10]Ihr seid Zeugen, und so
auch Gott, wie heilig, gerecht und
untadelig unser Verhalten in den
Augen von euch Gläubigen war;
[11]denn ihr wißt, daß wir jeden von
euch behandelten, wie ein Vater sei-
ne Kinder behandelt – wir ermutig-
ten euch und trösteten euch [12]und
flehten euch an, ein Leben zu füh-
ren, das Gottes würdig ist, der euch
in sein Reich und seine Herrlichkeit
beruft.

[13]Ein anderer Grund, dessentwe-
gen wir Gott regelmäßig danken, ist,
daß ihr das Wort Gottes, als ihr es
von uns hörtet, nicht nur als
menschliches Wort aufnahmt, son-
dern als das, was es in Wahrheit ist:
das Wort Gottes, das in euch Gläu-
bigen wirkt. [14]Denn, Brüder, ihr
wurdet Nachahmer der Gemeinden
Gottes in Jehudah, die mit dem
Messias Jeschua vereint sind – ihr
erlittet die gleichen Dinge von euren
Landsmännern wie jene von den Ju-
däern, die [15]den Herrn Jeschua und
die Propheten töteten und auch uns
jagten. Sie mißfallen Gott und wi-
dersetzen sich der ganzen Mensch-
heit, [16]indem sie versuchen, uns da-
von abzuhalten, zu den Heiden zu
reden, damit diese erlöst werden. Es
scheint ihr Anliegen zu sein, ihre
Sünden allezeit so schlimm wie
möglich zu machen! Doch Gottes
Zorn wird sie am Ende einholen.

[17]Und was uns betrifft, Brüder,
wir haben euch, als wir für eine kur-
ze Zeit eure Gesellschaft entbehren
mußten – äußerlich, nicht in Gedan-
ken –, vermißt und haben uns be-
müht, zu euch zu kommen. [18]Wir
wären so gern gekommen – ich,
Scha-ul, habe es mehr als einmal

versucht –, doch der Widersacher
hat uns gehindert. 19Denn wenn un-
ser Herr Jeschua zurückkommt, was
wird unsere Hoffnung, unsere Freu-
de, unsere Krone sein, derer wir uns
rühmen? Werdet nicht ihr es sein?
20Ja, ihr seid unsere Herrlichkeit
und unsere Freude!

3 1Deshalb stimmten wir, als wir
es nicht länger ertragen konn-
ten, zu, allein in Athen zurückzu-
bleiben 2und Timotheus, unseren
Bruder und Gottes Mitarbeiter für
die Gute Nachricht des Messias, zu
schicken, um euch fest zu machen
und euch in eurem Vertrauen zu er-
mutigen; 3damit keiner von euch
sich durch diese Verfolgungen be-
unruhigen lasse. Denn ihr wißt
selbst, daß diese über uns kommen
müssen; 4schon als wir bei euch wa-
ren, haben wir im voraus gesagt, daß
wir verfolgt werden würden; und
das ist denn auch in der Tat gesche-
hen, wie ihr wißt. 5Aus diesem
Grund habe ich, als ich es nicht
mehr ertragen konnte, zu euch ge-
schickt, um zu sehen, wie es um eu-
er Vertrauen steht. Ich hatte Angst,
daß der Versucher euch irgendwie
versucht hätte und unsere harte Ar-
beit vergeblich gewesen sei.

6Nun aber ist Timotheus von euch
zu uns gekommen und hat gute
Neuigkeiten von eurem Vertrauen
und eurer Liebe gebracht und uns
erzählt, daß ihr an uns denkt und
euch allezeit sehnt, uns zu sehen, so
wie wir uns sehnen, euch zu sehen.
7Deshalb, Brüder, wurden wir trotz
all unserer Not und Bedrängnis ge-
tröstet, was euch betrifft – wegen
eures Vertrauens; 8so daß wir nun
lebendig sind; weil ihr weiter fest-
steht, vereint mit dem Herrn.

9Wahrhaftig, wie können wir Gott
genügend für euch danken oder un-
serem Gott gegenüber die große
Freude, die wir euretwegen empfin-
den, zum Ausdruck bringen?
10Nacht und Tag beten wir, so in-
ständig wir können, daß wir euch
von Angesicht zu Angesicht sehen
und ersetzen dürfen, was immer eu-
rem Vertrauen mangelt. 11Möge Gott
unser Vater und unser Herr Jeschua
unsere Schritte zu euch lenken.

12Und was euch betrifft, möge der
Herr eure Liebe zueinander, ja ge-
gen jedermann, wachsen und über-
strömen lassen, so wie wir euch lie-
ben; 13damit er euch die innere Kraft
gebe, untadelig zu sein, aufgrund
eurer Heiligkeit, wenn ihr beim
Kommen unseres Herrn Jeschua mit
all seinen Engeln vor Gott unserem
Vater steht.

4 1Deshalb, Brüder, bitten wir
euch – ja, vereint mit dem
Herrn Jeschua flehen wir euch an –,
immer mehr so zu leben, wie ihr
von uns gelernt habt, wie ihr leben
müßt, um Gott zu gefallen, und wie
ihr ja jetzt auch lebt. 2Denn ihr wißt,
welche Unterweisungen wir euch in
Hinsicht auf die Vollmacht des
Herrn Jeschua gaben. 3Was Gott
will, ist, daß ihr heilig seid, daß ihr
euch von Unzucht fernhaltet, 4daß

Jehudah – Judäa
Jeschua – Jesus
Scha-ul – Saulus (Paulus)

jeder von euch weiß, wie ihr mit euren sexuellen Trieben auf heilige und ehrbare Weise umgehen sollt, [5]ohne wollüstigen Begierden nachzugeben wie die Heiden, die Gott nicht kennen. [6]Niemand soll seinem Bruder in dieser Sache unrecht tun oder ihn übervorteilen, denn der Herr straft alle, die solches tun – wie wir euch schon zuvor ausführlich erklärt haben. [7]Denn Gott hat uns nicht zu einem unreinen Leben berufen, sondern zu einem heiligen. [8]Deshalb verwirft, wer immer diese Lehre verwirft, nicht einen Menschen, sondern Gott, ja, den Einen, der euch den *Ruach Ha Kodesch* gibt, der sein ist.

[9]Was die Liebe zu den Brüdern betrifft, so müssen wir euch nicht schreiben, denn ihr selbst seid von Gott gelehrt worden, einander zu lieben; [10]und ihr liebt denn auch alle Brüder in ganz Mazedonien. Aber wir bitten euch dringend, Brüder, tut es noch mehr.

[11]Und setzt euren Ehrgeiz darein, ein ruhiges Leben zu führen, euch um eure eigenen Angelegenheiten zu kümmern und durch eigene Arbeit euren Lebensunterhalt zu verdienen – so, wie wir euch sagten. [12]Dann wird euer alltägliches Leben die Achtung der Außenseiter gewinnen, und ihr werdet von niemandem abhängig sein.

[13]Nun, Brüder, möchten wir, daß ihr die Wahrheit über die kennt, die gestorben sind; andernfalls könntet ihr traurig werden wie andere Menschen, die nichts haben, worauf sie hoffen. [14]Denn da wir glauben, daß Jeschua gestorben und wieder auferstanden ist, glauben wir auch, daß Gott durch Jeschua auf die gleiche Weise diejenigen mit sich nehmen wird, die gestorben sind. [15]Wenn wir das sagen, dann begründen wir es mit des Herrn eigenen Worten: Wir, die wir am Leben bleiben, bis der Herr kommt, werden mit Sicherheit nicht denen, die gestorben sind, vorgezogen werden. [16]Denn der Herr selbst wird aus dem Himmel herabkommen mit einem immer lauter werdenden Ruf, mit einem Ruf von einem der Engelfürsten, und mit Gottes *Schofar*; diejenigen, die in der Vereinigung mit dem Messias gestorben sind, werden als erste auferweckt; [17]dann werden die, die noch lebendig sind, mit ihnen in den Wolken entrückt, dem Herrn in der Luft entgegen; und auf diese Weise werden wir allezeit beim Herrn sein. [18]Deshalb ermutigt einander mit diesen Worten.

5 [1]Ihr habt es aber nicht nötig, Brüder, daß euch irgendetwas geschrieben wird über die Zeiten und Daten, zu denen das geschehen wird; [2]denn ihr selbst wißt, daß der Tag des Herrn kommen wird wie ein Dieb in der Nacht. [3]Wenn die Menschen sagen: »Alles ist so friedlich und sicher«, dann wird die Zerstörung plötzlich über sie kommen, so wie die Wehen über eine schwangere Frau kommen, und es gibt keinen Weg, auf dem sie entkommen können.

[4]Ihr aber, Brüder, seid nicht im Finstern, so daß der Tag euch über-

raschen könnte wie ein Dieb; 5denn
ihr alle gehört zum Licht, gehört
zum Tag. Wir gehören nicht zur
Nacht oder zur Finsternis, 6deshalb
laßt uns nicht schlafen, wie die übri-
gen tun; im Gegenteil, laßt uns wach
und nüchtern bleiben. 7Menschen,
die schlafen, schlafen bei Nacht; und
Menschen, die sich betrinken, be-
trinken sich bei Nacht. 8Da wir aber
zum Tag gehören, laßt uns nüchtern
bleiben und Vertrauen und Liebe
**anlegen als Brustpanzer, und die
Hoffnung, erlöst zu werden, als
Helm.**[a] 9Denn Gott hat nicht vorge-
sehen, daß wir seinen Zorn erleben,
sondern daß wir die Erlösung ge-
winnen durch unseren Herrn, Je-
schua den Messias, 10der für uns ge-
storben ist, damit wir, lebendig oder
tot, mit ihm leben. 11Deshalb ermu-
tigt einander und baut einander auf
– wie ihr es auch tut.

12Wir bitten euch, Brüder, diejeni-
gen zu achten, die hart unter euch ar-
beiten, diejenigen, die euch im Herrn
leiten und euch mit Worten entge-
gentreten, um euch zu helfen, euch
zu verändern. 13Behandelt sie mit der
höchsten Hochachtung und Liebe
wegen des Werkes, das sie tun. Lebt
in Frieden miteinander; 14doch bitten
wir euch dringlich, Brüder, denen
mit Worten entgegenzutreten, die
faul sind, mit dem Ziel, ihnen zu hel-
fen, sich zu verändern, die Furchtsa-
men zu ermutigen, die Schwachen
zu unterstützen und gegen jeder-
mann geduldig zu sein.

15Seht zu, daß niemand Böses mit
Bösem vergilt; im Gegenteil, ver-
sucht allezeit, einander, ja allen
Menschen, Gutes zu tun.

16Freut euch allezeit. 17Betet regel-
mäßig. 18Dankt in allem, denn das
will Gott von euch, die ihr vereint
seid mit dem Messias Jeschua.

19Löscht den Geist nicht aus,
20verachtet nicht inspirierte Bot-
schaften. 21Aber prüft alles – haltet
fest, was gut ist, 22aber haltet euch
fern von jeder Form des Bösen.

23Möge der Gott des *Schalom*
euch vollkommen heilig machen –
möge euer ganzer Geist, eure Seele
und euer Leib untadelig bleiben für
das Kommen unseres Herrn, Je-
schua des Messias. 24Der, der euch
beruft, ist treu, und er wird es tun.

25Brüder, betet für uns.

26Grüßt alle Brüder mit einem hei-
ligen Kuß.

27Ich fordere euch im Herrn auf,
diesen Brief allen Brüdern vorzule-
sen.

28Die Gnade unseres Herrn Je-
schua, des Messias, sei mit euch.

---

a Jes 59,17

Jeschua – Jesus
Ruach Ha Kodesch – Heiliger Geist
Schalom – Friede
Schofar – Horn des Widders, Blasinstrument

DER ZWEITE BRIEF VON JESCHUAS GESANDTEM SCHA-UL (PAULUS) AN DIE MESSIANISCHE GEMEINSCHAFT IN THESSALONICH:

DER ZWEITE BRIEF AN DIE THESSALONICHER

1 1Von Scha-ul, Sila und Timotheus

An: Die messianische Gemeinschaft der Thessalonicher, vereint mit Gott unserem Vater und dem Herrn, Jeschua dem Messias:

2Gnade euch und *Schalom* von Gott dem Vater und dem Herrn Jeschua, dem Messias.

3Wir müssen Gott allezeit für euch danken, Brüder, wie es angemessen ist; denn euer Vertrauen nimmt immer weiter zu, und die Liebe, die ihr füreinander habt, wächst.
4Deshalb rühmen wir uns eurer in den Gemeinden Gottes, um eures Ausharrens und eures Vertrauens willen in allen Verfolgungen und Nöten, die ihr durchmacht.
5Das ist ein klarer Beweis, daß Gottes Gericht gerecht ist; und infolgedessen werdet ihr des Reiches Gottes, für das ihr leidet, für würdig erachtet werden.
6Denn es ist Gerechtigkeit, wenn Gott denen, die euch bedrängen, die Bedrängnis heimzahlt,
7und euch, die ihr bedrängt werdet, zusammen mit uns Ruhe schenkt, wenn der Herr Jeschua offenbart wird vom Himmel mit seinen mächtigen Engeln
8**in einer Feuerflamme. Dann wird er jene strafen, die Gott nicht kennen,**[a] das heißt jene, die nicht auf die Gute Nachricht unseres Herrn Jeschua hören und ihr nicht gehorchen.
9Sie werden die gerechte Strafe der ewigen Vernichtung erleiden, **fern vom Angesicht des Herrn und der Herrlichkeit seiner Macht.**[b]
10An jenem Tag, wenn er kommt, um durch sein heiliges Volk verherrlicht und von allen, die vertraut haben, bewundert zu werden, werdet ihr unter ihnen sein, denn ihr habt unserem Zeugnis vor euch vertraut.

11Den Blick auf diese Zukunft gerichtet, beten wir allezeit für euch, daß unser Gott euch seiner Berufung würdig mache und durch seine Macht jede gute Absicht von euch und jedes Werk, das aus eurem Vertrauen kommt, erfülle.
12Auf diese Weise wird der Name unseres

a Jes 66,15; Jer 10,25; Ps 79,6
b Jes 2,10.19.21

Herrn Jeschua in euch verherrlicht
und ihr in ihm, gemäß der Gnade
unseres Gottes und des Herrn, Je-
schua des Messias.

2 1Doch im Zusammenhang mit
dem Kommen unseres Herrn,
Jeschua des Messias, und unserer
Sammlung, in der wir ihm entgegen-
gehen, bitten wir euch, Brüder,
2euch nicht leicht in eurem Denken
erschüttern zu lassen und nicht in
Sorge zu geraten wegen eines Gei-
stes oder einer gesprochenen Bot-
schaft oder eines angeblichen Briefes
von uns, in dem behauptet wird,
daß der Tag des Herrn bereits ge-
kommen sei. 3Laßt euch von nie-
mandem auf irgendeine Weise täu-
schen.

Denn der Tag wird erst dann
kommen, wenn der Abfall gekom-
men ist und der Mensch, der sich
selbst von der *Torah* entfernt, offen-
bart wurde, der, der für den Unter-
gang bestimmt ist. 4Er wird sich **al-
lem** widersetzen, was die Menschen
einen **Gott** nennen oder zum Ge-
genstand der Verehrung machen; **er
wird sich über** sie alle **stellen**, so
daß er im Tempel **Gottes sitzen** und
verkünden wird, daß er selbst **Gott**
ist.[c]
5Erinnert ihr euch nicht, daß ich
euch, als ich noch bei euch war, die-
se Dinge zu sagen pflegte? 6Und
nun wißt ihr, was das Ganze jetzt
noch aufhält, damit er zu seiner ei-
genen Zeit offenbart wird. 7Denn
diese Entfernung von der *Torah* ist
bereits im geheimen am Werk, aber
sie wird nur solange geheim sein, bis
der, der als Hindernis wirkt, aus
dem Weg ist. 8Dann wird der, der
die Entfernung von der *Torah* ver-
körpert, offenbart werden, der, den
der Herr Jeschua **umbringen wird
mit dem Atem seines Mundes**[d] und
zerstören wird durch die Herrlich-
keit seines Kommens.
9Wenn dieser Mensch, der die *To-
rah* meidet, kommt, wird der Wi-
dersacher ihm die Macht geben, alle
Arten falscher Zeichen und Wunder
zu wirken. 10Er wird ihm die Fähig-
keit verleihen, auf allerlei hinterhäl-
tige Art diejenigen zu täuschen, die
auf dem Weg in die Vernichtung
sind, weil sie die Liebe der Wahr-
heit, die sie hätte retten können,
nicht annehmen wollten. 11Deshalb
läßt Gott sie in die Irre gehen, so
daß sie der Lüge glauben. 12Das Er-
gebnis wird sein, daß alle, die der
Wahrheit nicht geglaubt haben, son-
dern Wohlgefallen hatten an der
Schlechtigkeit, verdammt werden.
13Wir müssen aber Gott allezeit
für euch danken, Brüder, die der
Herr liebt, weil Gott euch als
Erstlinge zur Erlösung auserwählt
hat, indem er euch die Heiligkeit

c Ez 28,2

d Jes 11,4; Hiob 4,9

Jeschua – Jesus
Schalom – Friede
Scha-ul – Saulus (Paulus)
Sila – Silas
Torah – Weisung, Lehre, das »Gesetz«, der Pentateuch (die 5 Bücher Mose)

gab, deren Ursprung im Geist
liegt, und die Treue, deren Ur-
sprung in der Wahrheit liegt. 14Da-
zu hat er euch berufen durch un-
sere Gute Nachricht, damit ihr die
Herrlichkeit unseres Herrn, Je-
schua des Messias habt.

15Deshalb, Brüder, steht fest; und
haltet fest an den Überlieferungen,
die wir euch gelehrt haben, ob wir
sie nun geredet oder in einem Brief
geschrieben haben. 16Und mögen
unser Herr, Jeschua der Messias,
selbst und Gott unser Vater, der uns
geliebt hat und uns durch seine
Gnade ewigen Trost und eine gute
Hoffnung gegeben hat, 17eure Her-
zen trösten und euch in jedem guten
Wort und Werk stärken.

3 1Und schließlich, Brüder, betet
für uns, daß die Botschaft des
Herrn sich schnell verbreiten und
daß ihr Ehre zuteil werden möge,
wie es bei euch geschah; 2und daß
wir gerettet werden vor schlechten
und bösen Menschen, denn nicht je-
der hat Vertrauen. 3Doch der Herr
ist vertrauenswürdig; er wird euch
fest machen und euch vor dem Bö-
sen bewahren. 4Ja, vereint mit dem
Herrn sind wir zuversichtlich, was
euch angeht, daß ihr die Dinge tut,
die wir euch sagen, und daß ihr sie
auch weiter tun werdet. 5Möge der
Herr eure Herzen in die Liebe Got-
tes führen und in die Geduld, die
der Messias gibt.

6Nun, Brüder, gebieten wir euch
im Namen des Herrn, Jeschua des
Messias, euch von jedem Bruder
fernzuhalten, der ein Leben des
Müßiggangs führt, ein Leben, das
nicht im Einklang mit der Überlie-
ferung steht, die ihr von uns emp-
fangen habt. 7Denn ihr selbst wißt,
wie ihr uns nachahmen müßt, daß
wir nicht müßig waren, als wir bei
euch waren. 8Wir haben von nie-
mandem Speise angenommen, oh-
ne dafür zu bezahlen; im Gegen-
teil, wir haben geschuftet und uns
abgemüht, Tag und Nacht, und
gearbeitet, damit wir keinem von
euch zur Last fielen. 9Nicht, daß
wir nicht das Recht auf Unterstüt-
zung hatten, doch auf diese Weise
konnten wir uns selbst zu einem
Vorbild machen, das ihr nachah-
men sollt. 10Denn schon als wir
bei euch waren, gaben wir euch
dieses Gebot: Wenn jemand nicht
arbeitet, soll er auch nicht essen!
11Wir hören, daß einige von euch
ein Leben des Müßiggangs führen
– daß sie nicht wichtige Arbeit
tun, sondern bloße Wichtigtuer
sind! 12Wir gebieten solchen Leu-
ten – und in der Vereinigung mit
dem Messias fordern wir sie drin-
gend auf –, sich niederzulassen, an
die Arbeit zu gehen und ihren Le-
bensunterhalt zu verdienen. 13Und
ihr, Brüder, die ihr tut, was gut ist,
erlahmt nicht! 14Und wenn jemand
dem, was wir in diesem Brief sa-
gen, nicht gehorcht, merkt auf ihn
und habt nichts mit ihm zu tun,
so daß er beschämt wird. 15Aber
betrachtet ihn nicht als einen
Feind; im Gegenteil, tretet ihm als
einem Bruder mit Worten entge-
gen und versucht, ihm zu helfen,
daß er sich verändere.

16Nun möge der Herr des *Schalom* selbst euch allezeit und auf jede Weise *Schalom* geben. Der Herr sei mit euch allen.

17Der Gruß in meiner eigenen Handschrift: Von Scha-ul. Das ist das Kennzeichen der Echtheit in jedem Brief, so sieht meine Handschrift aus.

18Die Gnade unseres Herrn, Jeschua des Messias, sei mit euch allen.

Jeschua – Jesus
Schalom – Friede
Scha-ul – Saulus (Paulus)

DER ERSTE BRIEF VON JESCHUAS GESANDTEM SCHA-UL (PAULUS) AN TIMOTHEUS:

DER ERSTE TIMOTHEUSBRIEF

1 1Von: Scha-ul, einem Gesand-
ten des Messias Jeschua durch
das Gebot Gottes, unseres Erlösers,
und des Messias Jeschua, unserer
Hoffnung

2An: Timotheus, einen wahren
Sohn aufgrund deines Vertrauens:

Gnade, Barmherzigkeit und *Scha-
lom* von Gott dem Vater und dem
Messias Jeschua, unserem Herrn.

3Wie ich dir, als ich nach Mazedo-
nien abgereist bin, geraten habe,
bleibe in Ephesus, damit du gewisse
Leute, die eine andere Lehre ver-
breiten, auffordern kannst, damit
aufzuhören. 4Weise sie an, damit
aufzuhören, ihre Aufmerksamkeit
auf Mythen und endlos lange Ge-
schlechtsregister zu richten; diese
verführen die Menschen zum Spe-
kulieren statt zum Tun des Werkes
Gottes, das Vertrauen voraussetzt.
5Der Zweck dieses Gebotes ist es,
Liebe zu wecken aus reinem Her-
zen, gutem Gewissen und aufrichti-
gem Vertrauen. 6Manche reiben
sich, indem sie davon abirrten, in
fruchtlosen Diskussionen auf. 7Sie
wollen Lehrer der *Torah* sein, doch
sie verstehen weder ihre eigenen
Worte noch die Dinge, über die sie
so nachdrückliche Aussagen ma-
chen. 8Wir wissen, daß die *Torah*
gut ist, vorausgesetzt, man ge-
braucht sie auf die Weise, die die
Torah selbst vorsieht. 9Wir sind uns
bewußt, daß die *Torah* nicht jenen
gilt, die gerecht sind, sondern viel-
mehr jenen, die unbekümmert um
die *Torah*, aufrührerisch, gottlos
und sündhaft, böse und weltlich le-
ben, Menschen, die Vater und Mut-
ter töten, Mördern, 10Unzüchtigen –
heterosexuellen wie homosexuel-
len –, Sklavenhändlern, Lügnern,
Meineidigen und allen, die gegen die
gesunde Lehre handeln, 11welche
mit der Guten Nachricht des herrli-
chen und gesegneten Gottes über-
einstimmt.

Diese Gute Nachricht wurde mir
anvertraut; 12und ich danke dem, der
mir Kraft gegeben hat, dem Messias
Jeschua, unserem Herrn, daß er
mich für vertrauenswürdig genug
erachtete, mich in seinen Dienst zu
nehmen, 13obwohl ich ein Gotteslä-
sterer und Verfolger und Hochmü-
tiger war! Mir wurde aber Gnade
zuteil, weil ich im Unglauben ge-
handelt hatte, ohne Verständnis für
das, was ich tat. 14Die Gnade unse-
res Herrn floß auf mich über mit
dem Vertrauen und der Liebe, die

durch den Messias Jeschua kom-
men. 15Deshalb ist hier eine Aussa-
ge, der ihr vertrauen könnt, eine, die
es voll und ganz verdient, angenom-
men zu werden: Der Messias kam in
die Welt, Sünder zu retten, und ich
bin der erste unter den Sündern!
16Doch ebendeswegen wurde mir
Gnade zuteil – damit in mir, als dem
ersten unter den Sündern, Jeschua
der Messias seine Geduld erweise,
als ein Vorbild für jene, die später
zum Vertrauen in ihn finden und
dadurch ewiges Leben haben soll-
ten. 17Deshalb sei dem König –
ewig, unvergänglich und unsichtbar,
dem einzigen Gott, den es gibt –
Ehre und Herrlichkeit für immer
und ewig! *Amen.*

18Diese Aufgabe, Sohn Timo-
theus, stelle ich dir, gemäß der
Prophezeiungen, die bereits über
dich ergingen, damit du durch die-
se Prophezeiungen den guten
Kampf kämpfest, 19gewappnet mit
Vertrauen und einem guten Ge-
wissen. Indem sie ihr Gewissen
mißachteten, haben manche Schiff-
bruch mit ihrem Vertrauen erlitten;
20zu ihnen gehören Hymenäus und
Alexander. Ich habe sie dem Wi-
dersacher übergeben, damit sie ler-
nen, Gott nicht zu schmähen.

2 1Zuallererst rate ich, daß Bit-
ten, Gebete, Fürbitten und
Dank dargebracht werden für alle
Menschen, 2auch Könige und alle,
die in hohen Positionen sind; damit
wir ein ruhiges und friedliches Le-
ben führen und in allem gottes-
fürchtig und aufrichtig sein können.
3Denn das erachtet Gott, unser Er-
löser, für gut; das findet seine Billi-
gung.

4Er will, daß die ganze Menschheit
erlöst werde und zur vollen Er-
kenntnis der Wahrheit komme.
5Denn **Gott ist einer;**[a] und es ist nur
ein Mittler zwischen Gott und der
Menschheit, Jeschua der Messias,
selbst Mensch, 6der sich als ein Lö-
segeld für uns alle hingab und damit
zur rechten Zeit Zeugnis für Gottes
Plan ablegte. 7Deshalb wurde ich
selbst zu einem Verkünder, ja einem
Gesandten ernannt – ich sage die
Wahrheit, ich lüge nicht! –, zu ei-
nem vertrauenswürdigen und wahr-
haftigen Lehrer der *Gojim.*

8Deshalb ist es mein Wunsch, daß
die Menschen, wenn sie beten, ganz
gleich wo, Hände erheben, die heilig
sind – sie sollen nicht zornig werden
oder Streit anfangen.

9Ebenso sollen die Frauen, wenn
sie beten, sich bescheiden und ver-
nünftig in achtbare Gewänder klei-
den und nicht mit kunstvollen Fri-
suren und goldenem Schmuck
oder Perlen oder teuren Kleidern
auftreten. 10Sie sollen sich vielmehr
schmücken mit dem, was sich für
Frauen schickt, die behaupten,

a Dtn 6,4

Amen – so sei es
Gojim – die Nationen, Völker, Heiden
Jeschua – Jesus
Schalom – Friede
Scha-ul – Saulus (Paulus)
Torah – Weisung, Lehre, das »Gesetz«, der Pentateuch (die 5 Bücher Mose)

Gott anzubeten: mit guten Wer-
ken.
11Eine Frau möge in Frieden, in
völliger Unterwerfung, lernen;
12ich gestatte aber keiner Frau, ei-
nen Mann zu lehren oder Voll-
macht über ihn zu haben; sie soll
vielmehr ruhig und ordentlich blei-
ben. 13Denn Adam wurde zuerst
erschaffen, dann Chavah. 14Und es
war auch nicht Adam, der ge-
täuscht wurde, sondern die Frau,
die, indem sie getäuscht wurde, in
die Übertretung hineingezogen
wurde. 15Nichtsdestoweniger wird
die Frau erlöst werden, weil sie
Kinder trägt, vorausgesetzt, sie
bleibt im Vertrauen und in der
Liebe und führt ein heiliges Leben
in aller Demut.

3 1Hier ist eine Aussage, der ihr
vertrauen könnt: Jeder, der da-
nach strebt, ein Gemeindeleiter zu
werden, strebt nach einem würdigen
Werk. 2Ein Gemeindeleiter muß
jenseits allen Tadels sein, er muß ei-
ner Frau treu sein, maßvoll, selbst-
beherrscht, ordentlich, gastfrei und
fähig zu lehren. 3Er darf nicht
trunksüchtig sein oder in Händel
geraten; er muß vielmehr sanftmütig
und freundlich sein. Er darf das
Geld nicht lieben. 4Er muß seinem
eigenen Haus gut vorstehen, Kinder
haben, die ihm mit aller gebotenen
Achtung gehorchen; 5denn wenn ein
Mann schon seinem eigenen Haus
nicht vorstehen kann, wie will er
dann fähig sein, für die messianische
Gemeinschaft Gottes zu sorgen? 6Er
darf nicht neu im Glauben sein,
denn dann könnte er hochmütig
werden und damit demselben Ge-
richt verfallen wie der Widersacher.
7Darüber hinaus muß er von Au-
ßenstehenden geachtet werden, da-
mit er nicht in Ungnade fällt und in
die Falle des Widersachers.
8Ebenso sollen die *Schammaschim*
einen guten Charakter haben, sollen
Menschen sein, deren Wort man
vertrauen kann. Sie dürfen sich nicht
übermäßigem Alkoholgenuß hinge-
ben und nicht unehrlichem Gewinn
nachjagen. 9Sie müssen die vormals
verborgene Wahrheit des Glaubens
mit reinem Gewissen besitzen.
10Und vor allem sollen sie geprüft
werden; dann, wenn sie sich als un-
tadelig erweisen, mögen sie zu
Schammaschim ernannt werden.
11Ähnlich müssen auch die Frauen
einen guten Charakter haben, dür-
fen nicht Klatschweiber sein, son-
dern sollen in allem maßvoll und
treu sein. 12Die *Schammaschim* mö-
gen jeder seiner Frau treu sein und
seinen Kindern und seinem Haus
gut vorstehen. 13Denn die, die als
Schammaschim gut dienen, erwer-
ben sich selbst einen guten Stand
und große Kühnheit in dem Ver-
trauen, das durch Jeschua den
Messias kommt.
14Ich hoffe, dich bald zu besuchen;
aber ich schreibe diese Dinge, 15da-
mit du, wenn ich mich verspäte,
weißt, wie man sich im Haus Got-
tes, das ist die messianische Gemein-
schaft des lebendigen Gottes, die
Säule und Stütze der Wahrheit, ver-
halten soll. 16Über allen Zweifel er-
haben ist die vormals verborgene

Wahrheit, die unserem Glauben zugrundeliegt:

Er wurde manifestiert im Leib und hat sich als gerecht erwiesen im Geist, gesehen von Engeln und verkündet unter den Heiden, ihm wurde vertraut in der ganzen Welt, und er wurde aufgenommen in den Himmel in Herrlichkeit.

4 1Der Geist sagt ausdrücklich, daß in der *Acharit Ha Jamim* manche Menschen vom Glauben abfallen werden, indem sie ihre Aufmerksamkeit Lügengeistern schenken und Dingen, die von Dämonen gelehrt werden. 2Solche Lehren kommen aus der Heuchelei von Lügnern, deren eigenes Gewissen gebrannt wurde wie mit einem rotglühenden Brandeisen. 3Sie verbieten die Ehe und fordern Enthaltsamkeit von Speisen, die Gott geschaffen hat, damit sie mit Danksagung gegessen werden von denen, die zum Vertrauen gefunden und die Wahrheit erkannt haben. 4Denn alles, was Gott geschaffen hat, ist gut, und nichts, das mit Danksagung angenommen wird, muß verworfen werden, 5denn das Wort Gottes und das Gebet heiligen es.

6Wenn du all das den Brüdern vorlegst, dann dienst du dem Messias Jeschua gut; es wird sich erweisen, daß du die Worte des Glaubens und der guten Lehre, der du gefolgt bist, verdaut hast. 7Gottlose *Bube-Mehses* aber weise zurück und übe dich in Gottesfürchtigkeit. 8Denn die leibliche Ertüchtigung hat zwar auch ihren Wert, die Gottesfürchtigkeit aber ist nützlich für alles, denn sie enthält Verheißungen für das gegenwärtige wie für das zukünftige Leben. 9Hier ist eine Aussage, der du vertrauen kannst, eine, die es voll und ganz verdient, angenommen zu werden 10(ja, sie ist es, für die wir uns abmühen und nach der wir streben): Wir haben unsere Hoffnung auf einen lebendigen Gott gesetzt, der der Erlöser der ganzen Menschheit ist, insbesondere aber derer, die glauben.

11Gebiete diese Dinge und lehre sie. 12Möge niemand wegen deiner Jugend auf dich herabsehen; im Gegenteil, gib den Gläubigen in deiner Rede, deinem Verhalten, deiner Liebe, deinem Vertrauen und deiner Reinheit ein Beispiel. 13Bis ich komme, achte auf die öffentliche Lesung der Schrift. 14Vernachlässige deine Gabe nicht, die du durch eine Prophezeiung erhalten hast, als die Versammlung der Ältesten dir die *Semichah* gab. 15Sei fleißig in dieser Arbeit, konzentriere dich ganz auf sie, damit dein Fortschritt jedermann deutlich werde. 16Achte auf dich selbst und auf die Lehre und bleibe in ihr, denn indem du das tust, wirst du

---

Acharit Ha Jamim – »das Ende der Tage«, die letzte(n) Zeit(en)
Bube-Mehses – Altweiberfabeln, alberne Geschichten
Chavah – Eva
Jeschua – Jesus
Schammaschim – diejenigen, die beim Gottesdienst dienen, Diakone
Semichah – Ordination, Bevollmächtigung (durch Handauflegung)

dich selbst und die, die dich hören,
erlösen.

5 1Einen älteren Mann weise
nicht mit scharfen Worten zu-
recht, sondern rede mit ihm, wie du
es mit einem Vater tun würdest;
jüngere Männer behandle wie Brü-
der, 2ältere Frauen wie Mütter und
jüngere Frauen wie Schwestern, in
vollkommener Reinheit.

3Den Witwen, die in Not sind, er-
weise Achtung. 4Wenn aber eine
Witwe Kinder oder Enkelkinder
hat, dann mögen diese zuerst lernen,
ihrer eigenen Familie gegenüber ihre
religiöse Pflicht zu erfüllen und auf
diese Weise etwas von dem, was sie
ihren Vorfahren schulden, zurück-
zuzahlen, denn das ist annehmbar in
den Augen Gottes. 5Die Witwe
aber, die wirklich in Not ist, die, die
ganz allein zurückgeblieben ist, hat
ihre Hoffnung auf Gott gesetzt und
bittet und betet Tag und Nacht.
6Diejenige hingegen, die ausschwei-
fend ist, ist bereits tot, obschon sie
lebt. 7Darüber unterweise sie, damit
man ihnen nichts vorwerfen kann.
8Außerdem hat jeder, der nicht für
sein eigenes Volk, besonders für sei-
ne Familie, sorgt, den Glauben ver-
leugnet und ist schlimmer als ein
Ungläubiger.

9Eine Witwe möge nur dann in
die Liste der Witwen eingeschrie-
ben werden, wenn sie über sechzig
Jahre alt ist, ihrem Mann treu war
10und bekannt ist für ihre guten
Werke – als eine, die ihre Kinder
gut aufgezogen hat, gastfrei war,
dem Volk Gottes die Füße gewa-
schen hat, denen, die in Not wa-
ren, half und alle Arten von gutem
Werk getan hat.

11Doch nehmt keine jüngeren
Witwen in die Liste auf, denn wenn
sie anfangen, natürliche Leiden-
schaften in sich zu spüren, die sie
dem Messias entfremden, möchten
sie heiraten. 12Damit verfallen sie der
Verdammnis, weil sie das Vertrauen,
das sie zuerst hatten, verworfen ha-
ben. 13Außerdem lernen sie, faul zu
sein, indem sie von Haus zu Haus
gehen; und nicht nur faul, sie wer-
den auch zu Klatschweibern, die
sich wichtig tun und Dinge sagen,
die sie nicht sagen sollten. 14Deshalb
sähe ich es lieber, wenn die jüngeren
Witwen heirateten, Kinder bekämen
und ihr Haus versorgten, damit die
Gegenseite keine Gelegenheit hat,
uns zu verlästern. 15Denn schon ha-
ben sich manche abgekehrt und fol-
gen dem Widersacher.

16Wenn eine Gläubige Verwandte
hat, die Witwen sind, sollte sie ihnen
helfen – die Gemeinde sollte nicht
damit belastet werden, damit sie
Witwen helfen kann, die wirklich in
Not sind.

17Die Leiter, die ihre Gemeinde
gut führen, sollten zweifacher Ehre
für wert erachtet werden, insbe-
sondere die, die hart arbeiten für
die Vermittlung des Wortes und in
der Lehre. 18Denn die *Tenach* sagt:
**»Du sollst einem Ochsen, wenn
er das Korn tritt, keinen Maul-
korb anlegen.«**[b] Mit anderen Wor-
ten: »Der Arbeiter verdient seinen

b Dtn 25,4

Lohn.« [19]Auf eine Anschuldigung gegen einen Leiter höre nicht, es sei denn, sie wird **von zwei oder drei Zeugen** bestätigt.[c] [20]Jene Leiter, die weiter sündigen, weise vor der ganzen Gemeindeversammlung zurecht, als eine Warnung für andere. [21]Vor Gott, dem Messias Jeschua und den erwählten Engeln gebe ich dir feierlich den Auftrag, diese Anweisungen zu befolgen, keine Vorurteile zu hegen und keine Günstlingswirtschaft zu betreiben. [22]Sei nicht voreilig damit, jemand die *Semichah* zu gewähren, und habe nicht teil an den Sünden der anderen – halte dich rein.

[23]Trinke nicht nur Wasser; trinke statt dessen ein wenig Wein um deiner Verdauung und deiner häufigen Krankheiten willen.

[24]Die Sünden mancher Leute sind offensichtlich und gehen ihnen voraus zum Gericht, anderen dagegen folgen ihre Sünden nach. [25]Ebenso sind auch gute Werke offensichtlich; und selbst wenn sie es nicht sind, können sie nicht verborgen bleiben.

6 [1]Diejenigen, die unter dem Joch der Sklaverei sind, sollen ihre Herren allen Respekts für wert erachten, damit der Name Gottes und die Lehre nicht in Mißkredit gebracht werden. [2]Und jene, die gläubige Herren haben, sollen ihnen nicht deshalb weniger Respekt erweisen, weil sie Brüder sind; im Gegenteil, sie sollen um so eifriger dienen, da die, die von ihrem Dienst Nutzen haben, Gläubige sind, die sie lieben.

Lehre die Menschen diese Dinge und halte sie dazu an. [3]Wenn jemand anders lehrt und den heilsamen Geboten unseres Herrn, Jeschua des Messias, und der Lehre, die im Einklang mit der Gottesfürchtigkeit steht, nicht zustimmt, [4]so ist er hochmütig und versteht nichts. Er beweist vielmehr ein krankhaftes Streben nach Streitigkeiten und Wortgefechten, aus denen Eifersucht, Zwietracht, Schmähungen, böse Verdächtigungen [5]und ständiger Zank entstehen unter den Leuten, deren Verstand nicht mehr richtig arbeitet und die die Wahrheit entbehren, so daß sie glauben, Religion sei ein Weg, reich zu werden. [6]Nun stimmt es zwar, daß die wahre Religion große Reichtümer schenkt, doch nur denen, die zufrieden sind mit dem, was sie haben. [7]Denn wir haben nichts mit in die Welt gebracht; und wir können nichts mit hinausnehmen; [8]wenn wir also Speise und Kleidung haben, sind wir zufrieden damit. [9]Außerdem geraten jene, deren Ziel es ist, reich zu sein, leicht in Versuchung; sie lassen sich fangen in vielen törichten und schädlichen Begierden, die sie ins Verderben und in die Zerstörung stürzen. [10]Denn die Liebe zum Geld ist die Wurzel allen Übels; um dieser Begierde willen sind manche Leute

c Dtn 17,6; 19,15

Jeschua – Jesus

Semichah – Ordination, Bevollmächtigung (durch Handauflegung)

Tenach – die hebr. Bibel, das Alte Testament

vom Glauben abgefallen und haben
sich selbst mit vielen Schmerzen
durchbohrt.

11 Du aber, als Mann Gottes, fliehe
diese Dinge; und jage Gerechtigkeit,
Gottesfürchtigkeit, Treue, Liebe,
Standhaftigkeit und Sanftmut nach.
12 Kämpfe den guten Kampf des
Glaubens, ergreife das ewige Leben,
zu dem du berufen wurdest, als du
vor so vielen Zeugen deinen Glau-
ben bezeugt hast. 13 Vor Gott, der al-
len Dingen Leben gibt, und vor dem
Messias Jeschua, der in seinem
Zeugnis vor Pontius Pilatus dasselbe
gute Zeugnis gab, erteile ich dir den
Auftrag, 14 deinen Dienst ohne Fehl
und Tadel auszuüben, bis unser
Herr, Jeschua der Messias, erscheint.
15 Seine Erscheinung wird zu ihrer
Zeit herbeigeführt werden durch
den gesegneten und einzigen Herr-
scher, der der König der Könige
und Herr der Herren ist, 16 der allein
unsterblich ist, der in unzugängli-
chem Licht wohnt, das kein Sterbli-
cher je gesehen hat noch sehen kann
– ihm sei Ehre und ewige Macht.
Amen.

17 Was die betrifft, die Reichtümer
in dieser gegenwärtigen Welt haben,
so gebiete ihnen, nicht stolz zu sein
und ihre Hoffnung nicht auf die
Unsicherheiten der Reichtümer zu
setzen, sondern auf Gott, der uns im
Überfluß alles gibt, zu unserer Freu-
de. 18 Gebiete ihnen, Gutes zu tun,
reich zu sein an guten Werken,
großzügig zu sein und bereit zu tei-
len. 19 So werden sie sich selbst eine
gute Grundlage für die Zukunft an-
sammeln, so daß sie das wirkliche
Leben erlangen.

20 O Timotheus! Bewahre, was dir
anvertraut wurde. Kehre dich ab
von dem gottlosen Gerede und den
Gegenargumenten dessen, was
fälschlich »Erkenntnis« genannt
wird. 21 Denn viele, die diese »Er-
kenntnis« versprechen, haben, was
den Glauben angeht, das Ziel ver-
fehlt.

DER ZWEITE BRIEF VON JESCHUAS GESANDTEM SCHA-UL (PAULUS) AN TIMOTHEUS:

DER ZWEITE TIMOTHEUSBRIEF

1 1Von: Scha-ul, einem Gesand-
ten des Messias Jeschua durch
den Willen Gottes, der die Verhei-
ßung des Lebens in Aussicht stellt
durch die Vereinigung mit dem
Messias Jeschua

2An: Timotheus, meinen lieben
Sohn:

Gnade, Barmherzigkeit und *Scha-
lom* von Gott dem Vater und dem
Messias Jeschua, unserem Herrn.

3Ich danke Gott, den ich, wie es
meine Vorväter taten, mit reinem
Gewissen anbete, während ich re-
gelmäßig deiner gedenke in meinen
Gebeten Tag und Nacht. 4Ich denke
an deine Tränen und ich sehne mich,
dich zu sehen, damit ich mit Freude
erfüllt werde. 5Ich erinnere mich an
dein aufrichtiges Vertrauen, das glei-
che Vertrauen, das deine Großmut-
ter Lois und deine Mutter Eunike
vor dir hatten; und ich bin über-
zeugt, daß auch du jetzt dieses Ver-
trauen hast.

6Aus diesem Grund erinnere ich
dich daran, die Flamme der Gabe
Gottes zu schüren, die du durch die
Semichah von mir empfangen hast.
7Denn Gott gab uns einen Geist, der
nicht Furchtsamkeit hervorbringt,
sondern Kraft, Liebe und Selbstbe-
herrschung. 8So schäme dich nun
nicht, daß du für unseren Herrn
oder für mich, seinen Gefangenen,
gezeugt hast. Im Gegenteil, nimm
deinen Teil des Leidens für die Gute
Nachricht auf dich. Gott wird dir
die Kraft dazu geben, 9da er uns er-
löst und uns zu einem Leben der
Heiligkeit als sein Volk berufen hat.
Das geschah nicht aufgrund unserer
Werke, sondern aufgrund seines ei-
genen Planes und der Gnade, die er
uns, die wir vereint sind mit dem
Messias Jeschua, schenkte. Er tat das
bereits vor dem Beginn der Zeit,
10machte es aber erst jetzt durch das
Erscheinen unseres Erlösers, des
Messias Jeschua, offenbar, der den
Tod vernichtete und durch die Gute
Nachricht Leben und Unsterblich-
keit offenbarte.

11Für diese Gute Nachricht nun
wurde ich zum Verkünder, Gesand-
ten und Lehrer der *Gojim* ernannt;

Amen – so sei es
Gojim – die Nationen, Völker, Heiden
Jeschua – Jesus
Schalom – Friede
Scha-ul – Saulus (Paulus)
Semichah – Ordination, Bevollmächtigung (durch Handauflegung)

12und deshalb leide ich auch, wie ich
es tue. Doch ich schäme mich nicht,
denn ich weiß, auf wen ich mein
Vertrauen gesetzt habe, und ich bin
überzeugt, daß er das, was er mir
anvertraut hat, bis zu jenem Tag si-
cher bewahren kann. 13Folge dem
Vorbild der heilsamen Lehren, die
du von mir gehört hast, mit Ver-
trauen und mit der Liebe, die dein
ist im Messias Jeschua. 14Bewahre
den großen Schatz, der dir anver-
traut wurde, mit der Hilfe des *Ru-
ach Ha Kodesch*, der in uns lebt.

15Du weißt, daß jeder in der Pro-
vinz Asien sich von mir abgekehrt
hat, auch Phylegus und Ermogenes.
16Möge der Herr Erbarmen haben
mit dem Haus des Onesiphorus,
denn er war mir oft ein Trost und
schämte sich auch nicht, mich im
Gefängnis zu besuchen. 17Im Ge-
genteil, als er nach Rom kam, suchte
er eifrig nach mir und fand mich.
18Möge der Herr ihm gewähren, daß
er an jenem Tag Gnade finde von
Adonai. Und du weißt sehr gut, wie
sehr er mir in Ephesus geholfen hat.

2 1So mögest nun du, mein
Sohn, ausgestattet werden mit
der Gnade, die vom Messias Jeschua
kommt. 2Und die Dinge, die du von
mir gehört hast und die durch viele
Zeugen bestätigt wurden, diese Din-
ge gib weiter an treue Menschen, die
ihrerseits fähig sind, andere zu leh-
ren. 3Nimm deinen Teil des Leidens
auf dich, wie ein guter Soldat des
Messias Jeschua. 4Kein Soldat, der
Dienst tut, läßt sich in zivile Angele-
genheiten verwickeln, denn er muß
seinem Befehlshaber gefallen. 5Auch
ein Athlet kann keinen Wettbewerb
gewinnen, wenn er nicht gemäß den
Regeln antritt. 6Der Bauer, der die
harte Arbeit getan hat, sollte der er-
ste sein, der einen Teil der Ernte
empfängt. 7Denke über das nach,
was ich sage, denn der Herr wird dir
die Fähigkeit schenken, alles zu ver-
stehen.

8Gedenke Jeschuas des Messias,
der von den Toten auferweckt wur-
de, der ein Nachkomme Davids
war. Das ist die Gute Nachricht, die
ich verkünde 9und für die ich leide,
ja in Ketten liege – das Wort Gottes
aber ist nicht in Ketten gebunden!
10Warum ertrage ich das alles? Um
derer willen, die erwählt wurden,
damit auch sie die Erlösung erlan-
gen, die durch den Messias Jeschua
kommt, mit ewiger Herrlichkeit.
11Hier ist eine Aussage, der du ver-
trauen kannst:

Wenn wir mit ihm gestorben sind,
werden wir auch mit ihm leben.

12Wenn wir ausharren, werden wir
auch mit ihm herrschen.

Wenn wir ihn verleugnen, wird
auch er uns verleugnen.

13Wenn wir treulos sind, bleibt er
doch treu, denn er kann sich selbst
nicht verleugnen.

14Dies rufe den Menschen ins Ge-
dächtnis und gebiete ihnen feierlich
vor dem Herrn, sich nicht in Wort-
gefechten zu verlieren. Sie erreichen
nichts Nützliches damit und sind
ein Unglück für die Hörer! 15Tu,

was du kannst, vor Gott als einer dazustehen, der seiner Billigung würdig ist, als ein Arbeiter, der sich nicht schämen muß, weil er aufrichtig mit dem Wort der Wahrheit umgeht. [16]Aber enthalte dich gottlosen Redens, denn die, die solches tun, werden nur immer noch gottloser, [17]und ihre Lehre wird die Menschen verzehren wie ein Geschwür. Hymenäus und Philetus gehören zu diesen; [18]sie haben das Ziel verfehlt, soweit es den Glauben betrifft, indem sie sagten, daß unsere Auferstehung bereits stattgefunden habe; und sie zerstören den Glauben mancher Menschen. [19]Dennoch bleibt der feste Grund Gottes bestehen, und diese Worte sind ihm aufgeprägt: »**Der Herr kennt sein Eigentum**«,[a] und »**Jeder, der behauptet, er gehöre zum Herrn, soll sich des Unrechttuns enthalten.**«[b]

[20]In einem großen Haus sind Teller und Becher nicht nur aus Gold und Silber, sondern auch aus Holz und Ton. Das heißt, manche sind für den ehrenvollen Gebrauch bestimmt und manche für den nicht ehrenvollen. [21]Wenn ein Mensch sich der Verunreinigung durch letzteren enthält, wird er ein Gefäß sein, ausgesondert für den ehrenvollen Gebrauch durch den Herrn des Hauses und bereit für alle Arten von gutem Werk. [22]Deshalb fliehe die Leidenschaften deiner Jugend; und jage, gemeinsam mit all denen, die den Herrn mit reinem Herzen anrufen, der Gerechtigkeit, der Treue, der Liebe und dem Frieden nach. [23]Aber enthalte dich dummer und ungelehrter Streitfragen – du weißt, daß sie zu Streitigkeiten führen, [24]und ein Sklave des Herrn sollte nicht streiten. Im Gegenteil, er sollte freundlich zu jedem sein, ein guter Lehrer, und nicht rachsüchtig, wenn er schlecht behandelt wird. [25]Und er sollte gütig sein, wenn er seine Gegner berichtigt. Denn Gott gibt ihnen vielleicht die Möglichkeit, sich von ihren Sünden abzukehren und die volle Erkenntnis der Wahrheit zu erlangen, [26]zur Vernunft zu kommen und der Falle des Widersachers zu entfliehen, nachdem sie lebendig von ihm gefangen wurden, seinen Willen zu tun.

3 [1]Darüber hinaus verstehe folgendes: In der *Acharit Ha Jamim* werden Zeiten der Bedrängnis kommen. [2]Die Menschen werden eigensüchtig sein, sie werden das Geld lieben, ihren Eltern ungehorsam sein, werden undankbar, unheilig, [3]herzlos, unversöhnlich, verleumderisch, ohne Selbstbeherrschung, grausam sein, sie werden das Gute hassen, [4]werden Verräter sein, halsstarrig, hochmütig, und sie werden das Vergnügen mehr

a Num 16,5; Nah 1,7
b Num 16,26

Adonai – der HERR, Jahwe
Acharit Ha Jamim – »das Ende der Tage«, die letzte(n) Zeit(en)
Jeschua – Jesus
Ruach Ha Kodesch – Heiliger Geist

lieben als Gott, 5während sie zwar die äußere Form der Religion wahren, ihre Macht aber leugnen.

Halte dich fern von solchen Leuten! 6Denn manche von ihnen schleichen sich ein in die Häuser und gewinnen Einfluß auf die Frauen, die einen schwachen Willen haben, mit Sünden beladen sind und von mancherlei Begierden getrieben, 7die allezeit lernen, aber niemals zur vollen Erkenntnis der Wahrheit kommen. 8So wie Jannes und Jambres sich Mose widersetzt haben, so widersetzen sich diese Menschen der Wahrheit. Es sind Leute mit verderbtem Sinn, deren Vertrauen die Prüfung nicht bestehen kann. 9Sie werden aber nicht weit kommen; denn alle werden sehen, wie dumm sie sind, wie es auch mit jenen beiden geschah.

10Du aber bist meiner Lehre, meinem Tun, meinem Lebenszweck, meiner Standhaftigkeit, Liebe und Geduld streng nachgefolgt – 11wie auch meinen Verfolgungen und Leiden, die mich in Antiochia, Ikonion und Lystra ereilten. Was habe ich für Verfolgungen erlitten! Doch der Herr hat mich aus allen errettet. 12Und wahrhaftig, alle, die ein gottesfürchtiges Leben führen wollen, vereint mit dem Messias, werden verfolgt werden, 13während es mit bösen Menschen und Betrügern, die andere betrügen und selbst betrogen werden, immer schlimmer werden wird.

14Du aber bleibe in dem, was du gelernt hast und wovon du überzeugt bist, und gedenke der Menschen, von denen du es gelernt hast; 15und denke auch daran, wie du von Kindheit an die Heilige Schrift gekannt hast, die dir die Weisheit geben kann, die zur Erlösung führt durch das Vertrauen in Jeschua den Messias. 16Die ganze Schrift atmet Gott und ist wertvoll, die Wahrheit zu lehren, der Sünde zu überführen, Fehler zu berichtigen und sich im rechten Lebenswandel zu üben; 17damit jeder, der zu Gott gehört, aufs beste zu jedem guten Werk ausgestattet sei.

4 1Vor Gott und dem Messias Jeschua, der die Lebendigen und die Toten richten wird, wenn er erscheint und sein Reich errichtet, gebiete ich dir feierlich: 2Verkünde das Wort! Sei bei der Hand damit, ob der Zeitpunkt nun richtig scheint oder nicht. Überzeuge, strafe und ermahne mit nie erlahmender Langmut und Lehre.

3Denn die Zeit kommt, wenn die Menschen keine Geduld für die heilsame Lehre haben werden, sondern ihren Begierden nachgeben und Lehrer um sich sammeln, die ihnen sagen, was immer ihre Ohren hören wollen. 4Ja, sie werden nicht mehr auf die Wahrheit hören, sondern werden sich abwenden und Mythen folgen.

5Du aber bleibe standhaft in jeder Situation, ertrage Leid, tu das Werk, das ein Verkündiger der Guten Nachricht tun sollte, und tu alles, was dein Dienst für Gott verlangt.

6Denn was mich betrifft, so bin ich bereits auf dem Altar ausgegossen; ja, die Zeit für meinen Abschied ist gekommen. [7]Ich habe den guten Kampf gekämpft, ich habe das Rennen beendet, ich habe den Glauben bewahrt. [8]Alles, was mich nun erwartet, ist die Krone der Gerechtigkeit, die der Herr, der »Gerechte Richter«, mir an jenem Tag gewähren wird – und nicht nur mir, sondern allen, die sich gesehnt haben, daß er komme.

[9]Tu dein Bestes, bald zu mir zu kommen. [10]Denn Demas hat mich, weil er in Liebe zu dieser gegenwärtigen Welt entbrannt ist, verlassen und ist fortgegangen nach Thessalonich; Kreszenz ist nach Galatien gegangen; Titus nach Dalmatien – [11]nur Lukas ist noch bei mir. Bring Markus mit dir, denn er ist ein sehr nützlicher Helfer bei meiner Arbeit. [12]Tychikus habe ich nach Ephesus gesandt. [13]Wenn du kommst, bring den Mantel mit, den ich bei Karpus in Troas gelassen habe, und auch die Schriftrollen, vor allem die Pergamente. [14]Alexander der Schmied hat mir viel Leid angetan; der Herr wird **ihm nach seinen Werken heimzahlen;**[c] [15]und du hüte dich vor ihm, denn er widersetzt sich nach Kräften allem, was wir gesagt haben.

[16]Das erste Mal, als ich mich verteidigen mußte, stand mir niemand bei; alle haben mich verlassen – es möge ihnen nicht angerechnet werden. [17]Der Herr aber stand mir bei und gab mir Kraft, die ganze Botschaft zu verkünden, damit alle *Gojim* sie hörten, und ich wurde **aus dem Rachen des Löwen errettet.**[d] [18]Der Herr wird mich erretten aus jedem bösen Angriff und mich sicher in sein himmlisches Reich holen. Ihm sei die Herrlichkeit für immer und ewig. *Amen.*

[19]Grüße Priszilla und Aquila und das Haus des Onesiphorus. [20]Erastus ist in Korinth geblieben, und Trophimus habe ich krank in Milet zurückgelassen. [21]Tu dein Bestes, noch vor dem Winter zu kommen. Eubulus schickt dir Grüße, ebenso Pudens, Linus, Claudia und alle Brüder.

[22]Der Herr sei mit deinem Geist. Gnade sei mit dir.

c 2 Sam 3,39; Ps 28,4; 62,13; Spr 24,12

d Ps 22,22; Dan 6,21.23

Amen – so sei es
Gojim – die Nationen, Völker, Heiden
Jeschua – Jesus

DER BRIEF VON JESCHUAS
GESANDTEM SCHA-UL (PAULUS)
AN

TITUS

1 [1]Von: Scha-ul, Sklave Gottes
und ein Gesandter Jeschuas
des Messias, gesandt, unter Gottes
erwähltem Volk das Vertrauen und
die Erkenntnis der Wahrheit zu för-
dern, die zu Gottesfürchtigkeit führt
[2]und gegründet ist auf die feste
Hoffnung auf ewiges Leben. Gott,
der nicht lügt, hat dieses Leben ver-
heißen schon vor dem Beginn der
Zeit, [3]hat dieses Wort jedoch erst zu
seiner Zeit offenbar gemacht durch
eine Verkündigung, mit der ich auf
Befehl Gottes, unseres Erlösers, be-
traut wurde.

[4]An: Titus, einen wahren Sohn in
dem Glauben, den wir teilen:

Gnade und *Schalom* von Gott
dem Vater und vom Messias Je-
schua, unserem Erlöser.

[5]Der Grund, aus dem ich dich auf
Kreta zurückließ, war, daß du dich
um die Dinge, die noch nicht in
Ordnung sind, kümmerst und in je-
der Stadt Gemeindeleiter ernennst –
so lauteten meine Anweisungen.
[6]Ein Gemeindeleiter muß untadelig
sein, Mann einer einzigen Frau, und
gläubige Kinder haben, die nicht für
ihre Ungebärdigkeit und Aufleh-
nung berüchtigt sind. [7]Denn ein
Aufseher muß als einer, der mit den
Angelegenheiten Gottes betraut ist,
untadelig sein – er darf nicht eigen-
mächtig oder aufbrausend sein, er
darf nicht über die Maßen trinken,
kein Schläger sein und nicht uneh-
renhaftem Gewinn nachjagen. [8]Im
Gegenteil, er muß gastfrei sein, dem
Guten ergeben, nüchternen Sinnes,
aufrichtig, heilig und selbstbe-
herrscht. [9]Er muß festhalten an der
vertrauenswürdigen Botschaft, die
mit der Lehre übereinstimmt; damit
er durch seine heilsame Lehre fähig
ist, zu ermahnen und zu ermutigen
und diejenigen zu widerlegen, die
dagegenreden.

[10]Denn es sind viele, insbesondere
aus der Beschneidungs-Partei, die
sich auflehnen, die mit ihrem leeren
und trügerischen Gerede den Sinn
der Menschen verführen. [11]Sie müs-
sen zum Schweigen gebracht wer-
den; denn sie versetzen ganze Haus-
halte in Aufruhr, indem sie lehren,
was zu lehren nicht ihre Aufgabe ist,
und sie tun es um unehrenhaften
Gewinns willen. [12]Sogar einer von
Kretas eigenen Propheten hat ge-
sagt: »Alle Kreter sind Lügner, böse
Tiere, faule Schlemmer« – [13]und es
stimmt! Deshalb mußt du streng
sein, wenn du die zurechtweist, die

dieser falschen Lehre gefolgt sind, damit sie wieder gesund werden in ihrem Vertrauen [14]und nicht länger auf judaistische Mythen hören oder auf die Gebote von Menschen, die die Wahrheit ablehnen.

[15]Allen, die selbst rein sind, ist alles rein. Denen aber, die verunreinigt sind und ohne Vertrauen, ist nichts rein – sogar ihr Verstand und ihr Gewissen wurden verunreinigt. [16]Sie behaupten, Gott zu kennen, doch mit ihren Handlungen verleugnen sie ihn. Sie sind hassenswert und ungehorsam; sie haben selbst bewiesen, daß sie zu nichts Gutem taugen.

2 [1]Du aber erkläre, welches Verhalten mit der heilsamen Lehre einhergeht. [2]Fordere die älteren Männer auf, ernst zu sein, vernünftig, selbstbeherrscht und gesund in ihrem Vertrauen, ihrer Liebe und Geduld.

[3]Ebenso fordere die älteren Frauen auf, sich zu benehmen, wie es Leute, die ein heiliges Leben führen, tun sollen. Sie sollen keine Verleumderinnen sein oder Sklavinnen übermäßigen Trinkens. Sie sollen lehren, was gut ist, [4]und auf diese Weise den jüngeren Frauen beibringen, ihre Männer und Kinder zu lieben, [5]selbstbeherrscht und rein zu sein, ihren Haushalt gut zu versorgen und sich ihren Männern zu unterwerfen. So wird die Botschaft Gottes nicht in Mißkredit gebracht werden.

[6]Ähnlich fordere auch die jungen Männer zu Selbstbeherrschung auf [7]und stelle ihnen dich selbst in allem als Beispiel vor Augen, indem du tust, was gut ist. Wenn du lehrst, geschehe es mit Rechtschaffenheit und Ernst; [8]alles, was du sagst, sei so gut und unanfechtbar, daß ein Gegner beschämt wird, weil er nichts Schlechtes über uns zu sagen weiß.

[9]Den Sklaven gebiete, sich ihren Herren in allem zu unterwerfen, ihnen zu gefallen, ohne zu widersprechen, [10]und nicht zu stehlen. Im Gegenteil, sie sollen allezeit absolute Treue zeigen, damit sie die Lehre von Gott unserem Erlöser in jeder Hinsicht attraktiver machen.

[11]Denn die Gnade Gottes, die Erlösung bringt, ist allen Menschen erschienen. [12]Sie lehrt uns, Gottlosigkeit und weltliche Vergnügungen aufzugeben und jetzt, in dieser Zeit, ein selbstbeherrschtes, aufrechtes und gottesfürchtiges Leben zu führen; [13]und auf die gesegnete Erfüllung unserer festen Hoffnung zu warten, auf das Erscheinen der *Schechinah* unseres großen Gottes und das Erscheinen unseres Erlösers, Jeschuas des Messias. [14]Er hat sich unseretwegen hingegeben, um uns aus aller Verletzung der *Torah* zu befreien und für sich selbst ein Volk zu reinigen, das sein Eigentum sei, begierig, Gutes zu tun.

Jeschua – Jesus
Schalom – Friede
Scha-ul – Saulus (Paulus)
Schechinah – »Einwohnung Gottes«, Gottes herrliche Gegenwart
Torah – Weisung, Lehre, das »Gesetz«, der Pentateuch (die 5 Bücher Mose)

15Das sind die Dinge, die du sagen
sollst. Ermutige und weise zurecht
mit aller Vollmacht; niemand möge
auf dich herabsehen.

3 1Ermahne die Menschen, sich
der Regierung und ihren Be-
amten zu unterwerfen, ihnen zu ge-
horchen, bereit zu sein zu jeder Art
von ehrbarer Arbeit, 2niemanden zu
verleumden, nicht zu streiten,
freundlich zu sein und sanftmütig
gegen jedermann.

3Denn einst waren auch wir tö-
richt und ungehorsam, getäuscht
und geknechtet von vielen Leiden-
schaften und Vergnügungen. Wir
verbrachten unsere Tage in Bosheit
und Neid; die Menschen haßten
uns, und wir haßten einander.
4Doch als die Sanftmut und Liebe
Gottes unseres Erlösers zur
Menschheit offenbart wurde, 5erlö-
ste er uns. Und zwar nicht auf-
grund irgendwelcher gerechten
Werke, die wir getan hatten, son-
dern aufgrund seiner eigenen
Barmherzigkeit. Er tat es durch die
Mikveh der Wiedergeburt und
durch die Erneuerung, die der *Ru-
ach Ha Kodesch* bringt, 6den er
freigebig über uns ausgoß durch
Jeschua den Messias, unseren Erlö-
ser. 7Er tat dies, damit wir durch
seine Gnade bei Gott für gerecht
erachtet und zu Erben würden,
mit der festen Hoffnung auf ewi-
ges Leben. 8Du kannst dem, was
ich soeben gesagt habe, vertrauen,
und ich möchte, daß du mit Zu-
versicht von diesen Dingen
sprichst, damit die, die ihr Ver-
trauen auf Gott gesetzt haben, sich
selbst der Aufgabe widmen, gute
Werke zu tun. Diese sind in sich
selbst gut und zugleich wertvoll
für die Gemeinschaft.

9Meide dumme Streitfragen, Ge-
schlechtsregister, Zankereien und
Streitigkeiten über die *Torah*; denn
sie sind nutzlos und fruchtlos. 10Ei-
nen Sektierer warne einmal, dann
ein zweites Mal; und danach habe
nichts mehr mit ihm zu tun. 11Du
kannst gewiß sein, daß ein solcher
Mensch verkehrt ist und sündigt; er
ist durch sich selbst verdammt.

12Wenn ich Artemas oder Tychi-
kus zu dir schicken werde, tu dein
Bestes, zu mir nach Nikopolis zu
kommen, denn ich habe beschlos-
sen, den Winter hier zu verbringen.
13Zenas, dem *Torah*-Experten, und
Apollos hilf nach Kräften bei ihren
Reisevorbereitungen, damit es ihnen
an nichts mangle. 14Und lehre unse-
re eigenen Leute, sich guten Werken
zu widmen, die wirklichen Nöten
abhelfen, damit sie nicht unfrucht-
bar seien.

15Alle, die bei mir sind, schicken
dir Grüße. Richte unseren Freunden
im Glauben unsere Grüße aus.

Gnade sei mit euch allen.

*DER BRIEF VON JESCHUAS
GESANDTEM SCHA-UL (PAULUS)
AN*

PHILEMON

1 1Von: Scha-ul, einem Gefange-
nen um des Messias Jeschua
willen, und Bruder Timotheus

An: Unseren lieben Mitarbeiter
Philemon, 2zusammen mit Schwe-
ster Aphia, unseren Mit-Soldaten
Archippus und die Gemeinde, die
sich in deinem Haus versammelt:

3Gnade und *Schalom* dir von Gott
unserem Vater und dem Herrn, Je-
schua dem Messias.

4Ich danke meinem Gott jedes-
mal, wenn ich dich, Philemon, in
meinen Gebeten erwähne, 5denn
ich höre von deiner Liebe und
Hingabe an den Herrn Jeschua
und an das ganze Gottesvolk. 6Ich
bete, daß die Gemeinschaft, die auf
deine Hingabe gegründet ist, das
volle Verstehen alles Guten her-
vorbringt, das unser ist in der Ver-
einigung mit dem Messias. 7Denn
deine Liebe hat mir große Freude
bereitet und mir großen Mut ge-
macht. Bruder, du hast die Herzen
des Gottesvolkes erquickt.

8Deshalb würde ich nicht zö-
gern, dich in der Vereinigung mit
dem Messias anzuweisen, die Din-
ge zu tun, die du tun solltest.
9Aber weil ich, Scha-ul, der
Mensch bin, der ich bin, ein alter
Mann und, nebenbei gesagt, zur
Zeit ein Gefangener um des Messi-
as willen, ziehe ich es vor, mich
unter Berufung auf die Liebe an
dich zu wenden. 10Meine Bitte an
dich betrifft meinen Sohn, dessen
Vater ich hier im Gefängnis wur-
de, Onesimus. 11Sein Name bedeu-
tet »nützlich«, und obgleich er dir
einst nutzlos war, ist er jetzt doch
höchst nützlich geworden – nicht
nur dir, sondern auch mir; 12so
daß ich, wenn ich ihn dir zurück-
schicke, einen Teil meines Herzens
mitschicke. 13Ich hätte ihn liebend
gern hier bei mir behalten, damit
er mir an deiner Stelle diene, wäh-
rend ich um der Guten Nachricht
willen im Gefängnis bin. 14Aber
ich wollte nichts ohne deine Zu-
stimmung tun, damit das Gute, das
du für mich tust, freiwillig sei und
nicht erzwungen.

15Vielleicht wurde er eine kurze

Jeschua – Jesus
Mikveh – Sammlung des Wassers
Ruach Ha Kodesch – Heiliger Geist
Schalom – Friede
Scha-ul – Saulus (Paulus)
Torah – Weisung, Lehre, das »Gesetz«, der Pentateuch (die 5 Bücher Mose)

Zeit von dir getrennt, damit du ihn
für immer zurückbekommen kannst,
[16]nicht mehr als Sklaven, sondern als
mehr als einen Sklaven: als einen lie-
ben Bruder. Und das ist er, vor allem
für mich. Doch wieviel lieber noch
muß er dir sein, sowohl als Mensch
als auch in der Vereinigung mit dem
Herrn!

[17]Wenn du also Gemeinschaft mit
mir hast, nimm ihn auf, wie du mich
aufnehmen würdest. [18]Und wenn er
auf irgendeine Weise Unrecht getan
hat oder dir etwas schuldet, so rech-
ne es mir an.

[19]Ich, Scha-ul, schreibe mit eigener
Hand: Ich werde es zurückzahlen.

(Dabei will ich natürlich nicht da-
von sprechen, daß du selbst mir dein
Leben schuldest.) [20]Ja, Bruder, bitte,
tu mir diesen Gefallen im Herrn; er-
quicke mein Herz im Messias.

[21]In dem Vertrauen, daß du zu-
stimmend antworten wirst, schrei-
be ich, wohl wissend, daß du
wahrhaftig mehr tun wirst, als ich
erbitte.

[22]Noch eines: Bitte bereite einen
Raum für mich vor. Denn ich hoffe,
daß Gott mir durch die Gebete von
euch allen die Möglichkeit geben
wird, euch zu besuchen.

[23]Epaphras, mein Mitgefangener
um des Messias Jeschua willen,
schickt dir Grüße, [24]ebenso Markus,
Aristarchus, Demas und Lukas,
meine Mitarbeiter.

[25]Die Gnade des Herrn, Jeschua
des Messias, sei mit deinem Geist.

AN EINE GRUPPE

MESSIANISCHER JUDEN (HEBRÄERBRIEF)

1 1 Vor alters hat Gott auf viele
und verschiedene Weise durch
die Propheten zu den Vätern ge-
sprochen. 2 Nun aber, in der *Acharit
Ha Jamim*, hat er durch seinen Sohn
zu uns gesprochen, dem er alles ge-
geben hat und durch den er das
Universum erschaffen hat. 3 Dieser
Sohn ist das Leuchten der *Schechi-
nah*, die Verkörperung des Wesens
Gottes selbst, der alles, was ist,
durch sein mächtiges Wort erhält;
und als er durch sich selbst die Rei-
nigung von den Sünden vollbracht
hatte, **setzte** er **sich zur rechten
Hand der** *Ha Gedulah Ba Mero-
mim*.[a]

4 So ist er sehr viel besser als die
Engel geworden, und der Name,
den Gott ihm gegeben hat, ist den
ihren überlegen. 5 Denn zu welchem
Engel hat Gott jemals gesagt:

»Du bist mein Sohn; heute bin ich dein Vater geworden«?[b]

Und Gott hat auch nie von einem Engel gesagt:

»Ich will sein Vater sein, und er wird mein Sohn sein.«[c]

6 Und wiederum, als er seinen
Erstgeborenen in die Welt einführt,
sagt er:

»Mögen alle Engel Gottes ihn anbeten.«[d]

7 Wahrhaftig, wenn er von Engeln spricht, sagt er:

»...er macht seine Engel zu Winden und seine Knechte zu Feuerflammen;«[e]

8 zum Sohn aber spricht er:

**»Dein Thron, o Gott, wird für
immer und ewig währen; du
herrschst über dein Reich mit ei-
nem Zepter der Gerechtigkeit; 9 du
hast Gerechtigkeit geliebt und
Schlechtigkeit gehaßt.**

Deshalb, o Gott, hat dein Gott dich gesalbt mit dem Öl der Freude vor deinen Gefährten;«[f]

10 und:

---

a Ps 110,1
b Ps 2,7
c 2 Sam 7,14; 1 Chr 17,13
d Ps 97,7
e Ps 104,4
f Ps 45,7–8

Acharit Ha Jamim – »das Ende der Tage«, die letzte(n) Zeit(en)
Ha Gedulah Ba Meromim – »die Herrlichkeit (die Macht) in der Höhe«
Jeschua – Jesus
Scha-ul – Saulus (Paulus)
Schechinah – »Einwohnung Gottes«, Gottes herrliche Gegenwart

»Im Anfang, Herr, **hast du den Grund der Erde gelegt; der Himmel ist das Werk deiner Hände.**
[11]**Sie werden vergehen, du aber wirst bleiben; wie Kleidung werden sie veralten;** [12]**und du wirst sie zusammenfalten wie einen alten Mantel.**

Ja, sie werden verwandelt werden wie Kleidung, aber du bleibst derselbe, deine Jahre werden kein Ende nehmen.«[g]

[13]Und zu welchem der Engel hat er je gesagt:

»Sitze zu meiner rechten Hand, bis ich deine Feinde zum Fußschemel für deine Füße mache«?[h]

[14]Sind es nicht alles nur Geister, die dienen, ausgesandt, denen zu helfen, die Gott erlösen will?

2 [1]Deshalb müssen wir sehr viel sorgfältiger darauf achten, den Dingen zu folgen, die wir gehört haben, damit wir nicht in die Irre gehen.
[2]Denn wenn das Wort, das Gott durch Engel sprach, bindend wurde, so daß jede Verletzung und jeder Akt des Ungehorsams ihren gerechten Lohn in vollem Maße empfingen,
[3]wie sollen dann wir davonkommen, wenn wir eine so große Erlösung mißachten? Diese Erlösung, die zuerst vom Herrn verkündet wurde, wurde uns von denen bestätigt, die ihn hörten;
[4]während auch Gott sie durch mehrere Zeichen und Wunder und durch Gaben des *Ruach Ha Kodesch* bezeugte, die er austeilte, wie er wollte.

[5]Denn Gott hat den *Olam Habah*, von der wir hier reden, nicht Engeln untertan gemacht.
[6]Und es gibt einen Ort, wo jemand dieses feierliche Zeugnis gegeben hat:

»Was ist der Mensch, daß du dich mit ihm befaßt? Oder der Sohn des Menschen, daß du mit solcher Sorge über ihn wachst?
[7]**Du hast ihn wenig geringer als die Engel gemacht, du hast ihn mit Herrlichkeit und Ehre gekrönt,**
[8]**du hast ihm alles unterworfen und unter seine Füße gelegt.«**[i]

Indem er ihm **alles** unterwarf, ließ er nichts übrig, das ihm nicht unterworfen wäre. Im Augenblick aber sehen wir nicht, daß ihm **alles** unterworfen wäre – zumindest noch nicht.
[9]Aber was wir sehen, ist Jeschua – der wahrhaftig für **eine kurze** Zeit **geringer als die Engel gemacht wurde** –, jetzt **gekrönt mit Herrlichkeit und Ehre,** weil er den Tod erlitt, damit er durch Gottes Gnade für die ganze Menschheit den Tod schmecke.
[10]Denn indem er viele Söhne zur Herrlichkeit führte, war es nur angemessen, daß Gott, der Schöpfer und Bewahrer aller Dinge, den Urheber ihrer Erlösung durch Leiden zum Ziel bringen sollte.
[11]Denn Jeschua, der die Menschen für Gott aussondert, und die, die ausgesondert werden, haben einen gemeinsamen Ursprung – des-

g Ps 102,26–28
h Ps 110,1
i Ps 8,5–7

halb schämt er sich nicht, sie **Brüder** zu nennen, [12]wenn er sagt:

»Ich will deinen Namen meinen Brüdern verkünden; inmitten der Gemeinde will ich dir lobsingen.«[j]

[13]Und:

»Ich will mein Vertrauen auf ihn setzen ...«[k]

und es heißt weiter:

»Hier bin ich, zusammen mit den Kindern, die Gott mir gegeben hat.«[l]

[14]Deshalb, weil alle **Kinder** ihren menschlichen Leib gemein haben, wurde er ihnen gleich und teilte diesen menschlichen Leib; damit er durch seinen Tod demjenigen die Macht nehme, der Macht über den Tod hatte (das ist der Widersacher), [15]und auf diese Weise diejenigen befreie, die ihr ganzes Leben lang wegen ihrer Furcht vor dem Tod in Knechtschaft lagen.

[16]Es ist wahrhaftig offenbar, daß er sich nicht der Engel annimmt, um ihnen zu helfen; im Gegenteil:

»Er nimmt sich des Samens Avrahams an.«[m]

[17]Darum mußte er in jeder Hinsicht wie seine Brüder werden – damit er ein gnädiger und treuer *Kohen Gadol* im Dienst Gottes werde und eine *Kapparah* für die Sünden des Volkes mache. [18]Denn weil er selbst den Tod erlitt, als er auf die Probe gestellt wurde, kann er denen helfen, die jetzt geprüft werden.

j Ps 22,23
k Jes 8,17 (Septuaginta)
l Jes 8,18
m Jes 41,8–9

3

[1]Deshalb, Brüder, die Gott ausgesondert hat, die teilhaben an der Berufung vom Himmel, denkt sorgfältig nach über Jeschua, den wir öffentlich als Gesandten Gottes und als *Kohen Gadol* bekennen. [2]Er war Gott, der ihn ernannte, **treu**; so wie

»Mosche treu war im ganzen Haus Gottes«.[n]

[3]Jeschua aber gebührt größere Ehre als Mosche, wie dem Erbauer des **Hauses** größere Ehre gebührt als dem **Haus**. [4]Denn jedes **Haus** ist von jemandem erbaut, der aber, der alles erbaut hat, ist Gott.

[5]Und **Mosche war** zwar **treu** *im* ganzen Haus Gottes, als ein **Knecht**, der Zeugnis gab für Dinge, die Gott später offenbaren würde. [6]Der Messias aber **war** als Sohn **treu** *über* das **Haus Gottes**. Und dieses sein Haus sind wir, vorausgesetzt, wir halten fest am Mut und an der Zuversicht, die wir haben durch das, auf das wir hoffen.

n Num 12,7

Avraham – Abraham
Jeschua – Jesus
Kapparah – Versöhnung, Sühnegabe
Kohen Gadol – Hoherpriester
Mosche – Mose
Olam Habah – die kommende Welt, das kommende Zeitalter
Ruach Ha Kodesch – Heiliger Geist

[7]Deshalb, wie der *Ruach Ha Ko-*
desch sagt:

»Heute, wenn ihr die Stimme
Gottes hört, [8]verhärtet eure Her-
zen nicht, wie ihr es getan habt im
Bitteren Hader an jenem Tag in
der Wüste, als ihr Gott auf die
Probe stelltet.

[9]Ja, eure Väter stellten mich auf
die Probe; sie forderten mich her-
aus, und sie sahen mein Werk vier-
zig Jahre lang!

[10]Deshalb war ich angeekelt von
dieser Generation – ich sagte: ›Ihre
Herzen gehen allezeit in die Irre, sie
haben kein Verständnis dafür, wie
ich die Dinge tue‹; [11]und in meinem
Zorn **schwor ich, daß sie nicht ein-**
gehen sollten in meine Ruhe.«[o]

[12]Hütet euch, Brüder, daß nicht in
einem von euch ein böses Herz ohne
Vertrauen sei, das euch zum Abfall
vom lebendigen Gott verführen
könnte! [13]Ermahnt einander statt
dessen jeden Tag, solange es **Heute**
heißt, damit keiner von euch durch
die Täuschung der Sünde **verhärtet**
werde. [14]Denn wir sind Teilhaber am
Messias geworden, vorausgesetzt al-
lerdings, daß wir festhalten an der
Überzeugung, mit der wir angefan-
gen haben, bis das Ziel erreicht ist.
[15]Wenn es nun heißt:

»Heute, wenn ihr die Stimme
Gottes hört, verhärtet eure Her-
zen nicht, wie ihr es getan habt im
Bitteren Hader«,[p]

[16]wer waren die Menschen, die,
nachdem sie gehört hatten, so
bitterlich **hader**ten? Alle, die Mo-
sche aus Ägypten herausbrachte.
[17]Und von wem war Gott **vierzig**
Jahre lang angeekelt? Von denen,
die sündigten – ja, sie fielen tot
um in der **Wüste**! [18]Und wem
schwor er, **daß sie nicht eingehen**
würden in seine **Ruhe**? Denen,
die ungehorsam waren. [19]So sehen
wir also, daß sie unfähig waren,
einzugehen, aus Mangel an Ver-
trauen.

4 [1]Deshalb laßt uns entsetzt zu-
rückschrecken vor der Mög-
lichkeit, daß, obgleich die Verhei-
ßung, in seine **Ruhe einzugehen**,
bestehen bleibt, über einen von euch
geurteilt wird, er sei zurückgeblie-
ben; [2]denn die Gute Nachricht ist
auch uns verkündet, ebenso wie ih-
nen. Doch die Botschaft, die sie hör-
ten, nützte ihnen nichts, weil die, die
sie **hört**en, sie nicht mit Vertrauen
verbanden. [3]Denn es sind wir, die
vertraut haben, die in die **Ruhe ein-**
gehen.

Es ist geradeso, wie er sagte:

»Und in meinem Zorn schwor
ich, daß sie nicht eingehen sollten
in meine Ruhe.«[q]

Er schwor das, obwohl seine
Werke existierten seit der Grün-
dung des Universums. [4]Denn es gibt
eine Stelle, an der es über den sieb-
ten Tag heißt:

o Ps 95,7–11
p Ps 95,7–8

q Ps 95,11

»Und Gott ruhte am siebten Tag
von allen seinen Werken.«[r]

5 Und unser gegenwärtiger Text
sagt einmal mehr:

»Sie werden nicht eingehen in
meine Ruhe.«[s]

6 Deshalb, weil es noch aussteht,
daß manche **eingehen**, und weil die,
die die Gute Nachricht früher emp-
fangen haben, nicht **eingegangen**
sind,
7 setzt er abermals einen be-
stimmten Tag fest, »**Heute**«, und
sagt auf diese Weise viel später
durch David, in dem Text, der be-
reits gegeben ist:

»Heute, wenn ihr die Stimme
Gottes hört, verhärtet eure Her-
zen nicht.«[t]

8 Denn wenn Jehoschua ihnen Ru-
he gegeben hätte, hätte Gott später
nicht von einem anderen »Tag« ge-
sprochen.
9 Also ist dem Gottesvolk noch eine
Schabbat-Ruhe geblieben.
10 Denn
der, der in Gottes **Ruhe eingegan-**
gen ist, hat auch **von seinen** eigenen
Werken geruht, wie Gott von den
seinen.
11 Deshalb laßt uns unser Be-
stes tun, in diese **Ruhe einzugehen**;
damit niemand wegen desselben Un-
gehorsams zurückbleibe.
12 Sieh, das Wort Gottes ist leben-
dig! Es ist am Werk und ist schärfer
als ein zweischneidiges Schwert – es
schneidet durch bis zu dem Punkt,
wo sich Geist und Seele und Gelenk
und Mark begegnen, und es zögert
nicht, die inneren Überlegungen
und Verhaltensweisen des Herzens
zu richten.
13 Vor Gott ist nichts Ge-
schaffenes verborgen, sondern alle
Dinge liegen bloß und offen vor den
Augen dessen, dem wir Rechen-
schaft geben müssen.
14 Deshalb, weil wir einen großen
Kohen Gadol haben, der vorgedrun-
gen ist bis in den höchsten Himmel,
Jeschua, den Sohn Gottes, laßt uns
festhalten an dem, was wir als wahr
bekennen.
15 Denn wir haben keinen
Kohen Gadol, der unfähig ist, mit
unserer Schwäche mitzuleiden; weil
er in jeder Hinsicht versucht wurde,
wie wir versucht werden, besteht
der einzige Unterschied darin, daß
er nicht gesündigt hat.
16 Deshalb
laßt uns zuversichtlich vor den
Thron treten, von dem aus Gott
Gnade schenkt, damit wir Barmher-
zigkeit empfangen und Gnade fin-
den in der Zeit unserer Not.

5

1 Denn jeder aus Menschen er-
wählte *Kohen Gadol* ist er-
nannt, für das Volk zu handeln in
Hinsicht auf die Dinge, die Gott be-
treffen, und Gaben und Opfer für
die Sünde darzubringen.
2 Er kann
mit den Unwissenden und mit de-
nen, die in die Irre gehen, gütig um-
gehen, weil auch er der Schwäche
unterworfen ist.
3 Und wegen dieser

r Gen 2,2
s Ps 95,11
t Ps 95,7–8

Jehoschua – Josua
Kohen Gadol – Hoherpriester
Mosche – Mose
Ruach Ha Kodesch – Heiliger Geist
Schabbat – der Sabbat

Schwäche muß er Opfer für seine eigenen Sünden darbringen, ebenso wie für die des Volkes. [4]Und niemand fühlt sich selbst zu dieser Ehre berufen; er wird vielmehr von Gott berufen, so wie Aharon berufen wurde.

[5]So verherrlichte sich auch der Messias nicht selbst, *Kohen Gadol* zu werden; vielmehr sagte der Eine zu ihm:

»Du bist mein Sohn; heute bin ich dein Vater geworden.«[u]

[6]Und, wie er an einer anderen Stelle sagt:

»Du bist ein *Kohen* auf ewig, sollst verglichen werden mit Malki-Zedek.«[v]

[7]Jeschua brachte während seines irdischen Lebens mit lautem Weinen und mit Tränen Gebete und Bitten dem Einen dar, der die Macht hatte, ihn aus dem Tod zu erlösen; und er wurde erhört wegen seiner Gottesfürchtigkeit. [8]Obwohl er der Sohn war, lernte er durch seine Leiden Gehorsam. [9]Und nachdem er ans Ziel gebracht worden war, wurde er zum Ursprung ewiger Erlösung für alle, die ihm gehorchen, [10]weil er von Gott als ein **Kohen** *Gadol* verkündet worden war, der **mit Malki-Zedek verglichen werden soll.**

[11]Wir haben viel zu sagen über dieses Thema, aber es ist schwer zu erklären, weil ihr schwerfällig im Verstehen geworden seid. [12]Denn obwohl ihr in der Zwischenzeit eigentlich Lehrer sein solltet, braucht ihr jemanden, der euch von neuem die Anfangsgründe des Wortes Gottes lehrt! Ihr braucht Milch, keine feste Speise! [13]Wer Milch trinken muß, ist noch ein Kleinkind, ohne Erfahrung in der Anwendung des Wortes über die Gerechtigkeit. [14]Feste Speise hingegen ist für die Reifen, für die, deren Fähigkeiten durch ständige Übung in der Unterscheidung von Gut und Böse ausgebildet wurden.

6 [1]Deshalb wollen wir die Anfangslektionen über den Messias hinter uns lassen und fortschreiten zur Reife und nicht wieder mit den Anfangsgründen beginnen, mit der Abwendung von Werken, die zum Tod führen, mit dem Vertrauen auf Gott, [2]mit der Lehre über Waschungen, mit der *Semichah*, mit der Auferstehung von den Toten und der ewigen Strafe. [3]Und das wollen wir, so Gott will, auch tun.

[4]Denn wenn Menschen erst einmal erleuchtet wurden, wenn sie die himmlische Gabe geschmeckt haben, wenn sie Teilhaber am *Ruach Ha Kodesch* geworden sind [5]und die Güte des Wortes Gottes und die Mächte des *Olam Habah* erfahren haben – [6]und dann abgefallen sind –, ist es unmöglich, sie zu erneuern, so daß sie sich von ihren Sünden abwenden, solange sie für sich selbst den Sohn Gottes abermals am Pfahl hinrichten und

u Ps 2,7
v Ps 110,4

ihn öffentlicher Beschimpfung preisgeben. [7]Denn das Land, das den reichen Regen aufsaugt und dann eine Ernte hervorbringt, die seinem Eigentümer nützlich ist, empfängt einen Segen von Gott; [8]wenn **es** aber **Dornen und Disteln hervorbringt**, besteht es die Prüfung nicht und wird **verflucht** werden;[w] und am Ende wird es verbrannt werden.

[9]Nun sind wir aber, obwohl wir so reden, liebe Freunde, zuversichtlich, daß ihr die besseren Dinge habt, die mit der Erlösung kommen. [10]Denn Gott ist nicht so ungerecht, daß er euer Werk und die Liebe, die ihr ihm in eurem vergangenen Dienst für sein Volk – und auch in eurem gegenwärtigen Dienst – erwiesen habt, vergißt. [11]Wir wünschen aber, daß jeder von euch den gleichen Eifer zeigt bis ans Ende, wenn eure Hoffnung verwirklicht wird; [12]damit ihr nicht schwerfällig werdet, sondern Nachahmer derer seid, die durch ihr Vertrauen und ihre Geduld empfangen, was verheißen wurde.

[13]Denn als Gott Avraham seine Verheißung gab, schwor er einen Eid, zu tun, was er verheißen hatte; und da kein Größerer war als er selbst, bei dem er schwören konnte, **schwor er bei sich selbst**[x] [14]und sagte:

»Ganz gewiß will ich dich segnen und ganz gewiß will ich dir viele Nachkommen geben«;[y]

[15]und so sah Avraham, nachdem er geduldig gewartet hatte, die Erfüllung der Verheißung. [16]Nun schwören Menschen bei einem Größeren als sie selbst, und die Bestätigung durch einen Eid setzt allem Streit ein Ende. [17]Deshalb fügte Gott, als er denen, die empfangen sollten, was er verheißen hatte, noch überzeugender das unwandelbare Wesen seiner Pläne beweisen wollte, der Verheißung einen Eid hinzu; [18]damit wir durch zwei unwandelbare Dinge, von denen Gott in keinem lügen konnte, ermutigt würden, wir, die wir unsere Zuflucht genommen haben zu der Hoffnung, die vor uns hingestellt wurde. [19]Wir haben diese Hoffnung als einen festen und sicheren Anker, eine Hoffnung, die bis in das hineinreicht, was im Innern, hinter dem *Parochet*, ist, [20]wohin ein Vorläufer um unseretwillen hineingegangen ist, nämlich

w Gen 3,17–18
x Gen 22,16
y Gen 22,17

Aharon – Aaron
Avraham – Abraham
Jeschua – Jesus
Kohen – Priester (sg.)
Kohen Gadol – Hoherpriester
Malki-Zedek – Melchisedek
Olam Habah – die kommende Welt, das kommende Zeitalter
Parochet – Vorhang, der den heiligsten Bereich des Tempels abgrenzt
Ruach Ha Kodesch – Heiliger Geist
Semichah – Ordination, Bevollmächtigung (durch Handauflegung)

Jeschua, der **ein** *Kohen Gadol* **auf ewig** geworden ist und **verglichen werden soll mit Malki-Zedek.**[z]

7 [1]Dieser **Malki-Zedek, König von Schalem, ein** ***Kohen*** **Gottes** ***Ha Eljon*****, begegnete Avraham auf seinem Weg zurück aus der Schlacht der Könige und segnete ihn;** [2]und Avraham **gab ihm den Zehnten von allem.**[a]

Nun ist er zunächst, wenn man seinen Namen übersetzt, »König der Gerechtigkeit«; und dann ist er auch **König von Schalem,** das bedeutet »König des Friedens«.

[3]Es gibt keinen Bericht über seinen Vater, seine Mutter, seine Vorfahren, seine Geburt oder seinen Tod; wie der Sohn Gottes ist er vielmehr ein *Kohen* für alle Zeit.

[4]Seht nur, wie groß er war! Sogar der Patriarch Avraham **gab ihm den Zehnten** der auserwähltesten Beute-
stücke. [5]Nun haben die Nach-
kommen Levis, die *Kohanim* wurden, ein Gebot in der *Torah*, den Zehnten des Einkommens des Volkes zu nehmen, das heißt, von ihren eigenen Brüdern, ungeachtet der Tatsache, daß auch sie Nachkom-
men Avrahams sind. [6]Malki-Zedek
aber nahm, obgleich er kein Nachkomme Levis war, den Zehnten von Avraham.

Und er segnete Avraham, den Mann, dem Gottes Verheißungen zuteil geworden waren; [7]und es
steht außer jeder Frage, daß der, der segnet, einen höheren Status hat als der, der den Segen empfängt.

[8]Außerdem wird, was die *Kohanim* betrifft, der Zehnte von Menschen entgegengenommen, die sterben; während er im Fall Malki-Zedeks von einem empfangen wird, von dem bezeugt ist, daß er noch am Leben ist.

[9]Man könnte nun noch weiter gehen und sagen, daß auf diese Weise auch Levi, der selbst die Zehnten empfängt, durch Avraham den
Zehnten zahlte; [10]insofern, als er
noch in seinem Vorfahren Avraham war, als Malki-Zedek ihm begegnete.

[11]Wenn es also möglich wäre, das Ziel durch das System der *Kohanim* zu erreichen, das von Levi herkommt (da den Menschen in Verbindung mit ihm die *Torah* gegeben wurde), warum wäre dann ein weiterer, anderer *Kohen* nötig gewesen, der, von dem gesagt wurde, daß er **mit Malki-Zedek verglichen werden soll** und nicht mit Aharon?
[12]Denn wenn das System der *Kohanim* verwandelt wird, muß zwangsläufig auch eine Verwandlung der
Torah stattfinden. [13]Der, über den
diese Dinge gesagt sind, gehört einem anderen Stamm an, aus dem niemals jemand vor dem Altar ge-
dient hat; [14]denn jeder weiß, daß un-
ser Herr aus Jehudah hervorging und daß Mosche nichts über diesen Stamm sagte, als er von *Kohanim* sprach.

[15]Es wird noch klarer, wenn ein
»anderer *Kohen*«, einer wie Malki-
Zedek, ersteht, [16]einer, der nicht
kraft einer Regel der *Torah*, die leib-

z Ps 110,4
a Gen 14,17–20

liche Abstammung betreffend, *Kohen* wurde, sondern kraft der Macht eines unzerstörbaren Lebens. [17]Denn es ist gesagt:

»Du bist ein *Kohen* auf EWIG, sollst verglichen werden mit Malki-Zedek.«[b]

[18]Damit ist einerseits das frühere Gebot wegen seiner Schwäche und Unwirksamkeit [19](denn die *Torah* hat nichts zum Ziel gebracht) abgetan worden; und auf der anderen Seite ist eine Hoffnung auf etwas Besseres eingeführt worden, durch das wir zu Gott kommen.

[20]Und was noch mehr ist, Gott hat einen Eid geschworen. Denn in Zusammenhang mit denen, die jetzt *Kohanim* werden, wurde kein Eid geschworen; [21]Jeschua aber wurde *Kohen* durch den Eid, den Gott schwor, als er zu ihm sagte:

»*Adonai* hat geschworen und wird seinen Sinn nicht ändern: ›Du bist ein *Kohen* auf ewig.‹«[c]

[22]Auch das zeigt, wieviel besser der Bund ist, dessen Garant Jeschua geworden ist.

[23]Außerdem sind die gegenwärtigen *Kohanim* viele, weil sie durch den Tod gehindert werden, im Amt zu bleiben. [24]Da er jedoch für immer lebt, geht seine Stellung als *Kohen* nicht auf einen anderen über; [25]und folglich ist er voll und ganz in der Lage, diejenigen zu erlösen, die durch ihn zu Gott kommen; denn er ist für immer lebendig und deshalb für immer fähig, für sie zu bitten.

[26]Das ist die Art *Kohen Gadol*, die wir brauchen – heilig, ohne Böses, ohne Tadel, ausgesondert aus den Sündern und über die Himmel erhöht; [27]einer, der nicht wie die übrigen *Kohanim Gedolim* täglich zuerst Opfer für seine eigenen Sünden und dann erst für die des Volkes darbringen muß; denn er hat ein einziges Opfer dargebracht, ein für allemal, indem er sich selbst dargebracht hat. [28]Denn die *Torah* ernennt Männer zu *Kohanim Gedolim*, die mit Schwächen behaftet sind; der Text aber, der vom Ablegen eines Eides spricht, ein Text, der zu einem späteren Zeitpunkt entstand als die *Torah*, ernennt einen Sohn, der für immer zum Ziel gebracht worden ist.

8 [1]Und hier ist nun die Folge dessen, was ich gesagt habe: Wir haben einen solchen *Kohen Gadol*, wie er beschrieben wurde. Und er **sitzt zur rechten Hand** von

b Ps 110,4
c Ps 110,4

Adonai – der HERR, Jahwe
Aharon – Aaron
Avraham – Abraham
Ha Eljon – der Höchste
Jehudah – Juda
Jeschua – Jesus
Kohanim – Priester (pl.)
Kohanim Gedolim – Hohepriester (pl.)
Kohen – Priester (sg.)
Kohen Gadol – Hoherpriester
Malki-Zedek – Melchisedek
Mosche – Mose
Schalem – Salem (Jerusalem)
Torah – Weisung, Lehre, das »Gesetz«, der Pentateuch (die 5 Bücher Mose)

Ha Gedulah im Himmel.[d] 2Dort dient er im Heiligen Ort, das heißt, im wahren Zelt der Versammlung, in dem, das nicht von Menschen, sondern von *Adonai* errichtet wurde.

3Denn jeder *Kohen Gadol* ist ernannt, Gaben wie auch Opfer darzubringen; und so hat auch dieser *Kohen Gadol* etwas, das er darbringen kann. 4Wenn er hier auf Erden wäre, wäre er kein *Kohen*, denn hier sind bereits *Kohanim*, die die Gaben darbringen, welche die *Torah* vorschreibt. 5Doch ihr Dienst ist nur eine Nachbildung und ein Schatten des himmlischen Urbilds; denn als Mosche dabei war, das Zelt zu errichten, warnte Gott ihn: »**Sieh zu, daß du alles genau nach dem Vorbild machst, das dir auf dem Berg gezeigt wurde.**«[e]

6Nun ist aber das Werk, das Jeschua gegeben wurde, dem ihrigen weit überlegen, so wie auch der Bund, dessen Mittler er ist, besser ist. Denn dieser Bund wurde als *Torah* gegeben auf der Grundlage besserer Verheißungen. 7Wahrhaftig, wenn der erste Bund nicht Anlaß zum Tadel gegeben hätte, wäre kein zweiter nötig gewesen. 8Denn Gott tadelt die Menschen, wenn er sagt:

»›Siehe! Die Tage kommen‹, spricht *Adonai*, ›da ich errichten will über dem Haus Jisrael und über dem Haus Jehudah einen neuen Bund.

9Er wird nicht wie der Bund sein, den ich mit ihren Vätern schloß an dem Tag, als ich sie bei der Hand nahm und aus Ägyptenland herausführte; weil sie meinem Bund nicht treu blieben, habe ich aufgehört, mich um sie zu kümmern‹, spricht *Adonai*.

10›Denn dies ist der Bund, den ich schließen will mit dem Haus Jisrael nach jenen Tagen‹, spricht *Adonai*: ›Ich will meine *Torah* in ihren Sinn legen und sie in ihre Herzen schreiben; ich will ihr Gott sein, und sie werden mein Volk sein.

11Keiner von ihnen wird seine Mit-Bürger lehren oder seine Brüder, und sagen: „Erkenne *Adonai*!“ Denn alle werden mich kennen, vom Geringsten bis zum Höchsten,

12denn ich will gnädig sein ihrer Schlechtigkeit und ihrer Sünden nicht mehr gedenken.‹«[f]

13Indem er den Begriff »**neu**« gebrauchte, hat er den ersten Bund zum »alten« gemacht; und etwas, das alt gemacht wird, etwas, das altert, ist auf dem Weg, vollständig zu verschwinden.

9 1Nun hatte der erste Bund sowohl Vorschriften für den Gottesdienst als auch für einen Heiligen Ort auf Erden. 2Ein Zelt wurde errichtet, das äußere, das der Heilige Ort genannt wurde; darin

d Ps 110,1
e Ex 25,40
f Jer 31,30–33

waren die *Menorah*, der Tisch und
das Brot der Gegenwart. 3Hinter
dem zweiten *Parochet* war ein Zelt,
genannt der Heiligste Ort, 4wo der
goldene Altar für das Räucherwerk
und die Bundeslade, ganz mit Gold
bedeckt, standen. In der Lade waren
der goldene Krug, der das Manna
enthielt, Aharons Stab, der keimte,
und die steinernen Tafeln des Bun-
des; 5darüber waren die *Keruvim*,
die die *Schechinah* verkörperten und
ihren Schatten auf den Deckel der
Lade warfen – aber es ist jetzt nicht
die Zeit, diese Dinge im einzelnen
zu diskutieren.

6Bei dieser Anordnung der Dinge
gehen die *Kohanim* allezeit in das
äußere Zelt, um sich ihrer Pflichten
zu entledigen; 7doch allein der *Ko-
hen Gadol* betritt das innere; und er
geht nur ein einziges Mal im Jahr
hinein, und er muß stets Blut mit-
bringen, das er für sich selbst und für
die Sünden, die die Menschen in Un-
wissenheit begangen haben, dar-
bringt. 8Durch diese Anordnung be-
wies der *Ruach Ha Kodesch*, daß,
solange das erste Zelt stand, der Weg
in den Heiligsten Ort noch versperrt
war. 9Das ist ein Symbol für das ge-
genwärtige Zeitalter und zeigt an,
daß das Gewissen des Menschen, der
den Dienst vollbringt, nicht durch
die Gaben und Opfer, die er dar-
bringt, zum Ziel gebracht werden
kann. 10Denn sie beinhalten nur
Speise und Trank und verschiedene
zeremonielle Waschungen – Vor-
schriften, das äußere Leben betref-
fend, auferlegt bis zu der Zeit, zu der
Gott das Ganze neu ordnen wird.

11Als aber der Messias erschien als
Kohen Gadol der guten Dinge, die
bereits geschehen, da ist er, durch
das größere und vollkommenere
Zelt, das nicht von Menschenhand
gemacht ist (das heißt, es ist nicht
von dieser, der geschaffenen Welt),
12ein für allemal in den Heiligsten
Ort eingegangen.

Und er ging nicht durch das Blut
von Ziegen und Kälbern hinein,
sondern durch sein eigenes Blut,
und hat damit die Menschen für im-
mer befreit. 13Denn wenn das Be-
sprengen zeremoniell unreiner Per-
sonen mit dem Blut von Ziegen und
Stieren und der Asche einer jungen
Kuh ihre äußere Reinheit wieder-
herstellt; 14um wieviel mehr wird
dann das Blut des Messias, der sich
durch den ewigen Geist selbst Gott
als ein untadeliges Opfer darbrachte,
unser Gewissen von Werken reini-
gen, die zum Tod führen, so daß wir
dem lebendigen Gott dienen kön-
nen!

15In dieser Weise ist er der Mittler

Adonai – der HERR, Jahwe
Aharon – Aaron
Ha Gedulah – die Majestät, Macht (d.h. Gott)
Jehudah – Juda
Jeschua – Jesus
Keruvim – Cherubim
Kohanim – Priester (pl.)
Kohen Gadol – Hoherpriester
Menorah – (siebenarmiger) Leuchter
Parochet – Vorhang, der den heiligsten Bereich des Tempels abgrenzt
Ruach Ha Kodesch – Heiliger Geist
Schechinah – »Einwohnung Gottes«, Gottes herrliche Gegenwart
Torah – Weisung, Lehre, das »Gesetz«, der Pentateuch (die 5 Bücher Mose)

eines neuen Bundes: Ein Todesfall ist
eingetreten, der die Menschen von den
Übertretungen, die unter dem ersten
Bund begangen wurden, befreit. Auf
dieser Grundlage können die, die beru-
fen sind, das ewige Erbe empfangen, das
verheißen wurde. [16]Denn wo ein Bund
ist, da muß zwangsläufig auch der Tod
des Opfertiers vorzeigbar sein, das den
Bund begründet, [17]denn ein Bund er-
langt nur durch einen toten Körper seine
Gültigkeit; er hat so lange keine binden-
de Kraft, solange das Opfertier, das den
Bund begründet, noch am Leben ist.

[18]Deshalb wurde auch der erste
Bund mit Blut besiegelt. [19]Nachdem
Mosche allen Menschen alle Gebote
der *Torah* verkündet hatte, nahm er
das Blut der Kälber mit etwas Was-
ser und benutzte Purpurwolle und
Ysop, um sowohl die Rolle selbst als
auch alle Menschen damit zu be-
sprengen; [20]und er sagte: »**Dies ist
das Blut des Bundes, den Gott für
euch geboten hat.**«[h] [21]Ebenso be-
sprengte er das Zelt und alle Dinge,
die in den Zeremonien gebraucht
werden, mit dem Blut. [22]Ja, nach den
Worten der *Torah* wird nahezu alles
durch Blut gereinigt; wahrhaftig,
ohne das Vergießen von Blut gibt es
keine Vergebung der Sünden.

[23]Auf diese Weise mußten nun al-
so die Abbilder der himmlischen
Dinge gereinigt werden, die himmli-
schen Dinge selbst verlangen jedoch
ein besseres Opfer als diese. [24]Denn
der Messias ist eingegangen in einen
Heiligsten Ort, nicht von Menschen
gemacht und nur ein Abbild des
wahren Ortes, sondern in den Him-
mel selbst, um nun unseretwegen in
der Gegenwart Gottes zu erschei-
nen.

[25]Darüber hinaus ist er nicht in
den Himmel eingegangen, um sich
selbst wieder und wieder zu opfern,
wie der *Kohen Gadol*, der den Hei-
ligsten Ort Jahr für Jahr betritt mit
Blut, das nicht sein eigenes ist;
[26]denn dann hätte er viele Male den
Tod erleiden müssen – seit der
Schaffung des Universums. Es ist
aber so, daß er ein einziges Mal er-
schienen ist am Ende der Zeiten, um
durch die Opferung seiner selbst die
Sünde abzutun. [27]So wie Menschen
ein einziges Mal sterben müssen, da-
nach aber ins Gericht kommen; [28]so
wird auch der Messias, nachdem er
ein einziges Mal geopfert wurde, um
die Sünden vieler zu tragen,[i] ein
zweites Mal erscheinen, um die zu
erlösen, die ihn sehnsüchtig erwar-
ten.

10 [1]Denn die *Torah* ist nur ein
Schatten der guten Dinge,
die kommen, nicht aber die wirkli-
che Manifestation der Urbilder.
Deshalb kann sie, indem sie Jahr für
Jahr die gleichen Opfer wiederholt,
niemals diejenigen zum Ziel brin-
gen, die den Heiligen Ort betreten,
um sie darzubringen. [2]Hätte denn
sonst nicht die Darbringung dieser
Opfer aufgehört? Denn wenn die
Menschen, die den Dienst vollbrin-
gen, ein für allemal gereinigt wären,

g Jer 31,30
h Ex 24,8
i Jes 53,12

wären ihre Sünden nicht länger in ihrem Bewußtsein. [3]Nein, es verhält sich gerade andersherum – in diesen Opfern liegt eine Erinnerung an die Sünden, Jahr für Jahr. [4]Denn es ist unmöglich, daß das Blut von Stieren und Ziegenböcken Sünden fortnimmt.

[5]Deshalb spricht er, als er in die Welt kommt:

»Es ist nicht dein Wille gewesen, Tieropfer und Speiseopfer zu erhalten; du hast mir vielmehr einen Leib bereitet.

[6] **Nein, die Brandopfer und Sühnopfer haben dir nicht gefallen.**

[7] **Da habe ich gesagt: ›Siehe! In der Buchrolle ist über mich geschrieben. Ich bin gekommen, deinen Willen zu tun.‹«**[j]

[8]Indem er zuerst sagte: »Du wolltest weder **Tieropfer** noch **Speiseopfer** noch **Brandopfer** noch **Sühnopfer**«, – Dinge, die gemäß der *Torah* dargebracht werden – »noch haben sie dir **gefallen**«; [9]und dann erst: »**Siehe, ich bin gekommen, deinen Willen zu tun**«; tut er das erste System ab, um das zweite zu errichten. [10]In diesem Zusammenhang, im Zusammenhang mit diesem seinem letzten **Willen**, sind wir für Gott ausgesondert und geheiligt worden, ein für allemal, durch das **Opfer** von Jeschua, dem **Leib** des Messias.

[11]Nun steht jeder *Kohen* jeden Tag und tut seinen Dienst und bringt wieder und wieder das gleiche Opfer dar, das doch niemals die Sünden fortnehmen kann. [12]Dieser eine hingegen **setzte sich**, nachdem er für alle Zeit ein einziges Opfer für die Sünden dargebracht hatte, **zur rechten Hand** Gottes, [13]um dort zu warten, bis seine **Feinde** zum **Fußschemel für** seine **Füße** gemacht werden.[k] [14]Denn durch ein einziges Opfer hat er für alle Zeit diejenigen zum Ziel gebracht, die für Gott ausgesondert und geheiligt sind.

[15]Und auch der *Ruach Ha Kodesch* zeugt für uns; denn nachdem er gesagt hat:

[16]**»›Dies ist der Bund, den ich schließen will mit** ihnen **nach jenen Tagen‹, sagt** ***Adonai*****: ›Ich will meine** ***Torah*** **in ihre Herzen schreiben, und sie in ihren Sinn schreiben‹,«**[l]

[17]fügt er hinzu:

»›Und ihrer Sünden und ihrer Schlechtigkeit will ich nicht mehr gedenken.‹«[m]

[18]Wo nun aber Vergebung für diese ist, ist kein Opfer für die Sünden mehr nötig.

j Ps 40,7–9

k Ps 110,1
l Jer 31,33
m Jer 31,34

Adonai – der HERR, Jahwe
Jeschua – Jesus
Kohen – Priester (sg.)
Kohen Gadol – Hoherpriester
Mosche – Mose
Ruach Ha Kodesch – Heiliger Geist
Torah – Weisung, Lehre, das »Gesetz«, der Pentateuch (die 5 Bücher Mose)

19 Deshalb, Brüder, haben wir Zu-
versicht, den Weg in den Heiligsten
Ort zu gehen, der durch das Blut Je-
schuas eröffnet wurde. 20 Er weihte
ihn für uns ein als einen neuen und
lebendigen Weg durch den *Paro-*
chet, mittels seines Fleisches. 21 Wir
haben also einen großen *Kohen Ga-*
dol über dem Haus Gottes. 22 Des-
halb wollen wir zu dem Heiligsten
Ort kommen mit aufrichtigem Her-
zen, in der vollen Gewißheit, die aus
dem Vertrauen kommt – mit Her-
zen, die **rein besprengt** sind von ei-
nem schlechten Gewissen, und Lei-
bern, die mit **reinem Wasser**
gewaschen sind.[n] 23 Laßt uns festhal-
ten an der Hoffnung, die wir beken-
nen, ohne schwankend zu werden;
denn der Eine, der die Verheißung
gemacht hat, ist vertrauenswürdig.
24 Und laßt uns aufeinander achtha-
ben, um uns zur Liebe und zu guten
Werken anzuhalten, 25 und unsere
Gemeindeversammlungen nicht ver-
nachlässigen, wie es manche zur Sitte
gemacht haben, sondern einander er-
mutigen.

Und laßt uns dies alles um so
mehr tun, als ihr seht, daß der Tag
naht. 26 Denn wenn wir bewußt wei-
ter sündigen, nachdem wir die Er-
kenntnis der Wahrheit empfangen
haben, dann bleibt kein Sühnopfer
übrig, 27 sondern nur die schreckli-
che Aussicht auf das Gericht, auf
**das wütende Feuer, das die Feinde
verzehren wird.**[o]

28 Wer die *Torah* des Mosche ver-
achtet, wird **auf das Wort von zwei
oder drei Zeugen hin** ohne Erbar-
men **hingerichtet.**[p] 29 Denkt daran,
wieviel schlimmer die Strafe sein
wird, die verdient, wer den Sohn
Gottes mit Füßen getreten hat; wer
das **Blut des Bundes,**[q] das ihn hei-
ligte, für gemein erachtet hat; und
wer den Geist, den Geber der Gna-
de Gottes, geschmäht hat!

30 Denn der Eine, den wir kennen,
ist der Eine, der gesagt hat:

»**Die Rache liegt in meiner Ver-
antwortung; ich will zurückzah-
len.**«

Und dann sagte er:

»***Adonai* wird sein Volk rich-
ten.**«[r]

31 Es ist schrecklich, in die Hände
des lebendigen Gottes zu fallen!

32 Doch erinnert euch an frühere
Tage, als ihr, nachdem ihr das Licht
empfangen hattet, einen harten
Kampf mit Leiden auszustehen hat-
tet. 33 Manchmal wurdet ihr öffent-
lich verleumdet und verfolgt, ein an-
dermal standet ihr treu denen bei,
die so behandelt wurden. 34 Denn ihr
teiltet die Leiden derer, die ins Ge-
fängnis geworfen wurden. Und
auch als euer Besitz beschlagnahmt
wurde, nahmt ihr es mit Freuden
hin; denn ihr wußtet, daß das, was
ihr besaßt, besser war und ewig dau-
ern würde.

35 So werft nun diesen euren Mut

n Ez 36,25
o Jes 26,11

p Dtn 17,6; 19,15
q Ex 24,8
r Dtn 32,35–36

nicht fort, der eine so große Belohnung in sich trägt. [36]Denn ihr müßt aushalten; damit ihr, indem ihr getan habt, was Gott will, empfangt, was er verheißen hat. [37]Denn

»Es ist so wenig Zeit! Der Eine, der kommt, wird wahrhaftig kommen, er wird nicht säumen. [38]**Doch wer gerecht ist, wird sein Leben durch Vertrauen leben, und wenn er zurückschreckt, werde ich kein Wohlgefallen an ihm haben.**«[s]

[39]Wir aber sind nicht von der Art, die **zurückschreckt** und vernichtet wird; im Gegenteil, wir **vertrauen** und bewahren auf diese Weise unser Leben!

11 [1]**Vertrauen**[t] heißt, dessen gewiß zu sein, was wir erhoffen, jener Dinge sicher zu sein, die wir nicht sehen. [2]Dafür hat die Schrift den Alten einen Verdienst bezeugt.

[3]Indem wir **vertrauen,** begreifen wir, daß das Universum durch ein Wort Gottes geschaffen wurde, so daß das Sichtbare nicht aus bereits existierenden Phänomenen ins Sein kam.

[4]Indem er **vertraute**, brachte Hevel Gott ein größeres Opfer dar als Kajin; deshalb wurde er gerecht gesprochen und Gott gab ihm dieses Zeugnis aufgrund seiner Gaben. Dadurch, daß er **vertraut** hat, redet er noch heute, obgleich er tot ist.

[5]Indem er **vertraute**, wurde Chanoch aus diesem Leben fortgenommen, ohne den Tod zu sehen – »**Er sollte nicht gefunden werden, weil Gott ihn fortnahm**« –, denn von ihm ist, bevor er fortgenommen wurde, bezeugt, daß er **Gott wohlgefiel.**[u] [6]Und ohne **Vertrauen** ist es unmöglich, **Gott wohlzugefallen,** denn wer immer zu ihm kommt, muß darauf **vertrauen**, daß er existiert und daß er ein Belohner wird für die, die ihn suchen.

[7]Indem er **vertraute**, wurde Noach, nachdem er die göttliche Warnung vor noch unsichtbaren Dingen empfangen hatte, mit heiliger Furcht erfüllt und baute eine Arche, um sein Haus zu retten. Durch dieses **Vertrauen** stellte er die Welt unter die Verdammnis und empfing die Gerechtigkeit, die aus dem Vertrauen kommt.

[8]Indem er vertraute, gehorchte Avraham, nachdem er aufgefordert worden war, **hinauszugehen**[v] an einen Ort, den Gott ihm als Eigentum geben würde; wahrhaftig, er **ging**

s Hab 2,3–4
t Hab 2,4

u Gen 5,24
v Gen 12,1

Adonai – der HERR, Jahwe
Avraham – Abraham
Chanoch – Henoch
Hevel – Abel
Jeschua – Jesus
Kajin – Kain
Kohen Gadol – Hoherpriester
Mosche – Mose
Noach – Noah
Parochet – Vorhang, der den heiligsten Bereich des Tempels abgrenzt
Torah – Weisung, Lehre, das »Gesetz«, der Pentateuch (die 5 Bücher Mose)

hinaus, ohne zu wissen, wohin er
ging. 9Indem er **vertraute**, lebte er
als zeitweiliger Einwohner im Land
der Verheißung, als sei es nicht sei-
nes, und blieb in Zelten mit Jizchak
und Ja-akov, die mit ihm empfangen
sollten, was verheißen war. 10Denn
er erwartete die Stadt mit ewigen
Grundsteinen, dessen Architekt und
Erbauer Gott ist.

11Indem er **vertraute**, erhielt er
die Fähigkeit, Vater eines Kindes zu
werden, obwohl er, wie auch Sarah,
bereits jenseits des Alters dafür war;
weil er den Einen, der die Verhei-
ßung gemacht hatte, als **vertrauens**-
würdig erachtete. 12Deshalb wurde
dieser eine Mann, der praktisch tot
war, zum Vater von Nachkommen,

so zahlreich wie die Sterne am Himmel und so zahllos wie die Sandkörner am Meeresufer.[w]

13Alle diese Menschen **vertrauten**,
bis sie starben, ohne zu empfangen,
was verheißen worden war. Sie hat-
ten es lediglich aus der Entfernung
gesehen und begrüßt, während sie
bekannten, daß sie **Fremde und**
zeitweilige Bewohner der Erde wa-
ren.[x] 14Denn Menschen, die so spre-
chen, machen deutlich, daß sie ein
Vaterland suchen. 15Wenn sie nun
aber an jenes gedacht hätten, das sie
verlassen hatten, hätten sie Gelegen-
heit gehabt zurückzukehren; 16nun
ist es aber so, daß sie sich nach ei-
nem besseren, einem himmlischen
Vaterland sehnten. Deshalb schämt
Gott sich nicht, *ihr* Gott genannt zu
werden, denn er hat ihnen eine Stadt
bereitet.

17Indem er **vertraute**, brachte Av-
raham, als er geprüft wurde, Jizchak
als ein Opfer dar. Ja, er brachte sei-
nen einzigen Sohn dar, den, der die
Verheißungen empfangen hatte,
18über den gesagt worden war:
»Was dein »Same« genannt wird,
wird in Jizchak sein.«[y] 19Denn er
war zu dem Schluß gekommen, daß
Gott sogar Menschen von den To-
ten auferwecken konnte! Und bild-
lich gesprochen empfing er ihn so.

20Indem er **vertraute,** verwies Jiz-
chak in seinen Segenssprüchen über
Ja-akov und Esav auf zukünftige
Ereignisse.

21Indem er **vertraute**, segnete Ja-
akov sterbend die beiden Söhne Jo-
sefs und **lehnte sich auf seinen**
Gehstock, als er sich im Gebet
neigte.[z]

22Indem er **vertraute**, gedachte
Josef am Ende seines Lebens des
Exodus des Volkes Jisrael und gab
Anweisungen, was mit seinen Ge-
beinen geschehen sollte.

23Indem sie **vertrauten, verbar-**
gen die Eltern von Mosche **ihn drei**
Monate, als er geboren war, **weil sie**
sahen, daß er ein schönes Kind
war,[a] und fürchteten sich nicht vor
dem Erlaß des Königs.

24Indem er **vertraute**, weigerte
sich Mosche, **als er groß geworden**

w Gen 15,5–6; 22,17; 32,13; Ex 32,13; Dtn 1,10; 10,22
x 1Chr 29,15
y Gen 21,12
z Gen 47,31 (Septuaginta)
a Ex 2,2

war,[b] der Sohn der Tochter von Pharao genannt zu werden. [25]Er wollte lieber gemeinsam mit dem Gottesvolk mißhandelt werden, als sich der vergänglichen Vergnügungen der Sünde zu erfreuen. [26]Das Leiden um des Messias willen galt ihm als ein größerer Reichtum als die Schätze Ägyptens, denn er schaute auf die Belohnung.

[27]Indem er **vertraute**, verließ er Ägypten, ohne den Zorn des Königs zu fürchten; er harrte aus als einer, der den Unsichtbaren sieht.

[28]Indem er **vertraute**, gehorchte er den Vorschriften für das *Pessach*, auch der, Blut zu verstreichen, damit der Vernichter der Erstgeborenen die Erstgeborenen Jisraels nicht berühre.

[29]Indem er **vertraute**, ging er durch das Rote Meer wie durch trockenes Land; als die Ägypter versuchten, dasselbe zu tun, wurden sie vom Meer verschlungen.

[30]Durch **Vertrauen** fielen die Mauern Jerichos – nachdem die Menschen sieben Tage um sie herummarschiert waren.

[31]Indem sie **vertraute**, nahm die Hure Rachav die Kundschafter auf und starb deshalb nicht mit denen, die ungehorsam waren.

[32]Was soll ich noch mehr sagen? Es ist nicht Zeit, von Gideon, Barak, Schimschon, Jiftach, David, Schmuel und den Propheten zu reden; [33]die durch ihr **Vertrauen** Königreiche eroberten, Gerechtigkeit wirkten, empfingen, was verheißen war, **die Rachen der Löwen stopften,**[c] [34]die Kraft des Feuers auslöschten, der Schneide des Schwertes entgingen, deren Schwäche in Stärke verwandelt wurde, die mächtig wurden in der Schlacht und fremde Heere in die Flucht schlugen. [35]Frauen empfingen ihre Toten auferstanden zurück; andere wurden auf die Folterbank gespannt und totgeschlagen; sie weigerten sich, sich befreien zu lassen, damit sie eine bessere Auferstehung empfingen. [36]Andere erduldeten Verhöhnung, Geißelung, dann Fesseln und Gefängnis. [37]Sie wurden gesteinigt, zersägt, durch das Schwert ermordet; sie gingen bekleidet mit Schafshäuten und Ziegenfellen, litten Mangel, wurden verfolgt und mißhandelt, [38]wanderten in Wüsten und Bergen, lebten in Höhlen und Löchern im Boden! Die Welt war sie nicht wert!

[39]Ihnen allen wurde ihr Verdienst bezeugt aufgrund ihres **Vertrauens**. Dennoch empfingen sie nicht, was verheißen war, [40]denn Gott hatte etwas Besseres geplant, das auch uns

b Ex 2,11

c Dan 6,23

Avraham – Abraham
Esav – Esau
Ja-akov – Jakob
Jiftach – Jeftah
Jizchak – Isaak
Mosche – Mose
Pessach – Passa
Rachav – Rahab
Sarah – Sara
Schimschon – Simson
Schmuel – Samuel

mit einschloß, so daß sie nur ge-
meinsam mit uns zum Ziel gebracht
werden sollten.

12 1 Deshalb nun, weil wir von
einer so großen Wolke von
Zeugen umgeben sind, wollen auch
wir jedes Hindernis – das heißt die
Sünde, die so leicht unser Vorwärts-
schreiten hemmt – abtun und mit
Ausdauer laufen in dem Wettlauf,
der vor uns liegt, 2 und dabei auf den
Gründer und Vollender dieses **Ver-
trauens,**[d] Jeschua, sehen – der, im
Austausch gegen die Freude, die vor
ihm lag, die Hinrichtung am Pfahl
als Verbrecher erduldete, die Schan-
de nicht achtete und **sich zur rech-
ten Hand des** Thrones Gottes **ge-
setzt hat.**[e] 3 Ja, denkt an ihn, der eine
solche Feindschaft von seiten der
Sünder erduldete, damit ihr nicht
müde werdet oder **verzweifelt.** 4 Ihr
habt im Wettstreit gegen die Sünde
noch nicht bis zum Blutvergießen
widerstanden.

5 Und ihr habt den Tröster verges-
sen, der zu euch redet als zu Söh-
nen:

**»Mein Sohn, verachte die Züch-
tigung *Adonai*s nicht und werde
nicht mutlos, wenn er dich zu-
rechtweist.**

**6 Denn *Adonai* züchtigt, die er
liebt, und schlägt jeden, den er als
Sohn annimmt.«**[f]

7 Erachtet, was ihr erduldet, für
Züchtigung; Gott behandelt euch
wie **Söhne**. Denn welcher Sohn
wird nicht von seinem Vater ge-
züchtigt? 8 Alle rechtmäßigen Söhne
erleiden **Züchtigung**; wenn ihr es
nicht tut, seid ihr *Mamser* und keine
Söhne!

9 Außerdem hatten wir leibliche
Väter, die uns züchtigten, und wir
haben sie geachtet; um wieviel mehr
sollten wir uns da unserem geistli-
chen Vater unterwerfen und leben!
10 Denn sie züchtigten uns nur für ei-
ne kurze Zeit und nur so gut sie
eben konnten; er aber züchtigt uns
auf eine Weise, die uns wahrhaft
von Nutzen ist und uns befähigt, an
seiner Heiligkeit teilzuhaben.

11 Nun ist alle **Züchtigung**, solan-
ge sie geschieht, in der Tat schmerz-
lich und nicht etwa angenehm; für
die aber, die durch sie geübt sind,
bringt sie später ihre friedliche
Frucht hervor, die Gerechtigkeit.
12 Deshalb

**stärkt eure ermatteten Arme
und eure wankenden Knie;**[g]

13 und

**macht einen ebenen Weg für eu-
re Füße;**[h]

damit, was verletzt wurde, nicht
aus dem Gelenk gerissen, sondern
geheilt wird.

14 Haltet *Schalom* mit jedermann
und jagt der Heiligkeit nach, ohne
die ihr den Herrn nicht sehen wer-
det. 15 Achtet darauf, daß keiner an

d Hab 2,4
e Ps 110,1
f Spr 3,11–12
g Jes 35,3
h Spr 4,26

der Gnade Gottes Mangel leide, da-
mit keine **Wurzel der Bitterkeit**[i]
aufschieße und Ärger mache und
auf diese Weise viele vergifte, 16und
daß keiner unzüchtig oder gottlos
wie Esav ist, der sein Erstgeburts-
recht im Tausch für ein Mahl hin-
gab. 17Denn ihr wißt, daß er danach,
als er den Segen seines Vaters erlan-
gen wollte, abgewiesen wurde;
wahrhaftig, obwohl er ihn unter
Tränen suchte, nützte ihm die
Wandlung seines Herzens doch
nichts mehr.

18Denn ihr seid nicht zu einem
greifbaren Berg gekommen, zu ei-
nem angezündeten Feuer, zu Fin-
sternis, Dunkelheit und Sturm,
19zum Erschallen eines *Schofar* und
zu einer Stimme, deren Worte ihre
Hörer flehen lassen, daß ihnen keine
weitere Botschaft zuteil werde –
20denn sie konnten nicht ertragen,
was ihnen geboten wurde: **»Sogar
ein Tier soll, wenn es den Berg be-
rührt, zu Tode gesteinigt werden.**[j]
21Und so schrecklich war der An-
blick, daß Mosche sagte: »**Ich** zittere
vor Furcht.«[k]

22Im Gegenteil, ihr seid zum Berg
Zijon gekommen, das heißt, in die
Stadt des lebendigen Gottes, das
himmlische Jeruschalajim; zu My-
riaden von Engeln in festlicher Ver-
sammlung; 23zu einer Gemeinschaft
der Erstgeborenen, deren Namen
aufgeschrieben sind im Himmel; zu
einem Richter, der der Gott aller ist;
zu den Geistern gerechter Men-
schen, die zum Ziel gebracht wor-
den sind; 24zum Mittler eines neuen
Bundes, Jeschua; und zu dem ver-
sprengten Blut, das Besseres spricht
als das von Hevel.

25Achtet darauf, daß ihr den Ei-
nen, der spricht, nicht verwerft!
Denn wenn jene nicht entkamen,
die ihn verwarfen, als er auf Erden
göttliche Warnungen aussprach,
denkt nur, um wieviel weniger wer-
den wir entkommen, wenn wir uns
von ihm abkehren, wenn er vom
Himmel her spricht. 26Selbst damals
erschütterte seine Stimme die Erde;
nun aber hat er seine Verheißung
ausgesprochen:

»Noch ein einziges Mal will ich nicht nur die Erde, sondern auch den Himmel erschüttern!«[l]

27Und diese Wendung, »noch ein
einziges Mal«, macht deutlich, daß
die Dinge, die erschüttert werden,
abgetan werden, weil sie geschaffene
Dinge sind, damit die Dinge, die
nicht **erschüttert** werden, bleiben.
28Deshalb laßt uns, weil wir ein un-
erschütterliches Reich empfingen,

i Dtn 29,17
j Ex 19,12–13
k Dtn 9,19

l Hag 2,6

Adonai – der HERR, Jahwe
Esav – Esau
Hevel – Abel
Jeruschalajim – Jerusalem
Jeschua – Jesus
Mamser – uneheliches Kind, in Sünde geboren
Mosche – Mose
Schalom – Friede
Schofar – Horn des Widders, Blasinstrument
Zijon – Zion

Dankbarkeit haben, durch die wir einen Dienst darbringen, der Gott wohlgefällt, mit Ehrfurcht und Furcht. [29]Denn wahrhaftig:

»Unser **Gott ist ein verzehrendes Feuer!**«[m]

13 [1]Haltet brüderliche Freundschaft; [2]aber vergeßt nicht, auch zu Außenstehenden freundlich zu sein; denn indem sie das taten, haben manche ohne ihr Wissen Engel beherbergt. [3]Gedenkt derer, die im Gefängnis sind und mißhandelt werden, als wäret ihr mit ihnen im Gefängnis und littet die gleichen Qualen.

[4]Die Ehe ist in jeder Hinsicht achtbar; und vor allem ist der Geschlechtsverkehr innerhalb der Ehe rein. Die Unzüchtigen und Ehebrecher aber wird Gott strafen.

[5]Haltet euer Leben frei von der Liebe zum Geld; und seid zufrieden mit dem, was ihr habt; denn Gott selbst hat gesagt: »**Ich will dich weder vernachlässigen noch verlassen.**«[n] [6]Deshalb sagen wir voller Zuversicht:

»***Adonai* ist mein Helfer; ich werde mich nicht fürchten – was kann ein Mensch mir tun?**«[o]

[7]Gedenkt eurer Leiter, derer, die euch die Botschaft Gottes gebracht haben. Denkt über die Früchte ihres Lebenswandels nach und ahmt ihr Vertrauen nach – [8]Jeschua der Messias ist derselbe gestern, heute und für immer.

[9]Laßt euch nicht von unterschiedlichen und fremden Lehren fortreißen; denn es ist gut, wenn das Herz durch die Gnade und nicht durch Speisen gefestigt wird. Menschen, die diese zum Mittelpunkt ihres Lebens gemacht haben, haben keinen Nutzen davon.

[10]Wir haben einen Altar, von dem die, die im Zelt dienen, nicht essen dürfen. [11]Denn der *Kohen Gadol* bringt das Blut von Tieren als ein Sühnopfer in den Heiligsten Ort, ihre Leiber aber werden **außerhalb des Lagers verbrannt.**[p] [12]So erlitt auch Jeschua den Tod außerhalb des Tores, um die Menschen durch sein eigenes Blut zu heiligen. [13]Deshalb laßt uns hinausgehen zu ihm, der **außerhalb des Lagers** ist, und an seiner Schmach teilhaben. [14]Denn wir haben hier keine bleibende Stadt; im Gegenteil, wir suchen die zukünftige. [15]Durch ihn also **laßt uns Gott** allezeit **ein Lobopfer darbringen.**[q] Denn das ist die selbstverständliche Frucht von Lippen, die seinen Namen bekennen.

[16]Aber vergeßt nicht, Gutes zu tun und mit anderen zu teilen, denn an solchen **Opfern** hat Gott Wohlgefallen.

[17]Gehorcht euren Gemeindeleitern und unterwerft euch ihnen, denn sie wachen über euer Leben,

m Dtn 4,24; 9,3; Jes 33,14
n Dtn 31,6
o Ps 118,6

p Lev 16,27
q Lev 7,12; 22,9; Ps 50,14.23; 107,22; 116,17; 2 Chr 29,31

wie Menschen, die Rechenschaft ablegen müssen. So macht diese Aufgabe zu einer freudigen für sie, nicht zu einer mühseligen; denn das ist euch nicht von Nutzen.

18Betet für uns, denn wir sind sicher, daß wir ein reines Gewissen haben, und wir streben danach, uns in allem, was wir tun, angemessen zu verhalten.
19Und um so mehr bitte ich euch, das zu tun, damit ich euch desto schneller wiedergegeben werde.

20Der Gott des *Schalom* hat den großen Hirten der Schafe, unseren Herrn Jeschua, von den Toten heraufgebracht durch das Blut eines ewigen Bundes.
21Möge dieser Gott euch mit allen guten Dingen ausstatten, die ihr braucht, um seinen Willen zu tun; und möge er in uns wirken, was immer ihm wohlgefällt, durch Jeschua den Messias. Ihm sei Ehre für immer und immer. *Amen.*

22Nun bitte ich euch dringend, Brüder, meine Botschaft der Ermahnung zu ertragen; denn ich habe euch nur kurz geschrieben.

23Wißt, daß euer Bruder Timotheus freigelassen wurde. Wenn er bald genug kommt, werde ich ihn mitbringen, wenn ich komme, euch zu sehen.

24Grüßt alle eure Gemeindeleiter und das ganze Gottesvolk. Die Leute aus Italien schicken euch Grüße.

25Gnade sei mit euch allen.

Adonai – der HERR, Jahwe
Amen – so sei es
Jeschua – Jesus
Kohen Gadol – Hoherpriester
Schalom – Friede

DER BRIEF VON

JA-AKOV (JAKOBUS)

1 1Von: Ja-akov, einem Sklaven
Gottes und des Herrn, Jeschua
des Messias

An: Die Zwölf Stämme in der
Diaspora:

Schalom!

2Erachtet es für lauter Freude,
meine Brüder, wenn ihr verschiede-
ne Arten von Versuchungen erlebt;
3denn ihr wißt, daß die Prüfung eu-
res Vertrauens Ausharren hervor-
bringt. 4Laßt aber das Ausharren
sein Werk vollenden; damit ihr voll-
endet und ganz seid und es euch an
nichts fehle. 5Wenn es nun einem
von euch an Weisheit mangelt, so
möge er Gott bitten, der allen groß-
zügig und ohne Vorwurf gibt; und
es wird ihm gegeben. 6Doch er mö-
ge in Vertrauen bitten und nicht
zweifeln; denn der Zweifler ist wie
eine Welle im Meer, die vom Wind
bewegt und getrieben wird. 7Wahr-
haftig, dieser Mensch soll nicht den-
ken, daß er etwas vom Herrn empfan-
gen wird, 8denn er ist wankelmütig
und unstet auf allen seinen Wegen.

9Möge der Bruder in niedrigen
Lebensumständen sich seiner hohen
Position rühmen. 10Der reiche Bru-
der hingegen rühme sich seiner
Niedrigkeit; denn er wird vergehen
wie eine Blume des Grases. 11Denn
so wie die Sonne aufgeht mit dem
Scharav und das Gras austrocknet,
so daß seine Blumen verwelken und
seine Schönheit zerstört wird, so
wird auch der Reiche, der seinen
Geschäften nachgeht, dahinschwin-
den.

12Wie gesegnet ist, wer ausharrt in
der Versuchung! Denn wenn er die
Prüfung bestanden hat, wird er als
seine Krone das Leben empfangen,
das Gott denen verheißen hat, die
ihn lieben. 13Niemand, der versucht
wird, sollte sagen: »Ich bin durch
Gott versucht.« Denn Gott kann
nicht durch den Bösen versucht
werden, und Gott selbst versucht
niemanden. 14Es wird vielmehr jeder
versucht, wann immer er durch den
Reiz seiner eigenen Begierde fortge-
rissen und verlockt wird. 15Und
wenn die Begierde empfangen hat,
gebiert sie Sünde; und wenn die
Sünde erwachsen ist, gebiert sie den
Tod.

16Täuscht euch nicht, meine lie-
ben Brüder – 17jedes gute Werk
des Gebens und jede vollkommene
Gabe ist von oben und kommt
herab vom Vater, der die himmli-
schen Lichter gemacht hat; bei ihm
ist weder Wandel noch Finsternis,
verursacht durch Wechsel. 18Nach-
dem er seine Entscheidung getrof-
fen hatte, gebar er uns durch ein

Wort, das verläßlich ist, als eine
Art Erstlinge aller, die er schuf.
[19]Deshalb, meine lieben Brüder,
möge jeder schnell zum Hören,
aber langsam zum Reden sein,
langsam zum Zorn; [20]denn der
Zorn eines Menschen vollbringt
nicht Gottes Gerechtigkeit!

[21]So macht euch frei von aller Ge-
wöhnlichkeit und allem offensicht-
lichen Bösen, und empfangt de-
mütig das in euch eingepflanzte
Wort, das euer Leben retten kann.
[22]Täuscht euch nicht, indem ihr le-
diglich hört, was das Wort sagt, son-
dern tut es auch! [23]Denn wer immer
das Wort hört, aber nicht tut, was es
sagt, ist wie einer, der sein Antlitz in
einem Spiegel betrachtet, [24]der sich
betrachtet, fortgeht und augenblick-
lich vergißt, wie er aussieht. [25]Wenn
aber ein Mensch Einblick hat in die
vollkommene *Torah*, die Freiheit
schenkt, und dabei bleibt und nicht
nur ein vergeßlicher Hörer, sondern
ein Täter des Werkes ist, das sie ver-
langt, dann wird er gesegnet sein in
dem, was er tut.

[26]Jeder, der denkt, er befolge die
religiösen Gebote, aber seine Zunge
nicht hütet, täuscht sich, und sein
Halten der Gebote ist nichts wert.
[27]Das Halten der Gebote, das Gott
der Vater für rein und ohne Fehler
erachtet, ist dies: für die Not der
Waisen und Witwen zu sorgen und
sich von der Verunreinigung durch
die Welt reinzuhalten.

2 [1]Meine Brüder, übt den Glau-
ben unseres Herrn, Jeschua
des herrlichen Messias, ohne Anse-
hen der Person. [2]Angenommen, ein
Mann kommt in eure Synagoge und
trägt goldene Ringe und prächtige
Kleider, und ein armer Mann
kommt ebenfalls herein und ist in
Lumpen gekleidet. [3]Wenn ihr dem
Mann mit den prächtigen Kleidern
größere Achtung erweist und zu
ihm sagt: »Setz dich hierher, auf die-
sen guten Platz«, und zu dem Ar-
men sagt ihr: »Du stell dich da hin«,
oder »Setz dich auf den Boden zu
meinen Füßen«, [4]schafft ihr dann
nicht Unterschiede zwischen euch,
und habt ihr euch dann nicht zu
Richtern mit schlechten Beweg-
gründen aufgeworfen?

[5]Hört, meine lieben Brüder, hat
nicht Gott die Armen der Welt er-
wählt, reich zu sein im Glauben und
das Reich zu empfangen, das er de-
nen versprach, die ihn lieben? [6]Ihr
aber verachtet die Armen! Sind es
nicht die Reichen, die euch unter-
drücken und vor Gericht zerren?
[7]Sind nicht sie es, die den guten Na-
men von ihm, dem ihr angehört,
schmähen? [8]Wenn ihr wirklich das
Ziel des Königreichs der *Torah* er-
reicht, in Einklang mit der Passage,
die sagt: »**Liebe deinen Nächsten
wie dich selbst**«,[a] tut ihr gut. [9]Doch

a Lev 19,18

Ja-akov – Jakob
Jeschua – Jesus
Schalom! – Friede! (Gruß)
Scharav – heißer, trockener Wind aus den Wüstengegenden östlich von Israel
Torah – Weisung, Lehre, das »Gesetz«, der Pentateuch (die 5 Bücher Mose)

wenn ihr die Person anseht, so begeht ihr eine Sünde, denn ihr seid nach der *Torah* als Übertreter überführt.

10Denn ein Mensch, der die ganze *Torah* hält und doch in einem Punkt stolpert, hat sich schuldig gemacht, alle Gebote zu brechen. 11Denn der Eine, der sagte: »**Begehe nicht Ehebruch**«,[b] hat auch gesagt: »**Morde nicht**«.[c] Wenn ihr nun nicht Ehebruch begeht, aber mordet, so seid ihr Übertreter der *Torah* geworden.

12Redet und handelt wie Menschen, die nach einer *Torah* gerichtet werden, die Freiheit schenkt. 13Denn das Gericht wird keine Gnade haben mit jemandem, der keine Gnade zeigt; die Gnade aber triumphiert über das Gericht.

14Was nützt es, meine Brüder, wenn jemand behauptet, er habe Glauben, hat aber keine Werke, die es beweisen? Kann ein solcher »Glaube« ihn retten? 15Angenommen, ein Bruder oder eine Schwester hat keine Kleider und nicht täglich etwas zu essen, 16und jemand sagt zu ihm: »*Schalom*! Halte dich warm und iß tüchtig!«, ohne ihm zu geben, was er braucht, was nützt das? 17So ist der Glaube allein, ohne Werke, tot.

18Doch jemand wird sagen, du hast Glauben und ich habe Werke, Zeige mir diesen deinen Glauben ohne Werke, und ich werde dir meinen Glauben *durch* meine Werke zeigen! 19Du glaubst, daß »**Gott einer ist**«?[d] Gut für dich! Auch die Dämonen glauben das – und der Gedanke macht sie zittern vor Furcht! 20Aber, du Tor, möchtest du, daß man dir beweist, daß solcher »Glaube« außerhalb von Werken vergeblich ist?

21Wurde nicht *Avraham* avinu für gerecht erklärt aufgrund von Werken, als er seinen Sohn Jizchak auf dem Altar darbrachte? 22Du siehst, daß sein Glaube mit seinen Werken zusammenwirkte; durch die Werke wurde der Glaube vollendet; 23und die Passage der *Tenach* wurde erfüllt, welche sagt: »**Avraham glaubte Gott, und es wurde ihm als Gerechtigkeit angerechnet.**«[e] Er wurde sogar **Gottes Freund** genannt.[f] 24Ihr seht also, daß ein Mensch aufgrund von Werken und nicht aufgrund von Glauben allein für gerecht erklärt wird.

25Und wurde nicht auch die Hure Rachav aufgrund von Werken für gerecht erklärt, als sie die Boten aufnahm und sie auf einem anderen Weg hinausließ? 26Wahrhaftig, so wie der Leib ohne einen Geist tot ist, so ist auch der Glaube ohne Werke tot.

3 1Nicht viele von euch sollten Lehrer werden, meine Brüder, denn ihr wißt, daß wir strenger gerichtet werden. 2Denn wir alle straucheln auf viele Arten; wenn jemand nicht strauchelt in dem, was er sagt,

b Ex 20,14; Dtn 5,18
c Ex 20,13; Dtn 5,17

d Dtn 6,4
e Gen 15,6
f Jes 41,8; 2 Chr 20,7

dann ist er ein reifer Mann, der sei-
nen ganzen Leib zügeln kann.
3Wenn wir einem Pferd ein Gebiß
ins Maul legen, damit es uns ge-
horcht, beherrschen wir damit sei-
nen ganzen Leib. 4Und denkt an ein
Schiff – obgleich es riesengroß ist
und von starken Winden getrieben
wird, kann doch der Steuermann es
mit einem kleinen Ruder hinsteuern,
wohin immer er will. 5So ist auch
die Zunge ein winziges Glied des
Leibes, doch sie rühmt sich großer
Dinge. Sieh, wie ein kleines Feuer
einen ganzen Wald in Brand setzt!
6Ja, die Zunge ist ein Feuer, eine
Welt der Schlechtigkeit. Die Zunge
ist so in unseren Leib gesetzt, daß
sie jedes seiner Glieder verunreinigt
und unser ganzes Leben in Brand
setzt; und es wird durch Geh-Hin-
nom selbst in Flammen gesetzt.
7Denn die Menschen haben alle Ar-
ten von Tieren, Vögeln, Reptilien
und Geschöpfen der See gezähmt
und zähmen sie noch; 8die Zunge
aber kann niemand zähmen – sie ist
ein unstetes und böses Ding, voll
todbringenden Giftes! 9Mit ihr seg-
nen wir *Adonai*, den Vater; und mit
ihr fluchen wir Menschen, die **nach
dem Ebenbild Gottes** gemacht
wurden.[g] 10Aus demselben Mund
kommen Segen und Fluch! Brüder,
es ist nicht recht, daß es so ist. 11Eine
Quelle bringt nicht zugleich süßes
und bitteres Wasser aus derselben
Öffnung hervor, nicht wahr?
12Kann ein Feigenbaum Oliven tra-
gen, meine Brüder? Oder ein Wein-
stock Feigen? Und auch Salzwasser
bringt kein Süßwasser hervor.
13Wer unter euch ist weise und ver-
ständig? Er möge es durch seinen
guten Lebenswandel beweisen,
durch Werke, getan in der Demut,
die aus Weisheit erwächst. 14Wenn
ihr aber in euren Herzen bittere Ei-
fersucht und selbstsüchtigen Ehrgeiz
hegt, dann rühmt euch nicht und
greift die Wahrheit mit Lügen an!
15Diese Weisheit ist nicht die Art, die
von oben kommt; im Gegenteil, sie
ist weltlich, ungeistlich, dämonisch.
16Denn wo Eifersucht und selbst-
süchtiger Ehrgeiz sind, da wird auch
Uneinigkeit und jede schlechte Tat
sein. 17Die Weisheit von oben aber
ist zuallererst rein, dann friedlich,
freundlich, Vernunftgründen zu-
gänglich, voller Gnade und guter
Früchte, ohne Parteilichkeit und oh-
ne Heuchelei. 18Und Friedensstifter,
die in Frieden säen, bringen eine
Ernte der Gerechtigkeit hervor.

4 1Was verursacht all den Streit
und die Kämpfe unter euch?
Sind es nicht eure Begierden, die in
euch kämpfen? 2Ihr wünscht euch
Dinge und habt sie nicht. Ihr tötet
und ihr seid eifersüchtig, und ihr be-

g Gen 1,26–27

Adonai – der HERR, Jahwe
Avraham – Abraham
Avraham avina – unser Vater Abraham
Geh-Hinnom – Gehenna, Hölle
Jizchak – Isaak
Rachav – Rahab
Schalom! – Friede! (Gruß)
Tenach – die hebr. Bibel, das Alte Testament
Torah – Weisung, Lehre, das »Gesetz«, der Pentateuch (die 5 Bücher Mose)

kommt sie doch nicht. So kämpft ihr und streitet. Der Grund, warum ihr nicht habt, ist, daß ihr nicht betet! [3]Oder ihr betet und erlangt nicht, weil ihr aus den falschen Motiven heraus betet, nämlich, um eure eigenen Begierden zu stillen.

[4]Ihr untreuen Ehefrauen! Wißt ihr nicht, daß die Liebe zur Welt Haß gegen Gott bedeutet? Wer immer sich entscheidet, ein Freund der Welt zu sein, macht sich zum Feind Gottes! [5]Oder glaubt ihr, die *Tenach* spricht vergeblich, wenn sie sagt, daß ein Geist in uns ist, der ein eifersüchtiges Verlangen hat? [6]Doch die Gnade, die er gibt, ist größer, deshalb sagt er:

»Gott widersteht den Hochmütigen, den Demütigen aber schenkt er Gnade.«[h]

[7]Deshalb unterwerft euch Gott. Ja mehr noch, widersteht dem Widersacher, und er wird euch fliehen. [8]Sucht die Nähe Gottes, und er wird eure Nähe suchen. Reinigt eure Hände, Sünder; und reinigt eure Herzen, ihr wankelmütigen Menschen! [9]Wehklagt, trauert, weint! Euer Lachen möge sich in Weinen und eure Freude in Traurigkeit verwandeln! [10]Demütigt euch vor dem Herrn, und er wird euch erheben.

[11]Brüder, hört auf, gegeneinander zu reden! Wer immer gegen einen Bruder spricht oder einen Bruder richtet, spricht gegen die *Torah* und richtet die *Torah*. Und wenn ihr die *Torah* richtet, seid ihr nicht ein Täter dessen, was die *Torah* sagt, sondern ein Richter. [12]Es gibt nur einen Geber der *Torah*; er ist auch der Richter, mit der Macht, zu erlösen und zu vernichten. Wer glaubt ihr, wer ihr seid, daß ihr eure Mitmenschen richtet?

[13]Nun hört, die ihr sagt: »Heute oder morgen wollen wir in die-und-die Stadt gehen, dort ein Jahr lang Handel treiben und Gewinn machen!« [14]Ihr wißt ja nicht einmal, ob ihr morgen noch lebt! Denn ihr seid nur ein Hauch, der eine kurze Zeit da ist und wieder verschwindet. [15]Statt dessen solltet ihr sagen: »Wenn *Adonai* will, daß es geschieht, werden wir leben«, dies oder das zu tun. [16]Doch wie es ist, rühmt ihr euch in eurem Hochmut. Solches Rühmen ist böse. [17]Deshalb begeht jeder, der weiß, was er Gutes tun könnte, und es nicht tut, eine Sünde.

5 [1]Als nächstes ein Wort an die Reichen: Weint und wehklagt über die Leiden, die über euch kommen! [2]Eure Reichtümer sind verfault, und eure Kleider haben die Motten zerfressen; [3]euer Gold und Silber ist verrostet, und ihr Rost sagt als Zeuge gegen euch aus und wird euer Fleisch wie Feuer verzehren! Dies ist die *Acharit Ha Jamim,* und ihr habt Reichtum angehäuft! [4]Hört! Die Löhne, die ihr den Arbeitern, die eure Felder gemäht haben, arglistig vorenthalten habt, sagen laut gegen euch aus, und die Schreie derer, die geerntet haben, hat die Ohren von *Adonai Zvaoth* erreicht. [5]Ihr habt ein Leben des Lu-

h Spr 3,34

xus und der Zügellosigkeit auf dieser Erde geführt – in einer Zeit des Schlachtens habt ihr gegessen nach Herzenslust. [6]Ihr habt die Unschuldigen verurteilt und ermordet; sie haben euch nicht widerstanden.

[7]So seid nun geduldig, Brüder, bis der Herr wiederkommt. Seht, wie der Bauer auf die kostbare »Frucht der Erde« wartet – er ist geduldig, bis sie die **Herbst- und Frühlingsregen** empfängt.[i] [8]Seid auch ihr geduldig; bewahrt euch euren Mut; denn die Wiederkunft des Herrn ist nahe. [9]Murrt nicht gegeneinander, Brüder, damit ihr nicht unter die Verdammnis geratet – seht! der Richter steht vor der Tür! [10]Brüder, nehmt euch die Propheten, die im Namen *Adonai*s redeten, als Vorbild im Erleiden von Mißhandlung und in der Geduld. [11]Seht, wir erachten die, die ausgeharrt haben, als gesegnet. Ihr habt von der Standhaftigkeit von Ijov gehört, und ihr wißt, welches der Plan *Adonai*s war, daß ***Adonai* voller Mitgefühl und Barmherzigkeit ist.**[j]

[12]Vor allem, Brüder, schwört keine Eide – nicht »beim Himmel«, nicht »bei der Erde« und nicht bei einer anderen Formel; laßt euer »Ja« vielmehr ein einfaches »Ja« und euer »Nein« ein einfaches »Nein« sein, damit ihr nicht unter die Verdammnis fallt.

[13]Ist einer von euch in Bedrängnis? Er soll beten. Geht es einem gut? Er soll Loblieder singen.

i Dtn 11,14; Jer 5,24; Joel 2,23

j Ex 34,6; Ps 103,8; 111,4

[14]Ist einer von euch krank? Er soll die Ältesten der Gemeinde zu sich rufen. Sie werden für ihn beten und ihn im Namen des Herrn mit Olivenöl einreiben. [15]Das Gebet, das im Vertrauen dargebracht ist, wird den, der krank ist, heilen – der Herr wird seine Gesundheit wiederherstellen; und wenn er Sünden begangen hat, wird ihm vergeben werden. [16]Deshalb bekennt einander offen eure Sünden und betet füreinander, damit ihr geheilt werdet. Das Gebet eines Gerechten ist mächtig und wirksam. [17]Elijahu war nur ein Mensch wie wir; doch er betete leidenschaftlich, daß es nicht regnen möge, und kein Regen fiel aufs Land drei Jahre und sechs Monate lang. [18]Dann betete er erneut, und der Himmel gab Regen, und das Land brachte seine Frucht hervor.

[19]Meine Brüder, wenn einer von der Wahrheit abirrt und jemand bringt ihn zur Umkehr, [20]sollt ihr wissen, daß, wer immer einen Sünder von seinem falschen Weg abbringt, ihn vor dem Tod rettet und **viele Sünden zudeckt.**[k]

k Spr 10,12

Acharit Ha Jamim – »das Ende der Tage«, die letzte(n) Zeit(en)
Adonai – der HERR, Jahwe
Adonai Zvaoth – HERR Jahwe der (himmlischen) Herrscharen
Elijahu – Elia
Ijov – Hiob
Tenach – die hebr. Bibel, das Alte Testament
Torah – Weisung, Lehre, das »Gesetz«, der Pentateuch (die 5 Bücher Mose)

DER ERSTE BRIEF VON
JESCHUAS GESANDTEM KEFA:

DER ERSTE BRIEF VON KEFA (1. PETRUSBRIEF)

1 1Von: Kefa, einem Gesandten
Jeschuas des Messias

An: Gottes erwähltes Volk, dessen
Angehörige als Fremde in der Dia-
spora leben – in Pontus, Galatien,
Kappadozien, der Provinz Asien
und Bithynien – 2erwählt nach der
Vorkenntnis Gottes des Vaters und
ausgesondert durch den Geist, Je-
schua dem Messias zu gehorchen
und mit seinem Blut besprengt zu
werden:

Gnade und *Schalom* sei euer in
vollem Maß.

3Gelobt sei Gott, Vater unseres
Herrn, Jeschua des Messias, der,
entsprechend seiner großen Gnade,
uns durch die Auferstehung Jeschu-
as des Messias von den Toten hat
wiedergeboren werden lassen zu ei-
ner lebendigen Hoffnung, 4zu einem
Erbe, das nicht verwesen, verderben
oder vergehen kann, sondern das si-
cher für euch im Himmel bewahrt
wird. 5In der Zwischenzeit seid ihr
durch euer Vertrauen bewahrt
durch die Macht Gottes für eine Er-
lösung, die in der Letzten Zeit of-
fenbart wird. 6Daran freut euch,
auch wenn ihr für eine kleine Zeit
Leid erfahren müßt in vieler Be-
drängnis. 7Auch Gold wird im Feu-
er auf seine Echtheit geprüft. Der
Sinn dieser Bedrängnis ist, daß die
Echtheit unseres Vertrauens, das
sehr viel wertvoller ist als vergängli-
ches Gold, bei der Offenbarung Je-
schuas des Messias des Lobes, der
Herrlichkeit und der Ehre für wert
erachtet wird.

8Ohne ihn gesehen zu haben, liebt
ihr ihn. Ohne ihn jetzt zu sehen,
aber voller Vertrauen in ihn, seid ihr
erfüllt mit Freude, die herrlich ist
über alle Worte. 9Und ihr empfangt,
worauf euer Vertrauen gerichtet ist,
nämlich eure Erlösung.

10Die Propheten, die über diese
Gabe der Erlösung, die euch be-
stimmt war, weissagten, haben eifrig
über sie nachgedacht und sie er-
forscht. 11Sie versuchten, den Zeit-
punkt und die Umstände herauszu-
finden, auf die sich der Geist des
Messias, der in ihnen war, bezog, als
er die Leiden des Messias und die
herrlichen Dinge, die folgen sollten,
vorhersagte. 12Ihnen wurde offen-
bart, daß ihr Dienst, als sie von die-
sen Dingen redeten, nicht ihnen
selbst zugute kommen sollte, son-
dern euch. Und ebendiese Dinge

sind euch jetzt verkündet worden
durch die, die euch durch den *Ru-
ach Ha Kodesch*, der vom Himmel
gesandt wurde, die Gute Nachricht
überbrachten. Sogar die Engel seh-
nen sich, Einblick in diese Dinge zu
haben!
13Deshalb macht euch bereit zur
Arbeit, bleibt selbstbeherrscht und
richtet eure Hoffnung ganz auf die
Gabe, die ihr empfangen werdet,
wenn Jeschua der Messias offenbart
wird. 14Als Menschen, die Gott ge-
horchen, laßt euch nicht von bösen
Begierden bestimmen, die ihr hattet,
als ihr noch unwissend wart. 15Im
Gegenteil, werdet, indem ihr dem
Heiligen folgt, der euch berufen hat,
selbst heilig in eurem ganzen Le-
benswandel; 16denn die *Tenach* sagt:

»Ihr seid heilig, weil ich heilig
bin.«[a]

17Und wenn ihr den, der ohne
Ansehen der Person richtet nach
den Werken eines jeden, als Vater
anredet, sollt ihr, solange ihr auf Er-
den seid, in Furcht leben. 18Ihr sollt
euch bewußt sein, daß das Lösegeld,
das gezahlt wurde, euch aus dem
unwürdigen Leben zu befreien, das
eure Väter an euch weitergaben,
nicht aus etwas Vergänglichem wie
Silber oder Gold bestand; 19im Ge-
genteil, es war der kostbare blutige
Opfertod des Messias als eines Lam-
mes ohne Fehl und Tadel. 20Gott
kannte ihn vor der Schaffung des
Universums, doch er offenbarte ihn
in der *Acharit Ha Jamim* um euret-
willen. 21Durch ihn vertraut ihr auf
Gott, der ihn von den Toten aufer-
weckt hat und ihm Herrlichkeit gab;
damit euer Vertrauen und eure
Hoffnung in Gott sind.
22Nun, da ihr euch gereinigt habt,
indem ihr der Wahrheit gehorchtet,
damit ihr eure Brüder aufrichtig
liebt, liebt einander mit tiefer Liebe,
von ganzem Herzen. 23Ihr seid nicht
aus einem Samen wiedergeboren,
der vergehen wird, sondern aus ei-
nem, der nicht vergehen kann,
durch das lebendige Wort Gottes,
das für immer bleibt. 24Denn

**die ganze Menschheit ist wie
Gras, all ihre Herrlichkeit ist wie
eine Blume des Grases – das Gras
verdorrt, und die Blume verwelkt;
25doch das Wort *Adonais* bleibt für
immer.**[b]

Und dieses »**Wort**« ist die Gute
Nachricht, die euch verkündet wur-
de.

2 1Deshalb macht euch frei von
aller Bosheit, aller Täuschung,
aller Heuchelei und allem Neid und
von all den Wegen, die es gibt, Men-
schen zu verleumden; 2und seid wie

a Lev 11,44.45; 19,2; 20,7

b Jes 40,6–8

Acharit Ha Jamim – »das Ende der Tage«, die letzte(n) Zeit(en)
Adonai – der HERR, Jahwe
Jeschua – Jesus
Kefa – Petrus
Ruach Ha Kodesch – Heiliger Geist
Schalom – Friede
Tenach – die hebr. Bibel, das Alte Testament

neugeborene Kinder, durstig nach der reinen Milch des Wortes; daß ihr durch sie in die Erlösung hineinwachst. [3]Denn ihr habt **geschmeckt, daß** *Adonai* **gut ist.**[c]

[4]Wenn ihr zu ihm kommt, dem lebendigen **Stein**, der verworfen wurde von den Menschen, aber **erwählt** ist durch Gott und **kostbar** für ihn, [5]werdet ihr selbst als lebendige **Steine** erbaut zu einem geistlichen Haus, *Kohanim* zu sein, die ausgesondert sind für Gott, um geistliche Opfer darzubringen, die ihm angenehm sind durch Jeschua den Messias. [6]Deshalb sagt die *Tenach*:

»**Sieh! Ich lege in Zijon einen Stein, einen erwählten und kostbaren Eckstein; und wer immer sein Vertrauen** auf ihn **setzt, wird ganz gewiß nicht erniedrigt werden.**«[d]

[7]Nun ist er euch, die ihr **vertraut, kostbar**. Für die aber, die nicht **vertrauen**, gilt:

»**Ebender Stein, den die Bauleute verworfen haben, ist zum Eckstein geworden;**«[e]

[8]und er ist **ein Stein, der die Menschen stolpern läßt, ein Fels, der sie zu Fall bringt.**[f]

Sie **stolpern** über das Wort, gehorchen ihm nicht – wie es geplant war.

c Ps 34,9
d Jes 28,16
e Ps 118,22
f Jes 8,14

[9]Ihr aber seid ein **erwähltes Volk,**[g] **die** *Kohanim* **des Königs,**[h] **eine heilige Nation,**[i] **ein Volk, das Gott besitzt!**[j] Warum? Damit ihr das Lob des Einen verkündet, der euch aus der Finsternis in sein wunderbares Licht berufen hat. [10]Einst wart ihr **nicht ein Volk**, jetzt aber seid ihr **Gottes Volk**; vormals **hattet ihr keine Barmherzigkeit empfangen**, jetzt aber **habt ihr Barmherzigkeit empfangen.**[k]

[11]Liebe Freunde, ich bitte euch dringend, als **fremde und zeitweilige Einwohner**[l] nicht den Begierden eurer alten Natur, die gegen euch streiten, nachzugeben; [12]sondern ein so gutes Leben unter den Heiden zu leben, daß sie, obgleich sie euch jetzt als Übeltäter verleumden, wenn sie eure guten Werke sehen, Gott die Ehre geben werden am Tag seines Kommens. [13]Denn um des Herrn willen unterwerft euch jeder menschlichen Vollmacht – sei es nun dem Kaiser als höchstem Wesen [14]oder den Statthaltern als von ihm Gesandten, diejenigen zu strafen, die Unrecht tun, und diejenigen zu loben, die tun, was gut ist. [15]Denn es ist Gottes Wille, daß eure guten Werke das dumme Gerede törichter Menschen verstummen lassen. [16]Unterwerft euch als solche, die frei sind, es aber nicht zulassen, daß ihre Freiheit ihnen als Entschuldigung

g Jes 43,20; Dtn 7,6; 10,15
h Ex 19,6; Jes 61,6
i Ex 19,6
j Jes 43,21; Ex 19,5
k Hos 2,25
l Gen 23,4; 47,9; Ps 39,13; 1 Chr 29,15

für das Böse dient; unterwerft euch
vielmehr als Gottes Sklaven. [17]Bringt
allen Achtung entgegen – liebt die
Brüder, fürchtet Gott und ehrt den
Kaiser.

[18]Hausknechte, unterwerft euch
euren Herren und erweist ihnen alle
Achtung – und nicht nur denen, die
freundlich und maßvoll sind, son-
dern auch denen, die grob sind.
[19]Denn es ist eine Gnade, wenn je-
mand, weil er an Gott denkt, den
Schmerz ungerechter Strafe erträgt.
[20]Denn welcher Verdienst liegt dar-
in, Schläge zu ertragen, die ihr ver-
dient habt, weil ihr ein Unrecht ge-
tan habt? Wenn ihr aber Strafe
ertragt, obgleich ihr getan habt, was
recht ist, sieht Gott mit Wohlgefal-
len darauf. [21]Wahrhaftig, dazu seid
ihr berufen; weil auch der Messias
euretwegen litt und ein Beispiel
setzte, damit ihr in seine Fußstapfen
tretet.

[22]»**Er hat keine Sünde begangen,
auf seinen Lippen wurde kein
Trug gefunden.**«[m]

[23]Als er geschmäht wurde, schmäh-
te er nicht wieder; als er litt, drohte er
nicht, sondern übergab sie dem, der
gerecht richtet. [24]Er selbst **trug un-
sere Sünden**[n] an seinem Leib am
Pfahl,[o] damit wir den Sünden ster-
ben und der Gerechtigkeit leben –
**durch seine Wunden wurdet ihr
geheilt.**[p] [25]Denn ihr wart **wie Scha-
fe, die in die Irre gehen,** nun aber
habt ihr euch zum Hirten **bekehrt,**[q]
der über euch wacht.

3 [1]Ebenso unterwerft auch ihr
Frauen euch euren Ehemän-
nern; damit sie, selbst wenn manche
von ihnen das Wort nicht glauben,
durch euer Verhalten, ohne daß ihr
etwas sagt, gewonnen werden,
[2]wenn sie euer respektvolles und
reines Benehmen sehen. [3]Eure
Schönheit bestehe nicht in Äußer-
lichkeiten wie prächtigen Frisuren,
Goldschmuck oder dem, was ihr
tragt; [4]sondern vielmehr im inneren
Wesen eures Herzens, in der unver-
gänglichen Eigenschaft eines sanft-
mütigen und ruhigen Geistes. In
Gottes Augen ist das von großem
Wert. [5]So pflegten sich die heiligen
Frauen der Vergangenheit, die ihre
Hoffnung auf Gott gesetzt hatten,
zu schmücken und ihren Ehemän-
nern zu unterwerfen, [6]so gehorchte
Sara Avraham und ehrte ihn als ih-
ren Herrn. Ihr seid ihre Töchter,
wenn ihr tut, was recht ist, und
nicht der Furcht erliegt.

[7]Und auch ihr Ehemänner, führt
eure Ehe mit Einsicht. Obgleich eu-
re Frau leiblich schwächer sein mag,
sollt ihr sie achten als eine Miterbin
der Gabe des Lebens. Wenn ihr es

m Jes 53,9
n Jes 53,4.12
o Dtn 21,22–23
p Jes 53,5

q Jes 53,6

Adonai – der HERR, Jahwe
Avraham – Abraham
Jeschua – Jesus
Kohanim – Priester (pl.)
Tenach – die hebr. Bibel, das Alte Testament

nicht tut, werden eure Gebete verhindert.

[8]Und schließlich ihr alle, seid einig in eurem Denken und Fühlen; liebt einander als Brüder; und seid barmherzig und demütig, [9]zahlt nicht Böses mit Bösem heim oder Schmähung mit Schmähung, sondern im Gegenteil mit Segen. Denn dazu seid ihr berufen, damit ihr einen Segen empfangt. [10]Denn

»Wer immer das Leben lieben und gute Tage sehen will, muß seine Zunge vor Bösem hüten und seine Lippen vor trügerischer Rede, [11]muß sich vom Bösen abkehren und Gutes tun, Frieden suchen und ihm nachjagen.

[12]Denn *Adonai* schaut auf die Gerechten, und seine Ohren sind offen für ihre Gebete; doch das Antlitz *Adonais* ist gegen die, die böse Dinge tun.«[r]

[13]Denn wer wird euch verletzen, wenn ihr Eiferer für das Gute werdet? [14]Aber wenn ihr auch leidet, weil ihr gerecht seid, so seid ihr gesegnet! Ja mehr noch, **fürchtet nicht, was sie fürchten, und seid nicht verstört,** [15]sondern **haltet** den Messias **als Herrn** in eurem Herzen **heilig;**[s] während ihr allezeit bereit seid, jedem eine vernünftige Antwort zu geben, der euch bittet, die Hoffnung, die ihr in euch habt, zu erklären – aber es geschehe in Demut und Furcht, [16]und haltet euer Gewissen rein, damit, wenn ihr verleumdet werdet, diejenigen zuschanden werden, die das gute Benehmen, das aus eurer Vereinigung mit dem Messias kommt, mißbrauchen. [17]Denn wenn Gott tatsächlich will, daß ihr leidet, ist es besser, ihr leidet dafür, daß ihr Gutes tut, als dafür, daß ihr Böses tut.

[18]Denn der Messias selbst starb für die Sünden, ein für allemal, ein Gerechter für Ungerechte, damit er euch zu Gott bringe. Er wurde zum Tod im Fleisch verurteilt, aber zum Leben durch den Geist gebracht; [19]und in dieser Gestalt ging er und predigte den Geistern im Gefängnis, [20]jenen, die vor langer Zeit ungehorsam waren, in den Tagen von Noach, als Gott geduldig wartete, während die Arche gebaut wurde, in der einige wenige Menschen – acht, um genau zu sein – durch Wasser erlöst wurden. [21]Darin ist vorweggenommen, was uns jetzt erlöst, das Wasser der Eintauchung, die nicht den Leib vom Schmutz reinigt, sondern ein Gelübde ist, sich ein gutes Gewissen vor Gott zu bewahren, durch die Auferstehung Jeschuas des Messias. [22]Er ist in den Himmel gegangen und sitzt **zur rechten Hand** Gottes,[t] und Engel, Obrigkeiten und Mächte sind ihm unterworfen.

4 [1]Deshalb, weil der Messias am Leib gelitten hat, sollt auch ihr euch wappnen mit derselben Haltung. Denn wer immer am Leib gelitten hat, hat die Sünde abgetan,

r Ps 34,13–17
s Jes 8,12–13
t Ps 110,1

2mit dem Ergebnis, daß er sein rest-
liches Leben auf Erden nicht mehr
unter der Kontrolle menschlicher
Begierden lebt, sondern unter der
Kontrolle des Willens Gottes.
3Denn ihr habt lange genug so ge-
lebt, wie die Heiden es von euch
verlangten – in Ausschweifung, Be-
gierde, Trunkenheit, Orgien, wilden
Festen und verbotenem Götzen-
dienst. 4Sie halten es für seltsam, daß
ihr nicht in denselben Fluß der Zü-
gellosigkeit mit ihnen eintaucht, und
deshalb überhäufen sie euch mit
Schmähungen. 5Doch sie werden
vor dem, der bereit steht, zu richten
die Lebendigen und die Toten, Re-
chenschaft ablegen müssen. 6Des-
halb wurde er denen verkündet, die
gestorben sind; es geschah, damit
sie, obwohl sie leiblich gemeinsam
mit der ganzen Menschheit das Ge-
richt empfangen sollen, durch den
Geist leben, wie Gott es bestimmt
hat.

7Die Vollendung aller Dinge
steht kurz bevor. Deshalb bleibt
wachsam und selbstbeherrscht, da-
mit ihr beten könnt. 8Vor allem
aber liebt einander in tätiger Liebe;
denn **Liebe deckt viele Sünden
zu.**[u] 9Nehmt einander ohne Mur-
ren in euren Häusern auf. 10Soweit
jeder eine bestimmte Geistesgabe
erhalten hat, soll er sie gebrauchen,
den anderen zu dienen, wie gute
Verwalter von Gottes vielfältiger
Gnade – 11wenn jemand redet,
möge er die Worte Gottes reden;
wenn jemand dient, möge er das
aus der Kraft heraus tun, die Gott
ihm gibt; damit Gott in allem ver-
herrlicht werde durch Jeschua den
Messias – ihm sei Ehre und Macht
für immer und ewig. *Amen.*

12Liebe Freunde, erachtet die
Feuerprobe, die euch jetzt ereilt,
um euch zu prüfen, nicht für be-
fremdlich, als widerfahre euch et-
was Außergewöhnliches. 13Freut
euch vielmehr, insoweit ihr Ge-
meinschaft habt an den Leiden des
Messias; damit ihr euch noch mehr
freuen werdet, wenn seine *Schechi-
nah* offenbart wird. 14Wenn ihr ge-
schmäht werdet, weil ihr den Na-
men des Messias tragt, wie
gesegnet seid ihr! Denn der Geist
der *Schechinah*, das heißt der Geist
Gottes, ruht auf euch! 15Möge kei-
ner von euch leiden, weil er ein
Mörder oder ein Dieb oder ein
Übeltäter ist oder sich in die An-
gelegenheiten anderer einmischt.
16Wenn aber jemand leidet, weil er
messianisch ist, möge er sich nicht
schämen; sondern er möge Gott
verherrlichen, indem er seinen Na-
men trägt. 17Denn die Zeit für das
Gericht ist gekommen. Es beginnt
im Haus Gottes; und wenn es mit
uns beginnt, was wird die Folge
sein für die, die Gottes Guter
Nachricht nicht gehorchen? –

18»**Wenn schon der Gerechte**

u Spr 10,12

Adonai – der HERR, Jahwe
Amen – so sei es
Jeschua – Jesus
Noach – Noah
Schechinah – »Einwohnung Gottes«, Gottes herrliche Gegenwart

kaum erlöst wird, wie wird der Gottlose und Sünder enden?«[v]

[19]So mögen sich die, die gemäß dem Willen Gottes leiden, sich einem treuen Schöpfer anvertrauen, indem sie weiter tun, was gut ist.

5 [1]Deshalb bitte ich als ein Mit-Leiter und als Zeuge der Leiden des Messias wie auch als Teilhaber an der Herrlichkeit, die offenbart werden soll, die Gemeindeleiter unter euch dringend: [2]Hütet die Herde Gottes, die eurer Fürsorge anvertraut ist, übt die Aufsicht nicht gezwungen aus, sondern freiwillig, wie Gott es will; und nicht aus schändlicher Gewinnsucht, sondern mit Begeisterung; [3]ebenso nicht als Herren, die über die, für die sie sorgen sollen, herrschen, sondern als Menschen, die Vorbilder für die Herde werden. [4]Dann werdet ihr, wenn der Große Hirte erscheint, die Herrlichkeit als unvergängliche Krone empfangen.

[5]Und ihr, die ihr weniger erfahren seid, unterwerft euch den Leitern. Und ihr alle sollt euch in Demut gegeneinander kleiden, denn

Gott widersteht den Hochmütigen, den Demütigen aber schenkt er Gnade.[w]

[6]Deshalb demütigt euch unter die mächtige Hand Gottes, damit er euch zur rechten Zeit erhöht. [7]Werft all eure Ängste auf ihn, denn er sorgt für euch.

[8]Bleibt nüchtern, bleibt wachsam! Euer Feind, der Widersacher, stolziert umher wie ein brüllender Löwe und sucht nach einem, den er verschlingen kann. [9]Widersteht ihm, steht fest in eurem Vertrauen und wißt, daß eure Brüder überall auf der Welt die gleichen Leiden erdulden. [10]Ihr werdet nur eine kleine Weile zu leiden haben; danach wird euch Gott, der voller Gnade ist, der, der euch in der Vereinigung mit dem Messias in seine ewige Herrlichkeit berufen hat, wiederherstellen, befestigen, kräftigen, gründen. [11]Ihm sei die Macht für immer und ewig. *Amen.*

[12]Durch Sila, den ich für einen treuen Bruder halte, habe ich euch kurz geschrieben, euch ermutigt und mein Zeugnis gegeben, daß das die wahre Gnade Gottes ist. Steht fest darin!

[13]Eure Schwestergemeinde in Babylon, mit euch erwählt, schickt euch Grüße, wie auch mein Sohn Markus. [14]Grüßt einander mit einem Kuß der Liebe.

»*Schalom* alechem!« allen, die dem Messias gehören.

---

v Spr 11,31
w Spr 3,34

DER ZWEITE BRIEF VON
JESCHUAS GESANDTEM KEFA:

DER ZWEITE BRIEF VON KEFA (2. PETRUSBRIEF)

1 1 Von: Schim-on Kefa, einem
Sklaven und Gesandten Je-
schuas des Messias

An: Die, denen durch die Gerech-
tigkeit unseres Gottes und unseres
Erlösers, Jeschua des Messias, das-
selbe Vertrauen geschenkt wurde,
wie wir es haben:

2 Gnade und *Schalom* seien euer in
vollem Maß, während ihr zur vollen
Erkenntnis Gottes und Jeschuas un-
seres Herrn gelangt.

3 Gottes Macht hat uns alles gege-
ben, was wir zu einem gottesfürchti-
gen Leben brauchen, durch unsere
Erkenntnis des Einen, der uns zu
seiner Herrlichkeit und Tugend be-
rufen hat. 4 Durch diese hat er uns
kostbare und über die Maßen große
Verheißungen geschenkt, damit ihr
durch sie zu Teilhabern an Gottes
Wesen gelangt und dem Verderben,
das die bösen Begierden in die Welt
gebracht haben, entgeht.
5 Aus ebendiesem Grund sollt ihr
alles tun, euren Glauben mit Tu-
gend, die Tugend mit Erkenntnis,
6 die Erkenntnis mit Selbstbeherr-
schung, die Selbstbeherrschung mit
Ausharren, das Ausharren mit Got-
tesfurcht, 7 die Gottesfurcht mit brü-
derlicher Zuneigung und die brü-
derliche Zuneigung mit Liebe aus-
zustatten. 8 Denn wenn ihr diese
Eigenschaften im Überfluß besitzt,
bewahren sie euch davor, vergeblich
und unfruchtbar in der Erkenntnis
unseres Herrn, Jeschua des Messias,
zu sein. 9 Wahrhaftig, wem immer
sie fehlen, der ist blind, so kurzsich-
tig, daß er vergißt, daß seine vergan-
genen Sünden abgewaschen sind.
10 Deshalb, Brüder, gebt euch um so
größere Mühe, eure Berufung und
Erwählung zu einer Gewißheit zu
machen. Denn wenn ihr das tut,
werdet ihr niemals stolpern. 11 Des-
halb werdet ihr großzügig unter-
stützt werden mit allem, was ihr
braucht, um in das ewige König-
reich unseres Herrn und Erlösers,
Jeschuas des Messias, einzugehen.
12 Aus diesem Grund will ich euch
allezeit an diese Dinge erinnern, ob-

Amen – so sei es
Jeschua – Jesus
Kefa – Petrus
Schalom – Friede
Schalom alechem! – Friede sei mit euch! (Gruß)
Schim-on – Simon
Sila – Silas

gleich ihr sie bereits wißt und obgleich ihr fest in der Wahrheit, die ihr bereits habt, gegründet seid.
13Und ich halte es für richtig, euch mit derartigen Erinnerungen anzustacheln, solange ich im Zelt dieses
Leibes bin. 14Ich weiß, daß ich dieses mein Zelt bald ablegen werde, wie unser Herr, Jeschua der Messias, mich hat wissen lassen. 15Und ich
will mein Bestes tun, daß ihr euch nach meinem Abscheiden allezeit an diese Dinge erinnern könnt.

16Denn als wir euch die Macht und das Kommen unseres Herrn, Jeschua des Messias, kundtaten, verließen wir uns nicht auf listig ersonnene Mythen. Im Gegenteil, wir haben seine Majestät mit eigenen
Augen gesehen. 17Denn wir waren anwesend, als er Ehre und Herrlichkeit von Gott dem Vater empfing; und die Stimme kam zu ihm aus der Hoheit der *Schechinah* und sagte: »Dies ist mein Sohn, den ich liebe; ich finde großen Gefallen an ihm!«
18Wir haben diese Stimme aus dem Himmel gehört, als wir bei ihm waren auf dem heiligen Berg.

19Ja, wir haben das prophetische Wort ganz gewißgemacht. Ihr werdet gut daran tun, auf es zu achten als ein Licht, das an einem finsteren, dunklen Ort scheint, bis der Tag dämmert und der Morgenstern in
euren Herzen aufgeht. 20Zuallererst aber begreift dies: Keine Prophezeiung der Schrift soll von einer Einzelperson selbständig ausgelegt wer-
den; 21denn niemals ist eine Prophezeiung durch menschlichen Willen zustande gekommen – im Gegenteil, bewegt vom *Ruach Ha Kodesch*, haben die Menschen eine Botschaft von Gott geredet.

2 1Unter diesen Menschen aber waren auch falsche Propheten, wie es auch falsche Lehrer unter euch gibt. Unter falschen Vorspiegelungen werden sie zerstörerische Häresien einführen, ja, sie werden sogar den Herrn verleugnen, der sie erkauft hat, und damit ein jähes
Verderben über sich bringen. 2Viele werden sich ihren Ausschweifungen anschließen; und ihretwegen wird der wahre Weg in Verruf geraten.
3In ihrer Habgier werden sie euch mit erlogenen Reden ausbeuten.

Ihre Strafe, die schon seit langer Zeit beschlossen ist, läßt nicht auf sich warten; ihre Vernichtung
schläft nicht! 4Denn Gott verschonte nicht einmal Engel, wenn sie gesündigt hatten; im Gegenteil, er warf sie in finstere Höhlen, tiefer als die Scheol, wo sie auf das Gericht war-
ten müssen. 5Und er verschonte auch nicht die alte Welt; im Gegenteil, er bewahrte Noach, einen Boten der Gerechtigkeit, zusammen mit sieben anderen und brachte die Sintflut über eine Welt voller gottlo-
ser Menschen. 6Und er verdammte die Städte von Sedom und Amora und legte sie in Asche und Trümmer, als eine Warnung für die, die in der Zukunft ein gottloses Leben
führen; 7doch er rettete Lot, einen gerechten Mann, der verstört war von den Ausschweifungen dieser
prinzipienlosen Leute; 8denn die bö-

sen Werke, die dieser gerechte
Mann sah und hörte, als er unter ih-
nen lebte, quälten sein Herz Tag für
Tag. 9So weiß der Herr die From-
men aus der Bedrängnis zu retten
und die Bösen aufzubewahren für
den Tag des Gerichts, während er
sie straft, 10vor allem die, die ihrem
alten Wesen in schmutzigen Begier-
den folgen und jede Vollmacht ver-
achten.

Anmaßend und eigensinnig
schrecken diese falschen Lehrer
nicht davor zurück, Engelwesen zu
schmähen; 11wohingegen Engel, ob-
gleich sie stärker und mächtiger
sind, keine lästerliche Klage gegen
sie vor den Herrn bringen. 12Doch
diese Menschen, die handeln, ohne
zu denken, wie unvernünftige Tiere,
geboren, um gefangen und getötet
zu werden, schmähen Dinge, von
denen sie nichts wissen. Wenn sie
vernichtet werden, wird ihre Ver-
nichtung vollständig sein – 13ihnen
wird Unrecht zurückgezahlt wer-
den als Lohn für das Unrecht, das
sie tun.

Ihre Vorstellung von Vergnügen
besteht in Trinkgelagen am hellen
Tag; sie sind Flecken und Fehler, die
in ihren Lüsten schwelgen, wenn sie
mit euch essen – 14denn ihre Augen
suchen immerfort nach einer Frau,
mit der sie Ehebruch begehen kön-
nen, es sind Augen, die niemals auf-
hören zu sündigen; und sie haben
ein Herz, das sich selbst in Habgier
geübt hat; so daß sie unsichere Men-
schen verführen. Welch eine ver-
fluchte Brut!

15Diese Menschen haben den gera-
den Weg verlassen und sind in die
Irre gegangen, sind dem Weg des
Bil-am Ben Be-or gefolgt, der den
Lohn des Unrechttuns liebte, 16aber
für seine Sünde zurechtgewiesen
wurde – ein stumpfsinniges Lasttier
redete mit menschlicher Stimme
und setzte dem Unverstand des
Propheten eine Schranke! 17Wasser-
lose Quellen sind sie, Nebelwolken,
die von einer Windbö getrieben
werden; für sie ist die schwärzeste
Dunkelheit reserviert.

18Sie äußern grandiose Nichtigkei-
ten, sie spielen mit den Begierden
der alten Natur, um Menschen zu
verführen, die gerade erst angefan-
gen haben, denen zu entfliehen, de-
ren Lebensweg falsch ist.

19Sie versprechen ihnen Freiheit,
dabei sind sie selbst Sklaven des
Verderbens; denn ein Mensch ist der
Sklave dessen, der ihn besiegt hat.
20Wahrhaftig, wenn sie einmal den
Verunreinigungen der Welt ent-
kommen sind, indem sie unseren
Herrn und Erlöser, Jeschua den
Messias, erkannt haben, und sich
dann wieder von ihnen verführen
und besiegen ließen, ist ihr Zustand
schlimmer als vorher. 21Es wäre bes-
ser für sie, wenn sie den Weg der
Gerechtigkeit nicht gekannt hätten,

Amora – Gomorrha
Bil-am Ben Be-or – Bileam, der Sohn des Beor
Jeschua – Jesus
Noach – Noah
Ruach Ha Kodesch – Heiliger Geist
Schechinah – »Einwohnung Gottes«, Gottes herrliche Gegenwart
Scheol – Hades, Hölle
Sedom – Sodom

als sich mit vollem Wissen um ihn abzuwenden von dem heiligen Gebot, das ihnen überbracht wurde. 22Ihnen ist zugestoßen, was der wahre Spruch sagt: »**Ein Hund kehrt zu seinem eigenen Erbrochenen zurück.**«[a] Ja, »Das Schwein hat sich gewaschen, nur um sich wieder im Schlamm zu suhlen!«

3

1Liebe Freunde, ich schreibe euch jetzt diesen zweiten Brief; und in beiden Briefen versuche ich, euch durch Erinnerungen zu einem reinen Denken zu bewegen; 2damit ihr die Weissagungen der heiligen Propheten und die Gebote, die euch der Herr und Erlöser durch seine Gesandten gegeben hat, im Gedächtnis behaltet.

3Vor allem begreift dies: In den Letzten Tagen werden Spötter kommen, die ihren eigenen Begierden folgen 4und fragen: »Wo bleibt seine verheißene ›Wiederkunft‹? Denn unsere Väter sind gestorben, und alles geht genauso weiter, wie es seit dem Beginn der Schöpfung war.« 5Weil sie aber in diesem Punkt so eifrig darauf bedacht sind, recht zu behalten, übersehen sie die Tatsache, daß durch Gottes Wort vor langer Zeit die Himmel entstanden und auch das Land, das aus dem Wasser emporstieg und zwischen den Wassern war, 6und daß die damalige Welt durch diese Dinge mit Wasser überflutet und zerstört wurde. 7Und durch dasselbe Wort werden der gegenwärtige Himmel und die gegenwärtige Erde, die bewahrt worden sind, bewahrt für das Feuer am Tag des Gerichts, wenn die gottlosen Menschen vernichtet werden.

8Außerdem, liebe Freunde, vergeßt dies nicht: Beim Herrn ist ein Tag wie tausend Jahre und **tausend Jahre sind wie** ein **Tag.**[b] 9Der Herr verzieht nicht in der Erfüllung seiner Verheißung, wie manche Leute glauben; im Gegenteil, er ist geduldig mit euch; denn er will nicht, daß alle vernichtet werden, sondern daß sich jeder einzelne von seinen Sünden abkehrt. 10Doch der Tag des Herrn wird kommen »wie ein Dieb«. An jenem Tag wird der Himmel mit einem Brausen verschwinden, die Elemente werden schmelzen und sich auflösen, und die Erde und alles, was auf ihr ist, wird verbrannt werden.

11Da alles auf diese Weise zerstört wird, welche Art Menschen solltet ihr sein? Ihr solltet ein heiliges und gottesfürchtiges Leben führen, 12während ihr auf den Tag Gottes wartet und dahin wirkt, sein Kommen zu beschleunigen. Jener Tag wird die Zerstörung der Himmel durch Feuer bringen, und die Elemente werden vor Hitze schmelzen; 13wir aber warten, gemäß seiner Verheißung, auf **einen neuen Himmel und eine neue Erde,**[c] in der Gerechtigkeit herrschen wird. 14Deshalb, liebe Freunde, tut, während ihr auf diese Dinge wartet, was ihr könnt, um von ihm

a Spr 26,11

b Ps 90,4

c Jes 65,17; 66,22

ohne Fehl und Tadel und in Frie-
den erfunden zu werden. 15Und
erachtet die Geduld unseres Herrn
als Rettung, wie auch unser lieber
Bruder Scha-ul euch schrieb ge-
mäß der Weisheit, die Gott ihm
gab. 16Wahrhaftig, er spricht in al-
len seinen Briefen von diesen Din-
gen. Sie enthalten einige Dinge, die
schwer zu verstehen sind, Dinge,
die die Ununterwiesenen und Un-
sicheren verdrehen, zu ihrer eige-
nen Vernichtung, wie sie es auch
mit anderen heiligen Schriften tun.
17Ihr aber, liebe Freunde, da ihr
dies im voraus wißt, hütet euch; daß
ihr nicht durch die Irrtümer der
schlechten Menschen in die Irre ge-
führt werdet und aus eurer sicheren
Position herausfallt. 18Und wachst
in der Gnade und Erkenntnis unse-
res Herrn und Erlösers, Jeschuas des
Messias. Ihm sei Ehre, jetzt und für
immer! *Amen.*

Amen – so sei es
Jeschua – Jesus
Scha-ul – Saulus (Paulus)

DER ERSTE BRIEF VON
JESCHUAS GESANDTEM JOCHANAN:

DER ERSTE BRIEF VON JOCHANAN (1. JOHANNESBRIEF)

1 1Das Wort, Wort, das Leben
gibt! Er existierte seit dem An-
fang. Wir haben ihn gehört, wir ha-
ben ihn mit unseren Augen gesehen,
wir haben ihn betrachtet, wir haben
ihn mit unseren Händen berührt!

2Das Leben ist erschienen, und
wir haben es gesehen. Wir bezeugen
es und verkünden es euch – ewiges
Leben!

Er war beim Vater und er ist uns
erschienen. 3Was wir gesehen und
gehört haben, verkünden wir euch;
damit auch ihr Gemeinschaft habt
mit uns. Unsere Gemeinschaft ist
mit dem Vater und mit seinem
Sohn, Jeschua dem Messias.

4Wir schreiben diese Dinge, damit
eure Freude vollkommen sei.

5Und das ist die Botschaft, die wir
von ihm gehört haben und euch ver-
künden: Gott ist Licht, und in ihm
ist keine Finsternis – gar keine!
6Wenn wir behaupten, Gemein-
schaft mit ihm zu haben, während
wir in der Finsternis wandeln, lügen
wir und leben nicht die Wahrheit.
7Wenn wir aber im Licht wandeln,
wie er im Licht ist, dann haben wir
Gemeinschaft miteinander, und das
Blut seines Sohnes Jeschua reinigt
uns von aller Sünde.
8Wenn wir behaupten, keine Sün-
de zu haben, täuschen wir uns
selbst, und die Wahrheit ist nicht in
uns. 9Wenn wir unsere Sünden ein-
gestehen, dann wird er sie uns verge-
ben und uns von allem Unrechttun
reinigen, denn er ist vertrauenswürdig
und gerecht.
10Wenn wir behaupten, nicht ge-
sündigt zu haben, machen wir ihn
zum Lügner, und sein Wort ist nicht
in uns.

2 1Meine Kinder, ich schreibe
euch diese Dinge, damit ihr
nicht sündigt. Wenn aber jemand
sündigt, dann haben wir Jeschua den
Messias, den *Zaddik*, der unsere Sa-
che vor dem Vater vertritt. 2Und er
ist die *Kapparah* für unsere Sünden
– und nicht nur für unsere, sondern
für die der ganzen Welt.
3Der Weg, wie wir sicher sein
können, ihn zu kennen, ist der, seine
Gebote zu halten. 4Jeder, der sagt:
»Ich kenne ihn«, aber seine Gebote
nicht hält, ist ein Lügner – die
Wahrheit ist nicht in ihm. 5Wenn
aber jemand tut, was er sagt, dann
ist die Liebe zu Gott wahrhaft in

ihm zu ihrem Ziel gebracht. Des-
halb sind wir sicher, daß wir mit
ihm vereint sind. 6Ein Mensch, der
behauptet, in Einheit mit ihm zu le-
ben, sollte sein Leben so führen, wie
er es tat.

7Liebe Freunde, ich schreibe euch
kein neues Gebot. Im Gegenteil, es
ist ein altes Gebot, das ihr seit dem
Anfang gehabt habt; das alte Gebot
ist die Botschaft, die ihr zuvor ge-
hört habt. 8Und doch schreibe ich
euch ein neues Gebot, und seine
Wahrheit zeigt sich in ihm und in
euch, denn die Finsternis vergeht
und das wahre Licht scheint bereits.
9Jeder, der behauptet, im Licht zu
sein, während er seinen Bruder haßt,
ist noch in der Finsternis. 10Der
Mensch, der seinen Bruder liebt,
bleibt im Licht, und es ist nichts in
ihm, das ihn stolpern lassen könnte.
11Der Mensch aber, der seinen Bru-
der haßt, ist in der Finsternis – ja, er
wandelt in der Finsternis und er
weiß nicht, wohin er geht, denn die
Finsternis hat seine Augen blind ge-
macht.

12Ihr Kinder, ich schreibe euch,
weil eure Sünden um seinetwillen
vergeben sind.

13Ihr Väter, ich schreibe euch, weil
ihr ihn, der seit dem Anfang existiert
hat, gekannt habt.

Ihr jungen Leute, ich schreibe
euch, weil ihr den Bösen überwun-
den habt.

14Ihr Kinder, ich habe euch ge-
schrieben, weil ihr den Vater ge-
kannt habt.

Ihr Väter, ich habe euch geschrie-
ben, weil ihr ihn, der seit dem An-
fang existiert hat, gekannt habt.

Ihr jungen Leute, ich habe euch
geschrieben, weil ihr stark seid – das
Wort Gottes bleibt in euch, und ihr
habt den Bösen überwunden.

15Liebt nicht die Welt oder die
Dinge der Welt. Wenn jemand die
Welt liebt, dann ist die Liebe zum
Vater nicht in ihm; 16denn alle Dinge
der Welt – die Begierden der alten
Natur, die Begierden der Augen und
der Hochmut des Lebens – sind
nicht vom Vater, sondern von der
Welt. 17Und die Welt vergeht mit ih-
ren Begierden. Wer aber stets den
Willen Gottes tut, wird ewig bleiben.

18Kinder, dies ist die Letzte Stun-
de. Ihr habt gehört, daß ein Anti-
Messias kommt; und wirklich sind
viele Anti-Messiasse aufgestanden –
daran erkennen wir, daß dies die
Letzte Stunde ist. 19Sie sind von uns
ausgegangen, aber sie haben nicht
zu uns gehört; denn hätten sie zu
uns gehört, wären sie bei uns geblie-
ben.

20Ihr aber habt vom *Ha Kadosch*
die Salbung des Messias empfangen,
und ihr wißt das alles. 21Ich habe
euch nicht geschrieben, weil ihr die
Wahrheit nicht wißt, sondern weil
ihr sie wißt und weil aus der Wahr-
heit keine Lüge hervorgehen kann.

Ha Kodesch – der Heilige
Jeschua – Jesus
Jochanan – Johannes
Kapparah – Versöhnung, Sühnegabe
Zaddik – der Gerechte, gerechter Mensch

22Wer ist überhaupt ein Lügner, wenn nicht der Mensch, der leugnet, daß Jeschua der Messias ist? Ein solcher Mensch ist ein Anti-Messias – er leugnet den Vater und den Sohn. 23Jeder, der den Sohn leugnet, ist auch ohne den Vater; der Mensch aber, der den Sohn anerkennt, hat auch den Vater. 24Möge das, was ihr seit dem Anfang gehört habt, in euch bleiben. Wenn das, was ihr seit dem Anfang gehört habt, in euch bleibt, werdet ihr auch mit dem Sohn und dem Vater vereint bleiben. 25Und das hat er uns verheißen: ewiges Leben.

26Ich habe euch diese Dinge geschrieben über die Menschen, die versuchen, euch in die Irre zu führen. 27Was euch betrifft, so bleibt die messianische Salbung, die ihr vom Vater empfingt, in euch, damit ihr niemand anderen braucht, der euch lehrt. Im Gegenteil, wie seine messianische Salbung euch weiterhin alles lehrt und wahr ist und keine Lüge, so bleibt, wie er euch gelehrt hat, vereint mit ihm.

28Und jetzt, Kinder, bleibt vereint mit ihm; damit wir, wenn er erscheint, Zuversicht haben und nicht bei seinem Kommen voller Scham vor ihm zurückschrecken. 29Wenn ihr wißt, daß er gerecht ist, solltet ihr auch wissen, daß er der Vater eines jeden ist, der tut, was recht ist.

3 1Seht, welche Liebe der Vater auf uns verschwendet hat, indem er uns Kinder Gottes heißen läßt! Denn das sind wir. Der Grund, daß die Welt uns nicht kennt, ist, daß sie ihn nicht gekannt hat. 2Liebe Freunde, wir sind jetzt Gottes Kinder; und es ist noch nicht offenbar gemacht worden, was wir sein werden. Wir wissen, daß wir, wenn er erscheint, sein werden wie er; denn wir werden ihn sehen, wie er wirklich ist.

3Und jeder, der diese Hoffnung auf ihn hat, reinigt sich selbst, denn Gott ist rein. 4Jeder, der sündigt, verletzt die *Torah* – wahrhaftig, Sünde ist Verletzung der *Torah*. 5Ihr wißt, daß er erschienen ist, um die Sünden fortzunehmen, und daß keine Sünde in ihm ist. 6Deshalb wird niemand, der mit ihm vereint bleibt, sündigen; jeder, der sündigt, hat ihn weder gesehen noch kennt er ihn.

7Kinder, laßt euch von niemandem in die Irre führen – der, der tut, was recht ist, ist gerecht, so wie Gott gerecht ist. 8Der, der sündigt, ist vom Widersacher, denn der Widersacher hat von Anfang an gesündigt. Aus ebendiesem Grund ist der Sohn Gottes erschienen, um diese Werke des Widersachers zu vernichten. 9Niemand, der Gott zum Vater hat, sündigt, denn die Saat, die Gott gepflanzt hat, bleibt in ihm. Das heißt, er kann nicht sündigen, weil er Gott zum Vater hat. 10Und so kann man völlig eindeutig zwischen den Kindern Gottes und denen des Widersachers unterscheiden: Jeder, der nicht tut, was recht ist, ist nicht von Gott.

Und ebenso ist auch niemand, der seinen Bruder nicht liebt, von Gott. 11Denn das ist die Botschaft, die ihr seit dem Anfang gehört habt: daß

wir einander lieben sollen [12]und
nicht sein wie Kajin, der vom Bösen
war und seinen eigenen Bruder er-
mordete. Warum ermordete er ihn?
Weil seine eigenen Taten böse wa-
ren, und die seines Bruders waren
gerecht. [13]Wundert euch nicht, Brü-
der, wenn die Welt euch haßt. [14]Wir
für unseren Teil wissen, daß wir
vom Tod ins Leben übergegangen
sind, denn wir lieben die Brüder.
Der, der nicht liebt, ist noch unter
der Macht des Todes. [15]Jeder, der
seinen Bruder haßt, ist ein Mörder,
und ihr wißt, daß kein Mörder ewi-
ges Leben in ihm hat.

[16]Dadurch haben wir die Liebe
kennengelernt, daß er sein Leben für
uns gegeben hat. Und wir sollen un-
ser Leben für die Brüder geben!
[17]Wenn jemand weltliche Besitztü-
mer hat und sieht, daß sein Bruder
in Not ist und doch sein Herz gegen
ihn verschließt, wie kann der Gott
lieben? [18]Kinder, laßt uns nicht mit
Worten und Reden lieben, sondern
mit Taten und in Wirklichkeit!

[19]Und so werden wir wissen, daß
wir aus der Wahrheit sind, und so
werden wir unsere Herzen in seiner
Gegenwart zur Ruhe bringen:
[20]Wenn unsere Herzen etwas gegen
uns wissen, ist Gott größer als unse-
re Herzen, und er weiß alles. [21]Liebe
Freunde, wenn unsere Herzen et-
was gegen uns wissen, haben wir
Zuversicht und kommen zu Gott;
[22]denn was immer wir erbitten,
empfangen wir von ihm; denn wir
gehorchen seinen Geboten und tun
die Dinge, die ihm gefallen.

[23]Das ist sein Gebot: daß wir der
Person und Macht seines Sohnes,
Jeschua des Messias, vertrauen und
einander lieben, wie er uns geboten
hat. [24]Die, die seinem Gebot gehor-
chen, bleiben vereint mit ihm und er
mit ihnen.

Und so wissen wir, daß er mit uns
vereint bleibt: durch den Geist, den
er uns gab.

4

[1]Liebe Freunde, vertraut nicht
jedem Geist. Im Gegenteil,
prüft die Geister, um zu sehen, ob
sie von Gott sind; denn viele falsche
Propheten sind in die Welt hinaus-
gegangen. [2]Und daran erkennt ihr
den Geist Gottes: Jeder Geist, der
anerkennt, daß Jeschua der Messias,
als ein Mensch kam, ist von Gott,
[3]und jeder Geist, der Jeschua nicht
anerkennt, ist nicht von Gott – ja, er
ist in Wirklichkeit der Geist des An-
ti-Messias. Ihr habt gehört, daß er
kommt. Nun, er ist jetzt bereits hier,
in der Welt!

[4]Ihr, Kinder, seid von Gott und
habt die falschen Propheten über-
wunden, denn er, der in euch ist, ist
größer als er, der in der Welt ist. [5]Sie
sind aus der Welt; deshalb sprechen
sie vom Standpunkt der Welt her;
und die Welt hört auf sie. [6]Wir sind
von Gott. Wer immer Gott kennt,
hört auf uns; wer immer nicht von
Gott ist, hört nicht auf uns. So un-
terscheiden wir den Geist der Wahr-
heit vom Geist des Irrtums.

Jeschua – Jesus
Kajin – Kain
Torah – Weisung, Lehre, das »Gesetz«, der Pentateuch (die 5 Bücher Mose)

7Geliebte Freunde, laßt uns einan-
der lieben; denn Liebe ist aus Gott;
und jeder, der liebt, hat Gott zum
Vater und kennt Gott. 8Die, die
nicht lieben, kennen Gott nicht;
denn Gott ist Liebe. 9Und so hat
Gott uns seine Liebe gezeigt: Gott
sandte seinen einzigen Sohn in die
Welt, damit wir durch ihn Leben
haben. 10Das ist Liebe: Nicht wir
haben Gott geliebt, sondern er hat
uns geliebt und uns seinen Sohn ge-
sandt, damit er die *Kapparah* für un-
sere Sünden sei.

11Geliebte Freunde, wenn Gott
uns so geliebt hat, sollen auch wir
einander lieben. 12Niemand hat je-
mals Gott gesehen; wenn wir einan-
der lieben, bleibt Gott vereint mit
uns, und unsere Liebe zu ihm ist in
uns zu ihrem Ziel gebracht worden.
13Und so wissen wir, daß wir vereint
mit ihm bleiben und er mit uns: Er
hat uns aus seinem eigenen Geist ge-
geben. 14Und darüber hinaus haben
wir gesehen und bezeugen, daß der
Vater seinen Sohn als Erlöser der
Welt gesandt hat. 15Wenn jemand
anerkennt, daß Jeschua der Sohn
Gottes ist, bleibt Gott vereint mit
ihm und er mit Gott. 16Und wir ha-
ben erkannt und vertraut der Liebe,
die Gott zu uns hat. Gott ist Liebe;
und die, die in dieser Liebe bleiben,
bleiben vereint mit Gott, und Gott
bleibt vereint mit ihnen.

17Und so ist die Liebe in uns zur
Reife gebracht worden: Wie der
Messias ist, so sind auch wir in der
Welt. Das gibt uns Zuversicht am
Tag des Gerichts. 18In der Liebe ist
keine Furcht. Im Gegenteil, die Lie-
be, die ihr Ziel erreicht hat, hat keine
Furcht mehr, denn Furcht hat mit
Strafe zu tun; der Mensch, der sich
fürchtet, ist im Hinblick auf die Lie-
be nicht zur Reife gebracht worden.

19Wir selbst lieben jetzt, weil er
uns zuerst geliebt hat. 20Wenn je-
mand sagt: »Ich liebe Gott« und
haßt seinen Bruder, ist er ein Lüg-
ner. Denn wenn ein Mensch seinen
Bruder nicht liebt, den er gesehen
hat, dann kann er Gott nicht lieben,
den er nicht gesehen hat. 21Ja, das ist
das Gebot, das wir von ihm haben:
Wer immer Gott liebt, muß auch
seinen Bruder lieben.

5 1Jeder, der glaubt, daß Jeschua
der Messias ist, hat Gott zum
Vater, und jeder, der einen Vater
liebt, liebt auch seine Nachkommen.
2Und so wissen wir, daß wir Gottes
Kinder lieben: wenn wir Gott lie-
ben, tun wir auch, was er gebietet.
3Denn Gott zu lieben bedeutet, sei-
nen Geboten zu gehorchen. Und
seine Gebote sind keine schwere
Last, 4denn alles, was Gott zum Va-
ter hat, überwindet die Welt. Und
das ist es, was die Welt siegreich
überwindet: unser Vertrauen. 5Wer
überwindet die Welt, wenn nicht
der Mensch, der glaubt, daß Jeschua
der Sohn Gottes ist?

6Er ist der, der durch Wasser und
Blut kam, Jeschua der Messias –
nicht mit Wasser allein, sondern mit
dem Wasser und dem Blut. Und der
Geist gibt Zeugnis, denn der Geist
ist die Wahrheit. 7Es sind drei Zeu-
gen – 8der Geist, das Wasser und das
Blut –, und diese drei stimmen über-

ein. 9Wenn wir menschliches Zeug-
nis annehmen, ist Gottes Zeugnis
stärker, denn es ist das Zeugnis, das
Gott von seinem Sohn gegeben hat.
10Die, die dem Sohn Gottes vertrau-
en, haben sein Zeugnis in sich. Die,
die Gott nicht vertrauen, haben ihn
zum Lügner gemacht, denn sie ha-
ben dem Zeugnis, das Gott von sei-
nem Sohn gegeben hat, nicht ver-
traut. 11Und das ist das Zeugnis:
Gott hat uns ewiges Leben gegeben,
und dieses Leben ist in seinem Sohn.
12Die, die den Sohn haben, haben
das Leben, die, die den Sohn Gottes
nicht haben, haben das Leben nicht.
13Ich habe euch diese Dinge ge-
schrieben, damit ihr wißt, daß ihr
ewiges Leben habt – ihr, die ihr der
Person und Macht des Sohnes Got-
tes vertraut.

14Das ist die Zuversicht, die wir
in seiner Gegenwart haben: Wenn
wir etwas erbitten, das in Einklang
mit seinem Willen steht, erhört er
uns. 15Und wenn wir wissen, daß
er uns erhört – was immer wir er-
bitten –, dann wissen wir, daß wir
haben, was wir von ihm erbeten
haben.

16Wenn jemand sieht, wie sein
Bruder eine Sünde begeht, die nicht
zum Tod führt, wird er bitten; und
Gott wird ihm Leben geben für die,
deren Sünde nicht zum Tod führt.
Es gibt Sünde, die zum Tod führt;
ich sage nicht, daß er im Hinblick
auf sie bitten soll. 17Alles Unrecht-
tun ist Sünde, aber es gibt Sünde, die
nicht zum Tod führt.

18Wir wissen, daß keiner, der Gott
zum Vater hat, sündigt; im Gegen-
teil, der Sohn, der aus Gott geboren
ist, beschützt ihn, und der Böse be-
rührt ihn nicht.

19Wir wissen, daß wir von Gott
sind und daß die ganze Welt in der
Macht des Bösen steht.

20Und wir wissen, daß der Sohn
Gottes gekommen ist und uns Ein-
sicht gegeben hat, damit wir wissen,
wer wahr ist; und darüber hinaus
sind wir vereint mit dem, der wahr
ist, vereint mit seinem Sohn, Jeschua
dem Messias. Er ist der wahre Gott
und ewiges Leben.

21Kinder, hütet euch vor falschen
Göttern!

Jeschua – Jesus
Kapparah – Versöhnung, Sühnegabe

DER ZWEITE BRIEF VON JESCHUAS GESANDTEM JOCHANAN:

DER ZWEITE BRIEF VON JOCHANAN (2. JOHANNESBRIEF)

[1]Von: Dem Ältesten

An: Die erwählte Herrin und ihre
Kinder, die ich in Wahrheit liebe –
und nicht nur ich, sondern alle, die
die Wahrheit erkannt haben – [2]um
der Wahrheit willen, die mit uns
vereint bleibt und bei uns sein wird
für immer:

[3]Gnade, Barmherzigkeit und
Schalom werden bei uns sein aus
Gott dem Vater und aus Jeschua
dem Messias, dem Sohn des Vaters,
in Wahrheit und Liebe.

[4]Ich war sehr glücklich, als ich
feststellte, daß einige deiner Kinder
in Wahrheit leben, so wie der Vater
uns geboten hat. [5]Und jetzt, liebe
Herrin, bitte ich, daß wir einander
lieben – nicht daß das ein neues Ge-
bot wäre, das ich dir schreibe, denn
es ist dasselbe, das wir seit dem An-
fang gehabt haben. [6]Und das ist Lie-
be: daß wir leben sollen nach seinen
Geboten. Das ist das Gebot, wie ihr
es seit dem Anfang gehört habt; lebt
danach!

[7]Denn viele Betrüger sind hinaus-
gegangen in die Welt, Leute, die
nicht anerkennen, daß Jeschua der
Messias als ein Mensch gekommen
ist. Ein solcher Mensch ist ein Be-
trüger und ein Anti-Messias. [8]Hütet
euch, daß ihr nicht verliert, wofür
ihr gearbeitet habt, sondern die volle
Belohnung empfangt. [9]Jeder, der
weitergeht und nicht dem treu
bleibt, was der Messias gelehrt hat,
hat Gott nicht. Die, die seiner Lehre
treu bleiben, haben den Vater und
den Sohn. [10]Wenn jemand zu euch
kommt und nicht diese Lehre
bringt, nehmt ihn nicht in eurem
Haus auf. Sagt nicht einmal »*Scha-
lom*!« zu ihm; [11]denn der Mensch,
der »*Schalom*!« zu ihm sagt, hat teil
an seinen bösen Werken.

[12]Obwohl ich euch viel zu
schreiben habe, möchte ich lieber
nicht Papier und Tinte gebrauchen.
Ich hoffe vielmehr, zu kommen
und euch zu sehen und von Ange-
sicht zu Angesicht zu euch zu
sprechen, damit eure Freude voll-
kommen sei.

[13]Die Kinder deiner erwählten
Schwester senden dir ihre Grüße.

DER DRITTE BRIEF VON
JESCHUAS GESANDTEM JOCHANAN:

DER DRITTE BRIEF VON JOCHANAN (3. JOHANNESBRIEF)

1Von: Dem Ältesten

An: Den geliebten Gajus, den ich
in Wahrheit liebe:

2Lieber Freund, ich bete, daß es
dir in allem wohlergeht und daß du
bei guter Gesundheit bist, wie ich
auch weiß, daß es dir spirituell gut-
geht. 3Denn ich war so glücklich, als
einige Brüder kamen und bezeug-
ten, wie sehr du der Wahrheit treu
bist, wie du in der Wahrheit lebst.
4Nichts bereitet mir größere Freude,
als zu hören, daß meine Kinder in
der Wahrheit leben.

5Lieber Freund, du bist treu in der
Arbeit, die du für die Brüder tust,
auch wenn sie Fremde für dich sind.
6Sie haben deine Liebe vor der Ge-
meinde bezeugt. Du wirst gut daran
tun, wenn du sie auf eine Weise auf
den Weg schickst, wie es Gott wür-
dig ist, 7denn sie gingen um *Ha*
Schems willen aus, ohne etwas von
den *Gojim* anzunehmen. 8Deshalb
sollen wir solche Menschen unter-
stützen; damit wir an ihrer Arbeit
für die Wahrheit teilhaben.

9Ich schrieb der Gemeinde etwas;
aber Diotrephes, der der Erste unter
ihnen sein will, erkennt unsere Auto-
rität nicht an. 10Deshalb werde ich,
wenn ich komme, alles an den Tag
bringen, was er tut, einschließlich
seines gehässigen und grundlosen
Klatsches über uns. Und als ob das
noch nicht genügt, weigert er sich
auch, die Vollmacht der Brüder an-
zuerkennen; ja, er hindert, die es
wollen, daran, und versucht, sie aus
der Gemeinde hinauszudrängen!

11Lieber Freund, nimm dir kein
Beispiel an den Schlechten, sondern
an den Guten! Die, die tun, was gut
ist, sind von Gott; die, die tun, was
schlecht ist, sind nicht von Gott.

12Jeder spricht gut von Demetrius,
auch die Wahrheit selbst. Wir ver-
bürgen uns für ihn, und du weißt,
daß unser Zeugnis wahr ist.

13Ich habe dir viel zu schreiben,
aber ich möchte nicht mit Feder und
Tinte schreiben; 14ich hoffe vielmehr,
dich bald zu sehen, und dann werden
wir von Angesicht zu Angesicht
sprechen.

15*Schalom* dir. Deine Freunde
schicken dir Grüße. Grüße alle un-
sere Freunde mit Namen.

Gojim – Die Nationen, Völker, Heiden
Ha Schem – der Name
Jochanan – Johannes
Schalom – Friede
Schalom! – Friede! (Gruß)

DER BRIEF VON

JEHUDAH (JUDAS)

1Von: Jehudah, einem Sklaven Je-
schuas des Messias und einem Bru-
der Ja-akovs

An: Jene, die berufen sind, die ge-
liebt sind von Gott dem Vater und
bewahrt für Jeschua den Messias:

2Mögen Gnade, Liebe und *Scha-
lom* euer sein in Fülle.

3Liebe Freunde, ich war gerade
eifrig dabei, euch über unsere ge-
meinsame Rettung zu schreiben, als
es mir notwendig schien, euch zu
schreiben und euch dringend zu er-
mahnen, in allem Ernst um den
Glauben zu ringen, der dem Gottes-
volk ein für allemal geschenkt wur-
de. 4Denn gewisse Leute, jene, von
denen vor langer Zeit geschrieben
wurde, daß sie für diese Verdamm-
nis bestimmt sind, haben sich einge-
schlichen – gottlose Menschen, die
die Gnade Gottes zu einem Frei-
brief für Ausschweifungen entstel-
len und die nicht unserem einzigen
Meister und Herrn, Jeschua dem
Messias, angehören.

5Da ihr all das bereits wißt, will
ich euch lediglich daran erinnern,
daß *Adonai*, der einst das Volk aus
Ägypten erlöste, später jene zerstör-
te, die nicht vertrauten. 6Und die
Engel, die nicht im Bereich ihrer ur-
sprünglichen Vollmacht blieben,
sondern die ihnen bestimmte Sphäre
verließen, hat er in Finsternis gehal-
ten, gebunden mit ewigen Ketten
für das Gericht am Großen Tag.
7Und Sedom, Amora und ihre
Nachbarstädte, die ihrem Vorbild
folgten und sexuelle Sünden und
Perversionen begingen, liegen ent-
blößt als eine Warnung vor dem
ewigen Feuer, das jene erwartet, die
bestraft werden müssen.

8Und diese Leute verunreinigen
mit ihren Visionen ihr eigenes
Fleisch, mißachten göttliche Voll-
macht und schmähen Engelwesen.
9Als Michael, einer der Engelfür-
sten, den Widersacher kritisierte
und mit ihm über den Leib des Mo-
sche stritt, wagte er es nicht, eine
schmähende Anklage gegen ihn vor-
zubringen, sondern sagte: »Möge
Adonai dich zurechtweisen.« 10Die-
se Menschen aber schmähen alles,
was sie nicht verstehen; und was sie
ganz natürlich verstehen, ohne
nachzudenken, wie Tiere – durch
diese Dinge sind sie vernichtet!

11Wehe ihnen, weil sie den Weg
des Kajin gegangen sind, denn sie ha-
ben sich selbst um Geldes willen
dem Irrtum des Bil-am übergeben,
sie sind vernichtet worden in dem
Aufstand des Korach. 12Diese Män-
ner sind schmutzige Flecken auf eu-

ren Festversammlungen, die doch
der Liebe dienen sollen; sie teilen eu-
er Mahl ohne jeden Skrupel, wäh-
rend sie nur nach sich selbst sehen.
Sie sind wasserlose Wolken, vom
Wind umhergetrieben; Bäume, sogar
im Herbst ohne Frucht, und zwei-
fach tot, weil sie entwurzelt wurden;
[13]wilde Meereswellen, die ihre
schändlichen Taten wie Schaum auf-
türmen; wandernde Sterne, denen
auf immer die schwärzeste Finsternis
zugedacht ist.

[14]Außerdem hat auch Chanoch, in
der siebten Generation seit Adam,
über diese Männer prophezeit und
gesagt: »Sieh! *Adonai* kam mit My-
riaden von Heiligen, [15]das Gericht
über jeden zu vollstrecken, das
heißt, alle Gottlosen ihrer gottlosen
Werke zu überführen, die sie auf so
gottlose Weise getan haben, und al-
ler harten Worte, die diese gottlosen
Sünder gegen ihn geredet haben.«

[16]Diese Leute sind Nörgler und
Querulanten, sie folgen bösen Lei-
denschaften, ihr Mund redet schwül-
stig daher, und sie schmeicheln ande-
ren um ihres Vorteils willen.

[17]Ihr aber, liebe Freunde, behaltet
die Worte, die im voraus durch die
Gesandten unseres Herrn, Jeschua,
des Messias gesprochen wurden, im
Gedächtnis. [18]Sie sagten euch: »In
der *Acharit Ha Jamim* werden Spöt-
ter auftreten, die ihren eigenen gott-
losen Leidenschaften folgen.« [19]Das
sind die Leute, die Spaltungen verur-
sachen. Sie sind beherrscht von ihren
Trieben, weil sie den Geist nicht ha-
ben.

[20]Ihr aber, liebe Freunde, baut
euch selbst in eurem heiligsten Glau-
ben auf und betet in der Vereinigung
mit dem *Ruach Ha Kodesch.* [21]Auf
diese Weise bewahrt euch in der Lie-
be Gottes, während ihr darauf war-
tet, daß unser Herr, Jeschua der
Messias, euch die Barmherzigkeit er-
weist, die zum ewigen Leben führt.

[22]Weist einige, die streiten, zu-
recht; [23]rettet andere, indem ihr sie
aus dem Feuer reißt; und noch an-
deren erweist Barmherzigkeit, aber
mit Furcht, indem ihr noch die Klei-
der, die von ihren Lastern be-
schmutzt sind, haßt.

[24]Nun, dem, der euch bewahren
kann vor dem Fallen und euch ohne
Fehler und voller Freude hinstel-
len kann in die Gegenwart seiner
Schechinah – [25]Gott allein, unserem
Erlöser, durch Jeschua den Messias,
unseren Herrn – sei Ehre, Majestät,
Macht und Vollmacht vor aller Zeit,
jetzt und für immer.

Amen.

Acharit Ha Jamim – »das Ende der Tage«, die letzte(n) Zeit(en)
Adonai – der HERR, Jahwe
Amora – Gomorrha
Amen – so sei es
Bil-am – Bileam
Chanoch – Henoch
Ja-akov – Jakob
Jeschua – Jesus
Jehudah – Judas
Kajin – Kain
Mosche – Mose
Ruach Ha Kodesch – Heiliger Geist
Schalom – Friede
Schechinah – »Einwohnung Gottes«, Gottes herrliche Gegenwart
Sedom – Sodom

DIE

OFFENBARUNG

VON JESCHUA DEM MESSIAS AN JOCHANAN (JOHANNES)

1 [1]Das ist die Offenbarung, die
Gott Jeschua dem Messias gab,
damit er seinen Knechten zeigen
konnte, was bald geschehen soll. Er
übermittelte es, indem er seinen En-
gel zu seinem Knecht Jochanan
sandte, [2]der das Wort Gottes und
das Zeugnis von Jeschua dem
Messias bezeugte, soviel er sah. [3]Ge-
segnet seien der Leser und die Hö-
rer der Worte dieser Weissagung,
vorausgesetzt, sie gehorchen den
Dingen, die darin geschrieben sind!
Denn die Zeit ist nahe!

[4]Von: Jochanan

An: Die sieben messianischen Ge-
meinschaften in der Provinz Asien:

Gnade und *Schalom* euch von
dem, der ist, der war und der
kommt; von dem siebenfältigen
Geist vor seinem Thron; [5]und von
Jeschua dem Messias, dem treuen
Zeugen, dem Erstgeborenen aus den
Toten und dem Herrscher über die
Könige der Erde.

Ihm, der uns liebt, der uns aus un-
seren Sünden befreit hat auf Kosten
seines Blutes, [6]der die Ursache war,
daß wir ein Königreich sind, das
heißt, *Kohanim* für Gott, seinen Va-
ter – ihm sei die Herrlichkeit und
die Herrschaft für immer und ewig.
Amen.

[7]**Sieh! Er kommt mit den Wol-
ken!**[a] Jedes Auge **wird ihn sehen,**
einschließlich derer, die **ihn durch-
bohrt haben**; und **alle Stämme des
Landes werden um ihn trauern.**[b]

Ja! *Amen*!

[8]»Ich bin das ›A‹ und das ›Z‹«,
sagt *Adonai*, Gott der himmlischen
Heerscharen, der, der ist, der war
und der kommt.

[9]Ich, Jochanan, bin euer Bruder
und ich habe teil an dem Leiden, der
Königsherrschaft und dem Aushar-
ren, die aus dem Einssein mit Je-
schua kommen. Ich war auf die
Insel namens Patmos ins Exil ge-
schickt worden, weil ich die Bot-
schaft Gottes verkündigt und für Je-
schua gezeugt habe. [10]Ich kam im
Geist in den Tag des Herrn; und ich
hörte hinter mir eine laute Stimme
wie eine Trompete [11]sagen: »Schreib
auf, was du siehst, auf eine Rolle

a Dan 7,13
b Sach 12,10.12.14

und schicke sie an die sieben messia-
nischen Gemeinschaften – Ephesus,
Smyrna, Pergamon, Thyatira, Sar-
dis, Philadelphia und Laodizea!«
12Ich wandte mich um, um zu sehen,
wer zu mir sprach; und als ich mich
umgewandt hatte, sah ich sieben
goldene *Menorahs*; 13und unter den
Menorahs war jemand **wie ein Sohn
des Menschen,**[c] **der trug ein Ge-
wand bis zu seinen Füßen** und **ein
goldenes Band um** seine Brust.
14Sein Haupt und sein Haar waren
so weiß wie schneeweiße Wolle, **sei-
ne Augen wie eine Feuerflamme,**
15**seine Füße wie poliertes Messing,**
im Ofen geläutert, **und seine Stim-
me wie der Klang** stürzenden Was-
sers.[d] 16In seiner rechten Hand hielt
er sieben Sterne, aus seinem Mund
kam ein scharfes zweischneidiges
Schwert, und sein Angesicht war
wie die Sonne, die leuchtet in all ih-
rer Kraft.

17Als ich ihn sah, fiel ich wie ein
Toter zu seinen Füßen nieder. Er
legte seine rechte Hand auf mich
und sagte: »Hab keine Angst! Ich
bin der Erste und der Letzte, 18der
Lebendige. Ich war tot, doch sieh! –
ich bin lebendig für immer und
ewig! Und ich halte die Schlüssel
zum Tod und zur Scheol. 19So
schreib auf, was du siehst, sowohl
das, was jetzt ist, als auch das, was
danach geschehen wird. 20Dies ist
die geheime Bedeutung der sieben
Sterne, die du in meiner rechten
Hand gesehen hast, und der sieben
goldenen *Menorahs*: Die sieben
Sterne sind die Engel der sieben
Messianischen Gemeinschaften, und
die sieben *Menorahs* sind die sieben
messianischen Gemeinschaften.

2 1»Dem Engel der messiani-
schen Gemeinschaft in Ephe-
sus schreib: ›Dies ist die Botschaft
von dem, der die sieben Sterne in
seiner rechten Hand hält und unter
den sieben goldenen *Menorahs*
wandelt: 2„Ich weiß, was du getan
hast, wie hart du gearbeitet hast, wie
du ausgeharrt hast und daß du böse
Menschen nicht ertragen kannst;
deshalb hast du die geprüft, die sich
selbst Gesandte nennen, es aber
nicht sind – und hast sie als Lügner
erfunden. 3Du harrst aus und du
hast um meinetwillen gelitten, ohne
müde zu werden. 4Aber ich habe
folgendes gegen dich: Du hast die
Liebe verloren, die du zuerst hattest.
5Deshalb erinnere dich, wo du
warst, bevor du fielst, und kehre
dich ab von der Sünde und tu, was
du zuvor getan hast. Wenn nicht,
werde ich zu dir kommen und deine
Menorah von ihrem Platz fortneh-
men – wenn du dich nicht von dei-
ner Sünde abkehrst! 6Doch du hast
folgendes für dich: Du haßt, was die
Nikolaïten tun – ich hasse es eben-

c Dan 7,13
d Dan 10,5–6; Ez 1,24; 43,2

Adonai – der HERR, Jahwe
Amen – so sei es
Jeschua – Jesus
Jochanan – Johannes
Kohanim – Priester (pl.)
Menorah – (siebenarmiger) Leuchter
Schalom – Friede
Scheol – Hades, Hölle

falls. [7]Die, die Ohren haben, mögen hören, was der Geist den messianischen Gemeinschaften sagt. Ihm, der den Sieg erringt, will ich das Recht geben, vom Baum des Lebens zu essen, der in Gottes *Gan-Eden* steht.“‹

[8]Dem Engel der messianischen Gemeinschaft in Smyrna schreib: ›Dies ist die Botschaft von dem Ersten und dem Letzten, der starb und wieder zum Leben kam: [9]„Ich weiß, wie du leidest und wie arm du bist (obwohl du in Wirklichkeit reich bist!), und ich kenne die Schmähungen derer, die sich selbst Juden nennen, es aber nicht sind – im Gegenteil, sie sind eine Synagoge des Widersachers. [10]Hab keine Angst vor dem, was du leiden wirst. Sieh, der Widersacher wird einige von euch ins Gefängnis werfen, um euch auf die Probe zu stellen; und ihr werdet zehn Tage lang eine Feuerprobe durchmachen müssen. Bleibt treu, sogar bis in den Tod; und ich will euch das Leben als eure Krone geben. [11]Die, die Ohren haben, mögen hören, was der Geist den messianischen Gemeinschaften sagt. Er, der den Sieg erringt, wird durch den Zweiten Tod nicht mehr verletzt werden.“‹

[12]Dem Engel der messianischen Gemeinde in Pergamon schreib: ›Dies ist die Botschaft von dem, der das scharfe, zweischneidige Schwert hat: [13]„Ich weiß, wo du lebst, dort, wo der Thron des Widersachers steht. Doch du hältst fest an meinem Namen. Du hast nicht geleugnet, daß du mir vertraust, auch nicht zu der Zeit, als mein treuer Zeuge Antipas hingerichtet wurde in deiner Stadt, dort, wo der Widersacher lebt. [14]Dennoch habe ich einige wenige Dinge gegen dich: Du hast ein paar Leute, die sich an die Lehre Bil-ams halten, der Balak lehrte, dem Volk Jisrael eine Falle zu stellen, damit sie Speise aßen, die Götzen geopfert worden war, und Unzucht trieben. [15]Und ihr habt Leute, die sich an die Lehre der Nikolaïten halten. [16]Deshalb kehrt euch ab von diesen Sünden. Wenn nicht, werde ich bald zu euch kommen und Krieg gegen sie führen mit dem Schwert meines Mundes. [17]Die, die Ohren haben, mögen hören, was der Geist den messianischen Gemeinschaften sagt. Ihm, der den Sieg erringt, werde ich von dem verborgenen Manna geben. Und ich will ihm einen weißen Stein geben, auf dem ein neuer Name geschrieben steht, den niemand kennt außer dem, der ihn empfängt.“‹

[18]Dem Engel der messianischen Gemeinschaft in Thyatira schreib: ›Dies ist die Botschaft vom Sohn Gottes, dessen Augen sind wie eine Feuerflamme und dessen Füße sind wie poliertes Messing: [19]„Ich weiß, was du tust, ich kenne deine Liebe, dein Vertrauen, deinen Dienst und dein Ausharren. Und ich weiß, daß du jetzt noch mehr tust als zuvor. [20]Aber ich habe folgendes gegen dich: Noch immer duldest du jene Isevel, die behauptet, eine Prophetin zu sein, dabei aber lehrt und meine Knechte verführt, Unzucht zu treiben und Speise zu essen, die Götzen geopfert wurde. [21]Ich habe ihr Zeit gegeben, sich von ihrer Sünde abzu-

wenden, doch sie will ihre Unmoral
nicht bereuen. 22So werfe ich sie auf
ein Krankenlager; und die, die mit
ihr Ehebruch begehen, stürze ich in
große Bedrängnis, wenn sie sich
nicht abwenden von den Sünden, zu
denen sie sie verleitet; 23und ich will
ihre Kinder mit dem Tod schlagen!
Dann werden alle messianischen
Gemeinschaften wissen, daß ich der
bin, der die Gemüter und Herzen
erforscht, und daß ich einem jeden
von euch gebe, was seine Werke
verdienen. 24Dem Rest von euch in
Thyatira aber, denen, die sich nicht
an diese Lehre halten, die nicht ge-
lernt haben, was manche Menschen
die »tiefen Dinge« des Widersachers
nennen, sage ich folgendes: Ich will
dir keine weitere Last auferlegen;
25halte nur fest an dem, was du hast,
bis ich komme. 26Ihm, der den Sieg
erringt und tut, was ich will, bis das
Ziel erreicht ist,

will ich Vollmacht über die **Völ-
ker** geben; 27er **wird** herrschen **über
sie mit einem eisernen Stab und
wird sie wie Tonzeug in Stücke
schlagen,**[e]

28geradeso, wie ich Vollmacht
von meinem Vater empfangen ha
be. Und ich werde ihnen den
Morgenstern geben. 29Die, die Oh-
ren haben, mögen hören, was der
Geist den messianischen Gemein-
schaften sagt.“‹

3 1Dem Engel der messianischen
Gemeinschaft in Sardis schreib:
›Dies ist die Botschaft von dem, der
den siebenfältigen Geist Gottes und
die sieben Sterne hat: „Ich weiß, was
du tust – du stehst im Ruf, lebendig
zu sein, in Wirklichkeit aber bist du
tot! 2Wach auf und stärke, was ge-
blieben ist, bevor es ebenfalls stirbt!
Denn ich habe das, was du tust, als
unvollkommen in den Augen mei-
nes Gottes erfunden. 3So erinnere
dich daran, was du empfangen und
gehört hast, und gehorche ihm
und kehre dich ab von deiner Sün-
de! Denn wenn du nicht auf-
wachst, werde ich kommen wie
ein Dieb; und du wirst nicht wis-
sen, in welchem Augenblick ich
über dich kommen werde. 4Du
hast aber ein paar Leute in Sardis,
die ihre Kleider nicht beschmutzt
haben; und sie werden mit mir wan-
deln, gekleidet in Weiß, weil sie des-
sen würdig sind. 5Er, der den Sieg
erringt, wird wie sie in weiße Klei-
dung gekleidet werden; und ich will
seinen Namen nicht aus dem Buch
des Lebens auslöschen; ja ich will
mich zu ihm ganz persönlich beken-
nen vor meinem Vater und seinen
Engeln. 6Die, die Ohren haben, mö-
gen hören, was der Geist den messia-
nischen Gemeinschaften sagt.“‹

7Dem Engel der messianischen
Gemeinschaft in Philadelphia
schreib: ›Dies ist die Botschaft von
Ha Kadosch, dem Wahren, der **die
Schlüssel Davids hat, der etwas öff-
net, und niemand kann es schlie-**

e Ps 2,8–9

Bil-am – Bileam
Gan-Eden – Paradies
Isevel – Isebel

ßen, der etwas schließt, und niemand kann es öffnen.[f] 8„Ich weiß, was du tust. Sieh, ich habe eine offene Tür vor dich hingestellt, und niemand kann sie schließen. Ich weiß, daß du nur wenig Macht hast, doch du hast meiner Botschaft gehorcht und mich nicht verleugnet. 9Hier, ich will dir einige aus der Synagoge des Widersachers geben, die, die sich Juden nennen, es aber nicht sind – im Gegenteil, sie lügen –, sieh, ich will sie dazu bringen, zu dir zu kommen und sich vor deinen Füßen niederzuwerfen, und sie werden wissen, daß ich dich geliebt habe. 10Weil du meiner Botschaft über das Ausharren gehorcht hast, werde ich dich vor der Zeit der Drangsal bewahren, die über die ganze Welt kommt, um die Menschen, die auf Erden leben, auf die Probe zu stellen. 11Ich komme bald; halte fest an dem, was du hast, damit niemand dir deine Krone fortnimmt. 12Ich will ihn, der den Sieg erringt, zu Säulen im Tempel meines Gottes machen, und er wird ihn niemals mehr verlassen. Und ich will auf ihn schreiben den Namen meines Gottes und den Namen der Stadt meines Gottes, des neuen Jeruschalajim, das von meinem Gott aus dem Himmel herabkommt, und meinen eigenen neuen Namen. 13Die, die Ohren haben, mögen hören, was der Geist den messianischen Gemeinschaften sagt.“‹

14Dem Engel der messianischen Gemeinschaft in Laodizea schreib: ›Dies ist die Botschaft von dem *Amen*, dem treuen und wahren Zeugen, dem Herrscher über Gottes Schöpfung: 15„Ich weiß, was du tust; du bist weder heiß noch kalt. Wie sehr wünsche ich, daß du entweder das eine oder das andere wärest! 16Deshalb, weil du lauwarm bist, weder heiß noch kalt, will ich dich aus meinem Mund erbrechen! 17Denn du sagst immerzu: ›**Ich bin reich, ich bin reich geworden,**[g] ich brauche nichts!‹ Du weißt nicht, daß du es bist, der elend, bemitleidenswert, arm, blind und nackt ist! 18Mein Rat an dich ist, im Feuer geläutertes Gold von mir zu kaufen, damit du reich bist; und weiße Kleidung, damit du gekleidet bist und dich nicht deiner Nacktheit schämen mußt; und Augensalbe, sie in deine Augen zu reiben, damit du siehst. 19Was mich betrifft, so weise ich jeden, den ich liebe, zurecht und strafe ihn; deshalb streng dich an und kehre dich ab von deiner Sünde! 20Hier, ich stehe an der Tür und klopfe an. Wenn jemand meine Stimme hört und die Tür öffnet, werde ich hereinkommen zu ihm und mit ihm essen, und er wird mit mir essen. 21Ihn, der den Sieg erringt, will ich mit mir auf meinem Thron sitzen lassen, so wie ich selbst den Sieg errungen habe und mich mit meinem Vater auf meinen Thron setzte. 22Die, die Ohren haben, mögen hören, was der Geist den messianischen Gemeinschaften sagt.“‹

f Jes 22,22

g Hos 12,9

4 1 Danach schaute ich; und vor
mir stand eine Tür offen im
Himmel; und die Stimme wie eine
Trompete, die ich zuvor zu mir
sprechen gehört hatte, sagte:
»Komm hier herauf, und ich will dir
zeigen, was danach geschehen
muß.« 2 Augenblicklich war ich im
Geist, und vor mir im Himmel
stand ein Thron, und auf dem
Thron saß jemand. 3 Der, der darauf
saß, strahlte wie Diamanten und
Rubine, und ein Regenbogen, der
wie Smaragd leuchtete, umgab den
Thron.

4 Um den Thron herum waren vier-
undzwanzig weitere Throne, und auf
den Thronen saßen vierundzwanzig
Älteste, gekleidet in weiße Kleidung
mit goldenen Kronen auf ihren
Häuptern. 5 Von dem Thron gingen
Blitze und Stimmen und Donner
aus; und vor dem Thron waren sie-
ben flammende Fackeln, die sind der
siebenfältige Geist Gottes. 6 Vor dem
Thron war etwas, das aussah wie ein
See aus Glas, klar wie Kristall.

Im Mittelpunkt, rings um den
Thron, waren vier lebendige Wesen,
vorn und hinten mit Augen bedeckt.
7 **Das erste** lebendige Wesen war wie
ein Löwe, das zweite lebendige We-
sen war wie **ein Ochse, das dritte le-**
bendige Wesen hatte **ein Antlitz,** das
menschlich aussah, **und das vierte** le-
bendige Wesen war wie ein fliegen-
der **Adler.**[h] 8 **Jedes** der vier lebendigen
Wesen hatte **sechs Flügel**[i] und war
innen und außen mit Augen bedeckt;
und Tag und Nacht sagten sie unauf-
hörlich:

»**Heilig, heilig, heilig ist *Adonai*,
Gott der himmlischen Heerscha-
ren,**[j] der, der war, der ist und der
kommt!«

9 Und immer, wenn die lebendigen
Wesen dem, der auf dem Thron
sitzt, dem, der für immer und ewig
lebt, Herrlichkeit, Ehre und Dank-
sagung geben, 10 fallen die vierund-
zwanzig Ältesten vor dem, der auf
dem Thron sitzt und der für immer
und ewig lebt, nieder und beten ihn
an. Sie werfen ihre Kronen vor den
Thron und sagen:

11 »Du bist würdig, *Adonai Elo-
hehnu*, zu haben Herrlichkeit, Ehre
und Macht, weil du alle Dinge ge-
schaffen hast – ja, weil sie durch dei-
nen Willen geschaffen wurden und
ins Leben kamen!«

5 1 Dann sah ich in der rechten
Hand dessen, der auf dem
Thron sitzt, eine Rolle, die auf bei-
den Seiten beschrieben und mit sie-
ben Siegeln versiegelt war; 2 und ich
sah einen mächtigen Engel, der ver-
kündete mit lauter Stimme: »Wer ist
würdig, die Rolle zu öffnen und ihre

h Ez 1,5–10
i Jes 6,2

j Jes 6,3; Am 3,13; 4,13

Adonai – der HERR, Jahwe
Adonai Elohehnu – der HERR (Jahwe), unser Gott
Amen – so sei es
Ha Kadosch – der Heilige
Jeruschalajim – Jerusalem

Siegel zu brechen?« 3Doch niemand
im Himmel, auf Erden oder unter
der Erde war fähig, die Rolle zu öff-
nen oder hineinzusehen. 4Ich weinte
und weinte, weil niemand für wür-
dig erfunden wurde, die Rolle zu
öffnen oder hineinzusehen. 5Einer
der Ältesten sagte zu mir: »Weine
nicht. Sieh, der Löwe vom Stamm
Jehudah, die Wurzel Davids, hat das
Recht errungen, die Rolle und seine
sieben Siegel zu öffnen.«

6Dann sah ich dort beim Thron
und den vier lebendigen Wesen, im
Kreis der Ältesten, ein Lamm stehen,
das schien geschlachtet worden zu
sein. Es hatte sieben Hörner und sie-
ben Augen, die sind der siebenfältige
Geist Gottes, der auf die ganze Erde
ausgesandt ist. 7Es kam und nahm
die Rolle aus der rechten Hand des-
sen, der auf dem Thron saß. 8Als es
die Rolle nahm, fielen die vier leben-
digen Wesen und die vierundzwan-
zig Ältesten vor dem Lamm nieder.
Jeder hielt eine Harfe und goldene
Schalen voller Räucherwerk, die sind
die Gebete des Gottesvolkes; 9und
sie sangen ein neues Lied:

»Du bist würdig, die Rolle zu neh-
men und ihre Siegel zu brechen; weil
du geschlachtet wurdest; auf Kosten
des Blutes hast du für Gott erkauft
Menschen aus jedem Stamm, jeder
Sprache, jedem Volk und jeder Nation.
10Du hast sie zu einem Königreich
gemacht, über das Gott herrscht, zu
Kohanim, die ihm dienen; und sie
werden über die Erde herrschen.«

11Dann schaute ich, und ich hörte
den Klang einer unermeßlichen Zahl
von Engeln – Tausende und Aber-
tausende, Millionen und Abermillio-
nen! Sie alle waren um den Thron,
die vier lebendigen Wesen und die
Ältesten; 12und sie riefen aus:

»Würdig ist das geschlachtete
Lamm, zu empfangen Macht, Reich-
tümer, Weisheit, Stärke, Ehre, Herr-
lichkeit und Lobpreis!«

13Und ich hörte jedes Geschöpf
im Himmel, auf Erden, unter der
Erde und im Meer – ja, alles, was in
ihnen ist – sagen:

»Dem, der auf dem Thron sitzt,
und dem Lamm gehören Lob, Ehre,
Herrlichkeit und Macht für immer
und ewig!«

14Die vier lebendigen Wesen sag-
ten: »*Amen*!«, und die Ältesten fie-
len nieder und beteten an.

6 1Als nächstes beobachtete ich,
wie das Lamm das erste der
sieben Siegel brach, und ich hörte
eines der vier lebendigen Wesen mit
donnernder Stimme sagen: »Geh!«
2Ich schaute, und vor mir war ein
weißes Pferd; sein Reiter hatte einen
Bogen und erhielt eine Krone; und
er ritt fort als ein Eroberer, zu er-
obern.

3Als es das zweite Siegel brach,
hörte ich das zweite lebendige We-
sen sagen: »Geh!« 4Ein weiteres
Pferd ging hinaus, ein rotes; und
sein Reiter erhielt die Macht, den
Frieden von der Erde zu nehmen
und die Menschen dazu zu bringen,
einander abzuschlachten. Er erhielt
ein großes Schwert.

5Als es das dritte Siegel brach,
hörte ich das dritte lebendige Wesen
sagen: »Geh!« Ich schaute, und vor
mir war ein schwarzes Pferd, und
sein Reiter hielt in seiner Hand ein
Paar Waagschalen. 6Dann hörte ich
etwas, das klang wie eine Stimme
mitten aus den vier lebendigen We-
sen heraus, sagen: »Zwei Pfund
Weizen für einen Tageslohn! Sechs
Pfund Gerste für den gleichen Preis!
Aber fügt dem Öl und dem Wein
keinen Schaden zu!«

7Als es das vierte Siegel brach, hör-
te ich die Stimme des vierten leben-
digen Wesens sagen: »Geh!« 8Ich
schaute, und vor mir war ein fahles,
kränklich aussehendes Pferd. Der
Name seines Reiters war »Tod«, und
die Scheol folgte ihm nach. Sie er-
hielten Vollmacht, ein Viertel der
Welt durch Krieg, durch Hungers-
not, durch Plagen und mit den wil-
den Tieren der Erde zu töten.

9Als das Lamm das fünfte Siegel
brach, sah ich unter dem Altar die
Seelen derer, die hingerichtet wor-
den waren, weil sie das Wort Got-
tes verkündet, das heißt, weil sie
Zeugnis gegeben hatten. 10Sie rie-
fen mit lauter Stimme: »Allmächti-
ger Herrscher, *Ha Kadosch*, der
Wahre, wie lange wird es dauern,
bis du das Volk, das auf Erden
lebt, richtest und unser Blut
rächst?« 11Sie alle erhielten ein
weißes Gewand; und man hieß sie,
noch ein wenig länger zu warten,
bis die volle Zahl ihrer Mitknechte
erreicht sei, ihrer Brüder, die getö-
tet würden so wie sie.

12Dann beobachtete ich, wie es das
sechste Siegel brach, und es war ein
großes Erdbeben, die Sonne wurde
schwarz wie Sackleinen, das in Trau-
er getragen wird, und der Vollmond
wurde blutrot. 13Die Sterne fielen
vom Himmel auf die Erde, so wie ein
Feigenbaum seine Feigen abwirft,
wenn er von einem heftigen Wind
geschüttelt wird. 14Der Horizont
zog sich zurück wie eine Rolle, die
aufgerollt wird, und alle Berge und
Inseln wurden von ihrem Platz ge-
rückt. 15Da versteckten sich die Kö-
nige der Erde, die Herrscher, die Ge-
neräle, die Reichen und die
Mächtigen – ja alle, Sklaven wie Freie
– in Höhlen und in den Felsen der
Berge, 16**und sagten zu den Bergen
und den Felsen: »Fallt auf uns und
versteckt uns**[k] vor dem Antlitz des-
sen, der auf dem Thron sitzt, und vor
dem Zorn des Lammes! 17Denn der
Große Tag ihres Zorns ist gekom-
men, und wer kann bestehen?«

7

1Danach sah ich vier Engel, die
standen vor den vier Ecken der
Erde und hielten die vier Winde der
Erde zurück, damit kein Wind über
das Land, über das Meer oder über
einen Baum wehe. 2Ich sah einen an-
deren Engel, der kam herauf aus
dem Osten mit einem Siegel des le-
bendigen Gottes, und er rief den

k Hos 10,8

Amen – so sei es
Ha Kadosch – der Heilige
Jehudah – Juda
Kohanim – Priester (pl.)
Scheol – Hades, Hölle

vier Engeln, die die Macht erhalten
hatten, dem Land und dem Meer
Schaden zuzufügen, zu: [3]»Fügt dem
Land und dem See und auch den
Bäumen keinen Schaden zu, bis wir
die Knechte unseres Gottes auf ih-
ren Stirnen versiegelt haben!« [4]Ich
hörte, wieviele versiegelt wurden –
hundertvierundvierzigtausend aus
jedem Stamm des Volkes Jisrael:

[5]Aus dem Stamm Jehudah wurden
zwölftausend versiegelt;
aus dem Stamm Re-uven zwölftausend;
aus dem Stamm Gad zwölftausend;
[6]aus dem Stamm Ascher zwölftausend;
aus dem Stamm Naftali zwölftausend;
aus dem Stamm Menascheh zwölftausend;
[7]aus dem Stamm Schim-on zwölftausend;
aus dem Stamm Levi zwölftausend;
aus dem Stamm Jissaschar zwölftausend;
[8]aus dem Stamm Sevulun zwölftausend;
aus dem Stamm Josef zwölftausend;
aus dem Stamm Binjamin zwölftausend.

[9]Danach schaute ich; und vor mir
war eine riesige Menge, zu groß, als
daß jemand sie zählen konnte, aus
jeder Nation, jedem Stamm, jedem
Volk und jeder Sprache. Sie standen
vor dem Thron und vor dem
Lamm, waren in weiße Gewänder
gekleidet und hielten Palmzweige in
ihren Händen; [10]und sie riefen:

»Sieg unserem Gott, der sitzt auf
dem Thron, und dem Lamm!«

[11]Alle Engel, die vier lebendigen
Wesen und die Ältesten standen um
den Thron; sie fielen vor dem Thron
auf ihr Angesicht und beteten Gott
an und sagten:

[12]»*Amen*!
Lob und Herrlichkeit, Weisheit und
Danksagung, Ehre und Macht und
Stärke gehören unserem Gott für
immer und ewig! *Amen*!«

[13]Dann fragte mich einer der Äl-
testen: »Diese Leute, die in weiße
Gewänder gekleidet sind – wer
sind sie, und woher stammen sie?«
[14]»Lieber Herr«, antwortete ich,
»du weißt es.« Da sagte er mir:
»Diese sind die Leute, die aus der
Großen Verfolgung herausgekom-
men sind. Sie haben ihre Gewän-
der gewaschen und sie weiß ge-
macht mit dem Blut des Lammes.
[15]Darum stehen sie vor dem Thron
Gottes.

Tag und Nacht dienen sie ihm in
seinem Tempel; und der, der auf
dem Thron sitzt, wird seine *Schechinah* auf sie legen.

[16]**Sie werden niemals wieder hungrig sein, sie werden niemals wieder durstig sein, die Sonne wird nicht auf sie herabbrennen noch irgendeine brennende Hitze.**[1]

[17]Denn das Lamm im Mittelpunkt
des Thrones **wird sie hüten, wird
sie an Quellen lebendigen Wassers**

1 Jes 49,10

**führen;[m] und Gott wird alle Tränen
von ihren Augen abwischen.«[n]**

8 1Als das Lamm das siebte Sie-
gel brach, war Stille im Him-
mel für eine Zeit, die schien wie eine
halbe Stunde. 2Dann sah ich die sie-
ben Engel, die vor Gott stehen, und
sie erhielten sieben *Schofar*s. 3Ein
anderer Engel kam und stand beim
Altar mit einer goldenen Räucher-
werk-Schale, und er erhielt eine
große Menge Räucherwerk, das er
den Gebeten des ganzen Gottesvol-
kes auf dem goldenen Altar vor dem
Thron hinzufügen sollte. 4Der
Rauch des Räucherwerks stieg von
der Hand des Engels hinauf vor
Gott, zusammen mit den Gebeten
des Gottesvolkes. 5Dann nahm der
Engel die Räucherwerk-Schale, füll-
te sie mit Feuer vom Altar und warf
sie hinab auf die Erde; und es
folgten Donnerschläge, Stimmen,
Blitze und ein Erdbeben.

6Nun machten sich die sieben En-
gel mit den sieben *Schofar*s bereit,
sie erschallen zu lassen.

7Der erste ließ seinen *Schofar* er-
schallen; und es kamen Hagel und
Feuer gemischt mit Blut, und sie
wurden hinabgeworfen auf die Er-
de. Ein Drittel der Erde wurde ver-
brannt, ein Drittel der Bäume wurde
verbrannt und alles grüne Gras
wurde verbrannt.

8Der zweite Engel ließ seinen
Schofar erschallen, und etwas, das
aussah wie ein riesiger lodernder
Berg, wurde ins Meer geschleudert.
Ein Drittel des Meeres wurde zu
Blut, 9ein Drittel der lebendigen Ge-
schöpfe im Meer starben und ein
Drittel der Schiffe wurden zerstört.

10Der dritte Engel ließ seinen *Scho-
far* erschallen; und ein großer Stern,
lodernd wie eine Fackel, fiel vom
Himmel auf ein Drittel der Flüsse
und auf die Wasserquellen. 11Der
Name des Sterns war »Bitterkeit«, und
ein Drittel des Wassers wurde bitter,
und viele Menschen starben von dem
Wasser, das bitter geworden war.

12Der vierte Engel ließ seinen
Schofar erschallen; und ein Drittel
der Sonne wurde geschlagen, auch
ein Drittel des Mondes und ein
Drittel der Sterne; so daß ein Drittel
von ihnen sich verfinsterte, der Tag
ein Drittel weniger Licht hatte und
die Nacht ebenso.

13Dann schaute ich, und ich hörte
einen einsamen Adler einen lauten
Schrei ausstoßen, während er mitten
durch den Himmel flog: »Wehe!
Wehe! Wehe den Menschen, die auf
Erden leben, wegen der noch übri-
gen Trompetenstöße der drei Engel,
die ihre *Schofar*s noch erschallen
lassen müssen!«

m Jes 49,10; Jer 2,13; Ez 34,23; Ps 23,1–2
n Jes 25,8

Amen – so sei es
Ascher – Asser
Binjamin – Benjamin
Jehudah – Juda
Jissaschar – Issachar
Menascheh – Manasse
Re-uven – Ruben
Schechinah – »Einwohnung Gottes«, Gottes herrliche Gegenwart
Schim-on – Simom
Schofar – Horn des Widders, Blasinstrument
Sevulun – Sebulon

9 1Der fünfte Engel ließ seinen *Schofar* erschallen; und ich sah einen Stern, der war aus dem Himmel auf die Erde gefallen, und er erhielt den Schlüssel zu dem Schacht, der in den Abgrund hinunterführte. 2Er öffnete den Schacht des Abgrunds, und es stieg Rauch aus dem Schacht empor wie der Rauch aus einem riesigen Ofen; die Sonne verfinsterte sich, wie auch der Horizont, durch den Rauch aus dem Schacht. 3Dann kamen aus dem Rauch heraus Heuschrecken auf die Erde, und sie erhielten Macht wie die Macht, die Skorpione auf Erden haben. 4Sie wurden angewiesen, dem Gras auf der Erde keinen Schaden zuzufügen, weder den grünen Pflanzen noch den Bäumen, sondern nur den Menschen, die nicht das Siegel Gottes auf ihren Stirnen trugen. 5Den Heuschrecken wurde nicht erlaubt, sie zu töten, sondern nur, ihnen fünf Monate lang Schmerz zuzufügen; und der Schmerz, den sie verursachten, war wie der Schmerz eines Skorpionstachels. 6In jenen Tagen werden die Menschen den Tod suchen, aber ihn nicht finden; sie werden sich danach sehnen zu sterben, aber der Tod wird sie fliehen.

7Nun sahen diese Heuschrecken aus wie Pferde, gerüstet zur Schlacht. Auf ihren Köpfen war etwas, das sah aus wie goldene Kronen, und ihre Gesichter waren wie Menschengesichter. 8Sie hatten Haar wie Frauenhaar, und ihre Zähne waren wie die von Löwen. 9Ihre Brust war wie eiserne Brustplatten, und das Geräusch, das ihre Flügel machten, war wie das Tosen vieler Pferde und Wagen, die in die Schlacht stürmen. 10Sie hatten Schwänze wie die von Skorpionen, mit Stacheln; und in ihren Schwänzen war ihre Macht, die Menschen fünf Monate lang zu verletzen. 11Sie hatten als König einen Engel des Abgrunds über sich, dessen Name in Hebräisch »*Abaddon*« ist und in unserer Sprache »Zerstörer«.

12Das erste Wehe ist vorübergegangen, doch es sollen noch zwei Wehe kommen.

13Der sechste Engel ließ seinen *Schofar* erschallen; und ich hörte eine Stimme aus den vier Hörnern des goldenen Altars vor Gott 14zu dem sechsten Engel, dem mit dem *Schofar*, sagen: »Befreie die vier Engel, die am großen Fluß Euphrat gebunden sind!« 15Und sie wurden befreit. Diese vier Engel waren für diesen Augenblick bereitgehalten worden, für diesen Tag und diesen Monat und dieses Jahr, um ein Drittel der Menschheit zu töten; 16und die Zahl der berittenen Soldaten war zweihundert Millionen! – Ich habe die Zahl gehört.

17Und so sahen die Pferde in der Vision aus: Die Reiter hatten Brustplatten, die waren feuerrot, irisblau und schwefelgelb, die Köpfe der Pferde waren wie Löwenköpfe; und aus ihren Mündern kamen Feuer, Rauch und Schwefel heraus. 18Diese drei Plagen töteten ein Drittel der Menschheit – das Feuer, der Rauch und der Schwefel, die aus den Mündern der Pferde herauskamen.

19Denn die Macht der Pferde war in
ihren Mündern – und auch in ihren
Schwänzen, denn ihre Schwänze
waren wie Schlangen mit Köpfen,
und mit ihnen konnten sie Schaden
zufügen.
20Der Rest der Menschheit, die,
die nicht durch diese Plagen getötet
wurden, wandte sich auch jetzt
noch nicht ab von dem, was sie mit
ihren eigenen Händen gemacht hat-
ten – sie hörten nicht auf, Dämonen
anzubeten und **Götzen, gemacht
aus Gold, Silber, Bronze, Stein
und Holz, die weder sehen noch
hören noch gehen können.**[o] 21Und
sie kehrten sich auch nicht ab von
ihrem Morden, von okkultistischen
Praktiken unter Drogeneinfluß, von
ihrer sexuellen Unmoral und ihrem
Diebstahl.

10 1Dann sah ich einen anderen
mächtigen Engel, der kam
aus dem Himmel herab. Er war ge-
kleidet in eine Wolke, mit einem
Regenbogen über seinem Haupt;
sein Antlitz war wie die Sonne, seine
Beine wie Feuersäulen; 2und er hatte
eine kleine Rolle offen in seiner
Hand liegen. Er stellte seinen rech-
ten Fuß ins Meer und seinen linken
Fuß aufs Land 3und rief mit einer
Stimme so laut wie das Brüllen eines
Löwen; und als er rief, erklangen
sieben Donnerschläge mit Stimmen,
die sprachen. 4Als die sieben Don-
ner sprachen, wollte ich schreiben;
aber ich hörte eine Stimme vom
Himmel sagen:
»Versiegle die Dinge, die die sie-
ben Donner sagten, schreib sie nicht
auf!«

5Dann **erhob** der Engel, den ich
im Meer und auf dem Land stehen
sah, **seine rechte Hand zum Him-
mel** 6und schwor bei dem, der für
immer und ewig lebt,[p] **der erschaf-
fen hat den Himmel und was dar-
in ist, die Erde und was darin ist
und das Meer und was darin ist:**[q]
»Es wird keine Verzögerung mehr
geben; 7im Gegenteil, in den Tagen
des Erschallens vom siebten Engel
her, wenn er seinen *Schofar* erschal-
len läßt, wird der verborgene Plan
Gottes zur Vollendung geführt wer-
den, die Gute Nachricht, wie er sie
seinen Knechten, den Propheten,
verkündet hat.«
8Als nächstes sprach die Stimme,
die ich aus dem Himmel gehört hat-
te, abermals zu mir und sagte: »Geh,
nimm die Rolle, die offen in der
Hand des Engels liegt, der im Meer
und auf dem Land steht!« 9So ging
ich hinüber zu dem Engel und bat
ihn, mir die kleine Rolle zu geben;
und er sagte zu mir: »Nimm sie und
iß sie. Sie wird in deinem Magen bit-
ter werden, doch in deinem Mund
wird sie süß wie Honig sein.« 10Ich
nahm die kleine Rolle aus der Hand
des Engels und aß sie; und in mei-

o Ps 115,4–7; 135,15–17; Dan 5,23

p Dtn 32,40; Dan 12,7
q Neh 9,6; vgl. auch Ex 20,11; Ps 146,6

Abaddon – Zerstörung, Vertilgung, Untergang, Hölle
Schofar – Horn des Widders, Blasinstrument

nem Mund war sie süß wie Honig;
doch nachdem ich sie hinunterge-
schluckt hatte, wurde mein Magen
bitter. 11Dann wurde ich geheißen:
»Du mußt abermals über viele Völ-
ker, Nationen, Sprachen und Könige
weissagen.«

11 1Ich erhielt einen Meßstab
wie einen Stock und wurde
geheißen: »Steh auf und miß den
Tempel Gottes und den Altar und
zähle, wieviele Menschen dort anbe-
ten! 2Den Hof außerhalb des Tem-
pels aber, den laß aus; ihn miß nicht;
denn er wurde den *Gojim* gegeben,
und sie werden die heilige Stadt
zweiundvierzig Monate lang mit
Füßen treten.

3Ich will auch meinen beiden Zeu-
gen Macht geben; und sie werden
eintausendzweihundertsechzig Tage
lang weissagen, gekleidet in Sacklei-
nen.« 4Diese sind die beiden Ölbäu-
me und die beiden *Menorah*s, die vor
dem Herrn der Erde stehen. 5Wenn
jemand versucht, ihnen Schaden zu-
zufügen, kommt Feuer aus ihrem
Mund heraus und verzehrt ihre
Feinde – ja, wenn jemand versucht,
ihnen zu schaden, dann muß er auf
ebendiese Weise sterben. 6Sie haben
die Vollmacht, den Himmel zu ver-
schließen, so daß kein Regen fällt in
der Zeit ihres Weissagens; und sie
haben auch Vollmacht, die Wasser in
Blut zu verwandeln und die Erde mit
jeder Art von Plagen zu schlagen, so-
oft sie wollen.

7Wenn sie ihr Zeugnis beendet
haben, wird das Tier, das aus dem
Abgrund heraufkommt, mit ihnen
kämpfen, sie überwältigen und tö-
ten; 8und ihre toten Leiber werden
in der Hauptstraße der großen
Stadt liegen, deren Name als ein
Spiegel ihrer religiösen Verfassung
»Sedom« und »Ägypten« lautet –
der Stadt, wo ihr Herr am Pfahl
hingerichtet wurde. 9Manche aus
den Nationen, Stämmen, Sprachen
und Völkern sehen ihre Leiber
dreieinhalb Tage lang und erlauben
nicht, daß die Leichname in ein
Grab gelegt werden. 10Die Men-
schen, die in dem Land leben,
freuen sich über sie, sie feiern und
schicken einander Geschenke, weil
diese beiden Propheten sie so sehr
gequält haben.

11Nach den dreieinhalb Tagen
aber kam Atem des Lebens von
Gott in sie, sie stellten sich auf ih-
re Füße, und große Furcht befiel
die, die sie sahen. 12Dann hörten
die beiden eine laute Stimme vom
Himmel, die zu ihnen sagte:
»Kommt hier herauf!« Und sie
gingen in den Himmel hinauf in
einer Wolke, während ihre Feinde
sie beobachteten. 13In dieser Stun-
de war ein großes Erdbeben, und
ein Zehntel der Stadt fiel ein. Sie-
bentausend Menschen wurden in
dem Erdbeben getötet, und der
Rest wurde von Ehrfurcht erfüllt
und gab dem Gott des Himmels
die Ehre.

14Das zweite Wehe ist vorüberge-
gangen; siehe, das dritte Wehe
kommt rasch.

15Der siebte Engel ließ seinen
Schofar erschallen; und es waren lau-
te Stimmen im Himmel, die sagten:

»Das Königreich der Welt ist das Königreich unseres Herrn und seines Messias geworden, und er wird herrschen für immer und ewig!«

16Die vierundzwanzig Ältesten,
die auf ihren Thronen saßen, fielen
auf ihr Angesicht und beteten Gott
an 17und sagten:

»Wir danken dir, ***Adonai*, Gott der himmlischen Heerscharen**,[r] der, der ist und war, daß du deine Macht an dich genommen und angefangen hast zu herrschen.

18**Die Gojim haben gezürnt**.[s]
Doch nun ist dein Zorn gekommen, die Zeit, die Toten zu richten, die Zeit, deine Knechte, die Propheten, zu belohnen und dein heiliges Volk, die, die in Ehrfurcht vor deinem Namen stehen, klein wie groß. Und es ist Zeit, die zu vernichten, die die Erde vernichten.«

19Dann wurde der Tempel Gottes
im Himmel geöffnet, und die Lade des Bundes wurde in seinem Tempel gesehen; und es waren Blitze, Stimmen, Donnerschläge, ein Erdbeben und heftiger Hagel.

12 1Jetzt wurde ein großes Zei-
chen im Himmel gesehen –
eine Frau, gekleidet mit der Sonne,
unter ihren Füßen den Mond und
auf ihrem Haupt eine Krone aus
zwölf Sternen. 2Sie war schwanger
und im Begriff zu gebären, und sie
schrie in der Qual der Wehen.

r Am 3,13; 4,13
s Ps 2,1

3Ein anderes Zeichen wurde im
Himmel gesehen – es war ein großer
roter Drache mit sieben Köpfen und
zehn Hörnern, und auf seinen Köp-
fen waren sieben Königskronen.
4Sein Schwanz fegte ein Drittel der
Sterne vom Himmel und warf sie
hinunter auf die Erde. Er stand vor
der Frau, die in den Wehen lag; um
das Kind in dem Augenblick, in dem
es geboren wurde, zu verschlingen.
5Sie gebar einen Sohn, ein männli-
ches Kind, den, der herrschen **wird
über alle Nationen mit einem ei-
sernen Stab**.[t] Doch ihr Kind wurde
hinaufgerissen zu Gott und seinem
Thron; 6und sie floh in die Wüste,
wo sie einen Ort hatte, der durch
Gott bereitet war, damit eintausend-
zweihundertsechzig Tage für sie ge-
sorgt wurde.
7Als nächstes war eine Schlacht im
Himmel – Michael und seine Engel
kämpften gegen den Drachen, und
der Drache und seine Engel kämpf-
ten ebenfalls. 8Doch er war nicht
stark genug, um zu gewinnen, so
daß von nun an kein Platz mehr im
Himmel für sie war. 9Der große
Drache wurde hinausgeworfen, die
alte Schlange, auch bekannt als der
Teufel und Satan (der Widersacher),
der, der die ganze Welt in die Irre

t Ps 2,9

Adonai – der HERR, Jahwe
Gojim – die Nationen, Völker, Heiden
Menorah – (siebenarmiger) Leuchter
Satan – der Widersacher, Ankläger, Teufel
Schofar – Horn des Widders, Blasinstrument
Sedom – Sodom

führt. Er wurde auf die Erde hinun-
tergeworfen, und seine Engel wur-
den mit ihm hinuntergeworfen.
10Dann hörte ich eine laute Stim-
me im Himmel sagen:

»Jetzt ist gekommen Gottes Sieg,
Macht und Königtum und die Voll-
macht seines Messias; denn der An-
kläger unserer Brüder, der sie Tag
und Nacht vor Gott anklagt, ist hin-
ausgeworfen worden!

11Sie haben ihn besiegt wegen des
Blutes des Lammes und wegen der
Botschaft ihres Zeugnisses. Selbst
wenn sie dem Tod ins Gesicht sa-
hen, haben sie sich nicht ans Leben
geklammert.

12Deshalb freut euch, Himmel,
und ihr, die ihr darin lebt! Aber we-
he euch, Land und Meer, denn der
Widersacher ist herabgekommen zu
euch, und er ist sehr zornig, denn er
weiß, daß seine Zeit kurz ist!«

13Als der Drache sah, daß er auf
die Erde hinabgeworfen worden
war, verfolgte er die Frau, die das
männliche Kind geboren hatte.
14Doch der Frau wurden die zwei
Flügel des großen Adlers gegeben,
so daß sie an ihren Ort in der Wüste
fliegen konnte, wo für sie gesorgt
wird **eine Zeit und zwei Zeiten und
eine halbe Zeit,**[u] fern von der Ge-
genwart der Schlange. 15Die Schlan-
ge spie Wasser wie einen Fluß aus
ihrem Mund nach der Frau, um sie
mit der Flut hinwegzufegen; 16doch
das Land kam ihr zu Hilfe – es öff-
nete seinen Mund und verschluckte
den Fluß, den der Drache aus sei-
nem Mund gespien hatte. 17Der
Drache war außer sich vor Zorn
über die Frau und ging fort, den
Rest ihrer Kinder zu bekämpfen,
die, die den Geboten Gottes gehor-
chen und für Jeschua zeugen.
18Dann stand der Drache am Ufer;
13 1und ich sah ein Tier heraus-
kommen aus dem Meer, mit zehn
Hörnern und sieben Köpfen. Auf
seinen Hörnern waren zehn Kö-
nigskronen, und auf seinen Köpfen
gotteslästerliche Namen. 2Das Tier,
das ich sah, war wie ein Leopard,
aber mit Füßen wie die eines Bären
und einem Mund wie der Mund ei-
nes Löwen. Ihm gab der Drache sei-
ne Macht, seinen Thron und große
Vollmacht. 3Einer der Köpfe des
Tieres schien eine tödliche Wunde
empfangen zu haben, doch seine
tödliche Wunde wurde geheilt, und
die ganze Erde folgte dem Tier in
Verwunderung nach. 4Sie beteten
den Drachen an, denn er hatte seine
Vollmacht dem Tier gegeben; und
sie beteten das Tier an und sagten:

»Wer ist wie das Tier?
Wer kann gegen es kämpfen?«

5Es erhielt einen Mund, der hoch-
mütige Gotteslästerungen sprach;
und es erhielt Vollmacht, zweiund-
vierzig Monate lang zu handeln. 6So
öffnete es seinen Mund in Lästerun-
gen gegen Gott, seinen Namen zu
schmähen und seine *Schechinah* und
die, die im Himmel leben; 7ihm
wurde erlaubt, Krieg gegen Gottes
heiliges Volk zu führen und es zu

u Dan 7,25; 12,7

besiegen; und es erhielt Vollmacht
über jeden Stamm, jedes Volk, jede
Sprache und jede Nation. [8]Alle, die
auf Erden leben, werden es anbeten,
bis auf die, deren Namen geschrie-
ben sind in das Buch des Lebens,
das dem Lamm gehört, das ge-
schlachtet wurde vor der Gründung
der Welt. [9]Die, die Ohren haben,
mögen hören!

[10]»**Wenn jemand zur Gefangen-
schaft bestimmt ist**, geht er **in Ge-
fangenschaft**!

**Wenn jemand mit dem Schwert
getötet werden soll, soll er mit dem
Schwert getötet werden!**«[v]

In dieser Zeit muß Gottes heiliges
Volk ausharren und vertrauen!
[11]Dann sah ich ein anderes Tier aus
der Erde heraufkommen. Es hatte
zwei Hörner wie die eines Lammes,
aber es sprach wie ein Drache. [12]Es
übt alle Vollmacht des ersten Tieres
in seiner Gegenwart aus; und es
bringt die Erde und ihre Bewohner
dazu, das erste Tier anzubeten, das,
dessen tödliche Wunde geheilt war.
[13]Es vollbringt große Wunder, ja, es
läßt sogar Feuer vom Himmel reg-
nen auf die Erde, während die Men-
schen zusehen. [14]Es führt die Men-
schen, die auf der Erde leben, in die
Irre durch die Wunder, die zu voll-
bringen ihm in der Gegenwart des
Tieres erlaubt wird, und es gebietet
ihnen, ein Bild zu machen zu Ehren
des Tieres, das durch das Schwert ge-
schlagen, aber wieder lebendig wur-
de. [15]Ihm wurde erlaubt, das Bild des
Tieres mit Atem zu erfüllen, so daß
das Bild des Tieres sogar sprechen
konnte; und ihm wurde erlaubt, je-
den, der das Bild des Tieres nicht an-
beten wollte, hinrichten zu lassen.
[16]Und es zwingt jeden – groß und
klein, reich und arm, Freie und Skla-
ven –, ein Zeichen auf seiner rechten
Hand oder auf seiner Stirn anbringen
zu lassen, [17]das alle die am Kaufen
und Verkaufen hindert, die dieses
Zeichen nicht haben, das heißt, den
Namen des Tieres oder die Zahl sei-
nes Namens. [18]Hier ist Weisheit nö-
tig; die, die verstehen, sollen die Zahl
des Tieres zählen, denn es ist die Zahl
eines Menschen, und seine Zahl ist
sechshundertsechsundsechzig.

14 [1]Dann schaute ich, und ein
Lamm stand am Berg Zijon;
und bei ihm waren hundertvierund-
vierzigtausend, die trugen seinen
Namen und den Namen seines Va-
ters auf ihre Stirnen geschrieben.
[2]Ich hörte einen Klang vom Him-
mel wie den Klang dahinstürzenden
Wassers und wie von Donnerschlä-
gen; der Klang, den ich hörte, war
zugleich wie der von Harfenspie-
lern, die auf ihren Harfen spielen.
[3]Sie sangen ein neues Lied vor dem
Thron und vor den vier lebendigen
Wesen und den Ältesten, und nie-
mand konnte das Lied lernen außer
den hundertvierundvierzigtausend,

v Jer 15,2; 43,11

Jeschua – Jesus
Schechinah – »Einwohnung Gottes«, Gottes herrliche Gegenwart
Zijon – Zion

die aus der Welt erkauft sind. 4Das sind die, die sich nicht mit Frauen verunreinigt haben, denn sie sind Jungfrauen; sie folgen dem Lamm, wo immer es hingeht; sie sind erkauft worden aus der Menschheit als Erstlinge für Gott und das Lamm; 5auf ihren Lippen wurde keine Lüge gefunden – sie sind ohne Tadel.

6Dann sah ich einen anderen Engel mit der ewigen Guten Nachricht hoch am Himmel fliegen, um sie denen zu verkünden, die auf Erden leben – jeder Nation, jedem Stamm, jeder Sprache und jedem Volk. 7Mit lauter Stimme sagte er:

»Fürchtet Gott, verherrlicht ihn, denn die Stunde ist gekommen, in der er richten wird! Betet den an, der Himmel und Erde gemacht hat, das Meer und die Wasserquellen!«

8Ein anderer Engel, ein zweiter, folgte und sagte:

»Sie ist gefallen! Sie ist gefallen! Babylon die Große![w]
Sie hat alle Nationen trinken lassen den Wein des Zornes Gottes, den ihre Hurerei erregt hat!«

9Ein anderer Engel, ein dritter, folgte ihnen und sagte mit lauter Stimme: »Wenn jemand das Tier und sein Bild anbetet und das Zeichen auf seiner Stirn oder seiner Hand empfängt, 10wird er den Wein des Zornes Gottes trinken müssen, der unverdünnt in den Kelch seines Grimms eingegossen wird. Er wird gequält werden mit Feuer und Schwefel, vor den heiligen Engeln und vor dem Lamm, 11und der Rauch aus ihrem Quälen steigt auf für immer und ewig. Sie haben keine Ruhe, weder Tag noch Nacht, die, die das Tier und sein Bild anbeten, und die, die das Zeichen seines Namens empfangen.« 12Dann ist Ausharren nötig auf seiten des Gottesvolkes, bei denen, die seine Gebote befolgen und die Treue Jeschuas zeigen.

13Als nächstes hörte ich eine Stimme aus dem Himmel sagen: »Schreib: ›Wie gesegnet sind die Toten, die vereint mit dem Herrn sterben, von jetzt an!‹ ›Ja‹, sagt der Geist, ›jetzt mögen sie ruhen von ihren Mühen, denn die Dinge, die sie erreicht haben, folgen ihnen.‹«

14Dann schaute ich, und vor mir war eine weiße Wolke. Auf der Wolke saß jemand **wie ein Sohn des Menschen**[x] mit einer goldenen Krone auf seinem Haupt und einer scharfen Sichel in seiner Hand. 15Ein anderer Engel kam aus dem Tempel heraus und rief dem, der auf der Wolke saß, zu: »Fang an, gebrauche deine Sichel zur Ernte, denn die Zeit zu ernten ist gekommen – die Frucht der Erde ist reif!« 16Der, der auf der Wolke saß, schwang seine Sichel über der Erde, und die Erde wurde abgeerntet.

17Ein anderer Engel kam heraus aus dem himmlischen Tempel, und auch er hatte eine scharfe Sichel.

w Jes 21,9

x Dan 7,13

18Dann ging vom Altar noch ein anderer Engel hervor, der beaufsichtigte das Feuer; und er rief dem mit der scharfen Sichel mit lauter Stimme zu: »Gebrauche deine scharfe Sichel und sammle die Trauben vom Weinstock der Erde, denn sie sind reif!« 19Der Engel schwang seine Sichel hinab auf die Erde, sammelte die Trauben der Erde und warf sie in die große Weinpresse des Zornes Gottes. 20Die Weinpresse wurde außerhalb der Stadt getreten, und Blut floß von der Weinpresse, so hoch wie die Zügel der Pferde, dreihundert Kilometer weit!

15 1Dann sah ich ein anderes Zeichen im Himmel, ein großes und herrliches – sieben Engel mit den sieben Plagen, die die letzten sind; denn mit ihnen ist Gottes Zorn zu Ende. 2Ich sah etwas, das sah aus wie ein Meer aus Glas, gemischt mit Feuer. Die, die das Tier, sein Bild und die Zahl seines Namens besiegen, standen neben dem Meer aus Glas und hielten Harfen in den Händen, die Gott ihnen gegeben hatte. 3Sie sangen das Lied Mosches, des Knechtes Gottes, und das Lied des Lammes:

»Groß und herrlich sind die Dinge, die du getan hast, ***Adonai*, Gott der himmlischen Heerscharen!**[y]

Gerecht und wahr sind deine Wege, König der Nationen!

4*Adonai*, wer wird deinen Namen nicht fürchten und ehren? Denn du allein bist heilig.

Alle Nationen werden kommen und vor dir anbeten, denn deine gerechten Taten sind offenbar geworden.«

5Danach schaute ich, und das Heiligtum (das ist das Zelt des Zeugnisses im Himmel) wurde geöffnet, 6und aus dem Heiligtum heraus kamen die sieben Engel mit den sieben Plagen. Sie waren in reines, glänzendes Leinen gekleidet und hatten goldene Gürtel um ihre Brust. 7Eines der vier lebendigen Wesen gab den sieben Engeln sieben Goldschalen, gefüllt mit dem Zorn des Gottes, der für immer und ewig lebt. 8Dann wurde das Heiligtum erfüllt mit Rauch aus Gottes *Schechinah*, das heißt, aus seiner Macht; und niemand konnte das Heiligtum betreten, bis die sieben Plagen der sieben Engel ihr Ziel erreicht hatten.

16 1Ich hörte eine laute Stimme aus dem Heiligtum zu den sieben Engeln sagen: »Geht und gießt aus auf die Erde die sieben Schalen des Zornes Gottes!«

2Da ging der erste und goß seine Schale auf die Erde, und eklige und schmerzhafte Geschwüre erschienen auf allen Menschen, die das Zeichen

y Am 3,13; 4,13

Adonai – der HERR, Jahwe
Jeschua – Jesus
Mosche – Mose
Schechinah – »Einwohnung Gottes«, Gottes herrliche Gegenwart

des Tieres trugen und sein Bild an-
beteten.

3Der zweite goß seine Schale aus
in das Meer, und es wurde wie das
Blut eines Toten, und alles Leben im
Meer starb.

4Der dritte goß seine Schale aus in
die Flüsse und Quellen, und sie ver-
wandelten sich in Blut. 5Dann hörte
ich den Engel des Wassers sagen:

»O *Ha Kadosch*, der, der ist und
war, du bist gerecht in diesem dei-
nem Gericht. 6Sie haben vergossen
das Blut deines Volkes und deiner
Propheten, deshalb hast du sie Blut
trinken lassen. Sie verdienen es!«

7Dann hörte ich den Altar sagen:

»Ja, ***Adonai*, Gott der himmli-
schen Heerscharen,**[z] dein Gericht
ist wahr und gerecht!«

8Der vierte goß seine Schale aus auf
die Sonne, und es war erlaubt, die
Menschen mit Feuer zu verbrennen.
9Die Menschen wurden verbrannt
durch brennende Hitze; doch sie
verfluchten den Namen Gottes, der
die Vollmacht über diese Plagen hat-
te, statt sich von ihren Sünden abzu-
wenden und ihm die Ehre zu geben.

10Der fünfte goß seine Schale aus
auf den Thron des Tieres, und sein
Königreich verfinsterte sich. Die
Menschen zerbissen ihre Zungen
vor Schmerz, 11doch sie verfluchten
den Gott des Himmels wegen ihrer
Schmerzen und Geschwüre und
wandten sich nicht von ihren sündi-
gen Taten ab.

12Der sechste goß seine Schale aus
auf den großen Fluß Euphrat, und
sein Wasser vertrocknete, um den
Weg zu bereiten für die Könige aus
dem Osten. 13Und ich sah drei un-
reine Geister, die sahen aus wie Frö-
sche; sie kamen aus dem Mund des
Drachen, aus dem Mund des Tieres
und aus dem Mund des falschen
Propheten. 14Sie sind Wunder wir-
kende dämonische Geister, die hin-
ausgehen zu den Königen der gan-
zen bewohnten Welt, um sie zum
Krieg des Großen Tages von *Ado-
nai Zvaoth* zu sammeln. 15(»Sieh!
Ich komme wie ein Dieb! Wie ge-
segnet sind die, die wachsam bleiben
und ihre Kleider rein halten, damit
sie nicht nackt gehen müssen und
öffentlich der Schande ausgesetzt
sind!«) 16Und sie sammelten die Kö-
nige der Erde an dem Ort, der in
Hebräisch Har Megiddo genannt
wird.

17Der siebte goß seine Schale aus
auf die Luft, und eine laute Stimme
kam aus dem Tempel vom Thron
her und sagte: »Es ist getan!« 18Es
waren Blitze, Stimmen und Don-
nerschläge; und es war ein großes
Erdbeben, wie es niemals geschehen
war, seit die Menschheit auf Erden
ist, so heftig war das Erdbeben.
19Die große Stadt wurde in drei Tei-
le gerissen, die Städte der Nationen
stürzten ein, und Gott gedachte Ba-
bylon der Großen und ließ sie den
Wein aus dem Kelch seines grimmi-
gen Zornes trinken. 20Alle Inseln
verschwanden, und kein Berg wur-
de mehr gesehen. 21Und riesige,
siebzig Pfund schwere Hagelsteine

z Am 3,13; 4,13

fielen vom Himmel auf die Menschen. Doch die Menschen verfluchten Gott für die Hagelplage, daß es eine so schreckliche Plage war.

17 1Dann kam einer der Engel mit den sieben Schalen; und er sagte zu mir: »Komm, ich will dir das Gericht über die große Hure zeigen, die an vielen Wassern sitzt. 2Die Könige der Erde haben mit ihr gehurt, und die Menschen, die auf Erden leben, wurden trunken von dem Wein ihrer Hurerei.« 3Er trug mich fort im Geist in eine Wüste, und ich sah eine Frau auf einem scharlachroten Tier sitzen, das erfüllt war mit gotteslästerlichen Namen und sieben Köpfe und zehn Hörner hatte. 4Die Frau war gekleidet in Purpur und Scharlach und glitzerte vor Gold, kostbaren Steinen und Perlen. In ihrer Hand war ein goldener Becher, gefüllt mit den unzüchtigen und unreinen Dingen, die ihre Hurerei hervorbrachte. 5Auf ihrer Stirn war ein Name geschrieben, der eine verborgene Bedeutung hatte:

BABYLON DIE GROSSE
MUTTER DER HUREN UND
DER UNZUCHT DER ERDE

6Ich sah die Frau trunken vom Blut des Gottesvolkes, das heißt von dem Blut der Menschen, die für Jeschua Zeugnis ablegen.

Als ich sie sah, war ich sehr erstaunt. 7Dann sagte der Engel zu mir: »Warum bist du erstaunt? Ich will dir die verborgene Bedeutung der Frau und des Tieres mit den sieben Köpfen und den zehn Hörnern, das sie trug, sagen. 8Das Tier, das du sahst, war einst und ist jetzt nicht und wird heraufkommen aus dem Abgrund; aber es ist auf dem Weg in seine Vernichtung. Die Menschen, die auf Erden leben, deren Namen nicht seit der Gründung der Welt ins Buch des Lebens geschrieben sind, werden erstaunt sein, das Tier zu sehen, das einst war und jetzt nicht ist, aber erscheinen muß. 9Das erfordert einen weisen Verstand: Die sieben Köpfe sind sieben Hügel, auf denen die Frau sitzt; es sind auch sieben Könige – 10fünf sind gefallen, einer lebt jetzt und der andere muß noch kommen; und wenn er kommt, darf er nur eine kurze Weile bleiben. 11Das Tier, das einst war und jetzt nicht ist, ist ein achter König; es kommt aus den sieben hervor und ist jetzt auf dem Weg in die Vernichtung. 12Die zehn Hörner, die du sahst, sind zehn Könige, die noch nicht angefangen haben zu herrschen, doch sie erhalten Macht als Könige eine Stunde lang, zusammen mit dem Tier. 13Sie sind eines Sinnes, und sie übergeben ihre Macht und Vollmacht dem Tier. 14Sie werden gegen das Lamm in den Krieg ziehen, doch das Lamm

Adonai – der HERR, Jahwe
Adonai Zvaoth – HERR (Jahwe) der (himmlischen) Heerscharen
Ha Kadosch – der Heilige
Har Megiddo – Harmagedon, Berg bei Megiddo
Jeschua – Jesus

wird sie besiegen, weil es Herr der
Herren und König der Könige ist,
und die, die berufen, erwählt und
treu sind, werden mit ihm zusam-
men überwinden.«
15Dann sagte er zu mir: »Die Was-
ser, die du sahst, wo die Hure sitzt,
sind Völker, Mengen, Nationen und
Sprachen. 16Was die zehn Hörner
betrifft, die du sahst, und das Tier,
sie werden die Hure hassen, sie zu-
grunderichten, sie nackt zurücklas-
sen, ihr Fleisch essen und sie mit
Feuer verzehren. 17Denn Gott legte
ihnen ins Herz zu tun, was seinen
Plan erfüllen wird, das heißt, eines
Sinnes zu sein und ihr Königreich
dem Tier zu übergeben, bis Gottes
Worte ihr Ziel erreicht haben. 18Und
die Frau, die du sahst, ist die große
Stadt, die über die Könige der Erde
herrscht.«

18 1Danach sah ich einen ande-
ren Engel vom Himmel her-
abkommen. Er hatte große Voll-
macht, die Erde wurde erleuchtet
von seinem Glanz. 2Er rief mit star-
ker Stimme:

»**Sie ist gefallen! Sie ist gefallen!
Babylon die Große!**[a]

Sie ist ein Heim für Dämonen ge-
worden, ein Gefängnis für alle un-
reinen Geister, ein Gefängnis für alle
unreinen, verhaßten Vögel.

3Denn alle Nationen haben ge-
trunken vom Wein des Zornes Got-
tes, den ihre Hurerei erregt hat – ja,
die Könige der Erde haben mit ihr
gehurt, und durch ihre maßlose Lie-
be zum Luxus sind die Kaufleute
der Welt reich geworden.«

4Dann hörte ich eine andere Stim-
me aus dem Himmel sagen:

»Mein Volk, komm heraus aus
ihr! – Damit du nicht teilhast an ih-
ren Sünden, damit du nicht ange-
steckt wirst von ihren Plagen, 5denn
ihre Sünden sind eine erstickende
Masse, die zum Himmel hinauf-
reicht, und Gott hat sich an ihre
Verbrechen erinnert.

6Vergelte ihr, wie sie anderen ver-
golten hat! Zahle ihr doppelt zu-
rück, was sie getan hat! Gebrauche
den Kelch, den sie gebraut hat, ihr
einen doppelt so großen Trank zu
brauen!

7Gib ihr so viel Qual und Leid,
wie sie sich selbst Ehre und Luxus
gegeben hat! Denn in ihrem Herzen
spricht sie: ›Ich sitze als Königin –
ich bin keine Witwe, ich werde nie-
mals Leid sehen.‹

8Deshalb werden ihre Plagen an
einem einzigen Tag kommen, Tod,
Leid und Hungersnot; und sie wird
mit Feuer verbrannt werden, denn
Adonai, Gott, ihr Richter, ist mäch-
tig.«

9Die Könige der Erde, die mit ihr
hurten und an ihrem Luxus teilhat-
ten, werden weinen und klagen über
sie, wenn sie den Rauch ihres Bran-
des sehen. 10In einiger Entfernung
stehend, aus Angst vor ihrer Qual,
werden sie sagen:

a Jes 21,9

»O nein! Die große Stadt! Babylon, die mächtige Stadt! In einer einzigen Stunde ist dein Gericht gekommen!«

[11]Die Kaufleute der Welt werden über sie weinen und trauern, weil niemand mehr ihre Ware kauft – [12]Waren von Gold und Silber, Edelsteine und Perlen, feines Leinen und Purpur, Seide und Scharlach, alles seltene Holz, alles elfenbeinerne Gerät, alle Geräte aus duftendem Holz, Messing, Eisen und Marmor; [13]Zimt, Kardamom, Räucherwerk, Myrrhe, Weihrauch, Wein, Öl, Mehl, Korn, Vieh, Schafe, Pferde, Wagen – und Leiber – und die Seelen der Menschen.

[14]Die Früchte, die du von ganzem Herzen begehrt hast, sind fort! Der ganze Luxus und Prunk sind vernichtet, um niemals mehr zurückzukehren!

[15]Die Verkäufer dieser Dinge, die reich wurden durch sie, werden aus Angst vor ihrer Qual in einiger Entfernung stehen und weinen und klagen [16]und sagen:

»O nein! Die große Stadt, die feines Leinen, Purpur und Scharlach zu tragen pflegte! Sie glitzerte vor Gold, kostbaren Steinen und Perlen! [17]So großer Reichtum – in einer einzigen Stunde zugrundegerichtet!«

Alle die Schiffseigner, Passagiere, Seeleute und alle, die ihren Lebensunterhalt vom Meer verdienten, standen in einiger Entfernung [18]und riefen, als sie den Rauch ihres Brandes sahen, aus: »Welche Stadt war wie die große Stadt?« [19]Und sie streuten Staub auf ihre Häupter, während sie weinten und trauerten, und sagten:

»O nein! Die große Stadt! Die Fülle ihres Reichtums hat alle Schiffseigner reich gemacht! In einer einzigen Stunde ist sie zugrundegerichtet!«

[20]Freue dich über sie, Himmel! Freut euch, Gottesvolk, Gesandte und Propheten! Denn in ihrem Gericht hat Gott euch gerechtfertigt.«

[21]Dann nahm ein mächtiger Engel einen Felsen von der Größe eines großen Mühlsteins auf und warf ihn ins Meer und sagte:

»Mit Gewalt wie dieser wird die große Stadt Babylon niedergeworfen werden, um niemals wieder gefunden zu werden!

[22]Der Klang von Harfenspielern und Musikern, Flötenspielern und Trompetern wird niemals wieder in dir gehört werden.

Kein Arbeiter, welchen Berufs auch immer, wird wieder in dir gefunden werden, der Klang einer Mühle wird nie wieder in dir gehört werden, [23]das Licht einer Lampe wird niemals wieder in dir scheinen, die Stimme des Bräutigams und der Braut wird niemals wieder in dir gehört werden.

Adonai – der HERR, Jahwe

Denn deine Kaufleute waren die
mächtigsten auf Erden, alle Natio-
nen wurden durch deinen mächti-
gen Zauber in die Irre geführt.

[24]In ihr fand man das Blut von
Propheten und vom Gottesvolk, ja
all derer, die jemals auf Erden ge-
schlachtet wurden!«

19 [1]Danach hörte ich etwas, das
klang wie das Tosen einer
riesigen Menge im Himmel, die rief:

»*Hallelujah*!
Der Sieg, die Herrlichkeit, die
Macht unseres Gottes! [2]Denn sein
Gericht ist wahr und gerecht. Er hat
die große Hure gerichtet, die die Er-
de mit ihrer Hurerei verderbt hat.
Er hat Rache an ihr genommen, die
das Blut seiner Knechte an ihrer
Hand hat.«

[3]Und ein zweites Mal sagte er:

»*Hallelujah*!
Ihr Rauch steigt auf für immer und
ewig!«

[4]Die vierundzwanzig Ältesten und
die vier lebendigen Wesen fielen
nieder und beteten Gott, der auf
dem Thron saß, an und sagten:

»*Amen*!
Hallelujah!«

[5]Und eine Stimme ging aus vom
Thron und sagte:

»Lobt unseren Gott, alle seine
Knechte, ihr, die ihr ihn fürchtet,
groß und klein!«

[6]Dann hörte ich etwas, das klang
wie das Tosen einer riesigen Menge,
wie der Klang stürzenden Wassers,
wie laute Donnerschläge, sagen:

»*Hallelujah*!
***Adonai*, Gott der himmlischen
Heerscharen,**[b] **hat seine Herr-
schaft angetreten!**

[7]Wir wollen uns freuen und froh
sein! Wir wollen ihm die Ehre ge-
ben! Denn die Zeit für die Hochzeit
des Lammes ist gekommen, und sei-
ne Braut hat sich bereitet – [8]feines
Leinen, glänzend und rein, gab man
ihr zu tragen.«

(Das »feine Leinen« sind die ge-
rechten Taten des Gottesvolkes.)

[9]Und der Engel sagte zu mir:
»Schreib: ›Wie gesegnet sind die, die
zum Hochzeitsfest des Lammes ge-
laden sind!‹« Dann fügte er hinzu:
»Das sind Gottes eigene Worte.«
[10]Ich fiel zu seinen Füßen nieder,
um ihn anzubeten; aber er sagte:
»Tu das nicht! Ich bin nur ein Mit-
Knecht mit dir und deinen Brüdern,
die für Jeschua Zeugnis abgelegt ha-
ben. Bete Gott an! Denn das Zeug-
nis Jeschuas ist der Geist der Weis-
sagung.«

[11]Dann sah ich den Himmel offen,
und vor mir war ein weißes Pferd.
Auf ihm saß der, der Treu und
Wahr genannt wird, und in seiner
Gerechtigkeit richtet er und zieht in
die Schlacht. [12]Seine Augen waren
wie Feuerflammen, und auf seinem
Haupt waren viele Königskronen.
Und er hatte einen Namen geschrie-

b Am 3,13; 4,13

ben, den niemand kennt außer ihm
selbst. 13Er trug ein Gewand, das in
Blut getaucht worden war, und der
Name, mit dem er genannt wird,
lautet »Das Wort Gottes«. 14Die
himmlischen Heerscharen, gekleidet
in feines Leinen, weiß und rein,
folgten ihm auf weißen Pferden.
15Und aus seinem Mund kam ein
scharfes Schwert, damit er mit ihm
die Nationen schlage – »**Er wird**
herrschen **über sie mit einem eiser-
nen Stab.**«[c] Er tritt die Weinpresse,
aus der der Wein des grimmigen
Zornes *Adonai*s, des Gottes der
himmlischen Heerscharen, hervor-
fließt. 16Und auf seinem Gewand
und an seiner Hüfte hat er einen
Namen geschrieben: »König der
Könige und Herr der Herren«.

17Dann sah ich einen Engel in der
Sonne stehen, und er rief allen Vö-
geln, die hoch am Himmel flogen,
mit lauter Stimme zu: »Kommt,
sammelt euch für das große Fest,
das Gott gibt, 18zu essen das Fleisch
der Könige, das Fleisch der Generä-
le, das Fleisch der wichtigen Män-
ner, das Fleisch der Pferde und ihrer
Reiter und das Fleisch aller Men-
schen, Freie und Sklaven, klein und
groß!« 19Ich sah das Tier und die
Könige der Erde und ihre Heere
versammelt, mit dem Reiter des
Pferdes und seinem Heer zu kämp-
fen. 20Doch das Tier wurde gefan-
gengenommen, und mit ihm der fal-
sche Prophet, der in seiner
Gegenwart die Wunder vollbracht
hatte, mit denen er die, die das Zei-
chen des Tieres empfangen hatten
und sein Bild anbeteten, in die Irre
führte. Das Tier und der falsche
Prophet wurden beide lebendig in
den Feuersee geworfen, der mit
Schwefel brennt. 21Der Rest wurde
getötet mit dem Schwert, das aus
dem Mund des Reiters auf dem
Pferd hervorgeht, und alle Vögel
fraßen sich an ihrem Fleisch satt.

20 1Dann sah ich einen Engel
vom Himmel herabkom-
men, der hatte den Schlüssel zum
Abgrund und eine große Kette in
seiner Hand. 2Er ergriff den Dra-
chen, die alte Schlange, die der Teu-
fel und Satan (der Widersacher) ist,
und band ihn für tausend Jahre. 3Er
warf ihn in den Abgrund, verschloß
diesen und versiegelte ihn; so daß er
die Nationen nicht mehr in die Irre
führen konnte, bis die tausend Jahre
um waren. Danach muß er für eine
kurze Weile freigelassen werden.

4Dann sah ich Throne, und die,
die auf ihnen saßen, empfingen
Vollmacht zu richten. Und ich sah
die Seelen derer, die enthauptet
worden waren, weil sie für Jeschua
gezeugt und das Wort Gottes ver-
kündigt hatten, und auch die Seelen
derer, die das Tier oder sein Bild
nicht angebetet und das Zeichen auf
ihren Stirnen oder Händen nicht
empfangen hatten. Sie wurden le-
bendig und herrschten mit dem

c Ps 2,9

Adonai – der HERR, Jahwe
Amen – so sei es
Jeschua – Jesus
Satan – der Widersacher, Ankläger, Teufel

Messias tausend Jahre lang. 5(Der Rest der Toten wurde nicht lebendig, bis die tausend Jahre um waren.) Das ist die erste Auferstehung. 6Gesegnet und heilig ist jeder, der teilhat an der ersten Auferstehung; denn über ihn hat der zweite Tod keine Macht. Im Gegenteil, sie werden *Kohanim* Gottes und des Messias sein, und sie werden tausend Jahre lang mit ihm herrschen.

7Wenn die tausend Jahre um sind, wird der Widersacher aus seinem Gefängnis freigesetzt werden 8und wird ausgehen, in die Irre zu führen die Nationen in den vier Ecken der Erde, **Gog und Magog,**[d] und sie zur Schlacht zu sammeln. Ihre Zahl ist unermeßlich groß wie der Sand am Meeresufer; 9und sie kamen über die Breite des Landes und umzingelten das Lager des Gottesvolkes und der Stadt, die er liebt. Doch Feuer kam herab vom Himmel und verzehrte sie. 10Der Widersacher, der sie in die Irre geführt hatte, wurde in den See von Feuer und Schwefel geworfen, wo das Tier und der falsche Prophet waren; und sie werden Tag und Nacht gequält, für immer und ewig.

11Dann sah ich einen großen weißen Thron und den, der darauf saß. Erde und Himmel flohen aus seiner Gegenwart, und man fand keinen Ort für sie. 12Und ich sah die Toten, groß und klein, vor dem Thron stehen. Bücher wurden geöffnet; und noch ein anderes Buch wurde geöffnet, das Buch des Lebens; und die Toten wurden gerichtet nach dem, was in den Büchern geschrieben stand, nach dem, was sie getan hatten. 13Das Meer gab die Toten heraus; und der Tod und die Scheol gaben die Toten heraus; und sie wurden gerichtet, jeder nach dem, was er getan hatte. 14Dann wurden der Tod und die Scheol in den Feuersee geworfen. Das ist der zweite Tod – der Feuersee. 15Jeder, dessen Name nicht im Buch des Lebens gefunden wurde, wurde in den Feuersee geworfen.

d Ez 38,2

21

1Dann sah ich **einen neuen Himmel und eine neue Erde,**[e] denn die alte Erde war vergangen und das Meer war nicht mehr da. 2Und ich sah die heilige Stadt, das Neue Jeruschalajim, herabkommen aus dem Himmel von Gott, bereitet wie eine Braut, schön gekleidet für ihren Ehemann. 3Ich hörte eine laute Stimme vom Thron her sagen: »Siehe! Gottes *Schechinah* ist bei der Menschheit, und er wird bei ihnen leben. Sie werden seine Völker sein, und er selbst, Gott mit ihnen, wird ihr Gott sein.[f] 4Er wird abwischen jede Träne von ihren Augen. Es wird kein Tod mehr sein; und es wird kein Trauern, kein Weinen und kein Schmerz mehr sein; denn die alte Ordnung ist vergangen.«

5Dann sagte der, der auf dem Thron saß: »Sieh! Ich mache alles neu!« Und er sagte: »Schreib: ›Diese

e Jes 65,17; 66,22

f Lev 26,11–12; Jes 7,14; 8,8.10; Jer 31,33; Ez 37,27; 2 Chr 6,18

Worte sind wahr und vertrauens-
würdig!« 6Und er sagte zu mir: »Es
ist getan! Ich bin das »A« und das
»Z«, der Anfang und das Ende. Je-
dem, der durstig ist, will ich selbst
umsonst Wasser geben aus der
Quelle des Lebens. 7Er, der den Sieg
erringt, wird diese Dinge empfan-
gen, und ich will sein Gott sein, und
er wird mein Sohn sein. 8Doch was
die Feigen, die Unglaubwürdigen,
die Gemeinen, die Mörder, die Un-
züchtigen, die, die sich unter Dro-
geneinfluß okkultistischen Prakti-
ken ergeben, die Götzenanbeter und
alle Lügner betrifft – ihre Bestim-
mung ist der See, der mit Feuer und
Schwefel brennt, der zweite Tod.«

9Einer der sieben Engel, die die
sieben Schalen mit den sieben letz-
ten Plagen trugen, näherte sich mir
und sagte: »Komm! Ich will dir die
Braut zeigen, die Frau des Lam-
mes.« 10Er trug mich fort im Geist
auf die Spitze eines großen, hohen
Berges und zeigte mir die heilige
Stadt, Jeruschalajim, die herabkam
aus dem Himmel von Gott. 11Sie
hatte die *Schechinah* Gottes, so daß
ihr Strahlen war wie das eines un-
vergleichlich kostbaren Juwels, eines
kristallklaren Diamanten. 12Sie hatte
eine große, hohe Mauer mit zwölf
Toren; an den Toren waren zwölf
Engel; und in die Tore eingeschrie-
ben waren die Namen der zwölf
Stämme Jisraels. 13Drei Tore gingen
nach dem Osten, drei Tore nach
dem Norden, drei Tore nach dem
Süden und drei Tore nach dem We-
sten. 14Die Stadtmauer war erbaut
auf zwölf Grundsteinen, und auf
diesen standen die zwölf Namen der
zwölf Gesandten des Lammes.

15Der Engel, der mit mir sprach,
hatte einen goldenen Meßstab, um
die Stadt, ihre Tore und ihre Mauer
zu messen. 16Die Stadt ist in einem
Viereck angelegt, ihre Länge ent-
spricht ihrer Breite. Mit seinem Stab
maß er die Stadt auf zweitausend-
vierhundert Kilometer; die Länge,
die Breite und die Höhe sind gleich.
17Er maß die Mauer auf fünfund-
sechzig Meter nach menschlichem
Maßstab, den der Engel gebrauchte.
18Die Mauer bestand aus Diamant,
und die Stadt aus reinem Gold, das
war wie reines Glas. 19Die Grund-
steine der Stadtmauer waren mit allen
Arten kostbarer Steine geschmückt –
der erste Grundstein war Diamant,
der zweite Saphir, der dritte Chalze-
don, der vierte Smaragd, 20der fünfte
Sardonyx, der sechste Karneol, der
siebte Chrysolith, der achte Beryll,
der neunte Topas, der zehnte Chry-
sopras, der elfte Türkis und der
zwölfte Amethyst. 21Die zwölf Tore
waren zwölf Perlen, jedes Tor be-
stand aus einer einzigen Perle. Die
Hauptstraße der Stadt war reines
Gold, so durchsichtig wie Glas.

22Ich sah keinen Tempel in der
Stadt, denn *Adonai*, Gott der himm-
lischen Heerscharen, ist ihr Tempel,
wie auch das Lamm. 23Die Stadt

Adonai – der HERR, Jahwe
Jeruschalajim – Jerusalem
Kohanim – Priester (pl.)
Schechinah – »Einwohnung Gottes«, Gottes herrliche Gegenwart
Sche-ol – Hades, Hölle

braucht weder den Schein der Sonne
noch des Mondes, denn Gottes
Schechinah gibt ihr Licht, und ihre
Lampe ist das Lamm. [24]Die Natio-
nen werden in ihrem Licht wandeln,
und die Könige der Erde werden ih-
re Herrlichkeit in sie hineinbringen.
[25]Ihre Tore werden niemals ge-
schlossen, sie bleiben den ganzen
Tag offen, denn es gibt dort keine
Nacht; [26]und die Ehre und Herr-
lichkeit der Nationen wird in sie
hineingebracht werden. [27]Nichts
Unreines darf hineinkommen und
keiner, der schändliche Dinge oder
Lügen tut; die einzigen, die hinge-
hen dürfen, sind die, deren Namen
geschrieben sind in des Lammes
Buch des Lebens.

22 [1]Dann zeigte der Engel mir
den Fluß mit dem Wasser
des Lebens, der schimmerte wie
Kristall und floß aus vom Thron
Gottes und des Lammes. [2]Zwischen
der Hauptstraße und dem Fluß
stand der Baum des Lebens, der
zwölf Sorten Früchte hervorbringt,
jeden Monat eine andere Sorte; und
die Blätter des Baumes waren zur
Heilung der Nationen – [3]es wird
keine Flüche mehr geben. Der
Thron Gottes und des Lammes
wird in der Stadt sein; und seine
Knechte werden ihn anbeten; [4]sie
werden sein Gesicht sehen, und sein
Name wird auf ihren Stirnen sein.
[5]Die Nacht wird es nicht mehr ge-
ben, deshalb brauchen sie weder das
Licht einer Lampe noch das Licht
der Sonne, denn *Adonai*, Gott, wird
über ihnen scheinen. Und sie wer-
den herrschen als Könige für immer
und ewig.

[6]Dann sagte er zu mir: »Diese
Worte sind wahr und vertrauens-
würdig: *Adonai*, Gott der Geister
und Propheten, schickte seinen En-
gel, um seinen Knechten die Dinge
zu zeigen, die bald geschehen müs-
sen.«

[7]»Siehe! Ich komme sehr bald!
Gesegnet ist der Mensch, der den
Worten der Weissagung, die in die-
sem Buch geschrieben stehen, ge-
horcht!«

[8]Dann fiel ich, Jochanan, der diese
Dinge hörte und sah, als ich sie hör-
te und sah, nieder, um zu Füßen des
Engels, der sie mir zeigte, anzube-
ten. [9]Doch er sagte zu mir: »Tu das
nicht! Ich bin nur ein Mit-Knecht
mit dir und deinen Brüdern, den
Propheten und den Menschen, die
den Worten in diesem Buch gehor-
chen. Bete Gott an!«

[10]Dann sagte er zu mir: »**Versiegle
die Worte der Prophezeiung in
diesem Buch** nicht,[g] denn die Zeit
ihrer Erfüllung ist nahe.

[11]Wer immer böse handelt, möge
weiter böse handeln; wer immer un-
rein ist, möge weiterhin unrein ge-
macht werden.

Und wer immer gerecht ist, möge
weiterhin tun, was gerecht ist, und
wer immer heilig ist, möge weiter-
hin geheiligt werden.«

[12]»Sei wachsam!« sagt Jeschua,
»ich komme bald, und meine Beloh-

g Dan 12,4

nungen sind bei mir, damit ich je-
dem gebe nach dem, was er getan
hat. 13Ich bin das ›A‹ und das ›Z‹,
der Erste und der Letzte, der An-
fang und das Ende.«

14Wie gesegnet sind die, die ihre
Gewänder waschen, damit sie das
Recht haben, vom Baum des Lebens
zu essen und durch die Tore in die
Stadt einzugehen! 15Draußen sind
die Homosexuellen, die, die sich un-
ter Drogeneinfluß okkultistischen
Praktiken ergeben, die Unzüchtigen,
die Mörder, die Götzenanbeter und
alle, die die Unwahrheit lieben und
tun. 16»Ich, Jeschua, habe meinen
Engel gesandt, dir dieses Zeugnis für
die messianischen Gemeinschaften
zu geben. Ich bin die Wurzel und der
Nachkomme Davids, der helle Mor-
genstern. 17Der Geist und die Braut
sagen: ›Komm!‹ Und jeder, der dur-
stig ist, möge kommen – es kann,
wer will, umsonst das Wasser des
Lebens nehmen.«

18Ich warne alle, die die Worte
der Weissagung in diesem Buch
hören, daß, wenn ihnen jemand et-
was hinzufügt, Gott ihm die Pla-
gen zufügen wird, die in diesem
Buch beschrieben sind. 19Und
wenn jemand etwas von den Wor-
ten, die im Buch dieser Prophezei-
ung geschrieben sind, fortnimmt,
wird Gott fortnehmen seinen Teil
am Baum des Lebens und der hei-
ligen Stadt, wie sie in diesem Buch
beschrieben sind.

20»Der, der diese Dinge bezeugt,
sagt: ›Ja, ich komme bald!‹«

Amen! Komm, Herr Jeschua!

21Möge die Gnade des Herrn Je-
schua mit allen sein!

Adonai – der HERR, Jahwe
Jeschua – Jesus
Jochanan – Johannes
Schechinah – »Einwohnung Gottes«, Gottes herrliche Gegenwart

Glossar

Verzeichnis jüdischer Namen und Begriffe
mit Hinweisen zur Aussprache

Allgemeine Hinweise

Personen- und Ortsnamen erscheinen in gewöhnlichem Druckbild; alle anderen jüdisch-hebräischen Ausdrücke in Schrägschrift (z.B. *Amen*). Die allermeisten der hier verzeichneten Wörter stammen aus dem Hebräischen, einige aus dem Aramäischen (aram.). Zusätzlich wurden einige wenige Ausdrücke aufgenommen, die jiddischer (jidd.) oder anderer Herkunft (a.H.) sind und Eingang gefunden haben in die heutige Umgangs- und Alltagssprache der weltweiten jüdischen Gemeinschaft.

In der Regel folgt der Erklärung des Wortes eine biblische Verweisstelle, wobei ein »etc.« hinter der Stellenangabe anzeigt, daß der Ausdruck auch an anderen als den angegebenen Stellen des *Jüdischen Neuen Testaments* (abgekürzt *JNT* vorkommt.– Die Klammern hinter den Namen und Begriffen verweisen auf die dem deutschsprachigen Bibelleser vertrauten möglichen Schreibweisen.

Umschrift und Aussprache

Da sich die deutsche Ausgabe des *JNT* nicht nur an einen jüdischen, sondern auch an einen der jüdischen Religion und Kultur gegenüber aufgeschlossenen nichtjüdischen Leserkreis wendet, wurde bei der Umschrift der hebräischen Wörter eine *weitgehend phonetische Schreibweise* gewählt. Es handelt sich demnach *nicht* um eine möglichst genaue Transkription der hebräischen Buchstaben, sondern es wurde bei der Umschrift auf die deutschen Lautregeln Rücksicht genommen. Der Leser kann demnach davon ausgehen, daß das betreffende Wort im Hebräischen (annähernd) so gesprochen wird, wie es im Deutschen geschrieben wird. Dafür wurde in Kauf genommen, daß die im *JNT* benutzte Schreibweise teilweise von der allgemein eingebürgerten abweicht. So heißt es im *JNT* beispielsweise »Jisrael« (nicht »Israel«), und »Jizchak« (statt »Jitzhak« oder »Itzhak«). Bei den Doppelkonsonanten allerdings wurde an der üblichen Schreibweise festgehalten, da diese nicht zu einer Verzerrung der Aussprache und Betonung führt (*Sukkot,* das »Laubhüttenfest«, wird also nicht zu »Suckot« eingedeutscht).

Im einzelnen sind folgende Ausspracheregeln zu beachten:

Die *Konsonanten- und Vokalqualität* unterscheidet sich im Hebräischen nicht wesentlich von der deutschen. Einige Ausnahmen sind allerdings zu beachten:

– Das gedehnte (»lange«) »e« (im Schriftbild »eh«, z.B. *Beht* – »Haus«) wird leicht diphtongisiert, d.h. hat am Schluß einen Hang zum »i«. Es entspricht in etwa dem Vokal in dem englischen Wort *name* (»Name«) oder dem Ruf »Eh!« (Jugendsprache). Im Englischen findet man deshalb oft auch die Schreibweise »ei« (vgl. *Beit Lechem* für »Bethlehem«; so auch auf israelischen Straßenkarten).

– Das kurze »e« ist außer in betonten Silben (Immanu-el) immer schwach und entspricht sehr oft dem »Schwa«-Laut des Internationalen Phonetischen Alphabets (vgl. im Deutschen die erste Silbe des Verbs »besprechen«). Beispiel: *Pe'ruschim* (Pharisäer).

– Das »ch« wird immer »hart« gesprochen (also nicht wie in »ich«, sondern wie in »Kuchen«). Das gilt auch für den Wortanfang (*Chamez* – »der Sauerteig«), jedoch nicht für das Zusammentreffen von »s« und »ch« (wie etwa im Niederländischen). Der »sch«-Laut wird also wie im Deutschen ausgesprochen *(Schalom)*.

– Wenn in einem VV-Lautmuster (Vokal folgt Vokal) die Vokale einzeln und mit erneut einsetzender Stimme (vgl. dt. »geehrt«) gesprochen werden – was häufig, jedoch nicht immer, der Fall ist –, wird dies durch einen *Bindestrich* verdeutlicht, z.B. *Newi-im* (nicht »Newihm«), 'Ba-al (nicht »Bahl«) oder *Schealti-el* (nicht »Schealtiel«). Fehlt dieser Bindestrich, wird wie im Deutschen diphtongisiert (*Adonai*, nicht »Adona-i«). Hierbei gibt es allerdings eine Ausnahme: Bei inzwischen eingedeutschten hebräischen Namen (Michael, Daniel) fehlt der Bindestrich, da eine korrekte Aussprache vorausgesetzt werden kann.

– Entsprechend kann ein Bindestrich auch in einem CV-Muster (Vokal folgt Konsonant) auftauchen. Er besagt, daß der dem Konsonant folgende Vokal mit neu einsetzender Stimme gesprochen wird (vgl. »hint-anstellen«); Beispiel: *Schim-on* (nicht Schimon).

Zur Betonung

Die Betonung liegt in der Regel auf der letzten Silbe (also *Elo'him* und nicht *'Elohim*).

Nur wo von dieser Regel abgewichen wird, trägt das Wort im Glossar ein Betonungszeichen. Dieses Betonungszeichen (»'«) steht vor der zu betonenden Silbe (Beispiel: »'Ba-al«).

Zur Verdeutlichung der Endbetonung wird im *JNT* bei vokalischer Endung ein »h« angehängt (*Menorah* – der siebenarmige Leuchter). Dies soll dazu dienen, dem Leser, der bei der fortlaufenden Lektüre das Aussprache- und Bedeutungswörterbuch sicher nicht ständig zu Rate ziehen will, in jedem einzelnen Fall die korrekte Betonung vor Augen zu halten (wobei, neben einigen wenigen anderen, der häufig auftauchende Name *Mosche* eine Ausnahme bildet; er wird auf der zweiten Silbe *kurz* betont, also nicht wie die »Moschee« ausgesprochen, sondern – in etwa – »Mo'schä«). Es wird dabei der Nachteil in Kauf genommen, daß sich auf diese Weise einige ungewöhnliche und unübliche Schreibweisen ergeben, so zum Beispiel *Torah* (im *JNT*) statt des üblichen *Thora* (oder *Tora*) oder *»Martah«* statt des vertrauten *»Martha«* – ein Name, der bei hebräischer Aussprache die Betonung auf der letzten Silbe trägt.

Vielleicht wird es aber die Augen eines Kenners der hebräischen Sprache weniger schmerzen, eine ungewohnte Schreibweise vor sich zu sehen (im Englischen ist *Torah* übrigens durchaus üblich), als es seine Ohren verwundern würde, eine falsche Betonung (wie etwa *»'Tora«*) zu vernehmen.

Zur Aussprache des Namens Je'schua (Jesus)

Der Name Je'schuas, des Messias, wird entgegen den oben erklärten Regeln nicht auf der letzten, sondern auf der mittleren Silbe betont: also *Je'schua*. Da der Name Je'schuas in den neutestamentlichen Texten sehr häufig auftaucht, wird um der leichteren Lesbarkeit willen in diesem Fall jedoch auf das Betonungszeichen verzichtet.

Verzeichnis der im *JNT* benutzten jüdischen Namen und Begriffe

Abaddon König und/oder Engel des Abgrunds (Offb 9,11). Gebildet aus der hebräischen Wurzel a-b-d (»zerstören«). Der griechische Name »Apollyon« bedeutet »Zerstörer«.

'Abba (aram.) Kindliches, liebevolles Wort für »Vater«. Etwa: »lieber Vater« oder sogar: »Papa«. Hat über das Aramäische Eingang gefunden in das biblische Hebräisch, und auch im modernen Ivrit nennen die Kinder in Israel ihre Väter »Abba« (Mk 14,36 etc.).

Acharit Ha Jamim Wörtlich: »Ende der Tage«. Gemeint ist die letzte Zeit, die »Endzeit«, wenn die »Olam Haseh« ihren Abschluß findet und die »Olam Habah« beginnt (1 Kor 10,11).

Achas (Ahas) König über Jehudah; Vater des Hiskia. Name eines Vorfahren des Messias (Mt 1,9).

Adam Der erste Mensch. Das Wort ist aus der hebräischen Wurzel a-d-m (»rot«) gebildet; abgeleitet davon auch »adamah«: die Erde (Lk 3,38).

Addi Name eines Vorfahren des Messias (Lk 3,28).

Adonai der HERR (Jahwe) Wörtlich: »mein Gott«; ist im Hebräischen jedoch an Stelle des aus den vier Buchstaben *Jod, Heh, Waw* und *Heh* gebildeten Gottesnamens J-H-W-H getreten (dessen Aussprache die jüdische Theologie strikt verbietet; durch eine falsche Vokalisation entstand daraus: »Jehova«); Übersetzung meist: »HERR«.

Adonai Elo'hehnu HERR (J-H-W-H), unser Gott; vgl. *Elo'him* (Mk 12,29).

Adonai Zvaoth der Herr Zebaoth; HERR (J-H-W-H) der himmlischen Armee; HERR der Heerscharen (Röm 9,29).

Agav Agabus; neutestamentlicher Prophet (Apg 11,28; 21,10).

Aharon Aaron; Bruder des Mosche; nach jüdischer Tradition der erste *Kohen Gadol* (Lk 1,5).

Amen »Es ist wahr«; »so sei es«; »möge es so sein«. Folgt einem Gebet oder einer Äußerung, um Bestätigung auszudrücken. – Die meisten Übersetzer halten Je'schuas *Amen* für einen einleitenden Hinweis auf eine nachfolgende (sehr wichtige) Aussage: »Wahrlich, wahrlich, ich sage euch ...« Aber ein solcher Gebrauch ist in der jüdischen Literatur sonst nicht nachweisbar, und auch der jeweilige Textzusammenhang spricht nicht unbedingt für eine solche Deutung. Je'schuas *Amen* verweist vielmehr zurück und bezieht sich auf die Vergangenheit, entweder auf eine vorangegangene Äußerung oder auf ein vorangegangenes Ereignis (Mt 5,18).– Des weiteren wird das Wort *Amen* verwendet, wenn am Ende eines gemeinsamen Gebets die Gemeinde das Gesagte bestätigt (Mt 6,13).

'Am Ha 'Arez Wörtlich: Menschen des Landes, Menschen vom Land, d.h. gewöhnliche, ungebildete Leute. Im ersten Jahrhundert abwertend benutzt: Bauern, Provinzler, Hinterwäldler. Kann auch im Singular gebraucht werden: »Er ist nur ein *'Am Ha 'Arez*« (Joh 7,49; Apg 4,13).

Am'ma-us Emmaus; Stadt in der Nähe von Jerusalem (etwa 10 Kilometer entfernt), deren genaue Lage unbekannt ist.

Amminadav (Amminadab) Name eines Vorfahren des Messias (Mt 1,4; Lk 3,33).

Amon Name eines Vorfahren des Messias (Mt 1,10).

Amora (Gomorrah); Stadt in der Nähe des Toten Meeres, berüchtigt für die moralische Verkommenheit ihrer Einwohner. Wurde zur Zeit des Avraham und Lot (Gen 19) von Gott zerstört; seither ein Sinnbild für menschliche Sünde und die Weigerung zur Umkehr (Mt 10,15).

Amoz (Amos) Name eines Vorfahren des Messias (Lk 3,25).

Anan (Hannas); *Kohen Gadol* zur Jugendzeit Je'schuas und Jochanans, der einen beträchtlichen Einfluß ausübte (Lk 3,2 etc.).

Arnih Name eines Vorfahren des Messias. Eine abweichende Lesart hat »Ram« oder (in anderen Übersetzungen) »Aram« (Lk 3,33).

Arpachschad Name eines Vorfahren des Messias (Lk 3,36).

'Asa (Gaza; Gasa) – Von Philippus heißt es, daß er die Straße entlangging, die »von Jeruscha'lajim hinabführt nach 'Asa«. 'Asa liegt etwa 60 Kilometer südlich des heutigen Tel Aviv und war die südlichste der fünf Philisterstädte. Noch heute gibt es eine *Azza Road*; sie erstreckt sich von der Stadtmitte Jeruscha'lajims in Richtung des Gaza-Streifens und der Wüste Negev, ändert dann jedoch außerhalb der Stadt nach kurzer Zeit ihren Namen.

Asah Name eines Vorfahren des Messias (Mt 1,7); ein König Jehudahs.

Aschdod (Asotus); eine der fünf Philisterstädte an der israelischen Mittelmeerküste, ca. 30 Kilometer südlich des heutigen Tel Aviv (Apg 8,40).

Ascher (Asser) Einer der zwölf Stämme Iisraels (Lk 2,36; Offb 7,6).

Avichud (Abihud) Name eines Vorfahren des Messias (Mt 1,13).

A'vinu »unser Vater« (Lk 1,73 etc.)

Avijah (Abija, Abiam).
1. König über Jehudah. Name eines Vorfahren des Messias (Mt 1,7)
2. Eine der 24 priesterlichen Abteilungen (Lk 1,5).

Avraham (Abraham); wichtigster der drei Patriarchen des jüdischen Volkes (Mt 1,1 etc.).

Avraham A'vinu »unser Vater Abraham« (Lk 1,73).

Avjatar (Abjatar); *Kohen Gadol* zur Zeit des Königs David (Mk 2,26).

Asur (Asor); Name eines Vorfahren des Messias (Mt 1,13).

'Ba-al (Baal); höchste männliche Gottheit der Phoenizier und Kanaaniter; Wortbedeutung: »Herr«, »Meister«.

'Ba-al Sibul auch 'Ba-al Sevuv (Beelzebub), je nach Lesart. Bezeichnung für Satan, den Widersacher Gottes und Feind aller Menschen (vgl. Mt 4,1). 'Ba-al Sevuv ist der Name eines Gottes der Philister (2 Kön 1,2) und bedeutet »Herr der Fliegen«. 'Ba-al Sibul dagegen bedeutet »Herr des Himmels«, »Herr der Höhe«, könnte jedoch auch auf »Sevel« , den hebräischen Ausdruck für »Unrat«, »Kot«, »Exkremente« anspielen (Mt 10,25 etc.).

Balak König von Moab, der Bileam damit beauftragte, Jisrael zu verfluchen (Num 22-24; Offb 2,14).

Bar (aram.) »Sohn«; »Bar« vor einem Namen bedeutet: »Sohn des...« oder: »Nachfahre von...«; in erweitertem Sinne auch: »mit den Eigenschaften von...«; vgl. »Ben« (Mt 10,3).

Bar 'Abba (aram.) (Barabbas); Gefangener, den Pontius Pilatus an Stelle Je'schuas, des Messias, freigab; Wortbedeutung: Sohn des Vaters (Mt 27,16 etc.).

Bar 'Nabba (aram.) (Barnabas); ein Talmid; Mitarbeiter des Scha-ul von Tarsus. Namensbedeutung nach dem Neuen Testament: »Sohn des Trostes«, d.h. »Tröster«. Möglicherweise ist das Wort mit dem hebräischen *Navi* (Prophet) verwandt (Apg 4,36).

Bar 'Sabba (Barsabbas); vielleicht lautete der Name ursprünglich »Bar Schabat« (aram.: Sohn des *Schabbat*). Zwei Personen im NT tragen diesen Namenszusatz:
1. der zwölfte Gesandte, der an die Stelle Jehudahs aus Kiriot trat (Apg 1,23);
2. der Jünger, der nach der Versammlung der Gesandten (Apg 15) zusammen mit 'Sila (Silas) den Brief mit den endgültigen Beschlüssen und Anweisungen der Gemeinde in Antiochien überbrachte (Apg 15,22).

Bar Talmai (aram.) (Bartolomäus); einer der zwölf Gesandten. Der Name bedeutet: »Sohn des (ägyptischen Herrschers) Ptolomäus« (Mt 10,3 etc.).

Bar Timai (aram.) (Bartimäus); Name eines blindgeborenen Bettlers, den Je'schua heilte; vgl. Timai (Mk 10,46).

Bar Je'schua (aram.) (Barjesus); ein falscher Prophet, auch Elymas genannt (Apg 13,6).

Bar Jochanan (aram.) (Bar Jona); »Sohn des Jochanan«; Name des Schim-on Kefa (Petrus) (Mt 16,17; Joh 21,15-17).

Barak Feldherr der Deborah, der den kanaanitischen Feldherrn Sisera besiegte (Ri 4-5; Hebr 11,32).

Bat »Tochter«. Wie »Ben-« als Namensvorsatz »Sohn von...« heißt, bedeutet »Bat-« vor einem Namen »Tochter von...« oder »Tochter des...«.

Bat Kol Eine Stimme (vom Himmel); wörtlich: »Tochter einer Stimme« (Mt 3,17; Joh 12,28).

Beht Anjah (Betanien); wörtlich: »Haus der Armut«. Name zweier Orte im NT:
1. Dorf am Ölberg, im Osten Jeruscha'lajims (Mt 21,17 etc.);
2. Dorf am Ostufer des Jarden (Joh 1,28).

Beht 'Lechem (Bethlehem); Geburtsort des Königs David und Geburtsort Je'schuas; wörtlich: »Haus des Brots« (Mt 2,1 etc.).

Beht Pageh (Betfage); wörtlich: »Haus der kleinen, unreifen Feige«; ein Dorf östlich von Jeruscha'lajim, nicht weit von Beht Anjah (Mt 21,1).

Beht 'Sata (Betesda); in einigen Manuskripten: »Beht Chasdah« (Bethesda, aram.); Ortsangabe eines Teiches, wo Je'schua einen Menschen heilte, der seit 38 Jahren krank war. Beht 'Sata heißt: »Haus der Oliven« und Beht Chasdah »Haus der Gnade« (Joh 5,2).

Beht Zaidah (Betsaida); wörtlich: »Haus der Netze«. Heimatort der Fischer Andreas, Kefa und Philippus, gelegen an der Westseite des Sees Ki'neret.

Beli'ja-al (Beliar); ein weiterer Name für Satan, den Feind. Der Wortstamm enthält die Adjektive: »nutzlos«, »sinnlos« (vgl. 2 Kor 6,15; Scha-ul ersetzt das »l« durch ein »r«, wohl, weil er sich scheut, den Namen des Feindes auszusprechen.).

Ben »Sohn«. »Ben« als Namensvorsatz bedeutet »Sohn von...«, »Nachfahre von...«; im übertragenen Sinne auch: »mit den Eigenschaften von...«; vgl. *Bar* (Mt 4,21).

Beneh 'Regesch taucht in der griechischen Transliteration *Boanerges* auf und bedeutet: »Söhne der Wut, »Söhne des Aufruhrs«. Vielleicht bezieht sich die griechische Umschrift auch auf das hebräische »Beneh 'Roges (»Söhne des Zorns«). Jedenfalls passen beide Bedeutungen zu der im Text angegebenen Übersetzung: »Donnerskinder«. Je'schua gab den Söhnen des Savdai diesen Namen (Mk 3,17), wohl deshalb, weil sie immer wieder einen sehr feurigen Eifer an den Tag legten (Mk 9,38; Lk 9,5).

Ben Ha Mevorach »Sohn des Gelobten«, d.h. Sohn Gottes (Mk 14,61).

Berechjah (Berechja); Vorfahre des Propheten Sacharja (Mt 23,35).

Bilam Ben Beor »Bileam, der Sohn des Beor (Bosor)«; midianitischer Prophet, den der moabitische König Balak damit beauftragte, Israel zu verfluchen. Bileam mußte dann jedoch Gottes, und nicht Balaks Willen erfüllen und segnete Israel, statt es zu verfluchen. Dennoch verführte er Israel zum Götzendienst, zur Hurerei und zum Verzehr von Götzenopferfleisch.

Binjamin (Benjamin); einer der zwölf Stämme Israels. Der Name bedeutet wörtlich: »Sohn der Rechten (d.h. der rechten Hand)« (Apg 13,21).

Boas Urgroßvater des Königs David und Vorfahre des Messias (Mt 1,5; Lk 3,32).

Berachah (pl. *Berachot*) »Segen,

Lobpreis«. Das Wort kommt von »berech« (»sich niederknien«) und zeigt damit die ursprüngliche Verbindung zwischen Anbeten und Niederknien. »Eine *Berachah* sprechen« bedeutet: »den Lobpreis (oder Segen) sprechen«, z.B. vor Beginn einer Mahlzeit.

Berit (*Hinweis zur Aussprache:* Das »e« ist in diesem Wort sehr schwach; Aussprache fast wie »Brit«)
»Bund, Vertrag«. – Die wichtigsten Bundesschlüsse in der Bibel sind:
1. Der Bund Gottes mit 'Noach (Gen 9),
2. Gottes Bund mit Avraham (Gen 17),
3. die Bundesschlüsse mit Mosche (Ex 19-24) und David (2 Sam 7),
4. der durch Je'schua vermittelte Bundesschluß (Jer 31; Mt 26,28 etc.).
Der erste Bund war ein Bund mit der gesamten Menschheit; die weiteren drei Bünde betrafen vor allem das jüdische Volk, während der durch Je'schua vermittelte Bundesschluß – auch wenn zunächst das Volk Jisrael gemeint war – der gesamten Menschheit den Zugang und die Beziehung zu Gott eröffnet.

Berit Chadaschah »Neuer Bund, neues Testament«. Dieser Begriff kommt im Text des *JNT* nicht vor, wird jedoch in der Einleitung benutzt. Inhaltlich ist im NT allerdings oft von diesem Neuen Bund die Rede, so z.B. in Mt 26,28; Mk 14,24; Lk 22,20; 1 Kor 11,25; Gal 4,25 sowie im gesamten Abschnitt zwischen Hebr 7,22 und Hebr 10,31; außerdem in der *Tenach* bei Jeremia (31,30-34).

Berit Milah Wörtlich: »Bund der Beschneidung« (vgl. Gen 17). Der Begriff bezeichnet sowohl den Bund als auch die zeremonielle Handlung der Beschneidung, die in der Regel am achten Tag nach der Geburt bei jedem jüdischen Jungen vorgenommen wird. Sie wird von jedem Mann verlangt, der zum jüdischen Glauben konvertieren möchte (Lk 1,59).

'Bube 'Mehses (jidd.) »Altweibergeschichten«; (nicht ganz ernstzunehmende) Anekdötchen und Geschichten für Großmütter und alte Leute.

Cha'kel-Demah (aram.) (Hakeldamach); Ackerfeld, auf dem man den erhängten Verräter Je'schuas fand; vgl. Apg 1,19: »...so daß dieses Feld in ihrem eigenen Dialekt Chakeldemah genannt worden ist, was 'Blutfeld' heißt.«

Chalfai (Alphäus); Vater des Jakov Ben Chalfai, der einer der zwölf *Talmidim* Je'schuas war (Mt 10,3 etc.).

Challah »Laib« oder »Kuchen«. Im heutigen Ivrit eine besondere Art von Brot, welches am *Schabbat* gegessen wird. Die Stelle in Römer 11,16 bezieht sich auf den Teig, der nach Num 15,20 als »Hebeopfer« für die Kohanim zur Seite gelegt wurde (das Wort *Challah* kommt dort und auch in der *Mischnah* vor).

Chamez Sauerteig (d.h. Hefeteig) in gebackener oder ungebackener Form. Das Wort kann auch die Hefe selbst oder irgendein anderes Säuerungsmittel bezeichnen (Mt 16,6 etc.).

Chamor (Hamor); Eigentümer eines Feldes in Schechem (Apg 7,16).

Chanah Bat Penu-el (Hanna, eine Tochter Phanu-ëls); Name einer alten Prophetin, die in einer Weissagung über Je'schua sprach (Lk 2,36).

Chananjah (Hananias); so heißt
1. ein Gläubiger in der Gemeinde zu Jeruscha'lajim, der den Heiligen Geist belog (Apg 5,1 etc.);
2. ein Messianischer Jude in Dam'mesek, der für Scha-ul um die Wiederherstellung seines Augenlichts betete (Apg 9,10 etc.);
3. Name des amtierenden *Kohen Gadol* in der Zeit, als sich Scha-ul vor Gericht verantworten mußte (Apg 23,2 etc.).

Chanoch (Henoch); siebter Nachfahre Adams im Stammbaum des Messias. Nach alttestamentlicher Überlieferung (Gen 5,24) starb er nicht, zumindest nicht auf natürliche Weise, denn es heißt von ihm: »er lebte mit Gott... und war unauffindbar, weil Gott ihn entrückt hatte« (Hebr 11,5; Lk 3,37 etc.).

Chanukkah »Fest der Einweihung«, welches zur Erinnerung an die erneute Tempelweihung durch Judas Makkabäus im Jahre 164 v.Chr. gefeiert wird (Joh 10,22).

Charan (Haran); Stadt in der fruchtbaren Tiefebene an der Grenze zwischen Syrien und der heutigen Türkei. Charan war für viele Jahre der Aufenthaltsort des *Avraham A'vinu*, bevor er in Richtung Kana-an weiterzog (Apg 7,2 ff).

Chavah (Eva); die erste Frau (2 Kor 11,3; 1 Tim 2,13).

Chesli (Hesli); Name eines Vorfahren des Messias (Lk 3,25).

Chezron (Hezron); Vorfahre Avrahams und Vorfahre des Messias (Mt 1,3; Lk 3,33).

Chiski'jahu (Hiskia); König über Jehudah. Name eines Vorfahren des Messias (Mt 1,9-10).

Chuzpah Dreistigkeit, Mut, Kühnheit, Unverschämtheit, Frechheit; bis hin zu einem bewußten »auf die Nerven gehen«, wenn es die Situation erfordert (Lk 11,8).

Dalma'nuta Ortschaft am Westufer des Sees Ki'nneret; genaue Lage unbekannt, doch möglicherweise in der Nähe von (oder sogar identisch mit) Mag'dala (Mk 8,10).

Dam'mesek (Damaskus); historische Stadt in Syrien; heute Hauptstadt des Landes.

Daniel Prophet der *Tenach* (Mt 24,15).

David König von Israel und Vorfahre Je'schuas, des Messias (Mt 1,1 etc.).

'Dawenen (jidd.) Beten (Mt 23,14).

Denar (a.H.) (Denarius); römische Münze; Tageslohn für einen ungelernten Arbeiter (Mt 20,2 etc.).

Diaspora (a.H.) »Zerstreuung«; insbesondere die Zerstreuung der Juden »bis an die vier Ecken der Erde«; Abführung ins Exil (hebr.

Galut). Die Di'aspora des jüdischen Volkes begann zur Zeit der Herrschaft der Könige von Jehudah, fand den ersten Höhepunkt nach der Eroberung durch die Assyrer (732 v.Chr.), wurde fortgesetzt durch die babylonische Gefangenschaft (586 v.Chr.), die Zerstörung des Tempels (70 v.Chr.) und den Aufstand unter Bar Kochvah (132-135) und dauert bis zum heutigen Tage an. Andererseits setzte seit dem 19. Jahrhundert eine starke Wiedereinwanderungsbewegung nach *'Erez Jisrael* ein, so daß heute (Stand vom Dezember 1992) in Israel 4,2 Millionen Juden leben (bei einer Gesamtweltbevölkerung von 12 Millionen; es leben also noch 7,8 Millionen Juden in der Diaspora [vgl. Jak 1,1]).

Drasch, pl. *Draschot* Predigt, Unterweisung, »Bibelarbeit« (Apg 17,2).

E'frajim (Ephraim); einer der beiden Söhne Josefs, Sohn des Patriarchen Ja-akov, insofern ein Halbstamm Israels (vgl. Menascheh). Im Neuen Testament wird nur die nordöstlich von Jeruscha'lajim gelegene Stadt E'frajim erwähnt (Joh 11,54).

Eh'najim (Änon); Stelle »in der Nähe von Schalem«, wo Jochanan der Eintaucher wirkte. Wortbedeutung: »Quellen«; möglicherweise identisch mit Beht Scha-an im Norden (in der Nähe von Schechem in Samaria); vielleicht aber auch im Nordosten von Jeruscha'lajim gelegen (Joh 3,23).

El-asar-Eleasar (Lazarus);
1. Vorfahre Je'schuas (Mt 1,15);
2. in einer Geschichte, die Je'schua erzählte, der Name des armen Mannes, der vor der Tür des Reichen lag (Lk 16,20 ff.);
3. Bruder der Martah und (6.) Mirjam, den Je'schua nach dessen Tod wieder zum Leben erweckte (Joh 11,11 ff.).

Elih Name eines Vorfahren des Messias (Lk 3,23); Vater oder Großvater des (3.) Josef; vielleicht auch (nach anderer Auslegung) Vater der (2.) Mirjam.

Eli! Eli! Lemah schevach'tani? (aram.) »Mein Gott, mein Gott, warum hast du mich verlassen?« – Ruf Je'schuas unmittelbar vor seinem Tod am Hinrichtungspfahl (Mt 27,46).

Elihud (Eliud); Name eines Vorfahren des Messias (Mt 1,14-15).

Eli'eser (Eliëser); Name eines Vorfahren des Messias (Lk 3,29).

Elischah (Elisa); Prophet und Wundertäter in der *Tenach*; *Talmid* des Eli'jahu (Lk 4,27).

Eli'scheva (Elisabeth); Mutter Jochanans des Eintauchers (Lk 1,5 etc.).

Eli'jahu (Elia); Prophet und Wundertäter der *Tenach*, der keines natürlichen Todes starb, sondern von Gott in den Himmel aufgenommen wurde. Nach Maleachi 3,23 wird er vor dem »großen und schrecklichen Tag des Herrn« ein zweites Mal auftreten. Die jüdische Tradition hat seit altersher dieses Auftreten mit der Ankunft des Messias verbunden (Mt 11,14 etc.).

Elmadan (Elmadam); Name eines Vorfahren des Messias (Lk 3,28).

Elo'him »Gott, Götter«. Je'schuas Wortspiel in Johannes 10,33-36 bezieht sich sowohl auf den Gebrauch des Wortes im Singular als auch auf den Plural.

Eljakim Zwei der Vorfahren des Messias tragen diesen Namen. Wortbedeutung: »Gott wird aufrichten« (Mt 1,13; Lk 3,30).

Enosch Name eines Vorfahren des Messias; Enkel des Adam (Lk 3,38).

Er Name eines Vorfahren des Messias (Lk 3,28).

'Erez Jisrael Name für das »Land Jisrael (Israel)« im Neuen Testament; weitere Bezeichnungen: »Jisrael«, »Kana-an« oder einfach: »das Land« (vgl. auch die Hinweise in der Einleitung zum *JNT*).

Esav (Esau); Bruder des *Ja-akov A'vinu* (Röm 9,13 etc.).

'Ever (Eber); Vorfahre des *Avraham A'vinu* und Name eines Vorfahren des Messias (Lk 3,35).

'Ever Ha Jarden Gebiet in *'Erez Jisrael*, östlich des Flusses Jordan (im heutigen Jordanien).

'Gabta (aram.) »der Platz, der 'Steinpflaster' heißt« (Joh 19,13).

Gad einer der zwölf Stämme Jisraels (Offb 7,5).

Gal'golta (Golgatha); »Schädelstätte«; Ort, an dem Je'schua am Pfahl hingerichtet wurde (Mt 27,33 etc.). Gemäß alter (und nach Ansicht der meisten Archäologen korrekter) Überlieferung steht in der Jerusalemer Altstadt heute an dieser Stelle die Grabeskirche *(Church of the Holy Sepulchre)*.

Galil (Galiläa); Galiläa umfaßt in *'Erez Jisrael* das Gebiet westlich des Sees Ki'nneret und nördlich des *Jezreel Valley*, d.h. des Jisre-el Tals (Mt 2,22 etc.).

»*Galil der Gojim*« »Galiläa der Nationen (Heiden)«; das »Galil der Gojim« umfaßte die Gebiete in *'Erez Jisrael*, die östlich des Galil und des Sees Ki'nneret lagen und heute zu Jordanien gehören. Der Name zeigt, daß es vorwiegend von Nichtjuden bevölkert war (Mt 4,15).

Gamli-el (Gamaliel) Wichtige Persönlichkeit im nicht-messianischen Judentum. Gamli-el war der erste, dem der Titel *Rabban* (»unser Großer«) verliehen wurde. Über ihn heißt es in der *Mischnah*: »Nachdem *Rabban Gamli-el*, der Älteste, gestorben war, fand die Herrlichkeit der *Torah* ein Ende, und es starben Reinheit und Sittlichkeit« (Sotah 9,15). Gamli-el war der Lehrmeister des Scha-ul und derjenige, der das Sanhedrium daran hinderte, vorschnell gegen die messianischen Juden vorzugehen (Apg 5,34-39; 22,3).

Gan 'Eden das Paradies; wörtlich: »der Garten Eden«. Kann sich auch auf das zukünftige Paradies beziehen (Lk 23,43).

Gat Schemanim (Gethsemane); Garten, in den sich Je'schua zum Beten zurückgezogen hatte, bevor er durch die Tempelwache festgenommen wurde. Die Wortbedeutung (»Ölpresse«) erscheint merkwürdig; man nimmt jedoch an, daß der am Fuße des Ölberges gelegene Garten *Gat Schemanim* ein Olivenhain war, in dem sich (vielleicht in einer kühlen Höhle) eine Ölpresse befand (Mt 26,36).

Gavri-el (Gabriel); ein Engel, von dem in der *Tenach* berichtet wird, daß er zum Propheten Daniel gesandt wurde. Im Neuen Testament erscheint er dem (2.) Secharjah und der (2.) Mirjam (Lk 1,19.26).

Get rabbinische Bezeichnung für »Scheidebrief«; wird in Dtn 24,1-4 erwähnt (vgl. Mt 5,31 etc.).

Geh Hinnom (Gehenna); Hölle wörtlich: »das Tal Hinnom«; eine Stelle im Süden der Altstadt von Jeruscha'lajim, wo der städtische Müll verbrannt wurde; Sinnbild für das höllische Feuer (Mt 5,22).

Gideon Richter in Jisrael (Ri 6-8; Hebr 11,32).

Ginosar (Genezareth); Stadt am Nordwestufer des Sees Ki'nneret (Mt 14,34 etc.).

Gog Großfürst von Meschech und Tubal aus dem Land Magog, der in der Endzeit die letzte antigöttliche Schlacht anführt (Ez 38-39; Offb 20,8).

Goj (pl. Gojim) Das griechische Wort *ethnoi* wird im *JNT* verschieden übersetzt: »Heiden«, »Nationen«, »Nichtjuden« oder *Gojim*. In den meisten anderen Übersetzungen ist von »Heiden« die Rede. Wenn ein Jude von »den Gojim« spricht, meint er die Nichtjuden: die »anderen«, die, »die nicht zu uns gehören«. Dieser Sprachgebrauch spiegelt natürlich ein bestimmtes Gruppen- und Identitätsbewußtsein wider, welches nicht nur positiv oder neutral, sondern (für die Außenstehenden) auch negativ gefärbt sein kann, je nachdem, in welchem Zusammenhang der Sprecher das Wort benutzt. Um negative Konnotationen zu vermeiden, wird *Gojim* als Übersetzung für *ethnoi* im *JNT* nur sehr sparsam verwendet, etwa dann, wenn ein direkter Ausspruch Gottes vorliegt, oder wenn ein Jude zu einem anderen Juden spricht (Mt 5,47).

'gojisch (jidd.) heidnisch (Gal 2,15).

Ha Eljon »der Höchste«; »der Allerhöchste«, d.h. Gott (Mk 5,7 etc.).

Hagar Magd, d.h. Dienstmädchen der Sarah (Gen 16,1; Gal 4,24 f.).

Ha Gedulah »die Majestät«; »die Herrlichkeit«, d.h. J-H-W-H (Hebr 8,1).

Ha Gedulah Ba Meromim »Die Herrlichkeit in der Höhe«; wiederum eine Umschreibung für »J-H-W-H«, den Namen Gottes (Hebr 1,3).

Ha Gevurah »die Kraft«; vgl. oben (Mt 26,64).

Ha Kadosch »der Heilige«; vgl. oben (1. Joh 2,20).

Hallel Wörtlich: »Lob«, »Preis«. Das »ägyptische« *Hall-el* besteht aus den Psalmen 113 bis 118; das »große« *Hall-el* ist identisch mit Psalm 136 (Mt 26,30).

Hallelujah (Halleluja); »Lobet den Herrn!«; wörtlich: »Lobet Jah!«, wobei *Jah* der Name Gottes ist (vgl. Ps 68,5); wird manchmal auch mit »Preist den Herrn übersetzt« (Offb 19,1 ff).

Ha Mevorach »der Gesegnete«; wiederum eine Umschreibung des Gottesnamens »J-H-W-H« (Mk 14,6).

Ha Schem »der Name«; nämlich: »J-H-W-H«, d.h. wiederum eine Umschreibung des Gottesnamens (3. Joh 7).

Har Megiddo (Harmagedon); das »Gebirge von Megiddo«, einer historischen Stadt mit Ausgrabungsfunden, die bis in das vierte Jahrtausend vor unserer Zeitrechnung zurückreichen (die jüngsten Funde stammen aus dem vierten vorchristlichen Jh). Aufgrund ihrer strategischen Bedeutung am Paß der »Via Maris« (»Straße zum Meer«) zwischen Ägypten und Assyrien, hoch oben über dem Jisre-el Tal, wurde diese Stadt immer wieder aufgebaut. Hier soll nach den biblischen Prophezeiungen die letzte Schlacht der Endzeit stattfinden – es sei denn, das griechische *Armargeddon* bezöge sich auf den hebräischen Ausdruck *Har Migdoh* (»Berg seiner Heiligkeit«), was mit dem Berg Zion in Jeruscha'lajim identisch ist (Offb 16,6).

'Hevel (Abel); zweiter Sohn von Adam und Eva; wurde von seinem Bruder Kain erschlagen (Mt 23,35).

Hippatach! (Hephata, Hefata); »Öffne dich!« (Mk 7,34).

Ho'schana Rabbah Wörtlich: »das große Hosianna«, d.h. »das große 'Hilf uns!'«. Der Ausdruck bezeichnet auch den »großen Tag«, d.h. den letzten Tag des einwöchigen *Sukkot*-Festes, an dem in der Zeit, als der Tempel noch stand, das für die Feierlichkeiten benötigte Wasser aus dem Teich *Schi'loach* geholt wurde.

Ho'schea (Hosea); einer der zwölf »kleinen Propheten« der *Tenach* (Röm 9,25).

Immanu-el (Immanuel); der Name, der dem Kind der *Almah* (»Jungfrau«) gegeben werden sollte (Jes 7,14) und dann auf Je'schua den Messias, bezogen wurde; Wortbedeutung: »Gott (ist) mit uns« (Mt 1,23).

Ijov (Hiob); Hauptperson des in der ganzen Welt bekannten »Buches Hiob«. Hiob erfuhr Leid wie kaum sonst jemand auf der Erde; doch im Gegensatz zu vielen anderen Menschen lernte er aus seinen Erfahrungen (Jak 5,11).

I'sevel (Isebel) Frau des Königs Ahab, verführte das Volk Gottes zum Götzendienst.

Ja-akov (Jakob); sehr alter männlicher Name (griech. *Iakobus*, lat.: *Jacomus*, engl. *James*; dt.: *Jakobus*), den in der Heiligen Schrift verschiedene Personen tragen:

1. *Ja-akov A'vinu*; »unser Vater Ja-akov«, d.h. Ja-akov, der Patriarch (Mt 1,2 etc.);

2. dessen Nachfahren, »das Haus Ja-akov«, gleichbedeutend mit dem jüdischen Volk (Lk 1,33; Röm 11,26);

3. Vater des (3.) Josef (Mt 1,15-16);
4. ein *Talmid* Je'schuas, mit vollständigem Namen Ja-akov Ben Savdai (Jakobus, Sohn des Zebedäus; vgl. Mt 4,18 etc.);
5. ein *Talmid* Je'schuas, mit vollständigem Namen Ja-akov Ben Chalfai (Jakobus, der Sohn des Alphäus; vgl. Mt 10,3 etc.);
6. einer der Brüder Je'schuas, des Messias, der die Messianische Gemeinde in Jeruscha'lajim leitete und wahrscheinlich auch der Verfasser des »Jakobusbriefes« ist (Mt 13,55 etc.);
7. ein Sohn der (3.) Mirjam, welcher auch der »jüngere Ja-akov« genannt wird (Mt 27,56; Mk 15,40);
8. der Vater des *Talmids* Jehudah Ben Ja-akov, d.h. des Judas, Sohn des Jakobus (Lk 6,16 etc.).

Jafo (Jaffa, Joppe); Hafenstadt an der Mittelmeerküste Israels, unmittelbar südlich von Tel-Aviv (Apg 9,35 etc.).

Ja-ir (Jaïrus); Vorsteher einer Synagoge, dessen verstorbene Tochter Je'schua wieder zum Leben erweckte; Wortbedeutung: »Er wird erleuchten« (Mk 5,22; Lk 8,41).

Jachin (Achim); Name eines Vorfahren des Messias (Mt 1,14).

Janai (Jannai); Name eines Vorfahren des Messias (Lk 3,24).

Jarden (Jordan); Fluß, der vom Berg Hermon im Norden bis zum See Ki'nneret fließt und dann in das Tote Meer mündet.

Jechan'jahu (Jojachin; Jechonja); König von Jehuda; Name eines Vorfahren des Messias (Mt 1,11).

'Jered Vorfahre des 'Noach und Je'schuas, des Messias (Lk 3,37).

Jericho Eine der ältesten Städte der Welt (Ruine eines Wachturmes an der Stadtmauer aus dem Jahr 7000 v.Chr.); im Jordantal östlich von Jeruscha'lajim gelegen (Mt 20,29).

Jeruscha'lajim (Jerusalem); Hauptstadt von *'Erez Jisrael* seit der Regierungszeit des Königs David. Im 48. Psalm heißt es über Jeruscha'lajim: »...Stadt unseres Gottes, auf seinem heiligen Berg. Schön ragt empor der Berg Zion, daran sich freut die ganze Welt« (V. 2–3).

Jescha'jahu (Jesaja); Prophet der *Tenach* (Mt 3,3 etc.).

Jeschivah wörtlich: »Sitz«; Stätte (Schule) der religiösen Unterweisung (Apg 19,9).

Je'schua (Jesus); hebräischer Name; andere Form: Joschua. In den *Tenach* sind es neun Personen, nebst einer Stadt, die den Namen Je'schua tragen. Über die Septuaginta und das Neue Testament fand der Name als *Iesous* Eingang in die griechische Sprache. Das Wort bedeutet: »J-H-W-H rettet« (Mt 1,21) und ist gleichzeitig die männliche Form des Substantivs »Je'schuah« (»Heil«, »Rettung«).
1. Name des Messias Israels, Je'schua von Na'zeret. Im heutigen Ivrit wird Je'schuas Name »Jeschuh« ausgesprochen, was wohl der Aussprache im damaligen Galil entspricht.
2. Name eines Messianischen Juden in Rom (»Je'schua, genannt Justus«; Kol 4,11).

Jeschu'ah »Heil, Rettung«. Wenn Schim-on in seinem Lobpreis (Lk 2,30) von der »Je'schuah« spricht, spielt er damit auf den Namen des Messias an.

Jehoschafat (Jehosafat, Joschafat); König von Jehudah und Vorfahre des Messias (Mt 1,8).

Jeho'schua (Josua) Nachfolger des Mosche. Unter seiner Führung eroberte das Volk Jisrael das gelobte Land *'Erez Jisrael.* Wortbedeutung: »J-H-W-H rettet« oder: »J-H-W-H befreit«; vgl. oben unter »Je'schua« (Apg 7,45; Hebr 4,8).

Jehudah (Juda, Judas);
1. vierter Sohn des *Ja-akov A'vinu* (Mt 1,2 etc.);
2. Stamm Jisraels, der nach ihm benannt wurde (Offb 5,5 etc.);
3. Name des Südreiches (als Gegenstück zu Jisrael, dem Nordreich), über welches in der Zeit zwischen 926 und 586 v.Chr. verschiedene Könige regierten (Hebr 8,8);
4. Jehudah aus Kiriot (vgl. dort);
5. Name eines Gesandten Je'schuas, der möglicherweise identisch ist mit dem Gesandten Taddai/Thaddäus (Joh 14,22);
6. Name eines der Brüder Je'schuas, der nach Ansicht der meisten Ausleger den »Brief des Jehudah« verfaßte (Mt 13,55; Mk 6,3);
7. *Talmid* Je'schuas und Sohn des (5.) Ja-akov (Lk 6,16 etc.);
8. Jehudah Ha Galili (vgl. dort);
9. Prophet mit dem Zunamen »Bar 'Sabba« (Apg 15,22 ff);
10. Messianischer Jude in Dam'mesek (Apg 9,11).

Jehudah (Judäa, Juda), Teilgebiet von *'Erez Jisrael*, das dem Stamm Jehudah zugeteilt worden war. Jehudah erstreckte sich von Jeruscha'lajim im Norden bis hinter Hevron (Hebron) im Süden.

Jehudah aus Kiriot (Judas Iskariot); Verräter Je'schuas des Messias, dessen hebräischer Name in voller Länge *Jehudah Ben Schim-on Isch Kiriot* lautet, d.h. »Judah, Sohn des Simon, ein Mann aus Kiriot«. Kiriot war eine kleine Stadt, ca. 30 Kilometer südlich von Jeruscha'lajim gelegen (Mt 10,4).

Jehudah Ha Galili (Judas der Galiläer); Name eines bekannten jüdischen Freiheitskämpfers und Gründers der Partei der »Zeloten« oder »Sikarier« (d.h. »Eiferer«). In den Jahren 6 und 7 v.Chr. führte er einen Aufstand gegen die römische Besatzung in Israel an.

Jehudih (pl. Jehudim) (Jude, Judäer); Das Wort *Jehudih* (»jemand, der lobt«) kommt allerdings im *JNT* nicht vor. In der Regel wird bei der Übersetzung des griechischen Wortes *Ioudaoi* folgendermaßen verfahren: Wird der Begriff von einem Nichtjuden oder einem Juden außerhalb von *'Erez Israel* gebraucht, so wird er mit »Jude« übersetzt. Benutzt ihn ein Jude innerhalb *'Erez Israels*, wird er mit »Judäer«, also »Bewohner Judas (bzw. Jehudahs)« übersetzt.

Jiftach (Jeftah, Jephtah); ein Richter in Israel (Hebr 11,32).

Jirme'jahu (Jeremia, Jeremias); Prophet der *Tenach* (Mt 2,17 etc.).

Jisaschar (Issachar); einer der zwolf

Stämme Israels, trägt den Namen eines Sohnes des *Ja-akov A'vinu* (Offb 7,7).

Jischai (Jesse, Isai); Vater des Königs David; Name eines Vorfahren des Messias (Mt 1,5 etc.).

Jisrael (Israel);
1. Die Nachkommen des Patriarchen Ja-akov, der selbst Jisrael genannt wurde (Gen 32,10) und in diesem Sinne die Gesamtheit des jüdischen Volkes (Mt 2,20-21; 10,23; Lk 4,25.27);
2. Das Land Israel (vgl. *'Erez Jisrael*);
3. Diejenigen Menschen innerhalb Israels, die an Gott festhalten und ihm treu bleiben (Röm 9,6; möglicherweise ist dies auch in 1. Kor 10,18 und/oder Gal 6,16 gemeint);
4. Die Menge aller Gläubigen (aus Juden *und* Heiden), die an Gott und an Je'schua als seinen Messias glauben (in diesem Sinne ist möglicherweise Gal 6,16 und/oder Eph 2,12-22 zu verstehen).

Jizchak (Isaak); zweiter der drei Patriarchen des jüdischen Volkes (Mt 1,2 etc.).

Jochanah (Johanna); Name der Frau des Finanzverwalters des Herodes (Lk 8,3 etc.).

Jochanan (Johannes, Jonas, Jona); Der deutsche Name »Johannes« geht auf diesen hebräischen Namen zurück. *Jochanan* bedeutet: »Gott ist gnädig«; »Gott schenkt Gnade«. Eine ganze Reihe von Personen im Neuen Testament tragen diesen Namen:
1. »Jochanan der Eintaucher« (vgl. dort);
2. Ein *Talmid* Je'schuas, Sohn des Savdai und Bruder des (4.) Ja-akov; Verfasser dreier Briefe, eines Evangeliums und der Apokalypse – falls diese nicht von einem anderen Jochanan verfaßt wurde (Mt 4,21; Offb 1,9; 22,8);
3. der Vater des Kefa (Mt 16,17; Joh 21,13.15);
4. Ein Jochanan mit dem Beinamen Markus; Neffe und Mitarbeiter des Bar 'Nabba und zeitweiliger Mitarbeiter des Scha-ul;
5. Name eines Vorfahren des Messias (Lk 3,27);
6. Ein Verwandter des *Kohen Ha Gadol* Anan (Apg 4,6).

Jochanan Ben Secharja vgl. »Jochanan der Eintaucher«.

»Jochanan der Eintaucher« (Johannes der Täufer); mit vollem Namen heißt er »Jochanan Ben Secharja« (»Johannes, Sohn des Zacharias«; Lk 3,2). Das griechische Wort *baptizein* bedeutet neben »taufen« auch »ein- oder untertauchen«, bzw. »ein- oder untertunken«, wobei das Eingetauchte die Eigenschaften des Materials annimmt, in das es getunkt wurde (wie beim Gerben oder Färben von Stoff).

Jodah (Joda); Name eines Vorfahren des Messias (Lk 3,26).

Jo-el (Joel); Prophet der *Tenach* (Apg 2,16).

Jom Kippur »Versöhnungstag« Wörtlich: »Tag der Sühne«, höchster jüdischer Feiertag. Zwar ist in Apostelgeschichte 27,9 im griechischen Text lediglich von »dem Fasten« die Rede, doch ein solcher

Fastentag im Herbst (mit vorangehendem bestimmten Artikel) kann sich nur auf den *Jom Kippur* beziehen.

Jonah (Jona); Prophet der *Tenach* (Mt 12,39 etc.).

Jonam Name eines Vorfahren des Messias (Lk 3,30).

Joram (auch: Jorim);
1. König von Jehudah; Name eines Vorfahren des Messias (Mt 1,8);
2. Name eines weiteren Vorfahren des Messias (Lk 3,29).

Joschi'jahu (Josia; Josias); König von Jehudah; Name eines Vorfahren des Messias (Mt 1,10-11).

Josef (Joseph);
1. Sohn des *Avraham A'vinu* (Joh 4,5 etc.);
2. ein Stamm Jisraels, der seinen Namen trägt (Offb 7,8);
3. Mann der Mirjam, der Mutter Je'schuas (Mt 1,16 etc.);
4. Name dreier Vorfahren des Messias (Lk 3,23.24. 26.30);
5. Bruder Je'schuas (Mt 13,55);
6. Sohn der (4.) Mirjam; identisch mit (dem 2.) 'Josi (Mt 27,56);
7. ein Messianischer Jude mit Sitz im Sanhedrium, der Pilatus um den Leichnam Je'schuas bat und ihn in seinem Grab bestattete. Sein vollständiger Name lautet: Josef von Rama'tajim/Arimathia (Mt 27,57 etc.);
8. ein Messianischer Jude mit dem Beinamen Bar 'Nabba; Mitarbeiter des Scha-ul bei der Verkündigung der Frohen Botschaft unter den Heiden (Apg 4,36)

'Josi (Josef, Joses);
1. Bruder Je'schuas (Mk 6,3);
2. Sohn der (4.) Mirjam (Mk 15,40). Josi ist eine Verkleinerungs- oder Kurzform von Josef (vgl. etwa das süddeutsche »Sepp« oder *Joe* in der englischen Sprache).

Jotam König von Jehudah; Name eines Vorfahren des Messias (Mt 1,9).

Jud (Jota); kleinster Buchstabe des hebräischen Alphabets (Mt 5,18).

Kajafa (Kaiphas); amtierender *Kohen Gadol* zur Zeit Je'schuas (Mt 26,3 etc.).

'Kajin (Kain); Adam und Evas erster Sohn, der seinen Bruder Abel ('Hevel) erschlug (Hebr 11,4).

Kana-an (Kanaan); alte Bezeichnung für das Land Jisrael (vgl. Mt 15,22, wo dieser Name die Herkunft der Frau bezeichnet, die in der Gegend von Zor und Zidon zu Je'schua kam). Auch in der Apostelgeschichte wird Kana-an in seinem historischen Kontext erwähnt (Apg 7,11). Scha-ul legt in seiner Rede in Apostelgeschichte 13,19 Wert darauf, daß Gott dem Volk Jisrael Kana-an »als Erbbesitz« gegeben hat (vgl. auch unter *'Erez Jisrael*).

Kanah (Kana); eine Stadt im Galil, wo Je'schua zwei Wunder tat. Heimatstadt des *Talmids* Natanel. Möglicherweise identisch mit der arabischen Stadt Kanah-el-Jelil (»Jelil« arabisch für: »Galil«), die etwa 8 Kilometer nördlich von Zipporih (Sepphoris) in der Nähe von Na'zeret liegt (Joh 2,1 etc.).

Kapparah Sühne, Sühnopfer, Versöhnung; in etwas freierer Übertragung auch: Vergebung (Röm 3,23; Hebr 2,17; 1 Joh 2,2; 3,10).

Kefa (Petrus, Kefas); der Name, den Je'schua dem Schim-on Bar Jochanan gab. Kefa ist Aramäisch und bedeutet: »Fels«, ebenso wie das griechische Wort *petros* (Mt 4,18 etc.).

Kefar Nachum (Kapernaum); Stadt am Nordwestufer des Sees Ki'nneret, wo Je'schua längere Zeit lebte und wirkte.

Kehnan (Kenan); Urenkel Adams und einer der Vorfahren des Messias (Lk 3,37).

Keruvim (Cherubim); himmlische Wesen (Engel), die in Gan Eden (im »Garten Eden«) den Zugang zum Baum des Lebens bewachten (Gen 3,24). Der Prophet Ezechiel beschrieb sie als Wesen mit vier Gesichtern und vier Flügeln (Ez 10,20-21), die »vom Geist getrieben« werden. Im 18. Psalm heißt es über Gott: »Er fuhr auf dem Kerub und flog daher« (Ps 18,11). Möglicherweise sind diese Wesen identisch mit den »himmlischen Gestalten« in der Offenbarung des Jochanan (vgl. Offb 4,6). Der Begriff *Kerub* wird auch für die hölzerne Nachbildung dieser geflügelten Wesen verwendet, die nach der genauen Anweisung Gottes mit reinem Gold überzogen waren und sich (sowohl im Tempel als auch in der Stiftshütte) oben auf der Bundeslade befanden und die Deckelplatte mit ihren Flügeln überschatteten.

Kidron Tal im Osten der Altstadt von Jeruscha'lajim am Aufgang zum Ölberg (Joh 18,1).

Ki'nneret, See Im heutigen Jisrael die Bezeichnung für das Galiläische Meer (d.h. den See Genezareth). Dieser (oder ein ähnlicher) Name taucht in der *Tenach* insgesamt siebenmal auf, das erste Mal in Num 34,11 (Mt 4,18 etc.).

Kiriot Name einer Stadt, die etwa 30 Kilometer südlich von Jeruscha'lajim liegt; Heimat des Jehudah aus Kiriot; vgl. dort (Mt 10,4 etc.).

Kisch Vater des Scha-ul, des ersten Königs in Israel (Apg 13,21).

Klofah (Klopas); ein Halb- (d.h. »angeheiratetes«) Onkel Je'schuas (Joh 19,25).

Kohen (pl. Kohanim) Priester; wobei sowohl der Priester im Tempel als auch der Priester im »Bundeszelt«, d.h. der Stiftshütte; gemeint sein kann (Mt 2,4).

Kohen Gadol (pl. Kohanim Gedolim) Hoherpriester; *Kohen Ha Gadol* ist *der* Hohepriester (Mt 26,3 etc.).

'Korach (Korah); Name eines Leviten, der in der Wüste einen Aufstand gegen Mosche anzettelte und zur Strafe Gottes »von der Erde verschluckt wurde« (Num 16,32; Jud 11).

Korasin (Chorazin); Stadt am Ufer des Sees Ki'nneret, etwa 3 Kilometer nördlich von Kefar Nachum gelegen (Mt 11,21 etc.).

Korban »Opfer(gabe)«; ursprünglich im Sinne von »Tieropfer«; bei Markus jedoch in der Bedeutung

»Liebesgabe«, »Spende für Gott« (Mk 7,11).

Kosam Name eines Vorfahren des Messias (Lk 3,28).

'Kusa Chuza (aram.) Finanzverwalter des Herodes: sein Name bedeutet: »kleiner Krug« (Lk 8,3).

'Kwetchen (jidd.) Sich beschweren, murren, meckern, »mosern« (Phil 2,14)

'Lemech (Lamech); Vater des 'Noach und einer der Vorfahren des Messias (Lk 3,36).

Lot Avrahams Neffe, den Gott vor der Zerstörung Sedoms rettete (Lk 17,28 etc.).

Lud (Lydda); eine Stadt in der nordwestlich von Jeruscha'lajim gelegenen Tiefebene, östlich des heutigen Tel-Avivs und Jaffos, ganz in der Nähe des *Ben Gurion International Airport* (Apg 9,32 ff).

Levi (pl. *Levi-im*) (Levit); Tempeldiener. Die *Torah* schreibt den Nachkommen Levis (vgl. dort) vor, Priester und Diener im Tempel zu werden (Lk 10,32 etc.).

Levi (Levi);
1. dritter Sohn des Patriarchen Jaakov (Hebr 7,5 etc.);
2. Stamm Jisraels, der auf ihn zurückgeht (Offb 7,7);
3. Name zweier Vorfahren des Messias (Lk 3,24.29);
4. ein *Talmid* Je'schuas; identisch mit Matit'jahu (Mk 2,14).

Levi Ben Chalfai »Levi, Sohn des Alphäus«; identisch mit obigem (4.) Levi.

'Machat (Mahat); Name eines Vorfahren des Messias (Lk 3,26).

Magadan Stadt am See Ki'nneret; vielleicht identisch mit Mag'dala (Mt 15,39).

Mag'dala Stadt am See Ki'nneret; Heimatstadt der Maria Magdalena; vgl. unter »Mirjam aus Mag'dala« (Mt 27,56 etc.).

Magog Bezeichnung für den Ort, aus dem Gog kommen wird, um die große Schlacht gegen das Volk Gottes zu schlagen (Ez 38-39; Offb 20,8).

Mahalal-el (Mahalalel); Name eines Vorfahren des Messias, der in der Kette der Vorfahren zwischen Adam und 'Noach liegt (Lk 3,37).

Mala (Melea); Name eines Vorfahren des Messias (Lk 3,31).

Malki (Melchi); Name zweier Vorfahren des Messias (Lk 3,24.28).

'Malki-'Zedek (Melchisedek); Priester von *El Eljon* (d.h. »Gottes, des Höchsten«); dem *Avraham A'vinu* den zehnten Teil der Beute gab (Gen 14,18-20). Nach Psalm 110,4 ist er das Vorbild einer neuen Priesterschaft. Wörtlich bedeutet sein Name: »Mein König ist Gerechtigkeit« (Hebr 5,6 etc.)

Mamser Im eigentlichen Wortsinn ein aus einer von der *Torah* verbotenen Verwandtschaftsehe (z.B. zwischen Onkel und Nichte) entstandenes Kind, also: »uneheliches Kind«, »Bastard«; schweres, ehrabschneidendes Schimpfwort (Joh 9,34; Hebr 12,8).

Maneh (pl. *Manim*) Summe von 100 Denaren (vgl. *De'narius*); entsprach dem durchschnittlichen Dreimonatslohn eines Arbeiters und wird in anderen Bibelübersetzungen oft mit »Pfund« übersetzt (Lk 19,13 etc.).

Ma'ranata! (aram.) (Maranatha!); »Unser Herr, komm!« (1. Kor 16,22).

Martah (aram.) »Schwester der (6.) Mirjam und des El-asar; Wortbedeutung: »Frau«, »Dame«. Die maskuline Form *Mar* (»Herr«, vgl. oben im Wort: *Ma'ranatah!*) ist gleichbedeutend mit dem deutschen »Herr« oder dem englischen »Mister« (Lk 10,38 etc.).

Ma'schiach (Messias, Christus); wörtlich: »der Gesalbte«. »Messias« ist die Transliteration des Hebräischen. »Christus« leitet sich vom Griechischen *Christos* ab (was ebenfalls »der Gesalbte« bedeutet). Wie man in der *Tenach* nachlesen kann, wurden Könige und *Kohanim* damals mit Olivenöl gesalbt (Ex 30,30; 1. Sam 15,1; Ps 133).– Im *JNT* wird das Wort *Ma'schiach* entweder dann benutzt, wenn im Griechischen *Messias* (also die Transliteration des Hebräischen) steht oder wenn in den Evangelien die Bezeichnung *Christos* in besonderer Weise hervorgehoben werden soll (Mt 16,16; Mk 8,29; 14,61 und in Lk 9,20).

Matan (Mattan); Name eines Vorfahren des Messias (Mt 1,15).

Matat (Mattat); Name zweier Vorfahren des Messias (Lk 3,24.29).

Matatah (Mattata); Name zweier Vorfahren des Messias (Lk 3,31).

Matit'jahu (Matthäus, Matthias);
1. einer der zwölf *Talmidim* des Je'schua, Verfasser eines Evangeliums, auch *Levi* genannt; im Deutschen wird der Name mit »Matthäus« übersetzt (Mt 9,9 etc.);
2. einer der zwei möglichen Nachfolger des Gesandten Jehudah aus Kiriot (Apg 1,23.26); sein Name wird im Deutschen mit »Matthias« wiedergegeben;
3. Name zweier Vorfahren des Messias (Lk 3,25.26); deutsch meist: »Mattitja«.

Mazah ungesäuertes Brot; »Mazza«, »Mazzen«. Der »erste Tag der *Mazah*« ist der Tag, an dem abends – zur Einleitung des *'Pessach*-Festes – der *'Seder* (vgl. dort) gefeiert wird.

Mechizah Trennvorrichtung, Scheidewand; sie hat die Aufgabe, eine Anzahl von Menschen in zwei Gruppen zu unterteilen, beispielsweise (in einer orthodoxen Synagoge) die Männer von den Frauen zu trennen. In Epheser 2,14 bezieht sich das Wort (zumindest im übertragenen, bildlichen Sinne) auf die Abtrennung (Luther: »Zaun«), welche den Innenbezirk des Tempels, den nur Juden betreten durften, vom Außenbezirk, dem »Vorhof der Heiden« trennt. Diese *Mechizah*, auch *Soreg* genannt, bestand aus einer gut eineinhalb Meter hohen Steinmauer.

'Melech (Malchus); Knecht des *Kohen Ha Gadol* Kajafah. Wortbedeutung: »König« (Joh 18,10).

Menachem (Manaën); »...war zusammen mit dem Vierfürsten Herodes erzogen worden«; Wortbedeutung: »Tröster« (Apg 13,1).

Menah (Menna); Name eines Vorfahren des Messias (Lk 3,31).

Menorah (Menora) »Lampe«, »Leuchter«; die *Menorah* im Tempel hatte sieben Arme; daher auch: »siebenarmiger Leuchter«.

me'schugge (jidd.) verrückt, »bekloppt« (Joh 10,20).

Metu'schelach (Methusalah, Methusalem); Großvater des 'Noach; ältester Mensch, der je gelebt hat. Einer der Vorfahren des Messias (Lk 3,37).

Michael Engelfürst (»Erzengel«), der nach dem Bericht des Propheten Daniel (Dan 10,21; 12,1) in der himmlischen Welt für das Land Israel kämpft. Im Neuen Testament wird er als der Anführer des himmlischen Heeres im Kampf gegen Satan, den Feind, beschrieben (Jud 9; Offb 12,7).

Midjan (Midian) Wüstengebiet, das einen Teil der Sinai Halbinsel und des heutigen Südjordaniens bedeckt (Apg 7,29).

Midrasch Vortrag im Anschluß an die *Torah*lesung; oft in Form einer Allegorese. Will den Hörern die praktische Anwendung eines Textes vermitteln. Die Zuhörerschaft geht dabei stillschweigend davon aus, daß der Vortragende auch seine eigenen Ideen in die Textauslegung mit einfließen läßt (Gal 4,24).

Mikveh »Sammlung des Wassers«, »Tauchbad«; Becken mit frischem Quellwasser oder gesammeltem Regenwasser; dient im orthodoxen Judentum noch heute zur rituellen Waschung (Tit 3,5 etc.).

Minchah Nachmittägliches Tempelopfer und -gebet. Zur Erinnerung an dieses Opfer wird auch heute noch die nachmittägliche Versammlung in der Synagoge *Minschah* genannt (Apg 3,1; 10,30).

Minjan Quote oder Anzahl von Männern (im orthodoxen Judentum), die für ein öffentliches Synagogengebet erforderlich sind. Im nicht orthodoxen, konservativen Judentum sind dazu heute auch Frauen zugelassen (Apg 16,13).

Mirjam (Miriam, Maria);
1. die Mirjam, auf die dieser Name ursprünglich zurückgeht, war eine Schwester des Mosche, die im Neuen Testament allerdings nicht vorkommt;
2. Mutter Je'schuas, des Messias (Mt 1,16 etc.);
3. Mirjam aus Mag'dala (vgl. dort);
4. Mutter des (7.) Ja-akov und des (8.) Josef, der mit dem 2. Josi identisch ist (Mt 27,56);
5. Frau des Klofah (Joh 19,25);
6. Schwester von Martah und Elasar in Beht Anja (Lk 10,39 etc.);
7. Mutter des Jochanan Markus (Apg 12,12);
8. Name eines Gläubigen in Rom (Röm 16,6).

Mirjam aus Mag'dala (auch: Mirjam, genannt Mag'dalit) (Maria Magdalena); *Talmidah* Je'schuas aus der Stadt Mag'dala; vgl. dort (Mt 27,56).

Mizvah (pl. Mizvot) Eigentlich: »Anweisung«, »Befehl«, »Gebot«;

im weiteren Sinne auch: Lebensregel; Weisung zum ethisch richtigen Handeln (Mt 5,19 etc.).

Menascheh (Manasse);
1. erster Sohn des (1.) Josef und Enkel des (1.) Ja-akov. Er selbst kommt im Neuen Testament nicht vor, wohl aber der nach ihm benannte Halbstamm Israels (Offb 7,6);
2. einer der Könige von Jehudah; der in der Liste der Vorfahren des Messias erscheint (vgl. Mt 1,10).

'Molech (Moloch); Name einer im antiken Nahen Osten verehrten Gottheit (Apg 7,43).

Mosche (Mose); Befreier des israelischen Volkes, der den großen Auszug aus Ägypten anführte und durch den das Volk Israel die *Torah* empfing (Mt 8,4). Der »Stuhl des Mosche« (Mt 23,2) ist nicht nur ein Bild für die Autorität der *Torah*lehrer in der Nachfolge des Mosche, sondern bezeichnet auch einen tatsächlichen Stuhl, auf dem diese Lehrer saßen, wenn sie das Volk unterwiesen (ein aus dem 3. Jh. stammendes Exemplar wurde in den Ruinen von Korazin gefunden und ist heute im *Israel Museum* in Jeruscha'lajim zu besichtigen).

Moza-eh Schabbat Wörtlich: »der Ausgang des *Schabbat*«, d.h. Samstagabend. Nach biblischer und jüdischer Rechnung beginnt der neue Tag bereits am Vorabend bei Sonnenuntergang. Wenn es von den Gläubigen also heißt, daß sie »am ersten Tag der Woche zusammenkamen«, ist damit der Samstagabend und nicht der Sonntag gemeint (Apg 20,7; 1 Kor 16,2).

Na-aman (Naaman); syrischer Befehlshaber, den Gott durch den Propheten Elischah von einer schweren Hautkrankheit heilte.

Nachor (Nahor); Großvater des Avraham und Vorfahre des Messias (Lk 3,34).

Nachschon Vorfahre des Königs David und des Messias (Mt 1,4; Lk 3,32).

Nachum (Nahum); Name eines Vorfahren des Messias (Lk 3,25)

Naftali
1. Stamm Israels, der auf einen der Söhne des Patriarchen Ja-akov zurückgeht (Offb 7,6);
2. Gebiet in *'Erez Jisrael*, das diesem Stamm zugeteilt wurde (Jos 19-21; Mt 4,13 ff).

Nagai (Naggai); Name eines Vorfahren des Messias (Lk 3,25).

Na-im (Nain); Stadt im Galil, wo Je'schua den verstorbenen Sohn einer Witwe wieder zum Leben erweckte; Wortbedeutung: »lieblich« (Lk 7,11).

Nakdimon (Nikodemus); ein *Parusch*, Mitglied des Sanhedriums und »Lehrer in Jisrael«. Obwohl der Name »Nikodemus« griechischen Ursprungs ist, ist auch die hebraisierte Form »Nakdimon« bekannt. So berichtet eine jüdische Geschichtsquelle (*Taanit* 19b; *Genesis Rabbah* 42 etc.) von einem bekannten Bewohner Jeruscha'lajims aus dem ersten Jahrhundert, der den Namen »Nakdimon Ben Gurion« trug (Joh 3,1 etc.).

Natan (Nathan); Sohn des Königs David und Vorfahre des Messias (Lk 3,31).

Natane-el (Nathanael); *Talmid* Je'schuas (Joh 1,45 etc.).

Na'zeret (Nazareth); Stadt im Galil, wo Je'schua seine Kindheit und die meiste Zeit seines Lebens verbrachte (Mt 2,23 etc.).

Nazrati (Nazarener, Nazoräer); – was die bekannte Stelle aus dem Evangelium des Matit'jahu betrifft (»Man wird ihn *Nazrati* nennen«), so findet sich in der *Tenach* eine Prophezeiung mit diesem Wortlaut nicht. Jesaja 11,1 spricht vielmehr von einem *Nezer*, d.h. einem »Zweig« oder »Sproß«. Da *Nazrati* »Bewohner von Na'zeret« bedeutet, bekamen die jüdischen Anhänger Je'schuas den Namen *Nazratim*, so daß sich die Erfüllung der Verheißung, von der Matit'jahu spricht, eigentlich nur im Sinne eines solchen Wortspiels verstehen läßt (auch wenn es zu dieser Stelle noch weitere, andere Erklärungen gibt). Im heutigen Ivrit ist *Nozrih* (eine Bezeichnung, die mit *Nazrati* verwandt ist) der übliche Ausdruck für einen »Christen« (Mt 2,23; Apg 24,5).

Nerih (Neri); Name eines Vorfahren des Messias (Lk 3,27).

'Ninive (Ninive); Hauptstadt des alten Königreiches Assyrien; Wirkungsort des Propheten Jona (Mt 12,41 etc.).

'Noach (Noah); Erbauer der »Arche Noah« und zusammen mit seiner Familie einziger Überlebender der Sintflut. Nach der großen Flut Urvater aller folgenden Generationen und einer der Vorfahren des Messias (Mt 24,37 etc.).

Netilat Ja'dajim Zeremonielle Waschung der Hände, die gemäß der mündlichen *Torah*-Überlieferung zum Zwecke der rituellen Reinheit vor den Mahlzeiten (und anderen Gelegenheiten) durchgeführt werden muß und noch heute im orthodoxen Judentum eine wichtige Rolle spielt (Mt 15,2 etc.).

Nu (jidd.) Dieses kleine (Füll-) Wörtchen aus der jiddischen Sprache (vgl. das deutsche »Na*nu*?«) wird sehr vielseitig und mit verschiedenen Bedeutungen verwendet: »ach«; »nun denn«; »so« (mit fallender Intonation im Sinne von: »na also«, »na siehst du« und steigender Intonation im Sinne von: »so, tatsächlich?«); - auch: »ehrlich?!«; »und wenn nicht...?« Die Liste der möglichen Bedeutungen und Konnotationen ließe sich fortsetzen (Mt 11,19 etc.).

'Nudnik (jidd.) Plage, lästiger Mensch, »Nervensäge« (Lk 18,5).

Olam Habah Die kommende Welt; das kommende Zeitalter (Mt 12,32 etc.).

Olam Haseh Die jetzige Welt; das jetzige Zeitalter (Mt 12,32 etc.).

Oved (Obed); Großvater des Königs David; Name eines Vorfahren des Messias (Mt 1,5; Lk 3,32).

Pa'rochet »Vorhang«; insbesondere der Vorhang, der im Tempel (oder in der Stiftshütte) das Allerheiligste von den anderen Räumen trennte. Genaugenommen gab es zwei *Perochot* (vgl. Hebr 9,3): der erste trennte das Heiligtum vom Tempelvorhof (Ex 26,36-37; 36,37-38), und der zweite trennte das Allerheiligste vom Heiligtum (Ex 26,31-33; 36,35-36). Auch der Vorhang, der heute in der Synagoge den *Torah*schrein bedeckt, wird *Parochet* genannt (Mt 27,51 etc.).

Parusch (pl. *Peruschim*; vgl. dort).

'Peleg Vorfahre Avrahams; taucht in der Kette der Vorfahren des Messias auf (Lk 3,35).

Penu-el (Phanuël); Vater der Chanah, einer alten Witwe. Sie segnete Je'schua im Tempel (Lk 2,36).

'Perez Urenkel des Patriarchen Jaakov und Vorfahre des Messias (Mt 1,3).

Peruschim (»Pharisäer«; Singular: *Parusch*); die *Peruschim* waren zur Zeit Je'schuas – neben den *Zeddukim* (»Sadduzäern«) – die wichtigste religiöse Partei in Israel. Für die *Peruschim* stand die *Torah* mit ihren Forderungen und Vorschriften (auch für das einfache Volk) im Mittelpunkt ihres Denkens. Der Tempeldienst mit seinen Ritualen spielte dagegen nur eine untergeordnete Rolle. Nach der Zerstörung des Tempels durch die Römer (im Jahre 70 n.Chr.) entwickelten die *Peruschim* ihre Theologie so weit fort, daß sie heute in Form des Talmud als Grundlage des modernen religiösen Judentums gilt (Mt 3,7 etc.).

'Pessach »Passah«; großes Fest zur Erinnerung an die Zeit, als Mosche das Volk Israel aus Ägypten in das gelobte Land führte. Das *'Pessach* ist – ebenso wie die Feste *Schavuot* und *Sukkot* – ein Pilgerfest, das ein gläubiger Jude in Jeruscha'lajim feiern sollte.

Rabbani Wörtlich: »mein Großer«; wird benutzt im Sinne von: »Lehrer«. Die *Mischnah* gab diesen Titel dem in der Apostelgeschichte erwähnten Gamali-el (Joh 10,16).

'Rabbi Wörtliche Bedeutung auch hier: »mein Großer« (vgl. *Rabbani*); d.h. »Lehrer«. Im heutigen Judentum wird die Bezeichnung *'Rabbi* für einen ordinierten Geistlichen benutzt, der das Recht hat, zu bestimmen, was *Halachah* (jüdisches Recht) ist, und der ein Lehrer und Experte der *Torah* ist. In jüngster Zeit wird der Titel *'Rabbi* auch anderen jüdischen Gelehrten verliehen und ist inzwischen im Sinne von »jüdischer Geistlicher« oder »Gemeindeleiter« (mit bestimmten organisatorischen Aufgaben und religiösen Pflichten in der Synagoge) zu verstehen (Mt 8,19 etc.).

Rachav (Rahab); Prostituierte (»Hure Rahab«), die zur Zeit Jehoschuas die israelitischen Späher bei sich versteckte (Jos 2,6). Ihr Name wird in der Kette der Vorfahren des Messias erwähnt (Mt 1,5 etc.).

Rachel (Rahel) Frau des Patriarchen Ja-akov; eine der vier »Mütter in Jisrael« (Mt 2,18).

Ramah (Rama); Stadt in der näheren

Umgebung von Jeruscha'lajim im Gebiet des Stammes Binjamin (Mt 2,18).

Ram (Aram); Vorfahre des Königs David und Vorfahre des Messias (Mt 1,3-4; Lk 3,33); vgl. unter »Arnih«.

Rama'tajim (Arimathäa); Stadt in den Ausläufern der Berge nordöstlich von Lud und nordwestlich von Jeruscha'lajim. Heimatstadt des (9.) Josef, der Je'schuas Leichnam vom Hinrichtungspfahl herunternahm und ihn in seinem eigenen Grab bestattete (Mt 27,57 etc.).

Rechaveam (Rehabeam); Sohn des Königs Schlomo; Name eines Vorfahren des Messias (Mt 1,7).

Rehfan (Räfan); babylonische Gottheit, die in der *Tenach* den Namen *Kehvan* trägt und mit *Saturn* identisch ist (Apg 7,43).

Rescha (Resa); Name eines Vorfahren des Messias (Lk 3,27); Sohn des Serubavel.

Re-uh (Regu); Vorfahre Avrahams und Vorfahre des Messias (Lk 3,35).

Re-uven (Ruben); Stamm Jisraels; benannt nach dem ersten Sohn des Patriarchen Ja-akov (Offb 7,5).

Rivkah (Rebekka); Frau des Patriarchen Jizchak; eine der vier »Mütter in Jisrael« (Röm 9,10).

Rosch 'Chodesch Fest zur Feier des Beginns eines neuen Lunarmonats; wird in Jisrael bis zum heutigen Tag gefeiert (Kol 2,16).

'Ruach Ha 'Kodesch Der »Heilige Geist«; an vier Stellen der *Tenach* in dieser Form erwähnt; ansonsten oft auch »Geist Gottes« genannt (Mt 1,18 etc.).

Ruth (Rut); Name einer Frau, die sich dem jüdischen Volk anschloß, obwohl sie ursprünglich eine Moabiterin war. Sie war die Ehefrau des Boas, Urgroßmutter des Königs David und damit eine der Vorfahren des Messias (Mt 1,5).

Sakkai (Zachäus); Steuereinnehmer, der sich nach einer Begegnung mit Je'schua bekehrte. Sein Name bedeutet: »unschuldig« (Lk 19,2 etc.)

Salmon (Salma); Vorfahre des Königs David und Vorfahre des Messias (Mt 1,4-5; Lk 3,32).

Sanhedrin (Hoher Rat); jüdischer Gerichtshof. Das Hohe *Sanhedrium* in Jeruscha'lajim bestand aus 70 Richtern; doch es gab auch andere, weniger bedeutende Gerichtshöfe, in denen entweder 3 oder 23 Richter saßen (Mt 5,22 etc.).

Sarah (Sara); Frau des Avraham und erste »Mutter in Jisrael« (Röm 4,19 etc.).

Satan Wörtlich: »der Widersacher«; Name des Teufels. Die bekannteste und deutlichste Beschreibung seiner Machenschaften findet sich in den ersten beiden Kapiteln des Buches Hiob. In indirekter, verschlüsselter Form ist von ihm auch bei den Propheten Jesaja (14,11-14) und Ezech (Kap. 28) die Rede (Mt 4,10).

Savdai (Zebedäus); Vater des (2.) Jochanan und des (4.) Ja-akov (Mt 4,21).

Schabbat (pl. *Schabbatot*) (Sabbat);

der von Gott eingesetzte Ruhetag (Mt 12,2).

Schalem (Salem);
1. Ort in der Nähe von Ehnajim (Joh 3,23);
2. Bezeichnung für Jeruscha'lajim (Ps 76,3; Hebr 7,1-2).

Schalom Dieses bekannte Wort hat eine sehr weitreichende und umfassende Bedeutung. Neben »Friede« umfaßt sie: Ruhe, Sicherheit, Wohlergehen, Wohlstand, Gesundheit, Erfolg, Trost, ganzheitliche Harmonie, Zufriedenheit, charakterliche Stärke und Unversehrtheit. *Schalom* ist auch eine bekannte Form der Begrüßung und Verabschiedung (Mt 10,12 etc.).

Schalom alechem! Häufig benutzter Friedensgruß: »Friede sei mit euch!« (Mt 10,12 etc.).

Schammasch (pl. Schammaschim) Diener, Helfer, »Diakon« (Lk 4,20 etc.).

Schealti-el (Schealtiël) Vater des Serubavel; Vorfahre des Messias (Mt 1,12; Lk 3,27).

Schappirah (Saphira); Name einer Frau, die den heiligen Geist belog (Apg 5,1).

Scharav Heißer, trockener Südwind, der aus der Wüste kommt und (vor allem im Frühjahr und Herbst) in östlicher Richtung über das Land hinweg weht; im heutigen Israel auch unter seinem arabischen Namen *Chamsin* (»fünfzig«) bekannt. Der Name bezeichnet den Zeitraum von fünfzig Tagen zwischen den Festen *'Pessach* und *Schavuot*, in dem dieser Wind am häufigsten auftritt (Jak 1,11).

Scharon Bezeichnung für eine der vier geographischen Hauptregionen in Israel, nämlich die an das Mittelmeer grenzende Tiefebene südlich von Haifa. Die anderen drei Regionen umfassen die westlich der Bergausläufer (hebr. *Schefalah*) im Süden von Tel Aviv gelegene *Schefalahebene*, das *Bergland* von Jehudah und Schomron sowie das zum Toten Meer hin abfallende *Jordantal* (Apg 9,35).

Scha-ul (Saulus), »... der auch Paulus heißt« (Apg 13,9); Gesandter Je'schuas, des Messias. Verkündigte der heidnischen (d.h. nichtjüdischen) Welt den neuen Bundesglauben der Juden an Gott und seinen Messias, ohne dabei den heidnischen Gläubigen abzuverlangen, zum Judentum überzutreten (Apg 7,58 etc.).

Scha-ul Ben Kisch »Saul, der Sohn des Kisch«, des ersten Königs in Israel (Apg 13,21).

Schavuot »Wochenfest«, Pfingsten welches sieben Wochen nach dem *'Pessach* gefeiert wird. Da dieser Zeitraum einer Dauer von fünfzig Tagen (griech.: *pentekostos*) entspricht, wird es auch »Pfingsten« (engl.: *Pentecost*) genannt. *Schavuot* ist eines der drei Pilgerfeste (hebr.: *Regalim*), an denen es von einem gläubigen Juden erwartet wird, sich zur Feier des Gottesdienstes in Jeruscha'lajim aufzuhalten. Die beiden anderen *Regalim* sind das

'Pessach und das *Sukkot*, d.h. das »Laubhüttenfest« (Apg 2,1).

Sche-ehlah (pl. *Sche-elot*) Wörtlich: »Frage«; im Judentum ein Fachbegriff, welcher Fragen zur *Halachah* (dem jüdischen Recht) oder einer bestimmten Schrift- oder Traditionsauslegung bezeichnet (Mt 22,23 etc.).

'Schekel Gewichtseinheit, die zwischen 11,2 und 12,2 Gramm schwanken konnte. Zu Lebzeiten Je'schuas gab es eine ca. 6 Gramm schwere Silbermünze von einem halben 'Schekel, mit der zwei Personen (nach Ex 30 ff) die Tempelsteuer bezahlen konnten (Mt 17,24).

Schelah (Schelach); Name eines Vorfahren des Messias (Lk 3,35). In der Kette der Vorfahren des Messias ist Schelah ein direkter Vorfahre des Avraham (Lk 3,35).

Schem (Sem); Sohn des 'Noach; Vorfahre des Messias (Lk 3,36).

Schet (Seth); Name eines Vorfahren des Messias (Lk 3,38). Schet war der Sohn Adams.

Schi'loach (Siloah);

1. Name eines Turms, der in Lukas 13,4 erwähnt wird;

2. Teich in der Nähe der alten Stadtmauer von Jeruscha'lajim. Das Wort *Schi'loach* bedeutet »Aquädukt« und leitet sich von dem hebräischen Verbstamm *sch-l-ch* (»senden«, »schicken«) her. Dieses Aquädukt wurde im achten Jahrhundert v.Chr., als Chiskijahu König von Jehudah war, erbaut und beförderte Wasser von der Quelle *Gichon* bis hin zum Teich *Schi'loach*. Noch heute kann man in Jeruscha'lajim durch einen Tunnel gehen, der einmal zu dieser Anlage gehörte (Joh 9,7 ff).

Schim-ih (Schimi); Name eines Vorfahren des Messias (Lk 3,26).

Schim-on (Simon; Simeon);

1. Stamm Israels, der auf den zweiten Sohn des Ja-akov zurückgeht (Offb 7,7);

2. Name eines alten Mannes, der Je'schua im Tempel segnete (Lk 2,25);

3. Name eines Vorfahren des Messias (Lk 3,30);

4. Schim-on Bar Jochanan (Simon Barjona, d.h. »Simon, Sohn des Jonas«); identisch mit Schim-on Kefa (vgl. dort), einem *Talmid* Je'schuas;

5. Name eines weiteren *Talmids* Je'schuas; auch bekannt unter dem Namen »Schim-on der Zelot«, weil er der Partei der Zeloten angehörte, deren Anhänger einen gewaltsamen Aufstand gegen die römische Besatzung befürworteten (Mt 10,4 etc.);

6. Name eines Bruders Je'schuas (Mt 13,55; Mk 6,3);

7. Name eines Mannes aus Beht Anjah (»Simon, der Aussätzige«), der leprakrank gewesen war (Mt 26,6 etc.);

8. Name eines Mannes aus Kyrene, den römische Soldaten dazu zwangen, den Hinrichtungspfahl Je'schuas zu tragen (Mt 27,32 etc.);

9. ein *Parusch*, bei dem Je'schua zum Essen eingeladen war (Lk 7,36 ff);

10. Vater Jehudahs aus Kiriot (Joh 6,71 etc.);
11. Name eines Zauberers in Schomron (Apg 8,9 ff);
12. »Schim-on der Gerber«; ein Mann, bei dem Kefa zu Gast war (Apg 9,43 etc.);
13. ein Gläubiger aus Antiochien, »genannt Niger« (Apg 13,1).

Schim-on Kefa (Simon Petrus); einer der zwölf Gesandten Je'schuas; vgl. unter *Kefa* (Mt 4,18).

Schimschon (Simson); ein Richter in Israel (Richter 13-16; Hebr 11,32).

Schiv-ah Wörtlich: »sieben«; bezeichnet die Sitte der siebentägigen Trauer, d.h. des Bleibens bei dem Toten (»*Schivah* absitzen«), wenn in einem jüdischen Haus ein enger Familienangehöriger (Vater, Mutter, Bruder, Schwester, Sohn, Tochter oder Ehepartner) gestorben ist (Joh 11,20).

Schechem (Sychar); Stadt in den Bergen Schomrons, am Südostrand des heutigen Nablus (Neapolis) gelegen (Joh 4,5 etc.).

Schechinah Die göttliche Herrlichkeit; die Gegenwart Gottes bei den Menschen (Lk 2,9 etc.).

Schlomit Talmidah Je'schuas (Mk 15,40).

Schlomo König von Israel und Vorfahre des Messias (Mt 1,6 etc.).

Schema Jisrael, Adonai Elo'henu, Adonai Echad! »Höre, o Jisrael, der HERR (J-H-W-H), dein Gott, der Herr ist *einer*!« (Deut 6,4); – damals wie heute grundlegendes und wichtigstes Bekenntnis des jüdischen Glaubens. Je'schua nannte dieses Gebot, in Verbindung mit dem darauf folgenden (in dem der Mensch aufgefordert wird, Gott mit seinem ganzen Sein und Haben zu lieben) die wichtigste *Mizvah* der *Tenach* (Mk 12,29).

Schmuhs (jidd.) Ein Schwätzchen unter Freunden; Austausch der neuesten Unwichtigkeiten; »Tratsch«. Das Wort leitet sich vom hebräischen schmuot (»Gerüchte, Hörensagen«) ab (vgl. Lk 10,4).

Schmu-el (Samuel); Prophet in den Tagen der Könige Scha-ul und David (Apg 3,24 etc.).

Schofar Wörtlich: »Horn«, »Widderhorn«; in anderen Übersetzungen oft mit »Posaune« wiedergegeben (Mt 24,31 etc.).

Scheol (Hades, Hölle); nach den Aussagen der *Tenach* Aufenthaltsort für die Toten; »Totenreich« (Mt 11,23 etc.).

Schomron (Samaria); hügeliges Gebiet in *'Erez Jisrael*, das nördlich von Jeruscha'lajim und südlich des Galil liegt. Die Samaritaner (Samariter) waren ihrer ethnischen Herkunft nach keine Juden, denn sie hatten sich nach der Deportation durch die Assyrer (im 8. Jh. v.Chr.) mit diesen und mit anderen von den Assyrern beherrschten Völkern vermischt. Auch ihre Religion war eine Mischung aus jüdischem und heidnischem Glauben. Wie das Buch Nehemia in der Tenach berichtet, opponierten die Samaritaner gegen den Wiederaufbau von Jeruscha'lajim. Zur Zeit Je'schuas wurden sie deshalb von den meisten Juden verachtet (Mt 10,5 etc.).

Schoschanah (Susanna); eine der zahlreichen Frauen, die Je'schua nachfolgten. Ihr Name bedeutet: »Lilie« oder »Rose« (Lk 8,3).

Secharjah (Zacharias);
1. Prophet der *Tenach* (Mt 23,35; Lk 11,51);
2. Vater Jochanans des Eintauchers (Lk 1,5 etc.).

'Sechel Intelligenz, Klugheit, *common sense*, »Bauernschläue« (Lk 16,8).

'Seder Feierliches Abendmahl, das in der jüdischen Familie zu Beginn des *'Pessach*-Festes gefeiert wird (Mt 26,17 etc.).

Sedom (Sodom); Stadt am Toten Meer, die von Gott zerstört wurde (Gen 19; Mt 10,15 etc.).

'Serach (Serach); Sohn des Jehudah; einer der Vorfahren des Messias (Mt 1,3).

Serubavel (Serubbabel); erbaute in den Jahren 520 bis 516 v.Chr. den zweiten Tempel; Name eines Vorfahren des Messias (Mt 1,12-13; Lk 3,27).

Serug Vorfahre des Avraham und Vorfahre des Messias (Lk 3,35).

Sevulun (Sebulon);
1. Stamm Israels, der auf einen der Söhne des Patriarchen Ja-akov zurückgeht (Offb 7,8);
2. das Gebiet in 'Erez Jisrael (vgl. Jos 19), das diesem Stamm zugeteilt worden war (Mt 4,13.15).

'Sila (Silas); Mitarbeiter des Scha-ul (Apg 15,22 etc.).

Sinai Im Wüstengebiet zwischen Ägypten und 'Erez Jisrael gelegener Berg, auf dem Gott dem Volk Israel durch Mosche die *Torah* übergab.

Semichah »Handauflegung«, auch im Sinne von: Übertragung einer Vollmacht oder Autorität; »Ordination« (Mt 21,23 etc.).

Sukkot »Laubhüttenfest«; großes jüdisches Pilgerfest, an dem von einem gläubigen Juden erwartet wird, daß er nach Jeruscha'lajim in Jehudah hinaufgeht. Das Fest dient der Erinnerung an den vierzigjährigen Wüstenaufenthalt des Volkes Israel auf dem Weg von Ägypten nach *'Erez Jisrael* (Joh 7,2).

Taddai (Thaddäus); einer der zwölf Gesandten Je'schuas, des Messias (Mt 10,3 etc.).

Talent (a.H.) Einheit für ein Gewicht (bzw. Geldgewicht), das zwischen 33,5 und 36,6 Kilogramm schwanken konnte. In purem Gold wäre ein Talent bei den heutigen Preisen (400 US-Dollar pro Feinunze) über eine halbe Million US-Dollar wert (Mt 25,15).

Ta'lita 'Kumi! (aram.) »Steh auf, kleines Mädchen!« Das Wort *Talita* ist die weibliche Form für »Lamm« und gleichzeitig ein Kosewort (»mein Schäfchen«; »mein Lämmlein«) zur Bezeichnung kleiner Kinder (Mk 5,41).

Talmai Hebräische Form des Ägyptischen »Ptolomäus«, wie in den Jahrhunderten vor der Geburt des Messias die ägyptischen Könige hießen. Kommt im *JNT* in der Form *Bar Talmai* (Bartholomäus, d.h. Sohn des Ptolomäus) vor (Mt 10,3).

Talmid (fem. Talmidah; pl. Talmdim) Schüler/in; Jünger/in; das Verhältnis zwischen einem *Rabbi* und seinem *Talmid* war sehr eng. Der *Talmid* lernte von seinem Meister nicht nur bloßes Faktenwissen, sondern nahm auch an dessen Überlegungen und Denkprozessen aktiv teil. Auch lernte er von ihm die Praxis der Religionsausübung und versuchte sich, sowohl im Denken als auch im Handeln an seinem Vorbild zu orientieren (vgl. Mt 10,24-25; Lk 6,40; Joh 13,13-15; 1. Kor 11,1). Der *Rabbi* seinerseits fühlte sich in jeder Hinsicht für seine *Talmidim* verantwortlich (vgl. Mt 12,2; Lk 19,39; Joh 17,12). Das Wort taucht im *JNT* sehr häufig auf (Mt 5,1 etc.).

Tamar Name eines Vorfahren des Messias (Mt 1,3). Tamar war die Mutter des Perez und Serach.

Ta'vita (Tabita); Name einer Frau aus Jaffo, die Kefa nach deren Tod wieder zum Leben erweckte.

Tefilin »Gebetsriemen« (so in den meisten Übersetzungen); zwei kleine Lederschächtelchen, in denen sich kleine Blätter mit Schriftstellen befinden (Ex 13,1-16; Deut 6,4-9; 11,13-21). So wie es in Deuteronomium 6,8 verlangt wird, binden sich die Männer beim Gottesdienst in der Synagoge diese *Tefilin* an Hände, Arme und Stirn (Mt 23,5).

Tenach (fem., sg.) Akronym, gebildet aus den Anfangsbuchstaben von *Torah*, dem »Gesetz« des Mosche (d.h. dem Pentateuch, den fünf Büchern Mose), *Newi-im*, den »Propheten« – wozu in der hebräischen Bibel die Geschichtsbücher (Josua, Richter, Samuel, Könige), die drei großen Propheten (Jesaja, Jeremia und Ezechiel) und die zwölf kleinen Propheten zählen – und den *Ketuwim*, d.h. den »Schriften« oder »Hagiographen«, wozu die Psalmen gehören, die Sprüche, das Buch Hiob, die »Fünf Schriftrollen« (auch *Five Scrolls*, d.h. Hohes Lied, Ruth, Esther, Klagelieder, Prediger) sowie Daniel, Esra (in Verbindung mit Nehemia) und die beiden Chronikbücher. *Tenach* ist demnach gleichbedeutend mit »Altes Testament«. Die meisten Bibelausgaben übersetzen dort, wo im *JNT* von *Tenach* die Rede ist, »Schrift«, »Schriften« oder: »Es steht geschrieben...« Die *Tenach* wird im Neuen Testament deshalb so häufig zitiert, weil die Verfasser davon ausgingen, daß es sich dabei um das verbindliche Wort Gottes an die Menschen handelt (Mt 11,10 etc.).

Te'oma (aram.) (Thomas); Name eines der zwölf Gesandten Je'schuas (Mt 10,3).

'Terach (Terach); Vater des *Avraham A'vinu* und Vorfahre Je'schuas, des Messias (Lk 3,34).

Timai (Timäus); hebräischer Name, der sich von dem griechischen Wort *timé* (»Kostbarkeit, Wert, Ehre«) herleitet (Mk 10,46).

Todah (Theudas); Name eines falschen Messias, der (um das Jahr 44 v.Chr.) vorgab, die Wasser des Jarden (Jordan) in der Mitte teilen und seine Anhänger trockenen Fußes hindurchführen zu können. Der in Apg 5,36 erwähnte Todah jedoch ist nicht mit diesem identisch, sondern es handelt sich bei ihm um den Anführer eines Aufstandes gegen die römische Besatzung (ca. 6 v.Chr.).

Torah Wörtlich: »Lehre«, »Weisung«; gewöhnlich jedoch mit »Gesetz« wiedergegeben, weil die griechische Bibel das hebräische *Torah* mit *nomos* übersetzt. Das Wort hat verschiedene Bedeutungen:
1. die fünf Bücher Mose (der Pentateuch), welche als die »schriftlich überlieferte *Torah*« *(written Torah)* gelten (Mt 5,17);
2. der Pentateuch einschließlich der *Newi-im* (»Propheten«) und *Ketuwim* (»Schriften«, »Hagiographen«), also die *Tenach*, d.h. das gesamte Alte Testament (Joh 10,34);
3. alle oben erwähnten schriftlichen plus der mündlichen Überlieferungen, wobei diese »mündlich überlieferte *Torah*« *(oral Torah)* je nach theologischer Schule in unterschiedlicher Weise als bindend beurteilt wird (Gal 5,3);
4. mit kleinem Anfangsbuchstaben kann *torah* auch »Gesetzmäßigkeit« oder »Prinzip« bedeuten (Röm 7,21 ff).

Torahlehrer Im *JNT* findet sich der Ausdruck »*Torah*lehrer« immer dann, wenn im Griechischen von *grammateus* die Rede ist, also einem »Schriftgelehrten« (hebr. *Sofer*; pl. *Sofrim*). Anscheinend waren die Schriftgelehrten des 1. Jahrhunderts keine ordinierten *Torah*lehrer (Mt 2,4).

trehf Eigentlich: »gerissen«. Wenn ein Wolf ein Schaf gerissen hatte, oder überhaupt Fleisch gerissen worden war, war es für einen Juden nicht mehr *koscher*, d.h. es durfte nicht gegessen werden. In diesem Sinne bedeutet *trehf* »unrein«, »nicht koscher« (Apg 10,14).

Teschuvah Wörtlich: »Drehung«, »Umkehr«. Wenn es sich auf eine Änderung des menschlichen Verhaltens bezieht, ist *Teschuvah* gleichbedeutend mit unserem Wort »Buße«, welches ja auch »Umdenken« bedeutet. Wenn Gott »Teschuvah« schenkt, wirkt er im Menschen eine Abkehr von der Sünde und eine Hinwendung zu ihm (Apg 5,31 etc.).

Urijah (Uria); Ehemann der Bat-Scheva (Bathseba), der Mutter des Königs Schlomo (Mt 1,6).

Usi'jahu (Usija); König von Jehudah; Vorfahre des Messias (Mt 1,8-9).

Zaddik (pl. Zaddikim) »Gerechter«, »gerechter Mensch«. Wenn dem Wort der bestimmte Artikel vorausgeht (wie in Apg 7,52 etc.), ist *der* Gerechte, also der Messias gemeint (Mt 10,41 etc.).

Zaddok (Zadok); Name eines Vorfahren des Messias; vgl. auch unter *Zeddukim* weiter unten (Mt 1,14).

Zarfat (Zarpath; Sarepta) Stadt in der Nähe von Zidon (Lk 4,26)

Zedakah Wörtlich: »Gerechtigkeit«;

seit altersher auch in der Bedeutung »Almosen«, »Gebefreudigkeit« gebraucht.

Zeddukim (Sing. *Zadok*) (Sadduzäer); neben den *Peruschim*, also den »Pharisäern«, eine der beiden Hauptparteien des antiken Judentums. Die *Zeddukim* waren im allgemeinen viel wohlhabender als die *Peruschim*. Sie waren in Glaubensfragen recht skeptisch (Apg 23,8), gingen bereitwillig Kompromisse mit der Welt ein (auch was den Umgang mit der römischen Besatzungsmacht betraf) und widmeten ihre Aufmerksamkeit vor allem dem Tempeldienst mit seinen Vorschriften und Ritualen. Insofern verwundert es nicht, daß die *Zeddukim* nach der Zerstörung des Tempels durch die Römer (70 n.Chr.) praktisch bedeutungslos wurden (Mt 3,7).

Zidon (Sidon); Stadt an der Mittelmeerküste, gelegen im Norden von Zor (im heutigen Libanon).

Zijon (Zion); ursprünglich war der »Berg Zion« die Stadt des Königs David, südlich der heutigen Altstadt Jeruscha'lajims gelegen. Später wurde der Begriff »Berg Zion« auch im erweiterten Sinne verstanden und kann sich auf den Tempelberg beziehen, auf Jeruscha'lajim, die Bewohner von Jeruscha'lajim oder sogar auf das ganze Volk Israel. Der Hügel, der heute »Berg Zion« heißt, erhielt diesen Namen erst im 4. Jahrhundert (Mt 21,5).

Zizit (pl. Zizijot) Spezielle Fäden (Quasten) an den vier Enden des *Tallit* (»Gebetsmantel«), entsprechend der *Mizvah* aus Numeri 15,37-41. Während in früheren Zeiten (so auch im Jh., also zu Lebzeiten Je'schuas) der *Tallit* tatsächlich ein Gebets*mantel* war, ist der *Tallit*, den jüdische Männer heutzutage beim Gebet tragen, ein Gebets*schal*, der an seinen vier Enden ebendiese *Zizijot* aufweist und damit die *Mizvah* des Mosche erfüllt (Mt 9,20).

Zor (Tyrus); Stadt an der Mittelmeerküste, im Gebiet des heutigen Libanon gelegen (Mt 11,21 etc.).

Zuris Bedrängnis (Mt 6,34 etc.).

Abkürzungen der Bücher der *Tenach* im Jüdischen Neuen Testament

Gen	Genesis (1. Mose)	Am	Amos
Ex	Exodus (2. Mose)	Jona	Jona
Lev	Leviticus (3. Mose)	Mi	Micha
Num	Numeri (4. Mose)	Nah	Nahum
Dtn	Deuteronomium (5. Mose)	Hab	Habakuk
		Hag	Haggai
Ri	Richter	Sach	Sacharja
1. Sam	1. Samuel	Mal	Maleachi
2. Sam	2. Samuel	Ps	Psalmen
1. Kön	1. Könige	Spr	Sprüche
2. Kön	2. Könige	Hiob	Hiob
Jes	Jesaja	Dan	Daniel
Jer	Jeremia	1. Chr	1. Chronik
Ez	Ezechiel (Hesekiel)	2. Chr	2. Chronik
Hos	Hosea	Neh	Nehemia
Joel	Joel		

Register der *Tenach*-Stellen, die im Neuen Testament zitiert werden

Register und Schlüssel zu den Landkarten

Dieses Kartenregister mit 180 Namen enthält alle Ortsbezeichnungen, die im Neuen Testament erwähnt sind. Die Großbuchstaben A - D beziehen sich auf das Raster der Karte »Erez Jisrael (das Land Israel) zur Zeit Jeschuas« (S. 508), die Großbuchstaben U - Z auf das Raster der Karte »Der östliche Mittelmeerraum und der Nahe Osten zur Zeit des Zweiten Tempels« (S. 506 / 507). Ein Sternchen (*) weist auf einen Ort in oder nahe bei Jeruschalajim hin, der auf der Karte nicht angezeigt ist.

Galil (Galiläa; Region) – C 2
Galil-er-Gojim (»Galiläa der Heiden«; Region) – C 2
Gat Schemanim (Gethsemane, Garten) – B 4*
Gerasa – C 3
Ginosar (Genezareth) – C 2
Griechenland – VW 2-3
Guthafen – W 3
Haifa (moderne Stadt) – B 2
Har Megiddo (Harmagedon, Berg bei Megiddo) – B 3
Hebron – B 5
Hierapolis – W 2
Idumäa (Region) – AB 6
Ikonion – X 2
Illyrien (Dalmation; Region) – V 1
Italien (Region) – U 1-2
Ituräa (Region) – C 1
Jaffo (Jaffa, Joppe) – A 4
Jamnia – A 4
Jarden (Jordan), Fluss – C 2-4
Jarden (Jordan; Tal/Region) – BC 2-4
Jehudah (Judäa, Juda; Region) – B 4-5
Jericho – B 4
Jeruschalajim (Jerusalem) – B 4, Y 4
Judäisches Bergland (Region) – B 3-5
Kanah (Kana) – B 2
Kappadozin (Region) – XY 2
Karien (Region) – W 2-3
Kauda (Insel) – W 3
Kefar-Nachum (Kapernaum) – C 2
Kenchräa – V 2
Kerijot – B 5
Kidron-Tal – B 4*
Kinneret, See (Galiläisches Meer) – C 2, Y 4
Knidus – W 3
Kolossä – W 2
Korazin (Chorain) – C 2
Korinth – V 2
Kos (Insel) – W 3
Kreta (Region & Insel) – VW 3
Kyrene – V 4
Kyrene (Region) – VW 4-5
Laodizea – W 2
Lasäa – W 3
Libyen (Region) – VW 4-5
Lydien – W 2
Lud (Lod, Lydda) – A 4
Lykaonien (Region) – X 2
Lystra – X 2
Lyzien (Region) – WX 3
Magdala (Magadan, Dalmanuta) – C 2
Malta (Insel) – U 3
Mazedonien (Region) – V 1
Medien (Region) – Z 2
Mesopotamien (Region) – YZ 2-3
Midian (Region) – Y 5
Milet – W 2
Mittelmeer – AB 1-5, U-Y 2-4
Mitylene – W 2
Myra – X 3
Mysien (Region) – W 2
Na-im (Nain) – B 3
Naftalih (Naftali; Region) – BC 2
Nazeret (Nazareth) – B 2
Neapolis – U 1, W 1
Netanja (moderne Stadt) – A 3
Nikopolis – V 2
Nil – X 4-5
Ninive – Z 2
Ölberg – B 4*

Pamphylien – X 2
Paphos – X 3
Parthien (Region) – Z 2
Patara – X 3
Patmos – W 2
Peräa (Region) – C 4-5
Pergamon – W 2
Perge – X 2
Philadelphia – W 2
Philippi – W 1
Phönizien (Syro-Phönizien; Region) – BC 1-2, Y 3
Phönix – W 3
Phrygien (Region) – X 2
Pisidien (Region) – X 2
Pontus (Region) – XY 1
Ptolemaïs – Y 4
Puteoli – U 1
Ramatajim (Arimathäa) – B 4
Rhegion – U 2
Rhodos (Insel) – W 3
Rom – U 1
Rotes Meer – XY 5
Salmone – W 3
Samos (Insel) – W 2
Samothrake (Insel) – W 1
Sardes – W 2
Schalem (Salem, Salim) – C 3
Scharon (Küstenebene; Region) – AB 3-5
Schechem (Sychar) – B 3
Schefalah (Hügelland; Region) – B 3-5
Schiloach (Siloah), Teich – B 4*
Schomron (Samaria; Region) B 3
Schomron (Samaria, Sebaste) – B 3
Sedom (Sodom) – C 5
Sevuun (Sebulon; Region) – B 3-5
Sinai, Berg – Y 5
Sizilien (Region & Insel) – U 2-3
Smyrna – W 2
Syrakus – U 3
Syrien (Region) – CD 1, Y 3
Syrte, Große (Golf) – UV 4-5
Tarsus – X 2
Tel-Aviv (moderne Stadt) – A 4
Thessalonich – V 1
Thrazien – W 1
Thyatira – W 2
Tiberias – C 2
Tigris (Fluss) – YZ 2-3
Totes Meer – BC 4-6
Trachonitis (Region) – D 1-2
Tres Tabernae – U 1
Troas – W 2
Zarfat (Zarpath; Sarepta) – B 1
Zehn Städte (Dekapolis; Region) – C 3
Zidon (Sidon) – B 1
Zijon (Zion, Sion; Berg) – B 4*
Zilizien (Region) – Y 2-3
Zippori (Sephoris) – B 2
Zor (Tyrus) – B 1
Zypern (Region & Insel) – X 3

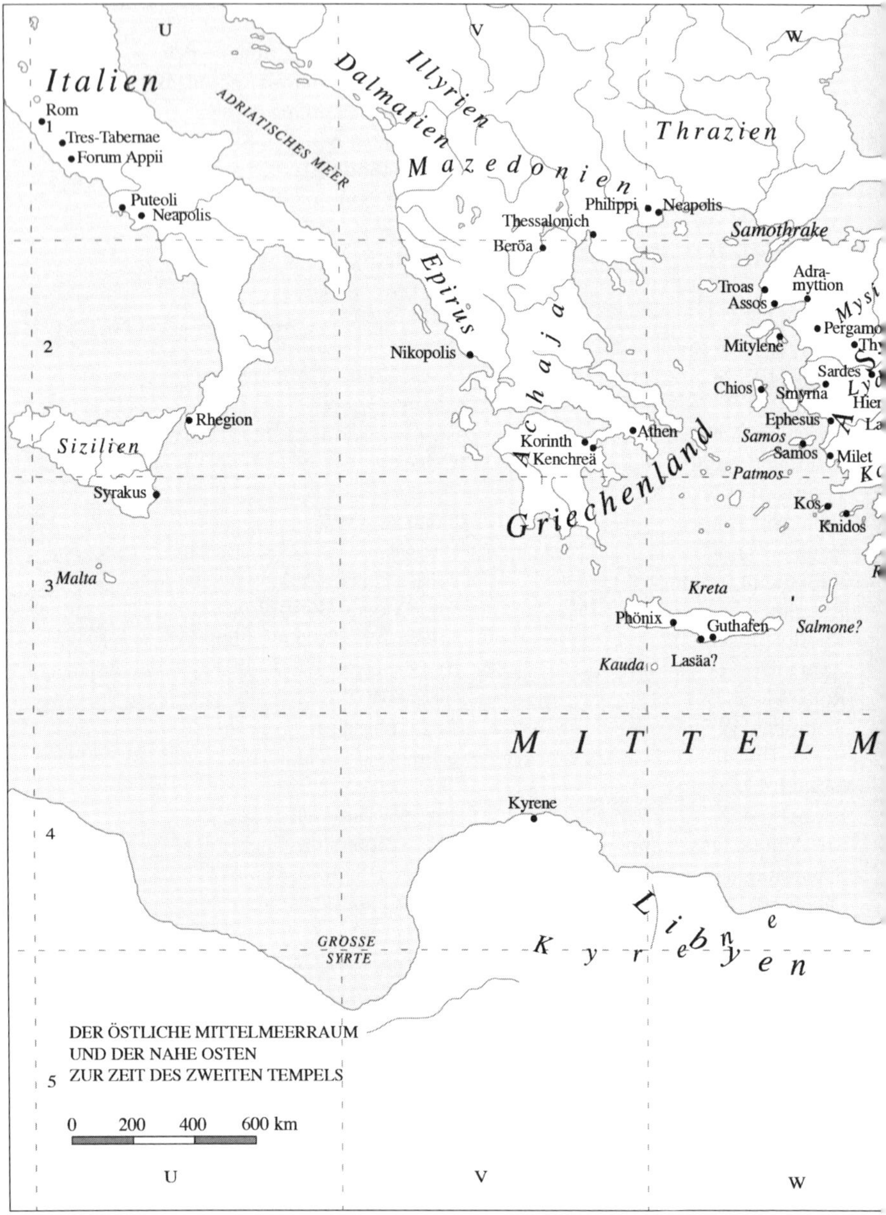

DER ÖSTLICHE MITTELMEERRAUM
UND DER NAHE OSTEN
ZUR ZEIT DES ZWEITEN TEMPELS

X
Y
Z
Pontus
ynien
GALATIA
Galatien
Kappadozien
Lykaonien
Antiochia
Ikonion
Lystra
Derbe
dien
hylien
Perge
Zilizien
Tarsus
Nikopolis
Antiochia
Euphrat
Charan
Mesopotamien
Medien
Ninive
Tigris
Parthien
Syrien
Paphos
Zypern
Arabien
Babel
Dammesek
Cäsarea Philippi
Ptolemaïs
See Genezareth
Chaldäa
R
Cäsarea
Erez Israel
Jeruschalajim
Totes Meer
gypten
Nil
Berg Sinai
Midian
ROTES MEER
1
2
3
4
5
X
Y
Z

A
B
C
D
1
2
3
4
5
6
MITTELMEER
Zidon
Zarfat
ABILENE
Dammesek
PHÖNIZIEN
ITURÄA
SYRIEN
Zor
Cäsarea Philippi
TRACHONITIS
NAFTALI
GALIL-DER-GOJIM
Korazin
Kefar-Nachum
[Die moderne Stadt] Haifa
Ginosar
SEE KINNERET
GALIL
Magdala
Beht-Zaidah
Kanah
Zippori
Tiberias
Nazeret
Gadara
SEVULUN
Na-im
Har Megiddo
JARDEN - FLUSS
Cäsarea
ZEHN STÄDTE
Schalem
Ehnajim
[Die moderne Stadt] Netanya
SCHOMRON
SCHEFALAH
EVER HA JARDEN
Gerasa
SCHARON
Schomron
Schechem
JUDÄISCHES BERGLAND
[Die moderne Stadt] Tel-Aviv
Antipatris
Rama-tajim
JARDEN-TAL
Jaffo
Lud
Efrajim
Amma-us?
Beht-Anjah
Jericho
Jamnia
Jeruschalajim
JEHUDAH
Beht-Anjah
Aschdod
Beht-Lechem
Aschkelon
FERÄA
Aza
Hebron
TOTES MEER
Kerijot
Sedom
Amora
Beer-Scheba
IDUMÄA
EREZ JISRAEL (DAS LAND ISRAEL) ZUR ZEIT JESCHUAS
Meilen
0 10 20 30
Kilometer
0 10 20 30 40 50